Easy and quick to use!

외국인 학생을 위한 컴퓨터 활용

한글 | 엑셀
워드 | 파워포인트

김의찬, 박혜란 지음

길벗캠퍼스

김의찬(Euichan Kim)
가톨릭대학교 컴퓨터공학과 공학박사
현) 용인대학교 AI학부 강의초빙교원, 건국대학교 상허교양대학 강사, 가톨릭대학교 컴퓨터정보공학부 강사, 성신여자대학교 창의융합학부 강사, 한성대학교 컴퓨터공학부 강사
주요 연구 분야: 데이터베이스, 프로그래밍 언어, SW교육

박혜란(Hyeran Park)
건국대학교 국어국문학과 문학박사
현) 건국대학교 상허교양대학 강의초빙교수, 인천대학교 기초교육원 강사
전) 가톨릭대학교 한국어교육운영팀 강사, 경동대학교 한국어교원학과 외래교수, 협성대학교 교양교직학부 강사, 건국대학교 언어교육원 한국어강사
저서: 유학생을 위한 한국 문화 입문(공저), 한국어 기초 글쓰기와 표현(공저), 쏙쏙 한국어(공저)

외국인 학생을 위한 컴퓨터 활용

– 한글, 엑셀, 워드, 파워포인트

초판 1쇄 발행 • 2024년 5월 31일 | **지은이** • 김의찬, 박혜란 | **발행인** • 이종원 | **발행처** • (주)도서출판 길벗 | **브랜드** • 길벗캠퍼스
출판사 등록일 • 1990년 12월 24일 | **주소** • 서울시 마포구 월드컵로 10길 56(서교동) | **대표 전화** • 02)332-0931 | **팩스** • 02)323-0586
홈페이지 • www.gilbut.co.kr | **이메일** • gilbut@gilbut.co.kr | **책임편집** • 신유진(backdoosan@gilbut.co.kr) | **디자인** • 강은경
제작 • 이준호, 손일순 | **영업마케팅 및 교재 문의** • 박성용(psy1010@gilbut.co.kr) | **영업관리** • 김명자 | **독자지원** • 윤정아
전산편집 • 앤미디어 | **CTP 출력 및 인쇄** • 정민 | **제본** • 정민

ISBN 979-11-407-1387-5 93000(길벗 도서번호 060112)
정가 29,000원

독자의 1초를 아껴주는 정성 길벗출판사
(주)도서출판 길벗(www.gilbut.co.kr) • IT교육서, IT단행본, 경제경영서, 어학&실용서, 인문교양서, 자녀교육서
길벗스쿨(www.gilbutschool.co.kr) • 국어학습, 수학학습, 어린이교양, 주니어 어학학습, 학습단행본
페이스북 • www.facebook.com/gilbutzigy | **커뮤니티** • http://cafe.naver.com/gilbutit

한국어의 글로벌 확산으로 외국인들이 한국어를 배우고자 하는 수요가 증가하고, 학문적인 목적으로 한국에 유학을 오는 사람들도 늘어나고 있습니다. 이에 따라 한국어 교재의 다양성과 수요가 증가하고 있는데, 컴퓨터 프로그램과 한국어를 결합한『외국인 학생을 위한 컴퓨터 활용 – 한글, 엑셀, 워드, 파워포인트』는 이러한 흐름에서 의미 있는 출간입니다.

이 교재는 외국인 학생들이 대학 생활에서 보고서 작성이나 프레젠테이션을 보다 완성도 있게 만드는 것을 목표로 설정하였습니다. 이를 위해 한글, 엑셀, 워드, 파워포인트의 네 가지 프로그램을 다루며, 각 프로그램에서는 실용적이고 자주 사용되는 기능들을 중심으로 학습합니다. 또한 대학 졸업 후에도 사회생활에서 유용하게 활용할 수 있는 내용도 포함되어 있습니다.

교재의 구성은 어휘 학습, 컴퓨터 프로그램 설명, 프로그램 활용 연습, 실제 문서 작성 방법 순으로 진행됩니다. 이를 통해 학습자들은 프로그램을 배우고, 실제 활용에 필요한 연습까지 할 수 있습니다. 교재에서는 어휘 학습을 컴퓨터 프로그램 사용 시 생소하게 느낄 수 있는 용어부터 선행하여 진행하였습니다. 또한 컴퓨터 프로그램 설명은 혼자 공부하는 학생들을 고려하여 중급 수준의 설명을, 어려운 용어는 각주를 통해 의미를 설명하였습니다.

프로그램 활용 연습은 단원마다 2개의 연습 문제로 구성되어 있습니다. 〈활용하기 1〉은 대학 수업과 관련된 문서 작성에 초점을 두었고, 〈활용하기 2〉는 일반적인 문서 작성에 초점을 맞춰 대학생이 아닌 독자들에게도 유용한 내용으로 구성되었습니다. 마지막으로, 실제 문서 작성에 도움이 되는 방법은 교재에서 배운 내용과 관련된 문서 작성 부분을 학습하게 됩니다. 교재의 다양성을 고려하여 교육 기간과 시간을 유연하게 운영할 수 있도록 설계되어 있어, 다양한 사용자들에게 적합합니다.

이 교재의 출간에 기여해주신 건국대학교 김현정 교수님과 길벗출판사 관계자 여러분께 감사의 인사를 전합니다. 앞으로 이 교재를 통해 외국인 학생들이 보다 더 나은 학업 생활을 할 수 있기를 기대합니다.

저자 김의찬, 박혜란

8장 | 단락과 개체 다루기

9장 | 표와 페이지 다루기

Part 4
프레젠테이션을 위한 파워포인트

10장 | 프레젠테이션과 텍스트 다루기

11장 | 프레젠테이션 단락 및 개체 다루기

12장 | 프레젠테이션 시각화하기

책에서 제공하는 예제 및 완성 파일은 길벗 홈페이지를 통해 제공됩니다. 길벗 출판사 홈페이지(www.gilbut.co.kr) 검색란에 '외국인 학생을 위한 컴퓨터 활용'을 검색 → 해당 도서 자료실의 '학습자료' 항목 → 실습에 필요한 예제 소스 파일을 다운받습니다.

여러분과 꼭 같은 외국인 친구들이 책 내용을 먼저 따라 해봤습니다~!

구정릉(邱亭綾)

「외국인 학생을 위한 컴퓨터 활용 – 한글, 엑셀, 워드, 파워포인트」는 엑셀(Excel), 파워포인트(PowerPoint) 등 평소에 사용할 수 있는 기능이 많기 때문에 외국인들이 컴퓨터 실용 소프트웨어를 배우는 데 가장 선호하는 책입니다.
컴퓨터 활용 초보자나 한글 초급 정도의 외국인이라면 누구나 컴퓨터 실기 내용을 쉽게 배울 수 있으며, 상세한 단계를 따라 차근차근 따라서 연습하기만 하면 반드시 컴퓨터 소프트웨어 활용의 기본기를 다질 수 있을 것입니다.
무엇보다 컴퓨터를 활용할 때 사용되는 실용적인 한글 단어도 많이 배울 수 있어 한국에서 학교에 재학 중이거나 취업하려는 외국인들에게 매우 도움이 될 것입니다.

나카조노 카에데(中園 楓)

한글, 엑셀, 워드, 파워포인트를 잘 이용하는 능력은 이제 대학이나 취직할 때 꼭 필요합니다.
이 책과 함께 컴퓨터의 기본적인 조작 방법을 익히고 기술 습득에 필요한 언어를 배우면 누구나 컴퓨터 마스터가 될 수 있어요!!
저도 원래 컴퓨터 조작과 언어를 어려워하는 편이었지만, 이 책 덕분에 이제 컴퓨터를 충분히 잘 사용할 수 있게 되었습니다.^^

하야시다 리코(林田璃香)

평소에 다른 컴퓨터 책을 보면 외국인 학생이 모르는 단어가 많아서 한글, 오피스 등의 프로그램을 사용하기가 꽤 어려웠습니다. 하지만 이 책을 보면 본문에 단어 설명도 함께 표시되어 있고, 사진만으로도 쉽게 따라 하면서 이해할 수 있도록 구성되어 있기 때문에, 저와 같은 외국인에게 큰 도움이 됩니다!!

안녕하십니까? 이번에 본 교재의 베타테스터를 맡은 무나카 유리라고 합니다.

건국대학교 의상디자인학과
1학년 무나카 유리(務中悠里)

저에게 컴퓨터 교재의 베타테스트는 흥미로운 경험이었습니다. 출판사에 유익한 피드백을 제공함으로써 더 나은 교재 개발에 기여할 수 있었다고 느낍니다.
역시나 이 교재를 사용할 외국인 학생분들이 어렵다고 느낄 수 있는 전문적인 용어가 여러 개 나오지만, 제가 미리 테스트를 진행하면서 잘 모르겠다고 느끼는 단어가 있으면, 꼭 의미를 책에서 설명할 수 있도록 노력했습니다. 저와 같은 입장의 외국인분들이 이 책으로 컴퓨터 활용을 공부하는 데 많은 도움이 될 것 같습니다.
한글, 워드, 엑셀, 파워포인트는 대학 생활에서 빼놓을 수 없는 도구입니다. 이러한 프로그램은 수업 발표뿐만 아니라 취업을 준비하는 데에도 폭넓게 활용되고 있어, 효율적인 문서 작업이나 프레젠테이션에 도움이 될 것입니다. 이 책을 잘 이용하여 장래 직업에도 대비하는 많은 학생 여러분께 도움이 되기를 바랍니다. 감사합니다.

안녕하세요. 인도네시아에서 온 샤린입니다.

샤린(Charlene Tjhin)

「외국인 학생을 위한 컴퓨터 활용 – 한글, 엑셀, 워드, 파워포인트」 책을 먼저 읽어 보니, 내용이 꼼꼼하고 기술적인 어려운 내용도 차근차근히 설명되어 있어서 저와 같은 초보도 이해하기 쉽더라고요. 제가 꼭 필요했던 내용을 베타테스터로 참여할 수 있게 되어 좋았고, 이 책으로 제 컴퓨터의 활용 능력에도 큰 도움이 되어서 좋았습니다!

한글(Part 1: 1~4장), 엑셀(Part 2: 5~6장), 워드(Part 3: 7~9장), 파워포인트(Part 4: 10~13장)를 프로그램별로 순서를 달리해서 진행할 수 있다.

1안 – 주차별(15주) 강의 계획서

주차별	챕터	설명
1주차	7장	글자 다루기
2주차	8장	단락과 개체 다루기
3주차	9장	표와 페이지 다루기
4주차	10장	프레젠테이션과 텍스트 다루기
5주차	11장	프레젠테이션 단락 및 개체 다루기
6주차	12장	프레젠테이션 시각화하기
7주차	13장	멀티미디어 삽입하고 발표 준비하기
8주차	중간고사	
9주차	1장	한글에서 글자 다루기
10주차	2장	문단 다루기
11주차	3장	페이지와 개체 다루기
12주차	4장	표 다루기
13주차	5장	워크시트 다루기
14주차	6장	함수와 데이터 다루기
15주차	기말고사	

2안 – 주차별(15주) 강의 계획서: 워드프로세서 위주로 먼저 진행하는 방안

주차별	챕터	설명
1주차	1장	한글에서 글자 다루기
2주차	2장	문단 다루기
3주차	3장	페이지와 개체 다루기
4주차	4장	표 다루기
5주차	7장	글자 다루기
6주차	8장	단락과 개체 다루기
7주차	9장	표와 페이지 다루기

8주차	중간고사	
9주차	5장	워크시트 다루기
10주차	6장	함수와 데이터 다루기
11주차	10장	프레젠테이션과 텍스트 다루기
12주차	11장	프레젠테이션 단락 및 개체 다루기
13주차	12장	프레젠테이션 시각화하기
14주차	13장	멀티미디어 삽입하고 발표 준비하기
15주차	기말고사	

16주로 진행하는 경우 외국인들은 한글 프로그램이 익숙하지 않기 때문에 한글 프로그램을 소개하는 시간을 1주차에 하는 것도 좋다.

주차별(16주) 강의 계획서

주차별	챕터	설명
1주차		강의 소개, 한글 프로그램 소개
2주차	1장	한글에서 글자 다루기
3주차	2장	문단 다루기
4주차	3장	페이지와 개체 다루기
5주차	4장	표 다루기
6주차	5장	워크시트 다루기
7주차	6장	함수와 데이터 다루기
8주차	중간고사	
9주차	7장	글자 다루기
10주차	8장	단락과 개체 다루기
11주차	9장	표와 페이지 다루기
12주차	10장	프레젠테이션과 텍스트 다루기
13주차	11장	프레젠테이션 단락 및 개체 다루기
14주차	12장	프레젠테이션 시각화하기
15주차	13장	멀티미디어 삽입하고 발표 준비하기
16주차	기말고사	

한글은 한국에서 가장 널리 쓰이는 문서 작성프로그램으로, 사용자들에게 효과적이고 강력한 문서 편집 기능을 제공하여 작업을 더욱 편리하게 만들어 준다. 다양한 기능과 사용자 편의성을 갖추고 있어 한글 작성을 더 쉽고 효율적으로 할 수 있다. 또한 한글 표준을 준수하여 한글 문서 작성을 최적화하고 있다.

Part 1

문서 작성을 위한 한글

1장

한글에서 글자 다루기

학 습 목 표

- 한글 프로그램에서 문서 작성 방법을 안다.
- 한글을 한자로 바꾸는 방법을 배운다.
- 특수 문자를 사용하는 방법을 익힌다.
- 글자 간격과 크기를 조정하는 방법을 배운다.
- 모양을 복사하는 방법을 학습한다.

1.0 알아두기

HANGUL

한글 프로그램은 한글 문서를 작성하고 편집하는 데 최적화된 프로그램으로 다양한 글꼴, 스타일, 표, 그림, 차트 등을 손쉽게 추가할 수 있다. 또한, 문서 레이아웃을 자유롭게 조정하고 글씨체를 변경해도 레이아웃을 유지할 수 있다. 문서 작업 시에는 다양한 단축키를 활용하여 효율적이고 신속하게 작성할 수 있다.

한글 프로그램 화면 구성

한글 프로그램에서 문서를 작성하기 위하여 화면 구성을 알아본다.

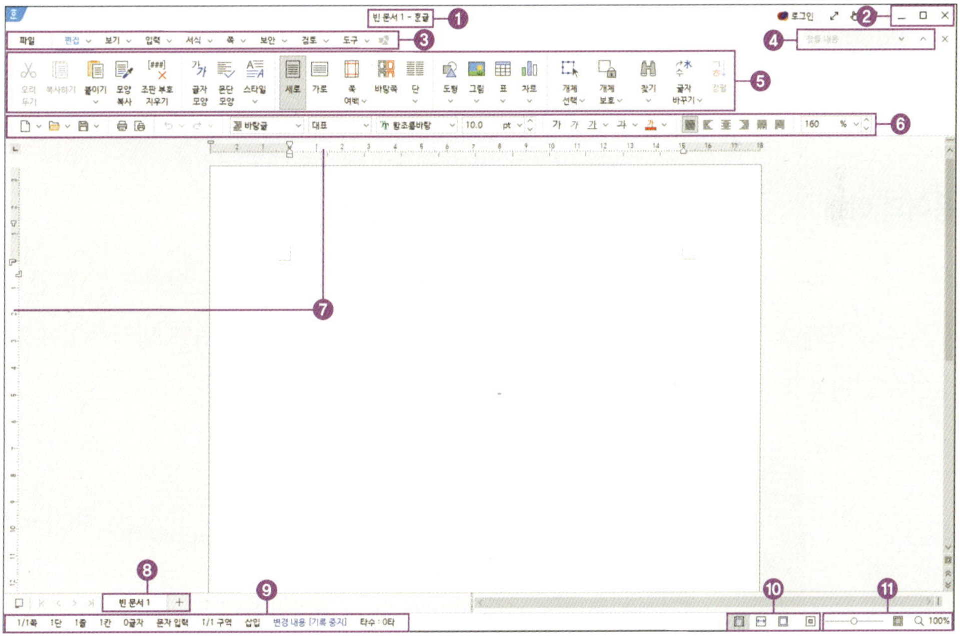

❶ **제목 표시줄**: 현재 작업 중인 문서의 이름과 경로를 표시한다.

❷ **창 조절 버튼**: 작업 중인 창의 크기를 변경하거나 창을 닫을 때 사용한다.

❸ **메뉴 탭**: 탭 방식으로 메뉴가 표시되며 메뉴 이름 옆 드롭다운 버튼을 클릭하면 세부 메뉴가 펼쳐진다.

❹ **검색 상자와 기본 도구상자 접기/펴기, 문서 닫기**: 문서 내용을 찾는 검색 상자와 기본 도구상자를 접었다 펼칠 수 있다. 문서 닫기는 열려 있는 문서 탭을 닫을 수 있다.

❺ **기본 도구상자**: 리본 메뉴라고도 하며 메뉴들이 아이콘으로 되어 있어서 클릭만으로 빠르게 실행할 수 있다.

❻ **서식 도구상자**: 문서를 작성할 때 기본이 되는 새 문서, 문서 열기, 문서 저장하기, 인쇄하기 등의 메뉴와 글꼴 관련 서식과 문단 관련 서식에 대한 도구들이 아이콘으로 되어 있다.

❼ **가로/세로 눈금자**: 문서의 상하/좌우 여백이나 도형, 표의 위치와 크기 등을 확인하는 데 사용할 수 있다.

❽ **문서 탭**: 하나의 파일에 여러 문서 탭을 만들어 사용할 수 있다.

❾ **상황선**: 현재 문서의 페이지 수, 커서의 현재 위치, 문서의 삽입/수정 상태, 변경 내용 등의 상태가 표시된다.

❿ **화면 보기 아이콘**: 쪽 윤곽, 폭 맞춤, 쪽 맞춤 중 선택할 수 있다.

⓫ **화면 확대/축소 도구**: 슬라이더를 이용하거나 확대/축소를 이용해 화면을 확대하거나 축소할 수 있다.

용어의 이해

한글에서 글자를 입력하고 수정하며, 한자로 변환하거나 특수 문자를 입력하고, 자간과 장평을 조절하며, 글자 모양을 복사하여 문서를 다양하게 표현하기 위해 알아두어야 할 용어를 살펴보자.

입력		**○○○에 □□□을/를 입력(을) 하다.** 의미: 문자나 숫자를 컴퓨터에 적는 것 예 한글 파일에 내용을 입력합니다.
편집		**편집(을) 하다.** 의미: 여러 가지 자료를 어떤 형식에 맞게 재구성하는 것 예 글자 크기를 똑같이 편집해야 합니다.

드래그	드래그(를) 하다 예) 한자로 바꾸고 싶은 부분을 드래그하세요.	**드래그(를) 하다.** 의미: 마우스 왼쪽 버튼을 누른 채 원하는 부분을 선택하는 것 예 한자로 바꾸고 싶은 부분을 드래그하세요.
글꼴	글꼴 글꼴 **글꼴** 글꼴	**글꼴을 ◇◇◇(으)로 바꾸다/변경하다.** 의미: 글씨의 종류, 글씨체라고도 함 예 글꼴을 '신명조'로 바꾸세요.
클릭	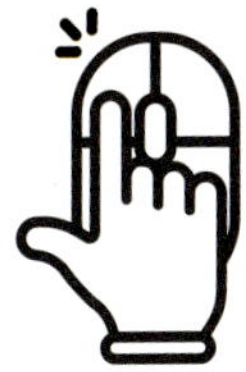	**클릭(을) 하다.** 의미: 마우스 왼쪽 버튼을 한 번 누르는 것 예 마우스 왼쪽 버튼을 클릭하세요. **더블 클릭(을) 하다.** 의미: 마우스 왼쪽 버튼을 빠르게 두 번 누르는 것 예 마우스를 더블 클릭하면 선택이 될 거예요.
커서	컴퓨터의 |이해와 활용	**△△△에 커서(를) 놓다.** 의미: 컴퓨터 화면에서 입력 위치를 나타내는 것 예 단어 앞에 커서를 놓으세요. **□□□(으)로 커서(를) 이동하다.** 예 셋째 줄로 커서를 이동하세요.
단축 키	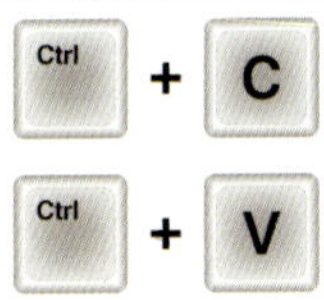	**단축 키(를) 사용하다.** 의미: 특별한 기능을 사용할 때 빠르게 사용하기 위해 정해 놓은 키 예 문서 작업을 할 때 단축 키를 사용하면 편리합니다.
문자표	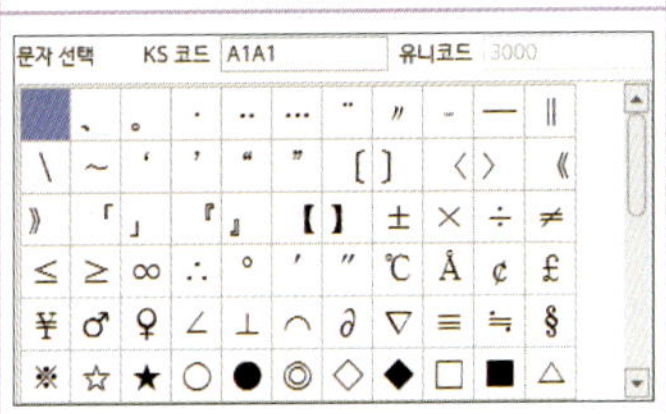	**문자표에서 N을/를 찾다.** 의미: 컴퓨터에서 사용되는 특별한 문자를 모아놓은 것 예 문자표에서 필요한 특수 문자를 찾아 문서에 넣으세요.
장평	장평	**장평을 늘리다 ↔ 줄이다** 의미: 글자의 가로, 세로 비율 예 장평을 '120pt'로 늘리세요.
자간	자간 → 자 간	**자간(을) 넓히다 ↔ 좁히다** 의미: 글자 사이의 간격 예 자간을 넓게 해주세요.
체크	☑	**체크(를) 하다.** 의미: 기억하기 위해 남기는 표시 예 선택하고 싶은 부분에 체크하면 됩니다.
속성	강 *나* 루	**속성을 지정하다, 글자 속성, 개체 속성** 의미: 어떤 특징이나 성질 예 글자 속성을 '기울임'으로 바꾸세요.
적용	하늘 → **하늘**	**○○○을/를 △△△(으)로 적용하다.** 의미: 어떤 것을 이용하거나 맞추어 사용 예 바뀐 글자 속성을 적용하세요.
변환	학교 → 學校	**○○○을/를 △△△(으)로 변환하다.** 의미: 어떤 것을 바꿈 예 '학교'를 한자로 변환하세요.

HANGUL

1.1 글자 입력 및 편집하기

문서 작성의 기본은 글자를 입력하고 편집하는 것이다. 이를 통해 원하는 형태로 문서를 작성할 수 있다. 이번에는 글자를 입력한 다음 그 서식을 변경하는 방법에 대해 배운다.

실습 파일: 01\ch1_1.hwpx

글자 입력하기

01 폴더의 'ch1_1.hwpx' 파일을 더블 클릭하여 실행한다.

❶ 페이지 위쪽에 커서를 놓는다.

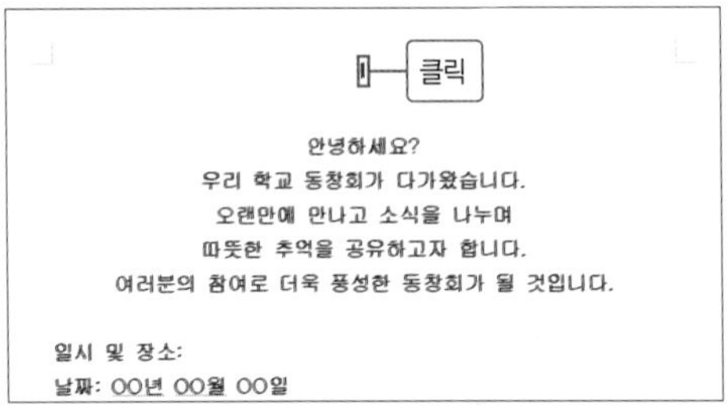

❷ '동창회'를 입력한다.

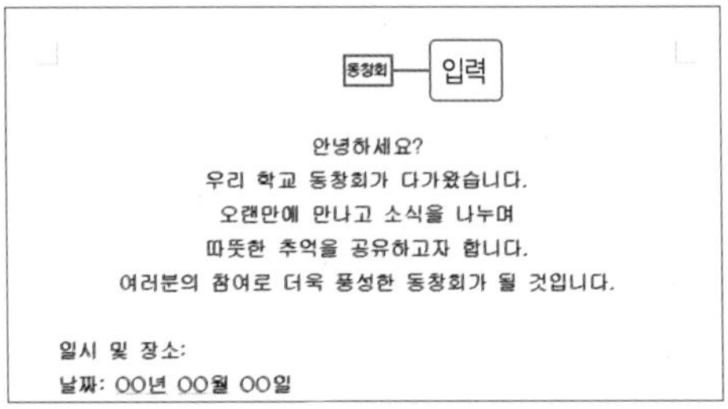

글자 크기 변경하기

'동창회' 글자를 드래그하고 선택한 글자 크기를 '20pt'로 변경한다.

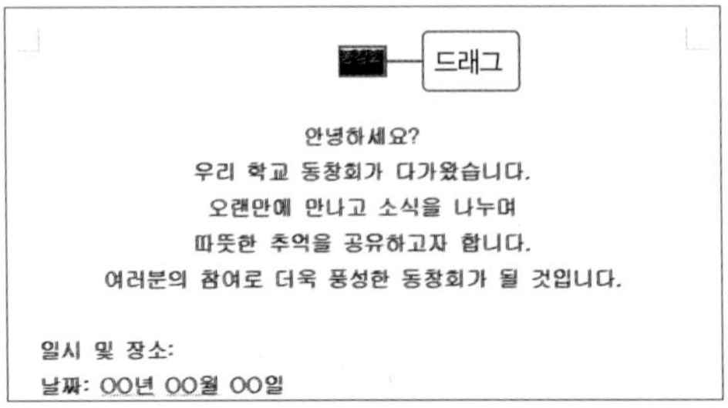

글자 크기 변경 전

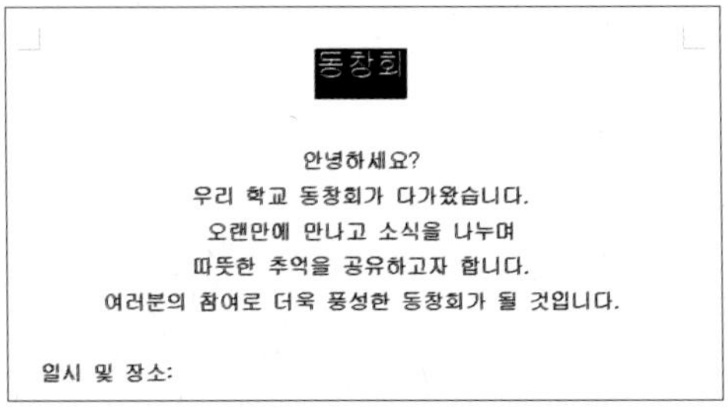

글자 크기 변경 후

❶ **글자 크기 변경 방법** 1: 서식 도구모음에서 [글자 크기]를 선택하여 변경하거나 직접 입력할 수도 있다.

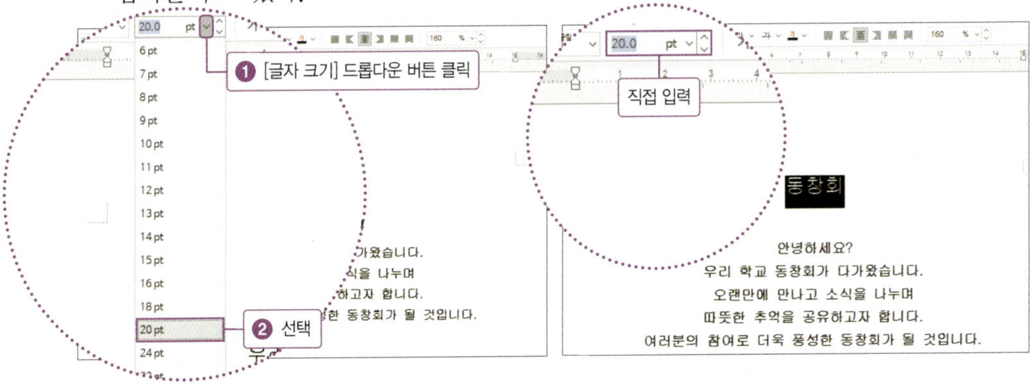

❷ **글자 크기 변경 방법** 2: 메뉴에서 〔편집〕 탭을 선택한 다음 [글자 모양]을 클릭한다. [글자 모양] 대화상자에서 기준 크기를 '20pt'로 변경하고 〈설정〉 버튼을 클릭한다.

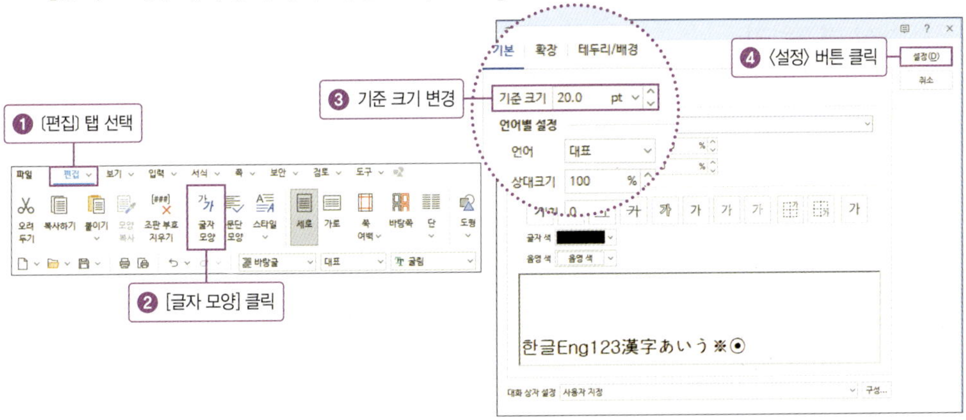

글꼴 변경하기

'동창회' 글자를 선택하고 글꼴을 [궁서체]로 변경한다.

❶ 서식 도구모음에서 [글꼴]의 드롭다운 버튼을 클릭한다.

❷ [모든 글꼴] → [궁서체]를 클릭한다. 이때 [모든 글꼴]을 선택하지 않아도 상관없다.

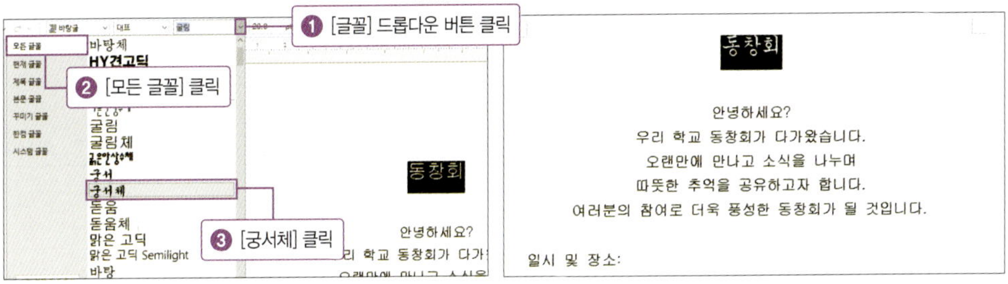

글자 속성 적용하기

'동창회[1]' 글자를 선택한 다음 글자 속성 중에서 [진하게]와 [기울임]을 클릭해 적용[2]한다.

❶ 서식 도구모음[3]에서 [진하게]를 클릭한다.

❷ [기울임]을 클릭한다.

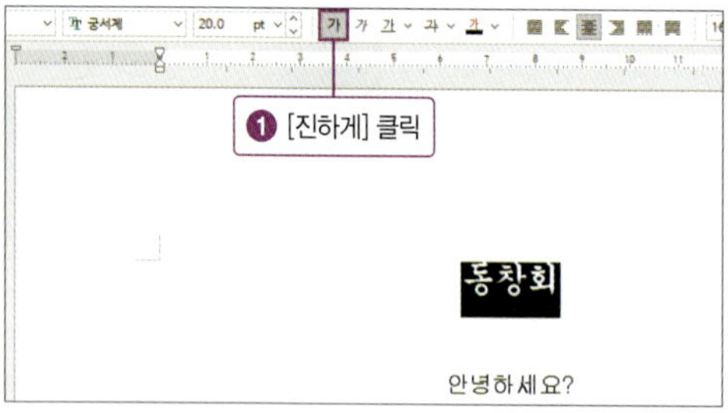

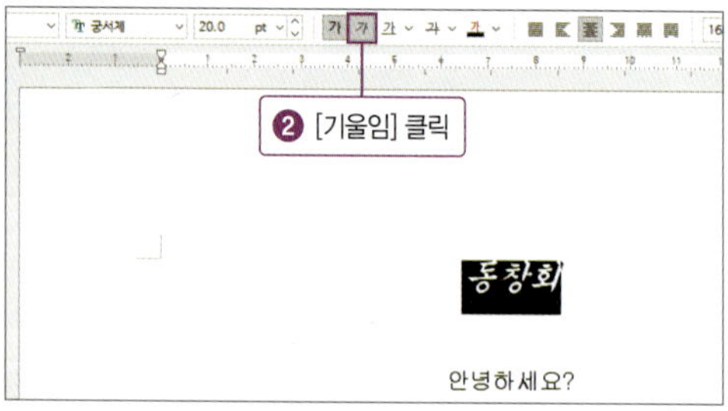

글자 색상 변경하기

'동창회' 글자를 선택한 다음 글자 색을 [주황]으로 변경한다.

❶ 서식 도구모음에서 [글자 색]의 드롭다운 버튼을 클릭한다.

❷ [주황]을 클릭한다.

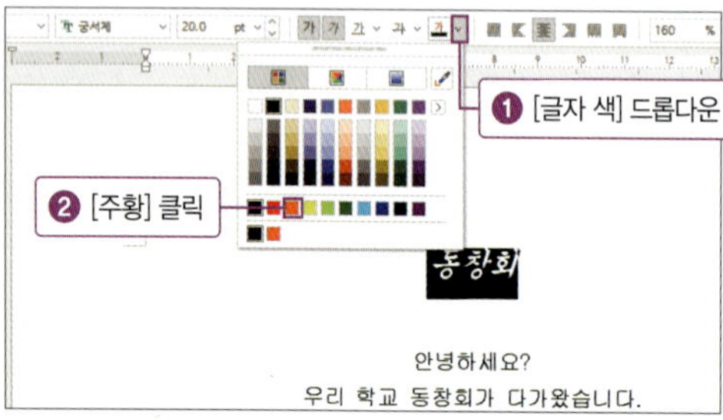

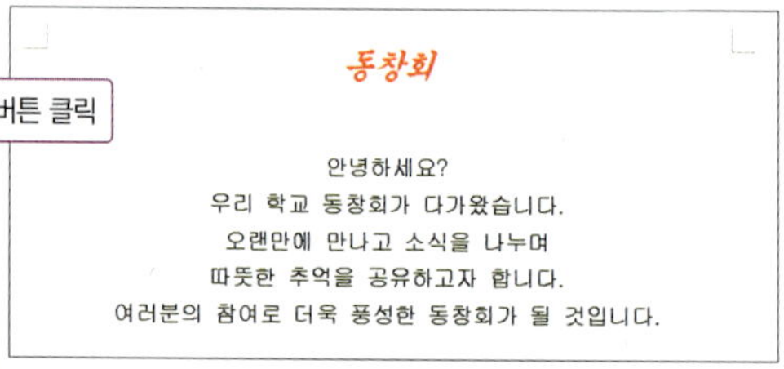

글자 색이 변경된 모습

☑ 작은 연습 1

1. 새 문서에서 자신의 이름을 입력한다.
2. 글꼴을 '굴림체'로 바꾼다.
3. 글자 크기를 '20pt'로 바꾼다.
4. 글자 색을 '파랑'으로 바꾼다.

---

1 같은 학교를 졸업한 사람들이 만든 모임이다.
2 알맞게 이용하거나 맞추어 쓴다.
3 자주 사용하는 기능을 모아놓은 것으로 직관적이기 때문에 사용하기 편리하다.

HANGUL

1.2 한자로 변환하기

문서를 작성하거나 확인할 때 한글과 함께 한자가 사용되는 경우가 많다. 한자는 문서 작성 시 자주 활용되므로, 한글을 한자로 변환하거나 한자를 한글로 바꾸는 방법을 알아두면 문서 작성에 도움이 된다. 이번에는 한글을 한자로 변환하거나 한자를 한글로 바꾸는 방법에 대해 배운다.

한글을 한자로 변환하기 1

'동창회' 글자를 선택하고 한자로 변환한다.

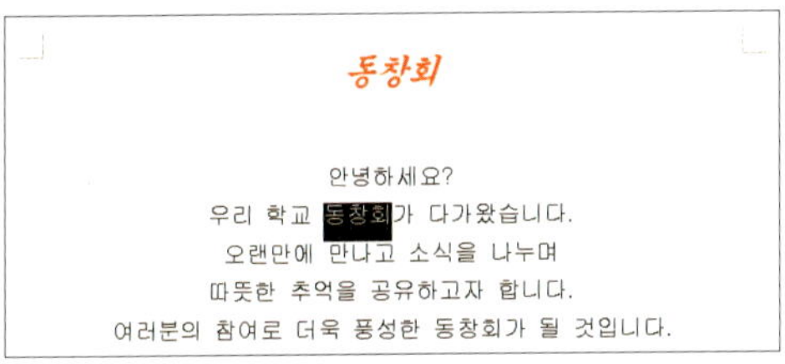

한자로 변환 전

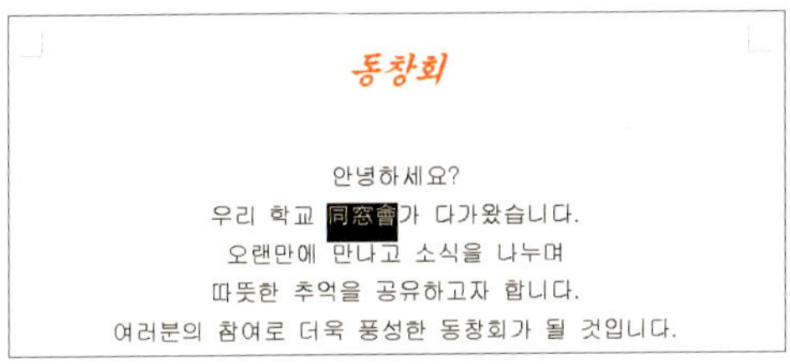

한자로 변환 후

❶ **한글을 한자로 변환하는 방법** 1: 단축 키 F9를 누르거나, 한자 키를 누른다.

❷ **한글을 한자로 변환하는 방법** 2: [편집] 탭의 [글자 바꾸기] → [한자로 바꾸기]를 클릭한다.

❸ [한자로 바꾸기] 대화상자에서 맞는 한자를 선택하고 〈바꾸기〉 버튼을 클릭해 변환한다.

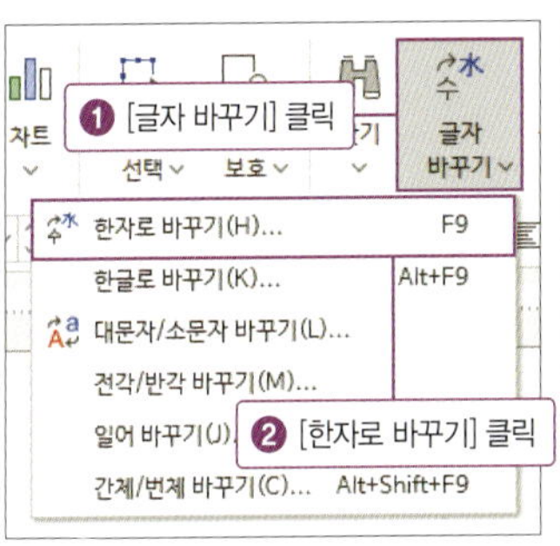

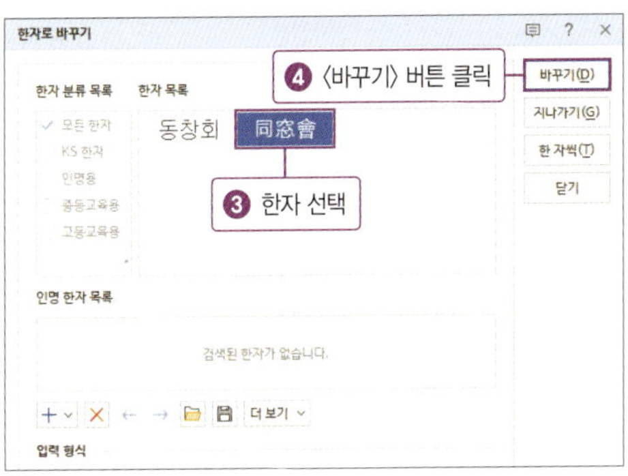

한글을 한자로 변환하기 2

이번에는 '추억' 글자를 선택한 다음 한자로 변환한다.

❶ 메뉴의 〔편집〕 탭에서 [글자 바꾸기] → [한자로 바꾸기]를 클릭한다.

❷ [한자로 바꾸기] 대화상자의 한자 목록에서 한자를 확인한 다음 입력 형식에서 '한글(漢字)'을 선택하고 〈바꾸기〉 버튼을 클릭한다.

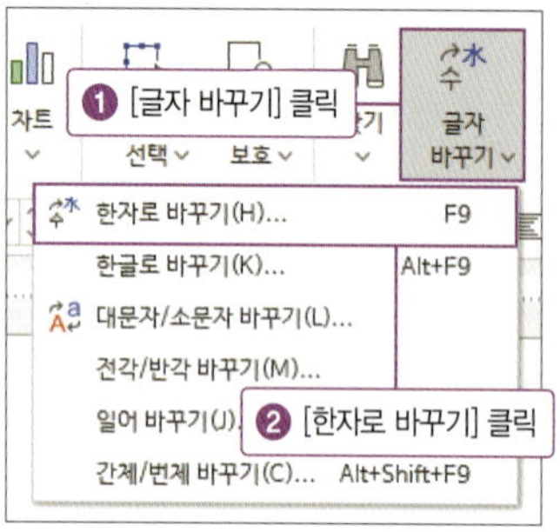

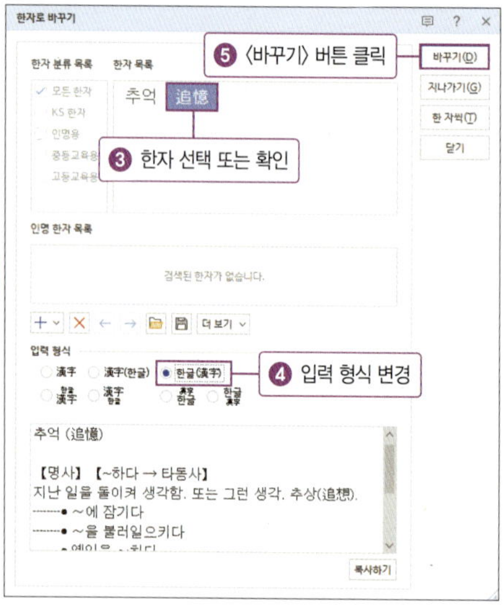

❸ 한자로 바뀐 모습을 확인한다.

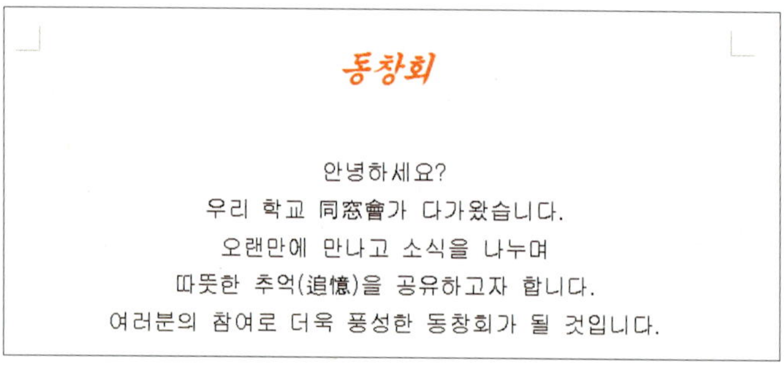
동창회

안녕하세요?
우리 학교 同窓會가 다가왔습니다.
오랜만에 만나고 소식을 나누며
따뜻한 추억(追憶)을 공유하고자 합니다.
여러분의 참여로 더욱 풍성한 동창회가 될 것입니다.

한자를 한글로 변환하기

'同窓會' 글자를 선택한 다음 한글로 변환한다.

❶ **한자를 한글로 변환하는 방법** 1: 단축 키 Alt+F9를 누른다.

❷ **한자를 한글로 변환하는 방법** 2: 메뉴에서 〔편집〕 탭을 선택한 다음 [글자 바꾸기] → [한글로 바꾸기]를 클릭한다.

❸ [한글로 바꾸기] 대화상자에서 〈바꾸기〉 버튼을 클릭한다.

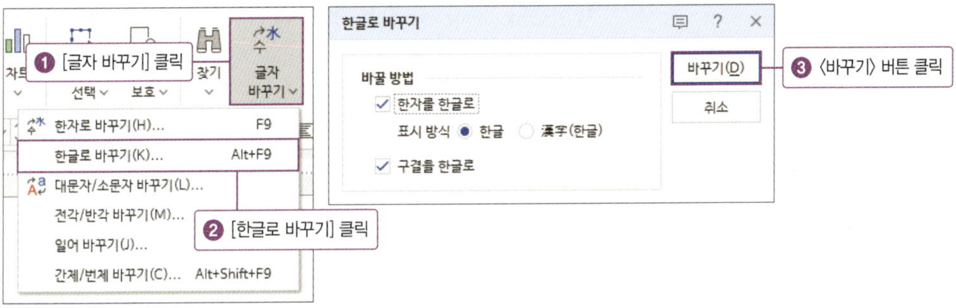

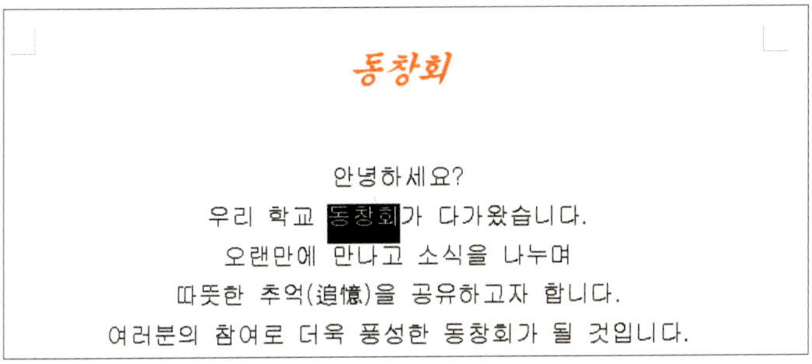

한글로 바뀐 모습

알아두세요

한자 변환

한글을 한자로 변환하여 사용하는 경우가 그렇게 흔하지는 않지만, 가끔 한자로 변환해 사용하는 경우가 있다. 예를 들어 자기소개서에서 한자 이름을 사용해야 할 때는 한자로 변환해 사용하고, 전문 용어의 의미를 명확히 설명해야 할 때는 '한글(한자)'로 표기한다.

☑ 작은 연습 2

자신의 이름을 '한자'로 바꾼다. 한자 이름이 없다면 한국 이름을 만든 후 이것을 한자로 바꾼다.

1.3 문자표를 이용하여 특수 문자 입력하기

문서에서는 다양한 특수 문자가 사용된다. 특수 문자를 활용하면 문장이나 글자에 시각적인 효과를 줄 수 있다. 특수 문자는 매우 다양하므로, 이번에는 특수 문자를 추가하는 방법에 대해 배운다.

❶ '일시 및 장소:' 글자 앞에 클릭하여 커서를 놓는다.

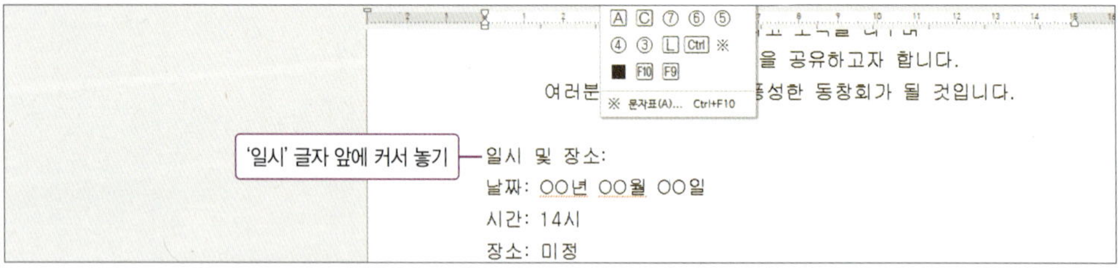

❷ **특수 문자를 입력하는 방법** 1: 단축 키 Ctrl+F10을 눌러 [문자표] 대화상자를 연다.

❸ **특수 문자를 입력하는 방법** 2: 메뉴에서 〔입력〕 탭을 선택하고 [문자표] → [문자표]를 클릭하여 [문자표] 대화상자를 연다.

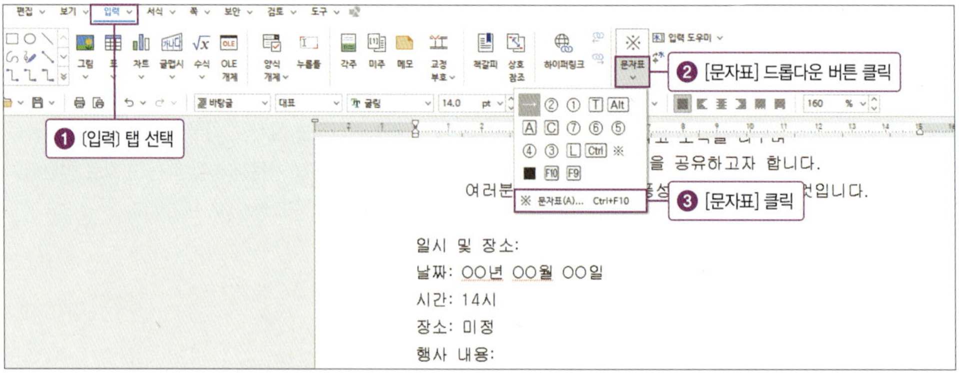

❹ [문자표] 대화상자에서 [사용자 문자표] 탭을 선택한 다음 [기호1]을 클릭한다. '■'를 선택하고 〈넣기〉 버튼을 클릭한다.

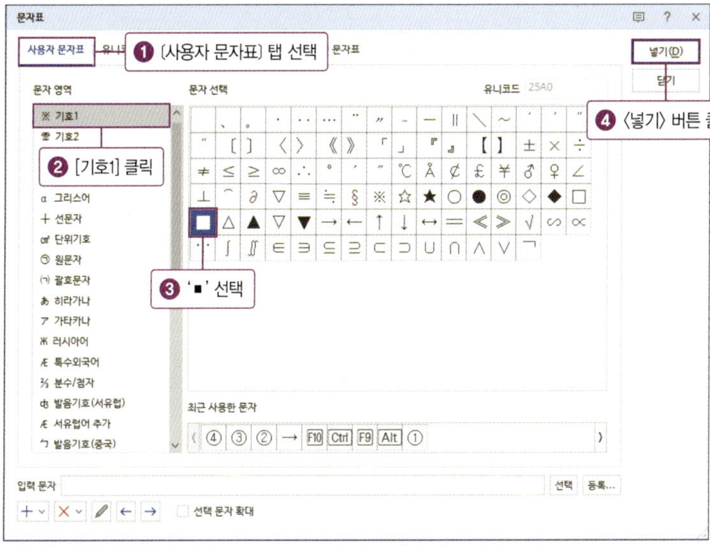

❺ '행사 내용' 글자 앞에 동일한 특수 문자를 추가한다.

■ 일시 및 장소:
날짜: OO년 OO월 OO일
시간: 14시
장소: 미정
행사 내용:
14:00 - 15:00:등록 및 환영
15:00 - 16:30:과거 추억 소환 시간
16:30 - 18:00:다과 및 네트워킹
18:00 - 20:00:다양한 이야기와 소식 공유
20:00 이후:자유 소통 및 단체 사진 촬영

■ 일시 및 장소:
날짜: OO년 OO월 OO일
시간: 14시
장소: 미정
■ 행사 내용:
14:00 - 15:00:등록 및 환영
15:00 - 16:30:과거 추억 소환 시간
16:30 - 18:00:다과 및 네트워킹
18:00 - 20:00:다양한 이야기와 소식 공유
20:00 이후:자유 소통 및 단체 사진 촬영

☑ 작은 연습 3

한자로 바꾼 이름의 앞에 ◎ 표시를 넣는다.

1.4

HANGUL

자간과 장평 조정하기

자간과 장평은 주로 문서의 주제목이나 소제목에 본문의 다른 글자와는 모양을 다르게 표현해 제목으로 표현한다. 이번에는 자간과 장평을 글자에 어떻게 적용하는지 배운다.

자간 조정하기

'일시 및 장소:' 글자를 선택하고 자간을 적용한다.

❶ **자간을 조정하는 방법** 1: 단축 키 Alt+L을 눌러 [글자 모양] 대화상자를 연다.

❷ **자간을 조정하는 방법** 2: 메뉴에서 〔서식〕 탭을 선택한 다음 [글자 모양]을 클릭하여 [글자 모양] 대화상자를 연다. (메뉴에서 〔편집〕 탭을 선택하고 [글자 모양] 클릭 가능)

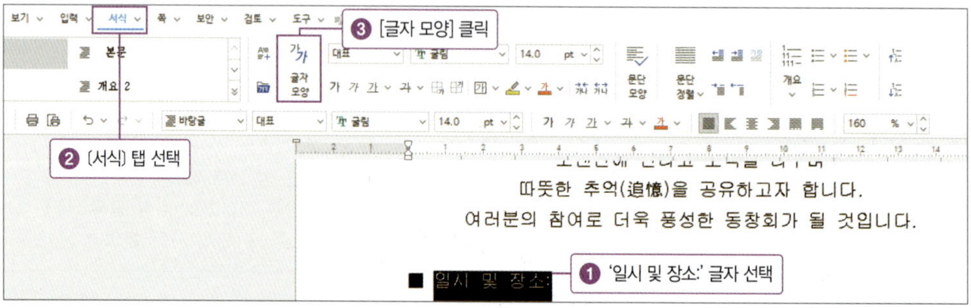

❸ [글자 모양] 대화상자에서 자간에 '50%'를 입력하고 〈설정〉 버튼을 클릭한다.

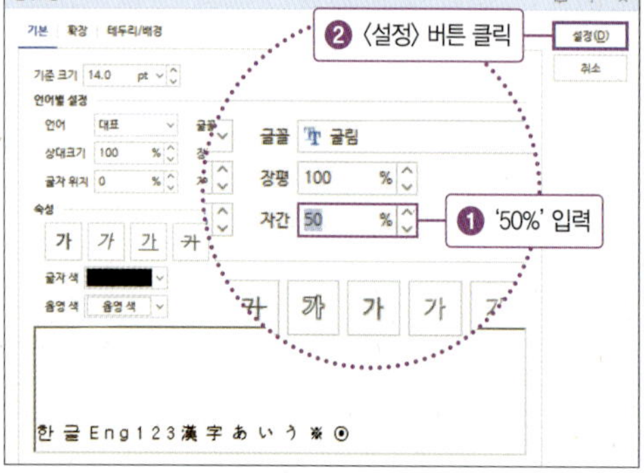

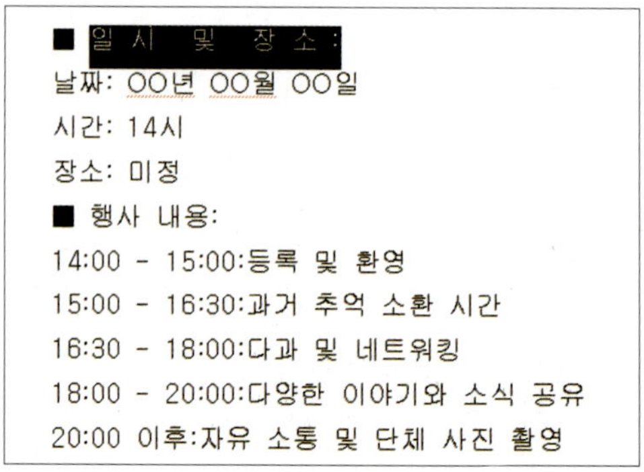

자간 적용 확인

❹ '행사 내용' 글자에도 자간을 '50%'로 적용한다.

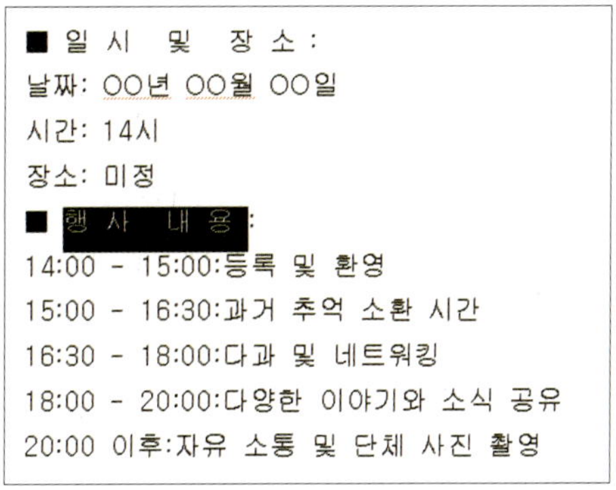

장평 조정하기

페이지 위쪽에 있는 '동창회'를 선택한 다음 장평을 조정한다.

❶ 〈자간 조정하기〉와 같은 방법으로 [글자 모양] 대화상자를 연다.

❷ 장평에 '150%', 자간에 '30%'를 입력한 다음 〈설정〉 버튼을 클릭한다.

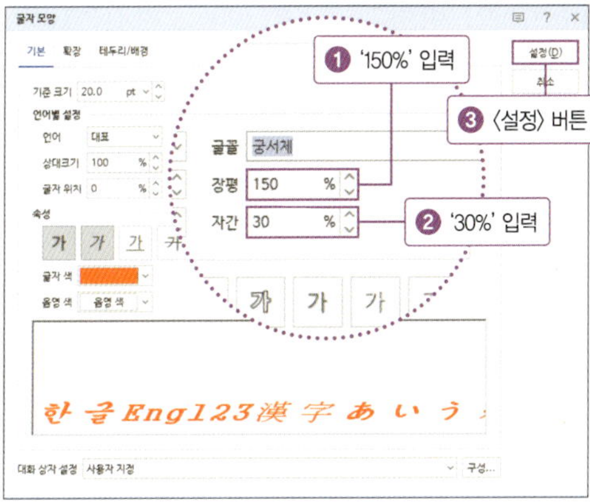

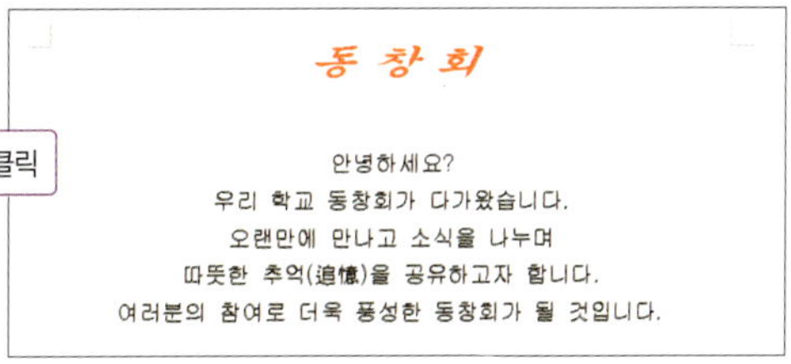

장평 적용 확인

알아두세요 **문서 작성 시 글자 모양**

문서를 작성하기 전에 자간, 장평, 글자 크기, 글꼴, 줄 간격 등을 조정하는 것이 좋다. 일반적으로 보고서에는 자간을 '0', 장평을 '100%', 글자 크기를 '10pt', 줄 간격을 '160%'로 설정하는 것이 기본이다.

☑ 작은 연습 4

1. 이름을 한글로 바꾼다.
2. 장평을 '180%', 자간을 '50%'로 바꾼다.

1.5 모양 복사 이용하기

복사 작업은 일반적으로 글자를 복사하는 경우가 많지만, 모양 복사는 현재 글자에 적용된 다양한 서식들을 복사하는 것이다. 이를 통해 다른 글자에 같은 서식을 빠르게 적용할 수 있다. 모양 복사를 활용하면 문서 작성이 더 효율적으로 이루어질 수 있다. 이번에는 모양 복사에 대해 배운다.

❶ '우리 학교 동창회가 다가왔습니다.' 문장을 드래그하여 선택한다.

❷ 메뉴에서 〔편집〕 탭의 [글자 모양]을 클릭한다.

❸ [글자 모양] 대화상자에서 기준 크기: 16pt, 글꼴: 바탕체, 장평: 90%, 자간: 10%, [기울임], 글자 색: 파랑을 적용한 다음 〈설정〉 버튼을 클릭한다.

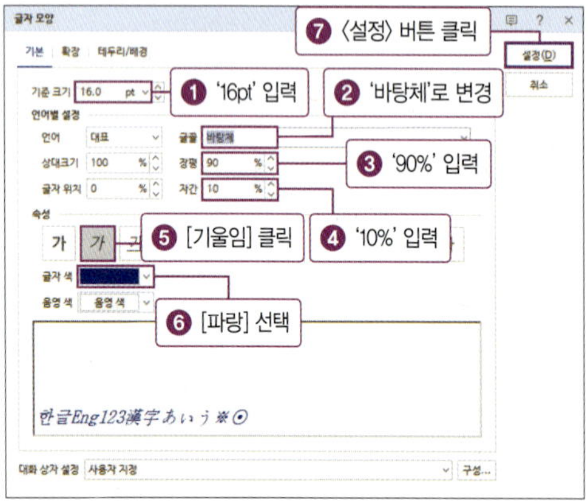

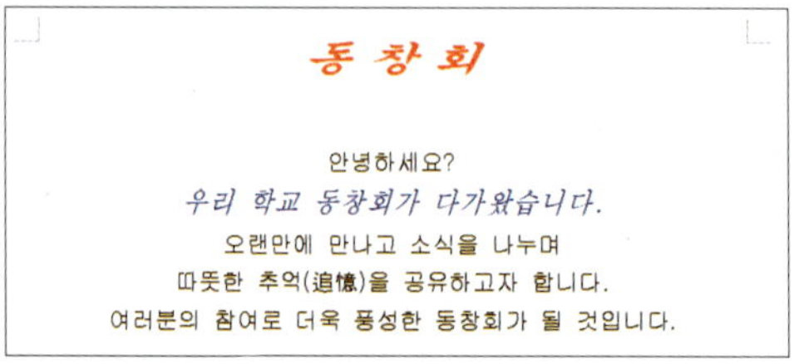

❹ '우리 학교 동창회가 다가왔습니다.' 문장 앞에 커서를 놓는다.

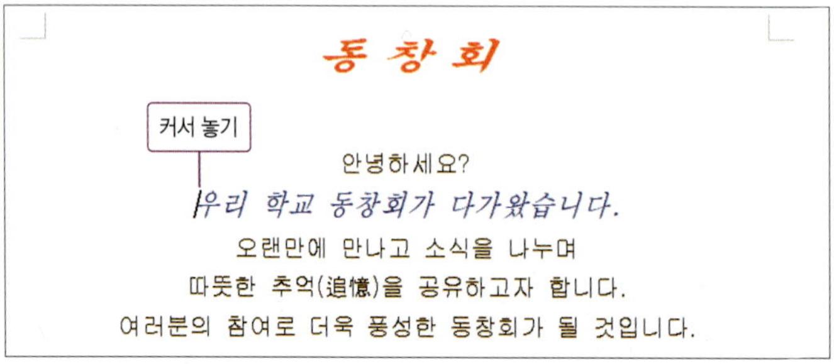

❺ **모양을 복사하는 방법** 1: 단축 키 Alt+C를 누른다.

❻ **모양을 복사하는 방법** 2: 메뉴의 [편집] 탭에서 [모양 복사]를 클릭한다.

❼ [모양 복사] 대화상자에서 [글자 모양]이 선택된 것을 확인하고 〈복사〉 버튼을 클릭한다.

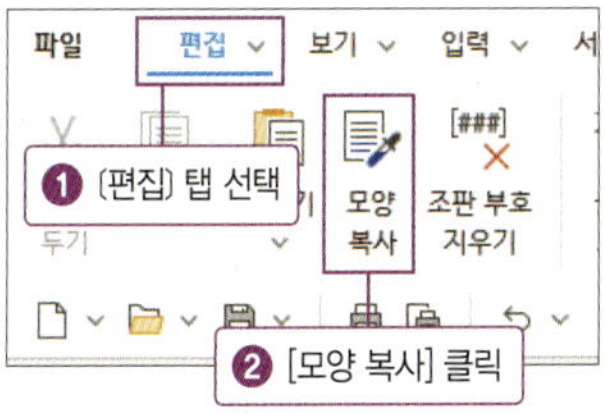

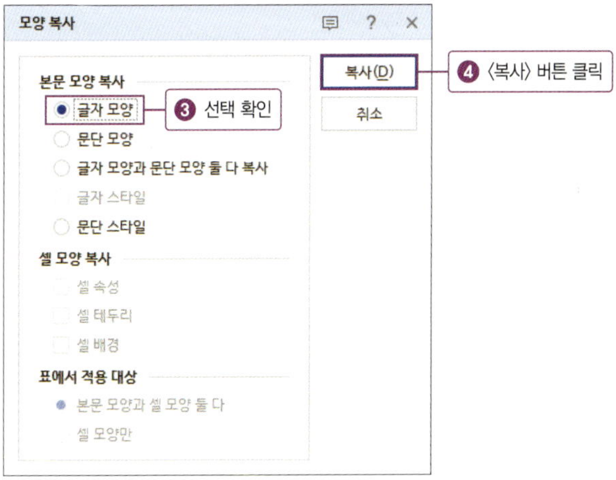

❽ '따뜻한 추억(追憶)을 공유하고자 합니다.' 문장을 드래그하여 선택한 다음 단축 키 Alt+C를 누른다.

❾ 글자 모양 복사가 잘 되었는지 확인한다.

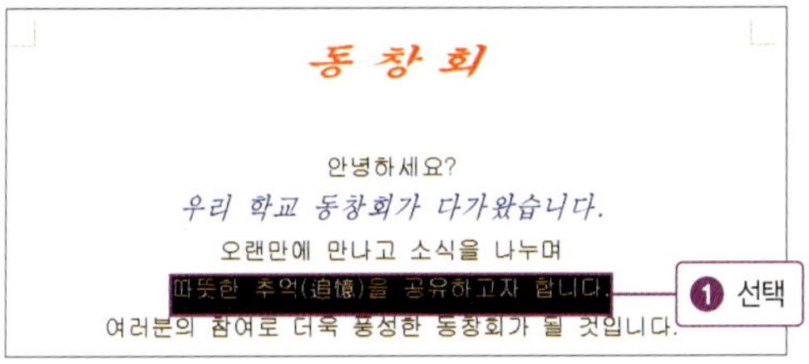

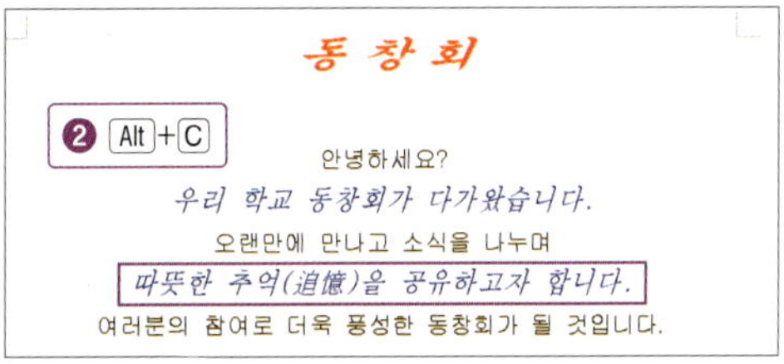

알아두세요

문단 복사 시 유의점

복사한 문서가 원래 작성하던 파일과 형식이 달라질 수 있다. 따라서 파일을 복사하여 붙여 넣은 후에는 원본 문서와 동일한 글꼴과 줄 간격 등을 맞춰야 한다.

작은 연습 5

1. 새 문서에 "안녕하세요. 제 이름은 ○○○입니다."를 입력한다.
2. 〈작은 연습 3〉의 글자 모양을 복사한 다음 입력한 글에 적용한다.

1.6 활용하기 1

다음 조건에 맞게 표지를 수정하세요.

- 보고서 제목
  · 제목 변경: 한국어 교사의 역할과 자질
  · 글꼴: 굴림체, 글자 크기: 28pt
  · '역할과 자질'을 한자로 변환
- 제출자 정보
  · 글꼴: 굴림체, 크기: 18pt, 장평: 105%, 자간: -8%
  · 과목, 담당교수, 학과, 학번, 이름 앞에 '▣(25A3)' 추가

프렌차이즈 커피숍의 성공 사례 분석

과　　목:
담당교수:
학　　과:
학　　번:
이　　름:
제 출 일:

1.7 활용하기 2

다음 조건에 맞게 문서를 수정하세요.

- 글자 크기: 12pt, 장평: 150%, 자간: 40%
- (노란색) 한자로 바꾸기
- (초록색) 파란색으로 바꾸기
- (초록색) 문장 앞뒤에 ★ 넣기

안녕하세요. 부족한 저의 반쪽이 되어줄 소중한 인연을 만나 결혼하게 되었습니다. 많은 분을 모시고 인사를 드려야 하는데 가까운 친척들만 모시고 간단하게 식사로 결혼식을 대신하기로 하였습니다. 서로의 부족한 부분을 이해하며 서로에게 든든한 버팀목이 되겠습니다. 저희 두 사람의 앞날을 축복해 주시길 부탁드립니다. 다시 한번 초대하지 못하는 점 죄송하다는 말씀드립니다. 감사합니다.

1.8 도움주기

보고서[4] 제목 작성 방법

- 보고서의 제목은 보고서의 핵심[5] 단어를 담아야 한다.
- 보고서의 제목은 항상 명사 또는 명사형으로 끝나야 한다.
- 보고서의 제목에는 '은/는', '이/가', '을/를'이 대부분 생략된다.

예 프렌차이즈 커피숍의 성공 사례 분석(○)　　프렌차이즈 커피숍의 성공 사례를 분석한다.(×)

연습문제 **주제에 맞는 보고서의 제목을 만들어 보세요.**

	주제		제목
❶	4차산업혁명[6]에 따른 기업 전략[7]의 변화와 그 사례[8]를 제시하시오.	➡	
❷	텔레마케팅[9]에 대해 정의[10]를 내린 다음 자신이 생각하는 텔레마케팅의 성공 요소를 제시하시오.		
❸	인간 생애 주기[11]에 따른 사회복지[12]의 필요성을 분석하시오.		
❹	국어 파괴 현상의 예시를 들고 이러한 현상이 국어 생활에 어떤 영향을 끼치는지 장단점에 대해 서술[13]하시오.		
❺	자신이 생각하는 창의 융합적 사고란 무엇인지 정의를 내리고 대표적인 사례를 작성하시오.		
❻	조선 전기 문학과 조선 후기 문학의 종류와 그 특징에 대해 서술하시오.		
❼	다문화 가정의 현황과 유형, 다문화 정책[14]에 대해 설명하시오.		
❽	올바른 대화 방법에 대하여 서술하고 각 방법을 사례를 들어 서술하시오.		
❾	우리나라의 노인 교육과 관련된 정책을 제시하고 노인 교육 사례를 예로 들어 보시오.		
❿	첫인상[15]의 중요성과 이미지 메이킹[16]에 대해 설명하고 이미지 메이킹의 성공 사례를 조사해 기술하시오.		

---

4 보고하는 글이나 문서를 말한다.
5 사물의 가장 중심이 되는 부분이다.
6 정보통신기술(ICT)의 융합으로 이뤄지는 차세대 산업혁명을 말한다.
7 정치, 경제 등의 사회적 활동을 하는 데 필요한 방법을 말한다.
8 어떤 일이 실제로 일어난 예다.
9 소비자에게 전화를 걸어 물건을 파는 것이다.
10 바른 뜻 또는 올바른 생각을 말한다.
11 지출과 저축의 양상에 따라 일생을 청년기, 장년기, 노년기 등으로 구분했다.
12 국민의 복지를 위한 사회적 노력이다.
13 어떤 것에 대해 말하거나 적는다.
14 정부나 단체에서 문제 해결을 위해 만든 방법 또는 계획이다.
15 어떤 사람을 처음 봤을 때의 느낌을 말한다.
16 자기가 가지고 있는 실제 성격이 아니라 일부러 만들어낸 인상을 말한다.

2장

문단 다루기

학 습 목 표

- 문단을 다루고 편집하는 방법을 안다.
- 문단 번호를 사용하는 방법을 익힌다.
- 단어를 찾거나 찾아서 바꾸는 방법을 안다.
- 문단 배경과 테두리를 꾸미는 방법을 학습한다.
- 머리말과 꼬리말 사용 방법을 배운다.

2.0 HANGUL

알아두기

한글에서 문단을 다루기 위해 줄 간격과 여백 설정, 들여쓰기와 내어쓰기, 글머리표와 문단 번호 사용, 찾기와 찾아 바꾸기 기능, 문단 구분선 사용, 문단 배경과 테두리 꾸미기, 그리고 머리말/꼬리말을 적용하기 전에 알아두어야 할 용어들을 살펴보자.

용어	예시	설명
줄 간격	줄 간격 160% / 줄 간격 300%	**줄 간격을 ○○○으로 지정하다.** 의미: 줄과 줄 사이의 간격 예 보고서의 줄 간격은 '160%'로 지정해 주세요.
문단	한국의 계절은 사계절이다. 봄, 여름, 가을, 겨울로 나뉘는데 계절마다 특징이 뚜렷하다. 봄은 날씨가 따뜻하고 예쁜 꽃이 많이 핀다. 여름은 날이 매우 덥고 비가 많이 내린다.	**문단 설정, 문단=단락** 의미: 하나의 중심 생각과 여러 뒷받침 문장으로 이루어진 것 예 문단의 처음에는 반드시 들여쓰기 해야 한다.
여백	한국의 계절은 사계절이다. 봄, 여름, 가을, 겨울로 나뉘는데 계절마다 특징이 뚜렷하다. 봄은 날씨가 따뜻하고 예쁜 꽃이 많이 핀다.	**여백을 ○○○으로 지정하다, 여백** 의미: 종이에 글을 쓰거나 그림을 그린 후 남는 곳 예 • 한국의 전통 그림인 수묵화에는 여백의 미가 있습니다. • 왼쪽 여백과 오른쪽 여백을 동일하게 지정하세요.
서식	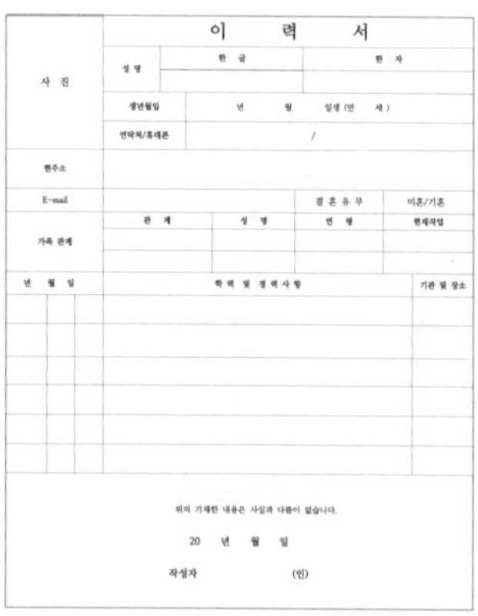 이 력 서 사 진 / 성 명 / 한 글 / 한 자 생년월일 / 년 월 일생 (만 세) 연락처/휴대폰 / 현주소 E-mail / 결 혼 유 무 / 미혼/기혼 가족 관계 / 관 계 / 성 명 / 연 령 / 현재직업 년 월 일 / 학력 및 경력사항 / 기관 및 장소 위의 기재한 내용은 사실과 다름이 없습니다. 20 년 월 일 작성자 (인)	**서식에 맞추다, 서식을 정하다, 문서 서식** 의미: 서류를 작성하는 방식 예 서식에 맞춰 문서를 작성해야 합니다.
들여쓰기	한국의 계절은 사계절이다. 봄, 여름, 가을, 겨울로 나뉘는데 계절마다 특징이 뚜렷하다. 봄은 날씨가 따뜻하고 예쁜 꽃이 많이 핀다. 여름은 날이 매우 덥고 비가 많이 내린다.	**들여쓰기하다, 들여쓰기** 의미: ① 문단의 시작을 알려주는 것으로 문단의 첫 글자는 한 칸 안쪽에서 시작함 ② 컴퓨터 프로그램에서는 왼쪽 끝에서 일정 간격을 오른쪽으로 옮겨 쓰는 것을 말함 예 문단의 시작은 들여쓰기 해야 합니다.

내어쓰기	한국의 계절은 사계절이다. 봄, 여름, 가을, 겨울로 나뉘는데 계절마다 특징이 뚜렷하다. 봄은 날씨가 따뜻하고 예쁜 꽃이 많이 핀다. 여름은 날이 매우 덥고 비가 많이 내린다.	**내어쓰기를 하다, 내어쓰기** 의미: 컴퓨터 프로그램의 왼쪽 끝에서 일정 간격을 왼쪽으로 옮겨서 쓰는 것 예 내어쓰기에 체크하십시오.
대화상자	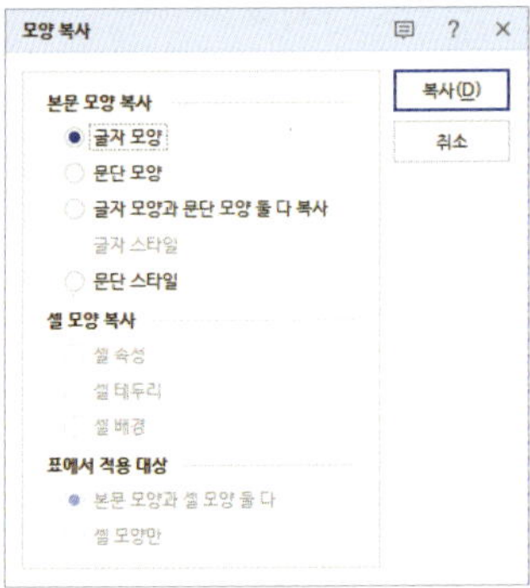	**대화상자를 열다, 대화상자** 의미: 프로그램에서 어떤 작업을 하기 위해 표시되는 특별한 형태의 창 예 [찾기] 대화상자를 엽니다.
테두리		**테두리를 ○○○(으)로 설정하다, 테두리를 없애다, 테두리가 있다/없다** 의미: 둘레의 가장자리 예 사진에 있는 테두리를 없애 주세요.
머리말	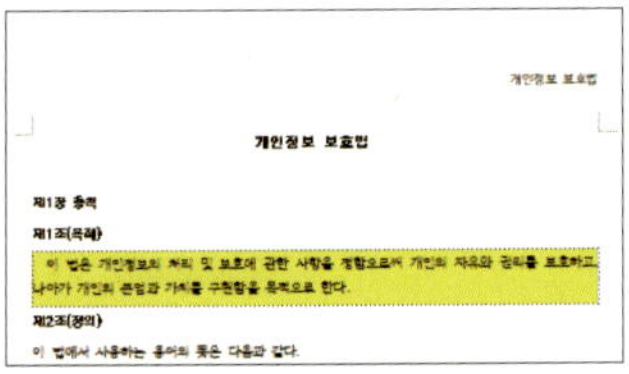	**머리말을 설정하다/적용하다, 머리말을 없애다, 머리말** 의미: 용지 위쪽의 여백에 작성할 수 있는 부분 예 표지를 작성하지 말고 머리말에 전공과 학번, 이름을 쓰세요.
꼬리말	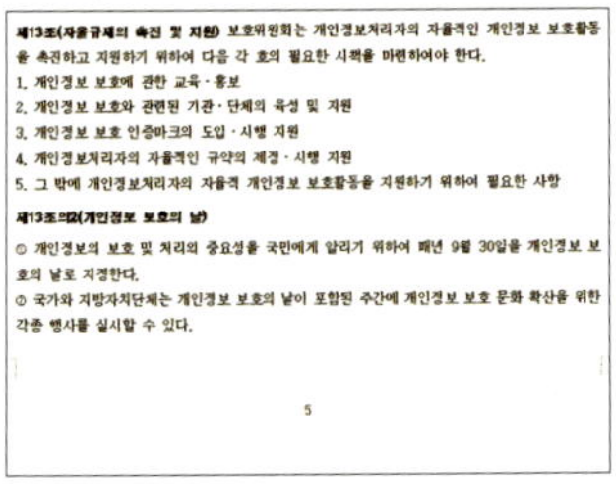	**꼬리말을 설정하다/적용하다, 꼬리말을 없애다, 꼬리말** 의미: 용지 아래쪽의 여백에 작성할 수 있는 부분 예 파일에서 머리말과 꼬리말은 없애 주세요.
정렬	양쪽 정렬 양쪽 정렬 양쪽 정렬 왼쪽 정렬 가운데 정렬 오른쪽 정렬	**정렬을 맞추다.** 의미: 텍스트나 그림 등을 어떤 조건에 맞게 위치를 정하는 것 예 문서를 양쪽 정렬로 맞추세요.

2.1

HANGUL

줄 간격과 문단 여백 설정하기

문단의 줄 간격이나 여백은 페이지 내용을 적절히 조절하여 가득 채우거나 단락들 간의 차이를 표현하는 데 도움을 준다. 이번에는 문단의 줄 간격과 여백을 조절하는 방법에 대해 배운다.

실습 파일: 02\ch2_1.hwpx

줄 간격 조정하기

02 폴더의 'ch2_1.hwpx' 파일을 더블 클릭하여 실행한다.

❶ 단축 키 Ctrl+A를 눌러 문장 전체를 선택한다.

❷ **줄 간격 조정 방법** 1: 서식 도구모음에서 줄 간격을 '180%'로 수정한다.

❸ **줄 간격 조정 방법** 2: 메뉴에서 〔편집〕 탭을 선택하고 [문단 모양]을 클릭한다.

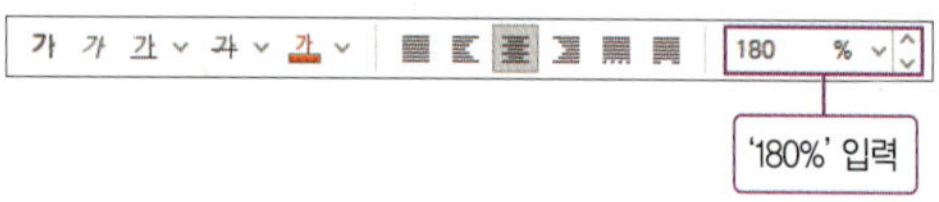

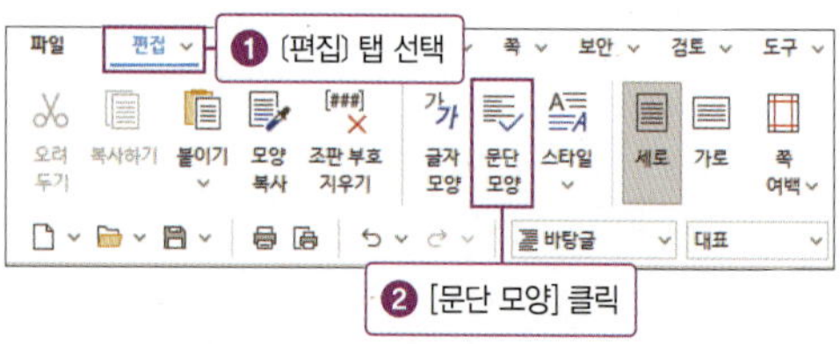

❹ **줄 간격 조정 방법** 3: 단축 키 Alt+T를 누른다. [문단 모양] 대화상자에서 줄 간격을 '180%'로 수정하고 〈설정〉 버튼을 클릭한다.

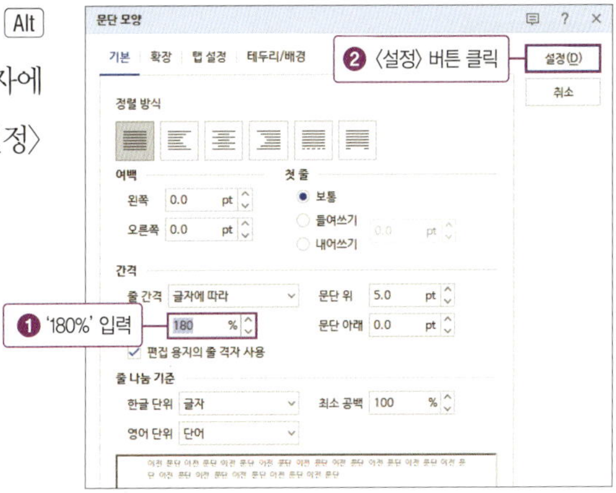

문단 여백 설정하기

❶ 2페이지에서 '제5조(국가 등의 책무)' 다음의 '① 국가와~적용하여야 한다.' 문단을 드래그한다.

❷ **단 여백 설정 방법** 1: 단축 키 Alt+T를 누른다. [문단 모양] 대화상자에서 여백 항목 왼쪽에 '10pt'를 입력하고 〈설정〉 버튼을 클릭한다.

❸ **문단 여백 설정 방법** 2: 메뉴의 〔서식〕 탭을 선택하고 [왼쪽 여백 늘리기]를 10번 클릭한다.

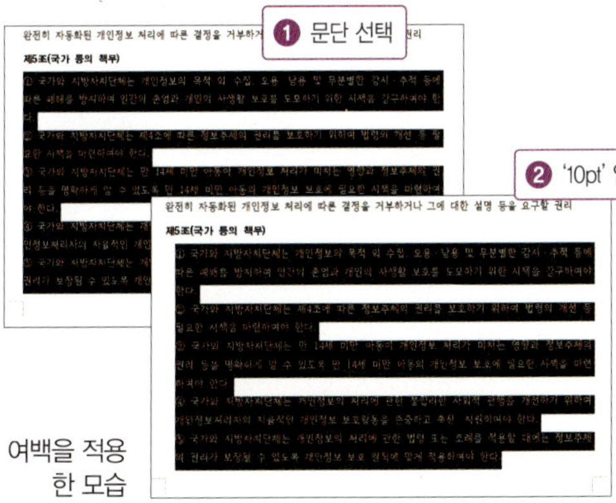

여백을 적용한 모습

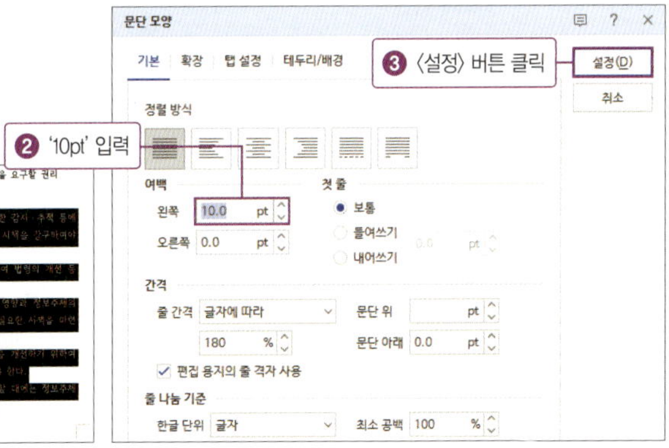

작은 연습 1

02\작은 연습 양식_위임장_2장.hwp

1. 줄 간격을 '160%'로 수정한다.
2. 문단 여백은 왼쪽을 '10pt', 오른쪽을 '10pt'로 수정한다.

2.2 들여쓰기와 내어쓰기

HANGUL

들여쓰기와 내어쓰기는 문단의 첫 줄 모양을 결정하는 방식이다. 들여쓰기를 적용하면 문단의 첫 줄이 왼쪽 여백보다 오른쪽으로 들어가고, 내어쓰기를 적용하면 문단의 첫 줄을 제외한 나머지 문단이 왼쪽으로 들어간다. 이번에는 들여쓰기와 내어쓰기를 사용하는 방법에 대해 배운다.

들여쓰기

❶ '제1조(목적)' 다음 문장인 '이 법은…' 문단을 드래그하여 선택한다.

❷ **들여쓰기 방법** 1: 단축 키 Alt+T를 누른다. [문단 모양] 대화상자에서 첫 줄 항목의 [들여쓰기]를 클릭하고 〈설정〉 버튼을 클릭한다.

❸ **들여쓰기 방법** 2: 메뉴의 〔서식〕 탭에서 [첫 줄 들여쓰기]를 10번 클릭한다.

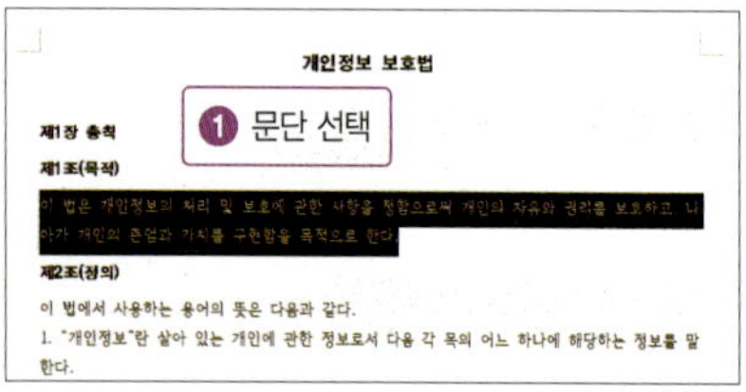

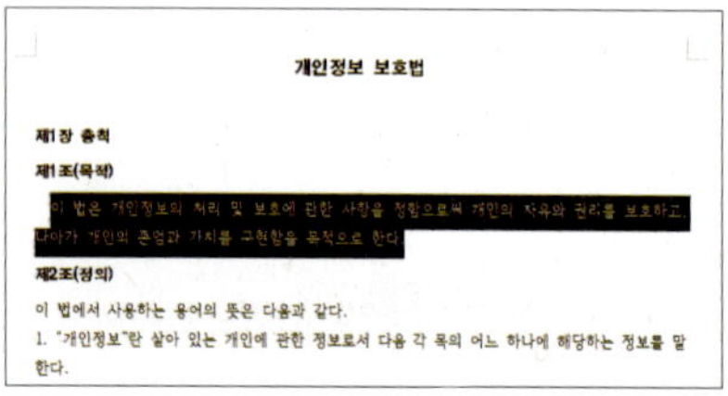

첫 줄 들여쓰기를 적용한 모습

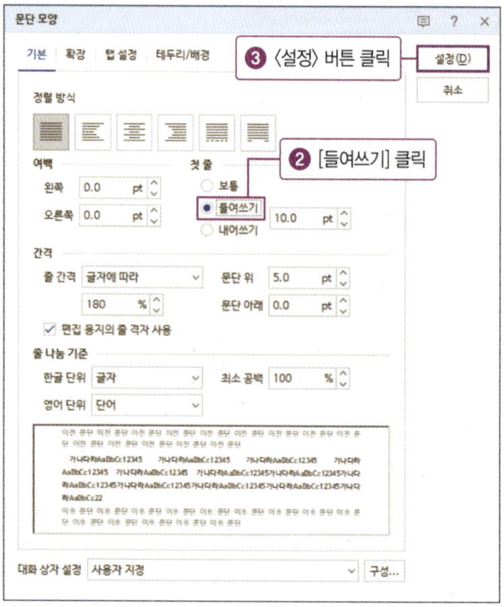

내어쓰기

❶ 2페이지에서 '제5조(국가 등의 책무)' 다음의 '① 국가와～적용하여야 한다.' 문단을 드래그하여 선택한다.

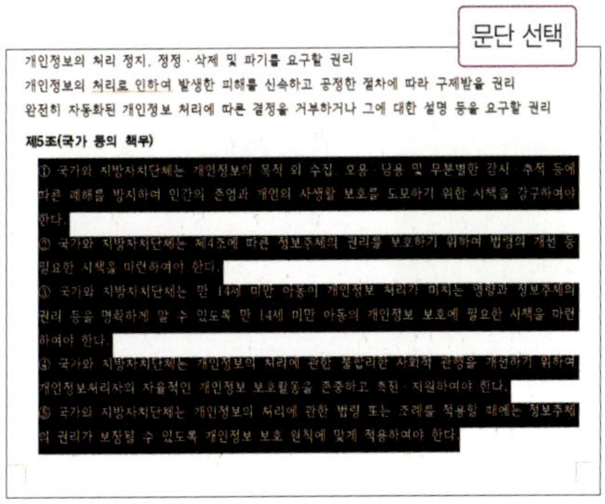

❷ **내어쓰기 방법** 1: 단축 키 Alt+T를 누른다. [문단 모양] 대화상자에서 첫 줄 항목의 [내어쓰기]를 클릭하고 〈설정〉 버튼을 클릭한다.

❸ **내어쓰기 방법** 2: 메뉴의 〔서식〕 탭에서 [첫 줄 내어쓰기]를 10번 클릭한다.

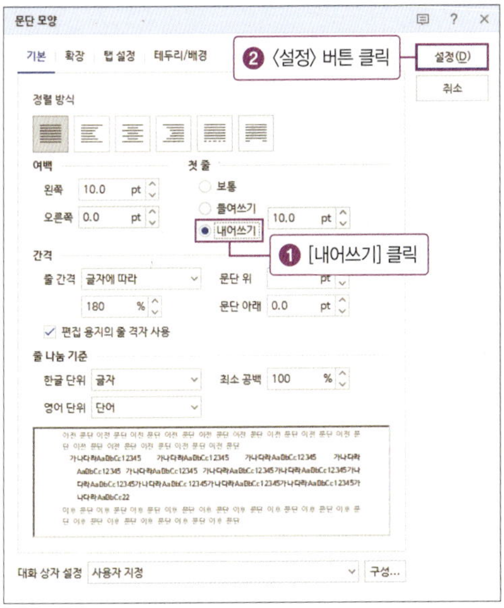

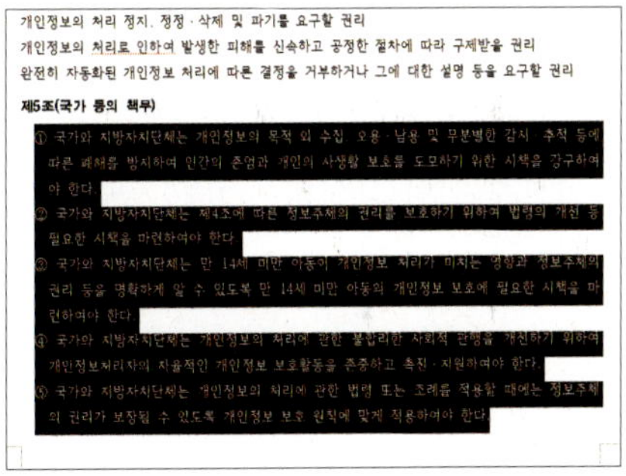

첫 줄 내어쓰기를 적용한 모습

알아두세요 **들여쓰기**

보고서를 작성할 때는 중심 문장에 따라 문단을 나누어야 한다. 각 문단이 나뉠 때마다 들여쓰기를 해야 한다. 들여쓰기는 직접 설정하거나 Spacebar를 두 번 눌러서도 할 수 있다.

작은 연습 2

부분은 들여쓰기를 선택한다.

HANGUL

2.3 글머리표와 문단 번호 사용하기

요약된 문단 또는 문장을 표현할 때는 글머리표[1]를 사용하며, 흐름이 있는 내용을 정리할 때 문단 번호를 활용할 수 있다. 이번에는 글머리표와 문단 번호를 사용하는 방법에 대해 배운다.

글머리표 사용하기

❶ '제4조(정보주체의 권리)' 아래에 있는 내용 중 '정보주체는 자신의~설명 등을 요구할 권리' 문단을 드래그하여 선택한다.

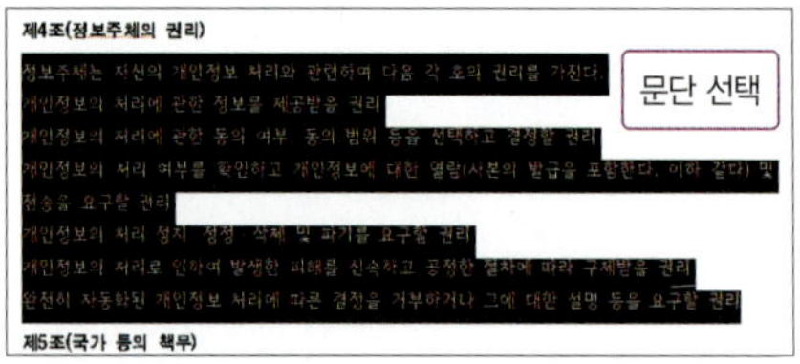

❷ 메뉴에서 [서식] 탭을 선택하고 [글머리표] 오른쪽 드롭다운[2] 버튼을 클릭한다.

❸ '◆' 모양의 글머리표를 선택하고 적용된 것을 확인한다.

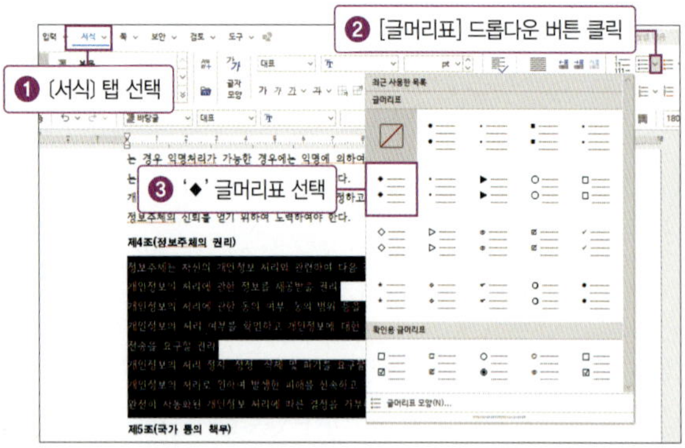

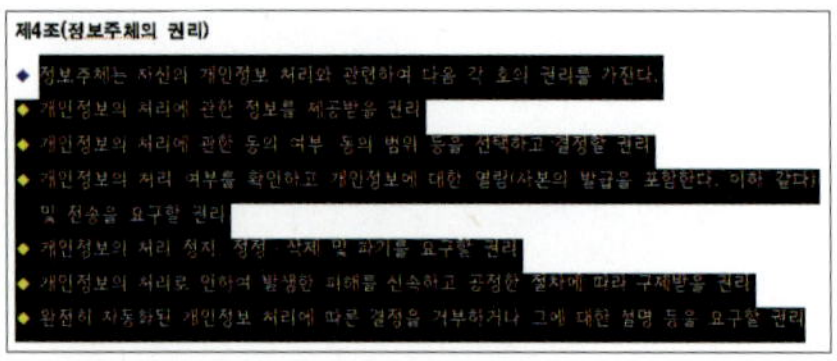

글머리표 사용 확인

1 보고서나 안내문 작성을 할 때 항목 앞에 넣는 표시이다. (예: •, ■, ◆ 등)

2 메뉴 버튼의 오른쪽이나 아래에 있는 작은 버튼으로, 사용자가 선택할 수 있는 여러 가지 중 하나를 선택할 수 있게 하는 버튼이다.

문단 번호 사용하기

❶ '제3조(개인정보 보호 원칙)' 아래 문단을 드래그[3]하여 선택한다.

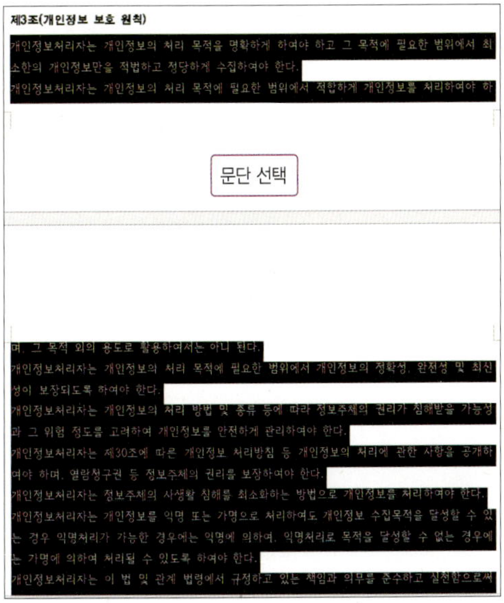

❷ 메뉴에서 〔서식〕 탭의 [문단 번호] 오른쪽 드롭다운 버튼을 클릭한다.

❸ 첫 번째 문단 번호 모양을 선택하고 적용된 것을 확인한다.

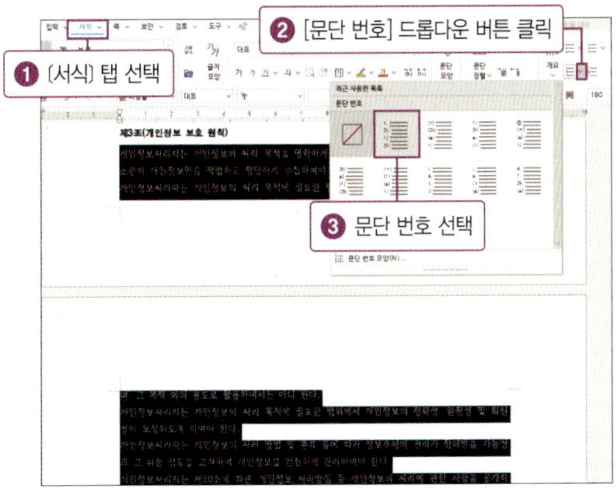

문단 번호 사용 확인

알아두세요 시작 번호를 변경할 때 개요 번호와 문단 번호는 형태는 비슷하지만 의미는 다르기 때문에 문단 번호로 사용하는 것이 좋다.

---

3 마우스 왼쪽 버튼을 클릭한 채 원하는 부분을 선택하는 것이다.

시작 번호 변경하기

❶ '제3조(개인정보 보호 원칙)' 아래에 있는 문장에서 두 번째 문단 번호 '1.' 뒤에 커서를 놓는다.

❷ 메뉴에서 〔서식〕 탭을 선택하고 [문단 번호] → 개요 버튼 오른쪽 [문단 번호 모양]을 클릭한다.

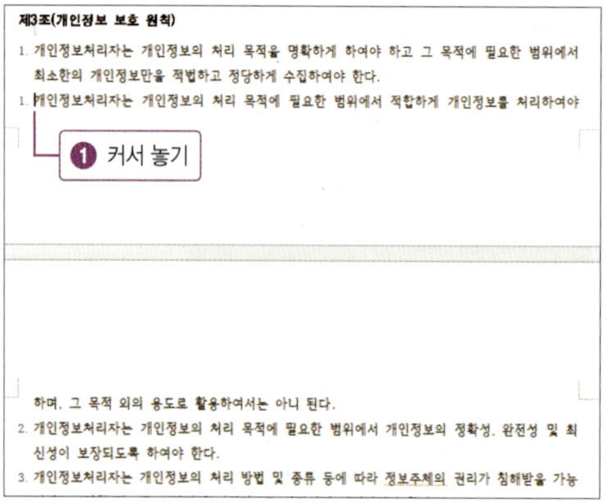

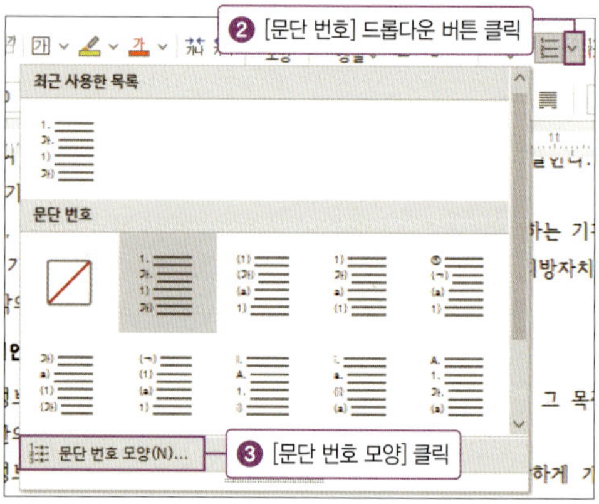

❸ [글머리표 및 문단 번호] 대화상자에서 〔문단 번호〕 탭을 선택한다. 시작 번호 방식 항목에서 [새 번호 목록 시작]을 클릭하고, 1수준 시작 번호에 '2'를 입력한 후 〈설정〉 버튼을 클릭한다.

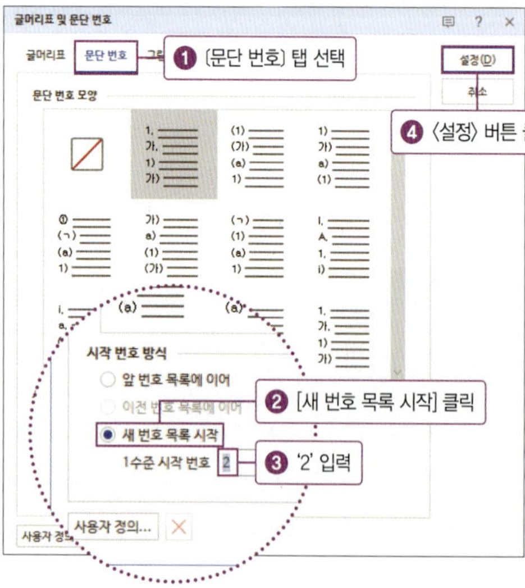

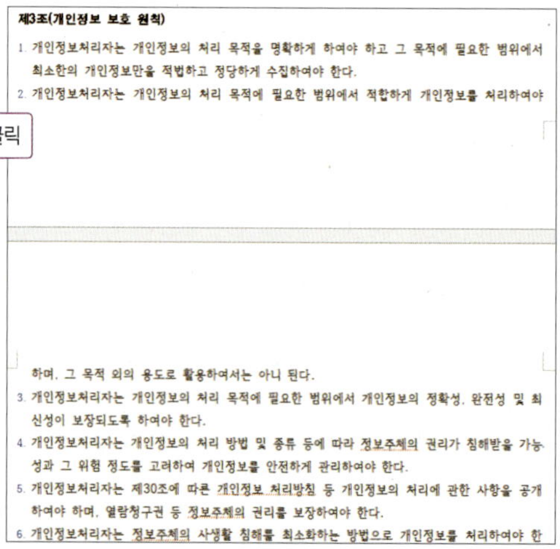

바뀐 문단 번호 확인

☑ 작은 연습 3

'기타사항'의 시작 번호를 1번부터 시작한다.

2.4 찾기와 찾아 바꾸기

여러 페이지를 포함하는 문서에서 원하는 내용을 찾기 위해서는 찾기[4] 기능을 활용한다. 또한, 찾아 바꾸기 기능을 이용하면 여러 페이지에 있는 동일한 단어나 문장을 한꺼번에 바꿀 수도 있다. 이번에는 찾기와 찾아 바꾸기를 사용하는 방법에 대해 배운다.

찾기

❶ 아무 위치에 커서를 놓는다.

❷ **찾기 방법** 1: 단축 키 Ctrl+F를 눌러 [찾기] 대화상자를 연다.

❸ **찾기 방법** 2: 메뉴에서 〔편집〕 탭을 선택한 다음 [찾기] → [찾기]를 클릭한다.

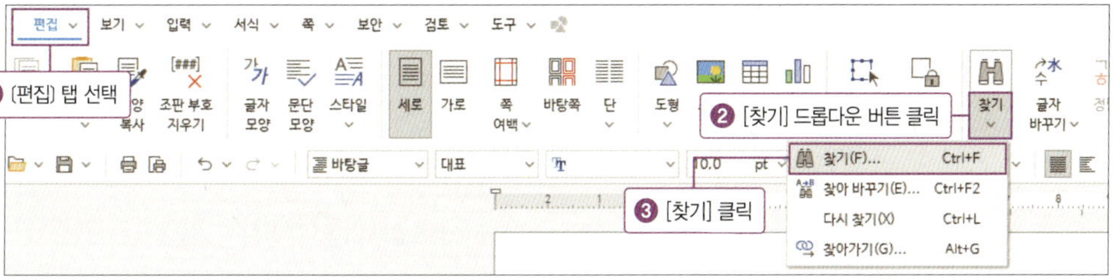

❹ [찾기] 대화상자의 찾을 내용에 '개인정보처리'를 입력하고 〈다음 찾기〉 버튼을 클릭한다.

❺ 〈다음 찾기〉 버튼을 반복해 클릭하면 계속 찾을 수 있고, 문서 끝까지 찾았을 때 처음부터 찾을 수 있다.

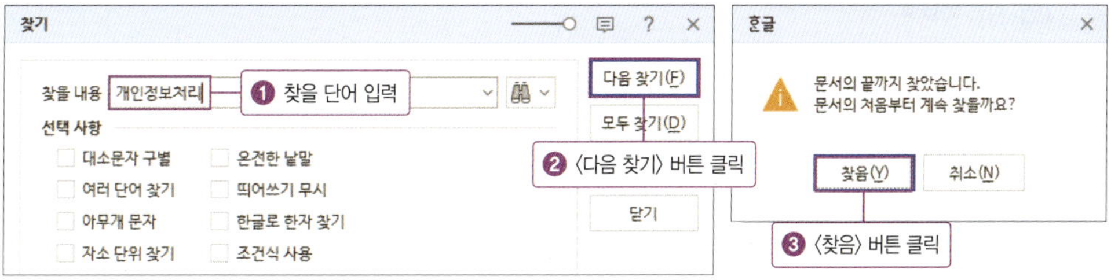

4 문서 안에서 원하는 단어나 정보가 어디에 있는지 검색한다.

찾아 바꾸기

❶ 아무 위치에 커서를 놓는다.

❷ **찾아 바꾸기 방법** 1: 단축 키 Ctrl + F2 를 눌러 [찾아 바꾸기] 대화상자를 연다.

❸ **찾아 바꾸기 방법** 2: 메뉴에서 〔편집〕 탭을 선택하고 [찾기] 아래쪽 드롭다운 버튼을 클릭한 다음 [찾아 바꾸기]를 클릭하여 [찾아 바꾸기] 대화상자를 연다.

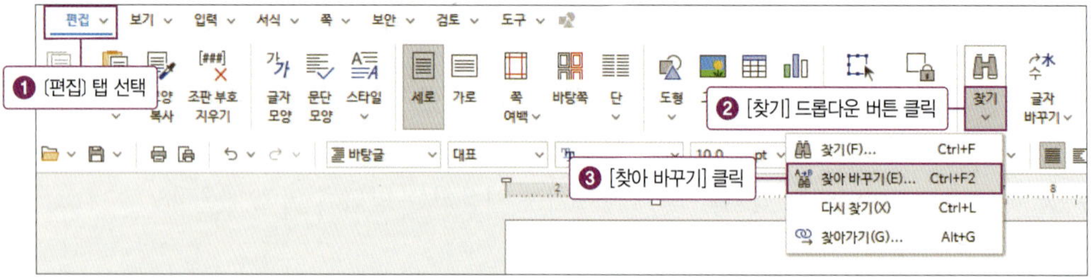

❹ [찾아 바꾸기] 대화상자에서 찾을 내용에 '가명'을 입력한 다음 바꿀 내용에 '가명(假名)'을 입력한다. (한자 변환 방법 참고)

❺ 〈모두 바꾸기〉 버튼을 클릭하여 '가명'을 찾아 모두 '가명(假名)'으로 바꾼다.

❻ 문서의 처음부터 계속 찾기 위해 〈찾음〉 버튼을 클릭하여 모두 바꾼다.

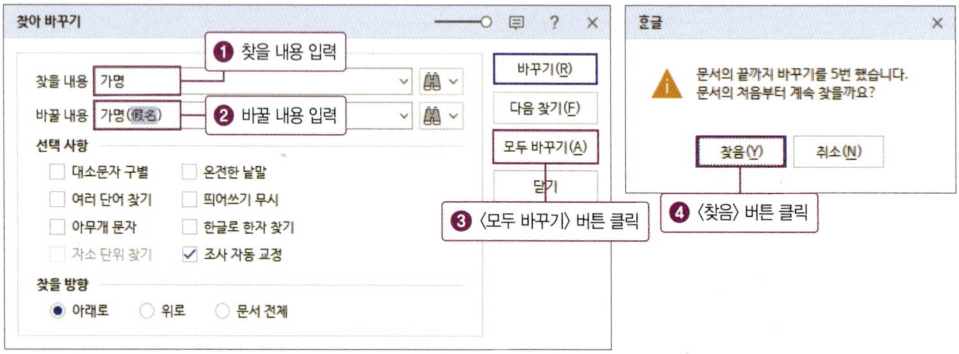

작은 연습 4

날짜에서 '201'을 찾아 '202'로 바꾼다.

2.5 문단 구분선 사용하기

문단을 시각적으로 확실하게 구분하는 방법 중 하나는 문단 구분선을 사용하는 것이다. 이번에는 문단 구분선을 어떻게 사용하는지에 대하여 배운다.

문단 구분선 넣기

❶ 3페이지의 '제2장 개인정보 보호정책의 수립 등' 문장 위쪽에 클릭해 커서를 놓는다.

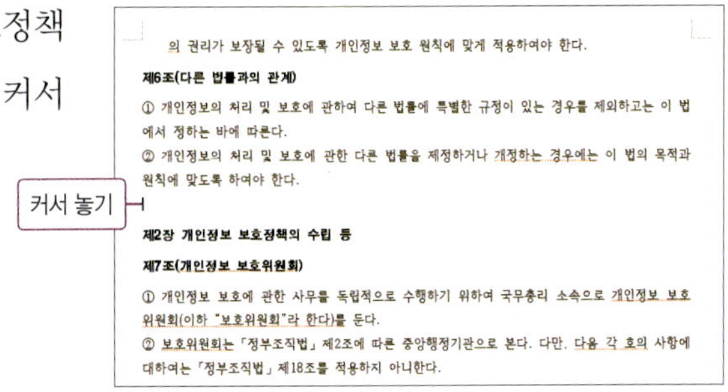
의 권리가 보장될 수 있도록 개인정보 보호 원칙에 맞게 적용하여야 한다.
제6조(다른 법률과의 관계)
① 개인정보의 처리 및 보호에 관하여 다른 법률에 특별한 규정이 있는 경우를 제외하고는 이 법에서 정하는 바에 따른다.
② 개인정보의 처리 및 보호에 관한 다른 법률을 제정하거나 개정하는 경우에는 이 법의 목적과 원칙에 맞도록 하여야 한다.
제2장 개인정보 보호정책의 수립 등
제7조(개인정보 보호위원회)
① 개인정보 보호에 관한 사무를 독립적으로 수행하기 위하여 국무총리 소속으로 개인정보 보호위원회(이하 "보호위원회"라 한다)를 둔다.
② 보호위원회는 「정부조직법」 제2조에 따른 중앙행정기관으로 본다. 다만, 다음 각 호의 사항에 대하여는 「정부조직법」 제18조를 적용하지 아니한다.

❷ '---'를 입력하고 Enter를 누른다.

❸ 문단 구분선이 추가된 것을 확인한다.

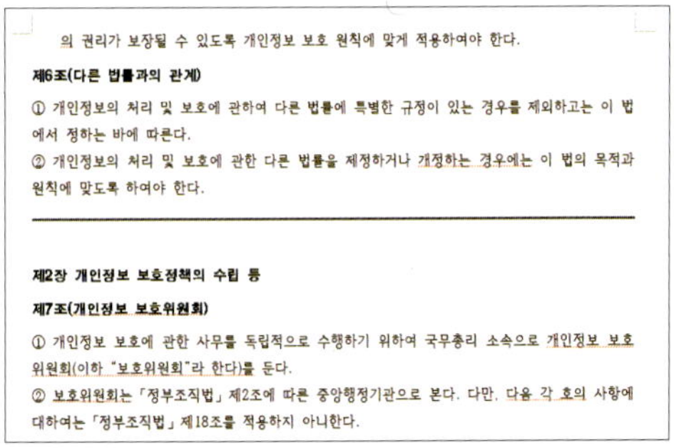
의 권리가 보장될 수 있도록 개인정보 보호 원칙에 맞게 적용하여야 한다.
제6조(다른 법률과의 관계)
① 개인정보의 처리 및 보호에 관하여 다른 법률에 특별한 규정이 있는 경우를 제외하고는 이 법에서 정하는 바에 따른다.
② 개인정보의 처리 및 보호에 관한 다른 법률을 제정하거나 개정하는 경우에는 이 법의 목적과 원칙에 맞도록 하여야 한다.
제2장 개인정보 보호정책의 수립 등
제7조(개인정보 보호위원회)
① 개인정보 보호에 관한 사무를 독립적으로 수행하기 위하여 국무총리 소속으로 개인정보 보호위원회(이하 "보호위원회"라 한다)를 둔다.
② 보호위원회는 「정부조직법」 제2조에 따른 중앙행정기관으로 본다. 다만, 다음 각 호의 사항에 대하여는 「정부조직법」 제18조를 적용하지 아니한다.

알아두세요 '---'를 입력할 때는 ' , '와 같은 따옴표를 입력하지 않는다.

문단 구분선 변경하기

❶ 문단 구분선을 클릭하여 선택한다.

❷ 메뉴 오른쪽의 '도형' 아이콘( )을 클릭한 후 [도형 윤곽선[5]] 오른쪽 드롭다운 버튼을 클릭하고 [주황]을 클릭한다.

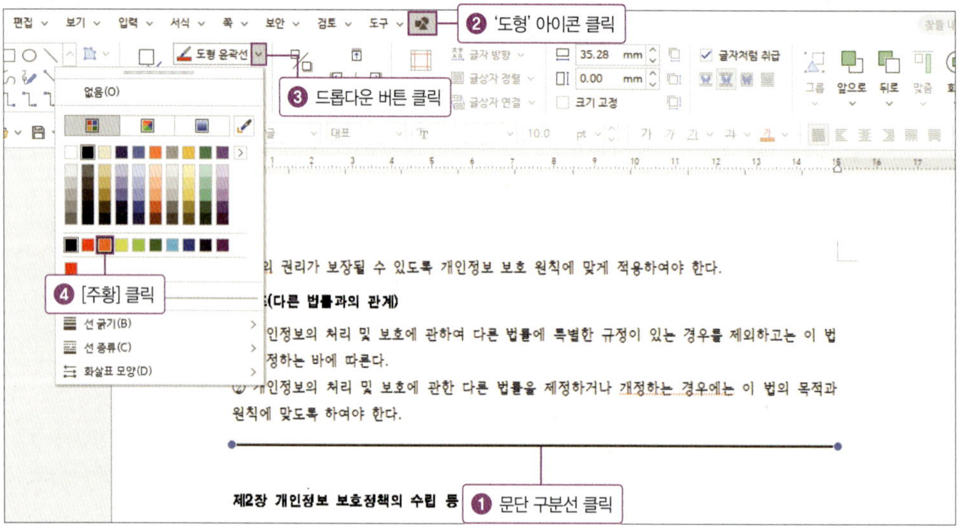

❸ [도형 윤곽선] 오른쪽의 드롭다운 버튼을 클릭하고 [선 굵기] → [0.7mm]를 클릭한다.

❹ 다시 한 번 [도형 윤곽선] 오른쪽의 드롭다운 버튼을 클릭한 다음 [선 종류] → [---(파선)]을 클릭한다.

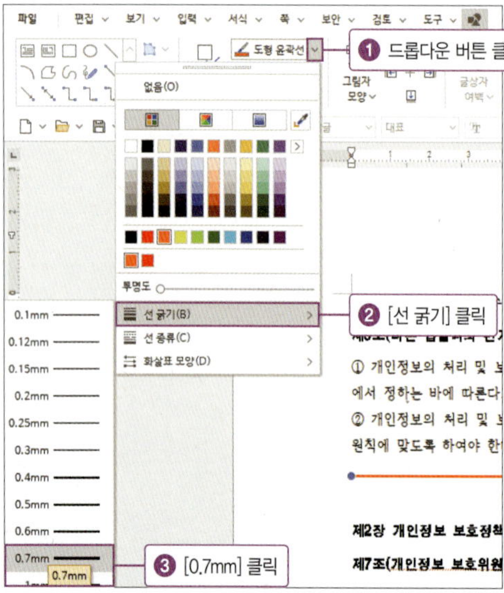

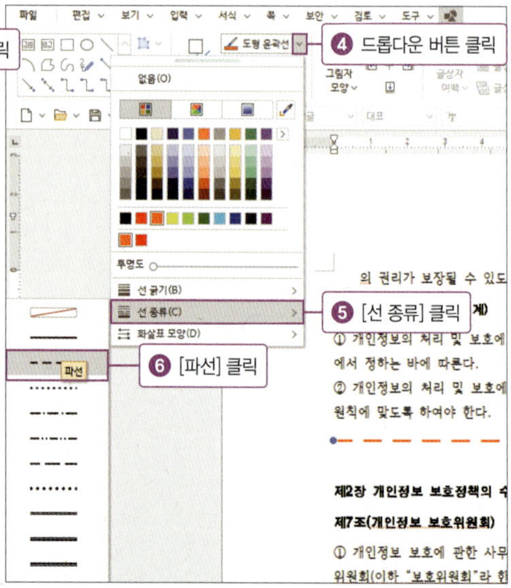

5 도형의 테두리에 그리는 선이다.

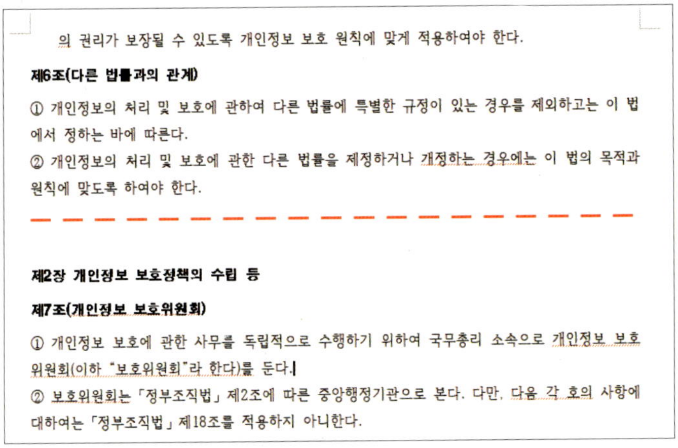

의 권리가 보장될 수 있도록 개인정보 보호 원칙에 맞게 적용하여야 한다.

제6조(다른 법률과의 관계)

① 개인정보의 처리 및 보호에 관하여 다른 법률에 특별한 규정이 있는 경우를 제외하고는 이 법에서 정하는 바에 따른다.

② 개인정보의 처리 및 보호에 관한 다른 법률을 제정하거나 개정하는 경우에는 이 법의 목적과 원칙에 맞도록 하여야 한다.

제2장 개인정보 보호정책의 수립 등

제7조(개인정보 보호위원회)

① 개인정보 보호에 관한 사무를 독립적으로 수행하기 위하여 국무총리 소속으로 개인정보 보호위원회(이하 "보호위원회"라 한다)를 둔다.

② 보호위원회는 「정부조직법」 제2조에 따른 중앙행정기관으로 본다. 다만, 다음 각 호의 사항에 대하여는 「정부조직법」 제18조를 적용하지 아니한다.

문단 구분선이 완성된 모습

알아두세요

문단 구분선 변경 방법

구분선을 더블 클릭하여 [개체 속성] 대화상자의 (선) 탭을 선택하면 선의 색, 종류, 굵기 등을 변경할 수 있다.

☑ 작은 연습 5

——— 부분의 문단 구분선에서 선 굵기를 '0.5pt', 선 종류를 '실선'으로 변경한다.

2.6 문단 배경과 테두리 꾸미기

문단을 꾸미는 방법 중 하나로 문단 배경에 색을 주거나 테두리를 만들어 강조하는 방법이 있다. 이를 통해 문단을 시각적으로 더 잘 드러내거나 강조할 수 있다. 이번에는 문단 배경에 색을 적용하고 테두리를 만드는 방법에 대해 배운다.

❶ 첫 번째 페이지의 '제1조(목적)' 아래에 있는 문장을 드래그한다.

❷ 단축 키 Alt+T를 누른다.

❸ [문단 모양] 대화상자가 열리면 〔테두리/배경〕 탭을 선택한 다음 배경 항목의 '면 색'을 클릭하고 [노랑]으로 선택한다.

❹ 테두리 항목의 종류를 '…(점선)'으로 선택한다.

❺ 테두리 항목의 굵기를 '0.3mm'로 선택한다.

❻ 테두리 항목의 색을 클릭하고 [파랑]을 선택한다.

❼ [테두리 모두(⊞)]를 클릭한 다음 〈설정〉 버튼을 클릭한다.

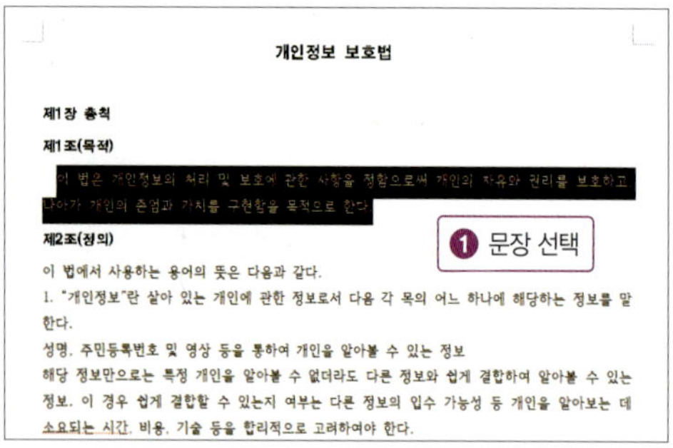

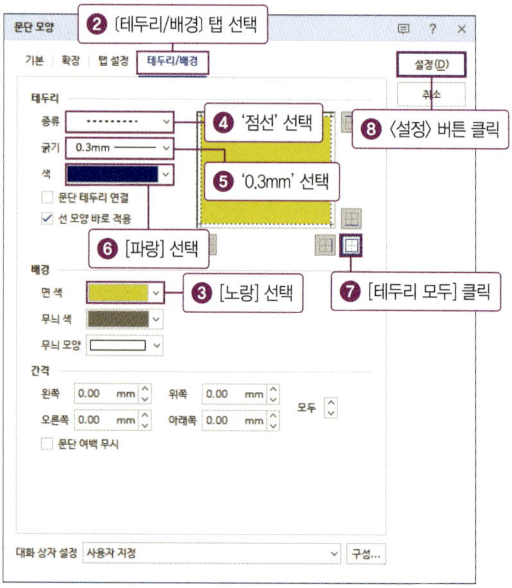

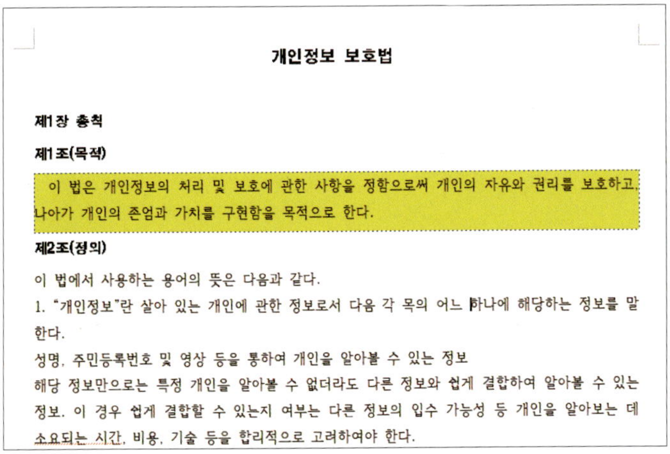

개인정보 보호법

제1장 총칙

제1조(목적)

이 법은 개인정보의 처리 및 보호에 관한 사항을 정함으로써 개인의 자유와 권리를 보호하고, 나아가 개인의 존엄과 가치를 구현함을 목적으로 한다.

제2조(정의)

이 법에서 사용하는 용어의 뜻은 다음과 같다.

1. "개인정보"란 살아 있는 개인에 관한 정보로서 다음 각 목의 어느 하나에 해당하는 정보를 말한다.

성명, 주민등록번호 및 영상 등을 통하여 개인을 알아볼 수 있는 정보

해당 정보만으로는 특정 개인을 알아볼 수 없더라도 다른 정보와 쉽게 결합하여 알아볼 수 있는 정보. 이 경우 쉽게 결합할 수 있는지 여부는 다른 정보의 입수 가능성 등 개인을 알아보는 데 소요되는 시간, 비용, 기술 등을 합리적으로 고려하여야 한다.

테두리/배경 적용한 모습

알아두세요

메뉴 이용 방법

단축 키를 사용하지 않고 메뉴에서 〔서식〕 → 〔문단 모양〕을 실행해도 [문단 모양] 대화상자를 열 수 있다.

알아두세요

주의할 점

[글자 모양] 대화상자에도 〔테두리/배경〕 탭이 있고 테두리를 만들 수 있다. 그러나 [글자 모양] 대화상자에서 테두리를 만들면 글자에 테두리가 만들어지는 것이고, [문단 모양] 대화상자에서 테두리를 만들면 한 단락에 테두리가 만들어진다.

작은 연습 6

부분에 테두리를 넣는다. (종류: 이중 실선, 굵기: 0.2pt, 색: 없음)

2.7 머리말/꼬리말 적용하기

문서에서 머리말은 문서 상단에 추가되는 내용이며, 꼬리말은 문서 하단에 추가되는 내용이다. 이를 통해 문서 제목이나 페이지 번호 등을 포함할 수 있다. 이번에는 머리말과 꼬리말을 사용하는 방법에 대해 배운다.

머리말 적용하기

❶ **머리말 적용 방법** 1: 메뉴에서 〔쪽〕 탭을 선택한 다음 [머리말] → [위쪽] → [홀수 쪽[6]] → [(모양 없음)]을 클릭한다.

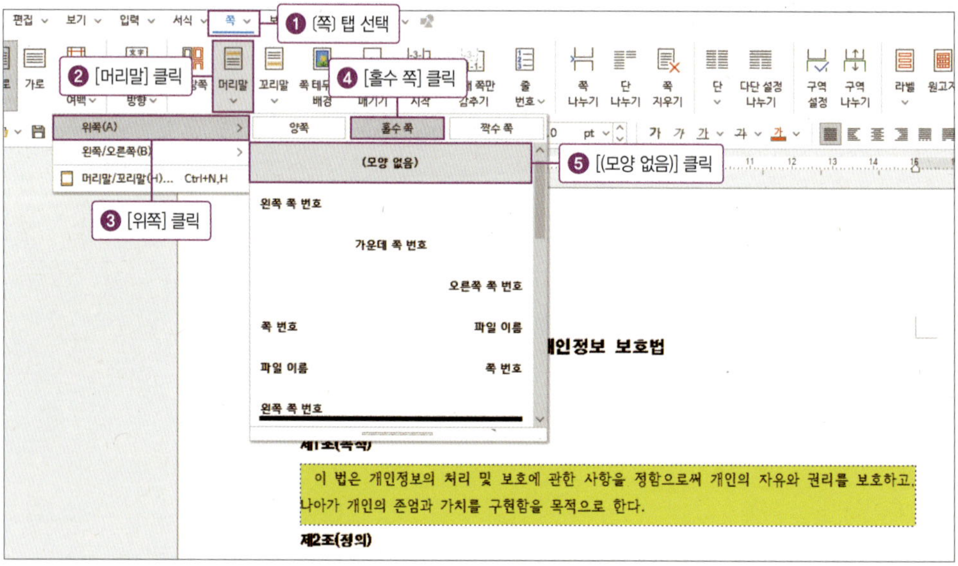

6 홀수 쪽은 책의 1, 3, 5 등의 면을 말한다. 짝수 쪽은 책의 2, 4, 6 등의 면을 말한다.

❷ **머리말 적용 방법** 2: 메뉴의 〔쪽〕 탭을 선택하고 [머리말] → [머리말/꼬리말]을 클릭한다. [머리말/꼬리말] 대화상자에서 종류 항목의 [머리말]을 클릭한다. 위치 항목의 [홀수 쪽]을 클릭하고, 머리말/꼬리말 마당 항목에서 [(모양 없음)]을 클릭한 다음 〈만들기〉 버튼을 클릭한다.

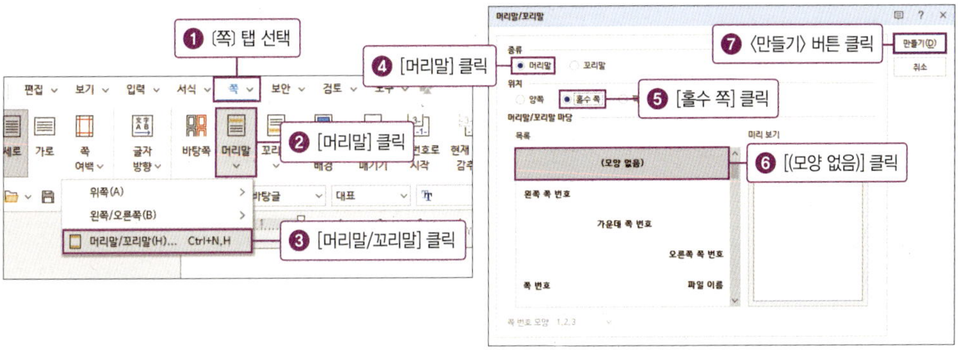

❸ '– 머리말(홀수 쪽) –' 아래에 '개인정보 보호법'을 입력한다.

❹ 서식 도구모음에서 [오른쪽 정렬]을 클릭한다.

❺ 메뉴에서 〔머리말/꼬리말〕 탭의 [닫기]를 클릭한다.

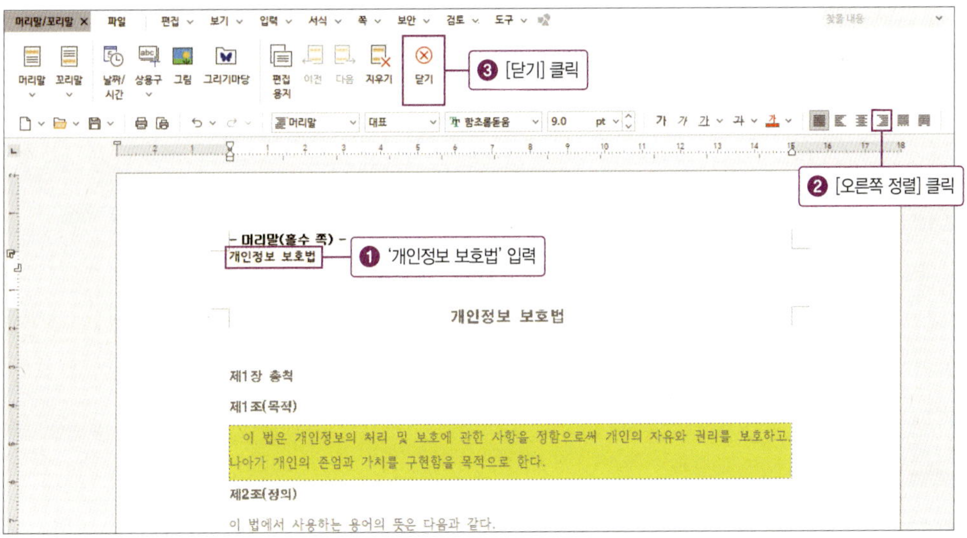

❻ 홀수 페이지마다 '개인정보 보호법' 머리말을 확인한다.

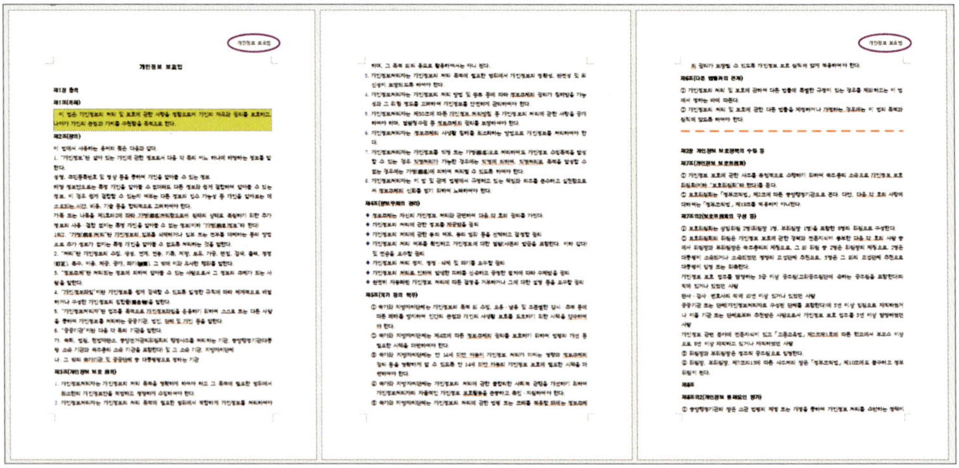

꼬리말 적용하기

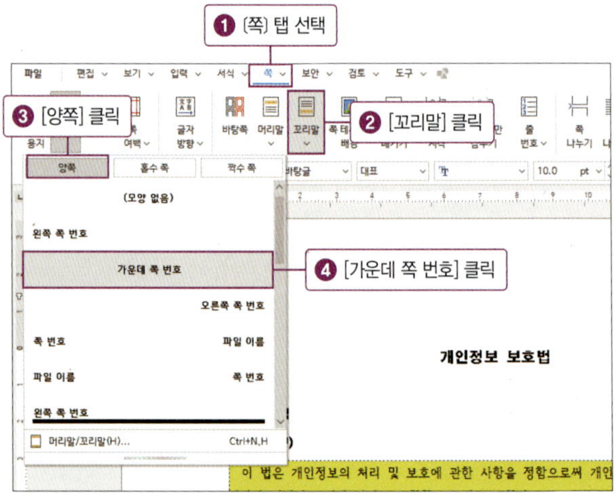

❶ **꼬리말 적용 방법 1**: 메뉴의 [쪽] 탭을 선택하고 [꼬리말] → [양쪽] → [가운데 쪽 번호]를 클릭한다.

❷ **꼬리말 적용 방법** 2: 메뉴의 [쪽] 탭을 선택하고 [꼬리말] → [머리말/꼬리말]을 클릭한다. [머리말/꼬리말] 대화상자에서 종류 항목은 [꼬리말], 위치 항목은 [양쪽], 머리말/꼬리말 마당 항목에서 [가운데 쪽 번호]를 클릭한 다음 〈만들기〉 버튼을 클릭한다.

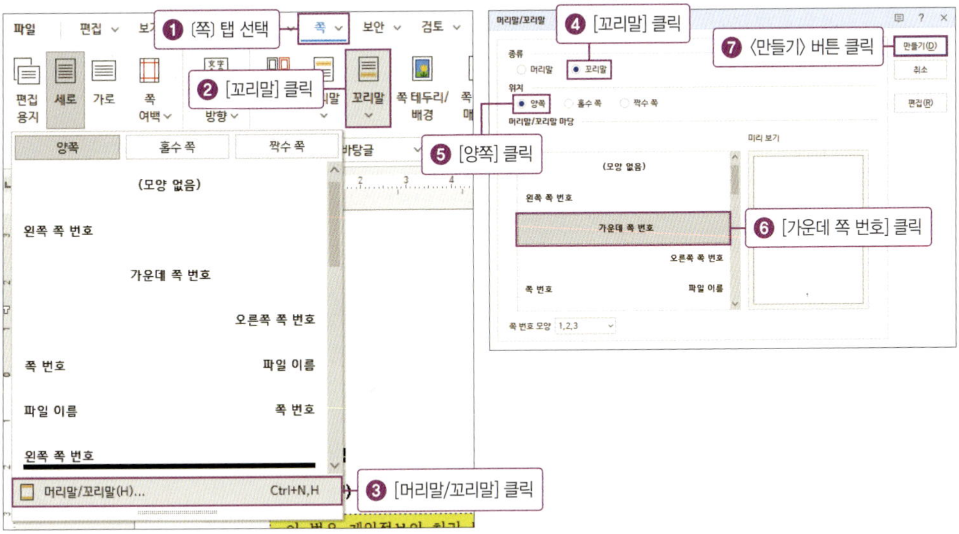

❸ 페이지마다 쪽 번호를 확인한다.

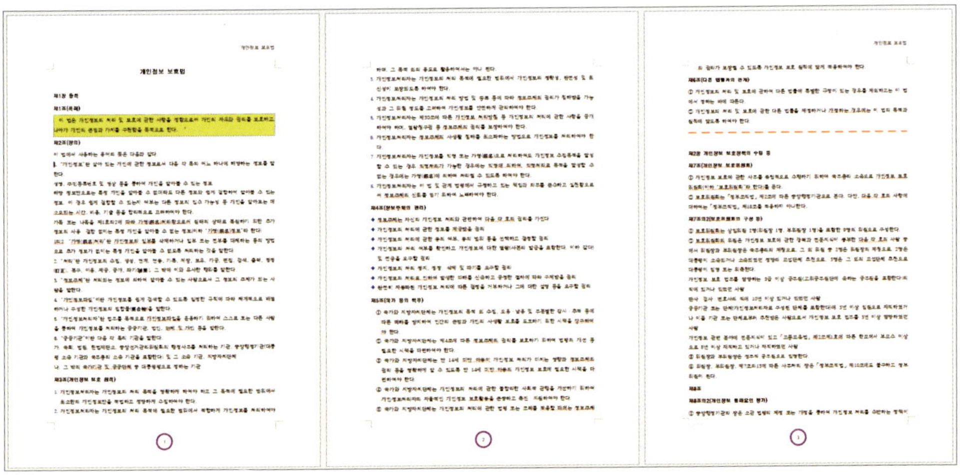

작은 연습 7

'위임장'을 '주식양도위임장'으로 변경하고 양쪽으로 설정하여 머리말을 만든다.

2.8 활용하기 1

다음 조건에 맞게 보고서를 수정하세요.

- 줄 간격: 180%, 글꼴: 굴림, 글자 크기: 12pt
- 들여쓰기: 10pt
- 찾아 바꾸기: Ⅰ→1, Ⅱ→2
- 꼬리말: 가운데 쪽 번호

Ⅰ. 서론

한국어 교사는 한국어를 가르치는 사람을 포괄적으로 일컫는 말로 외국인 학습자들이 한국어를 배울 때 의지하는 존재이기도 하다. 한국어 교사의 역할은 학습자들의 성취도에 영향을 줄 정도로 매우 중요한데 학습자들의 경우 교사에 대한 의존도가 매우 높기 때문에 교실 수업의 성패가 교사의 역할에 달렸다고 해도 과언이 아니다. 이처럼 한국어 교사는 단순히 지식만을 전달하는 것이 아닌 다양한 역할을 해야 하며 교사로서의 자질을 갖추고 있어야 한다. 따라서 이 보고서에서는 수업에서 큰 역할을 차지하는 교사의 역할을 살펴보고 교사가 갖추고 있어야 할 자질은 무엇인지 살펴보도록 하겠다.

Ⅱ. 한국어 교사의 역할

한국어 교사의 역할은 총 6가지로 나누어 볼 수 있다.
첫째는 '통제자로서의 역할'이다. 교사는 수업 시간과 내용, 학습자들을 통제할 수 있어야 한다. 목표어 학습에 학습자들이 지나치게 산만해지지 않고 집중할 수 있도록 교수가 적절하게 통제해야 한다. 그렇다고 강력하게 통제를 해서는 안 된다. 편안한 분위기에서 학습자들이 부담 없이 자유롭게 목표어를 사용할 수 있도록 하는 것이 중요하다.
둘째는 '촉진자로서의 역할'이다. 언어 교실에서 학습과 활동의 주체는 '학습자'다. 교사가 아닌 학습자가 중심이 되어 스스로 주어진 과제를 수행해야 한다. 따라서 교사는 학습자가 어려움을 겪을 때 그러한 어려움을 극복하면서 과제를 수행할 수 있도록 실마리를 제공하는 촉진자로서의 역할을 하는 것이 필요하다.
셋째는 '상담자로서의 역할'이다. 외국어 학습은 이겨내야 할 난관이 많은 활동이다. 교사는 학습자와 수시로 이야기를 나누며 학습자가 겪게 되는 어려움이나 심리적 부담감, 두려움 등을 이겨나갈 수 있도록 '상담자'의 역할을 하는 것이 중요하다. 친구에게 고민을 이야기하는 것과 다르게 교사에게 상담하는 것은 심리적 안정을 줄 수 있기 때문에 교사는 이런 학습자들의 이야기를 잘 들어 주어야 한다.
넷째는 '관찰자로서의 역할'이다. 언어 교실에서 학습자는 목표어를 배우는 동안 단계별로 유사한 오류를 일으키는 경우가 많으며 학습자의 개인적 특성에 따라 수업에 참여하는 방식이나 유형이 다양하다. 교사는 학습자가 겪게 되는 오류 및 학습 성향에 관심을 가지면서 관찰할 필요가 있다. 학습자에 따라 오류의 종류가 다르므로 학습자에 따라 적절한 조언을 제공하는 것이 중요하다.
다섯째는 '참여자로서의 역할'이다. 언어 교실에서 토론이나 역할극 활동 등을 진행한다면 교사도 학습자들과 함께 하는 것이 좋다. 그러한 활동을 하면서 학습자들에게 필요한 정보나 실마리를 제공하며 학습자와의 유대감을 강화하는 기회로 활용할 수도 있다. 다만 이때 외국어 학습의 주체는 '학습자'임을 잊지 말고 교사가 중심이 되어서는 안 된다.
마지막으로 '평가자로서의 역할'이다. 활동이나 과제 수행이 끝날 때마다 교사는 학습자에게 적절하고 구체적인 평가를 해 주어야 한다. 학습자에게 어떤 점이 좋았고 어떤 점이 부족한지 피드백을 해 주면 학습자는 그를 바탕으로 잘한 부분에서는 격려를 느끼고 부족한 부분에서는 보완하는 노력을 할 수 있다. 다만, 학습자들의 활동이나 과제 수행에 방해가 되는 조언이나 피드백은 하지 않는 것이 좋다.

2.9 활용하기 2

다음 조건에 맞게 문서를 수정하세요.

- 줄 간격: 180%, 글꼴: 함초롬바탕, 글자 크기: 13pt
- 들여쓰기: 15(노란색 부분)
- 테두리: 문서 전체
- 머리말: ㅇㅇ회사(양쪽에 넣기)
- 찾아 바꾸기: 사업주 → 갑, 근로자 → 을

근로계약서

_______(이하 "사업주"라 함)과(와) _______(이하 "근로자"라 함)은 아래 근로조건을 성실히 이행할 것을 약속하고 다음과 같이 근로계약을 체결한다. 아래의 사항이 지켜지지 않을 시 계약은 파기될 수 있다.

---

1. 근 로 장 소: ㅇㅇㅇ

2. 근 무 장 소:

3. 업무의 내용:
4. 근로 시간: 　시　분부터　시　분까지
(휴게시간: 　시　분부터　시　분)
5. 근무일/휴일: 매주　일 근무, 주휴일 매주　일
6. 임 금
- 월급: 　　원
- 상여금: 있음( ) 　　원, 없음( )
- 기타급여: 있음( ) 　　원, 없음( )
- 임금지급일: 매월　일
- 월차휴가: 의무 사용 원칙
7. 수습 기간
입사일로부터 ㅇ개월로 수습 기간 중의 급여는 신입사원의 경우에만 지급액의 ㅇ%를 급여로 지급한다.

8. 퇴직급
1년 이상 근속한 경우 근로기준법에 정한 바를 따른다.

9. 퇴직 절차
사직일로부터 ㅇ일 전에 사직서를 제출하고 업무 인수인계 후 퇴직한다.

10. 근로계약 해지 사유
- 취업규칙 또는 정당한 업무 명령을 위반하였을 경우
- 무단결근 3일 이상(지각, 조퇴 3회는 결근 1일로 간주)
- 근로계약기간이 종료된 경우
- "사업주"의 발주처로부터 "근로자"의 귀책사유로 교체요청이 있을 때
- 수습 기간 중 근로에 적합하지 않다고 판단한 경우

2.10 도움주기

보고서에서 사용하는 문장

- 보고서에서는 '-한다.', '-이다.'를 사용한다.
- 단, 자기소개서[7]에서는 '-습니다.'를 사용할 수 있다.

연습문제 다음 문장을 보고서에 맞게 고쳐 보세요.

❶	가을은 천고마비[8]의 계절이라고 해요.		
❷	유아기[9]에는 다양한 소근육[10]이 발달합니다.		
❸	K-POP의 인기는 날이 갈수록 높아지고 있어요.		
❹	요즘 젊은 사람들의 데이트 문화가 많이 변화하고 있대.		
❺	AI의 발달로 인간 생활이 매우 편리해질 것으로 예상돼요.		
❻	컴퓨터 공학 기술은 모든 산업 분야에 깊은 관련이 있습니다.	➡	
❼	한국의 봄은 꽃샘추위[11] 때문에 추워서 옷을 따뜻하게 입어야 해.		
❽	적극적으로 행동해야 할 상황에서는 빨간 옷을 입는 것이 도움이 됩니다.		
❾	뉴미디어[12]는 전달되는 정보의 종류에 따라 방송, 통신, 출판 분야로 나뉩니다.		
❿	전기 자동차[13]의 개발은 대기오염[14] 문제를 해결할 수 있고 가격 면에서도 경제적입니다.		

---

7 자기의 이름, 경력, 계획이나 희망 따위를 적어서 제출하는 글이다.
8 하늘은 높고 말이 살찐다는 뜻으로, 하늘이 맑아 높푸르게 보이고 온갖 곡식이 익는 가을철을 이른다.
9 만 1세부터 6세까지의 어린 시기이다.
10 손이나 손가락 따위의 움직임과 관련된 작은 근육을 말하며, 주로 정교하고 세밀한 움직임에 사용된다.
11 이른 봄, 꽃이 필 때의 추위를 말한다.
12 통신 기술의 발달로 등장한 새로운 매체이다. 이용자가 원할 때 정보를 얻을 수 있고 사회의 정보화를 빠르게 만든다. 문자,
13 다중 방송, 쌍방향 케이블 텔레비전, 인터넷 등이 있다.
14 공장이나 자동차 등에서 나오는 매연, 먼지, 가스 때문에 공기가 오염된다.

3장

페이지와 개체 다루기

학 습 목 표

- 편집 용지를 설정하는 것을 안다.
- 쪽과 관련된 기능을 익힌다.
- 각주와 미주의 사용법을 안다.
- 문서에 그림을 삽입하는 방법을 익힌다.

3.0 알아두기

HANGUL

한글에서 문서를 보다 전문적이고 다양한 형태로 편집할 수 있도록 페이지와 개체를 다루기 위해 편집 용지 설정, 쪽 번호 및 다단 사용, 쪽 나누기와 구역 나누기, 각주와 미주 사용, 그림 삽입 및 도형 다루기 전에 알아두어야 할 용어들을 살펴보자.

용어	그림	설명
용지	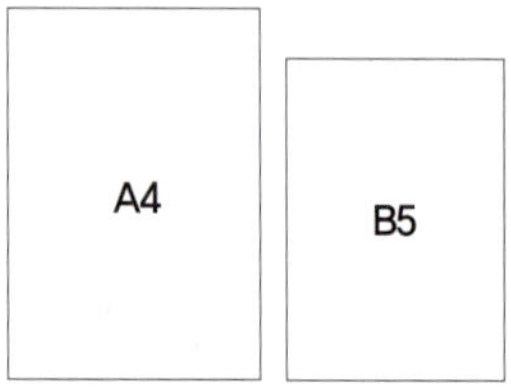	**용지를 ○○○으로 설정하다, 편집 용지** 의미: 종이 예 용지 방향을 가로로 설정했습니다.
감추기	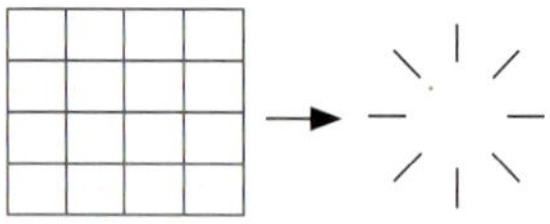 〈표 1〉	**감추기, □□□을/를 감추다.** 의미: 어떤 것을 보이지 않게 함 예 파일에서 표를 안 보이게 감추었습니다.
다단		**다단을 △△△으로 설정하다, 다단 편집** 의미: 문서를 작성할 때 사용하는 단 예 보고서는 다단을 2개로 설정해서 작성하세요.
구분선	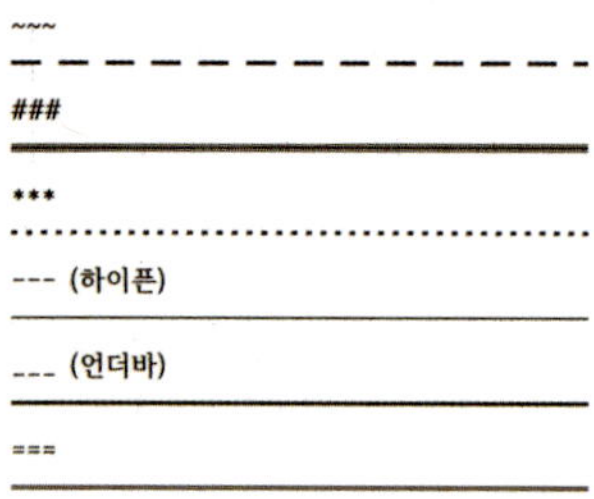	**구분선을 넣다, 구분선을 그리다, 구분선** 의미: 구분하기 위해 만든 선 예 문장 아래에 구분선을 넣어서 구별해 주세요.
구역	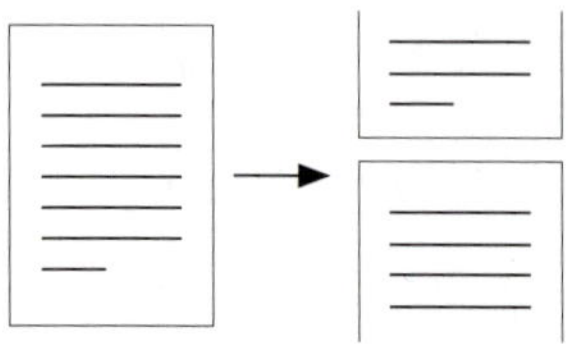	**구역을 나누다, 구역을 설정하다, 구역 나누기** 의미: 어떤 특정 부분 또는 지역 예 구역 나누기를 해서 페이지를 나누어 주세요.

각주	직무 관련 글과 자기표현 글 중 무엇을 더 많이 쓰고 있느냐고 물었다. --- 4) 이는 김정숙(1999), 이은경(20120), 신영지(2016), 이은진 · 권연진(2020)에서도 언급된 부분으로, 본 연구의 조사에서도 동일하게 나타났다.	**각주를 달다, 각주** 의미: 본문 내용을 보충하거나 쉽게 풀어쓴 것을 본문 아래에 쓴 것 예 보고서를 쓸 때 <u>각주</u>를 넣어주세요.
미주	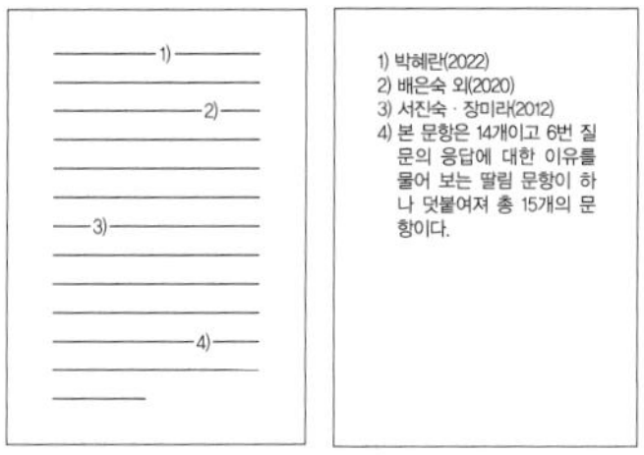	**미주를 달다, 미주** 의미: 본문 내용을 보충하거나 쉽게 풀어쓴 것을 문서 마지막에 위치하는 것 예 <u>미주</u>는 해석이 마지막 페이지에 위치하는 것입니다.
삽입	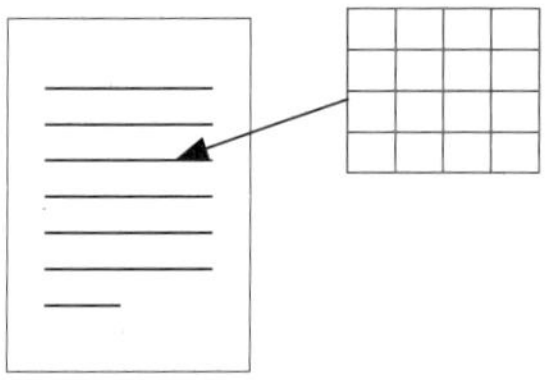	**◇◇◇을/를 삽입하다, 삽입** 의미: 문서에 그림이나 표 등을 넣음 예 그림이나 표를 <u>삽입</u>한 후 설명하는 것이 좋습니다.
개체	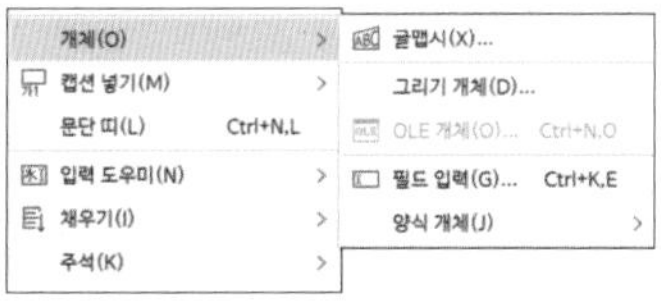	**개체, 개체 속성, 개체 묶기** 의미: 다른 단위와 구분되면서 독립적인 기능을 할 수 있는 것 예 <u>개체 속성</u>에서 '서로 겹침 허용'이 체크되어 있어야 합니다.

3.1 편집 용지 설정하기

HANGUL

문서 작성 시 사용하는 용지의 여백[1]을 설정하는 것은 중요한 작업 중 하나이다. 용지의 여백 조절은 페이지에 들어가는 내용의 양을 결정할 수 있다. 이번에는 편집 용지를 설정하는 방법에 대해 배운다.

실습 파일: 03\ch3_1.hwpx

03 폴더의 'ch3_1.hwpx' 파일을 더블 클릭하여 실행한다.

❶ **편집 용지 설정 방법** 1: 단축 키 F7을 누른다.

❷ **편집 용지 설정 방법** 2: 메뉴에서 〔편집〕 탭을 선택하고 [쪽 여백] → [쪽 여백 설정]을 클릭한다.

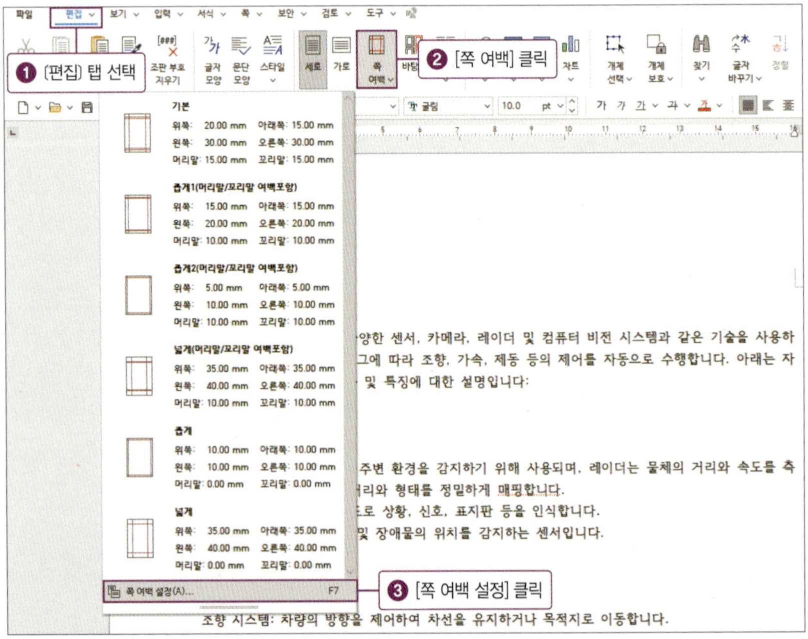

1 종이에 글을 쓰거나 그림을 그린 후에 남는 곳을 말한다.

❸ [편집 용지] 대화상자의 왼쪽, 오른쪽 여백에 각각 '25mm'를 입력하고 〈설정〉 버튼을 클릭한다.

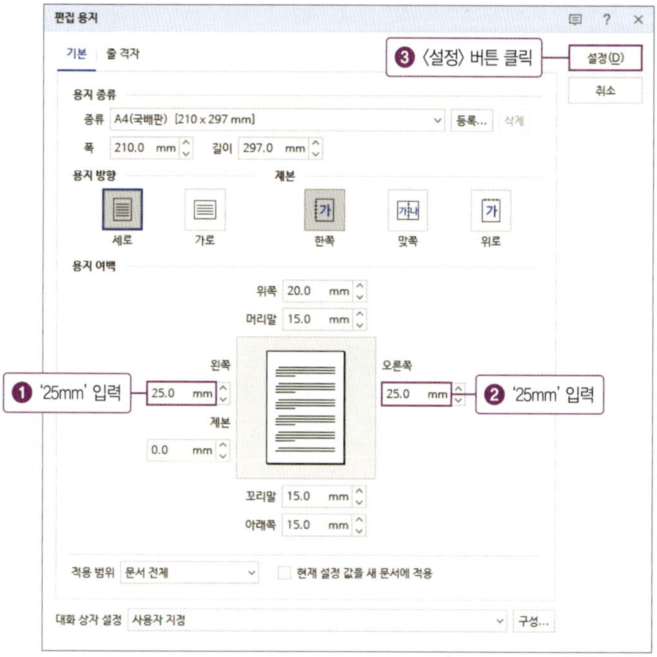

알아두세요

- 작성하는 문서에 맞도록 [쪽 여백]을 [기본], [좁게1(머리말,꼬리말 여백 포함)] 등으로 미리 설정되어 있는 여백 값을 선택하여 이용할 수 있다.
- [편집 용지] 대화상자에서 적용 범위를 [새 구역으로]로 선택하면 페이지마다 다른 여백을 사용할 수 있다.

작은 연습 1

03\3장_작은 연습_시.hwpx

편집 용지를 다음과 같이 적용한다.

- 머리말, 꼬리말: 15mm
- 왼쪽, 오른쪽: 20mm

3.2 쪽 번호 사용하기

여러 페이지로 구성된 문서는 쪽 번호를 포함하는 게 유용하다. 쪽 번호가 있으면 원하는 페이지를 쉽게 찾을 수 있으므로 이번에는 각 페이지에 쪽 번호를 넣고 설정하는 방법에 대하여 배운다.

쪽 번호 넣기

❶ [쪽] 탭을 선택하고 [쪽 번호 매기기[2]]를 클릭한다.

❷ [쪽 번호 매기기] 대화상자에서 번호 위치를 정하고 〈넣기〉 버튼을 클릭한다.

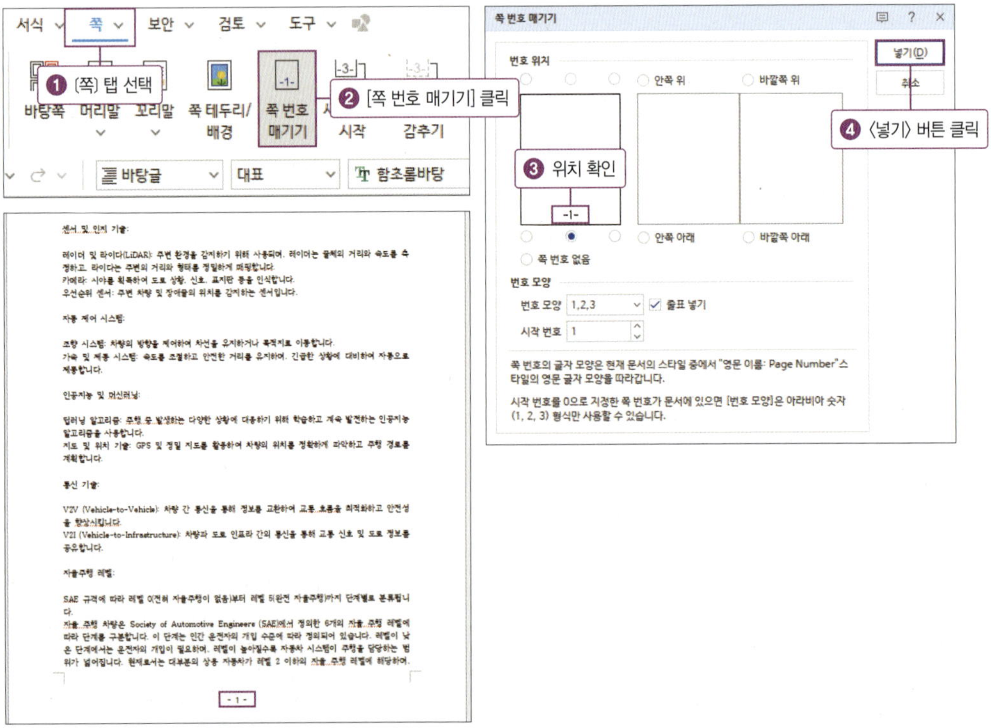

2 문서에 번호를 넣는 것을 말한다.

쪽 번호를 새 번호로 시작하기

❶ 첫 번째 페이지 아무 곳에 커서를 놓는다.

❷ [쪽] 탭을 선택하고 [새 번호로 시작]을 클릭한다. [새 번호로 시작] 대화상자에서 [쪽 번호]가 선택된 채 시작 번호를 '2'로 설정한 다음 〈넣기〉 버튼을 클릭한다.

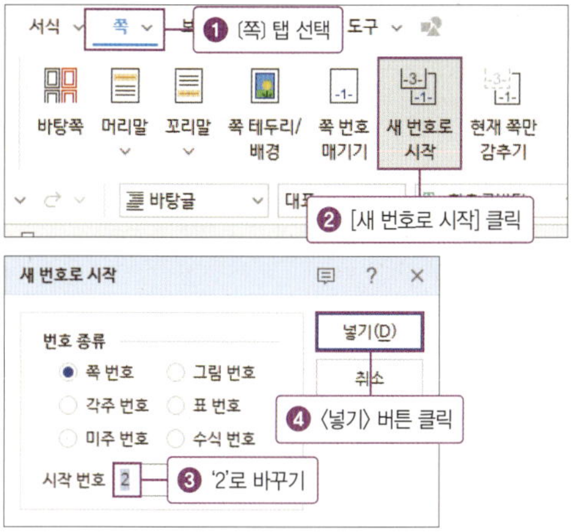

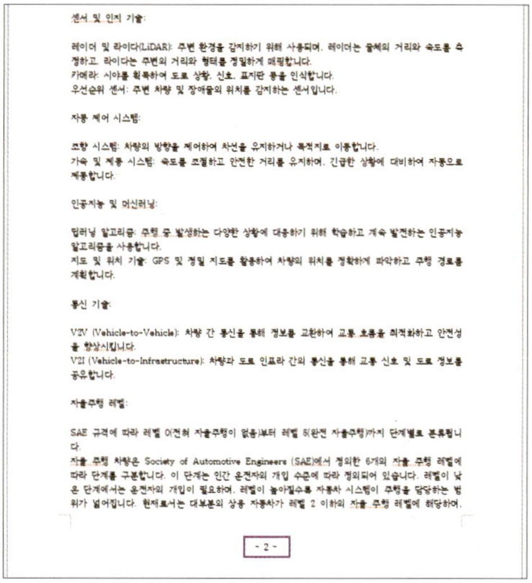

시작 번호 변경 확인

현재 쪽만 감추기

❶ 두 번째 페이지의 표 아래에 커서를 놓는다.

❷ [쪽] 탭을 선택하고 [현재 쪽만 감추기]를 클릭한다. [감추기] 대화상자에서 '쪽 번호'를 체크 표시한 다음 〈설정〉 버튼을 클릭한다.

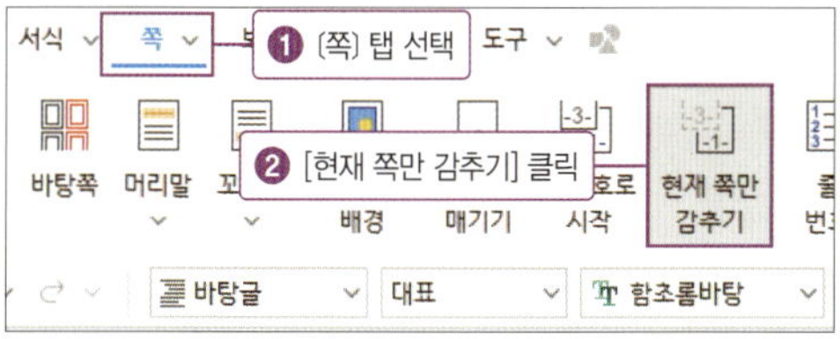

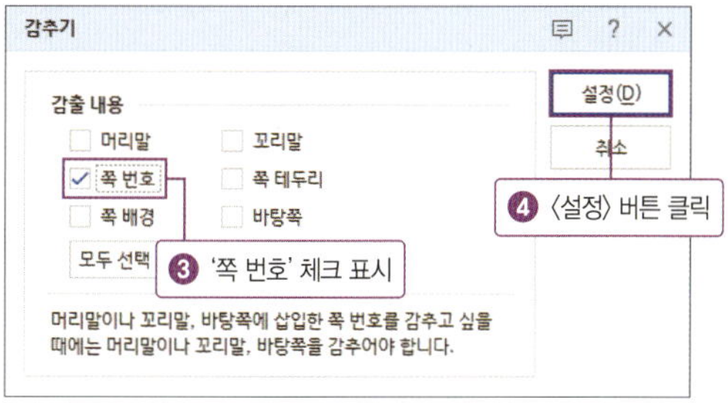

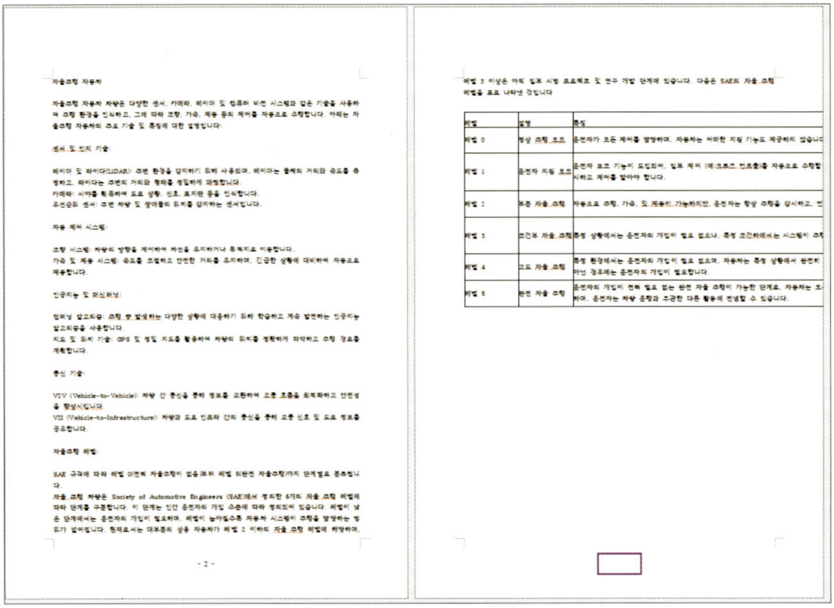

쪽 번호 감추기 확인

알아두세요 **쪽 번호 사용**

문서를 작성할 때에는 어떤 종류의 문서이든 반드시 쪽 번호를 포함해야 한다.

알아두세요 **쪽 번호를 쉽게 추가하는 다른 방법**

메뉴에서 〔쪽〕 → 〔머리말/꼬리말〕을 실행하고 [머리말/꼬리말] 대화상자에서 [왼쪽 쪽 번호], [가운데 쪽 번호], [오른쪽 쪽 번호] 중 하나를 선택하여 추가할 수 있다.

☑ 작은 연습 2

쪽 번호를 넣는다.

- 번호 위치: 가운데
- 번호 모양: ①, ②, ③

3.3 다단 사용하기

HANGUL

다단은 한 페이지를 여러 단으로 나누어 효율적으로 사용하는 방법이다. 이를 통해 한 페이지의 공간을 효과적으로 활용할 수 있다. 이번에는 다단을 적용하고 활용하는 방법에 대해 배운다.

단 설정하기

❶ 첫 번째 페이지 아무 곳에 커서를 놓는다.

❷ **단 설정 방법** 1: [쪽] 탭을 선택한 후 [단] 아래 드롭다운 버튼을 클릭하고 [둘]을 클릭한다.

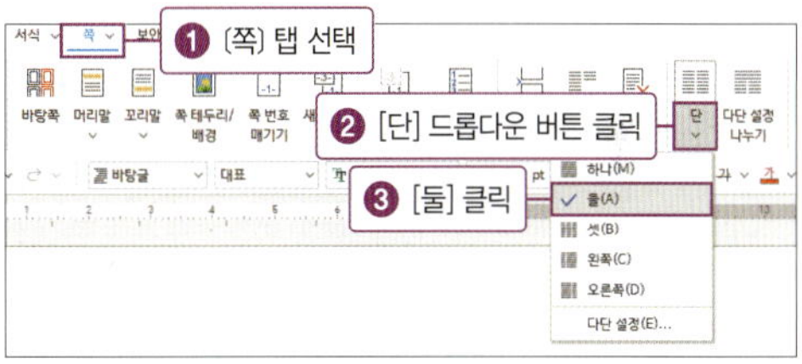

❸ **단 설정 방법** 2: [쪽] 탭을 선택한 후 [단] → [다단 설정]을 클릭한다. [단 설정] 대화상자에서 자주 쓰이는 모양 항목의 [둘]을 클릭하고 〈설정〉 버튼을 클릭한다.

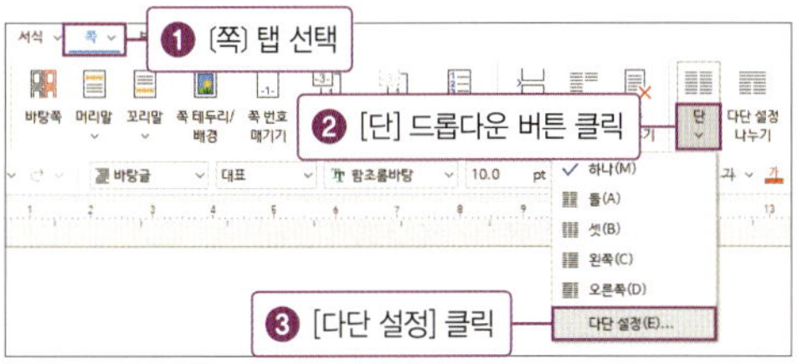

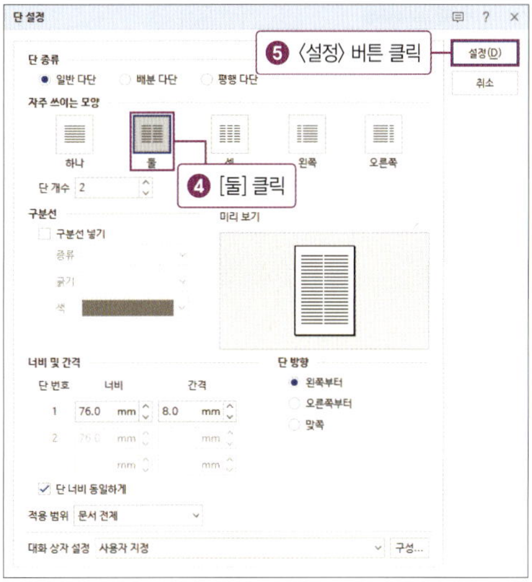

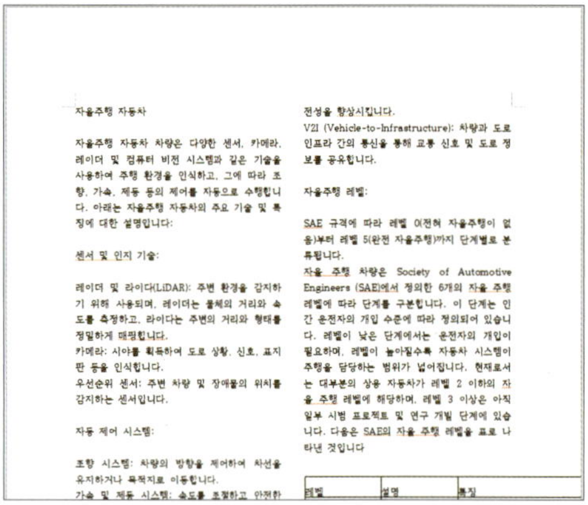

두 개의 단 확인

단에 구분선 넣기

❶ 〔쪽〕 탭을 선택하고 [단] 아래 드롭다운 버튼을 클릭한 다음 [다단 설정]을 클릭한다.

❷ [단 설정] 대화상자의 구분선 항목에서 '구분선 넣기'를 체크 표시하고 〈설정〉 버튼을 클릭한다.

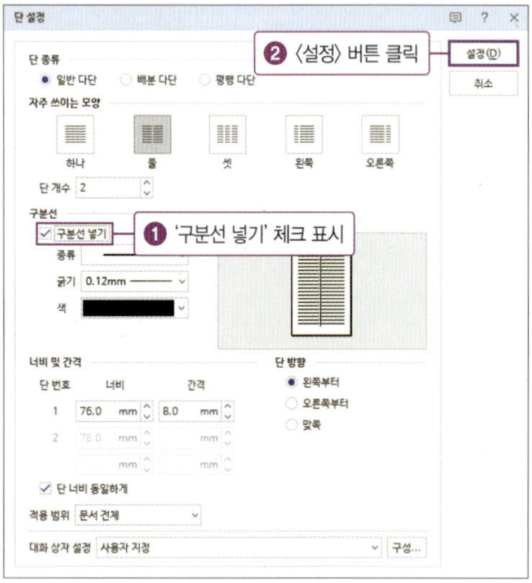

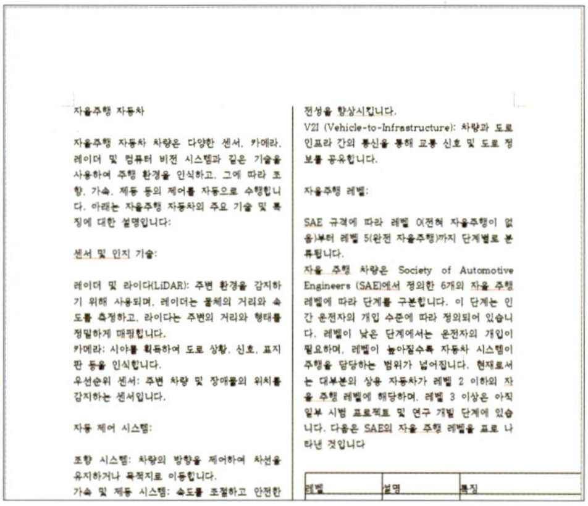

구분선 확인

새 다단 사용하기

❶ [쪽] 탭을 선택하고 [단] 아래 드롭다운 버튼을 클릭한 다음 [하나]를 클릭한다.

❷ 커서를 '센서 및 인지 기술:' 문구 앞에 놓는다.

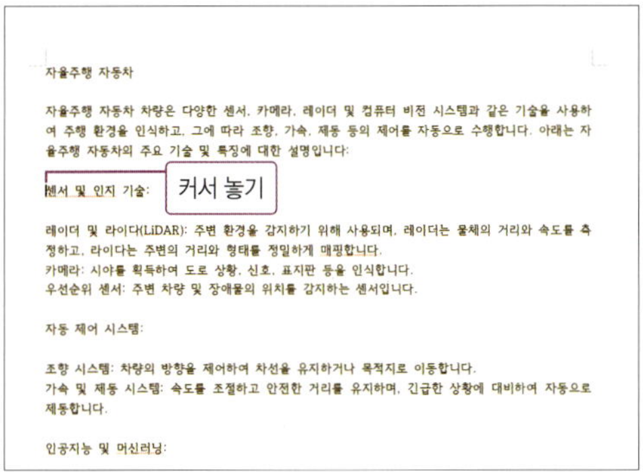

❸ [쪽] 탭을 선택하고 [단] 아래 드롭다운 버튼을 클릭한 다음 [다단 설정]을 클릭한다.

❹ [단 설정] 대화상자가 열리면 자주 쓰이는 모양 항목에서 [둘]을 클릭하고, 적용 범위 항목에서 [새 다단으로]를 선택한 다음 〈설정〉 버튼을 클릭한다.

❺ [쪽] 탭을 선택하고 [단] 아래 드롭다운 버튼을 클릭한 다음 [둘]을 클릭해 단이 두 개가 된 것을 확인한다.

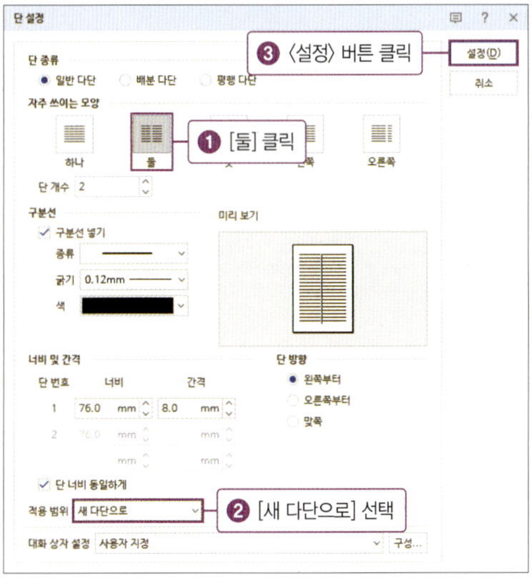

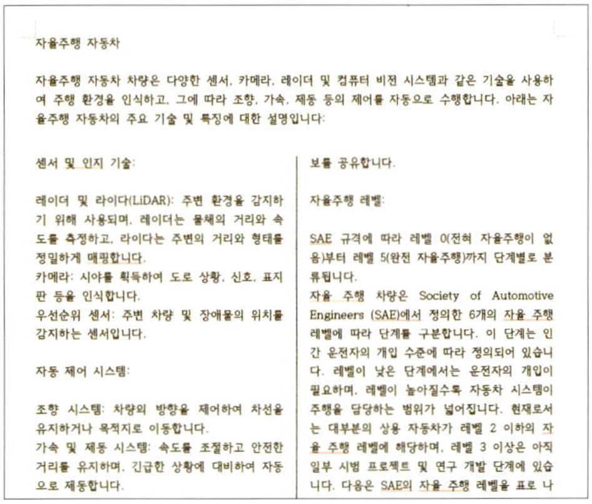

새 다단이 만들어진 것 확인

작은 연습 3

일반 다단에서 단을 한 개로 변경한다.

HANGUL

3.4 쪽 나누기와 구역 나누기

문서를 작성할 때는 장, 절 등의 구획을 나눠야 할 경우가 종종 있다. 또한, 용지 방향을 다르게 할 때 페이지 구역을 나눠 방향을 다르게 할 수도 있다. 이번에는 페이지와 구역을 나누는 방법에 대해 배운다.

쪽 나누기

❶ 커서를 '센서 및 인지 기술[3]:' 글자 윗줄에 놓는다.

❷ **쪽 나누기 방법** 1: 단축 키 Ctrl+Enter를 누른다.

❸ **쪽 나누기 방법** 2: [쪽] 탭을 선택하고 [쪽 나누기]를 클릭한다.

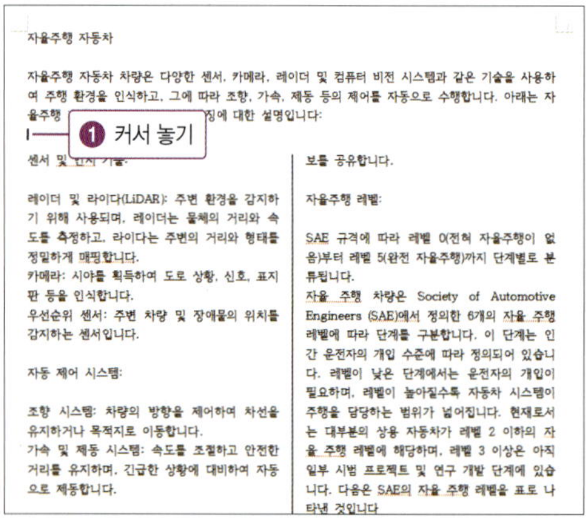

알아두세요 **쪽 나누기 주의사항**

쪽 나누기는 커서가 있는 위치부터 다음 쪽으로 넘어가기 때문에 쪽 나누기 전에 커서 위치를 확인해야 한다.

---

3 소리 · 빛 · 온도 · 압력 등을 알 수 있는 기계 장치를 말한다.

❹ '센서 및 인지 기술:'부터 다음 페이지로 바뀐 것을 확인한다.

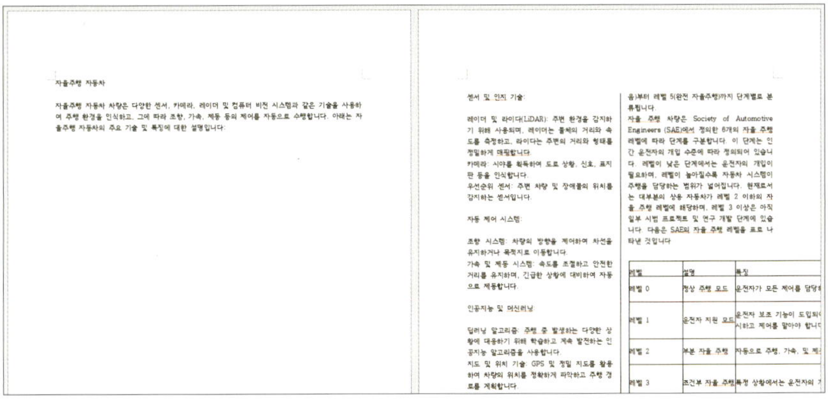

구역 나누기

❶ 표 위에 커서를 놓는다.

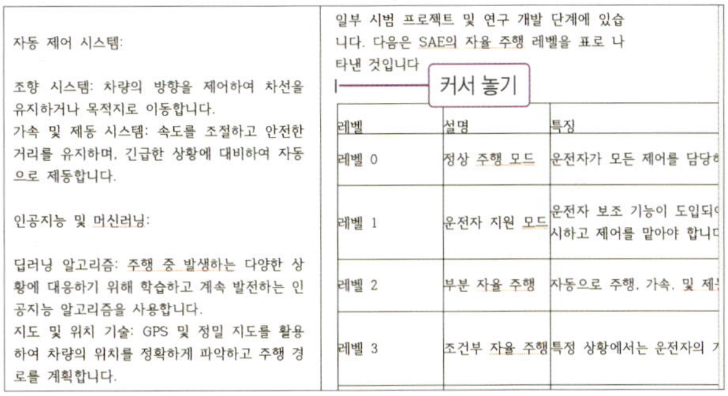

❷ [쪽] 탭을 선택하고 [구역 나누기]를 클릭한다.

❸ 표가 다음 페이지에 위치한 것을 확인한다.

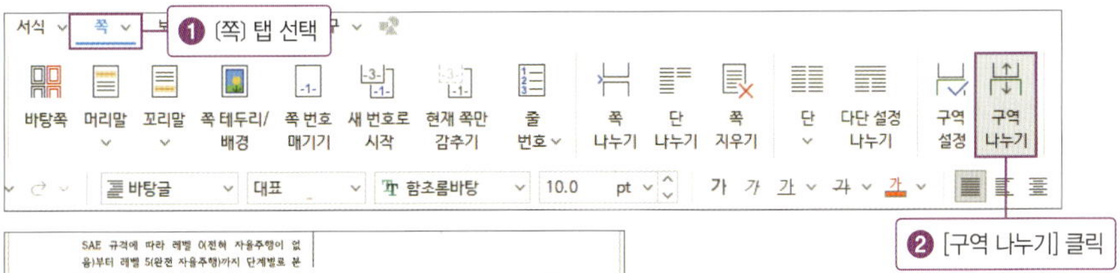

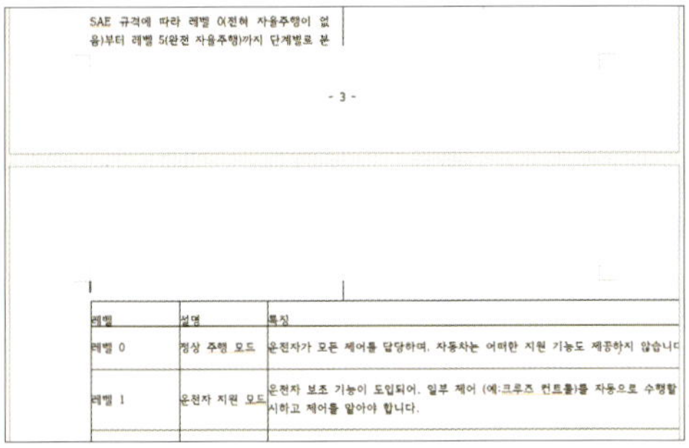

❹ [쪽] 탭을 선택한 다음 [단] 아래 드롭다운 버튼을 클릭하고 [하나]를 클릭한다. (단, 구분선 사라짐)

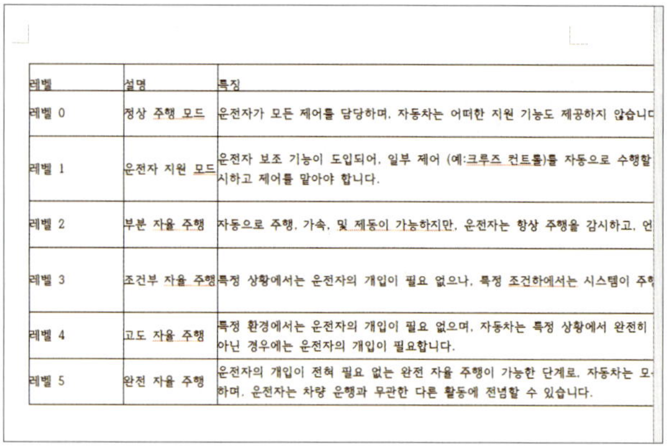

레벨	설명	특징
레벨 0	정상 주행 모드	운전자가 모든 제어를 담당하며, 자동차는 어떠한 지원 기능도 제공하지 않습니다
레벨 1	운전자 지원 모드	운전자 보조 기능이 도입되어, 일부 제어 (예:크루즈 컨트롤)를 자동으로 수행할 시하고 제어를 맡아야 합니다.
레벨 2	부분 자율 주행	자동으로 주행, 가속, 및 제동이 가능하지만, 운전자는 항상 주행을 감시하고, 언
레벨 3	조건부 자율 주행	특정 상황에서는 운전자의 개입이 필요 없으나, 특정 조건하에서는 시스템이 주
레벨 4	고도 자율 주행	특정 환경에서는 운전자의 개입이 필요 없으며, 자동차는 특정 상황에서 완전히 아닌 경우에는 운전자의 개입이 필요합니다.
레벨 5	완전 자율 주행	운전자의 개입이 전혀 필요 없는 완전 자율 주행이 가능한 단계로, 자동차는 모 하며, 운전자는 차량 운행과 무관한 다른 활동에 전념할 수 있습니다.

❺ 단축 키 F7을 누른다.

❻ [편집 용지] 대화상자에서 용지 방향을 [가로]로 클릭한 다음 적용 범위가 [현재 구역]인지 확인한 다음 〈설정〉 버튼을 클릭한다.

❼ 표가 있는 페이지만 용지 방향이 가로인 것을 확인한다.

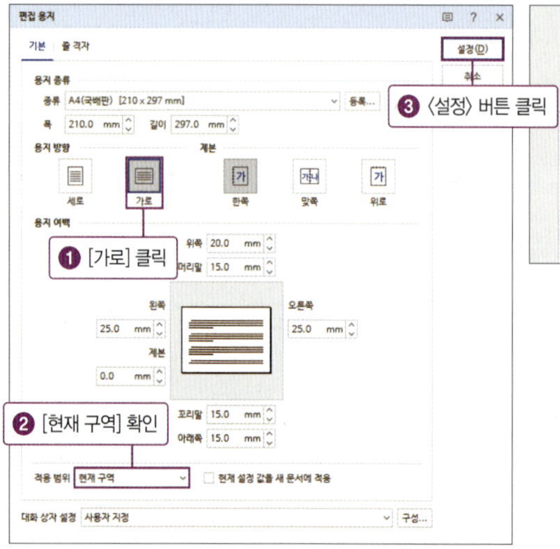

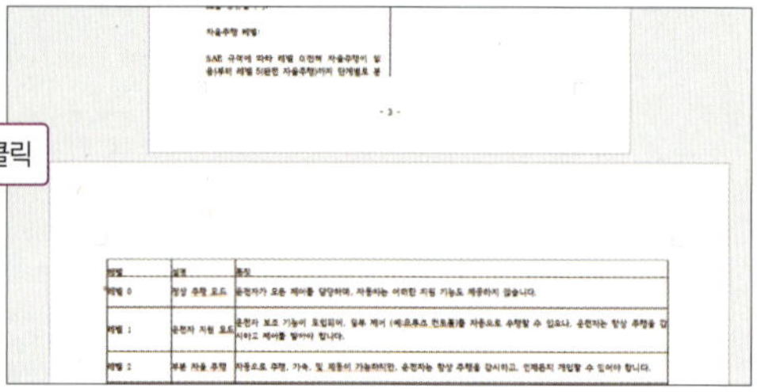

☑ **작은 연습 4**

김영랑의 시 '바람에 나부끼는 갈잎'부터 쪽을 나눈다.

3.5 각주, 미주 사용하기

문서 작성 시 보충 설명이 필요한 단어나 내용이 있을 때, 각주나 미주를 사용할 수 있다. 각주는 해당 페이지 아래에 설명이 들어가며, 미주는 문서의 마지막 페이지에 설명이 들어간다. 이번에는 각주와 미주를 사용하는 방법에 대해 배운다.

각주 사용하기

❶ 첫 번째 페이지의 문단에서 '자율주행 자동차' 글자 끝에 커서를 놓는다.

❷ 〔입력〕 탭을 선택하고 [각주]를 클릭한다.

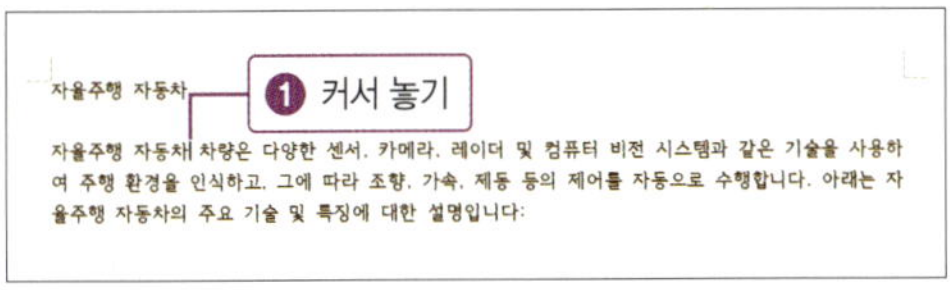

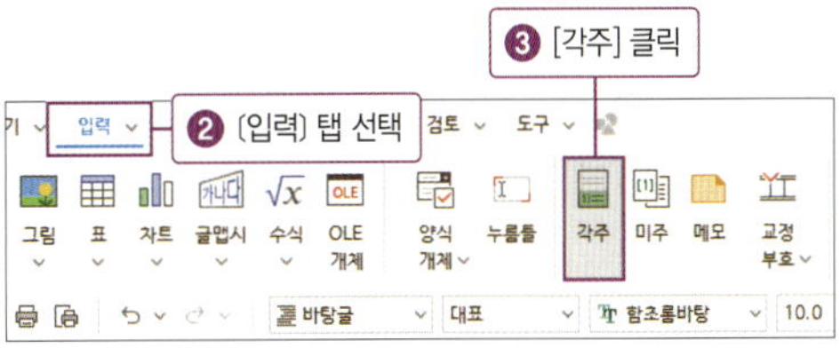

❸ 커서가 페이지 아래쪽에 있는 것을 확인한다.

❹ '자율주행 자동차는 운전자의 개입[4] 없이 자체적으로 주행을 수행하는 자동차입니다.'를 입력한다.

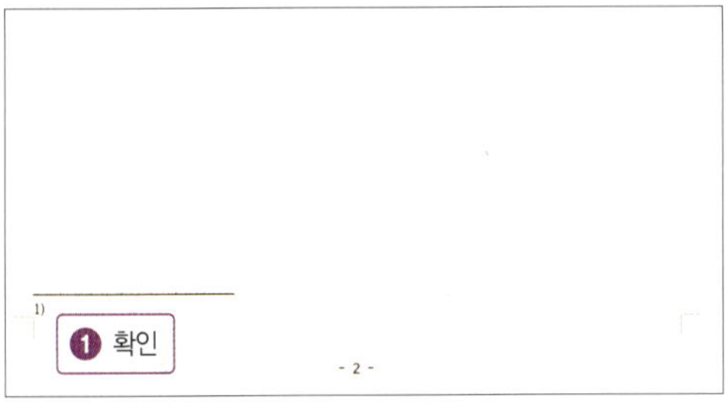

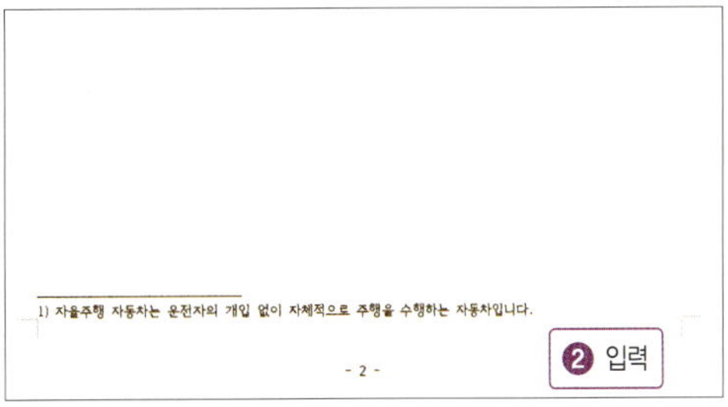

4 어떤 일에 끼어드는 것을 말한다.

미주 사용하기

❶ 두 번째 페이지에서 'LiDAR' 글자 뒤에 커서를 놓는다.

❷ [입력] 탭을 선택하고 [미주]를 클릭한다.

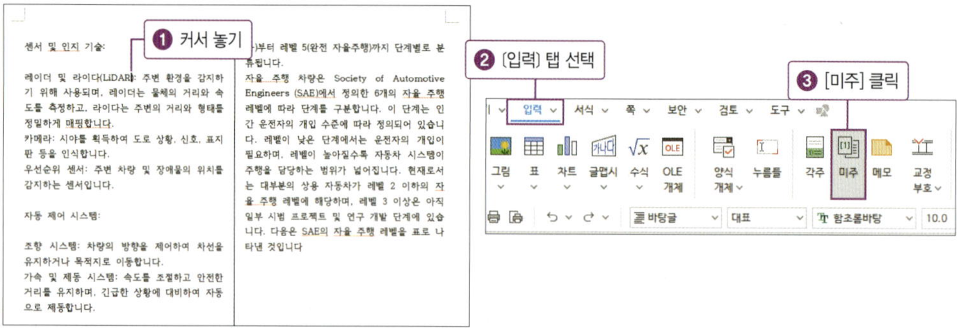

❸ 커서가 마지막 페이지 아래쪽에 있는 것을 확인한다.

❹ 'Light Detection and Ranging의 약어이다.'를 입력한다.

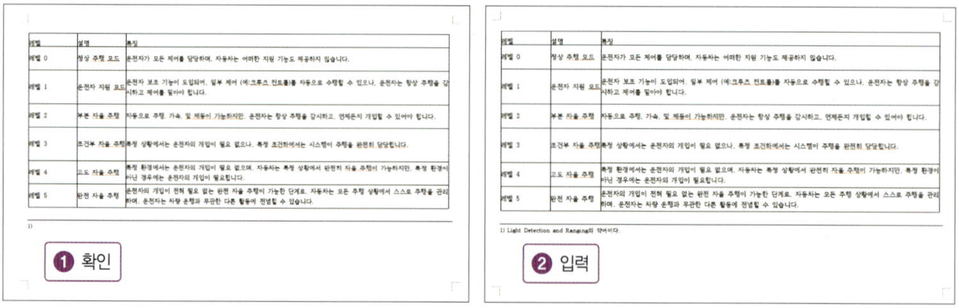

작은 연습 5

시인의 이름 마지막에 커서를 놓고 각주를 단다.

- 각주의 내용: 시인의 이름, 국적, 출생연도와 사망연도

  예) 홍길동, 대한민국, 1750~1788.

3.6 그림 삽입하여 사용하기

문서 작성 중에는 그림을 삽입해야 할 경우가 있다. 그림을 삽입할 때는 다른 글자와의 배치도 조정해야 한다. 이번에는 그림을 삽입하고 조정하는 방법에 대해 배운다.

실습 파일: 03\auto-car.jpg

❶ 커서를 두 번째 페이지에 놓는다.

❷ [입력] 탭을 선택하고 [그림]을 클릭한다.

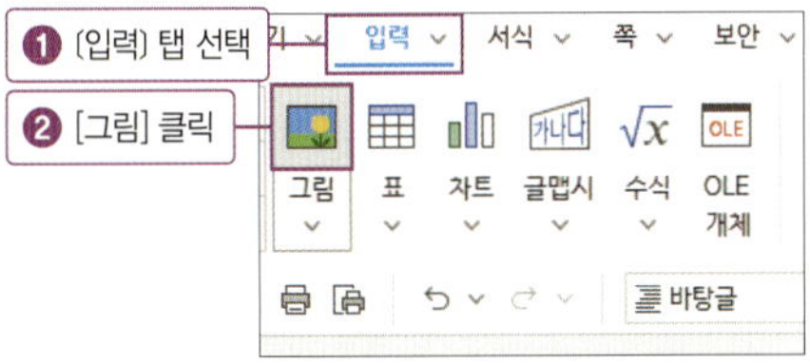

❸ [그림 넣기] 대화상자에서 03 폴더의 'auto-car.jpg' 파일을 선택하고 '문서에 포함'과 '마우스로 크기 지정'을 체크 표시한 다음 〈열기〉 버튼을 클릭한다.

❹ 적당한 위치에 마우스를 드래그하여 그림을 삽입한다.

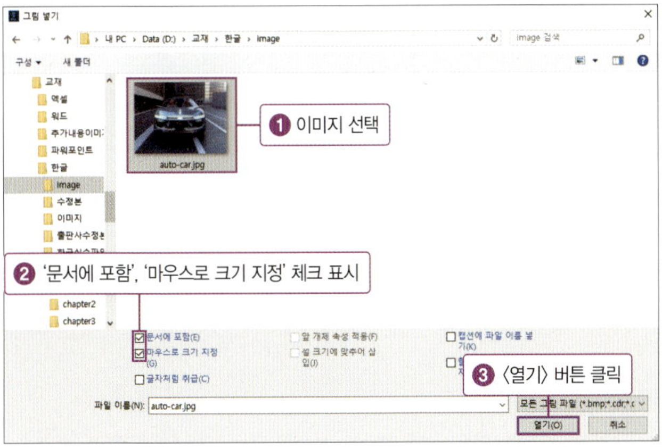

❺ 그림을 더블 클릭하거나 그림에서 마우스 오른쪽 버튼을 클릭한 다음 메뉴에서 [개체 속성]을 클릭한다.

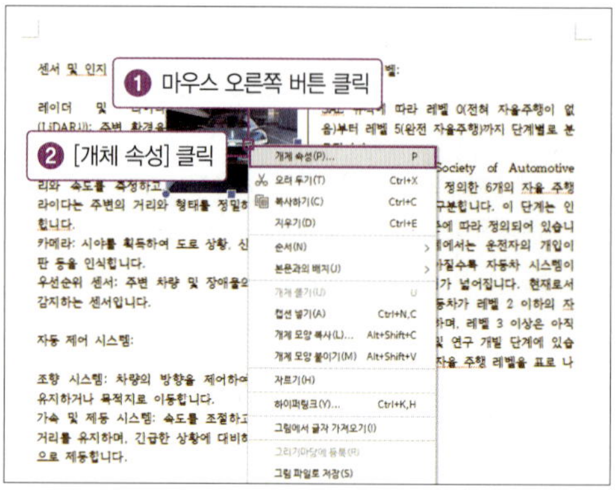

❻ [개체 속성] 대화상자에서 다음과 같이 설정한다. 〔기본〕 탭에서 크기 항목의 너비는 '32mm', 높이는 '40mm'로 입력한다. 위치 항목에서 본문과의 배치를 [어울림]으로 클릭한다.

❼ 〔여백/캡션[5]〕 탭을 선택한 다음 바깥 여백 항목의 왼쪽, 위쪽, 오른쪽, 아래쪽에 각각 '3mm'를 입력하고 〈설정〉 버튼을 클릭한다.

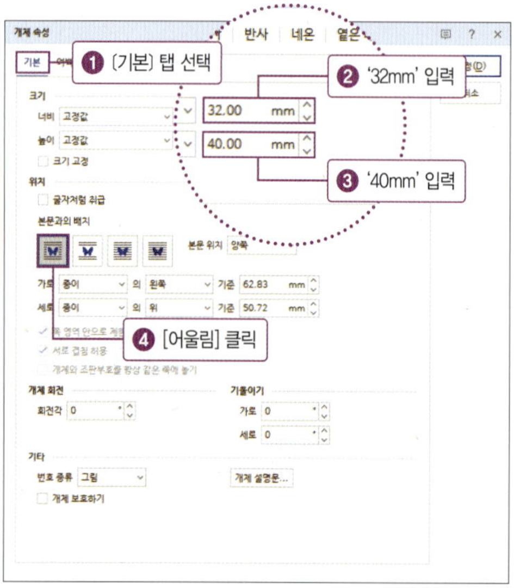

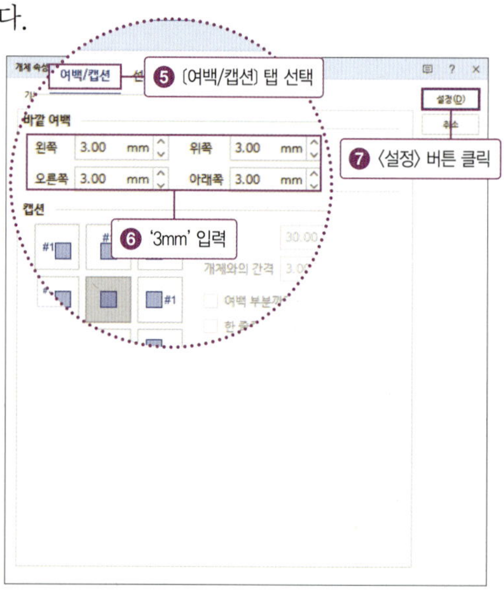

알아두세요 **바깥 여백 설정 방법**

바깥 여백 왼쪽, 위쪽, 오른쪽, 아래쪽 모두 같은 값으로 설정할 때는 '모두' 오른쪽의 '증가', '감소' 아이콘을 클릭해도 된다.

5 표나 차트, 그림 등에 설명하는 것이다.

❽ 마우스를 이용하여 그림을 선택한 후 드래그해 적절한 위치로 이동한다.

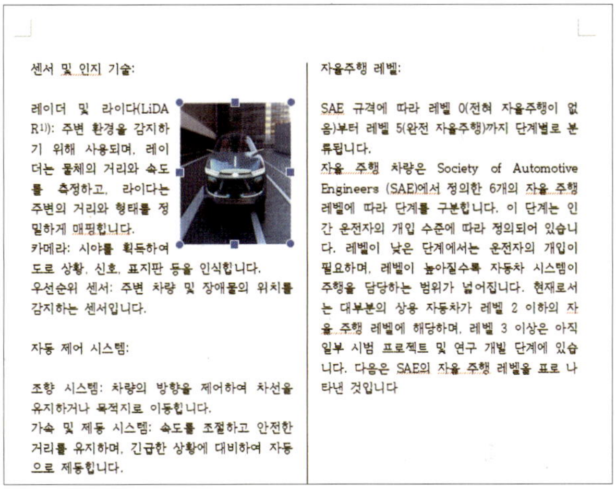

센서 및 인지 기술:

레이더 및 라이다(LiDAR[1]): 주변 환경을 감지하기 위해 사용되며, 레이더는 물체의 거리와 속도를 측정하고, 라이다는 주변의 거리와 형태를 정밀하게 매핑합니다.
카메라: 시야를 획득하여 도로 상황, 신호, 표지판 등을 인식합니다.
우선순위 센서: 주변 차량 및 장애물의 위치를 감지하는 센서입니다.

자동 제어 시스템:

조향 시스템: 차량의 방향을 제어하여 차선을 유지하거나 목적지로 이동합니다.
가속 및 제동 시스템: 속도를 조절하고 안전한 거리를 유지하며, 긴급한 상황에 대비하여 자동으로 제동합니다.

자율주행 레벨:

SAE 규격에 따라 레벨 0(전혀 자율주행이 없음)부터 레벨 5(완전 자율주행)까지 단계별로 분류됩니다.
자율 주행 차량은 Society of Automotive Engineers (SAE)에서 정의한 6개의 자율 주행 레벨에 따라 단계를 구분합니다. 이 단계는 인간 운전자의 개입 수준에 따라 정의되어 있습니다. 레벨이 낮은 단계에서는 운전자의 개입이 필요하며, 레벨이 높아질수록 자동차 시스템이 주행을 담당하는 범위가 넓어집니다. 현재로서는 대부분의 상용 자동차가 레벨 2 이하의 자율 주행 레벨에 해당하며, 레벨 3 이상은 아직 일부 시범 프로젝트 및 연구 개발 단계에 있습니다. 다음은 SAE의 자율 주행 레벨을 표로 나타낸 것입니다

알아두세요 **그림 삽입**

문서를 작성할 때는 표나 그림과 같은 시각 자료를 삽입하는 것이 독자들을 이해하기 쉽게 한다. 이를 통해 문서에서 전달하고자 하는 내용을 더 쉽게 전달할 수 있다. 다만, 너무 많이 삽입하면 오히려 독이 될 수 있으므로 필요한 자료만 삽입하는 것이 좋다.

알아두세요 **그림을 선택하고 키보드 단축 키 활용 방법**

❶ 먼저 그림을 마우스로 한 번 클릭해서 선택한다.

❷ 방향 키를 누르면 그림 위치를 이동시킬 수 있다.

- Shift+←, → 방향 키를 누르면 그림의 너비를 바꿀 수 있다.
- Shift+↑, ↓ 방향 키를 누르면 그림의 높이를 바꿀 수 있다.

작은 연습 6

시의 분위기에 맞는 그림을 찾아 제목과 시 사이에 그림을 삽입한다.

- 개체 속성 기본: 너비 35mm, 높이 40mm
  본문과의 배치: 어울림
  여백/캡션: 왼쪽, 위쪽, 오른쪽, 아래쪽 – 4mm

3

페이지와 개체 다루기

3.7 도형 다루기

문서에 도형을 사용하면 그래픽이 들어간 모습을 만들 수 있다. 도형을 그리는 것뿐만 아니라 도형 속성을 설정하여 문서를 더 보기 좋게 꾸밀 수 있다. 이번에는 도형을 그리고 속성을 설정하는 방법에 대해 배운다.

도형 그리기

❶ 첫 번째 페이지 아무 곳에 커서를 놓는다.

❷ **도형 그리기 방법** 1: [편집] 탭을 선택한 다음 [도형] → [다른 그리기 조각]을 클릭해 [그리기마당] 대화상자를 연다.

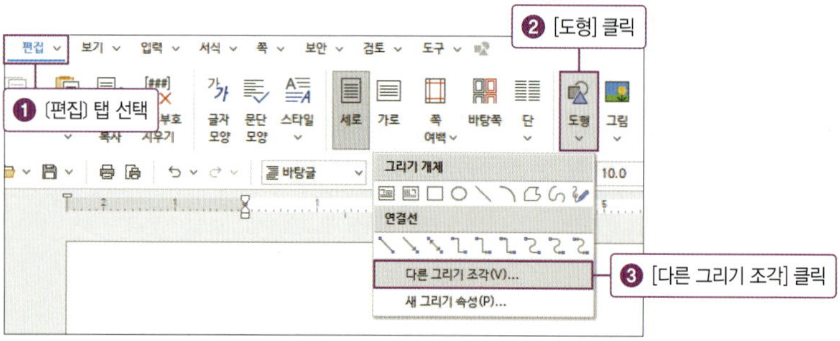

❸ **도형 그리기 방법** 2: [입력] 탭을 선택하고 '자세히' 아이콘을 클릭한 후 [다른 그리기 조각]을 클릭하여 [그리기마당] 대화상자를 연다.

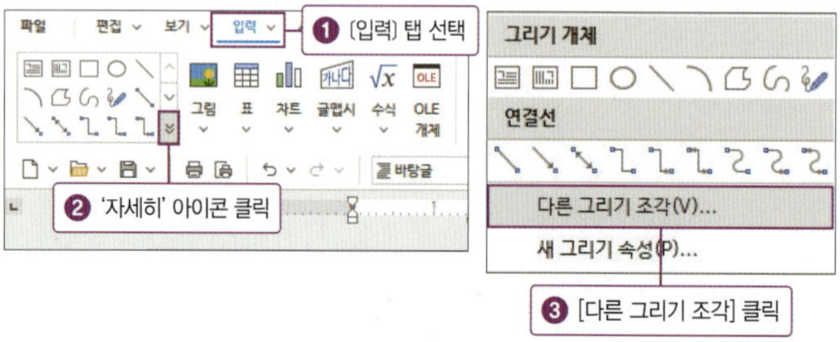

❹ [그리기마당] 대화상자에서 〔그리기 조각〕 탭을 선택한 다음 [기본도형] → [모서리가 둥근 사각형]을 클릭하고 〈넣기〉 버튼을 클릭한다.

❺ 페이지 가운데 위쪽에 마우스를 드래그해서 모서리가 둥근 사각형을 그린다.

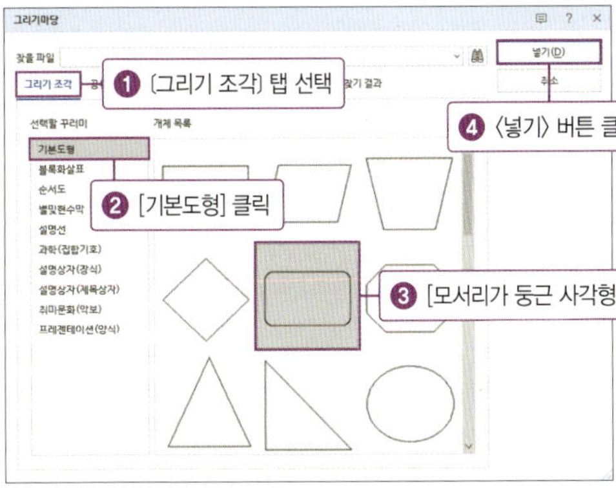

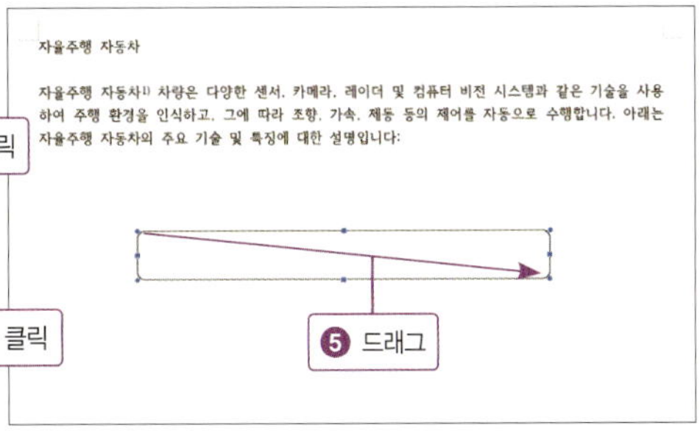

❻ Ctrl+C를 눌러 도형을 복사한 다음 Ctrl+V를 눌러 붙여넣기 한다.

❼ 붙여넣기 한 도형을 드래그해 그림과 같이 아래로 이동한다.

❽ 두 개를 더 만들어 그림과 같이 아래에 넣는다.

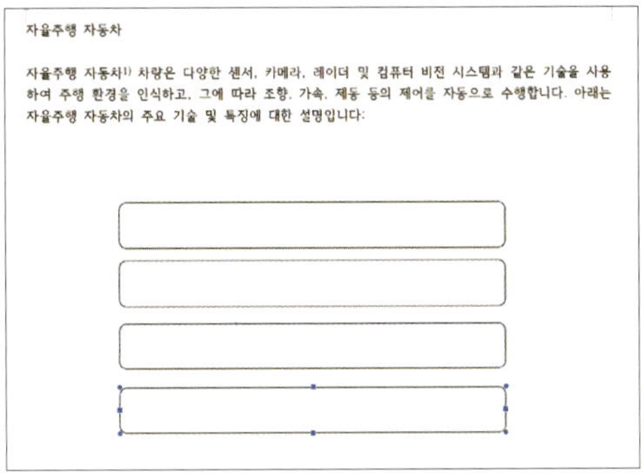

복사와 붙여넣기로 도형 4개 만들기

도형 위치 조정하기

❶ 〔편집〕 탭을 선택하고 [개체 선택] → [개체 선택]을 클릭한다.

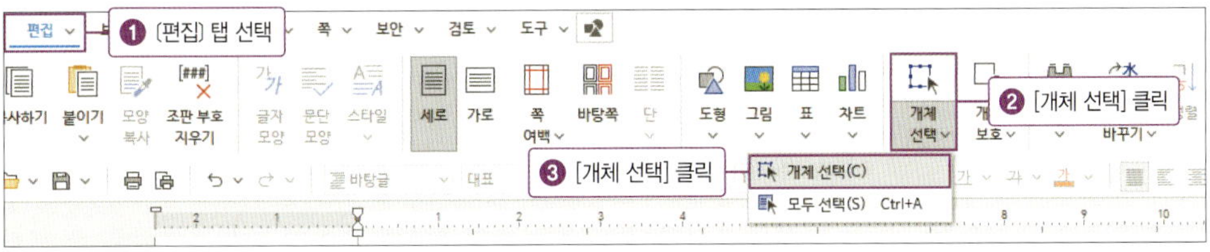

❷ 마우스로 드래그해 도형 4개를 모두 선택한다. 메뉴 오른쪽에서 '도형' 아이콘( )을 클릭한 다음 [맞춤] → [가운데 맞춤]을 클릭한다.

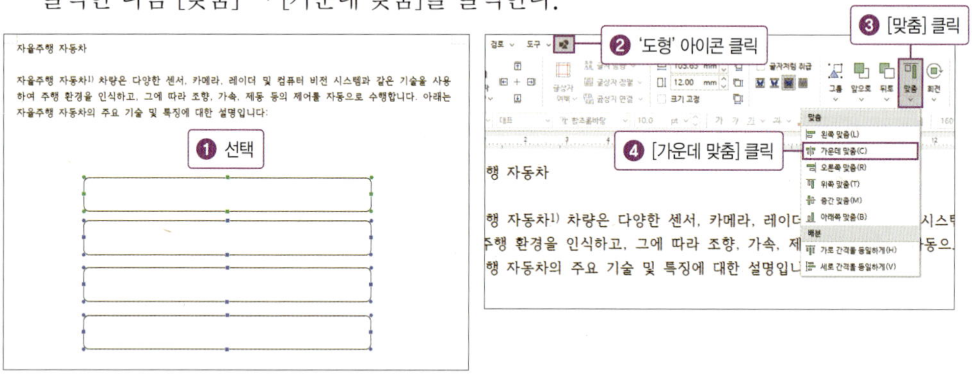

❸ '도형' 아이콘( )을 클릭한 다음 [맞춤] → [세로 간격을 동일하게]를 클릭한다.

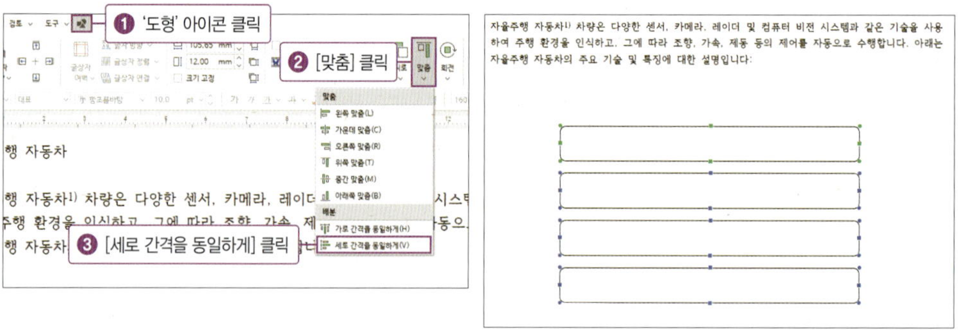

도형에 글자 넣기

❶ **도형에 글자 넣기 방법 1**: 첫 번째 도형을 선택한 후 메뉴 오른쪽의 '도형' 아이콘( )을 클릭하고 [글자 넣기]를 클릭한다.

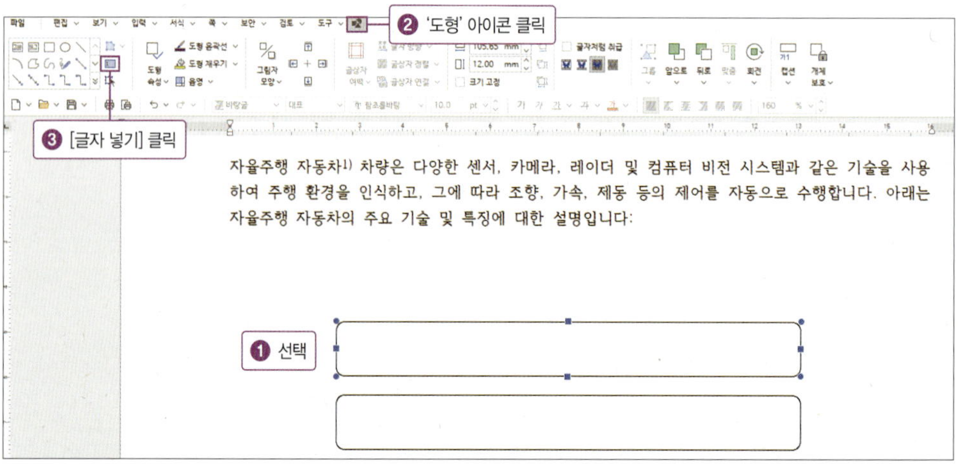

❷ **도형에 글자 넣기 방법** 2: 첫 번째 도형을 선택하고 마우스 오른쪽 버튼을 클릭한 후 [도형 안에 글자 넣기]를 클릭한다.

❸ 커서가 깜빡이면 '센서 및 인지 기술'을 입력한다.

❹ 같은 방법으로 두 번째 도형에 '자동 제어 시스템[6]', 세 번째 도형에 '인공지능[7] 및 머신러닝[8]', 네 번째 도형에 '통신 기술'을 입력한다.

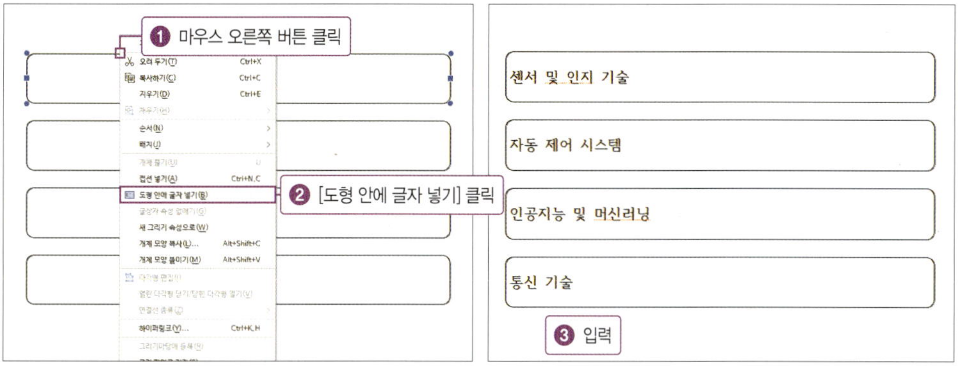

❺ 도형 개체를 모두 선택한 다음 글자 크기를 '12pt'로 변경한다. 글자 속성은 [진하게], 문단 정렬은 [가운데 정렬]을 클릭한다.

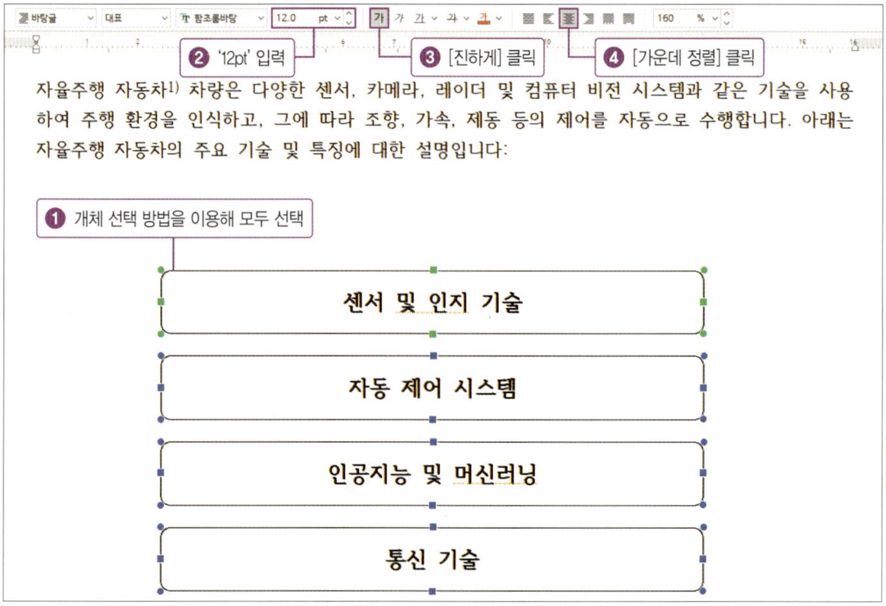

---

6 시스템을 자동으로 조종하는 시스템이다.

7 AI. 인간의 생각과 비슷한 생각을 하는 컴퓨터 시스템이다.

8 인간의 학습 능력 등을 컴퓨터에서 실현하려는 기술이나 방법이다.

도형 속성 설정하고 복사하기

❶ 첫 번째(센서 및 인지 기술) 도형을 선택한다.

❷ **도형 속성 설정 방법** 1: 도형을 선택한 상태에서 마우스 오른쪽 버튼을 클릭한 다음 [개체 속성]을 클릭하여 [개체 속성] 대화상자를 연다.

❸ **도형 속성 설정 방법** 2: 도형을 더블 클릭해서 [개체 속성] 대화상자를 연다.

❹ [개체 속성] 대화상자의 〔선〕 탭을 선택하고 '선 색'을 [보라], 굵기는 '1mm'로 입력한다.

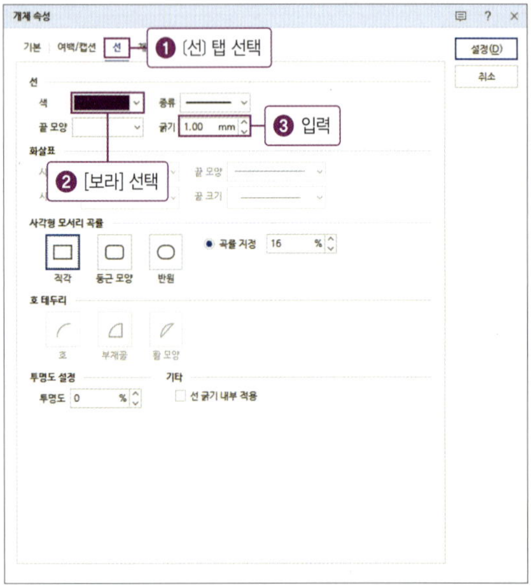

❺ 〔채우기〕 탭을 선택하고 채우기 항목의 [색]을 클릭한 후 '면 색'은 [노랑]을 선택한다.

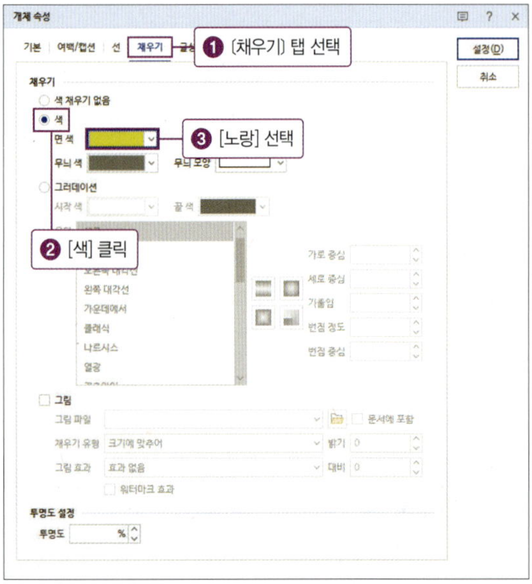

❻ 〔그림자〕 탭을 선택하고 종류 항목의 [오른쪽 아래]를 클릭한 후 〈설정〉 버튼을 클릭한다.

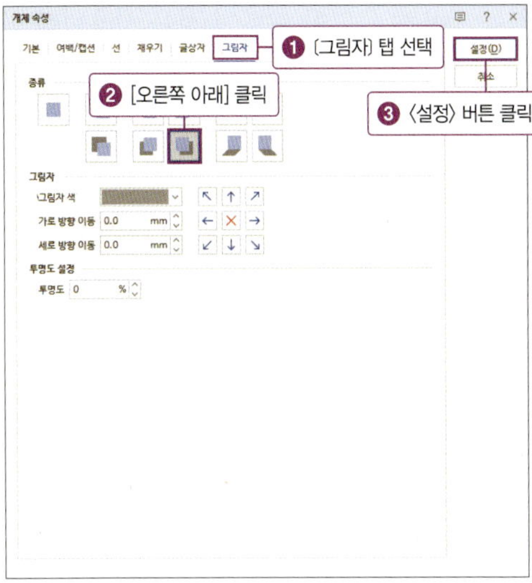

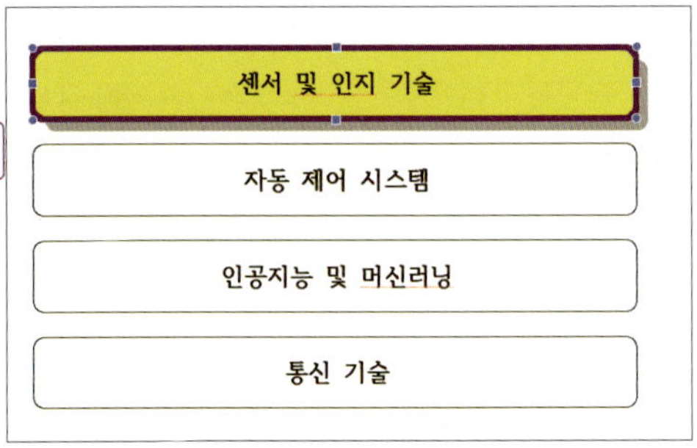

도형 속성을 적용한 모습

❼ 첫 번째 도형을 선택하고 메뉴 오른쪽의 '도형' 아이콘( )을 클릭한 다음 [도형 속성] → [개체 모양 복사]를 클릭한다.

❽ [개체 모양 복사] 대화상자에서 모든 옵션을 체크 표시하고 〈복사〉 버튼을 클릭한다.

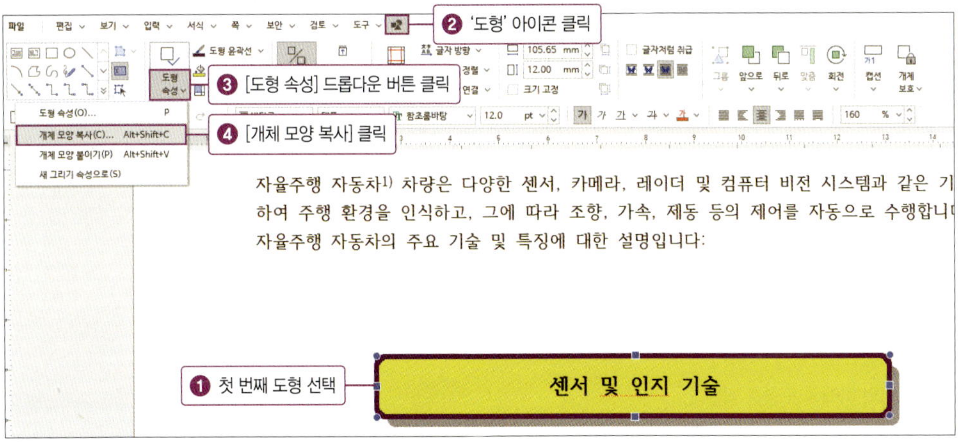

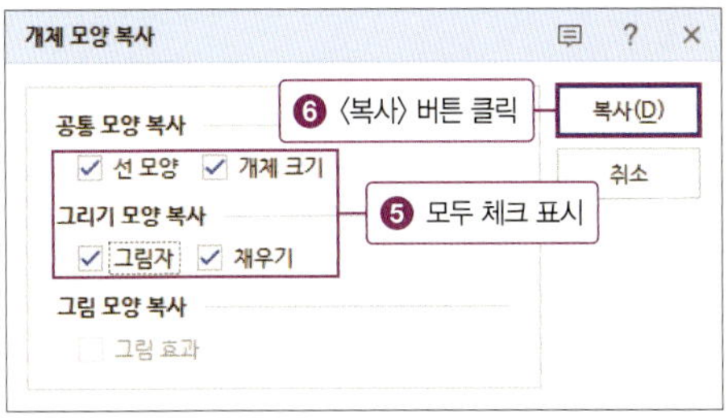

❾ 두 번째 도형을 선택하고 메뉴 오른쪽의 '도형' 아이콘( )을 클릭한 다음 [도형 속성] → [개체 모양 붙이기]를 클릭한다.

❿ 세 번째, 네 번째 도형도 [개체 모양 붙이기]를 사용해 동일한 도형 속성을 사용한다.

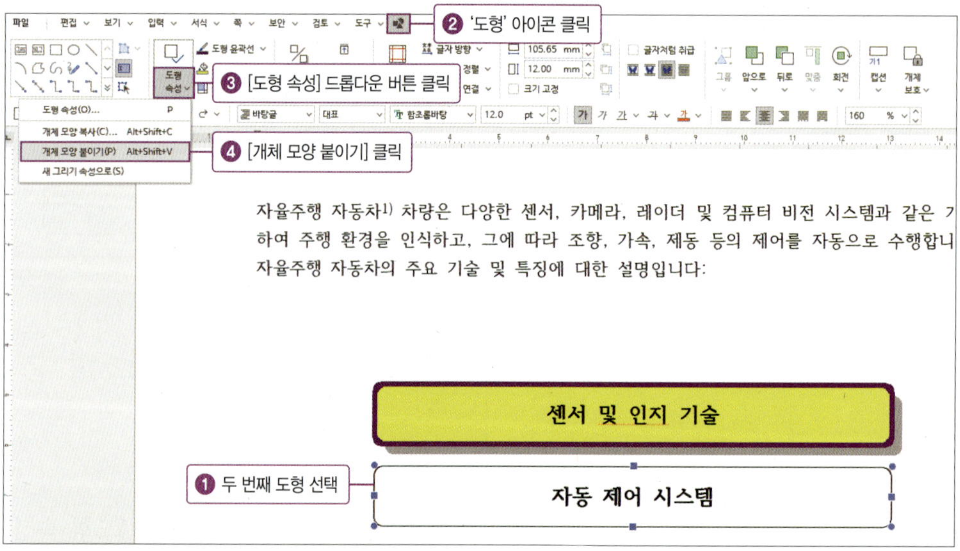

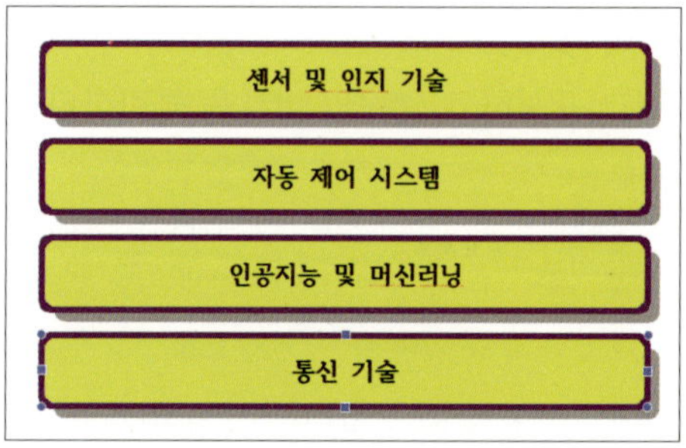

개체 모양 붙이기를 적용한 모습

작은 연습 7

1. 시의 아래에 도형을 넣는다.
   모서리가 둥근 사각형: 가운데 맞춤, 색 채우기 – 하늘색
2. 도형 안에 시인의 생애를 검색한 다음 요약해서 넣는다.

3.8 활용하기 1

다음 조건에 맞게 보고서를 수정하세요.

- 용지 여백 – 왼쪽, 오른쪽, 위, 아래: 20mm
- 쪽 번호 넣기
  위치: 가운데 아래, 번호 모양: 1, 2, 3
- 부분의 의미를 사전에서 찾아 각주 달기
- 다단 사용하기: 일반 다단, 둘
- 단에 구분선 넣기: 종류 – 실선, 굵기 – 0.12mm, 색: 검정

2.1. 읽기 수업에서의 교사

읽기 수업을 하는 교사는 무엇보다 언어적 지식, 한국어 교육에 대한 지식을 가져야 한다. 교사가 가지고 있는 언어적 지식과 교육적 지식의 정도에 따라 전문성이 차이가 나기 때문이다. 읽기 수업에서는 다른 과목보다 특히 문법적 지식을 필요로 한다. 교사가 문법적 지식을 잘 갖추고 있어야 학습자들에게 바른 설명을 할 수 있기 때문이다. 문장의 의미를 설명하기 위해서는 단어의 의미도 알고 있어야 하지만 문법의 의미와 조건, 제약 등을 숙지하고 있어야 한다.

읽기 수업을 할 때 반드시 읽기 전, 읽기 중, 읽은 후 활동을 염두에 두어 학습자들의 학습을 촉진해 주어야 한다. 특히 아무런 정보 없이 읽기를 바로 진행한다면 학습에 대한 흥미를 떨어뜨릴 뿐만 아니라 학습 목표가 흔들리게 될 것이다. 따라서 읽기 전 활동을 통해 학습 목표를 주지시키고 읽기를 통해 무엇을 배울 수 있는지에 대해 알리는 것이 좋다. 읽기 텍스트의 주제는 문화, 사회, 역사 등 매우 다양하다. 이러한 글은 학습자들이 한국에 대한 배경지식[9]을 넓힐 수 있는 기회도 될 수 있기 때문에 교사의 역할이 중요하다.

2.2. 쓰기 수업에서의 교사

작문을 많이 하는 쓰기 수업에서 교사는 학습자의 오류를 잘 인지하여야 한다. 관찰자로서 학습자가 어떤 오류를 많이 일으키고 있는지를 알고, 그것이 오류인지 실수인지 판별해야 한다. 특정 상황에서 오류를 자주 일으키게 되면 화석화되기 쉽다. 따라서 오류가 화석화되기 전에 이를 먼저 잡아내어 학습자들의 오류를 수정해 주어야 한다. 물론 수정에 앞서 오류 수정 방식은 수업의 단계, 수업 목표, 학습자 성향 등 다양한 변수에 따라 달라지기 때문에 교사는 이를 염두에 두어 수정해 주어야 한다.

말하기와 다르게 쓰기는 문어체를 사용한다. 문어체는 평소 사용하지 않는 문체이기 때문에 학습자들이 어떻게 사용해야 하는지 어려움을 겪는다. 그렇기 때문에 쓰기 교사는 문어체와 구어체의 다름을 인지하고 있으면서 어떤 상황에서 문어체[10]를 사용해야 하는지 알고 있어야 한다. 교사의 역량은 특히 학습자들의 작문을 첨삭할 때 드러난다. 교사는 구어체로 작성한 작문을 문어체로 수정해 주어야 하는데 이때 같은 의미의 단어라도 문어체에서 자주 사용되는 것들을 인지하여 수정해야 한다.

9 어떤 일을 할 때 이미 머릿속에 들어있거나 기본적으로 필요한 지식을 말한다.

10 글을 쓸 때 사용하는 문체다.

2.3. 듣기 수업에서의 교사

학습자들이 한국에서 생활하면서 말하기와 함께 중요하다고 생각하는 것이 바로 듣기이다. 기본적인 의사소통이 가능해야 한국 생활을 즐겁게 할 수 있기 때문이다. 듣기 수업에서 교사는 듣기를 할 때 무엇을 중요하게 생각하면서 들어야 할지, 듣기의 주제는 무엇인지 등에 중점을 두어 교수해야 한다. 특히 듣기 전, 중, 후 단계에서 어떤 활동을 하는 것이 학습자들에게 도움이 되는지 생각하여 수업을 준비해야 한다. 듣기 전 단계에서는 듣기 주제와 관련된 간단한 설명과 학습을 통해 듣기를 하기 전 학습자들이 갖고 있을 긴장을 풀어주어야 한다. 또한 듣기 중 단계에서는 빈칸 넣기 등을 통해 학습자들이 무엇에 중점을 두고 들어야 할지 알려주어야 한다. 듣기 후 단계에서는 읽기, 쓰기, 말하기 등과 연계하여 들은 내용을 확장하여야 한다.

2.4. 말하기 수업에서의 교사

외국어를 배울 때 학습자들이 무엇보다 중요하게 생각하는 것이 바로 발화이다. 이에 말하기 수업에서 교사의 역할은 학습자들이 한국어 화자와 비슷하게 언어 구사를 할 수 있도록 이들을 도와야 한다. 이러한 역할을 하기 위해서 교사는 모범적인 한국어 화자로서 한국어를 자유자재로 구사할 수 있는 능력을 갖추고 있어야 한다. 모범적인 한국어 화자는 억양, 발음 등을 올바르게 구사하며 왜 그렇게 발화해야 하는지 알고 있는 사람이다. 이런 능력을 갖추고 있어야 학습자들에게 올바른 방법으로의 발화를 교수할 수 있다.

이 외에도 말하기는 한국의 문화를 반영한 말하기도 있기 때문에 이를 인지하고 상황에 따른 적절한 말하기를 교수할 수 있도록 해야 한다. 예를 들어 "밥 먹었어?"는 질문으로 사용이 될 때도 있지만 지인을 만났을 때 인사말 대신 사용할 수 있다. 그런데 이는 예전 **보릿고개**[11] 때 끼니를 걱정하던 조상들이 인사 대신 사용하던 것으로 우리나라의 문화를 반영한 인사말이다. 비슷한 문화를 공유하는 나라의 학생들은 이것을 인사말로 받아들이지만 그렇지 않은 나라의 학습자들은 인사가 아닌 질문으로 받아들이는 경우가 있다. 따라서 사회 · 문화적 상황을 고려한 말하기도 중점을 두고 교수해야 한다.

11 햇보리가 나올 때까지 넘기 힘든 고개라는 뜻으로, 옛날 농촌에서 곡식이 다 떨어지고 보리는 아직 먹을 때가 되지 않은 음력 4월경 생활이 매우 어려웠던 때를 말한다.

3.9 활용하기 2

다음 조건에 맞게 문서를 수정하세요.

- 편집 용지 설정 – 왼쪽, 오른쪽: 25mm / 위쪽, 아래쪽: 20mm
- 쪽 번호 넣기
  위치: 안쪽 아래, 번호 모양: 1, 2, 3
- 그림 삽입하기: 박물관 사진과 버스킹 사진을 안내문 하단에 삽입
- 도형 그리기: 모서리가 둥근 사각형을 그린 후 ▬▬ 부분의 글자를 도형 안에 삽입

2024년 7월 한국박물관 전시 안내 프로그램
– 큐레이터와의 대화 개최 –

한국박물관은 제3회 "큐레이터[12]와의 대화"를 개최합니다. 2022년부터 매년 실시된 이 행사는 매년 7, 8월 매주 수요일 야간 개장 시간을 이용하여 전시설명과 자유로운 질의응답 시간을 갖는 프로그램인 "큐레이터와의 대화"를 실시하고 있습니다.

2022년부터 시작한 이 프로그램은 박물관과 관람객의 거리를 좁혀주고 우리의 역사와 유물의 우수성을 널리 알리기 위해서 시작하였습니다. 매주 다른 주제로 관람객을 맞이하고 있으며 주제와 관련된 안내 책자도 함께 배포[13]하여 전시 작품에 대한 이해를 돕고 있습니다.

두 달에 걸쳐 유물관에서 '삼국의 장신구', 미술관에서 '조선시대 산수화', 역사관에서 '조선왕조실록', 건축관에서 '한국의 온돌' 등 8개의 주제가 각각 진행됩니다.

한국박물관에서는 이에 기하여 매주 수요일 6시 이후 입장하시는 관람객분들께 무료 개방하고 있습니다. 또한 박물관 앞 마당에서는 매주 버스킹[14]이 열리니 가벼운 마음으로 박물관에 방문하셔도 좋을 것 같습니다. 특히, 올해는 아이를 동반하신 관람객들께는 한국박물관 로고[15]가 새겨진 굿즈[16]를 드리고 있으니 이용에 참고 바랍니다.

[프로그램 운영]
ㅇ시간 : 7월, 8월 매주 수요일 1타임(18:30~19:00) / 2타임(19:30~20:00)
ㅇ장소 : 한국박물관 전시실
ㅇ참가인원 : 전시관별 신청자 50명
ㅇ신청방법 : 해당일 선착순(18:00부터 전시관 1층 안내데스크 접수)

---

12 미술관이나 박물관에서 유물 관리, 자료 전시, 홍보 활동 등을 하는 사람을 말한다.
13 나누어 주다.
14 사람들이 많이 다니는 길거리에서 여는 공연을 말한다.
15 회사나 상품을 대표하는 이름으로 이를 특별하게 디자인한 것이다.
16 특정 브랜드나 연예인, 드라마, 애니메이션, 팬클럽 등과 관련된 상품이다.

3.10 도움주기

주석의 유형

- 주석은 기능에 따라 참조주와 내용주로 나뉜다.
  · 참조주는 어디에서 인용[17]한 것인지 출처[18]를 밝히는 것이다.
  · 내용주는 본문에서 다루고 싶지 않거나 추가 설명이 필요할 때 사용하는 것이다.
- 주석은 형태에 따라 내주와 외주로 나뉜다.
  · 내주는 주석을 본문과 분리하지 않고 작성하는 것이다.
  본문 안에 괄호를 써서 표시하는 주석이다.
  · 외주는 주석을 본문과 분리하여 작성하는 것이다.
  외주는 같은 쪽의 아래에 주석을 넣는 '각주'와 본문의 마지막 장에 한꺼번에 모아 다는 '미주'가 있다.

각주 다는 방법

- 주석의 표기 방법으로는 MLA 양식과 APA 양식, 시카고 양식 등이 있다.
  · MLA 양식은 보통 인문 · 사회계열에서 사용한다.
  · APA 양식은 보통 사회과학계열, 이공계열에서 사용한다.
- 주석은 보통 기관의 정해진 양식을 따르지만 특별한 조건이 없으면 대부분 MLA 방식이나 APA 양식을 따른다.

분야별 각주 다는 방법

❶ 책

- MLA 양식: 지은이, 『책이름』, 출판사이름, 출간연도, 인용쪽.
- APA 양식: 지은이(출간연도), 『책이름』, 출판사이름, 인용쪽.

❷ 일반 논문

- MLA 양식: 작성자, 「논문제목」, 『학회지이름』 권호수, 출간연월, 인용쪽.
- APA 양식: 작성자(출간연월), 「논문제목」, 『학회지이름』 권호수, 인용쪽.

❸ 학위 논문

- MLA 양식: 작성자, 「논문제목」, ㅇㅇ대학교 ㅇㅇ학위 논문, 학위연도, 인용쪽.
- APA 양식: 작성자(학위연도), 「논문제목」, ㅇㅇ대학교 ㅇㅇ학위논문, 인용쪽.

---

17 인용이란 다른 사람의 말이나 생각을 내 글에 가지고 와서 쓰는 것이다.

18 출처란 말이나 생각을 처음 하게 된 근거를 말한다. 보고서에서 출처는 보고서나 논문, 신문 등 어디에서 인용한 것인지 쓰는 것이다.

❹ 신문

기자이름, 「기사제목」, 『신문이름』, 발행일자

❺ 인터넷 자료

작성자, 「자료 제목」, 『사이트이름』, 업로드날짜, 〈http주소〉, 사이트 접속날짜.

연습문제 **다음 정보를 자신의 전공에 맞는 참고문헌 표기 양식으로 작성해 봅시다.**

❶ 조오현이 쓴 한국어 연구의 새로운 모색이라는 책의 157쪽을 인용하였다. 이 책은 박이정에서 2014년에 출판되었다.

➡ ____________________

❷ 박혜란 · 남은영이 사회통합프로그램 한국어 교재에 나타난 성 고정관념 양상에 관한 연구라는 논문을 120쪽부터 121쪽까지 인용하였다. 이 논문은 2019년에 한국사회언어학의 사회언어학 27-4호에 실렸다.

➡ ____________________

❸ 조선일보의 임경업 기자는 "혈관 질환 환자에서 미세 플라스틱 다량 검출"이라는 기사를 작성하였다. 이 기사는 〈https://m.site.naver.com/1nl66〉에서 2024년 4월 7일에 작성되었고 2024년 5월 1일에 접속하여 읽었다.

➡ ____________________

❹ 최영민이 쓴 '다항 로짓과 단계별 분류의 비교연구' 논문의 18쪽의 표를 인용하였다. 이 논문은 2012년 서울대학교 통계학과 석사학위 논문이다.

➡ ____________________

알아두세요 각주를 적을 때, 같은 사람의 같은 논문 또는 책이 반복될 경우가 있다.
바로 위에 있는 논문 또는 책을 또 인용한 경우 '위의 책, 00쪽'또는 '위의 글, 00쪽'이라고 쓰면 된다. 앞에 나왔지만 바로 위의 논문 또는 책이 아닌 경우는 '작성자, 앞의 책, 00쪽.'또는 '작성자, 앞의 글, 00쪽'을 쓰면 된다.

4장

표 다루기

학 습 목 표

- 표를 만들고 편집하는 방법을 배운다.
- 셀을 만들고 편집하는 방법을 배운다.
- 표를 디자인하는 방법을 익힌다.

4.0 알아두기

한글에서 문서의 표를 더 효과적으로 구성할 수 있도록 표 작성 및 편집, 줄과 칸 삽입 및 삭제, 셀 나누기와 합치기, 셀 크기 조정, 표 디자인, 표 나누기와 붙이기 등을 활용하기 전에 알아두어야 할 용어들을 살펴보자.

조절	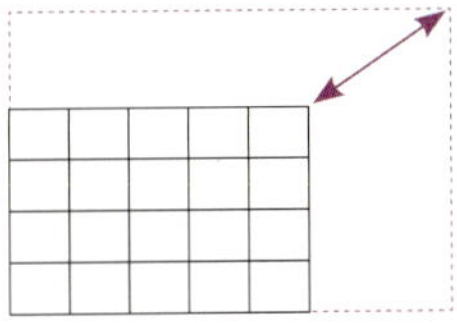	**○○○을/를 □□□하게 조절하다.** 의미: 어떤 것을 바꿔서 맞추어 나감 예 표 크기를 적당하게 조절해서 만듭니다.
추가		**△△△을/를 추가하다, 추가한 N, 추가** 의미: 더함 예 첫 번째 단락 아래에 표를 추가하세요. 추가한 표의 크기를 조금 더 크게 조절하세요.
셀	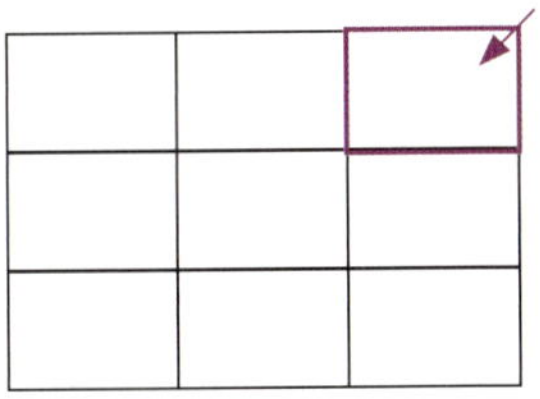	**셀을 나누다/삽입하다/숨기다/합치다** 의미: 표를 만들었을 때 한 칸 예 셀과 셀 사이에 다른 셀을 삽입해 주세요.
합치기		**◇◇◇을/를 합치다.** 의미: 어떤 것과 어떤 것을 더함 예 표1과 표2를 합칩니다. 서로 힘을 합쳐서 위기를 극복하자.

레이아웃	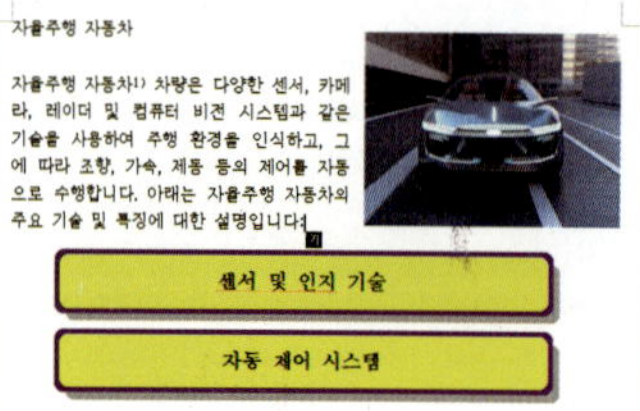	**레이아웃을 바꾸다, 표 레이아웃** 의미: ① 배치, 문서 안에 텍스트나 그림 등을 효과적으로 배치하는 것 ② 문서에서 배치할 때 사용하는 부분 예 레이아웃에서 정렬을 가운데로 바꿔주세요.
너비	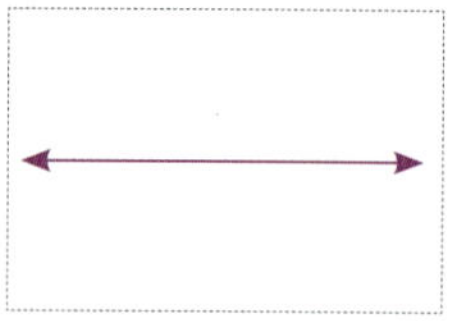	**너비를 넓히다/좁히다.** 의미: 가로 폭 또는 넓이 예 표의 너비를 넓혀 주세요.
채우기		**색 채우기, 표 채우기, ◇◇◇을/를 △△△으로 채우다.** 의미: 비어있는 것을 어떤 것으로 가득 차게 함 예 표의 첫째 줄을 회색으로 채우세요.

알아두세요 **한글에서 유용한 단축 키**

- 한 줄 지우기: Ctrl+Y
- 블록 설정: F3 – 2번 클릭(낱말 블록), 3번 클릭(한 문단 블록), 4번 클릭(문서 전체 블록)
- 개체 선택한 상태에서 개체 속성 창 열기: P
- 개체 선택한 상태에서 개체 묶기: G
- 개체 선택한 상태에서 개체 풀기: U
- 글자를 선택(블록)한 상태에서 글씨 크게: Alt+Shift+E / Ctrl+]
- 글자를 선택(블록)한 상태에서 글씨 작게: Alt+Shift+R / Ctrl+[
- 밑줄: Ctrl+U
- 진하게: Ctrl+B
- 기울임: Ctrl+I
- 위첨자/아래첨자/보통: Ctrl+Alt+A
- 쪽 번호 매기기: Ctrl+N, P

4.1 표 만들고 크기 조절, 이동하기

표는 문서 작성에 반드시 필요한 요소로, 여러 데이터를 정리하여 시각적으로 보여줄 수 있다. 이번에는 표를 만들고 크기를 조절하며, 표를 이동하는 방법에 대해 배운다.

실습 파일: 04\ch4_1.hwpx

표 만들기

새 문서를 열거나 04 폴더의 'ch4_1.hwpx' 파일을 더블 클릭하여 실행한다.

❶ **표 만들기 방법** 1: 〔편집〕 또는 〔입력〕 탭을 선택한 다음 [표]의 드롭다운 버튼을 클릭한다. 마우스를 이용하여 3줄 4칸 위치에 놓고 클릭한다.

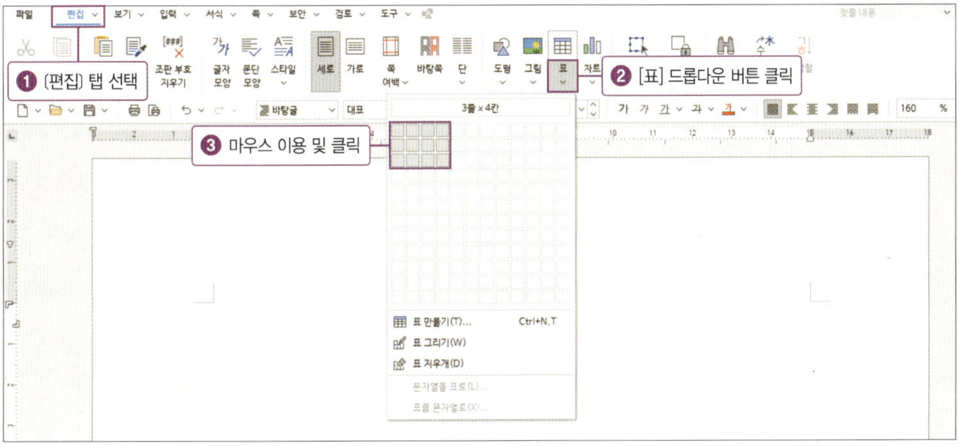

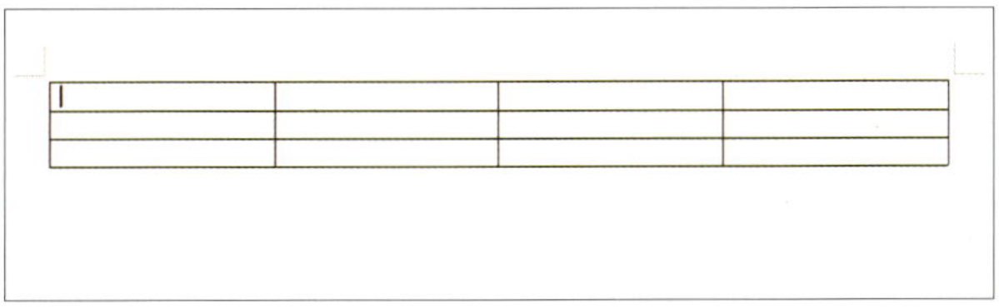

표가 만들어진 모습

❷ **표 만들기 방법** 2: 〔편집〕 탭을 선택하고 [표]의 드롭다운 버튼을 클릭한 다음 [표 만들기]를 클릭한다. [표 만들기] 대화상자에서 줄 개수는 '3', 칸 개수는 '4'를 입력하고 〈만들기〉 버튼을 클릭한다.

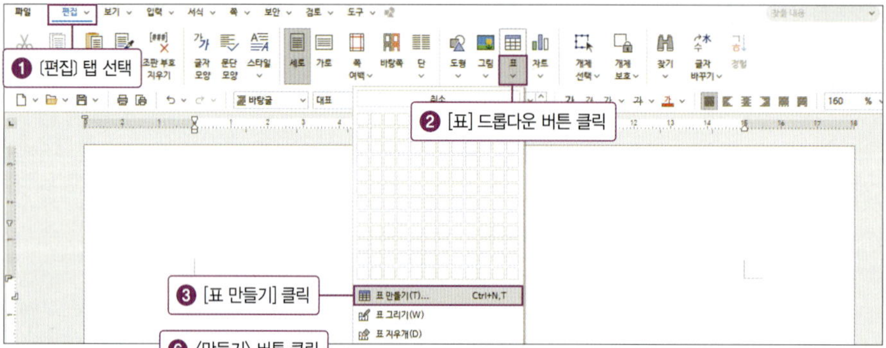

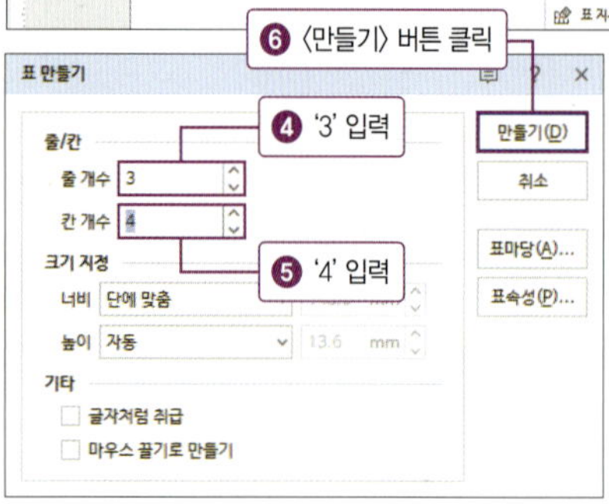

알아두세요 **표 마당 이용**

[표 만들기] 대화상자에서 〈표 마당〉 버튼을 클릭하면 [표 마당]에서 선택한 스타일로 표를 만들 수 있다.

❸ **표 만들기 방법** 3: 〔편집〕 탭을 선택한 다음 [표]의 드롭다운 버튼을 클릭하고 [표 그리기]를 클릭한다. 마우스를 이용하여 사각형을 그린 다음 선을 이용해 3줄 4칸 모양의 표를 그린다.

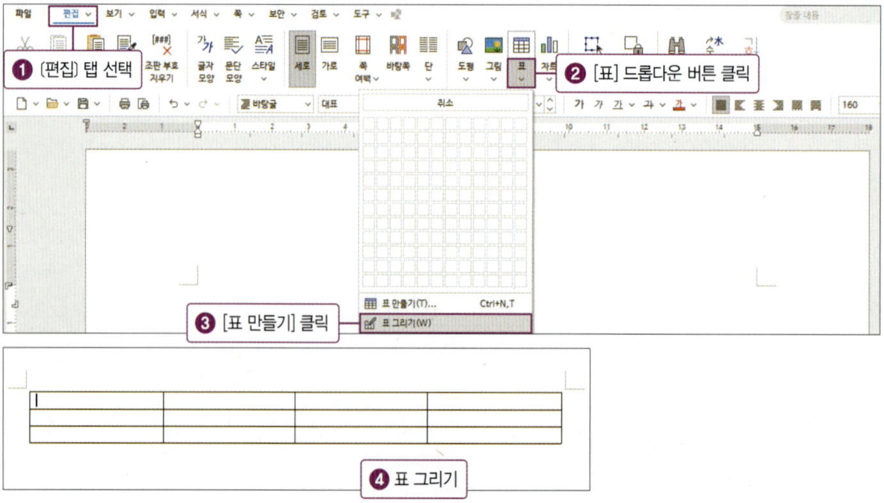

표 크기 조절하기

❶ **표 크기 조절 방법 1:** 표의 테두리를 클릭하여 표를 선택한다. 조절점을 마우스로 드래그하면서 크기를 조절한다.

❷ **표 크기 조절 방법 2:** 표 안에 커서를 놓고 드래그하여 셀 전체를 선택한다. 또는 단축키 F5를 세 번 눌러 셀 전체를 선택한다. Ctrl을 누르고 방향 키(←, →, ↑, ↓)를 이용하여 크기를 조절한다.

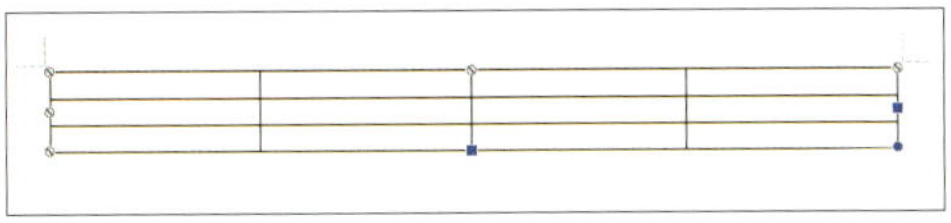

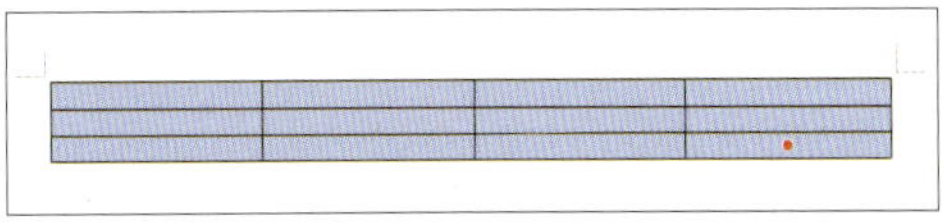

표 이동하기

❶ 표의 테두리를 클릭하여 표를 선택한다.

❷ 마우스를 드래그하여 표의 위치를 바꾼다.

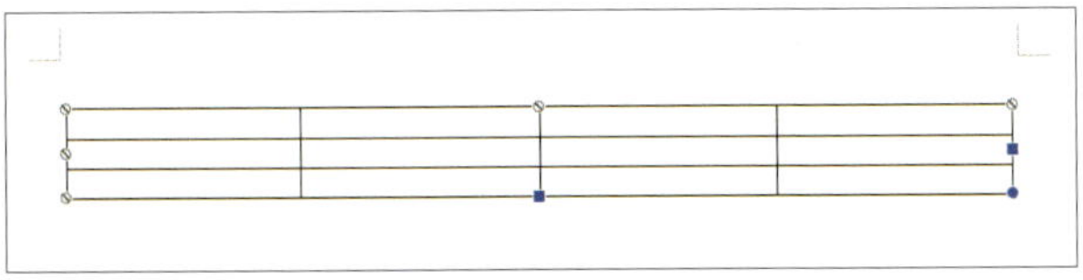

알아두세요 **셀 선택 방법**

- 셀 안에 커서를 놓고 F5 키를 한 번 누르면 셀 하나가 선택되고, 방향 키를 누르면 선택한 셀이 바뀐다.
- 셀 안에 커서를 놓고 F5 키를 두 번 누르면 셀 하나가 선택되고, 방향 키를 누르면 이웃한 셀도 선택된다.
- 셀 안에 커서를 놓고 F5 키를 세 번 누르면 테이블 전체 셀이 선택된다.

☑ 작은 연습 1

새 문서를 열고, 7줄×2칸 모양의 표를 그린다.

4.2 HANGUL

줄, 칸 삽입 및 삭제하기

표를 만들어 사용할 때 데이터를 추가하거나 삭제해야 할 경우가 있다. 이를 위하여 이번에는 표의 줄[1]과 칸[2]을 삽입하고 삭제하는 방법에 대해 배운다.

줄, 칸 삽입하기

❶ 줄과 칸의 삽입 및 삭제를 확인하기 위해 먼저 각 셀에 수를 입력한 다음 Tab을 눌러 다음 셀로 이동한 후 수를 입력한다.

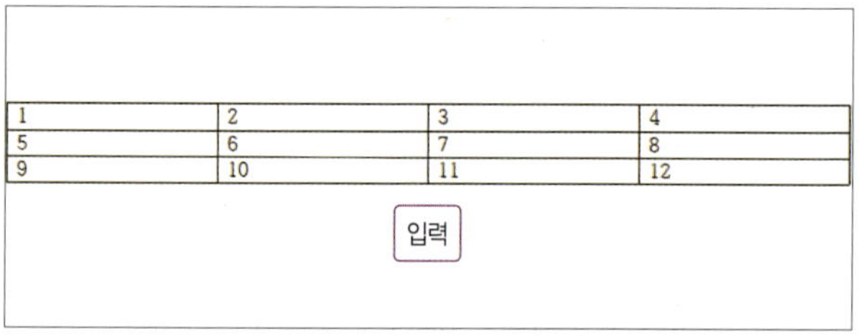

❷ 숫자 '1'이 있는 셀에 커서를 놓는다.

❸ **줄 삽입 방법** 1: 메뉴 오른쪽의 '표 레이아웃' 아이콘(▦)을 클릭한 다음 [아래에 줄 추가하기]를 클릭한다.

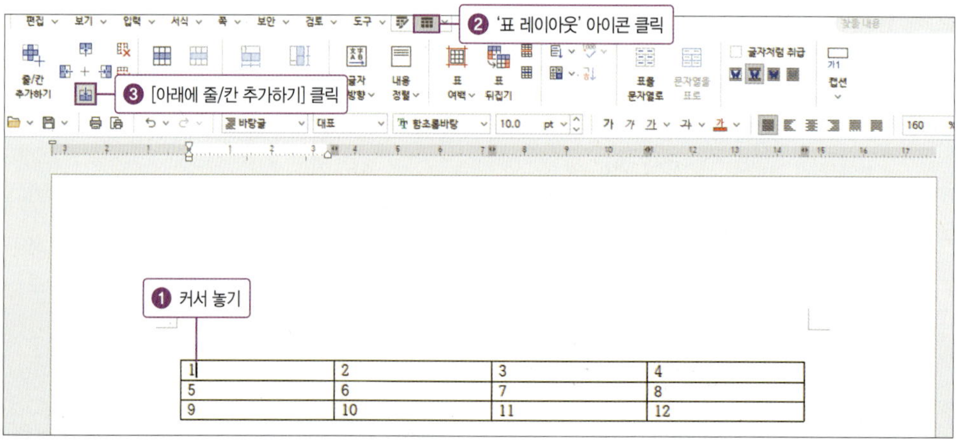

1 글이나 표의 가로나 세로에 해당하는 것을 말한다.

2 표의 한 부분으로 네 면이 막힌 부분을 말한다.

❹ **줄 삽입 방법** 2: 메뉴 오른쪽의 '표 레이아웃[3]' 아이콘()을 클릭한 후 [줄/칸 추가하기]를 클릭한다. [줄/칸 추가하기] 대화상자에서 [아래에 줄 추가하기]를 클릭하고 〈추가〉 버튼을 클릭한다.

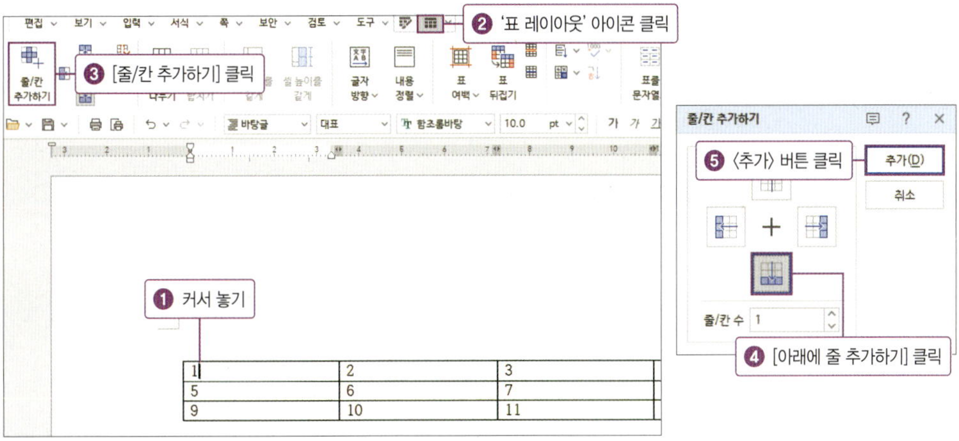

❺ 커서가 있던 셀 아래에 줄이 추가된 것을 확인한다.

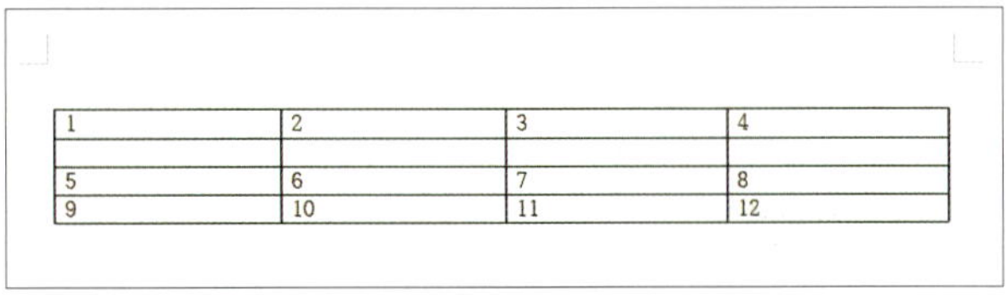

❻ 숫자 '5'가 있는 셀에 커서를 놓는다.

❼ **칸 삽입 방법** 1: 메뉴 오른쪽의 '표 레이아웃' 아이콘()을 클릭하고 [오른쪽에 칸 추가하기]를 클릭한다.

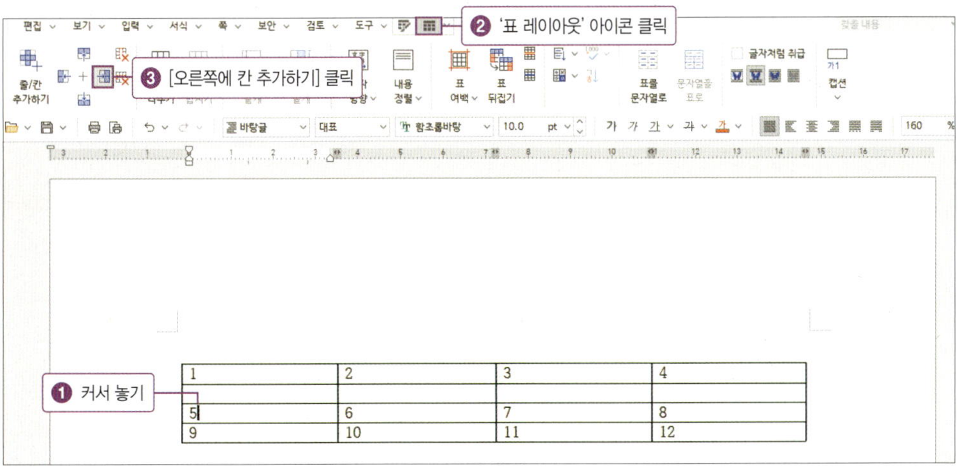

3 문서에서 그림이나 텍스트를 효과적으로 배치할 때 사용하는 부분이다.

❽ **칸 삽입 방법** 2: 메뉴 오른쪽의 '표 레이아웃' 아이콘(▦)을 클릭한 다음 [줄/칸 추가하기]를 클릭한다. [줄/칸 추가하기] 대화상자에서 [오른쪽에 칸 추가하기]를 클릭한 후 〈추가〉 버튼을 클릭한다.

❾ 커서가 있는 셀 오른쪽에 칸이 추가된 것을 확인한다.

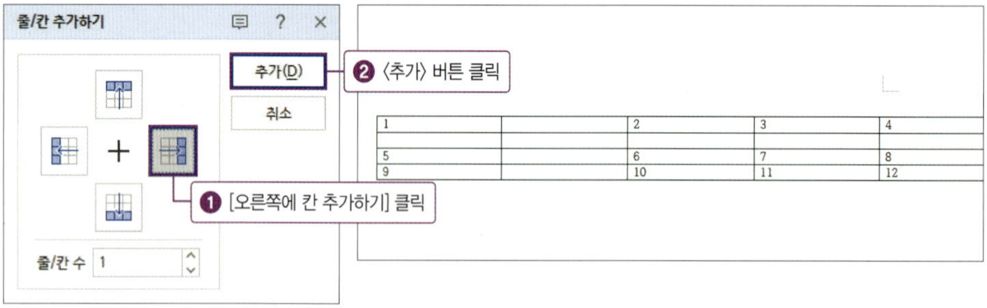

> **알아두세요** **마지막 줄 추가**
> 표의 마지막 셀에 커서를 놓고 Tab 키를 누르면 다음 줄이 추가된다.

줄, 칸 삭제하기

❶ 숫자 '1' 아래의 추가한 셀에 커서를 놓는다.

❷ 메뉴 오른쪽의 '표 레이아웃' 아이콘(▦)을 클릭한 다음 [줄 지우기]를 클릭한다.

❸ 추가했던 줄이 삭제된 것을 확인한다.

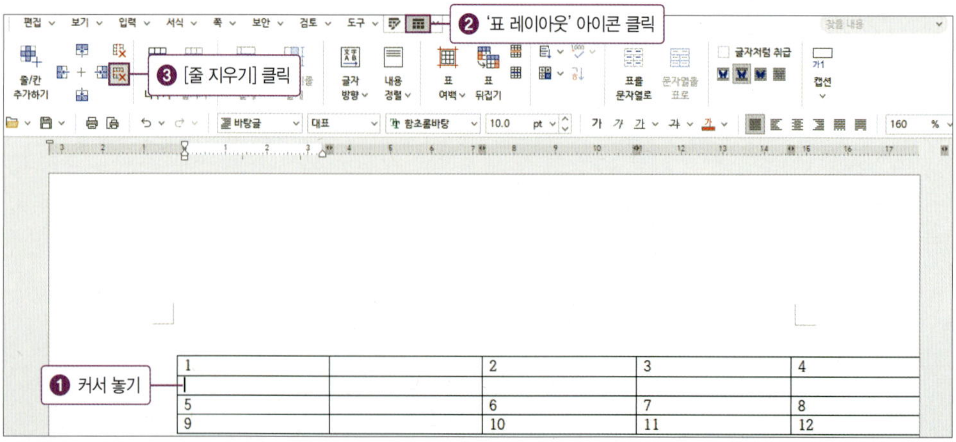

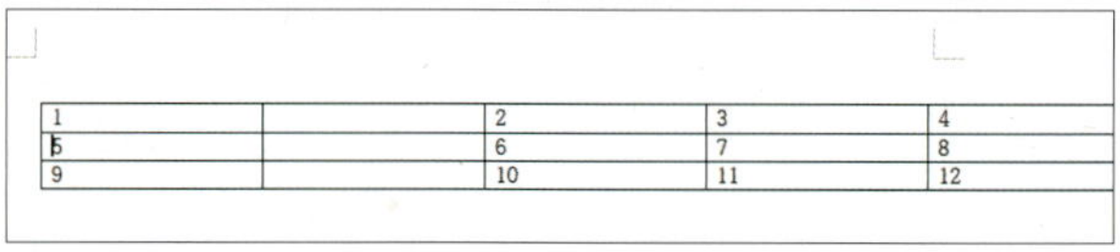

❹ 숫자 '5' 오른쪽 셀에 커서[4]를 놓는다.

❺ 메뉴 오른쪽의 '표 레이아웃' 아이콘(▦)을 클릭한 다음 [칸 지우기]를 클릭한다.

❻ 추가했던 칸이 삭제된 것을 확인한다.

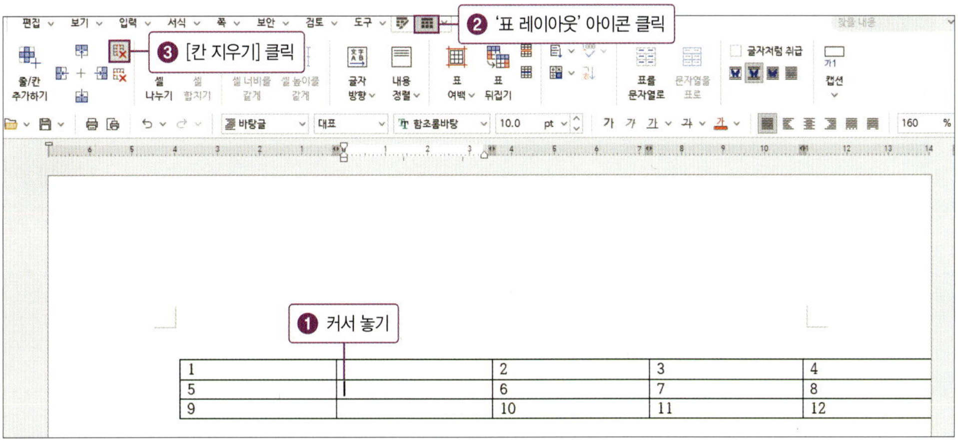

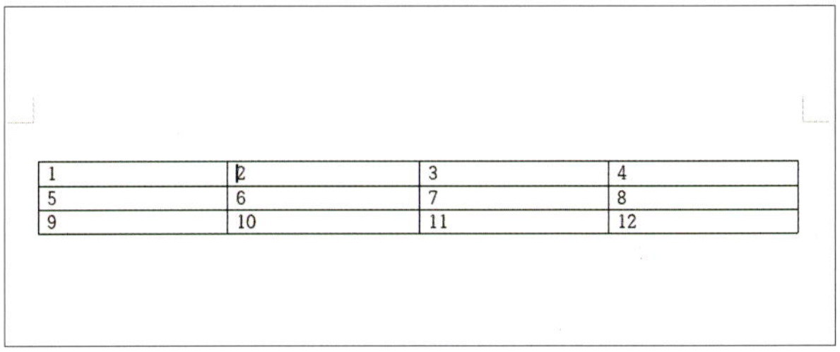

☑ 작은 연습 2

1. 표 전체에 오른쪽으로 1칸을 추가한다.
2. 첫째 줄 왼쪽부터 오른쪽까지 셀마다 1부터 하나씩 숫자를 넣는다.
   (첫째 줄에 1, 2, 3을 넣을 수 있다.)

4 컴퓨터 화면에서 입력 위치를 나타내는 것이다.

4.3

HANGUL

셀 나누고 합치기

표를 만들 때 셀을 병합하거나 나누는 경우가 있다. 셀을 나누거나 합치는 방법을 잘 알면 원하는 표를 쉽게 만들 수 있다. 이번에는 셀을 나누고 합치는 방법에 대해 배운다.

셀 나누기 – 줄

첫 번째 줄을 선택한 다음 줄을 삽입한다.

❶ **줄 선택 방법** 1: 첫 번째 줄을 드래그하여 선택한다.

❷ **줄 선택 방법** 2: 첫 번째 셀에 커서를 놓고 단축 키 F5를 누른다. Shift를 누른 상태에서 네 번째 셀을 클릭하여 첫 번째 줄을 선택한다.

❸ **줄 선택 방법** 3: 첫 번째 셀에 커서를 놓고 단축 키 F5를 두 번 누른다. 방향 키 →를 세 번 눌러 첫 번째 줄을 선택한다.

❹ **줄 나누기 방법** 1: 메뉴 오른쪽의 '표 레이아웃' 아이콘[5]을 클릭하고 [셀 나누기]를 클릭한다.

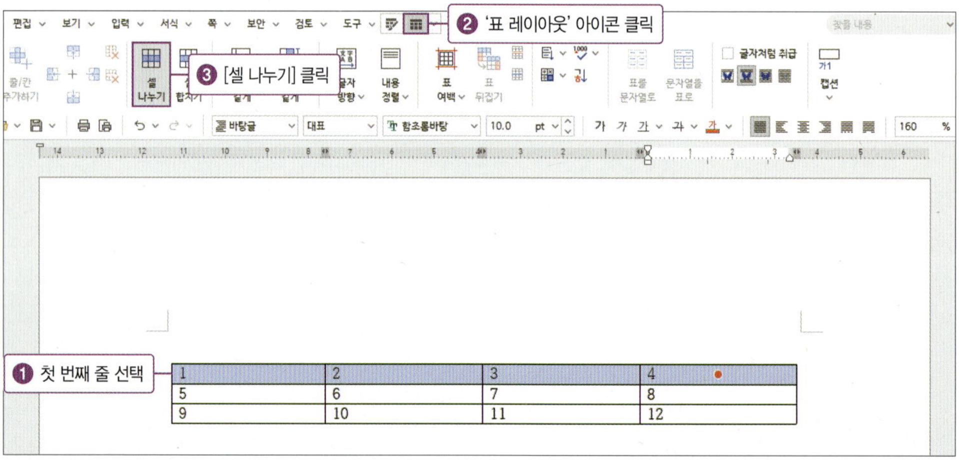

5 컴퓨터에서 명령을 문자나 그림으로 나타낸 것이다.

❺ **줄 나누기 방법 2:** 단축 키 S를 누른다.

❻ [셀 나누기] 대화상자에서 '줄 개수'에 체크 표시한 다음 '2'를 입력하고 〈나누기〉 버튼을 클릭한다.

❼ 첫 번째 줄이 두 줄로 나누어진 것을 확인한다.

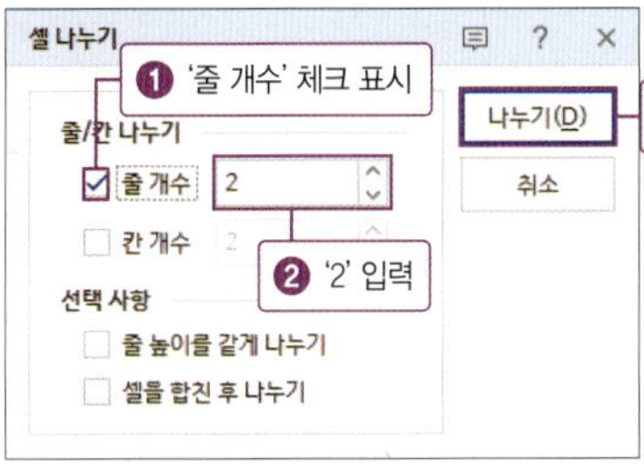

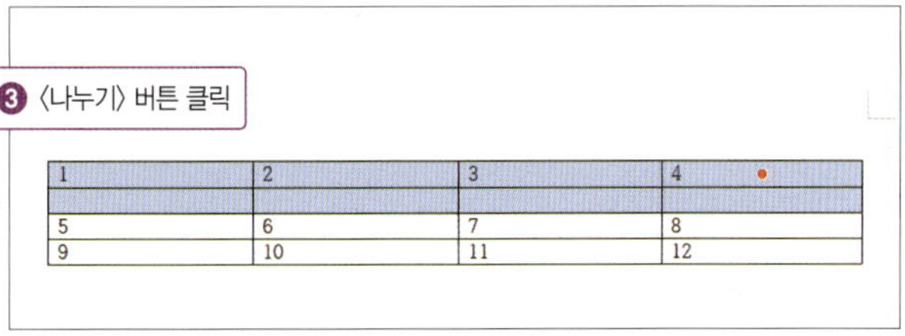

셀 나누기 – 칸

❶ 마우스나 단축 키를 사용하여 숫자 1부터 아래에 있는 셀들을 선택한다.

❷ 단축 키 S를 누른다.

❸ [셀 나누기] 대화상자에서 '줄 개수'의 체크 표시를 해제한다. '칸 개수'에 체크 표시한 다음 '3'을 입력하고 〈나누기〉 버튼을 클릭한다.

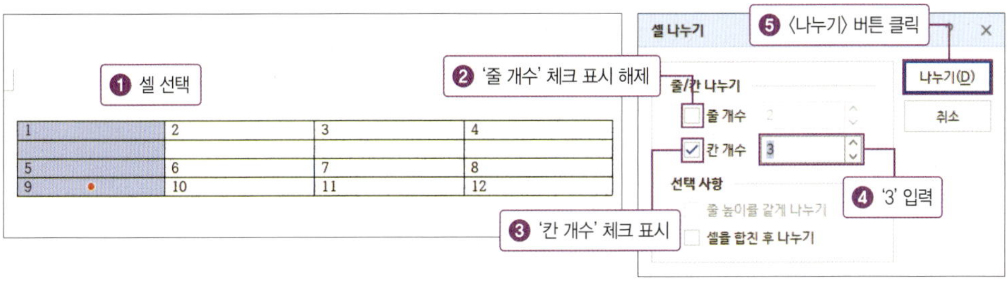

❹ 칸이 나누어진 것을 확인한다.

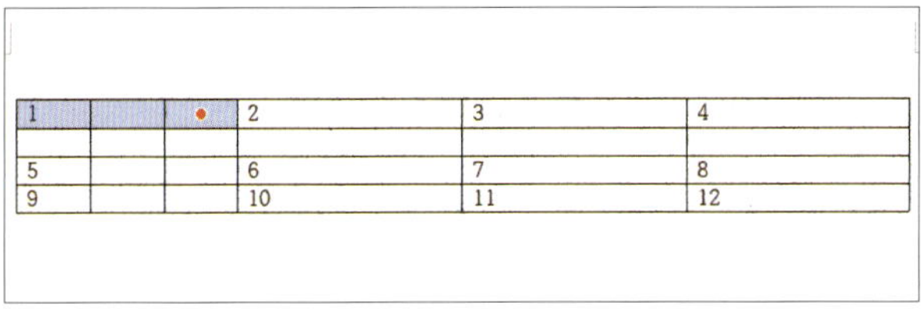

알아두세요 **Ctrl을 이용한 셀 크기 조정**

F5 키를 눌러 선택한 셀 크기는 Ctrl 키와 방향 키를 이용하여 조정할 수 있다.

셀 합치기

❶ 마우스나 단축 키를 사용하여 숫자 1이 있는 셀과 오른쪽 셀 2개를 선택한다.

❷ **셀 합치기 방법** 1: 메뉴 오른쪽의 '표 레이아웃' 아이콘(▦)을 클릭하고 [셀 합치기]를 클릭한다.

❸ **셀 합치기 방법** 2: 단축 키 Ⓜ을 누른다.

❹ 세 개의 셀이 하나의 셀로 바뀐 것을 확인한다.

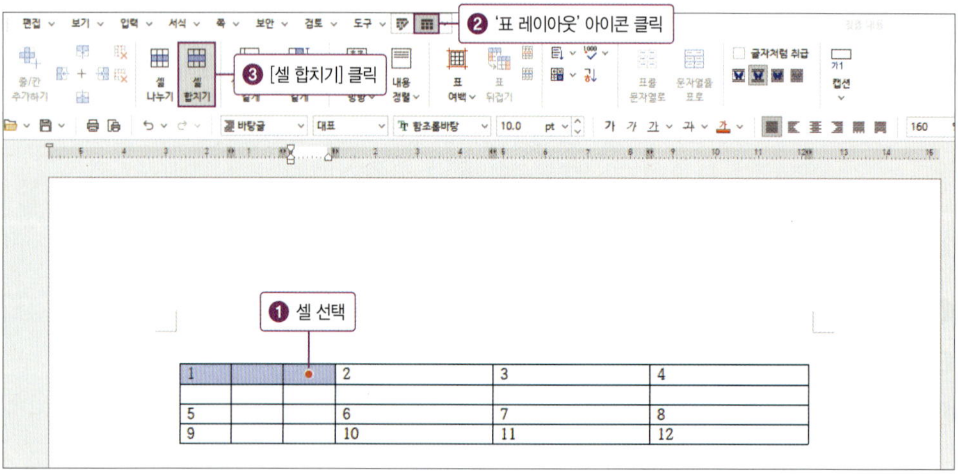

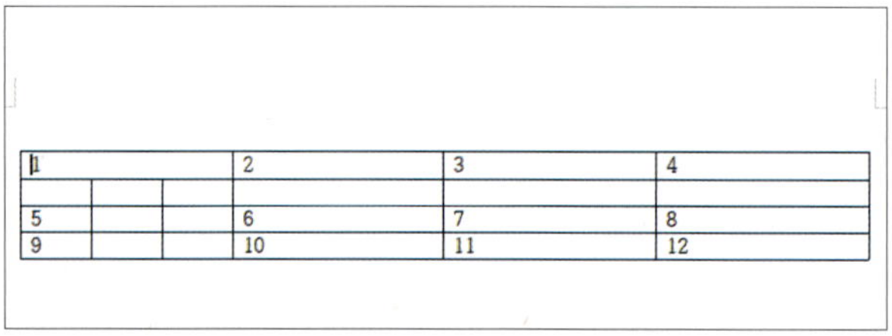

> ☑ **작은 연습 3**
>
> **1.** 1과 4를 합친다.
>
> **2.** 2와 3을 합친 후 '성적'을 적는다.
>
> **3.** 5에 '중간고사', 6에 '기말고사'를 적는다.
>
> **4.** 1부터 6까지 숫자를 지운다.
>
> **5.** 7, 10, 13, 16, 19에 각각 '읽기, 쓰기, 듣기, 말하기, 합계'를 넣고 숫자는 지운다.

4.4

HANGUL

셀 크기 조정하기

표 크기뿐만 아니라 표 안의 셀 크기를 조정하는 것도 다양한 표현에 필요하다. 마우스를 사용할 수 있지만, 키보드와 단축 키를 이용하면 더욱 효율적으로 조정할 수 있다. 이번에는 셀 크기를 조정하는 방법에 대하여 배운다.

셀 너비와 높이를 같게 하기

❶ 숫자 '1'이 있는 셀 안에 커서를 놓는다.

❷ F5를 한 번 눌러 셀을 선택한다.

❸ Ctrl+↓를 세 번 눌러 셀 높이를 조정한다.

❹ F5를 두 번 더 눌러 셀 모두를 선택한다.

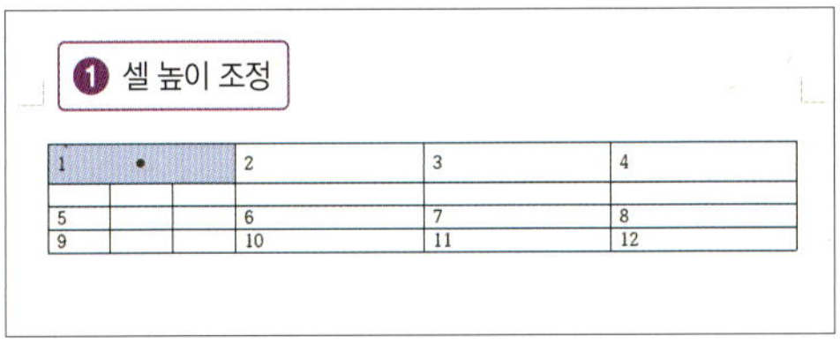

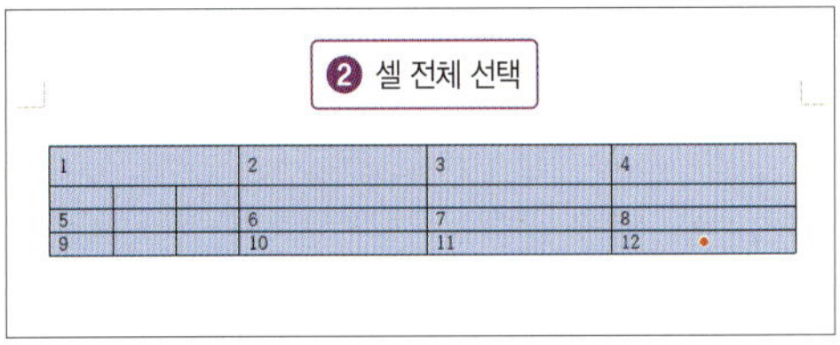

❺ **셀 크기 조정 방법** 1: 메뉴 오른쪽의 '표 레이아웃' 아이콘(▦)을 클릭하고 [셀 높이를 같게]를 클릭해서 각 셀 높이를 같게 만든다.

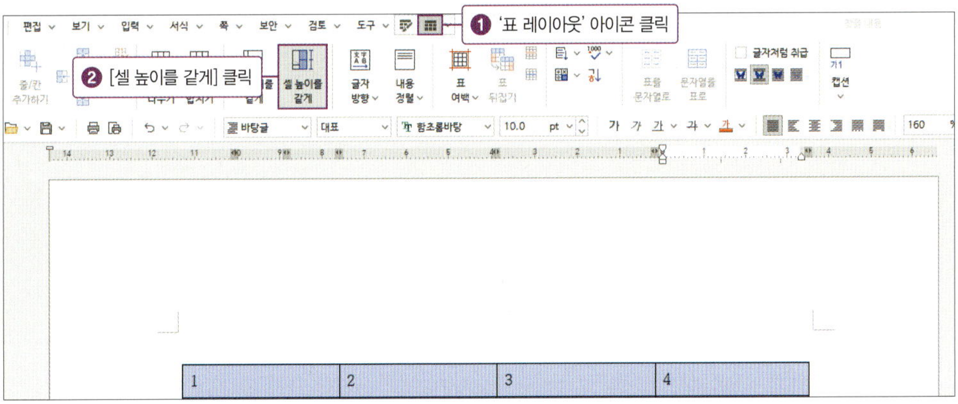

❻ **셀 크기 조정 방법** 2: 단축 키 H를 눌러 각 셀 높이를 같게 만든다.

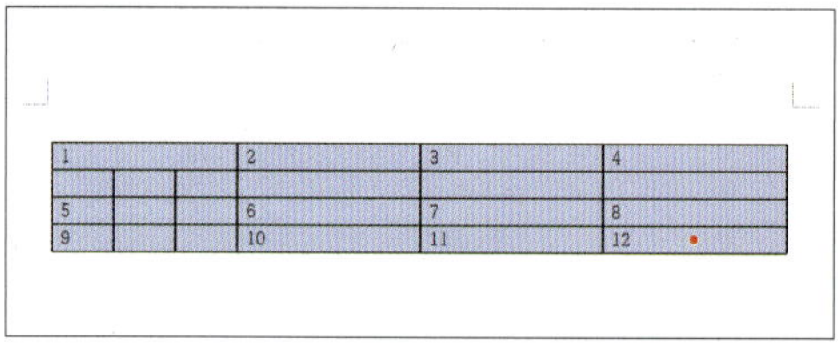

셀 높이가 모두 같아진 모습

❼ **셀 너비를 같게 만들기 방법** 1: 메뉴 오른쪽의 '표 레이아웃' 아이콘(▦)을 클릭하고 [셀 너비를 같게]를 클릭하여 각 셀 너비를 같게 만든다.

❽ **셀 너비를 같게 만들기 방법** 2: 단축 키 W를 눌러 각 셀 너비를 같게 만든다.

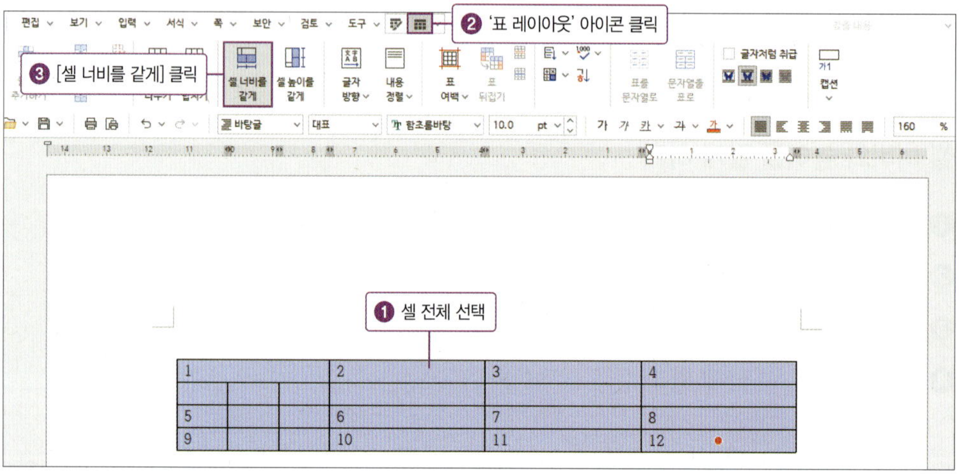

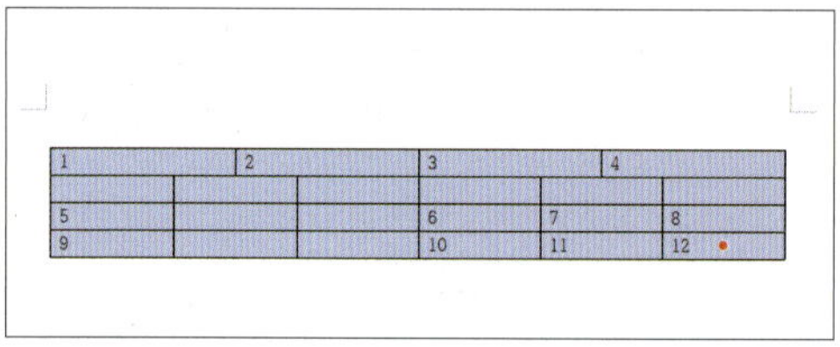

셀 너비가 같아진 모습

알아두세요 합쳐진 셀이 있거나 셀 크기가 달라서 테두리가 어긋나 있는 경우에는 [셀 높이를 같게]나 [셀 너비를 같게]가 동작하지 않을 수 있다. 따라서 먼저 셀 테두리를 맞추고 셀 높이나 너비를 같게 해야 한다.

셀 크기 조정하기

❶ 숫자 '1'이 있는 셀에 커서를 놓고 F5 를 누른다.

❷ Shift와 방향 키 ←를 사용하여 셀 너비를 줄인다.

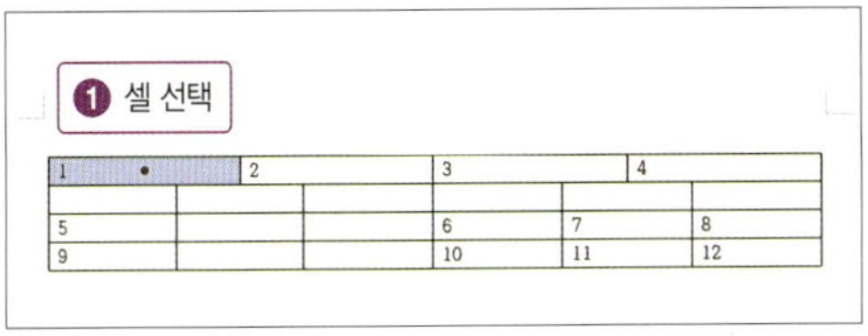

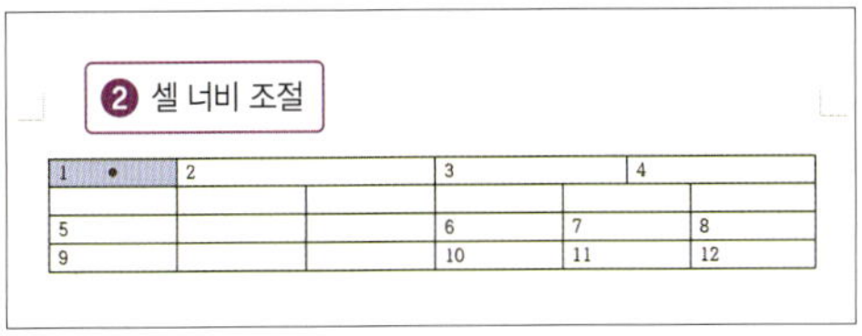

❸ 숫자 '3'이 있는 셀도 같은 방법으로 셀 너비를 줄인다.

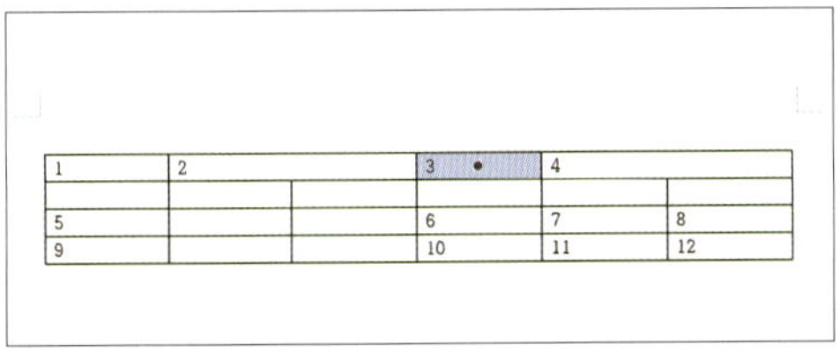

알아두세요

셀 크기 조정

표를 작성한 후에는 간단한 계산식인 합계, 평균, 곱하기 등을 추가할 수 있어 유용하게 활용할 수 있다.

작은 연습 4

셀 높이와 너비를 같게 한다.

4.5 표 디자인하기

HANGUL

표의 테두리와 셀 배경에 색을 적용하면 표를 더 멋지게 꾸밀 수 있다. 테두리의 일부분을 다른 모양으로 변경하거나, 셀 배경색을 일부분만 바꿀 수도 있다. 이번에는 표의 테두리와 셀 배경에 색을 적용하여 표를 디자인하는 방법에 대해 배운다.

테두리 종류 변경하기

❶ 표 안에 커서를 놓고 F5를 세 번 누른다.

❷ **표 디자인 방법** 1: 메뉴 오른쪽의 '표 디자인' 아이콘( )을 클릭하고 [테두리 종류] → [선 없음]을 클릭한다.

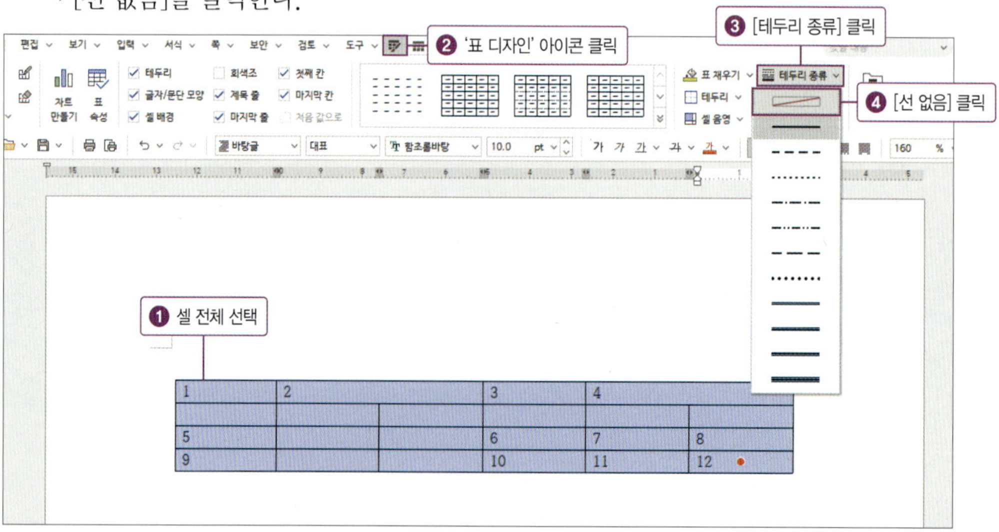

❸ [테두리] → [왼쪽 테두리]를 클릭한다.

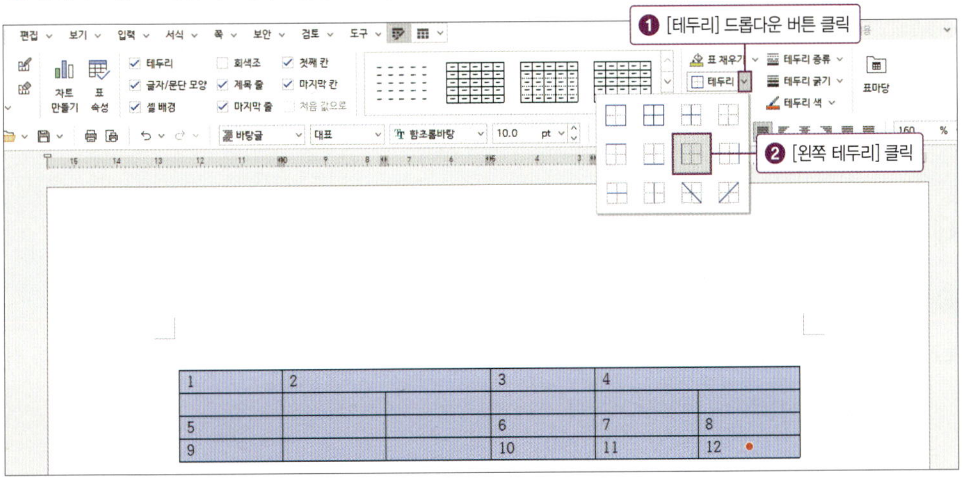

❹ [테두리] → [오른쪽 테두리]를 클릭한다.

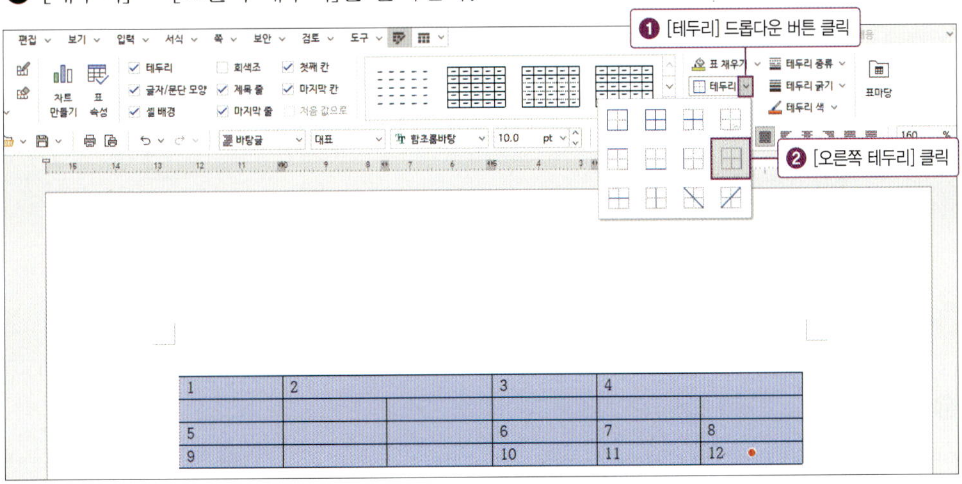

❺ **표 디자인 방법** 2: 단축 키 L을 누른다. [셀 테두리/배경] 대화상자의 〔테두리〕 탭을 선택하고 종류는 [선 없음]을 선택한다. [왼쪽 테두리]와 [오른쪽 테두리]를 클릭한 후 〈설정〉 버튼을 클릭한다.

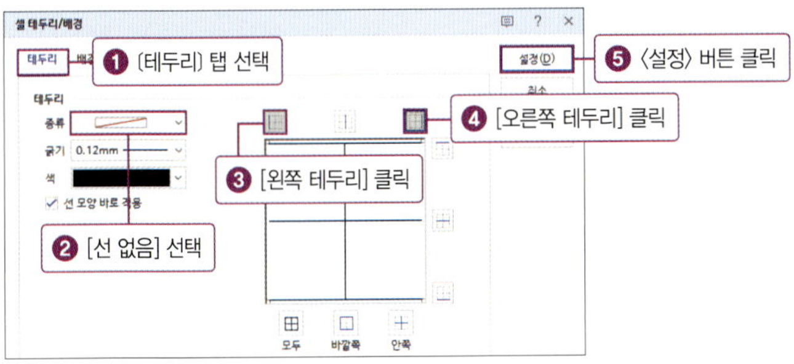

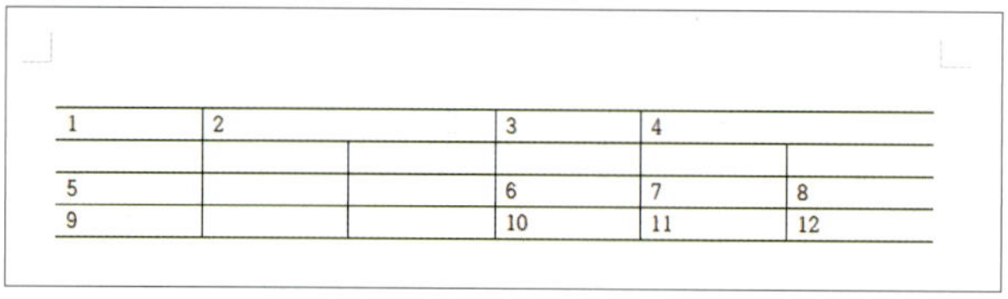

[선 없음]을 적용한 모습

테두리 굵기와 색상 변경하기

❶ 표 안에 커서를 놓고 F5를 세 번 눌러 셀을 전체 선택한다.

❷ **테두리 설정 방법** 1: 메뉴 오른쪽의 '표 디자인' 아이콘( )을 클릭한 다음 [테두리 종류] → [실선]을 클릭한다.

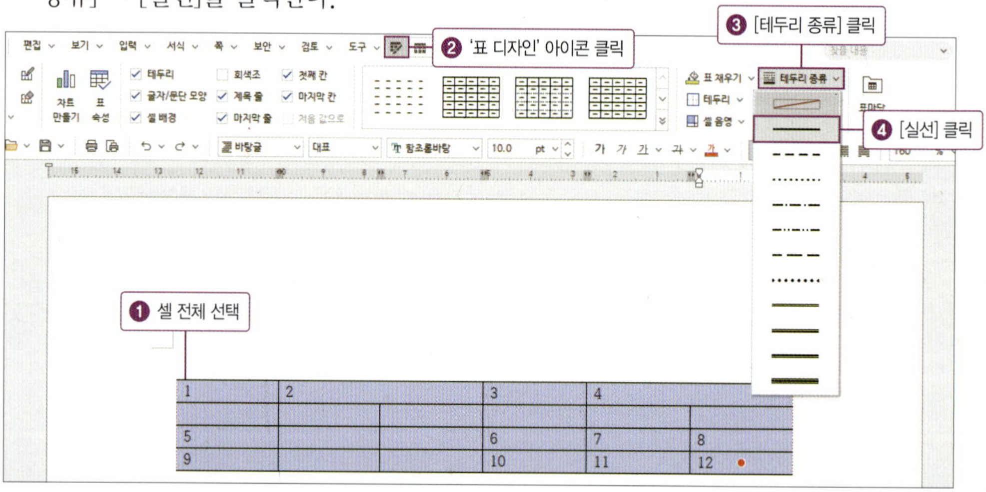

❸ [테두리 굵기] → [0.7mm]를 클릭한다.

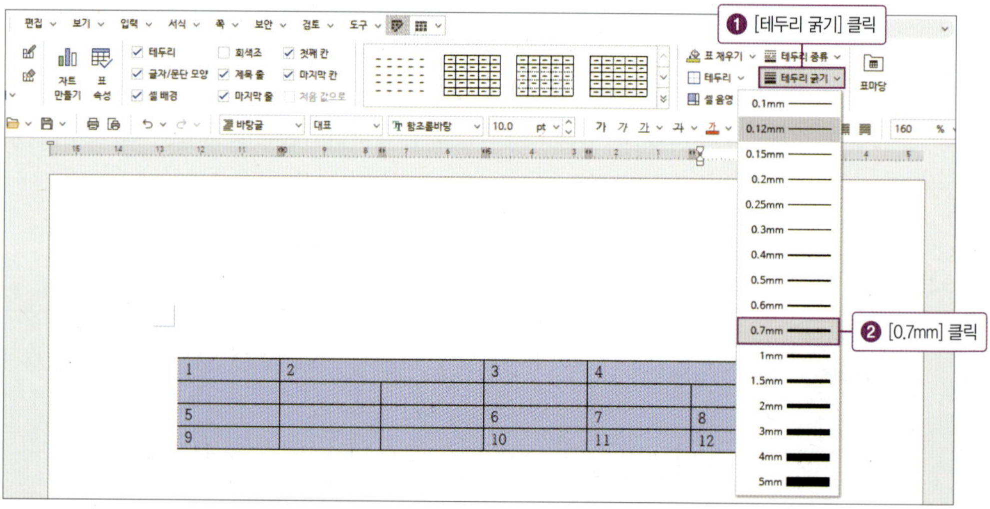

❹ [테두리 색] → [주황]을 클릭한다.

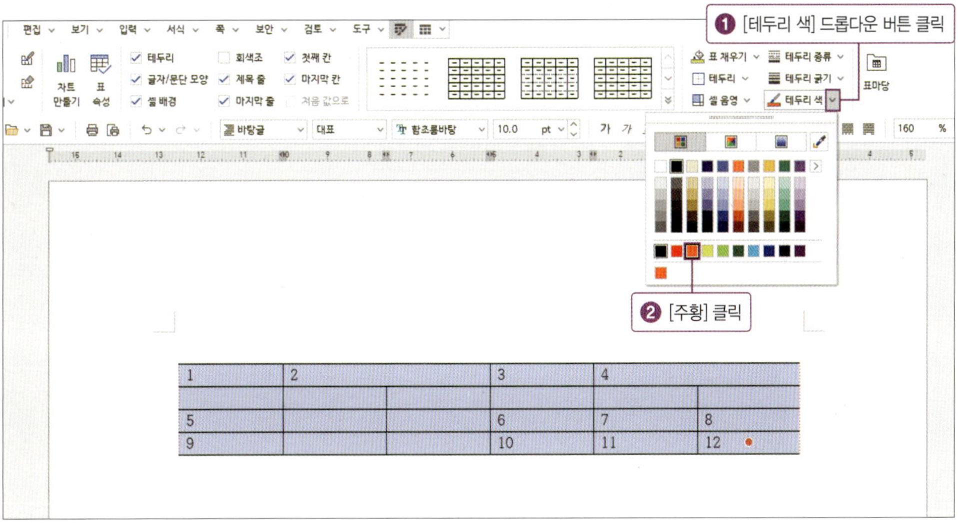

❺ [테두리] → [위쪽 테두리]를 클릭한다.

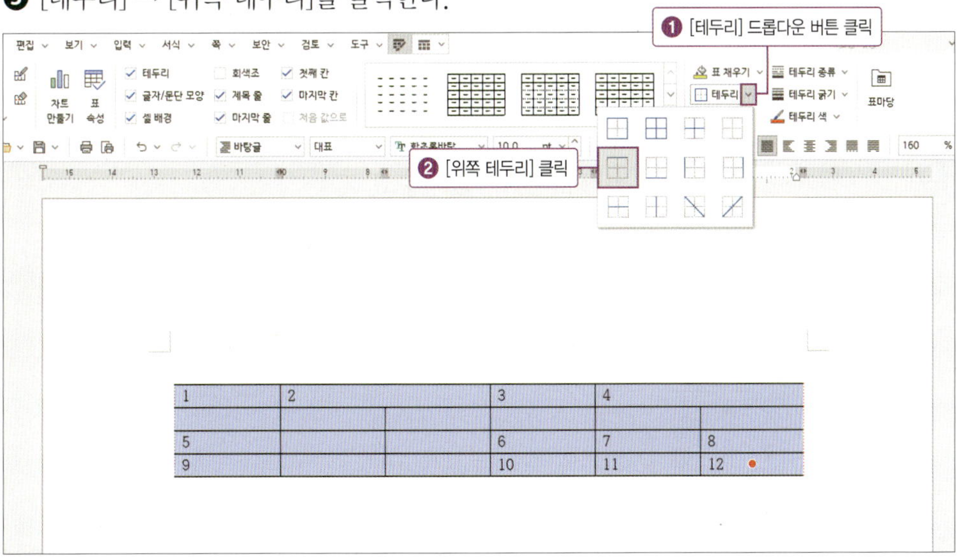

알아두세요 [표 디자인] 탭에서 테두리 속성을 변경할 때 먼저 속성(종류, 굵기, 색상 등)을 설정하고 속성을 설정할 테두리를 선택해야 한다.

❻ [테두리] → [아래쪽 테두리]를 클릭한다.

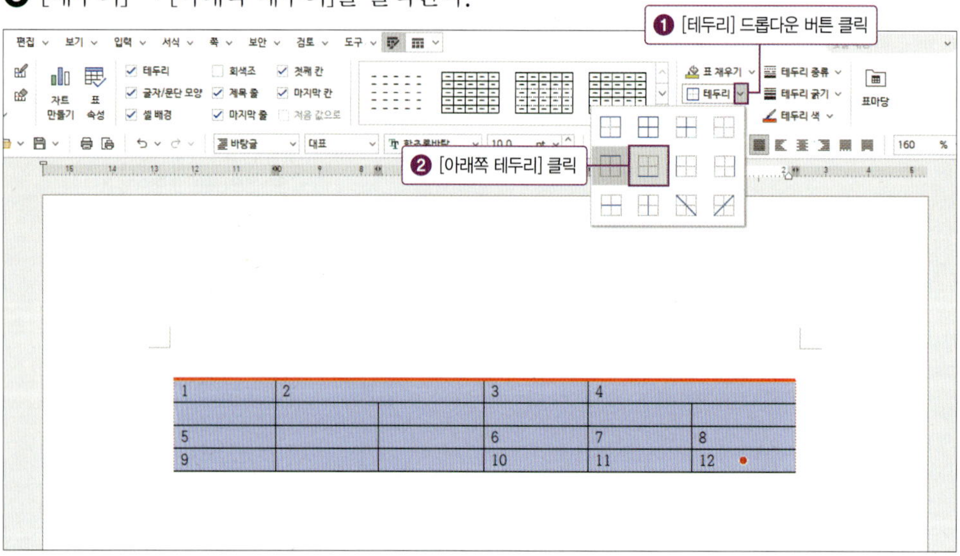

❼ **테두리 설정 방법** 2: 단축 키 [L]을 누른다. [셀 테두리/배경] 대화상자에서 [테두리] 탭을 선택하고 종류는 [실선], 굵기는 [0.7mm], 색은 [주황]을 선택한다. [위쪽 테두리], [아래쪽 테두리]를 클릭한 다음 〈설정〉 버튼을 클릭한다.

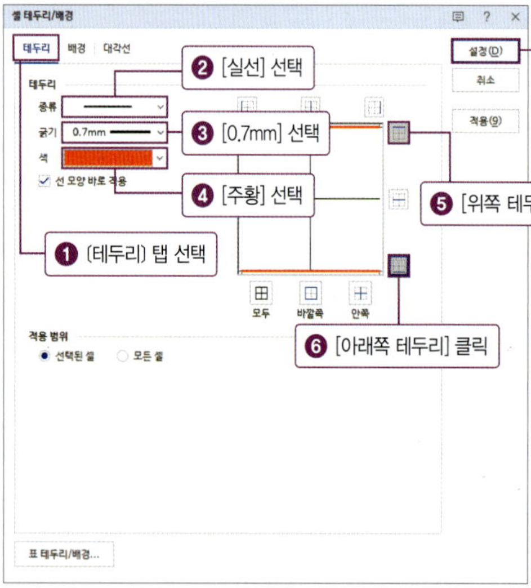

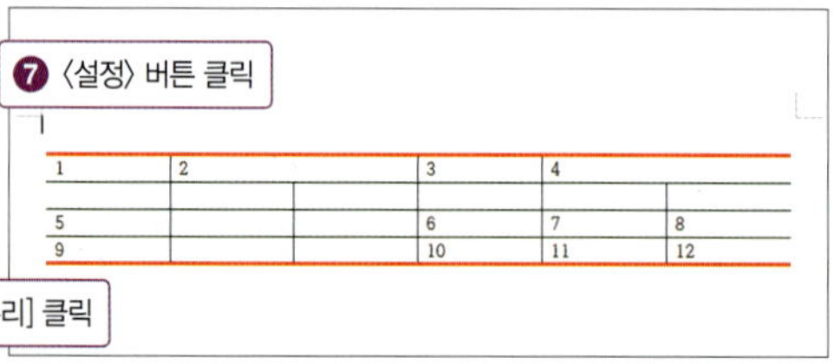

테두리 속성을 적용한 모습

표 채우고 정렬하기

❶ 표에서 첫 번째 줄을 선택한다. (마우스 또는 단축 키 사용)

❷ 셀 크기 중에서 높이를 더 늘린다.

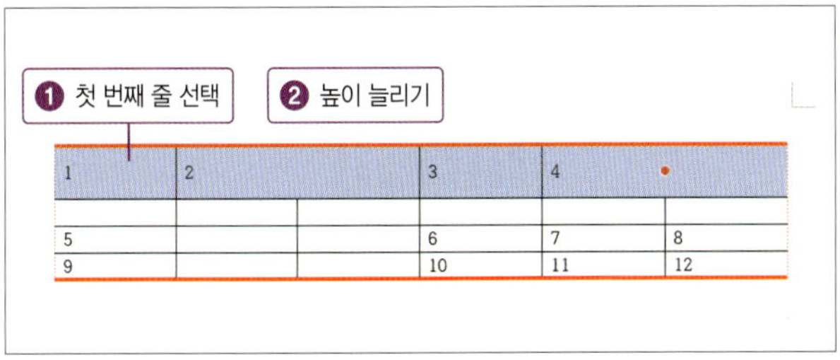

❸ 메뉴 오른쪽의 '표 레이아웃' 아이콘(▦)을 클릭한 다음 [내용 정렬] → [셀 정렬] → [정 가운데]를 클릭한다.

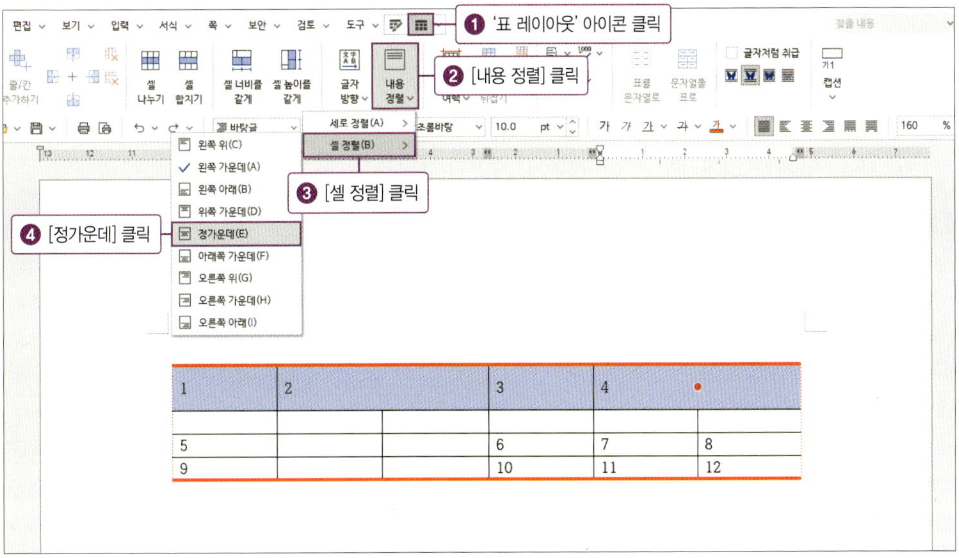

알아두세요 셀을 잘못 선택했을 때는 Esc 키를 누르거나 문서의 다른 위치를 선택한다.

❹ **표 채우기와 정렬 방법 1**: 메뉴 오른쪽의 '표 디자인' 아이콘( )을 클릭한 다음 [표 채우기] → [노랑]을 클릭한다.

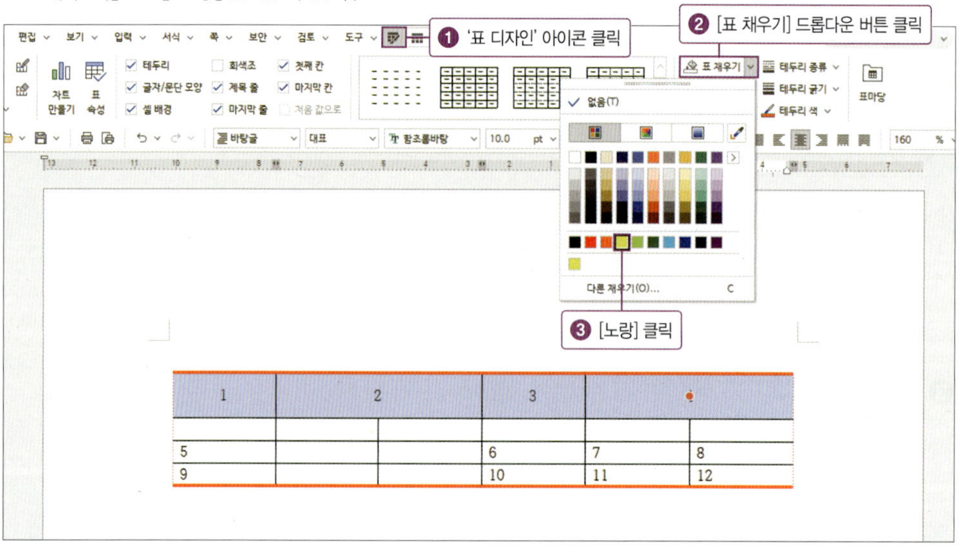

❺ **표 채우기와 정렬 방법 2**: 단축 키 Ⓒ를 누른다. [셀 테두리/배경] 대화상자에서 〔배경〕 탭을 선택한 다음 [색], '면 색'은 [노랑]을 선택하고 〈설정〉 버튼을 클릭한다.

❻ 완성된 모습을 확인한다.

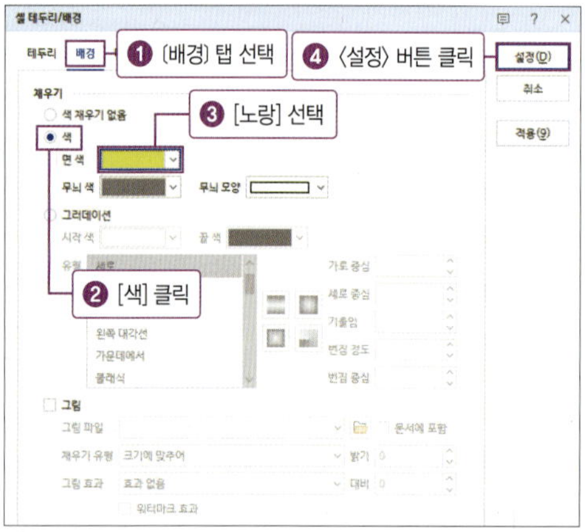

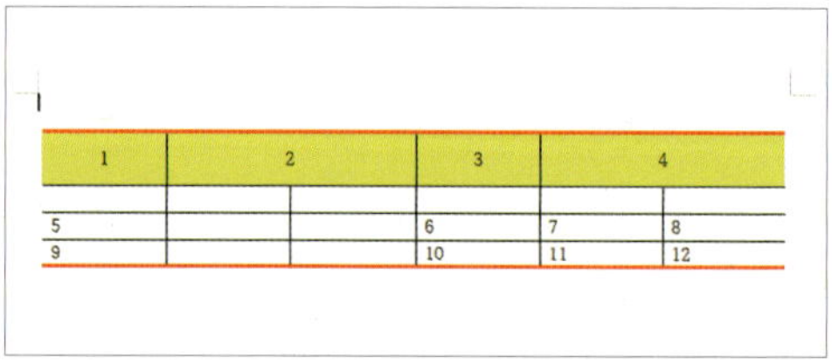

☑ 작은 연습 5

1. 표의 바깥 테두리를 '굵고 얇은 이중선'으로 바꾼다.
2. 표의 안쪽 테두리는 '실선'으로 바꾼다.
3. 첫 번째 줄을 파란색으로 채운다.

4.6 표 나누기 및 붙이기

문서 작성 중에는 이미 만들어진 표를 분리하거나 두 개의 표를 합쳐야 할 때가 있다. 이때 표를 새로 만들기보다는 이미 만들어진 표를 나누거나 합치는 방법을 알면 유용하다. 이번에는 표를 나누고 합치는 방법에 대하여 배운다.

표 나누기

❶ 숫자 '5'가 있는 셀에 커서를 놓는다.

❷ 메뉴 오른쪽의 '표 레이아웃' 아이콘(▦)을 클릭한 다음 [표 나누기]를 클릭한다.

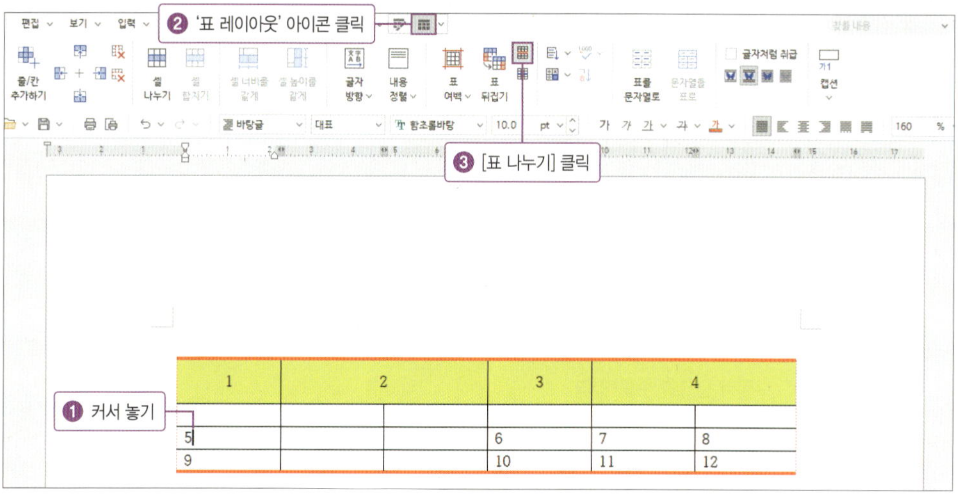

❸ 두 개의 표로 나누어진 것을 확인한다.

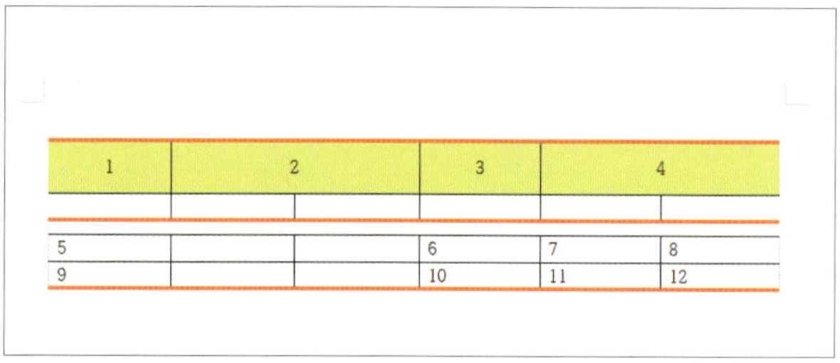

표 붙이기

❶ 숫자 '1' 아래의 셀에 커서를 놓는다.

❷ 메뉴 오른쪽의 '표 레이아웃' 아이콘( )을 클릭한 다음 [표 붙이기]를 클릭한다.

❸ 두 개의 표가 하나의 표로 바뀐 것을 확인한다.

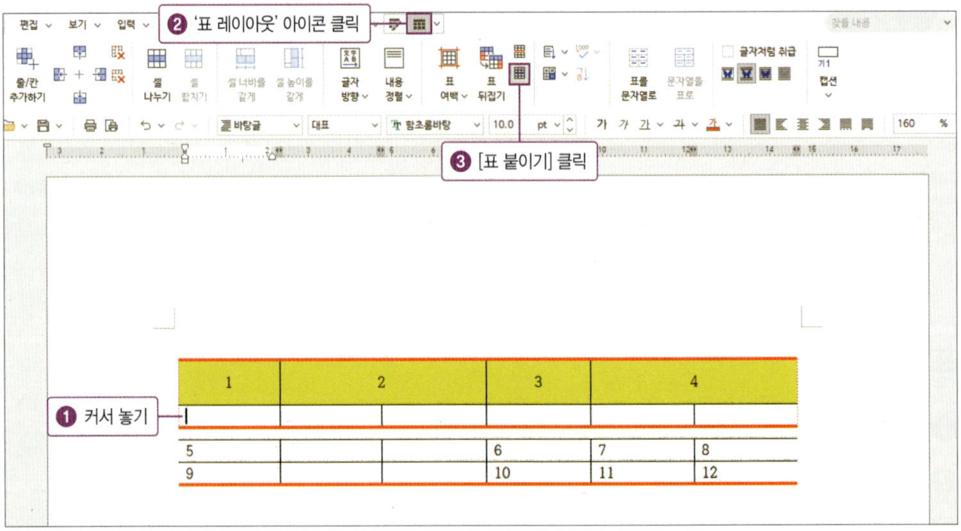

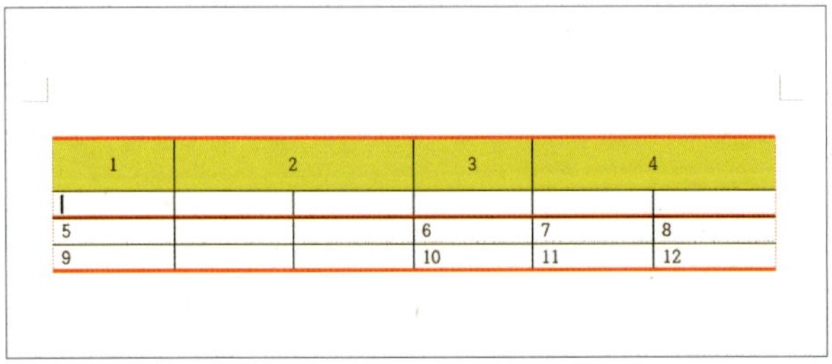

표가 붙은 모습

알아두세요 표를 붙일 때 주의할 점은 표와 표 사이가 비어 있어야 붙이기가 가능하며 붙였을 때 디자인 수정이 필요할 수도 있다.

작은 연습 6

'합계'가 쓰인 셀에 커서를 놓고 표를 나눈다.

4.7 활용하기 1

다음 조건에 맞게 보고서를 수정하세요.

- 표 만들기
  - · 4줄×2칸
  - · 내용: ______ 에 있는 '한국어 교사의 자질' 정리하기
  - · 표 안의 글을 '가운데 정렬'로 바꾸기
- 표 테두리 종류: 실선
- 표 테두리 굵기: 0.5mm
- 색 채우기: 없음

3. 한국어 교사의 자질[6]

한국어 교사가 갖추고 있어야 할 자질은 크게 네 가지로 나누어 볼 수 있다.

첫 번째는 한국어 이해와 사용 측면[7]이다. 한국어를 가르치는 교사라면 한국어에 대한 올바른 지식을 갖고 있어야 한다. 그리고 호감을 주는 음성으로 학습자의 수준에 맞는 적절한 속도의 발화와 자연스러운 억양을 구사해야 한다.

두 번째는 외국어 능력과 언어 대조 감각을 갖추고 있어야 한다. 외국인 학습자들은 모국어와 한국어의 차이로 인해 어려움을 겪는다. 만약 교사가 외국어를 배운 경험이 있다면 학습자들이 한국어 학습을 하면서 겪는 어려움에 공감을 하고 이를 객관적으로 바라보고 분석할 수 있을 것이다. 또한 교사가 대조언어학의 지식을 갖고 있다면 학습자들에게 조금 더 쉽게 설명할 수 있을 것이다.

세 번째는 문화적 감수성의 함양이다. 한국어 교사는 우리나라 문화에 대한 이해를 하고 있어야 하며 다른 나라 문화에 대해서도 포용적[8]인 자세를 갖추고 있어야 한다. 문화의 다름을 이해하면서 타문화를 인정하는 자세가 필요하다.

네 번째는 대인 기술 및 공감 능력이다. 한국어 교사는 학생들을 이끌어 가야 하기 때문에 원활한 대인관계를 만들고 유지시켜야 한다. 무엇보다 한국어 교사는 사람을 좋아하고 열정, 따뜻함이 있어야 한다. 스스로 한국을 대표하는 사람이라고 생각하여 학습자들을 대해야 학습자들의 학습에 대한 흥미도가 떨어지지 않을 것이다. 또한 유머 감각과 공감[9] 능력을 갖추어야 하는데 이는 활기찬 교실 상황을 만들 수 있기 때문이다.

4. 결론

한국어 교육에서 교사는 다른 교사들과 달리 다방면으로 학습자를 고려해야 한다. 먼저 학습자들이 겪는 학습

---

6 어떤 일을 할 때 가지고 있어야 할 실력, 성품 등을 말한다.
7 사용 현상을 말한다.
8 마음이 넓게 감싸주거나 받아들인다.
9 남의 주장이나 느낌에 동의하는 마음이다.

의 어려움을 인지해야 한다. 학습자들이 가장 많이 겪는 어려움은 모국어와 목표 언어 사이의 구조적인 차이 때문에 생긴다. 한국어 교사로서 이러한 문제를 인식하고 학습자가 해결할 수 있도록 촉진자[10]로서의 역할을 해야 한다. 따라서 교사는 대조 언어학의 관점에서 한국어와 타 언어의 공통점과 차이점을 이해하고 이를 수업에도 적극적으로 활용해야 한다. 이 외에도 교사는 다양한 방법을 사용하여 학습 환경을 조성해야 한다. 효과적이고 체계적인 교수법을 지속적으로 연구하여 학습자가 수업 중 어려움과 지루함을 겪지 않도록 해야 한다.

다음으로 고려해야 하는 것은 수업 외적인 부분이다. 아직 어린 학습자들의 경우 삶에 대한 구체적인 설계와 방향성이 확립되지 않아 다방면으로 사고하며 많은 고민을 동반하는 경우가 있다. 교사는 교육자로서 이러한 것들을 사전에 예측하여 많은 조언을 해주어야 한다. 교사는 학습자들이 한국어를 습득하는 과정에서 언어 기술만을 전달하는 사람이 아닌, 학습자의 내면을 파악하여 상담자 역할을 해야 한다.

교사는 학습자들이 적절하고 올바른 교육을 받으며, 스스로 발전할 수 있도록 지원해야 한다. 그렇기 때문에 교사는 학습자들의 요구를 충족시키기 위해 적극적인 자기 계발과 학습 방식의 개선 등 여러 방면에서 노력을 해야 한다. 이러한 능력을 쌓아야 학습자에게 좋은 영향을 주고 보다 나은 교육의 길을 열어갈 수 있을 것이다.

10 어떤 일을 할 때 잘할 수 있도록 안내하는 사람이다.

4.8 활용하기 2

다음 조건에 맞게 문서를 수정하세요.

- 표 만들기
  - ·'1.'의 '바. 용역내용' 아래에 2줄×4칸 표 만들기
  - ·표의 첫째 줄에 '공사명 / 위치 용역 / 범위 / 내부면적' 작성하기
  - ·표의 둘째 줄에 '한국 대학교 '쉼, 휴식' 카페 공사 / 한국 대학교 학생회관 1층 / 인테리어, 주방기기 설치 / 총면적(70㎡, 21평)' 작성하기
  - ·표 안의 글을 '가운데 정렬'로 변경하기
- 표 테두리 종류: 이중 실선
- 표 테두리 굵기: 0.7mm
- 색 채우기: 표의 첫째 줄 ▇▇색 적용

[한국대학교 '쉼, 휴식' 카페 공사 입찰 공고]

2023. 3. 13
한국대학교 총장

1. 입찰에 부치는 사항
   가. 입찰건명 : 한국대학교 '쉼, 휴식' 카페 공사 업체 선정
   나. 공고기간 : 2023. 3. 13(월)~2023. 3. 17(금)
   다. 용역기간 : 착공일로부터~30일 이내
   라. 입찰방법 : 제한경쟁입찰, 총액입찰
   마. 계약방법 : 협상에 의한 계약
   바. 용역내용

2. 제안서 접수 및 현장 설명회
   가. 입찰 참가 신청기간 : 2023. 3. 13~2023. 3. 17(09:00~17:00)
   나. 현장설명회 일자 : 2023. 3. 20(월) 10:00
   다. 제안서 접수일자 : 2023. 3. 22(수)~2023. 4. 14(금)
   라. 접수장소 : 한국 대학교 본관 1층 총무팀
   마. 접수방법 : 직접 방문 및 이메일 제출만 가능, 우편접수 불가

3. 입찰참가자격
   가. 건설산업기본법령에 의한 실내건축공사업 등록자로 설계와 시공을 연계하여 추진할 수 있는 업체
   나. 공고일 기준 최근 3년간 본 건과 동일한 종류의 공사(식음료, 카페) 중 실내건축 단일실적 5천만 원 이상, 최근 2년간 인테리어 공사 매출액 20억 이상의 공사 실적이 있는 업체

4. 입찰 참가 신청 서류
   가. 입찰 참가 신청서 1부
   나. 업체 일반 현황 1부

다. 조직 및 업무분담 체계 1부
라. 최근 3년간 관련분야(카페) 사업실적 및 실적증명서 각 1부(단일실적 5천만 원 이상)
마. 최근 2년간 인테리어 공사 매출 실적
바. 실적증명을 받은 실적물(5종 이내)
사. 최근 3년간 재무제표 1부
아. 사업자등록증 사본 1부
자. 법인등기부등본 원본 1부(말소사항 포함)

5. 제안서 서류접수
가. 제안서 원본 10부(컬러 출력, 파일은 CD에 담아 2장 제출 / 단, '산출내역서'는 별도로 밀봉해 제출할 것)
나. 설계디자인 1부
다. 공사계획서 및 시방서 1부
라. 법인인감증명서 원본 1부(인감 지참)
마. 대리인 참가시 위임장(신분증 지참) 1부
바. 필요시 사용인감계 1부

6. 제안서 평가 및 P/T 심사
가. 제안서 평가(1차 평가) : 2023. 4. 17(월)
나. 제안서 평가 결과발표 : 2023. 4. 17(월)
다. P/T심사(2차 평가) : 2023. 4. 21(금)
라. 결과발표 : 2023. 4. 21(금)
마. 계약협상 및 체결 : 2023. 4. 24(월)~2023. 4. 26(수)
※ 상기 일정은 재단 내부 사정에 따라 변동될 수 있음.

7. 입찰보증금 납부 및 재단귀속에 관한 사항
가. 입찰보증금 납부는 입찰보증금 지급각서를 제출하여야 함
나. 낙찰자가 정해진 기일내에 계약을 체결하지 아니한 경우 입찰보증금은 국가를 당사자로 하는 계약에 관한법률시행령 제38조에 의거 국고에 귀속하며 부정당업자 제재를 받게 됨

8. 협상대상자 및 협상방법
가. 1차 서류심사를 거쳐 합계 점수가 70점 이상인 업체를 대상으로 2차 P/T심사를 하고 최고득점을 얻은 업체 순으로 협상, 평가점수 70점 미만은 협상 대상에서 제외됨
나. 우선협상대상자가 협상내용에 대하여 합의할 경우 차순위 협상대상자와 협상은 생략함

9. 기타 참고사항
가. 제안과 관련된 일체의 소요비용은 입찰참가업체의 부담임
나. 제안서에 허위 기재사실이 발견될 시에는 제안사업자를 심사대상에서 제외, 계약해지 등 필요한 조치를 취할 수 있으며, 이에 대해 이의를 제기할 수 없음
다. 입찰에 참가하고자 하는 자는 반드시 용역입찰유의서, 용역계약일반조건, 과업지시서, 기타 입찰에 필요한 모든 사항에 관하여 입찰전에 완전히 숙지하고, 입찰에 참가하여야 하며 숙지하지 못하여 발생하는 책임은 입찰자에게 있음
라. 입찰자는 계약체결 및 그 이행과 관련하여 산업재산권 등 침해발생시 그 책임은 입찰 자 및 계약자의 부담으로 해야 함
마. 입찰에 관한 문의사항은 한국대학교 총무팀 홍길동(02-000-0000)

4.9 도움주기

한글 프로그램, 워드에 표나 그래프 넣기

- 표와 그래프는 모두 제목에 '표'라고 쓴다.
- 표와 그래프의 제목은 표 상단에 적는다.
- 표와 그래프의 제목은 명사형으로 끝난다.

  예 〈표1. 연도별 취업률〉　〈표2. 편의점과 대형마트 매출액 〉
- 표는 〈표1. 제목〉, 〈표2. 제목〉처럼 순서대로 번호를 적는다.

연습문제 다음 표의 제목을 만들어 봅시다.

1. 〈　　　　　　　　　　〉

연령대	인터넷 사용률
20세 미만	98%
20세~29세	96%
30세~39세	93%
40세~49세	88%
50대 이상	75%

〈　　　　　　　　　　〉

2. 〈　　　　　　　　　　〉

도시	연평균 강수량(mm)
서울	1,370
부산	1,450
인천	1,320
대구	1,090
광주	1,240
대전	1,280

〈　　　　　　　　　　〉

3. 〈　　　　　　　　　　〉

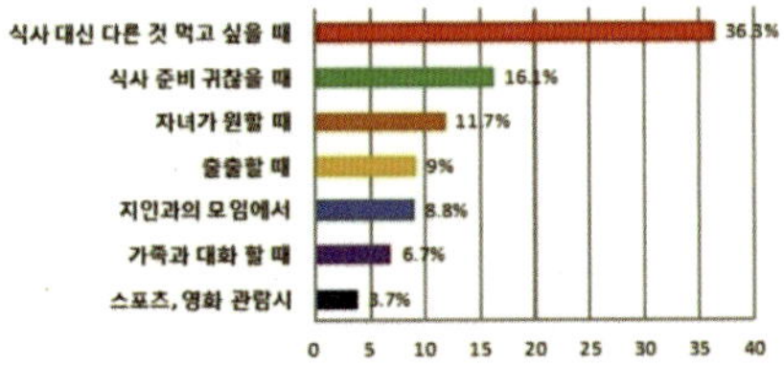

〈　　　　　　　　　　〉

4. 〈　　　　　　　　　　〉

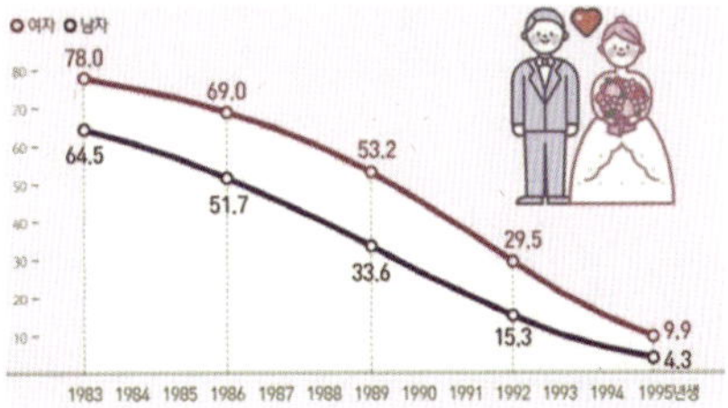

〈　　　　　　　　　　〉

엑셀은 강력한 스프레드시트 소프트웨어로, 데이터를 관리하고 분석하는 데 사용된다. 사용자들은 엑셀을 이용하여 복잡한 데이터를 정리하고 시각화하여 작업을 효율적으로 수행할 수 있다. 엑셀은 다양한 고급 기능과 함수를 제공하여 업무 및 개인 생활에 널리 활용된다.

Part 2

데이터 시각화를 위한 엑셀

5장

워크시트 다루기

학 습 목 표

- 엑셀을 다루는 기능을 익힌다.
- 워크시트를 다루는 방법을 안다.
- 데이터를 수정하는 방법을 배운다.
- 서식을 지정하는 방법을 익힌다.

EXCEL

5.0 알아두기

엑셀 프로그램은 마이크로소프트에서 개발한 소프트웨어로, 수식 및 함수를 이용해 효과적으로 문서를 작성하는 데 사용한다. 또한, 다양한 서식과 표, 차트 등을 활용해 데이터를 시각화하여 문서의 가독성을 높일 수 있으며, 데이터를 분석하고 처리하는 데에도 널리 사용된다. 엑셀은 행과 열의 셀들로 구성되어 있어서 테이블 형태의 보고서나 자동 계산이 되는 문서를 작성하는 데에 매우 유용하다.

자동 채우기

자동 채우기는 셀에 입력된 내용을 채우기 핸들을 이용해 인접한 셀에 복사하는 기능이다.

옵션	설명
셀 복사	선택한 셀의 값과 서식을 복사한다. 숫자나 문자의 경우 복사되며, 숫자와 문자가 섞여 있는 텍스트의 경우 숫자 값이 연속 데이터 채우기가 된다.
연속 데이터 채우기	선택한 범위 내 숫자의 값이 증감한다. 서식도 동일하게 적용된다.
서식만 채우기	선택한 셀의 값을 제외하고 서식만 복사된다.
서식 없이 채우기	서식을 제외하고 선택한 셀의 값만 복사된다.

수식의 기초

수식은 어떤 셀을 선택한 후 등호(=)를 입력하고 피연산자나 연산자, 함수 등을 조합하여 작성한다. 피연산자는 숫자 값이 될 수 있고 셀 위치값(셀 주소)이 될 수도 있다.

	예제	설명
예제 1	=10 + 20	피연산자가 모두 숫자로 10과 20의 합을 구함
예제 2	=A1 + 20	[A1] 셀 주소에 있는 데이터와 20의 합을 구함
예제 3	=A4 + B3	[A4] 셀과 [B3] 셀 데이터의 합을 구함
예제 4	=sum(10, 20)	sum 함수를 이용하여 숫자 10과 20의 합을 구함
예제 5	=sum(A1:A10) + 10	sum 함수를 이용하여 [A1:A10] 범위의 데이터 합을 구하고 10을 더하여 합을 구함

참조 방식

- **상대 참조**: 선택한 셀을 기준으로 채우기 핸들을 이용할 때 상대적으로 셀의 주소가 변한다. 선택한 셀을 기준으로 채우기 핸들을 아래 방향으로 이동할 때는 행 번호가 바뀌며, 채우기 핸들을 오른쪽으로 이동할 때는 열 이름이 바뀐다.
- **절대 참조**: 선택한 셀을 기준으로 채우기 핸들을 이용할 때 셀 주소가 변하지 않도록, 즉 셀 주소를 고정한 것이다. 절대 참조는 행 번호와 열 이름 앞에 $ 표시가 붙는다.

  (상대 참조인 상태에서 F4 키를 한 번 누르면 행 번호와 열 이름 앞에 $ 표시가 붙는다.)
- **혼합 참조**: 상대 참조와 절대 참조가 혼합된 것으로, 선택한 셀을 기준으로 채우기 핸들을 이용할 때 행이나 열 중 하나만 고정된 것이다. 행만 고정할 때는 행 번호 앞에만 $ 표시가 붙고(예: D$6), 열만 고정할 때는 열 이름 앞에만 $ 표시가 붙는다(예: $C7).

  (절대 참조인 상태에서 F4 키를 한 번 누르면 열 이름에만 $ 표시가 붙고, 다시 F4 키를 한 번 누르면 행 이름에만 $ 표시가 붙는다. 다시 F4 키를 한 번 누르면 상대 참조가 된다.)

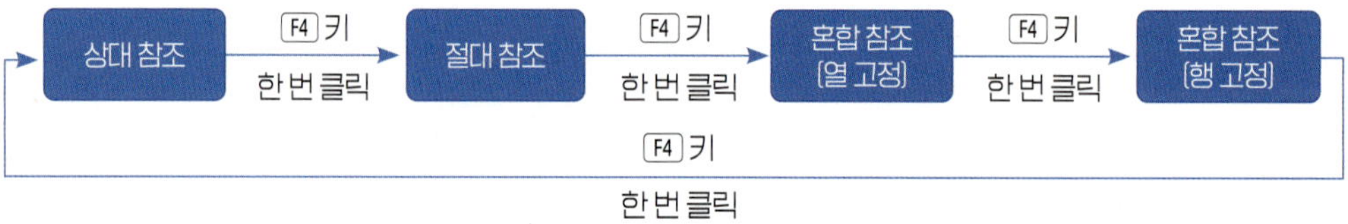

함수

함수는 복잡한 계산을 효율적으로 할 수 있는 계산 도구로, 엑셀에서는 다양한 함수들이 제공된다. 함수는 등호(=)로 시작한다.

함수의 구성: =함수명(인수1, 인수2, ...) 예: =sum(A10:B20, C10, D10)

- **인수**: 함수에 따라 인수 값은 다르며 괄호 안에 들어가는 값이나 셀의 주소가 인수에 해당한다.
- 인수를 나타낼 때 콜론(:)이나 쉼표(,)를 이용할 수 있다. 콜론(:)은 연속된 셀들을 참조할 때, 쉼표(,)는 연속되지 않은 셀을 참조할 때 이용한다.

  예 1) [B10:D20] 셀에 있는 데이터들의 합을 구하는 함수를 표현한다면 =sum(B10:D20)

  예 2) [A13] 셀과 [B20] 셀에 있는 데이터 합을 구하는 함수를 표현한다면 =sum(A13, B20)

엑셀 프로그램 화면 구성

엑셀에서 워크시트를 다루기 위해 엑셀 프로그램의 화면 구성을 알아본다.

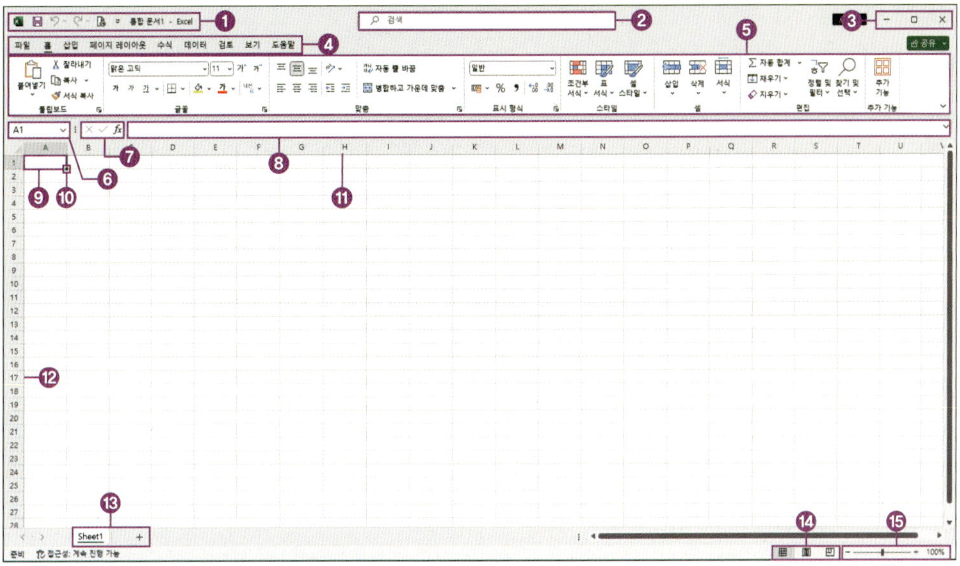

❶ **빠른 실행 도구모음과 제목 표시줄**: 사용자가 자주 사용하는 명령을 빠르게 실행할 수 있도록 모아놓은 도구가 아이콘으로 되어 있으며, 옆에는 현재 작성 중인 파일의 이름이 표시된다.

❷ **검색**: 작업에 필요한 키워드나 설명을 입력하면 관련 기능 또는 도움말이 나온다.

❸ **창 조절 버튼**: 작업 중인 창의 크기를 변경하거나 창을 닫을 때 사용한다.

❹ **메뉴 탭**: 메뉴가 탭 방식으로 되어 있어서 메뉴 이름을 클릭하면 된다.

❺ **리본 메뉴**: 메뉴 탭과 연결되어 있다. 특정 메뉴 탭을 선택하면 관련 기능들이 아이콘으로 표현되며 아이콘들은 그룹별로 묶여있다. 리본 메뉴 끝에는 리본 메뉴를 축소할 수 있는 아이콘이 있다.

❻ **이름 상자**: 현재 워크시트에서 작업 중인 셀의 주소를 표시하며, 선택한 셀의 범위에 이름을 정해서 사용할 수 있다.

❼ **함수 삽입**: 함수 마법사를 실행할 수 있다.

❽ **수식 입력줄**: 현재 작업 중인 셀에 있는 데이터나 수식을 보여주며, 직접 입력하거나 수정할 수도 있다.

❾ **셀**: 데이터나 수식을 입력하는 영역이다.

❿ **채우기 핸들**: 데이터를 복사하거나 연속적인 데이터 값을 채울 때 사용한다.

⓫ **열 머리글**: 각 열에 대한 이름이며 알파벳으로 되어 있다.

⓬ **행 머리글**: 각 행에 대한 번호이며 숫자로 되어 있다.

⓭ **워크시트**: 작업하는 공간인 시트이며 추가하거나 삭제할 수 있다.

⓮ **화면 보기 아이콘**: 기본, 페이지 레이아웃, 페이지 나누기 미리 보기의 세 가지 화면 보기 방식으로 되어 있다.

⓯ **화면 확대/축소 도구**: 슬라이더를 이용하거나 확대/축소를 이용해 화면을 확대하거나 축소할 수 있다.

용어의 이해

엑셀에서 워크시트를 보다 효율적으로 관리하고 가공하기 위해 셀 범위 지정, 행 높이와 열 너비 조절, 워크시트 이름 변경, 색상 변경, 워크시트 이동, 복사, 삭제, 데이터 수정, 행과 열 삽입/삭제, 채우기 핸들 활용, 서식 지정, 그리고 인쇄 설정 전에 알아두어야 할 용어들을 살펴보자.

워크시트	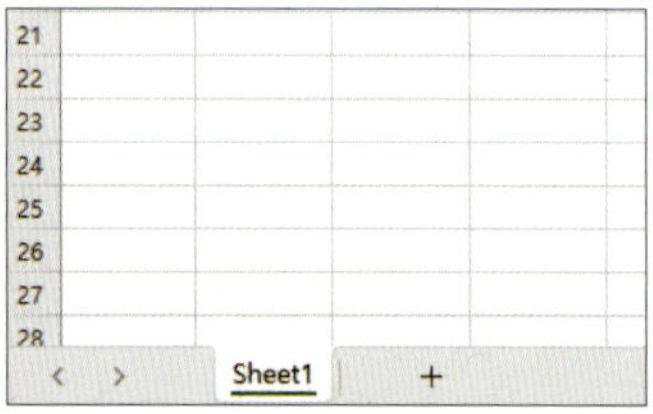	**워크시트를 추가하다/삭제하다,** **워크시트의 이름을 ○○○(으)로 변경하다.** 의미: 엑셀 화면에 보여지는 작업 화면 예 워크시트의 이름을 '견적서'로 변경해 주세요.
행	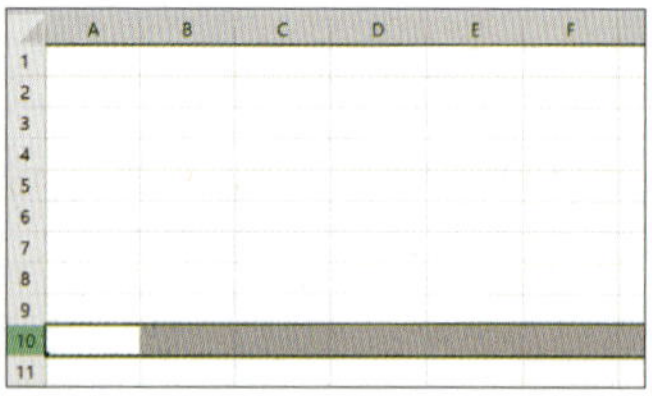	**행을 추가하다/삭제하다.** 의미: 가로줄 예 1행과 2행 사이에 행을 추가해 주세요.
열	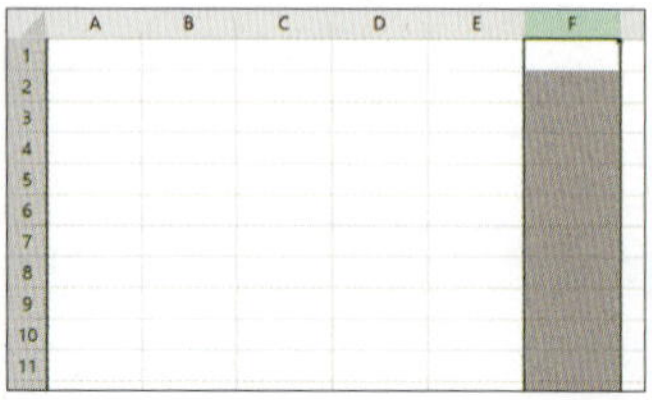	**열을 추가하다/삭제하다.** 의미: 세로줄 예 워크시트에 열을 추가하세요.

모서리	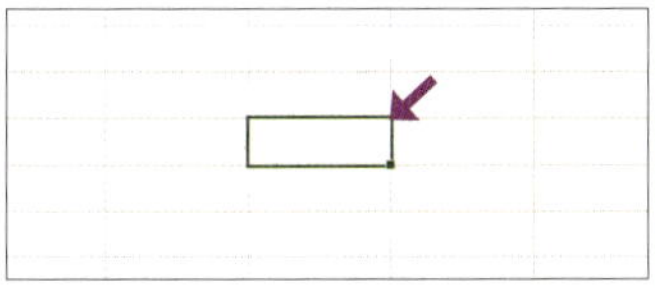	**모서리, 모서리를 조심하다.** 의미: 각이 진 곳 예 <u>모서리</u>에 커서를 두세요.
경계선	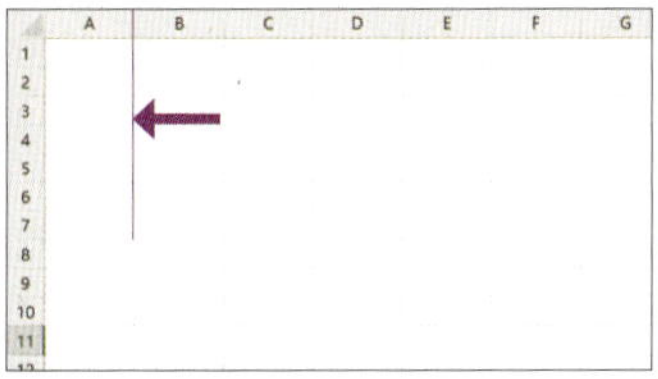	**경계선에 커서를 두다, 경계선에서 클릭하다, 경계선을 조심하다.** 의미: 경계가 되는 선 예 커서를 <u>경계선</u>에 둔 후 클릭하세요.
탭	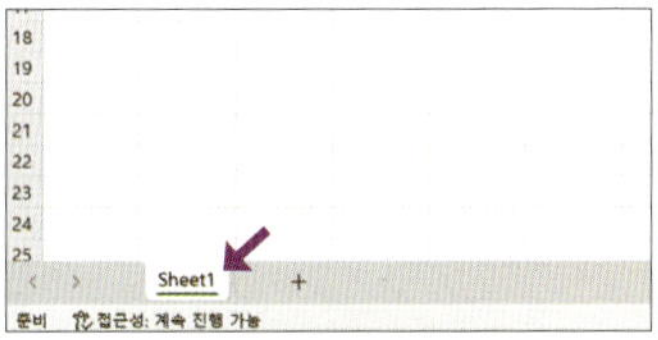	**탭을 추가하다/삭제하다, 워크시트 탭** 의미: 엑셀 시트의 이름이 있는 튀어나온 부분 예 워크시트 <u>탭</u>의 이름을 ◇◇◇으로 변경해 주세요.
데이터		**데이터를 삭제하다/추가하다/채우다/수정하다.** 의미: 숫자나 글로 된 자료 예 빈 셀에 <u>데이터</u>를 채워 넣으세요.
병합	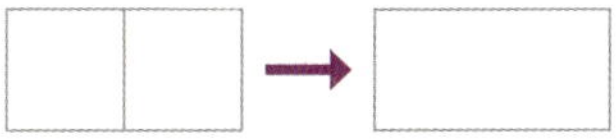	**□□□을/를 병합하다.** 의미: 둘 이상이 하나로 합쳐짐 예 셀과 셀을 <u>병합</u>한 후에 제목을 쓰세요.
음영	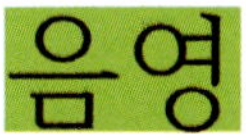	**음영을 넣다, 글자 음영** 의미: 색 또는 어두운 부분 예 글자에 <u>음영</u>을 넣어서 눈에 띄게 하세요.
테이블		**테이블을 만들다, 테이블을 전체 선택하다, 테이블=표** 의미: 엑셀의 표 예 <u>테이블</u>을 드래그해서 전체 선택하세요.

5.1

EXCEL

셀 범위 지정하기

엑셀은 문서가 셀로 구성되어 있기 때문에 셀 범위를 지정하는 방법을 알아야 한다. 마우스와 키보드를 적절히 사용하면 쉽게 셀을 선택하고 범위를 지정할 수 있다. 이번에는 셀 범위를 지정하는 방법에 대하여 배운다.

실습 파일: 05\ch5_1.xlsx

키보드로 셀 범위 지정하기 1

05 폴더의 'ch5_1.xlsx' 파일을 더블 클릭하여 실행한다.

❶ 〔Sheet1〕 워크시트 탭을 선택한 다음 [A3] 셀을 선택한다.

❷ **셀 범위 지정 방법** 1: 마우스로 [A93] 셀까지 드래그한다.

❸ **셀 범위 지정 방법** 2: Shift를 누른 상태에서 [A93] 셀을 선택한다.

❹ **셀 범위 지정 방법** 3: Ctrl+Shift+↓를 누른다.

❺ [A3:A93] 셀 범위가 선택된 것을 확인한다.

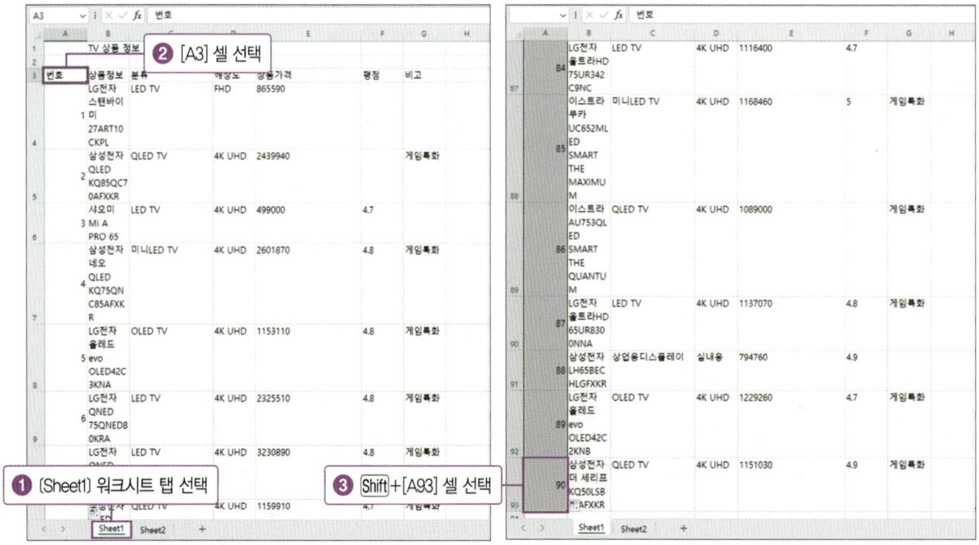

키보드로 셀 범위 지정하기 2

❶ [A3] 셀을 선택한다.

❷ **셀 범위 지정[1] 방법** 1: [G93] 셀까지 드래그한다.

❸ **셀 범위 지정 방법** 2: Shift를 누른 상태에서 [G93] 셀을 선택한다.

❹ **셀 범위 지정 방법** 3: Ctrl+Shift+↓를 누르고 Ctrl+Shift+→를 누른다.

❺ [A3:G93] 셀 범위가 선택된 것을 확인한다.

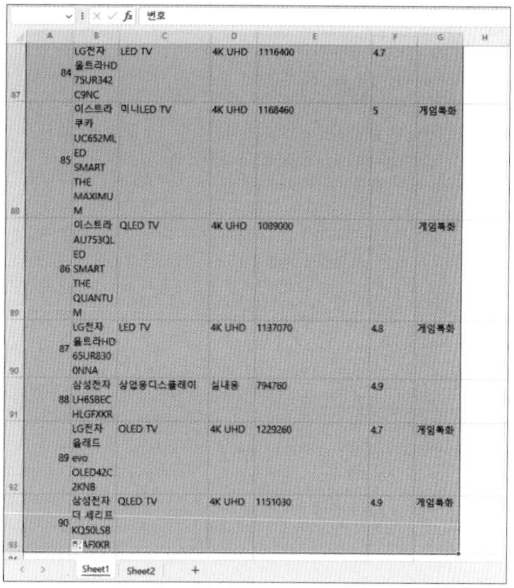

[A3:G93] 셀 선택 확인

이름 상자로 셀 범위 지정하기

❶ 이름 상자에 'A3:G10'을 입력한다.

❷ [A3:G10] 셀 범위가 선택된 것을 확인한다.

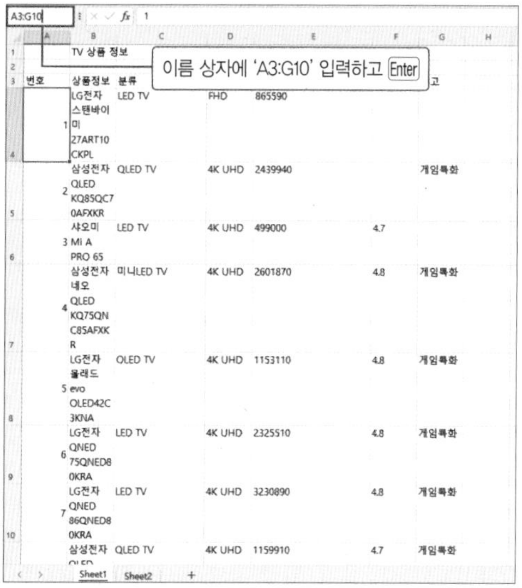

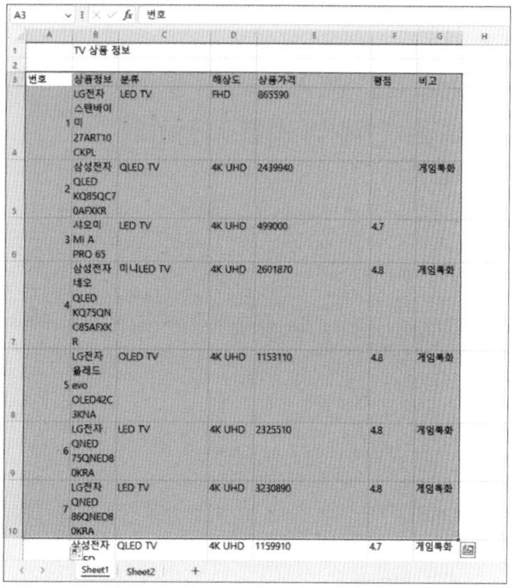

1 확실하게 정하다.

떨어져 있는 셀 범위 지정하기

❶ [A3] 셀을 선택한다.

❷ **떨어져 있는 셀 범위 지정 방법 1:** Ctrl을 누르고 [C3], [E3], [G3] 셀을 선택한다.

❸ **떨어져 있는 셀 범위 지정 방법 2:** 이름 상자에 'A3, C3, E3, G3'을 입력한다. (소문자 도 가능)

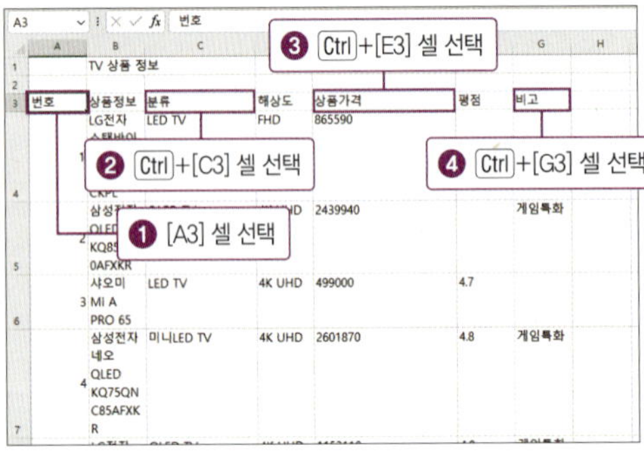

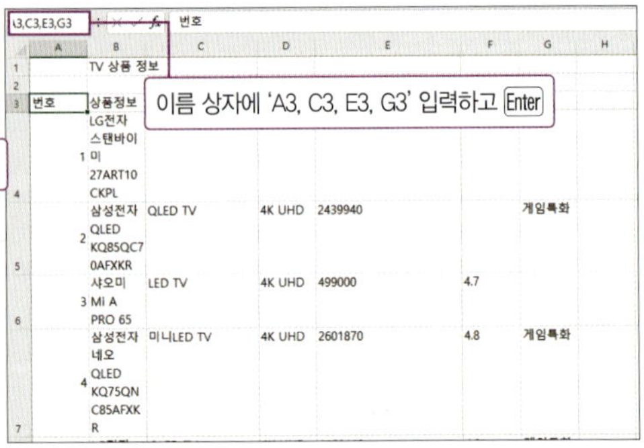

❹ [A3], [C3], [E3], [G3] 셀이 선택된 것을 확인한다.

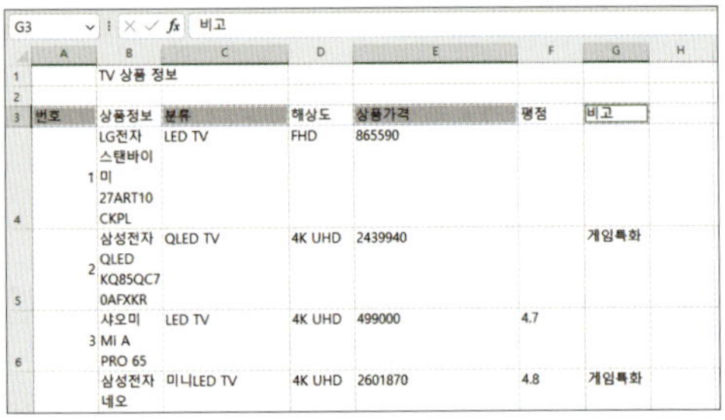

워크시트 전체 셀 범위 지정하기

❶ 행 머리글과 열 머리글 사이 모서리를 클릭한다.

❷ 전체 셀이 선택된다.

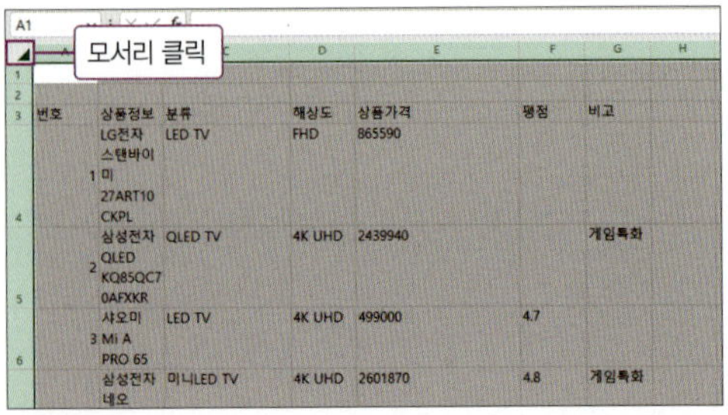

☑ 작은 연습 1

05\엑셀1_작은문제.xlsx

C열부터 J열까지 범위를 선택한다.

5.2 EXCEL

행 높이, 열 너비 조절하기

셀을 다룰 때 셀 크기를 조절해야 하는 경우가 많으므로 이번에는 행의 높이와 열의 너비를 조절하는 방법에 대해 배운다.

열 너비 조절하기

❶ **열 너비 조절 방법** 1: B열 머리글에서 마우스 오른쪽 버튼을 클릭한 다음 [열 너비]를 클릭한다. [열 너비] 대화상자에서 열 너비에 '49'를 입력하고 〈확인〉 버튼을 클릭한다.

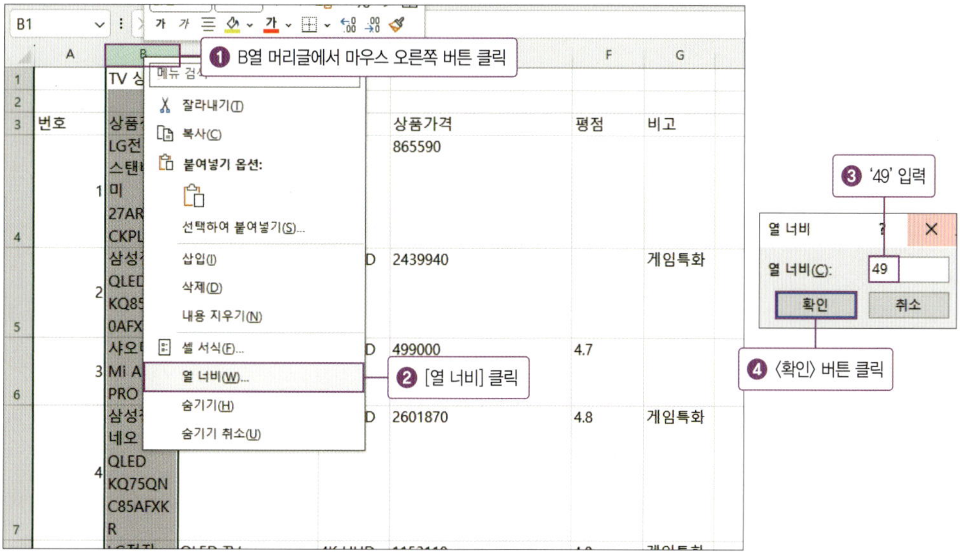

알아두세요 **행/열 높이, 너비 조절**

행의 아래쪽이나 열의 오른쪽 경계선을 더블 클릭하면 글자 크기 또는 글자 내용에 맞춰 높이나 너비가 자동으로 조절된다.

❷ **열 너비 조절 방법** 2: B열 머리글과 C열 머리글 사이의 경계선을 클릭한 다음 오른쪽으로 드래그하여 너비를(너비 값이 '49'가 되도록) 조절한다.

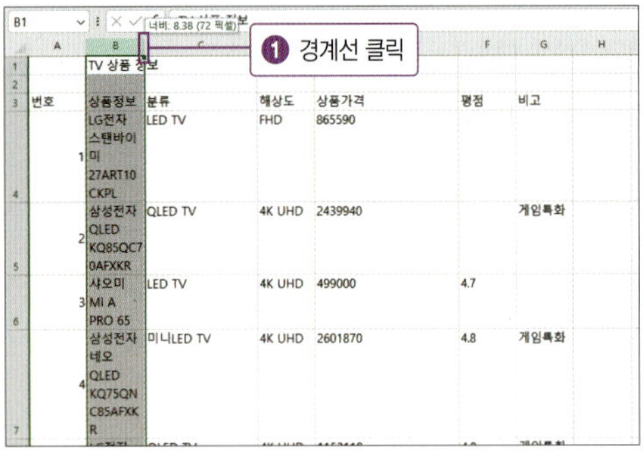

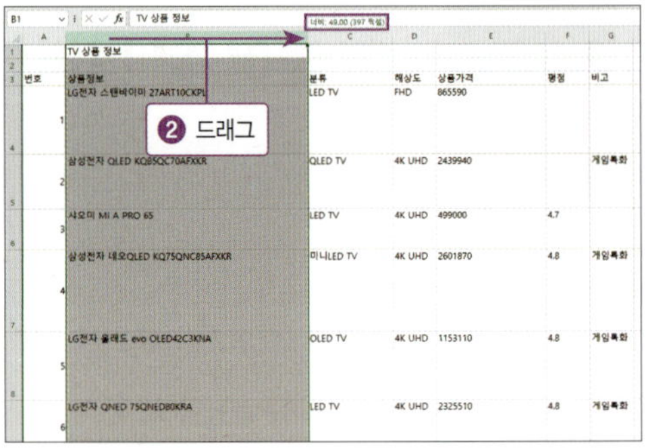

❸ 열 사이 너비가 조절된 것을 확인한다.

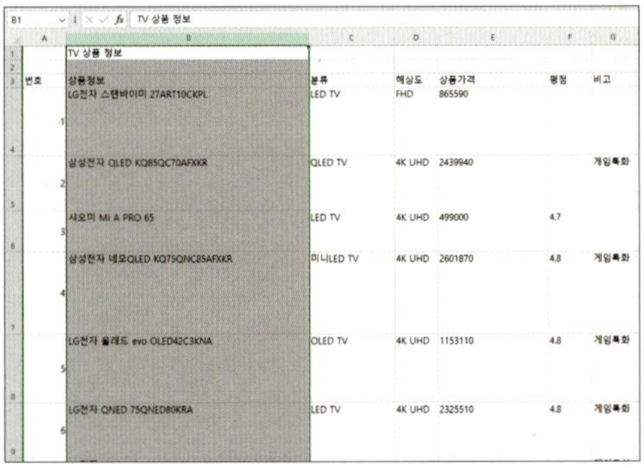

❹ **열 너비 조절 방법** 3: E열 머리글과 F열 머리글 사이 경계선에서 마우스를 더블 클릭한다.

❺ 열 사이의 너비가 조절된 것을 확인한다.

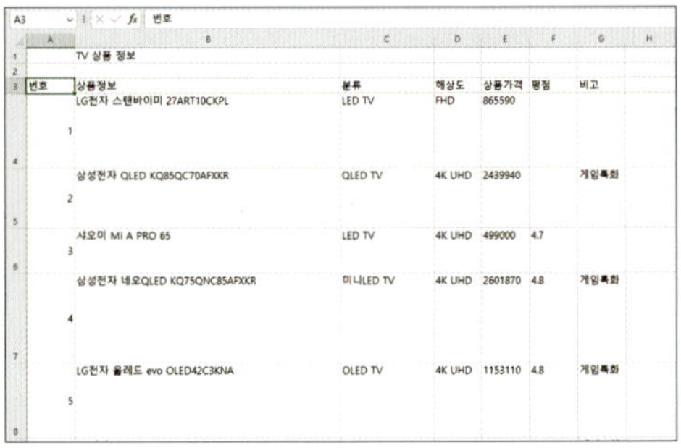

행 높이 조절하기

❶ 전체 셀을 선택한다.

❷ **행 높이 조절 방법** 1: 행 머리글에서 마우스 오른쪽 버튼을 클릭한 다음 [행 높이]를 클릭한다.

❸ [행 높이] 대화상자에서 행 높이에 '16.5'를 입력하고 〈확인〉 버튼을 클릭한다.

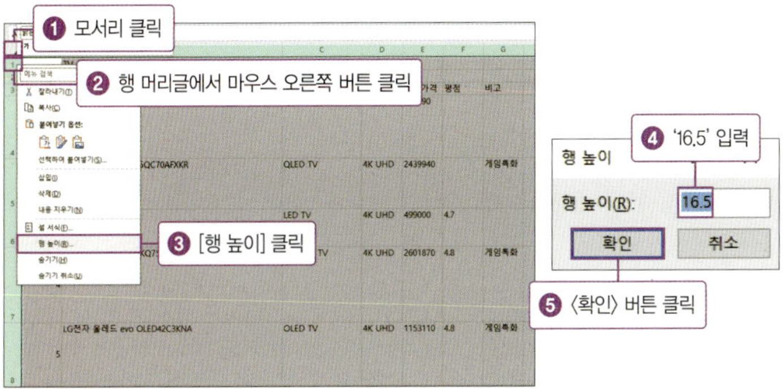

❹ **행 높이 조절 방법** 2: B열 머리글과 C열 머리글 사이 경계선을 클릭하고 드래그하여 높이를 조절한다. (높이 값이 '16.5'가 되도록 조절)

❺ **행 높이 조절 방법** 3: 1행 머리글과 2행 머리글 사이의 경계선에서 마우스를 더블 클릭한다.

❻ 행 사이의 높이가 조절된 것을 확인한다.

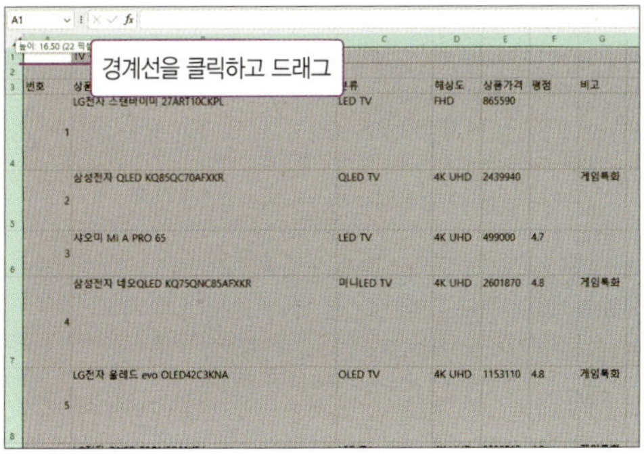

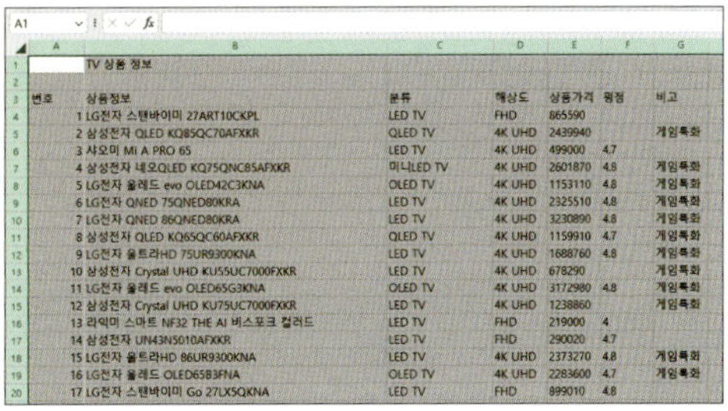

작은 연습 2

C열부터 J열의 너비를 '8'로 조정한다.

EXCEL

5.3 워크시트 이름, 색 바꾸기

엑셀 문서에서는 여러 워크시트를 하나의 파일에 만들어서 사용할 수 있다. 이를 위해 각 워크시트에 이름을 지정하고, 필요하다면 색을 적용하여 구분할 수 있다. 이번에는 워크시트의 이름을 변경하고, 워크시트 이름에 색을 입히는 방법에 대해 배운다.

워크시트 이름 바꾸기

❶ **워크시트 이름 변경 방법** 1: [Sheet1] 워크시트 탭에서 마우스 오른쪽 버튼을 클릭한 다음 [이름 바꾸기]를 클릭하고 'TV상품정보'를 입력한다.

❷ **워크시트 이름 변경 방법** 2: [Sheet1] 워크시트 탭을 마우스로 더블 클릭한 다음 'TV 상품정보'를 입력한다.

❸ 워크시트 이름이 바뀐 것을 확인한다.

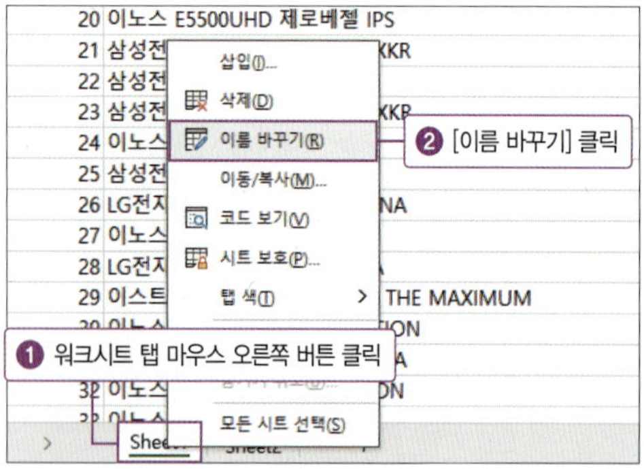

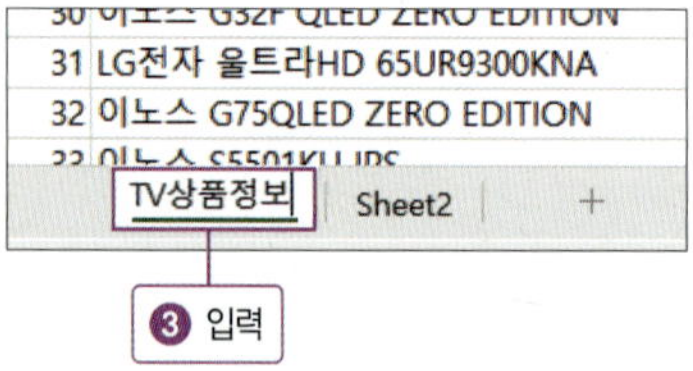

알아두세요 **워크시트 이름 지정**

워크시트 이름은 31자를 넘지 않아야 하며 ₩, /, ?, *, [,], '를 포함하지 않아야 한다.

워크시트 색 바꾸기

❶ 〔TV상품정보〕 워크시트 탭에서 마우스 오른쪽 버튼을 클릭한 후 [탭 색] → [주황]을 클릭한다.

❷ 탭 색상이 바뀐 것을 확인한다.

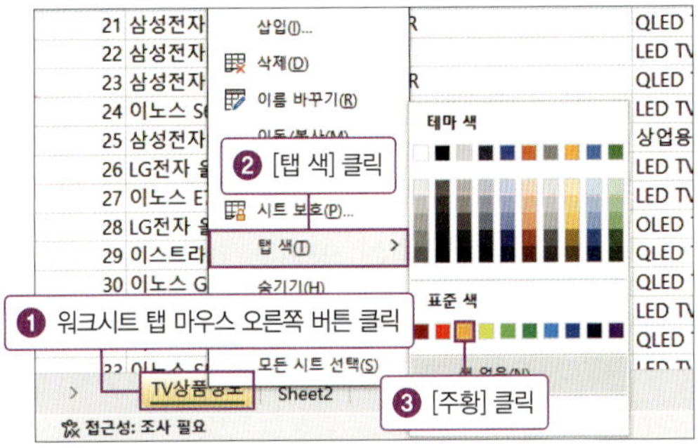

알아두세요 워크시트 탭 색상은 워크시트 탭을 선택하지 않았을 때 정확하게 나타난다.

작은 연습 3

1. 워크시트의 이름을 '냉장고'로 바꾼다.
2. 워크시트의 색을 [노랑]으로 바꾼다.

5.4 워크시트 이동, 복사, 삭제하기

EXCEL

여러 워크시트를 사용할 때, 워크시트의 순서를 변경하거나 복사하는 경우가 있다. 또한, 불필요한 워크시트는 삭제해야 할 수도 있다. 이번에는 워크시트의 위치를 이동하고, 복사하는 방법, 그리고 삭제하는 방법에 대해 배운다.

워크시트 이동하기

❶ **워크시트 이동 방법** 1: 〔TV상품정보〕 워크시트 탭을 선택한 다음 〔Sheet2〕 탭 오른쪽으로 드래그하여 이동한다.

❷ **워크시트 이동 방법** 2: 〔TV상품정보〕 워크시트 탭에서 마우스 오른쪽 버튼을 클릭한 다음 [이동/복사]를 클릭한다. [이동/복사] 대화상자에서 [(끝으로 이동)]을 클릭하고 〈확인〉 버튼을 클릭한다.

❸ 〔TV상품정보〕 워크시트 탭이 〔Sheet2〕 워크시트 탭 오른쪽에 위치한 것을 확인한다.

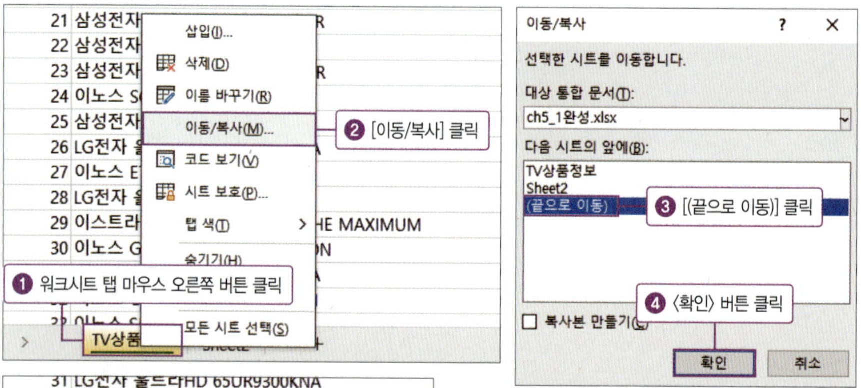

이동된 워크시트 확인

워크시트 복사하기

❶ **워크시트 복사 방법 1**: [TV상품정보] 워크시트 탭에서 마우스 오른쪽 버튼을 클릭한 다음 [이동/복사]를 클릭한다. [이동/복사] 대화상자에서 [Sheet2]를 클릭하고 '복사본 만들기'에 체크 표시한 다음 〈확인〉 버튼을 클릭한다.

❷ **워크시트 복사 방법 2**: Ctrl을 누른 채 [TV상품정보] 워크시트 탭을 선택한 다음 [Sheet2] 워크시트 탭 왼쪽으로 드래그한다.

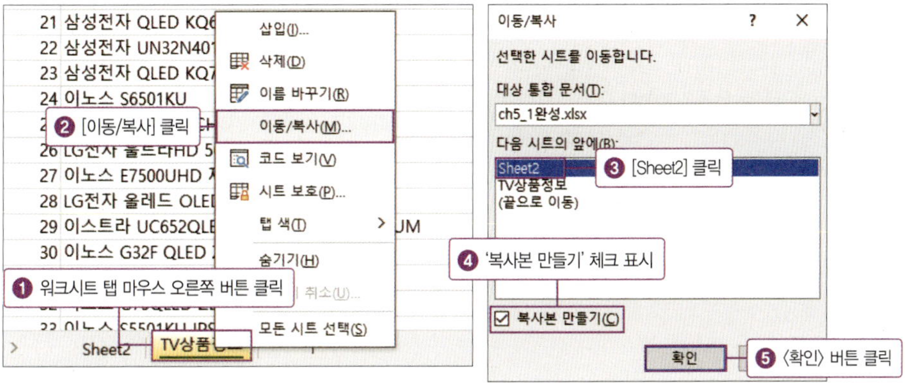

복제된 워크시트 확인

워크시트 삭제하기

❶ [TV상품정보 (2)] 워크시트 탭에서 마우스 오른쪽 버튼을 클릭한 다음 [삭제]를 클릭한다. 경고 메시지 창에서 〈삭제〉 버튼을 클릭한다.

❷ [TV상품정보 (2)] 워크시트 탭이 삭제된 것을 확인한다.

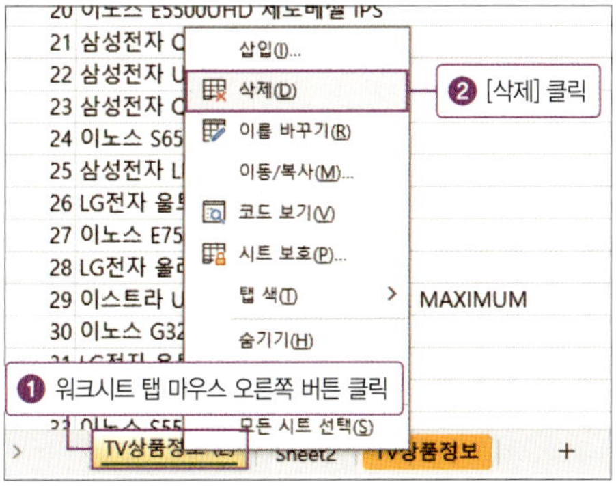

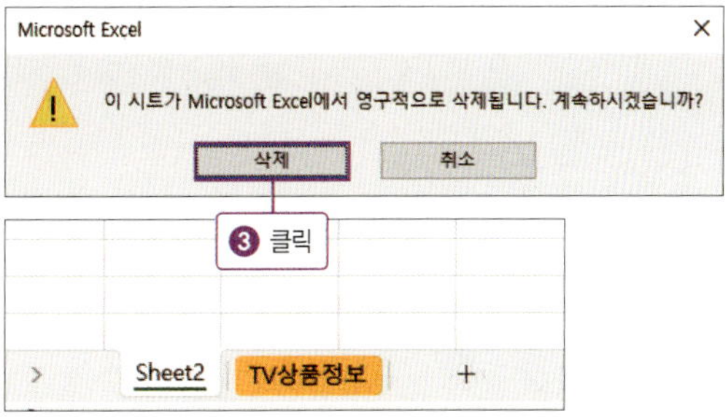

삭제된 워크시트 확인

알아두세요

워크시트 선택

여러 개의 워크시트를 한 번에 선택할 때는 Shift와 Ctrl을 이용한다. Shift를 누른 상태에서 워크시트를 클릭하면 처음 선택한 워크시트와 마지막 선택한 워크시트 사이의 모든 워크시트를 선택한다. Ctrl을 누른 상태로 워크시트를 클릭하면 클릭한 워크시트만 선택한다.

작은 연습 4

1. 워크시트 [냉장고]의 복사본을 만든다.
2. [냉장고 (2)]의 이름을 [텔레비전]으로 바꾼다.
3. [텔레비전] 워크시트 탭을 삭제한다.

5.5 EXCEL

데이터 수정 및 행, 열 삽입/삭제하기

워크시트의 데이터를 수정하는 방법은 여러 가지가 있다. 또한, 엑셀은 주로 셀을 사용해 표를 표현하기 때문에 대부분의 데이터는 표 형태로 구성된다. 이번에는 데이터를 수정하는 방법과 표에 행과 열을 삽입하거나 삭제하는 방법에 대해 배운다.

데이터 수정하기

❶ [TV상품정보] 워크시트 탭을 선택하고 [F3] 셀을 선택한다.

❷ **데이터 수정 방법** 1: 더블 클릭한 다음 '고객평점'으로 수정한다.

❸ **데이터 수정 방법** 2: F2를 누른 다음 '고객평점'으로 수정한다.

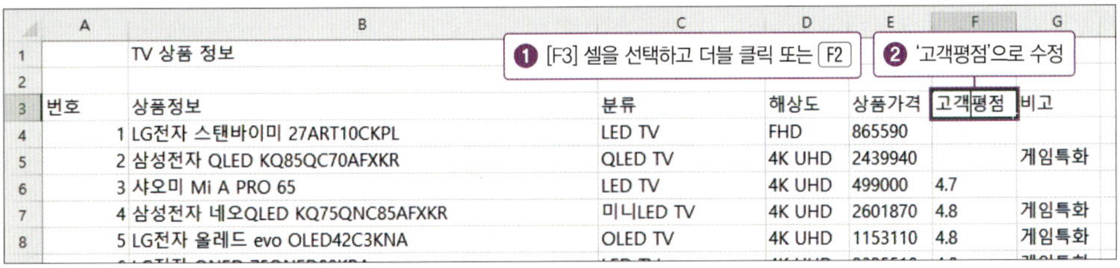

❹ **데이터 수정 방법** 3: 수식 입력줄에서 '고객평점'으로 수정한다.

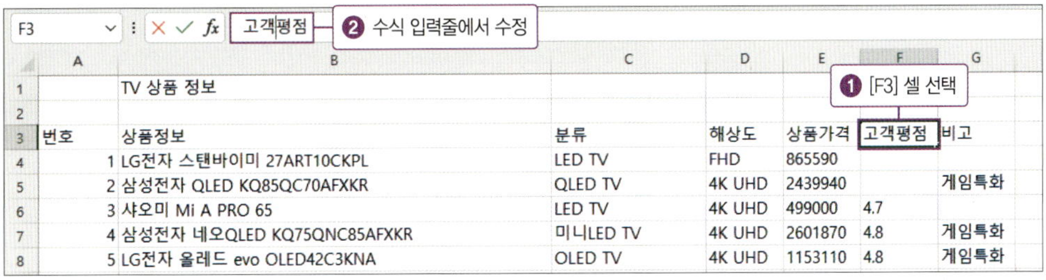

행, 열 삽입하기

❶ 2번 행 머리글을 선택하고 마우스 오른쪽 버튼을 클릭한 다음 [삽입]을 클릭한다.

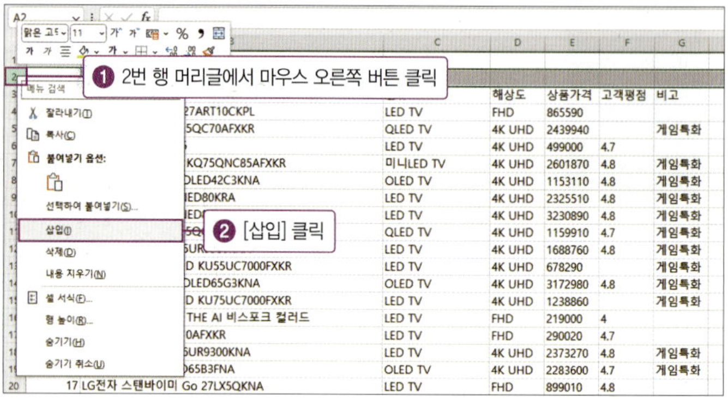

❷ 선택한 행 머리글의 아래쪽에 행이 삽입된 것을 확인한다.

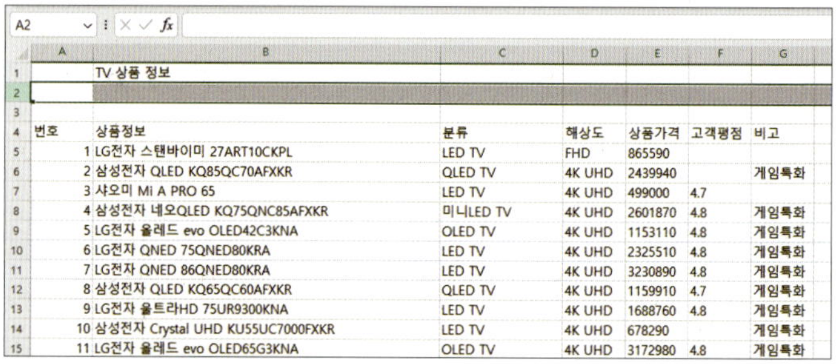

❸ B열 머리글을 선택한 다음 마우스 오른쪽 버튼을 클릭하고 [삽입]을 클릭한다.

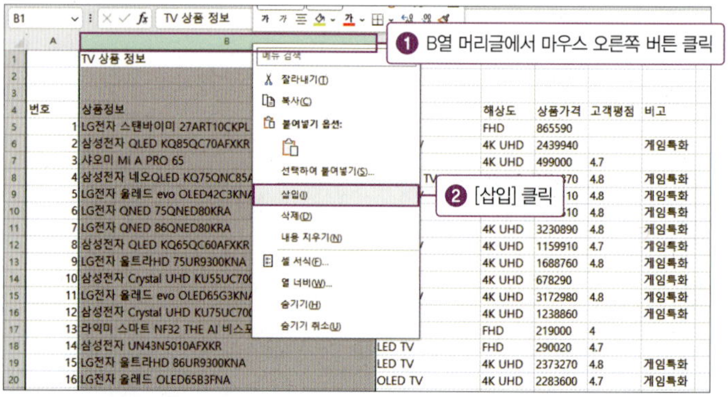

❹ 선택한 열 머리글의 왼쪽에 열이 삽입된 것을 확인한다.

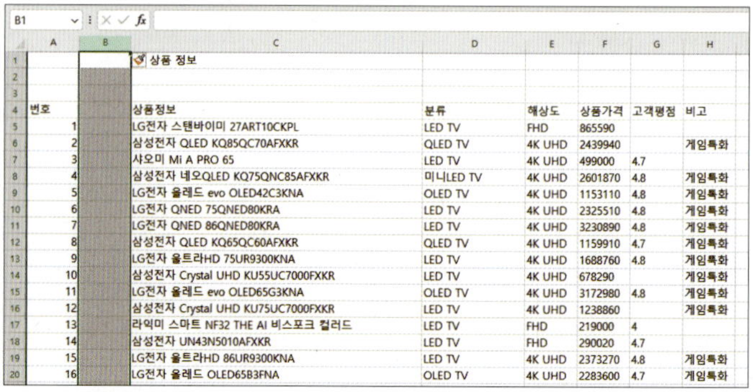

행, 열 삭제하기

❶ 2번 행 머리글을 선택하고 마우스 오른쪽 버튼을 클릭한 후 [삭제]를 클릭한다.

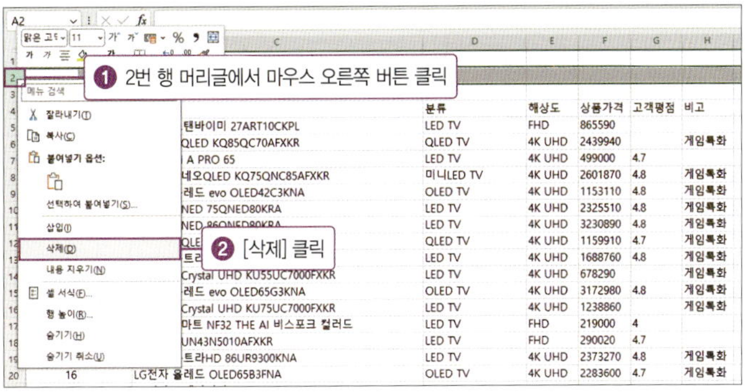

❷ 선택한 행 머리글의 행이 삭제된 것을 확인한다.

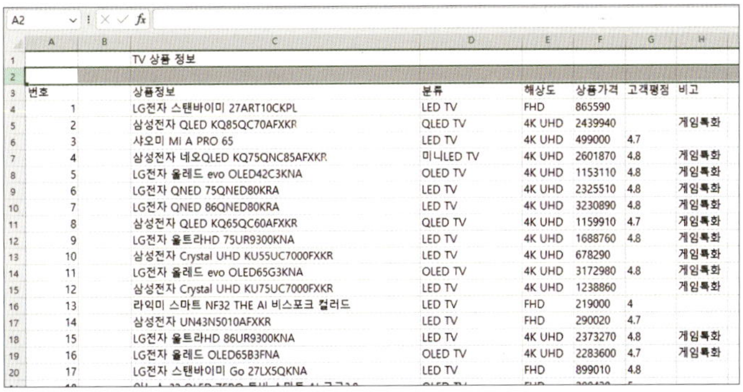

❸ B열 머리글을 선택한 다음 마우스 오른쪽 버튼을 클릭하고 [삭제]를 클릭한다.

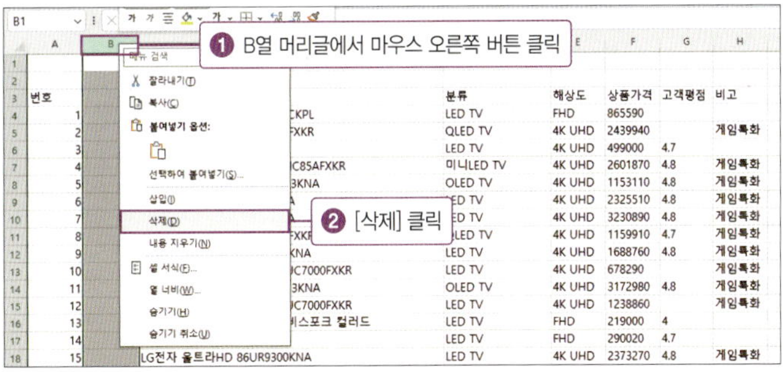

❹ 선택한 열 머리글의 열이 삭제된 것을 확인한다.

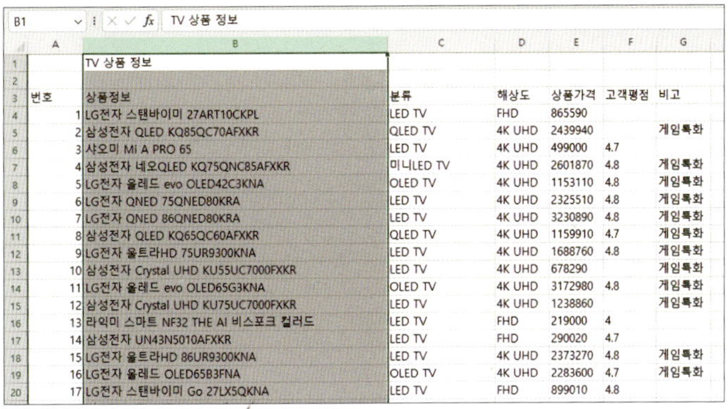

알아두세요 **행/열 삽입, 삭제 단축 키**

삽입할 위치의 행 머리글 또는 열 머리글을 선택하고 Ctrl+[+]를 누르면 행 또는 열을 삽입한다. 삭제할 위치의 행 머리글 또는 열 머리글을 선택한 다음 Ctrl+[-]를 누르면 행 또는 열을 삭제한다.

작은 연습 5

1. [냉장고] 워크시트 탭을 선택한다.
2. 3행을 삭제한다.
3. A열의 머리글을 클릭한 다음 [삽입]을 클릭한다. 삽입 옵션에서 [오른쪽과 같은 서식]을 클릭한다.
4. [A1:L2] 셀을 선택한 다음 [병합하고 가운데 맞춤]을 두 번 클릭한다.

5.6 채우기 핸들 이용하기

EXCEL

엑셀 문서를 작성할 때의 장점 중 하나는 채우기 핸들[2]을 이용하여 손쉽게 문서를 작성할 수 있다는 것이다. 채우기 핸들을 이용하면 각 셀에 동일한 값을 복사하거나 순서에 맞게 데이터를 채울 수 있다. 이번에는 채우기 핸들을 이용하는 방법에 대해 배운다.

숫자 채우기 1

❶ 〔Sheet2〕 워크시트 탭을 선택한 다음 [A4] 셀에 숫자 '1'을 입력한다.

❷ **숫자 채우기 방법** 1: Ctrl을 누른 상태로 채우기 핸들을 [A23] 셀까지 드래그한다.

❸ **숫자 채우기 방법** 2: 채우기 핸들에서 마우스 오른쪽 버튼을 클릭한 채 [A23] 셀까지 드래그하고 [연속 데이터 채우기]를 클릭한다.

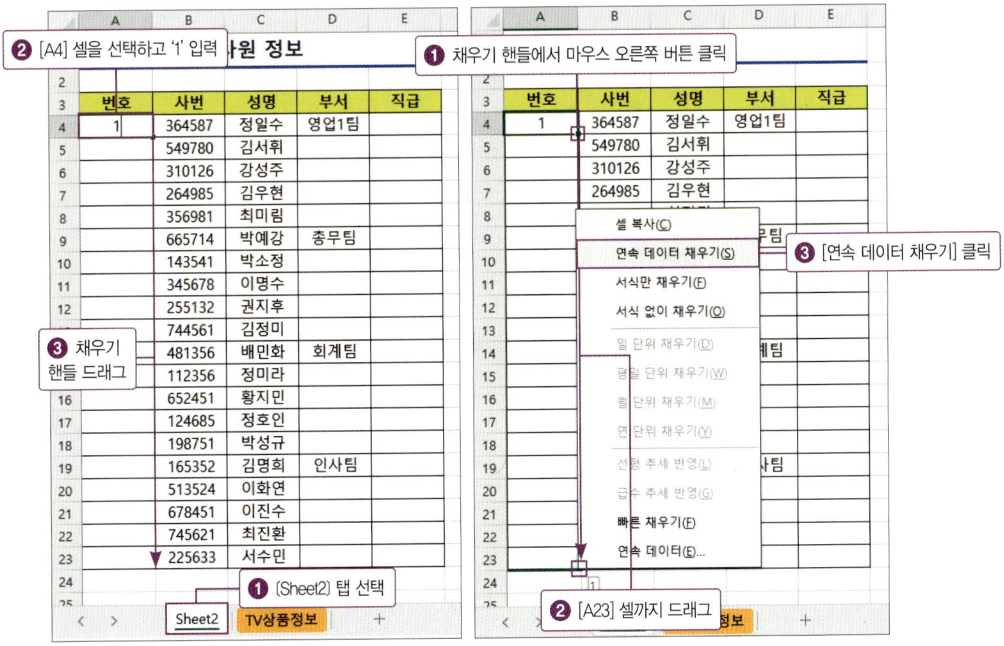

2 채우기 핸들을 이용하려면 블록 지정 후 오른쪽 아래의 모서리에 마우스 커서를 올리면 + 모양으로 변한다. 이때 원하는 부분까지 마우스 오른쪽 버튼을 클릭한 후 드래그하면 셀 안에 숫자가 자동으로 채워진다.

❹ **숫자 채우기 방법** 3: 채우기 핸들을 더블 클릭한 다음 [자동 채우기 옵션] → [연속 데이터 채우기]를 클릭한다.

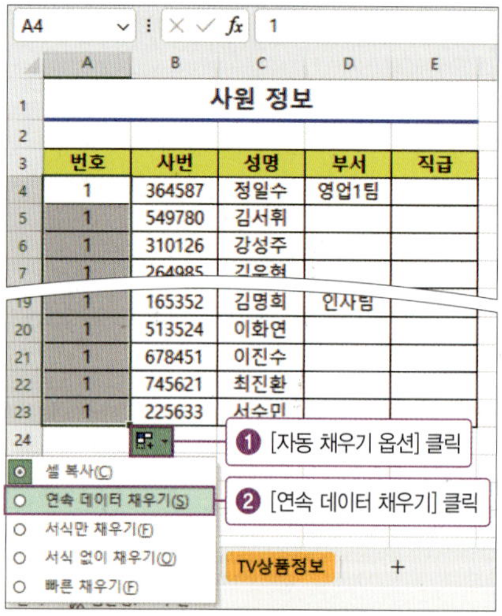

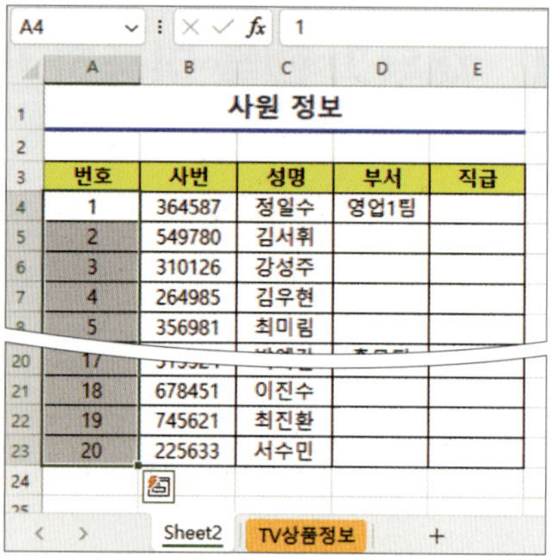

연속 데이터 채우기 확인

숫자 채우기 2

❶ [A4:A23] 셀 범위를 선택한 다음 Del을 눌러 내용을 모두 지운다.

❷ [A4] 셀에 숫자 '1'을 입력하고, [A5] 셀에 숫자 '2'를 입력한다.

❸ [A4:A5] 셀 범위를 선택하고, 채우기 핸들을 클릭한 채 [A23] 셀까지 드래그한다.

❹ 연속된 숫자가 채워진 것을 확인한다.

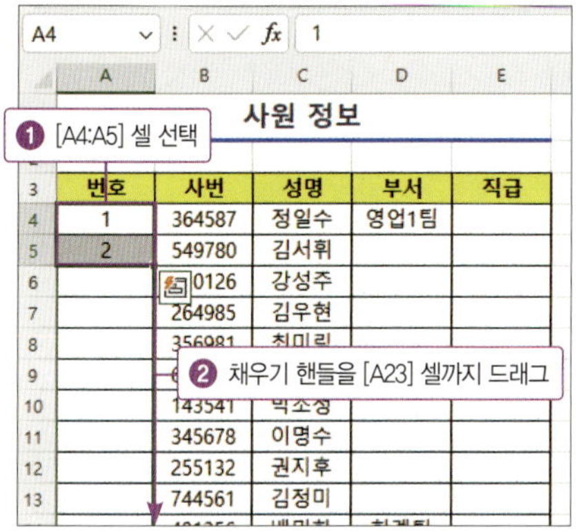

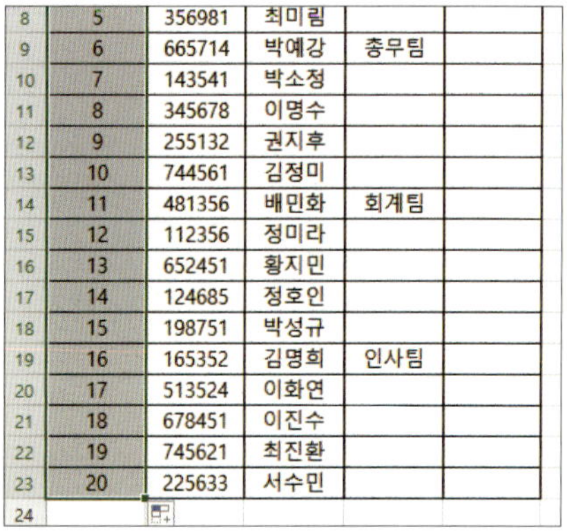

문자와 숫자가 혼합된 데이터 채우기

❶ [D4] 셀을 선택한다.

❷ **데이터 채우기 방법** 1: Ctrl을 누른 상태로 채우기 핸들을 클릭하고 [D8] 셀까지 드래그한다.

❸ **데이터 채우기 방법** 2: 채우기 핸들에서 마우스 오른쪽 버튼을 클릭한 후 [D8] 셀까지 드래그하고 [셀 복사]를 클릭한다.

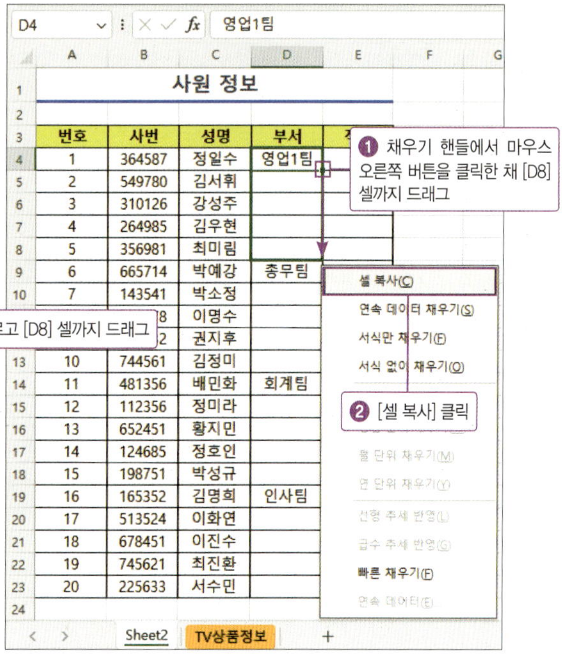

❹ **데이터 채우기 방법** 3: 채우기 핸들을 [D8] 셀까지 드래그하고 클릭 또는 더블 클릭 한 후 [자동 채우기 옵션] → [셀 복사]를 클릭한다.

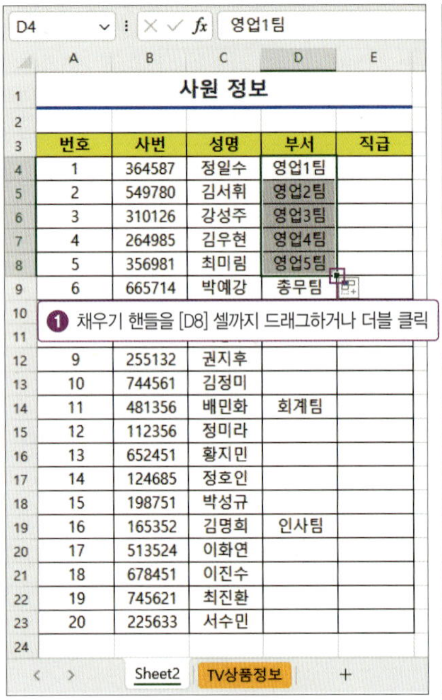

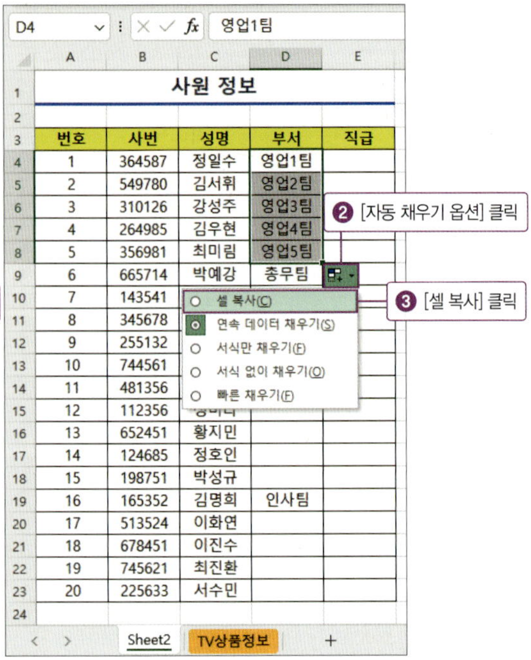

문자와 숫자가 혼합된 데이터 확인

> **알아두세요** 문자와 숫자가 혼합된 데이터는 채우기 핸들만 사용하면 숫자가 연속된 데이터로 채워진다.

문자 채우기

❶ [D9] 셀을 선택한다.

❷ **문자 채우기 방법** 1: 채우기 핸들을 클릭하고 [D13] 셀까지 드래그한다.

❸ **문자 채우기 방법** 2: 채우기 핸들을 더블 클릭한다.

❹ 셀이 복사된 것을 확인한다.

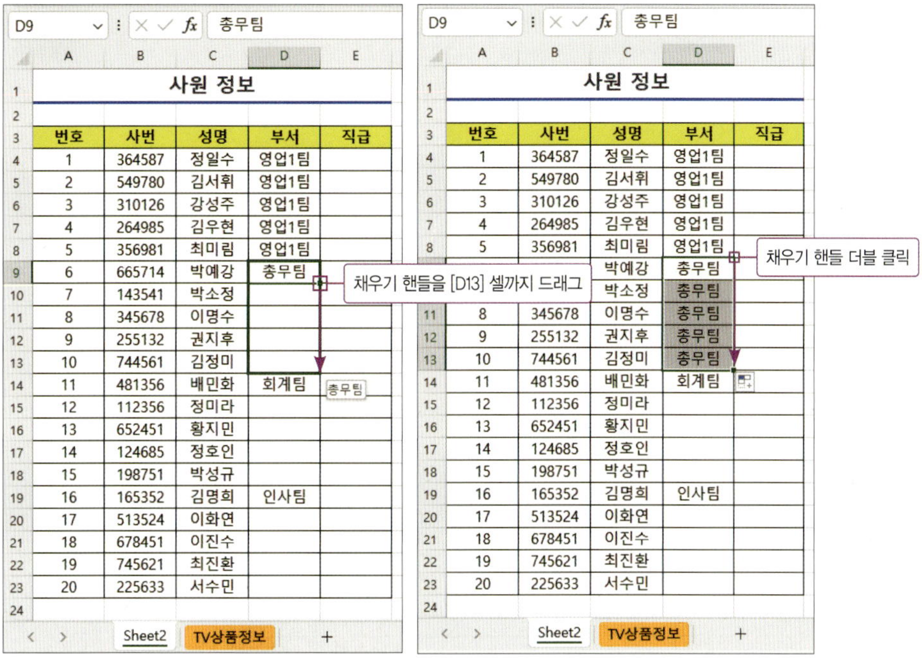

사용자가 지정한 목록으로 채우기

❶ 메뉴에서 [파일] → [옵션]을 실행한다. [Excel 옵션] 대화상자에서 [고급] 탭을 선택한 다음 일반 항목에서 〈사용자 지정 목록 편집〉 버튼을 클릭한다.

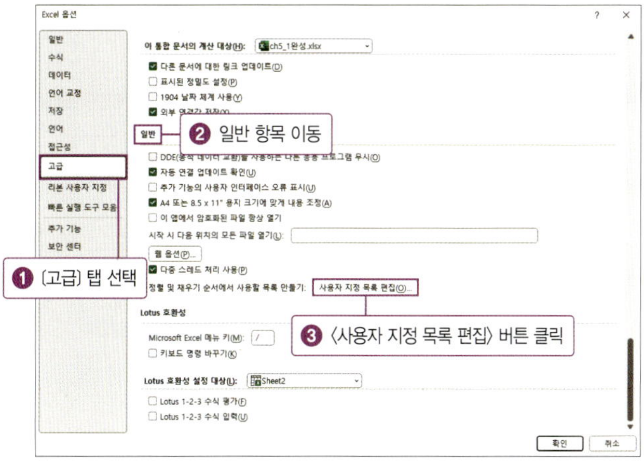

❷ [사용자 지정 목록] 대화상자에서 [새 목록]을 클릭한다.

❸ 오른쪽 목록 항목에 '본부장[3]', '부서장[4]', '팀장[5]', '파트장[6]', '담당[7]'을 입력한다.

❹ 〈추가〉 버튼을 클릭하고 〈확인〉 버튼을 클릭한다. [Excel 옵션[8]] 대화상자의 〈확인〉 버튼을 클릭한다.

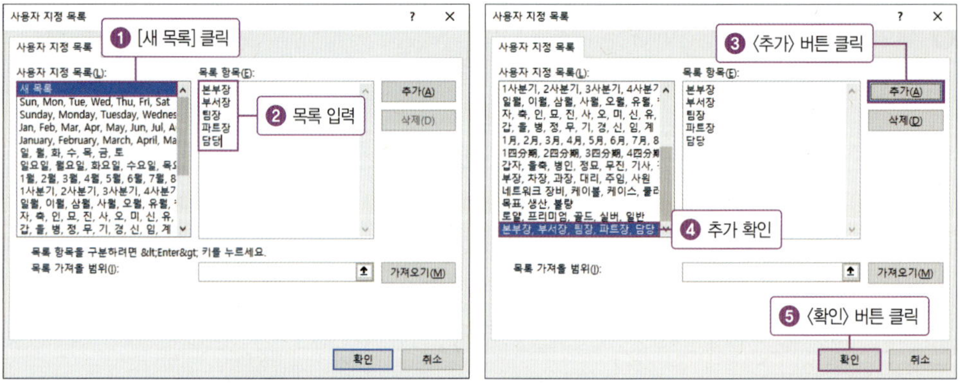

❺ [E4] 셀을 선택하고 '본부장'을 입력한다.

❻ 다시 [E4] 셀을 선택하고 채우기 핸들을 더블 클릭하거나 [E23] 셀까지 드래그한다.

❼ 사용자 지정 목록으로 데이터가 채워진 것을 확인한다.

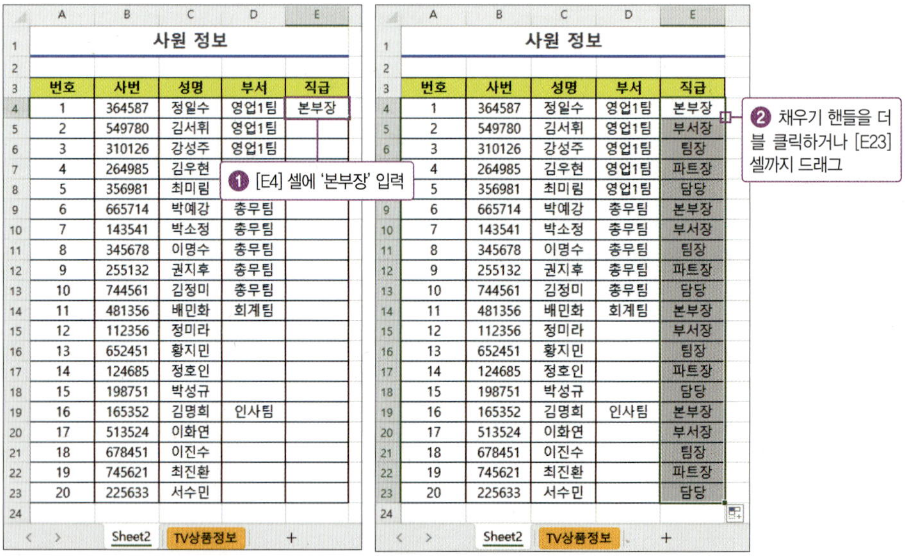

3 본부의 사무를 맡아 다스리는 직위 또는 그 직위에 있는 사람을 말한다.
4 부서의 사업을 맡아 책임지는 직위 또는 그 직위에 있는 사람을 말한다.
5 같은 일을 맡은 한 팀의 책임자를 말한다.
6 어떤 조직의 한 부서를 책임지는 우두머리를 말한다.
7 어떤 일을 맡아서 하는 사람을 말한다.
8 옵션(Option)은 원하는 것을 넣거나 뺄 수 있다.

알아두세요 **목록 입력**

[사용자 지정 목록] 대화상자에서 '목록 항목'에 목록을 입력할 때 항목과 항목 사이에 Enter를 누르는 방법 외에 쉼표(,)로 구분할 수도 있다.

작은 연습 6

1. [A5] 셀에 숫자 '1'을 입력한다.
2. [A11] 셀까지 연속된 숫자를 채운다.

5.7

EXCEL

서식 지정하기

엑셀 문서를 더욱 꾸미기 위하여 글자의 속성을 변경하거나, 테두리와 음영을 사용할 수 있다. 또한, 데이터의 표시 형식도 원하는 대로 설정할 수 있다. 이번에는 글자 속성, 테두리와 음영, 그리고 표시 형식을 어떻게 변경하고 적용하는지에 대해 배운다.

글자 속성 바꾸기

❶ 〔TV상품정보〕 워크시트 탭을 선택한다.

❷ [B1] 셀을 선택한다.

❸ **서식 지정 방법** 1: 〔홈〕 탭을 선택하고 글꼴 그룹의 글꼴 크기를 '15'로 바꾼다. [굵게]를 클릭한 다음 글꼴 색은 [파랑]을 클릭한다.

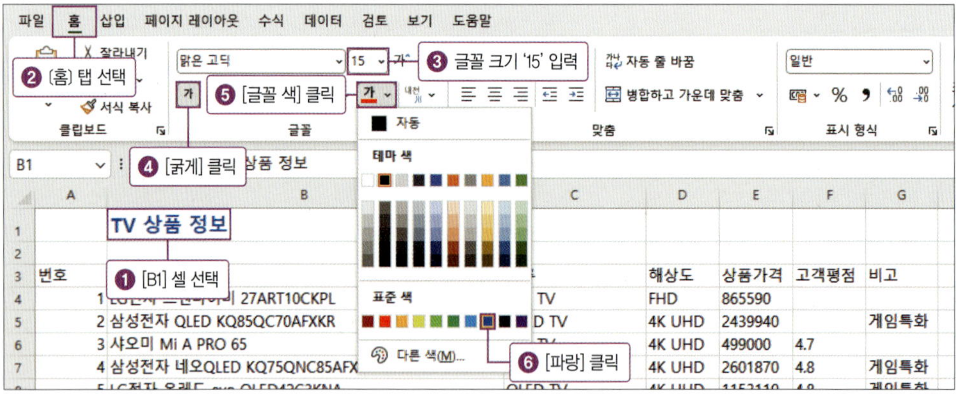

알아두세요 **글꼴 크기 조절**

글꼴 크기 옆 [글꼴 크기 크게]나 [글꼴 크기 작게]를 클릭하여 크기를 조절할 수 있다.

❹ **서식 지정 방법** 2: 〔홈〕 탭을 선택하고 글꼴 그룹의 '글꼴 설정' 아이콘을 클릭한다. [셀 서식] 대화상자에서 〔글꼴〕 탭을 선택하고 글꼴 스타일을 [굵게], 크기는 '15', 색은 [파랑]을 선택한 다음 〈확인〉 버튼을 클릭한다.

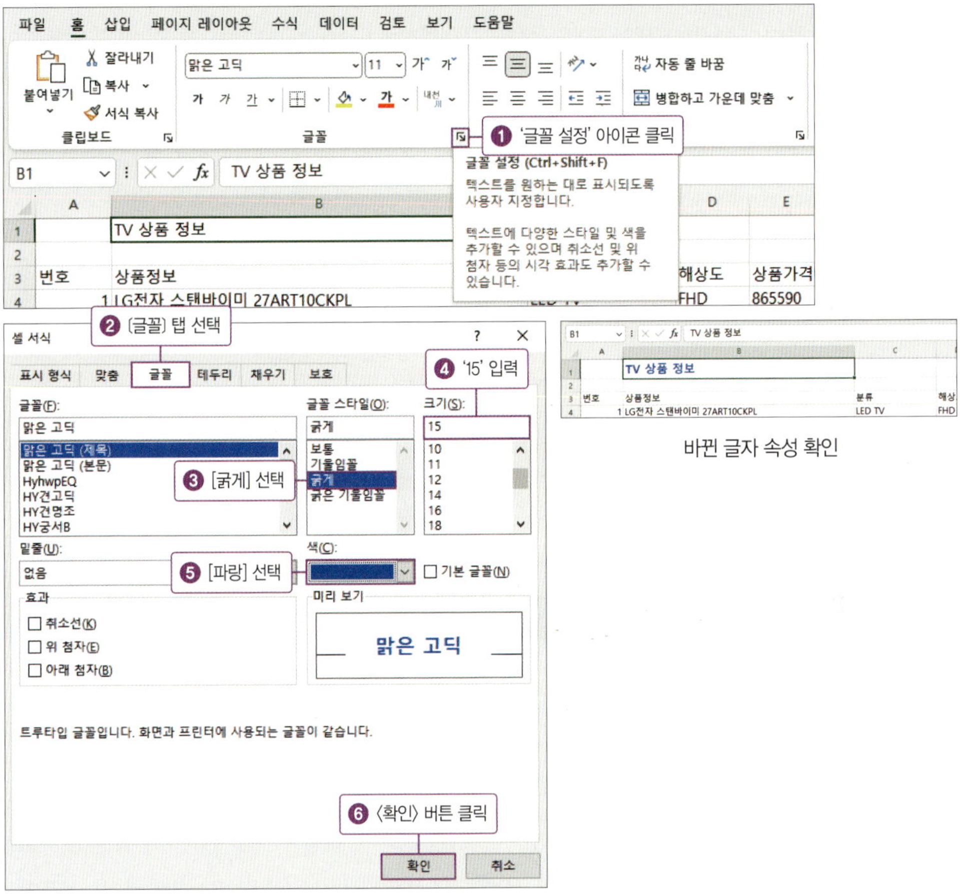

❺ [A3:G3] 셀을 선택한다.

❻ 〈서식 지정 방법 1〉과 같이 〔홈〕 탭에서 글꼴 그룹의 글꼴 크기를 '12'로 바꾸고, [굵게]를 클릭한다.

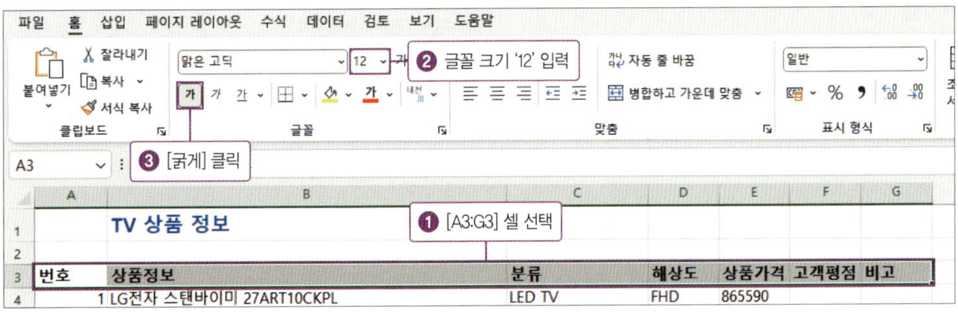

테두리와 음영 사용하기

❶ [A3:G3] 셀을 선택한다.

❷ **테두리와 음영 사용 방법** 1: 〔홈〕 탭에서 글꼴 그룹의 [테두리] → [굵은 바깥쪽 테두리]를 클릭한다. [채우기 색] → [노랑]을 클릭한다.

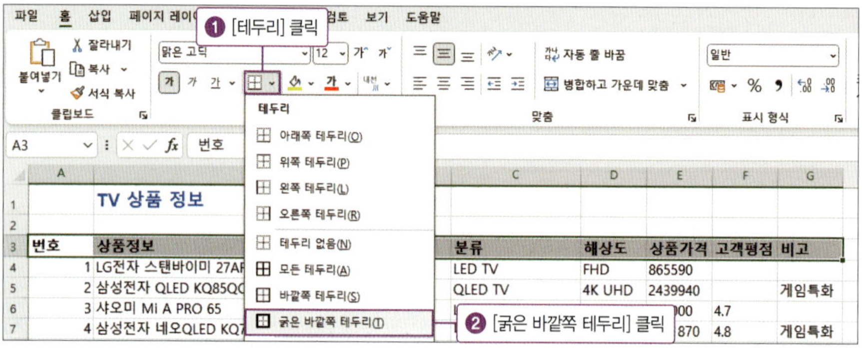

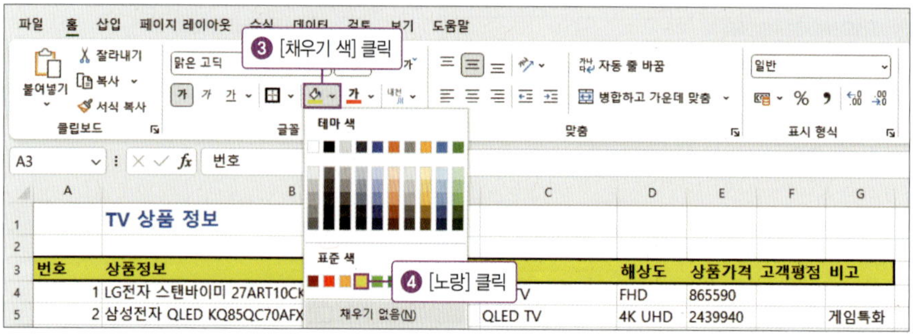

❸ **테두리와 음영 사용 방법** 2: 〔홈〕 탭에서 글꼴 그룹의 '글꼴 설정' 아이콘을 클릭한다. [셀 서식] 대화상자에서 〔테두리〕 탭을 선택한다. 스타일을 [굵은 선]으로 클릭한 다음 [윤곽선]을 클릭한다. 〔채우기〕 탭을 선택하고 배경색에서 [노랑]을 클릭한 후 〈확인〉 버튼을 클릭한다.

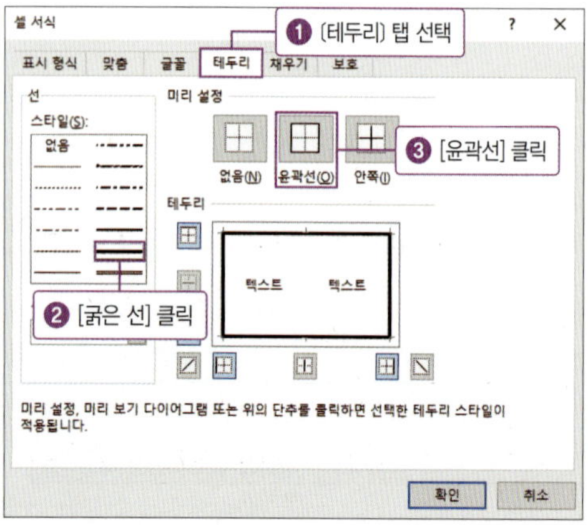

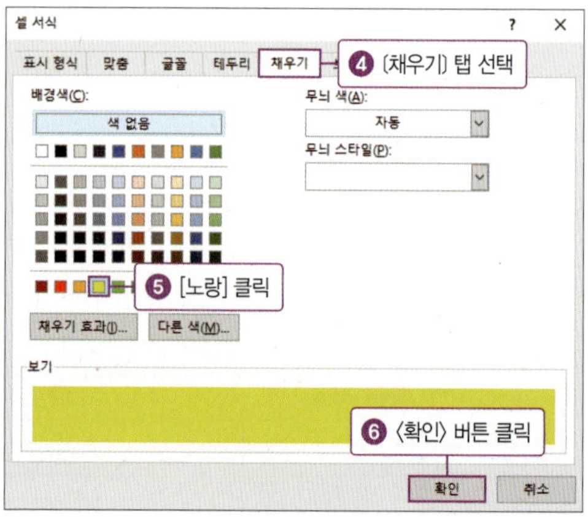

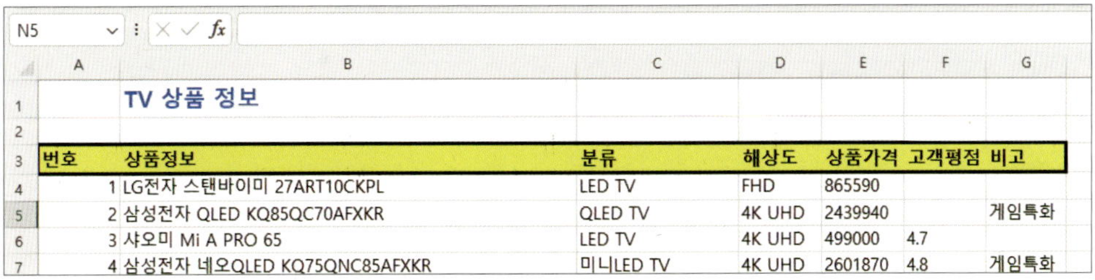

바뀐 모습 확인

맞춤 설정하기

❶ [A1:G1] 셀을 선택한다.

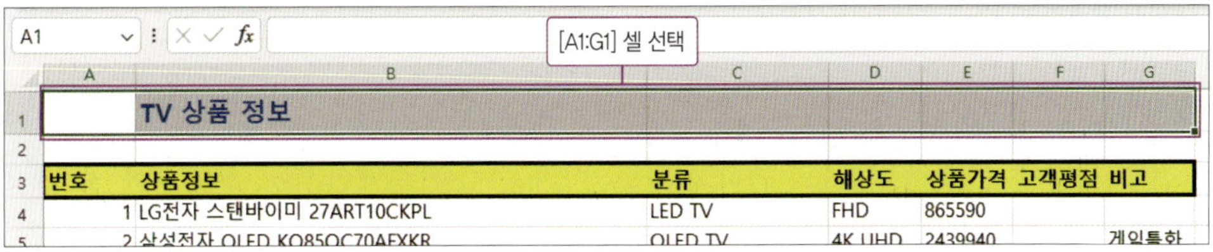

❷ [홈] 탭에서 맞춤 그룹의 [병합하고 가운데 맞춤]을 클릭한다.

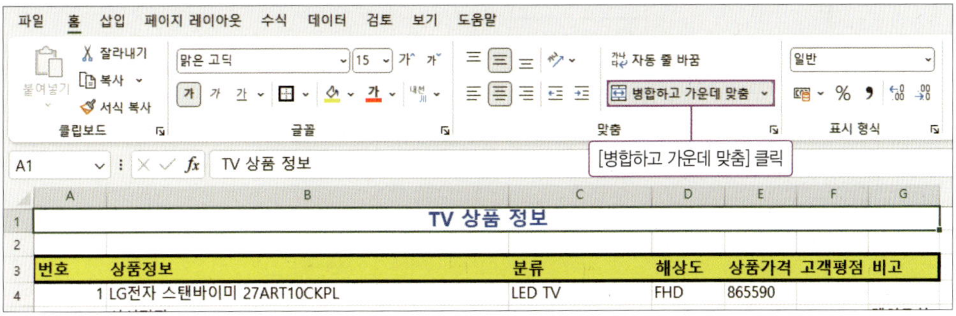

❸ [A3] 셀을 선택한 다음 Ctrl+A를 누른다. [A3:G93] 셀 범위가 선택된 것을 확인한다.

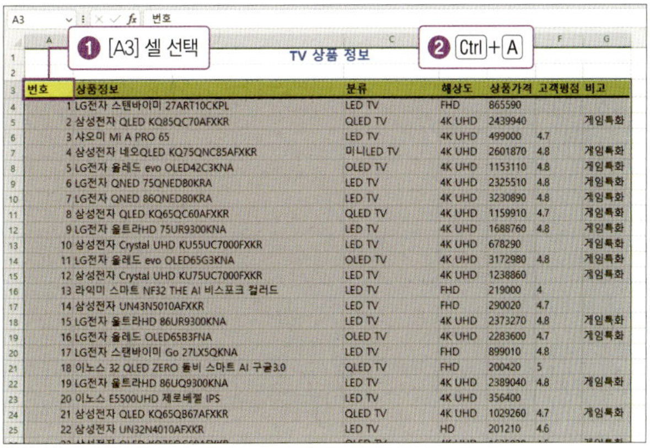

❹ **맞춤 설정 방법** 1: 〔홈〕 탭의 맞춤 그룹에서 [가운데 맞춤]을 클릭한다.

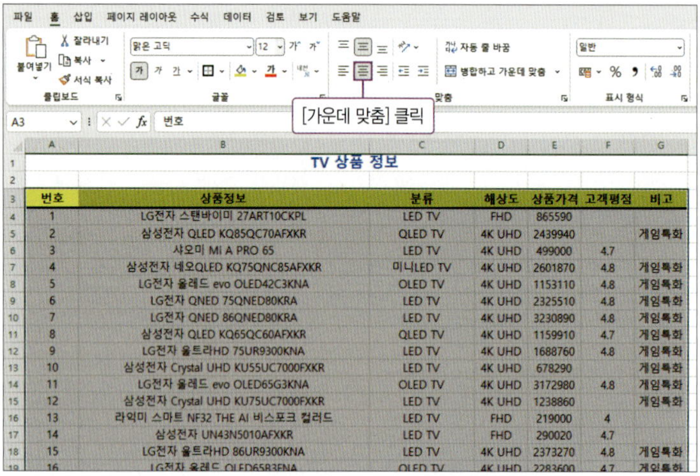

❺ **맞춤 설정 방법** 2: 〔홈〕 탭의 맞춤 그룹에서 '맞춤 설정' 아이콘을 클릭한다. [셀 서식] 대화상자에서 〔맞춤〕 탭을 선택하고 가로의 [가운데]를 선택한 후 〈확인〉 버튼을 클릭한다.

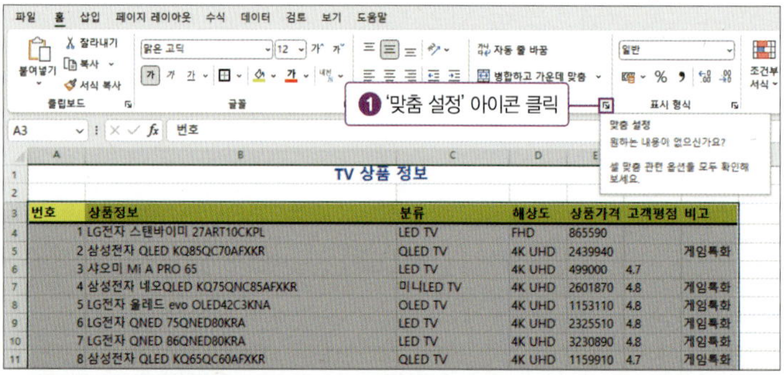

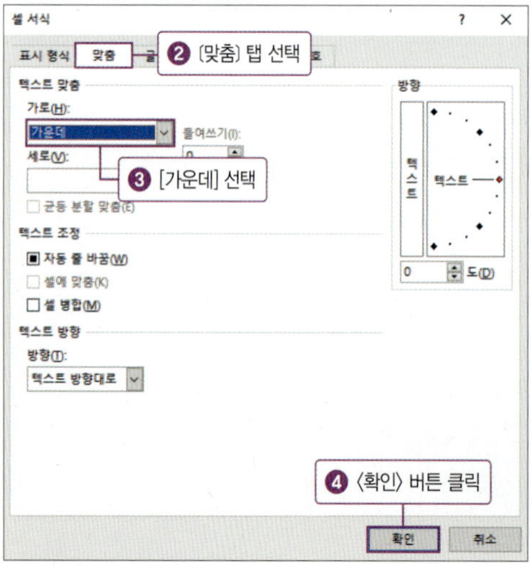

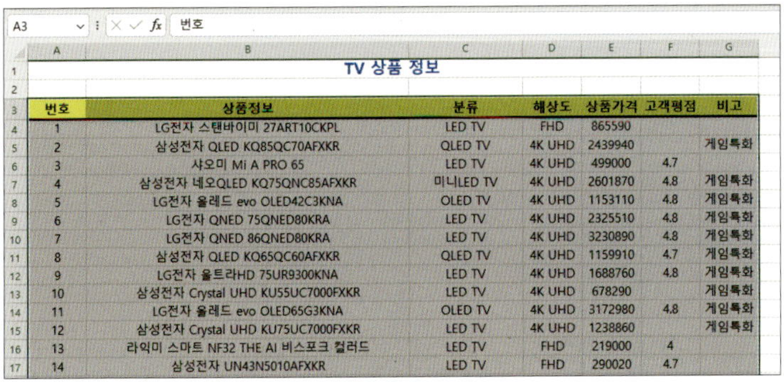

가운데 맞춤 확인

표시 형식 서식 사용하기

❶ [E4:E93] 셀을 선택한다.

❷ 〔홈〕 탭의 표시 형식 그룹에서 [쉼표 스타일]을 클릭한다.

❸ 숫자에 쉼표가 들어간 것을 확인한다.

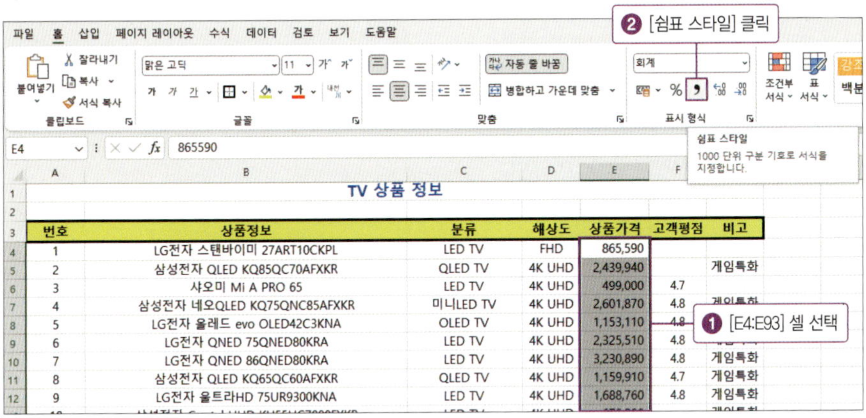

❹ [F4:F93] 셀을 선택한다.

❺ 〔홈〕 탭에서 표시 형식 그룹의 [표시 형식] → [숫자]를 클릭한다.

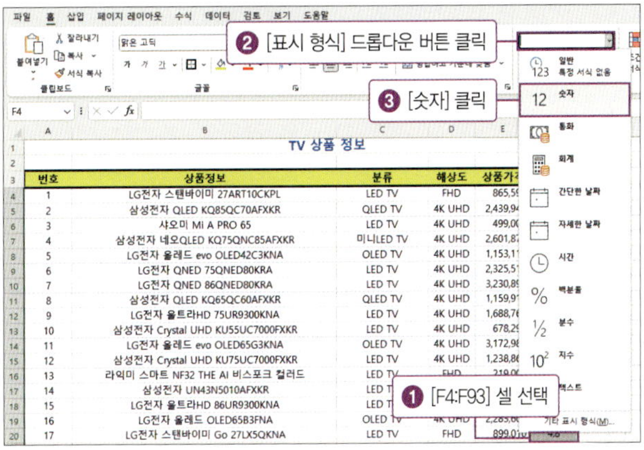

❻ [자릿수 늘림]을 두 번 클릭한다.

❼ 소수점 이하 둘째 자리까지 표시되는 것을 확인한다.

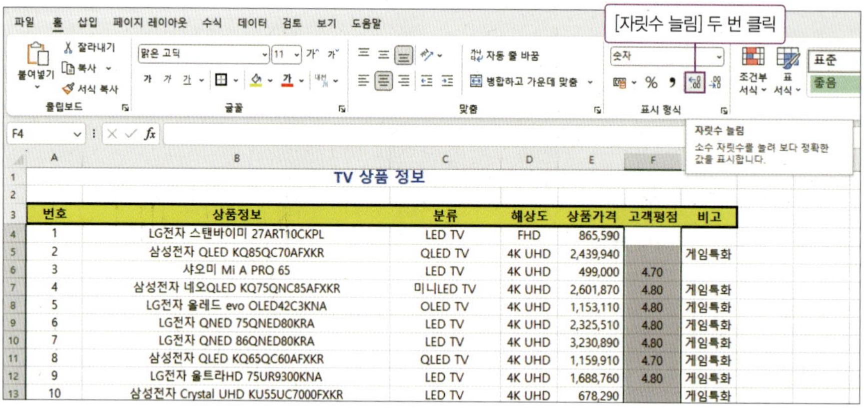

알아두세요 **소수점 이하 자릿수 줄임**

[자릿수 줄임]을 클릭하면 소수점 이하 자릿수를 줄일 수 있다.

작은 연습 7

1. 문서 전체를 '가운데 맞춤'으로 정렬한다.
2. [A1] 셀을 선택한 다음 배경색을 [노랑]으로 바꾼다.
3. [A1] 셀 테두리를 [굵은 바깥쪽 테두리]로 선택한다.

5.8 인쇄 설정하기

엑셀 문서를 인쇄할 때, 한 페이지에 출력하기 위해서는 사용된 셀 크기에 따라 여백을 조절해야 할 때가 있다. 또한, 각 페이지에 테이블 제목이 반복되도록 설정하는 것이 필요한 경우도 있다. 이번에는 인쇄할 때 여백을 조절하고, 테이블 제목을 반복하는 방법에 대해 배운다.

페이지 설정하기

❶ 메뉴에서 〔파일〕 → 〔인쇄〕를 실행하고 [페이지 설정]을 클릭한다. [페이지 설정] 대화 상자에서 〔페이지〕 탭을 선택한 다음 용지 방향을 [가로]로 클릭한다.

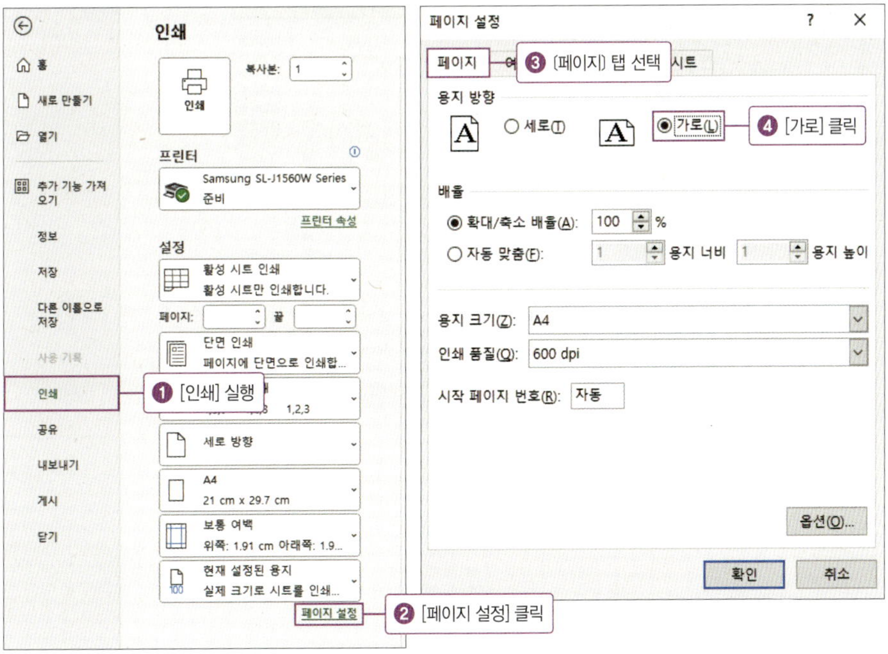

❷ [여백] 탭을 선택하고 페이지 가운데 맞춤 항목에서 '가로'와 '세로'를 모두 체크 표시한 다음 〈확인〉 버튼을 클릭한다.

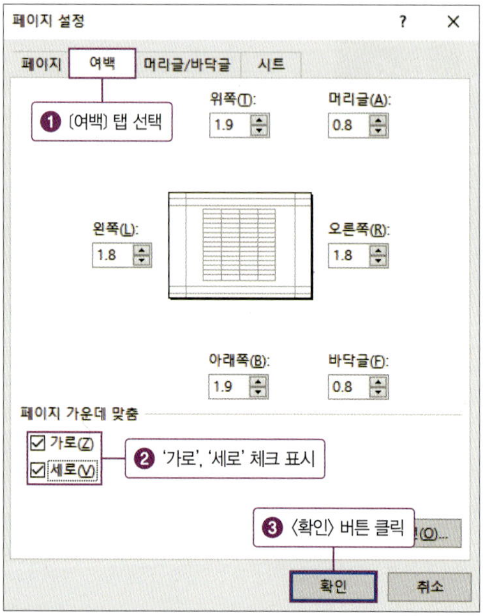

❸ 미리 보기 화면에서 인쇄될 모습을 확인한다.

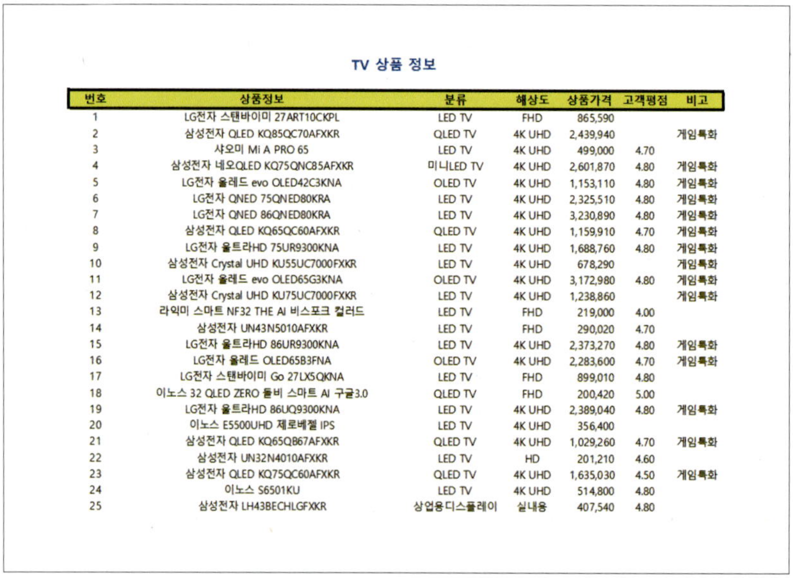

TV 상품 정보

번호	상품정보	분류	해상도	상품가격	고객평점	비고
1	LG전자 스탠바이미 27ART10CKPL	LED TV	FHD	865,590		
2	삼성전자 QLED KQ85QC70AFXKR	QLED TV	4K UHD	2,439,940		게임특화
3	샤오미 Mi A PRO 65	LED TV	4K UHD	499,000	4.70	
4	삼성전자 네오QLED KQ75QNC85AFXKR	미니LED TV	4K UHD	2,601,870	4.80	게임특화
5	LG전자 올레드 evo OLED42C3KNA	OLED TV	4K UHD	1,153,110	4.80	게임특화
6	LG전자 QNED 75QNED80KRA	LED TV	4K UHD	2,325,510	4.80	게임특화
7	LG전자 QNED 86QNED80KRA	LED TV	4K UHD	3,230,890	4.80	게임특화
8	삼성전자 QLED KQ65QC60AFXKR	QLED TV	4K UHD	1,159,910	4.70	게임특화
9	LG전자 울트라HD 75UR9300KNA	LED TV	4K UHD	1,688,760	4.80	게임특화
10	삼성전자 Crystal UHD KU55UC7000FXKR	LED TV	4K UHD	678,290		게임특화
11	LG전자 올레드 evo OLED65G3KNA	OLED TV	4K UHD	3,172,980	4.80	게임특화
12	삼성전자 Crystal UHD KU75UC7000FXKR	LED TV	4K UHD	1,238,860		게임특화
13	라익미 스마트 NF32 THE AI 비스포크 컬러드	LED TV	FHD	219,000	4.00	
14	삼성전자 UN43N5010AFXKR	LED TV	FHD	290,020	4.70	
15	LG전자 울트라HD 86UR9300KNA	LED TV	4K UHD	2,373,270	4.80	게임특화
16	LG전자 올레드 OLED65B3FNA	OLED TV	4K UHD	2,283,600	4.70	게임특화
17	LG전자 스탠바이미 Go 27LX5QKNA	LED TV	FHD	899,010	4.80	
18	이노스 32 QLED ZERO 돌비 스마트 AI 구글3.0	QLED TV	FHD	200,420	5.00	
19	LG전자 울트라HD 86UQ9300KNA	LED TV	4K UHD	2,389,040	4.80	게임특화
20	이노스 E5500UHD 제로베젤 IPS	LED TV	4K UHD	356,400		
21	삼성전자 QLED KQ65QB67AFXKR	QLED TV	4K UHD	1,029,260	4.70	게임특화
22	삼성전자 UN32N4010AFXKR	LED TV	HD	201,210	4.60	
23	삼성전자 QLED KQ75QC60AFXKR	QLED TV	4K UHD	1,635,030	4.50	게임특화
24	이노스 S6501KU	LED TV	4K UHD	514,800	4.80	
25	삼성전자 LH43BECHLGFXKR	상업용디스플레이	실내용	407,540	4.80	

반복 인쇄할 행 지정하기

❶ [페이지 레이아웃] 탭을 선택한 다음 페이지 설정 그룹의 '페이지 설정' 아이콘을 클릭한다.

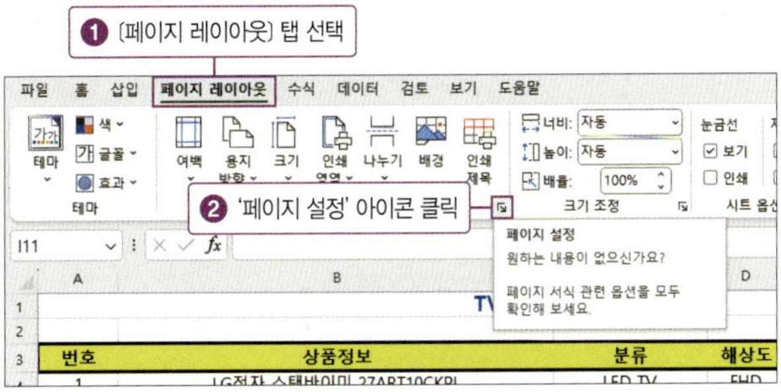

❷ [페이지 설정] 대화상자에서 [시트] 탭을 선택한 다음 반복할 행 오른쪽 아이콘을 클릭한다. '1, 2, 3행' 머리글을 드래그하고 Enter를 누른 후 〈인쇄 미리 보기〉 버튼을 클릭한다.

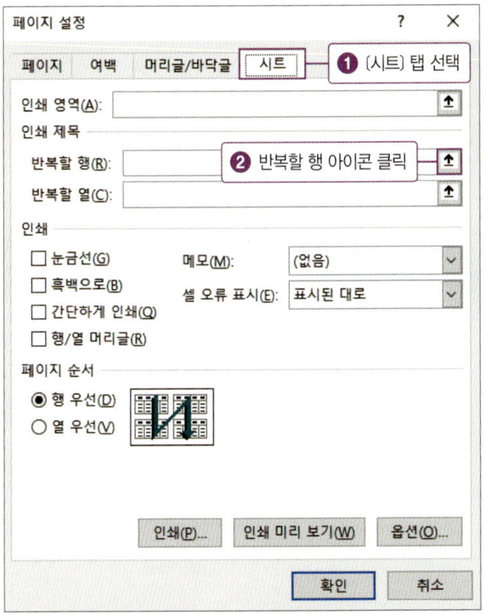

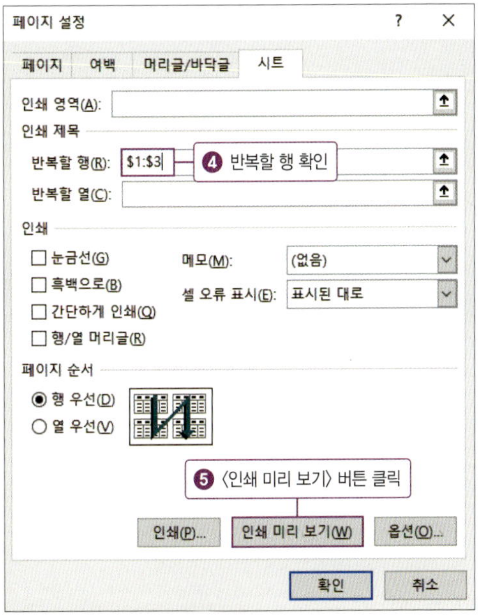

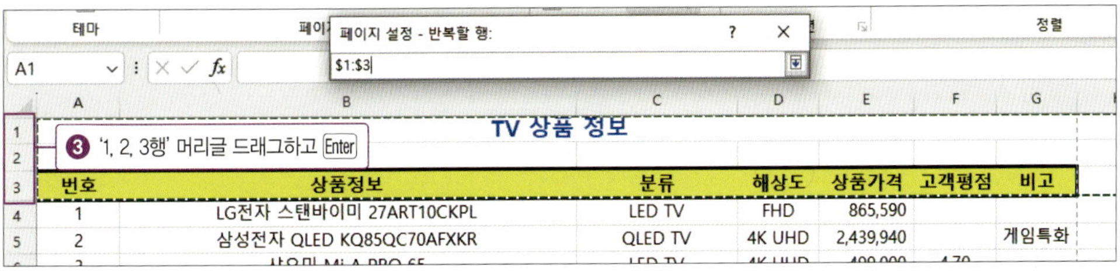

❸ 미리 보기 화면에서 인쇄되는 페이지마다 1, 2, 3행이 나오는 것을 확인한다.

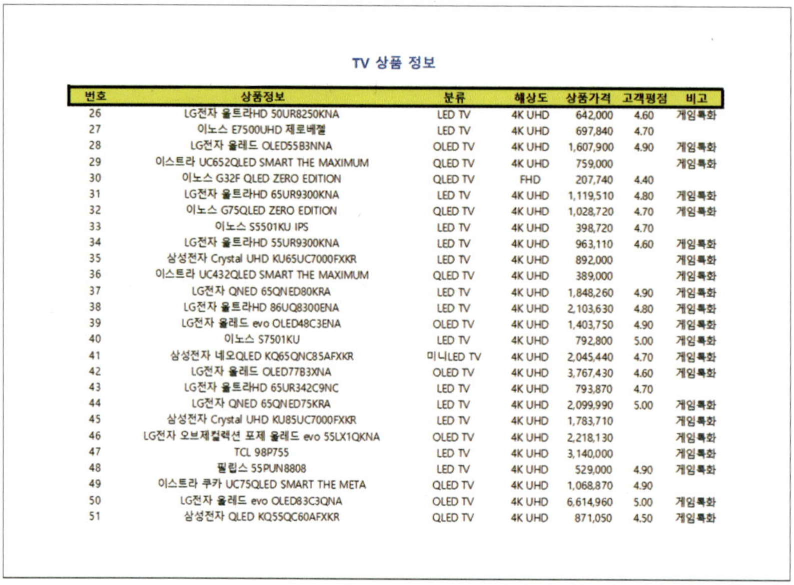

TV 상품 정보

번호	상품정보	분류	해상도	상품가격	고객평점	비고
26	LG전자 울트라HD 50UR8250KNA	LED TV	4K UHD	642,000	4.60	게임특화
27	이노스 E7500UHD 제로베젤	LED TV	4K UHD	697,840	4.70	
28	LG전자 올레드 OLED55B3NNA	OLED TV	4K UHD	1,607,900	4.90	게임특화
29	이스트라 UC652QLED SMART THE MAXIMUM	QLED TV	4K UHD	759,000		게임특화
30	이노스 G32F QLED ZERO EDITION	QLED TV	FHD	207,740	4.40	
31	LG전자 울트라HD 65UR9300KNA	LED TV	4K UHD	1,119,510	4.80	게임특화
32	이노스 G75QLED ZERO EDITION	QLED TV	4K UHD	1,028,720	4.70	게임특화
33	이노스 S5501KU IPS	LED TV	4K UHD	398,720	4.70	
34	LG전자 울트라HD 55UR9300KNA	LED TV	4K UHD	963,110	4.60	게임특화
35	삼성전자 Crystal UHD KU65UC7000FXKR	LED TV	4K UHD	892,000		게임특화
36	이스트라 UC432QLED SMART THE MAXIMUM	QLED TV	4K UHD	389,000		게임특화
37	LG전자 QNED 65QNED80KRA	LED TV	4K UHD	1,848,260	4.90	게임특화
38	LG전자 울트라HD 86UQ8300ENA	LED TV	4K UHD	2,103,630	4.80	게임특화
39	LG전자 올레드 evo OLED48C3ENA	OLED TV	4K UHD	1,403,750	4.90	게임특화
40	이노스 S7501KU	LED TV	4K UHD	792,800	5.00	게임특화
41	삼성전자 네오QLED KQ65QNC85AFXKR	미니LED TV	4K UHD	2,045,440	4.70	게임특화
42	LG전자 올레드 OLED77B3XNA	OLED TV	4K UHD	3,767,430	4.60	게임특화
43	LG전자 울트라HD 65UR342C9NC	LED TV	4K UHD	793,870	4.70	
44	LG전자 QNED 65QNED75KRA	LED TV	4K UHD	2,099,990	5.00	게임특화
45	삼성전자 Crystal UHD KU85UC7000FXKR	LED TV	4K UHD	1,783,710		게임특화
46	LG전자 오브제컬렉션 포제 올레드 evo 55LX1QKNA	OLED TV	4K UHD	2,218,130		게임특화
47	TCL 98P755	LED TV	4K UHD	3,140,000		게임특화
48	필립스 55PUN8808	LED TV	4K UHD	529,000	4.90	게임특화
49	이스트라 쿠카 UC75QLED SMART THE META	QLED TV	4K UHD	1,068,870	4.90	
50	LG전자 올레드 evo OLED83C3QNA	OLED TV	4K UHD	6,614,960	5.00	게임특화
51	삼성전자 QLED KQ55QC60AFXKR	QLED TV	4K UHD	871,050	4.50	게임특화

두 번째 페이지에도 반복 행이 나온 것을 확인

알아두세요 **인쇄 미리 보기 단축 키**

엑셀 편집 화면에서 단축 키 Ctrl+P를 누르면 인쇄 미리 보기가 바로 실행된다.

작은 연습 8

용지 방향을 [가로]로 선택한 후 PDF로 인쇄한다.

5.9 활용하기 1

다음 조건에 맞게 성적 엑셀 파일을 수정하세요.

- 문서 전체 가운데 정렬하기
- 〔Sheet1〕 워크시트 탭 이름을 '중간고사'로 수정하기
- A열 앞에 하나의 열 삽입하기
- [A4] 셀부터 [A19] 셀까지 1부터 시작하는 연속된 숫자 삽입하기
- 용지를 [가로]로 한 다음 PDF로 출력하기

5.10 활용하기 2

다음 조건에 맞게 성적 엑셀 파일을 수정하세요.

- 문서 전체 가운데 정렬하기
- 〔Sheet1〕 워크시트 탭 이름을 '회원 정보'로 수정하기
- A열 앞에 하나의 열 삽입하기
- [A4] 셀부터 1부터 시작하는 연속된 숫자 삽입하기
- E열 너비를 '16'으로 수정하기
- D열 너비를 '9'로 수정하기
- 표의 테두리 색을 [파랑]으로 수정하기

5.11 도움주기

설문조사하기

주제 생각하기	➡	설문조사 질문 만들기	➡	설문하기	➡	설문조사 결과 확인하기	➡	보고서 작성하기

설문조사 결과 확인하기

- 설문조사의 결과를 알아보기 위해 엑셀을 사용한다.
- 결과를 엑셀에 입력하면 결과를 한눈에 알 수 있다.
- 여러 수식을 사용하면 원하는 결과를 빠르고 정확하게 알 수 있다.
- 설문조사의 결과는 표나 그래프로 만들 수 있다.
- 입력된 결과를 선택 후 추천 차트를 클릭하면 그래프를 쉽게 만들 수 있다.

알아두세요 요즘은 직접 설문조사를 하지 않고 URL이나 QR코드를 보내기도 한다.
인터넷을 통한 설문조사는 보통 구글(Google) 설문조사를 이용한다.
구글(Google) 설문조사는 설문 결과가 자동으로 입력되고 엑셀 파일로 다운로드할 수 있다.

연습문제 설문조사를 만들어 봅시다.

	주제 :
질문 1	
질문 2	
질문 3	
질문 4	
질문 5	

알아두세요 설문조사 응답의 종류는 다양하다.

❶ 예 / 아니오
❷ 1---2---3---4---5
❸ 객관식(단일 선택/중복 선택)
❹ 주관식

6장

함수와 데이터 다루기

학 습 목 표

- 셀 참조 방식을 이해한다.
- 함수를 다루는 방법을 안다.

6.0 알아두기

EXCEL

엑셀과 같은 스프레드시트 프로그램을 보다 효율적으로 활용할 수 있도록 엑셀 참조 방식을 이해하고 함수 및 데이터를 다루기 위해서는 함수의 종류와 기능을 이해해야 한다. 또한, 데이터를 보다 체계적으로 관리하기 위해 테이블 정렬을 학습하는 것이 중요하다. 이 외에도 알아두어야 할 것들을 살펴보자.

수식	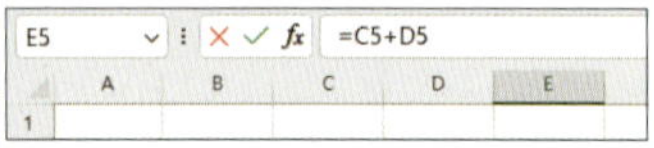	**수식을 넣다, 수식 복사, 수식 없애기** 의미: 엑셀에서 사용되는 계산식으로 셀 안에 입력 예 C열의 수식을 D열에 복사해 주세요.
서식		**서식을 작성하다/복사하다.** 의미: 엑셀로 작성된 문서로 그 안에 여러 수식도 포함 예 서식을 작성한 후 저장하세요.
상대 참조	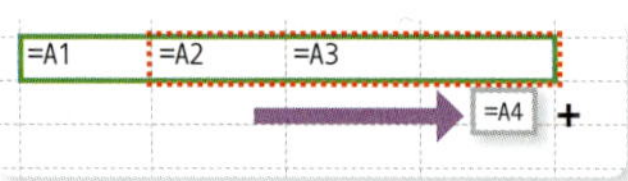	**상대 참조를 선택하다, 상대 참조** 의미: 수식을 자동 채우기 할 때 옮긴 위치에 맞게 셀 정보를 알아서(상대적으로) 변경하는 것 예 상대 참조 탭을 선택하세요.
절대 참조	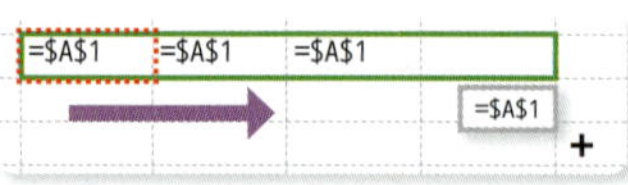	**절대 참조를 선택하다, 절대 참조** 의미: 수식을 자동 채우기 해도 셀 정보가 변하지 않고 처음 셀 정보와 동일한 것 예 절대 참조를 선택하세요.
혼합 참조	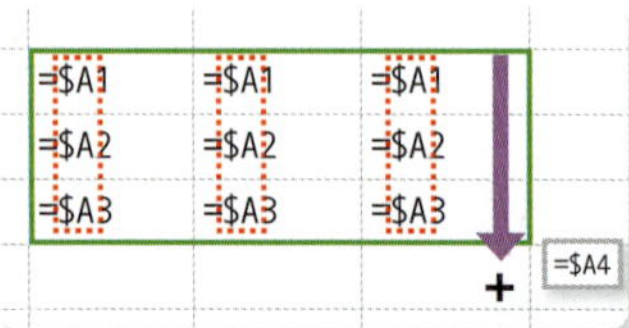	**혼합 참조를 선택하다, 혼합 참조** 의미: 행이나 열을 고정한 후 셀 정보를 변경하는 것 예 혼합 참조를 선택하세요.

함수	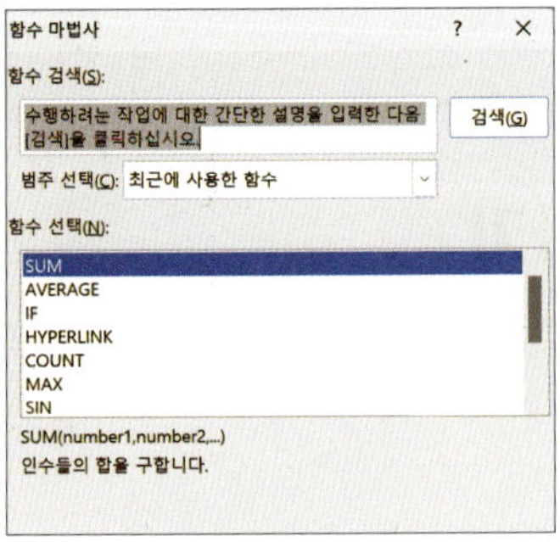	**함수를 적용하다/사용하다.** 의미: 엑셀에 있는 특별한 종류의 수식으로 수학의 함수와는 다름. SUM, AVERAGE, MIN, MAX 등 예 셀에 함수를 적용하세요.
인수		**인수를 선택하다, 인수 범위, 인수** 의미: 함수에 들어가는 값 예 =SUM(A1:A5)일 때, 인수는 A1, A2, A3, A4, A5
내림차순	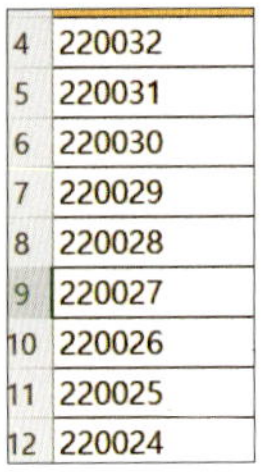	**내림차순으로 정렬하다.** 의미: 숫자는 큰 수부터, 알파벳은 Z부터, 한글은 ㅎ부터, 날짜는 최근에서 과거로 정렬 예 큰 수부터 내림차순으로 정렬해 주세요.
오름차순	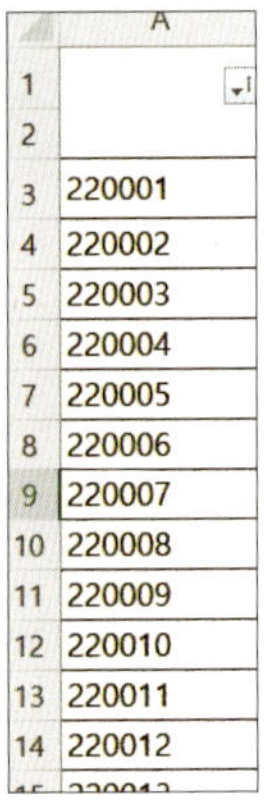	**오름차순으로 정렬하다.** 의미: 숫자는 1부터, 알파벳은 A부터, 한글은 ㄱ부터, 날짜는 과거에서 현재로 정렬 예 알파벳을 오름차순으로 정렬하면 A부터 시작한다.

6.1 셀 참조 방식 이해하기

셀을 참조하는 방식으로는 상대 참조, 절대 참조, 혼합 참조가 있다. 수식을 적용할 때 값들이 변경될 때는 상대 참조를 사용하고, 값을 고정해야 할 때는 절대 참조를 사용한다. 열만 고정하거나 행만 고정해야 할 때는 혼합 참조를 사용한다. 이번에는 각 참조 방식에 대하여 자세히 배운다.

실습 파일: 06\ch6_1.xlsx

상대 참조

06 폴더의 'ch6_1.xlsx' 파일을 더블 클릭하여 실행한다.

❶ [상대참조] 워크시트 탭을 선택한다.

❷ [E5] 셀을 선택한다. '='를 입력하고 [C5] 셀을 선택한다. '+'를 입력한 다음 [D5] 셀을 선택하고 Enter를 누른다.

❸ 다시 [E5] 셀을 선택하고 채우기 핸들을 이용해 아래 셀들에 동일한 수식을 사용한다.

❹ [자동 채우기 옵션] → [서식 없이 채우기]를 클릭한다.

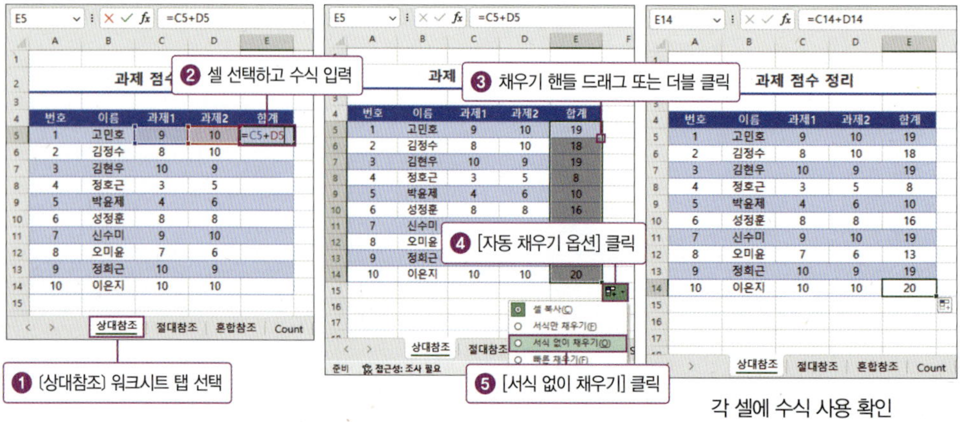

각 셀에 수식 사용 확인

절대 참조

❶ 〔절대참조〕 워크시트 탭을 선택한다.

❷ [D7] 셀을 선택한다. '='을 입력하고 [C7] 셀을 선택한다. '*'을 입력한 다음 [E4] 셀을 선택한다. F4를 눌러 'E4'가 되었는지 확인한 후 Enter를 누른다.

❸ 다시 [D7] 셀을 선택한다. 채우기 핸들을 이용하여 나머지 셀들을 채운다.

❹ [자동 채우기 옵션] → [서식 없이 채우기]를 클릭한다.

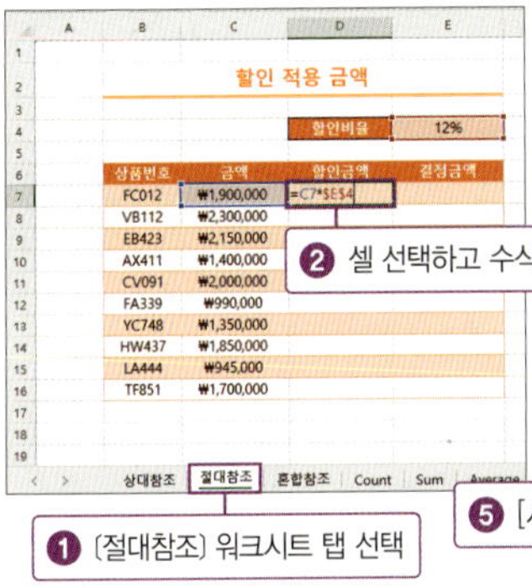

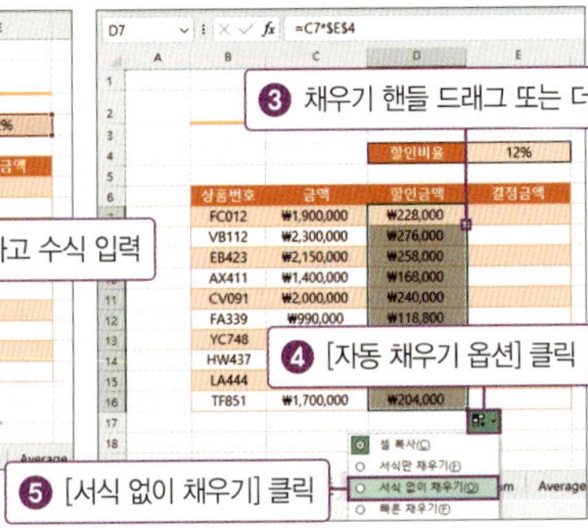

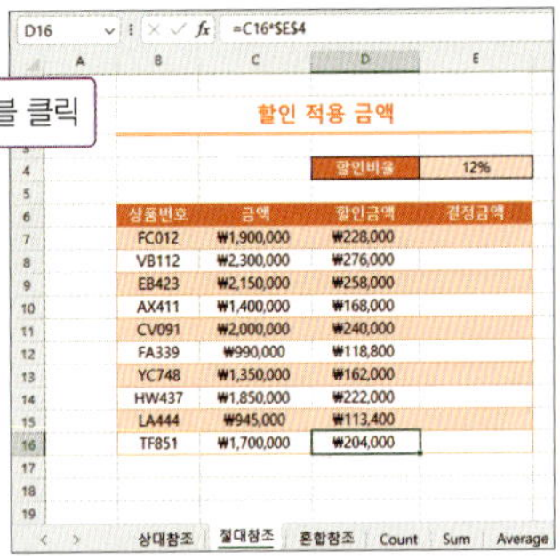

각 셀에 수식이 적용된 모습 확인

혼합 참조

❶ 〔혼합참조〕 워크시트 탭을 선택한다.

❷ [D7] 셀을 선택한다.

❸ '='을 입력하고 [C7] 셀을 선택한다. F4를 세 번 눌러 '$C7'이 되었는지 확인한 다음 '–'와 '('를 입력한다. [C7] 셀을 선택하고 F4를 세 번 눌러 '$C7'이 되었는지 확인한다. '*'을 입력한 다음 [D6] 셀을 선택한다. F4를 두 번 눌러 'D$6'이 되었는지 확인하고 ')'를 입력한 후 Enter를 누른다.

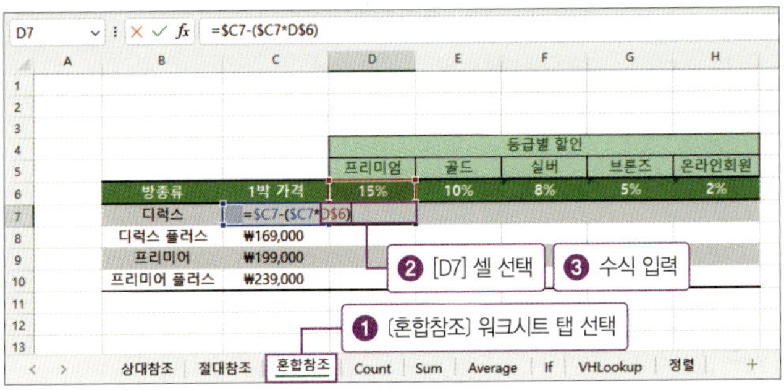

❹ 다시 [D7] 셀을 선택한다.

❺ 채우기 핸들을 오른쪽으로 [H7] 셀까지 드래그한다.

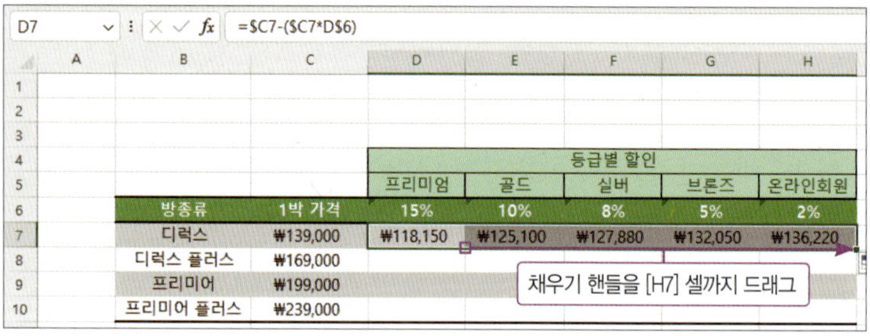

❻ 다시 채우기 핸들을 아래쪽으로 드래그하고 [자동 채우기 옵션] → [서식 없이 채우기]를 클릭한다.

❼ 각 셀에 수식이 적용된 것을 확인한다.

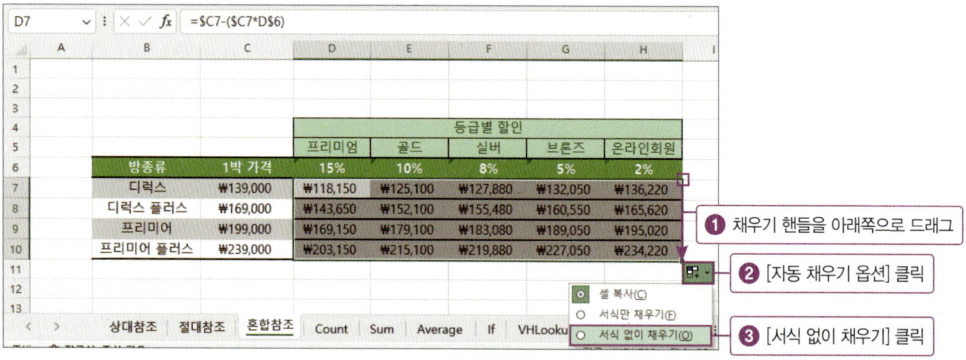

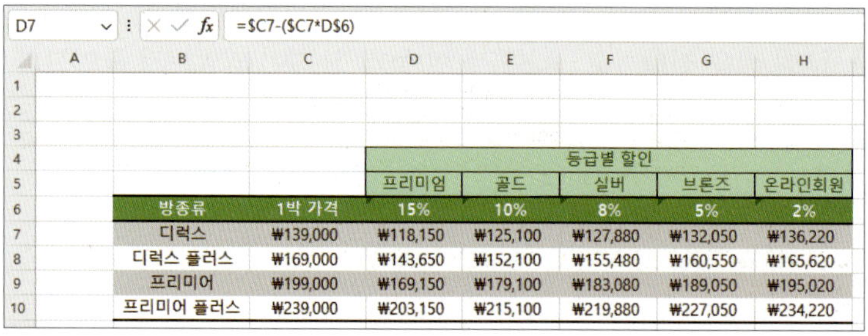

☑ 작은 연습 1

06\작은 연습_인사고과.xlsx

1. '대외협력[1]1'과 '대외협력2'의 합계를 구한다.
2. 합계값을 위의 표 '대외협력'에 붙여넣는다.

1 다른 나라, 회사 등과 교류하여 서로에게 도움을 주는 일이다.

6.2 EXCEL

Count 관련 함수 다루기

다양한 함수 중에서 개수를 세는 데에 사용되는 Count 함수는 매우 널리 사용되는 함수 중 하나다. 때때로 개수를 세는 작업은 특정 조건에 알맞은 항목만을 대상으로 할 필요가 있다. 이번에는 Count와 관련된 함수들의 사용법에 대하여 배운다.

범위에서 비어있지 않은 셀의 개수 구하기 – Count

'과제[2]1'을 제출[3]한 학생 수와 '과제2'를 제출한 학생 수를 구하려 한다.

❶ [Count] 워크시트 탭을 선택한다.

❷ [I5] 셀을 선택한다.

❸ [함수 마법사]를 클릭한다.

❹ [함수 마법사] 대화상자에서 함수 검색에 'counta'를 입력하고 〈검색〉 버튼을 클릭한다.

❺ [COUNTA]를 선택하고 〈확인〉 버튼을 클릭한다.

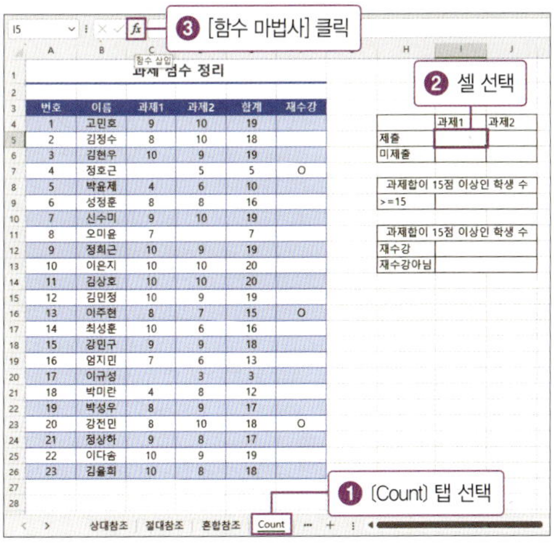

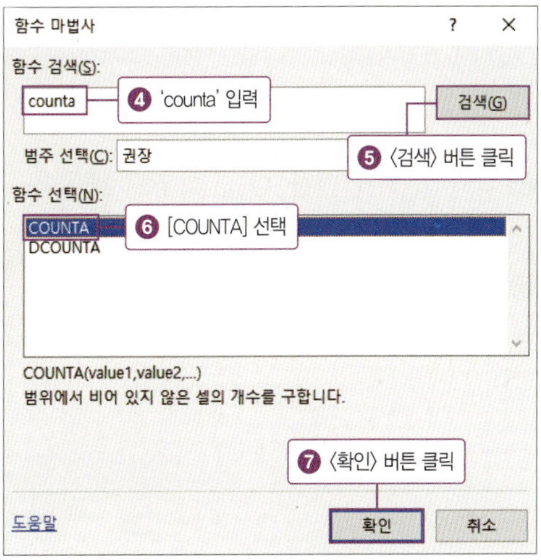

2 처리하거나 해결해야 할 문제를 말한다.

3 문안(文案)이나 의견, 법안(法案) 따위를 낸다.

❻ [함수 인수] 대화상자에서 Value1(첫 번째 인수)의 [인수 범위 선택]을 클릭한다.

❼ [C4:C26] 셀 범위를 선택하고 Enter를 누른다.

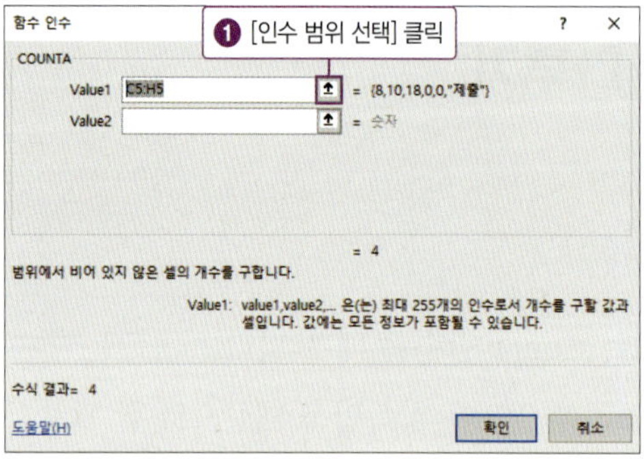

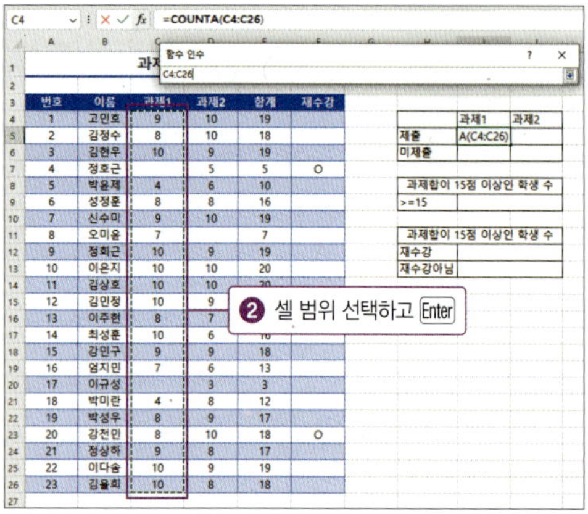

❽ [함수 인수] 대화상자에서 인수 범위를 확인한 다음 〈확인〉 버튼을 클릭한다.

❾ '과제1'을 제출한 학생 수를 확인한다.

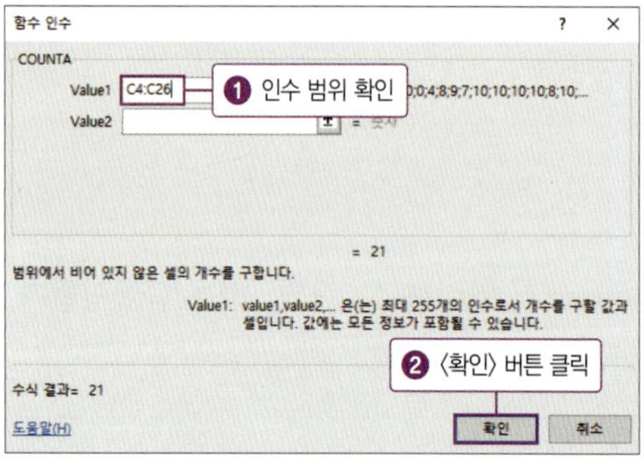

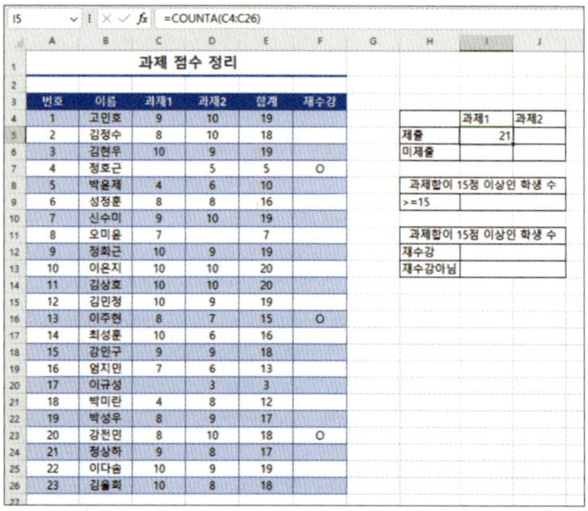

❿ [I5] 셀을 선택한 다음 채우기 핸들을 오른쪽으로 드래그해 '과제2'를 제출한 학생 수를 확인한다.

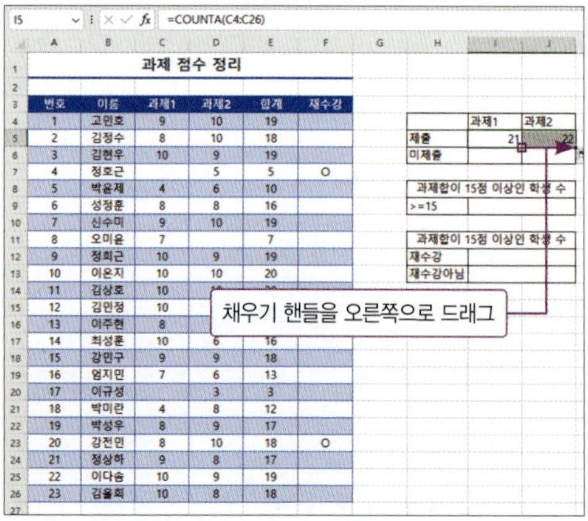

범위에서 비어있는 셀의 개수 구하기 – Countblank

'과제1'을 제출하지 않은 학생 수와 '과제2'를 제출하지 않은 학생 수를 구하려 한다.

❶ [I6] 셀을 선택한다.

❷ [함수 마법사]를 클릭한다.

❸ [함수 마법사] 대화상자에서 함수 검색에 'countblank'를 입력하고 〈검색〉 버튼을 클릭한다.

❹ [COUNTBLANK]를 선택한 다음 〈확인〉 버튼을 클릭한다.

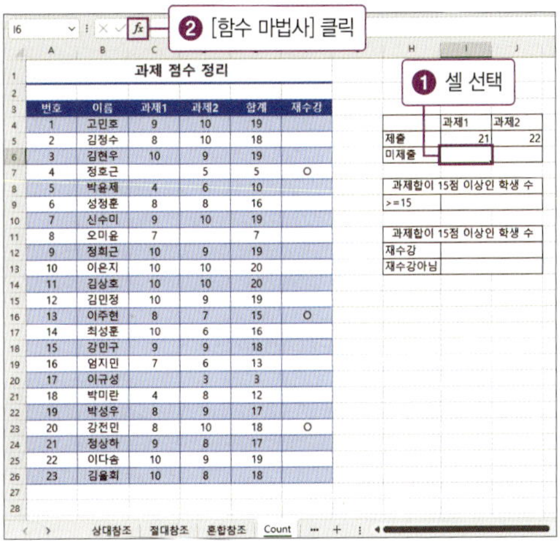

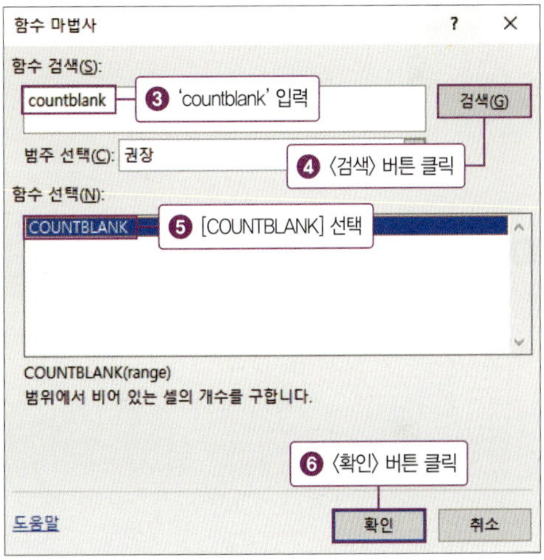

❺ [함수 인수] 대화상자에서 Range 인수를 입력하는 [인수 범위 선택]을 클릭한다.

❻ [C4:C26] 셀 범위를 선택하고 Enter를 누른다.

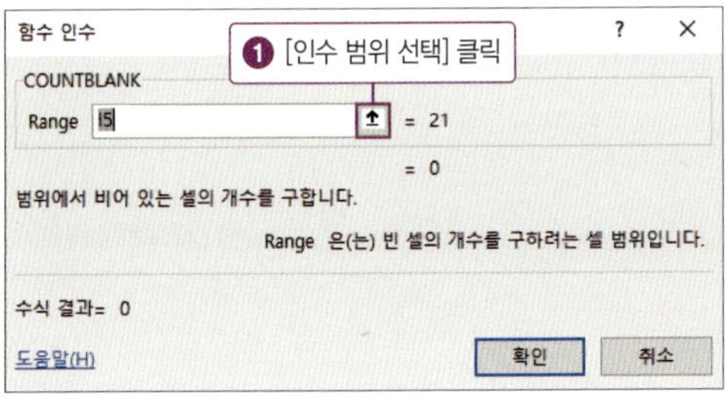

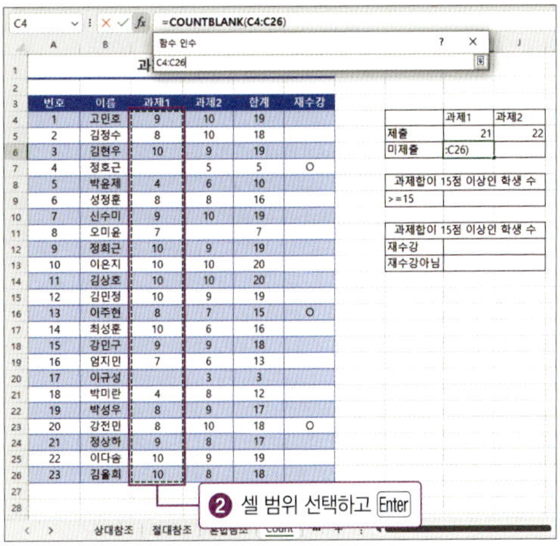

❼ [함수 인수] 대화상자에서 인수 범위를 확인한 다음 〈확인〉 버튼을 클릭한다.

❽ '과제1'을 미제출한 학생 수를 확인한다.

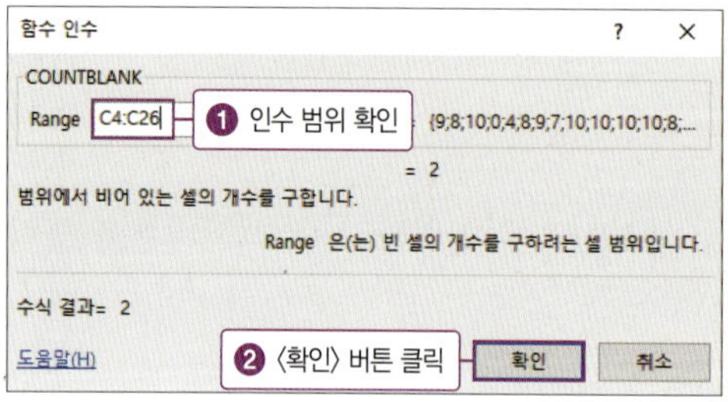

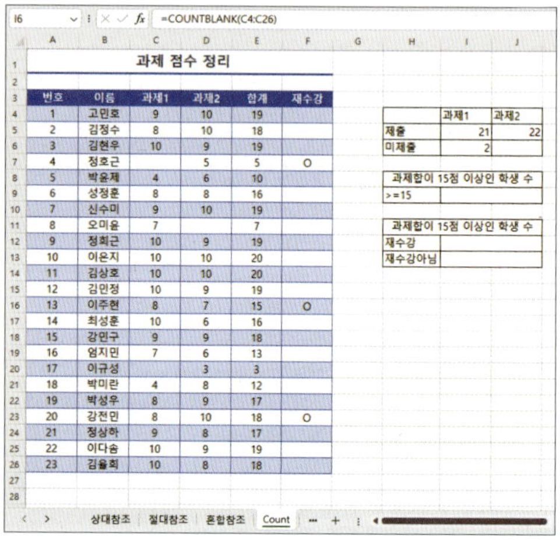

❾ [I6] 셀을 선택한다. 채우기 핸들을 오른쪽으로 드래그해 '과제2'를 미제출한 학생 수를 확인한다.

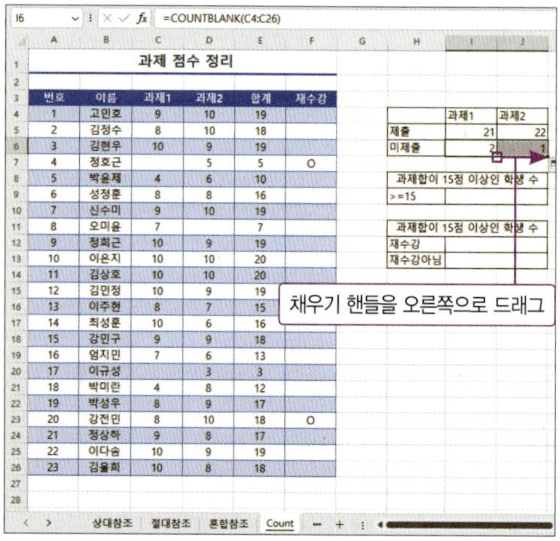

알아두세요 **Count 함수와 Counta 함수의 차이**

Count 함수는 숫자 값만 세는 함수이며, Counta 함수는 숫자뿐만 아니라 문자와 특수 기호를 포함한 모든 값을 세는 함수이다.

조건에 맞는 셀의 개수 구하기 – Countif

과제 합이 15점 이상인 학생 수를 구하려 한다.

❶ [I9] 셀을 선택한다.

❷ [함수 마법사]를 클릭한다.

❸ [함수 마법사] 대화상자에서 함수 검색에 'countif'를 입력하고 〈검색〉 버튼을 클릭한다.

❹ [COUNTIF]를 선택하고 〈확인〉 버튼을 클릭한다.

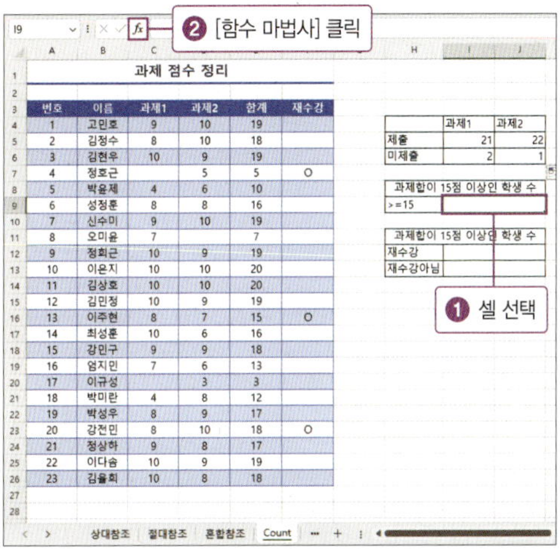

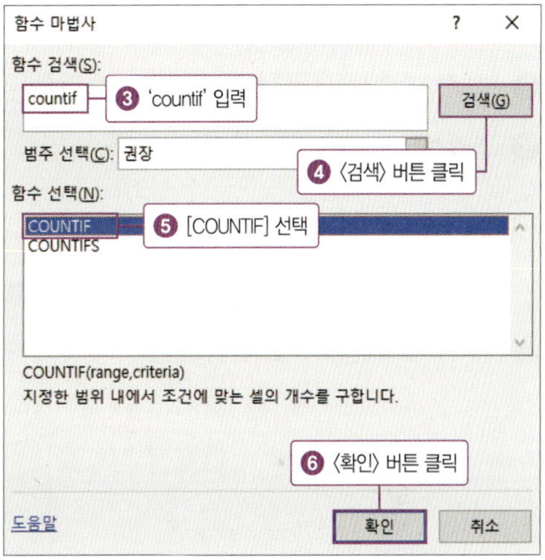

❺ [함수 인수] 대화상자에서 Range 인수를 입력하는 [인수 범위 선택]을 클릭한다.

❻ [E4:E26] 셀 범위를 선택하고 Enter를 누른다.

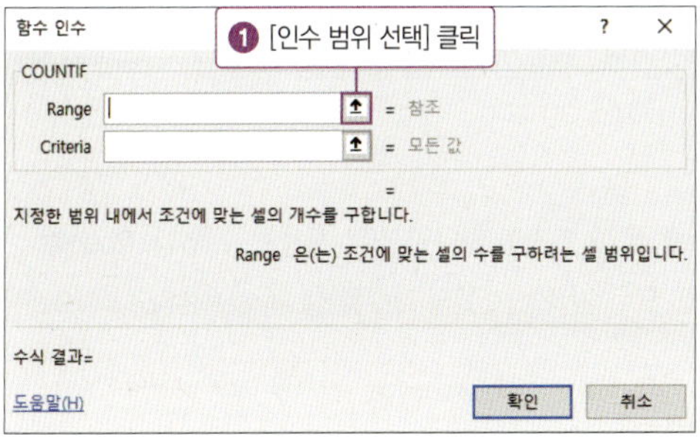

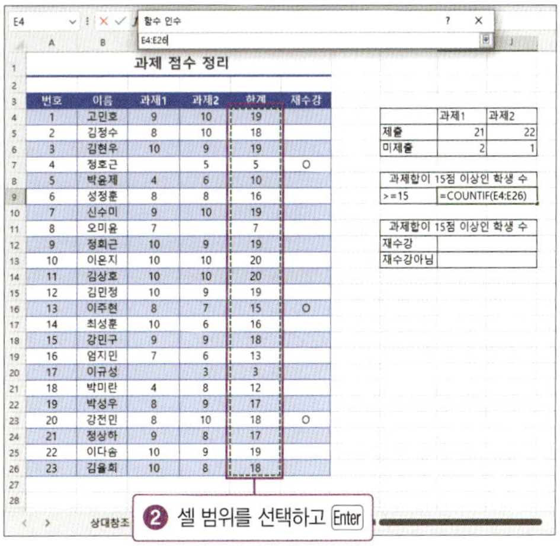

❼ [함수 인수] 대화상자에서 Criteria 인수를 입력하는 [인수 범위 선택]을 클릭한다.

❽ [H9] 셀을 선택하고 Enter를 누른다.

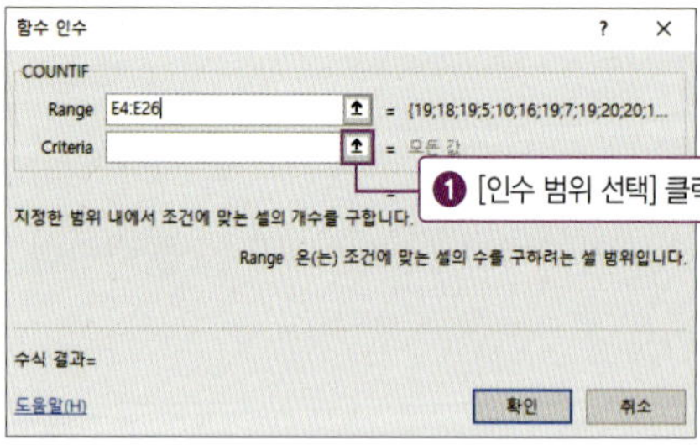

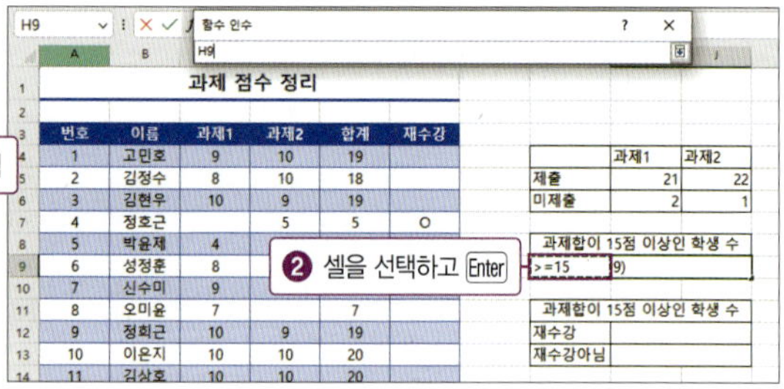

❾ [함수 인수] 대화상자에서 인수 범위를 확인한 다음 〈확인〉 버튼을 클릭한다.

❿ 조건에 맞는 학생 수를 확인한다.

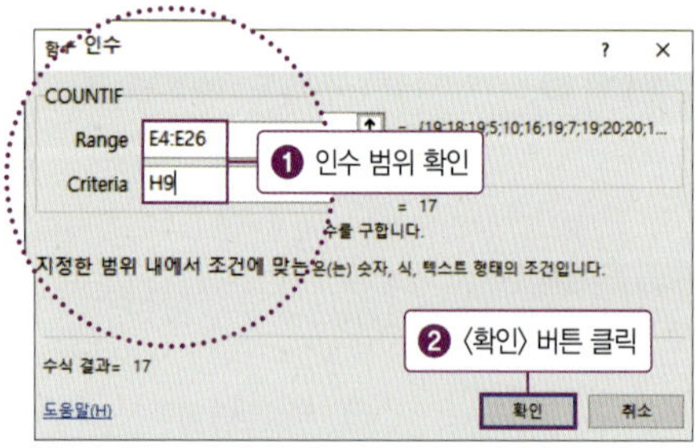

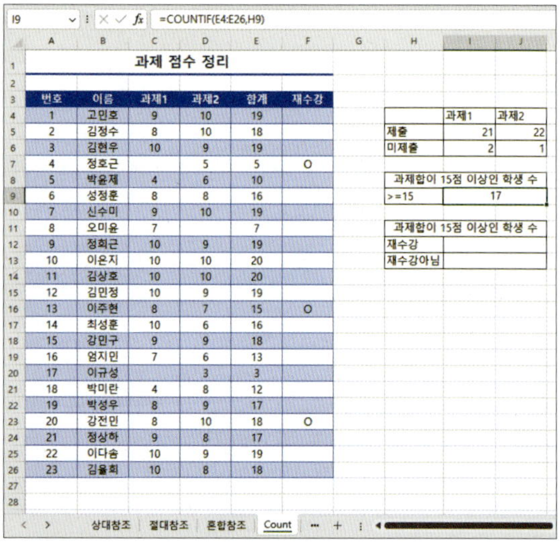

알아두세요

Countif 함수와 Countifs 함수의 차이

Countif 함수는 조건에 맞는 셀의 개수를 셀 때 조건이 하나인 경우 사용할 수 있다. Countifs 함수는 조건이 여러 개이며 여러 조건이 모두 만족하는 셀의 개수를 셀 때 사용한다.

여러 조건에 맞는 셀의 개수 구하기 – Countifs

'재수강[4]'이면서 과제 합이 15점 이상인 학생 수를 구하려 한다.

❶ [I12] 셀을 선택한다.

❷ [함수 마법사]를 클릭한다.

❸ [함수 마법사] 대화상자에서 함수 검색에 'countifs'를 입력하고 〈검색〉 버튼을 클릭한다.

❹ [COUNTIFS]를 선택하고 〈확인〉 버튼을 클릭한다.

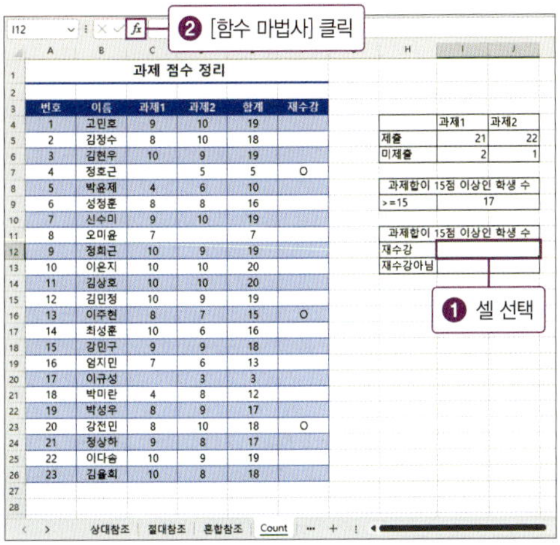

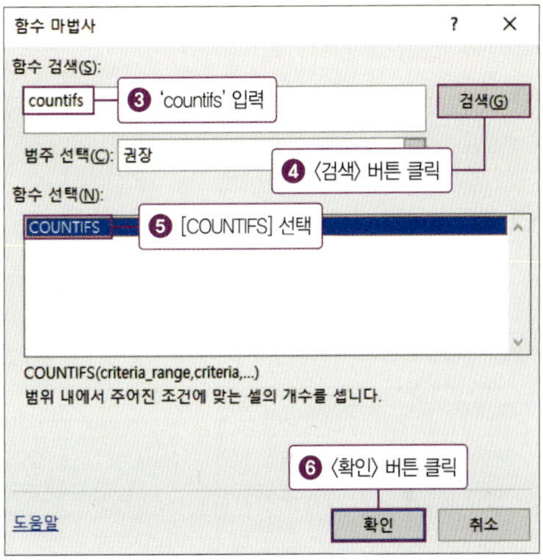

❺ [함수 인수] 대화상자에서 Criteria_range1 인수를 입력하는 [인수 범위 선택]을 클릭한다.

❻ Criteria_range1(첫 번째 인수) 범위로 [E4:E26] 셀을 선택하고 Enter를 누른다.

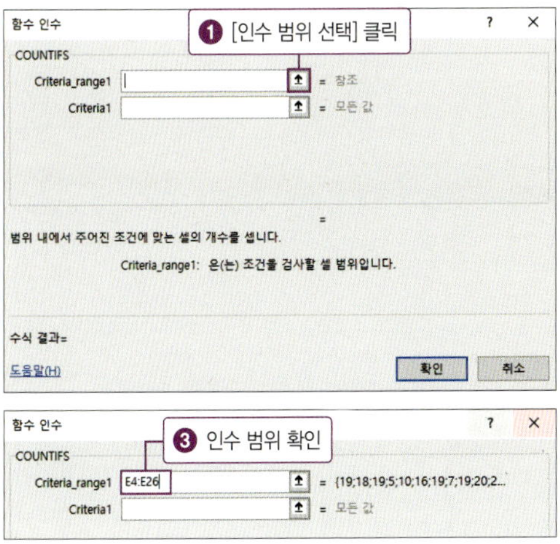

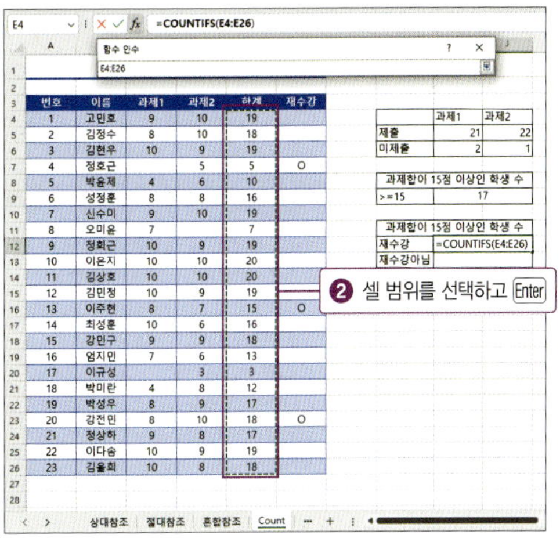

4 수업을 다시 수강하는 것이다.

❼ Criteria1(두 번째 인수)는 조건식이 들어가야 하므로 '>=15'를 입력한다.

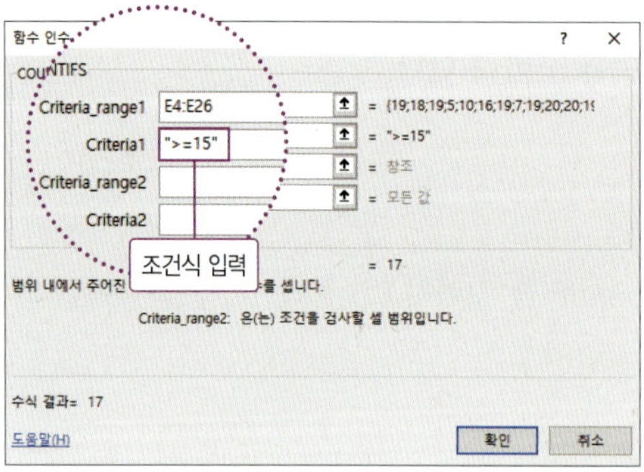

❽ Crieria_range2(세 번째 인수)의 [인수 범위 선택]을 클릭한다. 범위로 [F4:F26] 셀을 선택하고 Enter를 누른다.

❾ Criteria2(네 번째 인수)는 조건식이 들어가야 하므로 '=O'를 입력하고 〈확인〉 버튼을 클릭한다. (여기서 O는 알파벳 대문자를 말함)

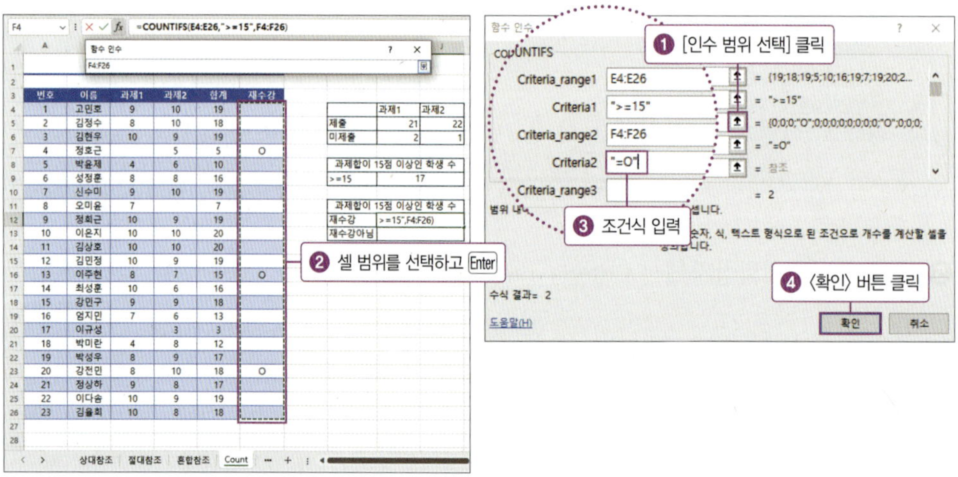

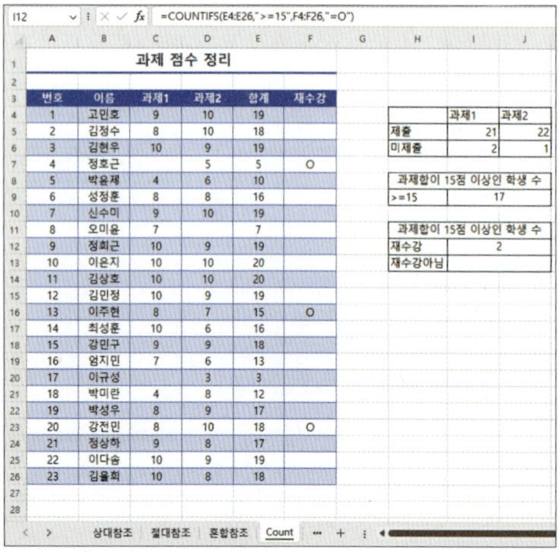

수식 확인

⑩ [I12] 셀을 선택한 다음 채우기 핸들을 이용하여 [I13] 셀까지 드래그한다.

⑪ [I13] 셀을 선택하고 수식 입력 창에서 ‘=COUNTIFS(E4:E26,">=15",F4:F26,"<>O")’로 수정한 다음 Enter를 누른다.

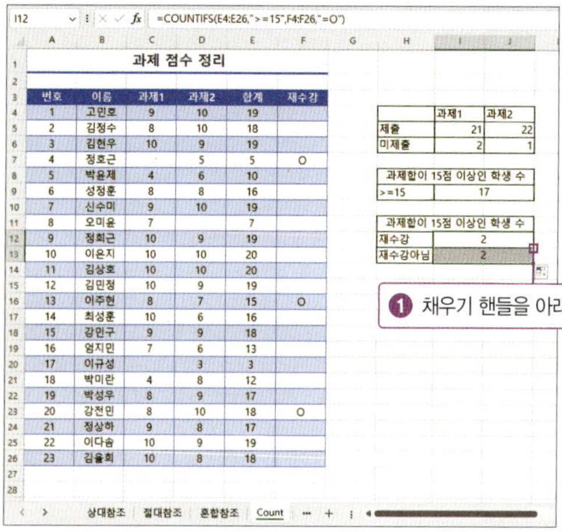

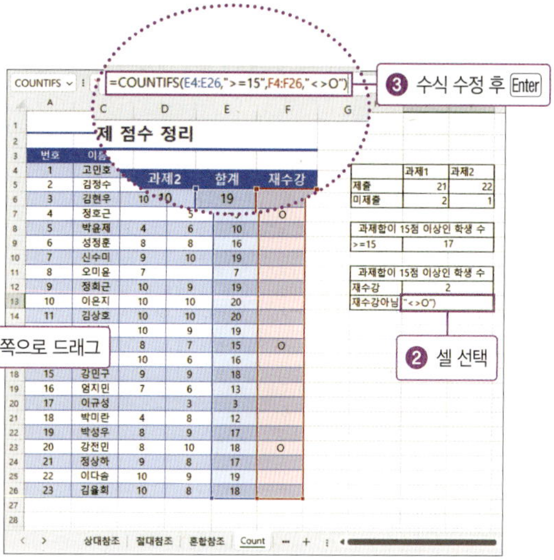

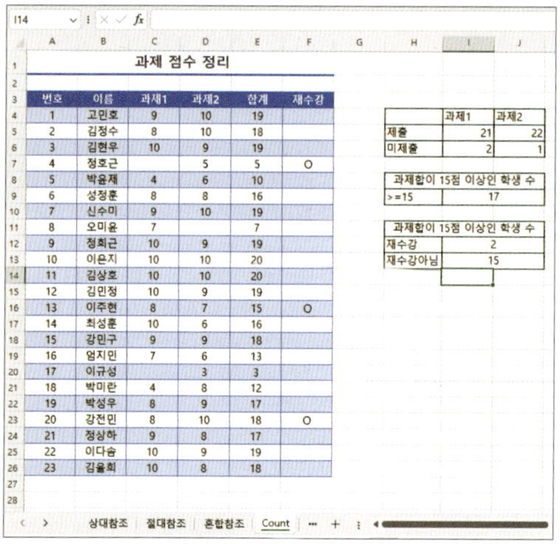

조건에 맞는 학생 수 확인

작은 연습 2

[F22] 셀에 대외협력 총점이 9 이상인 사원 수를 구한다.

6.3 EXCEL

Sum 관련 함수 다루기

합을 구하는 연산은 기본 연산 중 하나이다. 함수들 중에서도 합을 구하는 함수는 매우 자주 사용한다. 모든 값에 대한 합을 구할 수 있을 뿐만 아니라, 조건에 맞는 합을 구해야 할 때도 있다. 이번에는 Sum과 관련된 함수들의 사용법을 배운다.

합 구하기 – Sum

총합[5]을 구하려 한다.

❶ [Sum] 워크시트 탭을 선택한다.

❷ [H4] 셀을 선택한다.

❸ [함수 마법사]를 클릭한다.

❹ [함수 마법사] 대화상자에서 함수 검색에 'sum'을 입력하고 〈검색〉 버튼을 클릭한다.

❺ [SUM]을 선택하고 〈확인〉 버튼을 클릭한다.

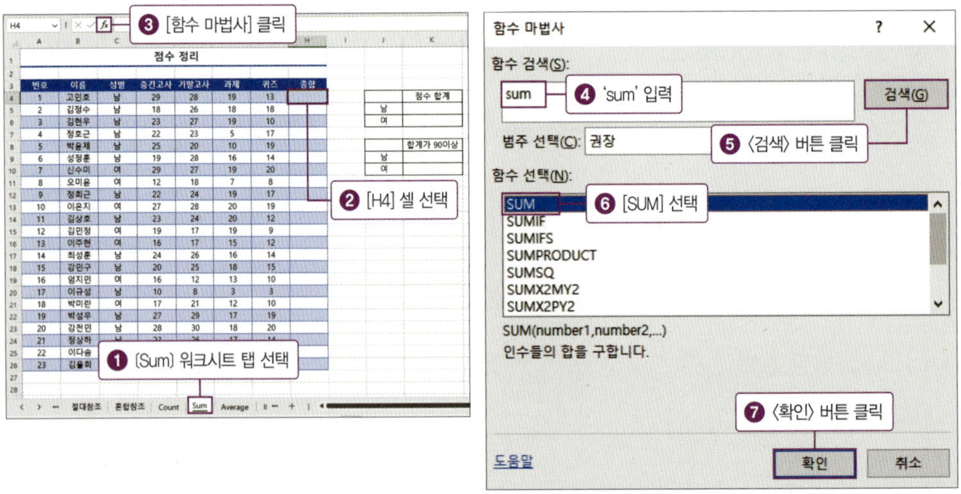

5 모두를 합한 것이다.

❻ [함수 인수] 대화상자에서 Number1(첫 번째 인수)의 [인수 범위 선택]을 클릭한 다음 [D4:G4] 셀을 선택하고 Enter를 누른다.

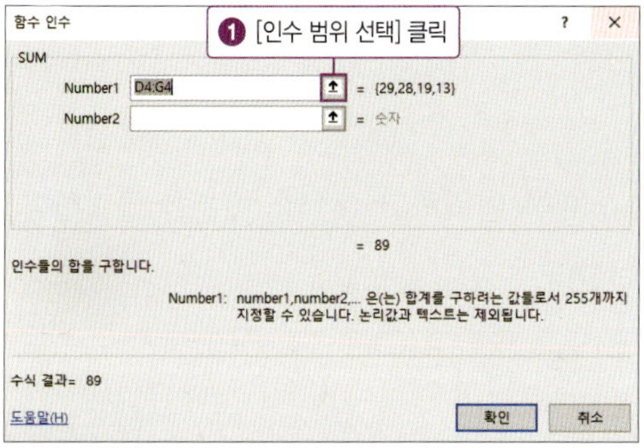

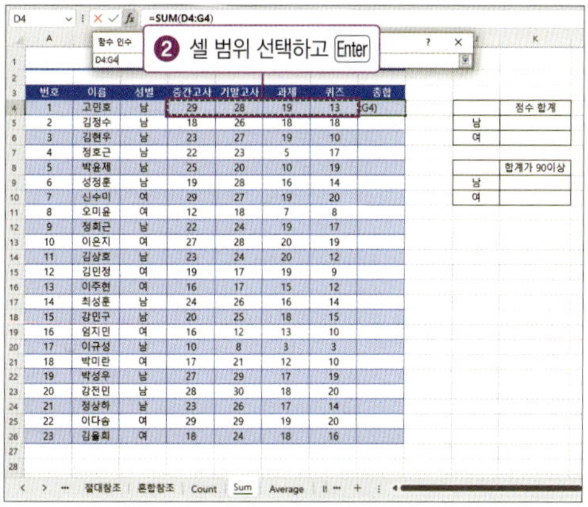

❼ [함수 인수] 대화상자의 인수 범위를 확인하고 〈확인〉 버튼을 클릭한다.

❽ [H4] 셀을 선택한 다음 채우기 핸들을 드래그하거나 더블 클릭하여 아래 셀들도 수식을 채운다.

❾ [자동 채우기 옵션] → [서식 없이 채우기]를 클릭한다.

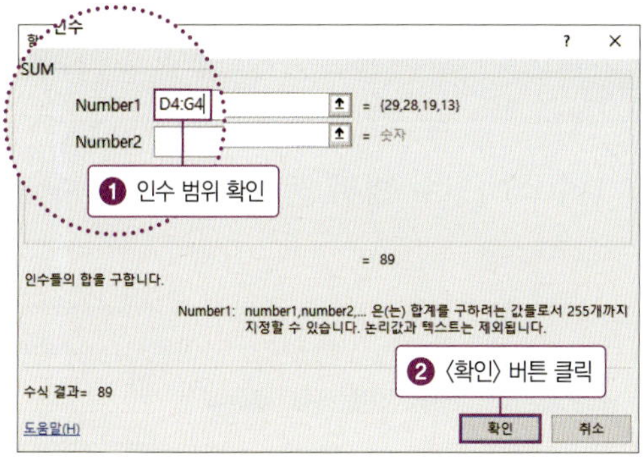

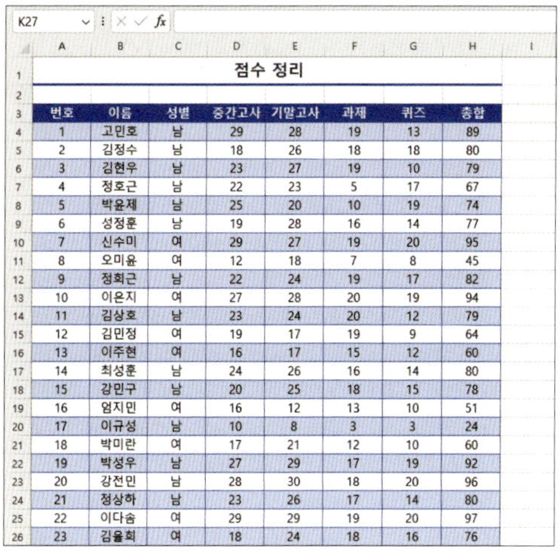

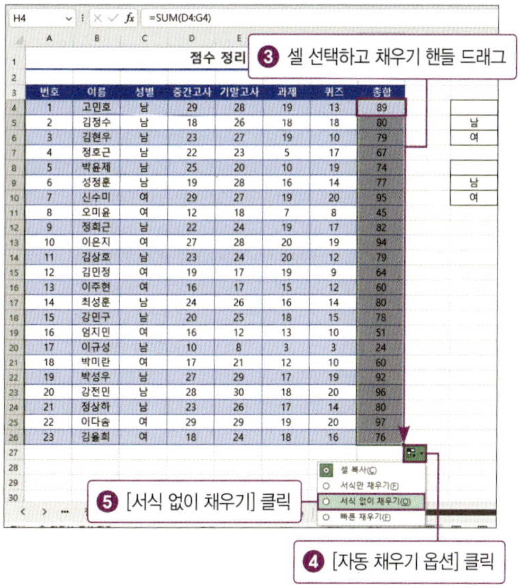

조건에 맞는 셀들의 합 구하기 – Sumif

남학생의 총합과 여학생의 총합을 각각 구하려 한다.

❶ [K5] 셀을 선택한다.

❷ [함수 마법사]를 클릭한다.

❸ [함수 마법사] 대화상자에서 함수 검색에 'sumif'를 입력하고 〈검색〉 버튼을 클릭한다.

❹ [SUMIF]를 선택한 다음 〈확인〉 버튼을 클릭한다.

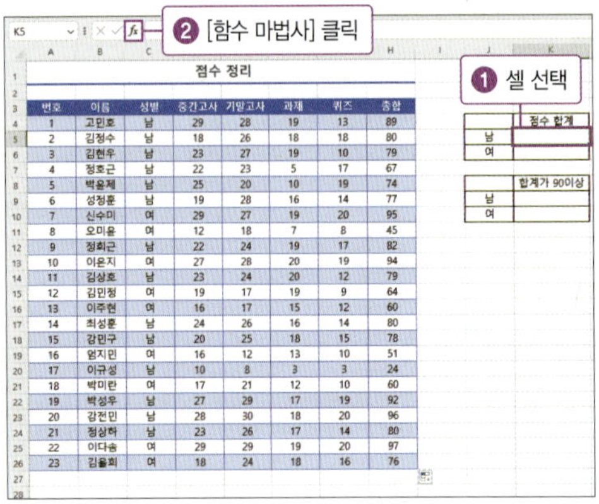

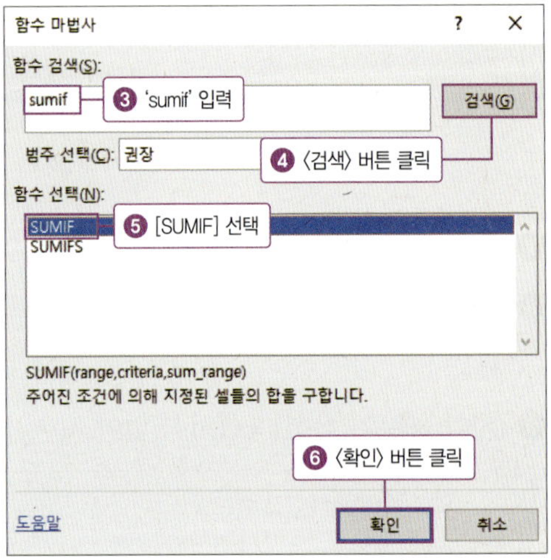

❺ [함수 인수] 대화상자에서 Range(첫 번째 인수)의 [인수 범위 선택]을 클릭한 다음 [C4:C26] 셀 범위를 선택한다.

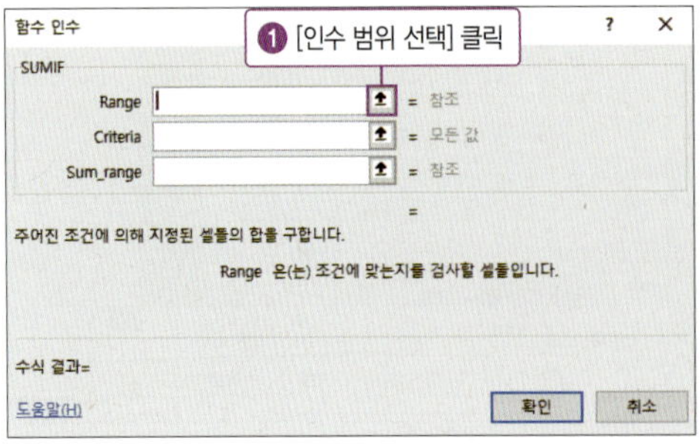

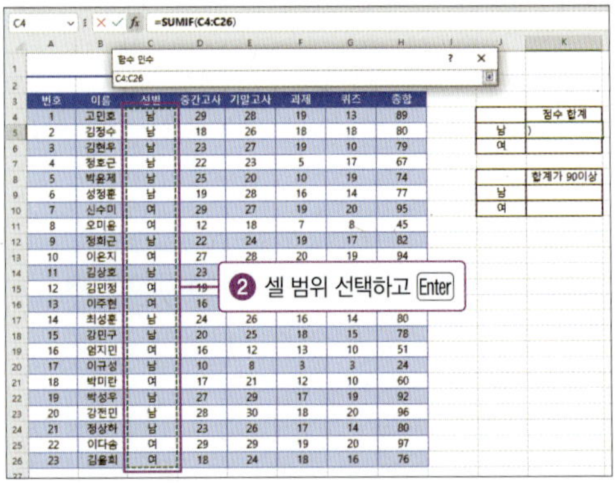

❻ [함수 인수] 대화상자에서 Criteria(두 번째 인수)의 [인수 범위 선택]을 클릭한 다음 [J5] 셀을 선택한다.

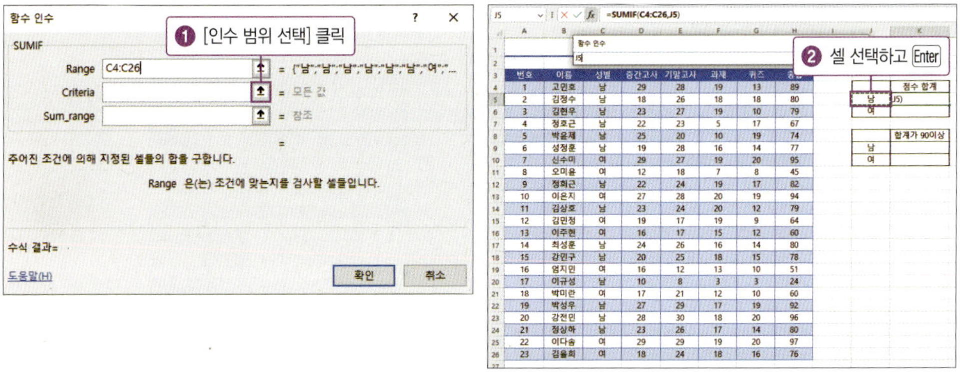

❼ [함수 인수] 대화상자에서 Sum_range(세 번째 인수)의 [인수 범위 선택]을 클릭하고 [H4:H26] 셀 범위를 선택한다.

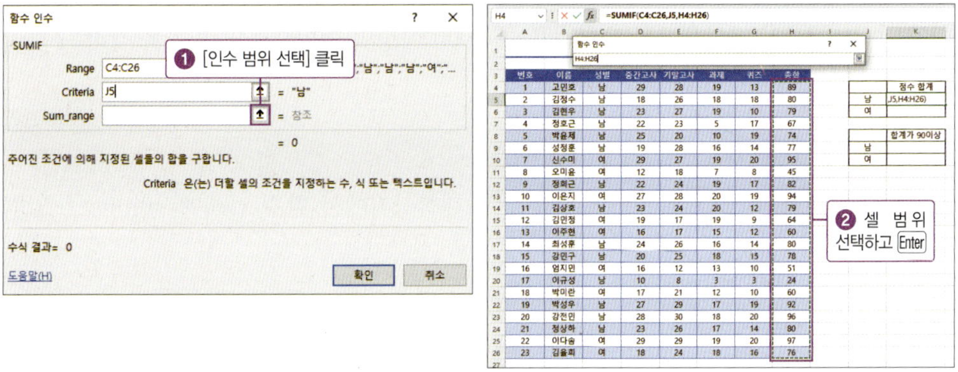

❽ [함수 인수] 대화상자에서 인수 내용을 확인한 다음 〈확인〉 버튼을 클릭하고 결과를 확인한다.

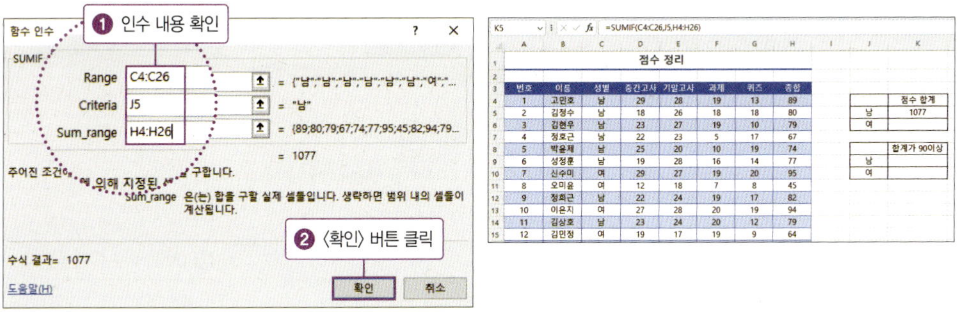

❾ [K5] 셀을 선택하고 채우기 핸들을 [K6] 셀까지 드래그한다.

❿ [K6] 셀을 선택하고 수식 입력 창을 '=SUMIF(C4:C26,J6,H4:H26)'로 수정한다.

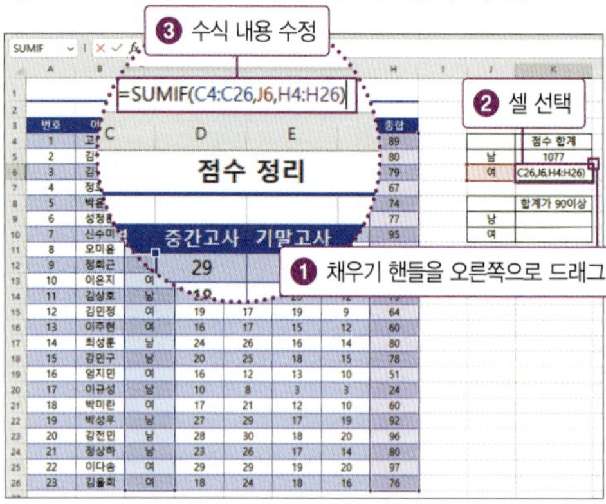

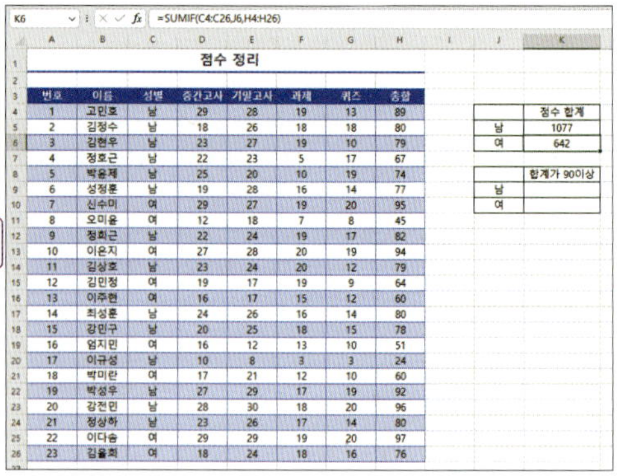

여러 조건에 맞는 셀들의 합 구하기 – Sumifs

합계[6]가 90 이상인 남학생들의 총합과 합계가 90 이상인 여학생들의 총합을 각각 구하려 한다.

❶ [K9] 셀을 선택한다.

❷ [함수 마법사]를 클릭한다. [함수 마법사] 대화상자에서 함수 검색에 'sumifs'를 입력하고 〈검색〉 버튼을 클릭한다.

❸ [SUMIFS]를 선택하고 〈확인〉 버튼을 클릭한다.

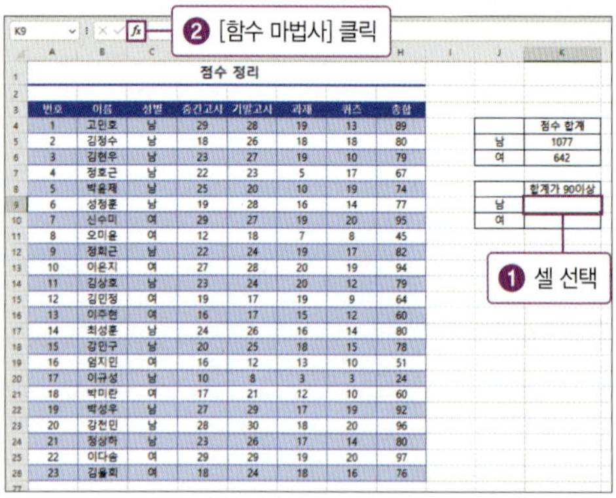

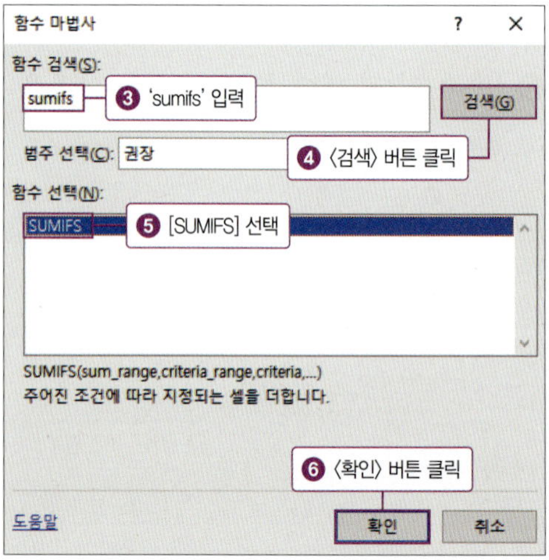

6 어떤 수들의 합을 말한다.

❹ [함수 인수] 대화상자에서 Sum_range(첫 번째 인수)의 [인수 범위 선택]을 클릭하고 [H4:H26] 셀 범위를 선택한다.

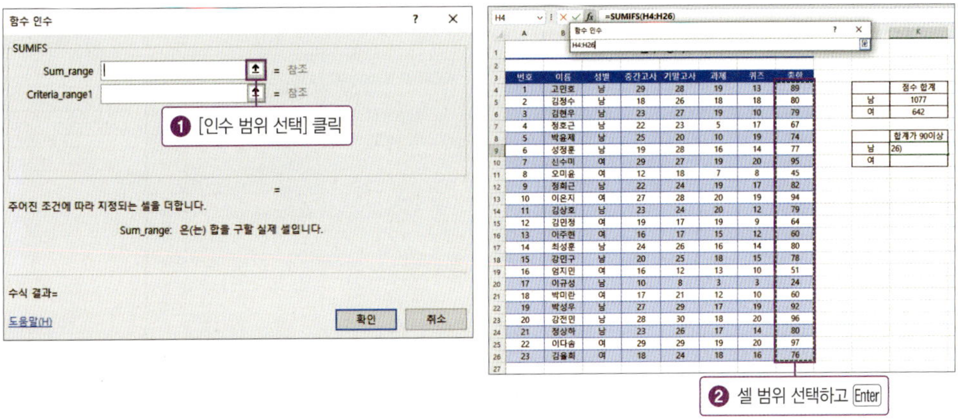

❺ Criteria_range1(두 번째 인수)의 [인수 범위 선택]을 클릭한 다음 [C4:C26] 셀 범위를 선택한다.

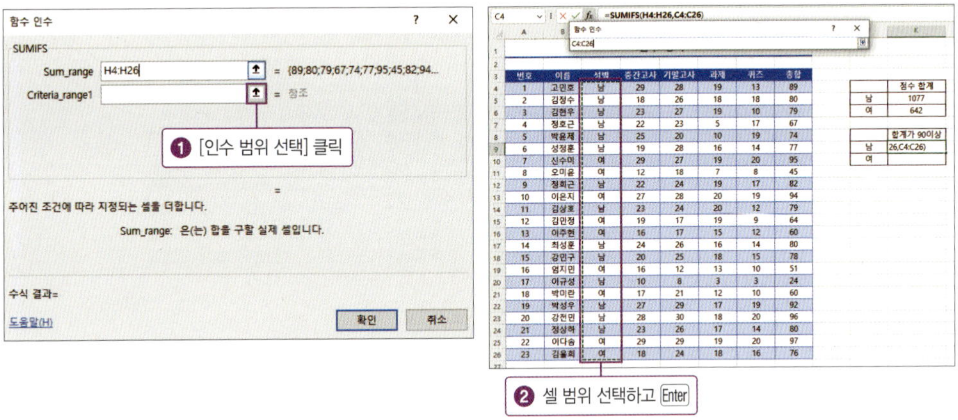

❻ Criteria1(세 번째 인수)의 [인수 범위 선택]을 클릭하고 [J9] 셀을 선택한다.

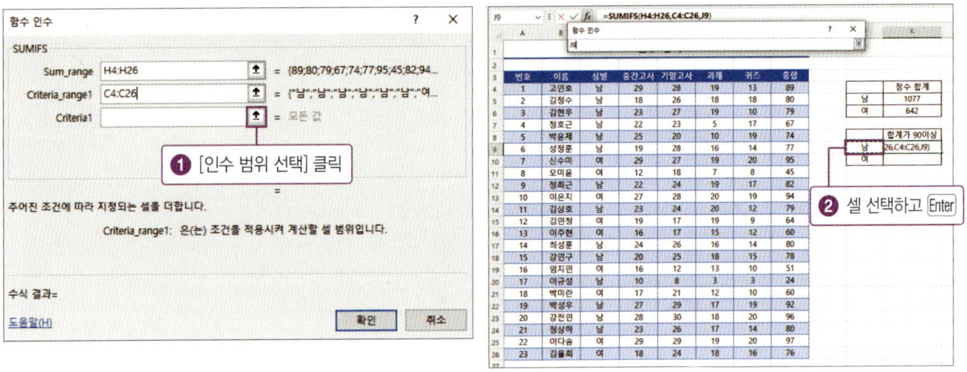

❼ [함수 인수] 대화상자에서 Criteria_range2(네 번째 인수)의 [인수 범위 선택]을 클릭하고 [H4:H26] 셀 범위를 선택한다.

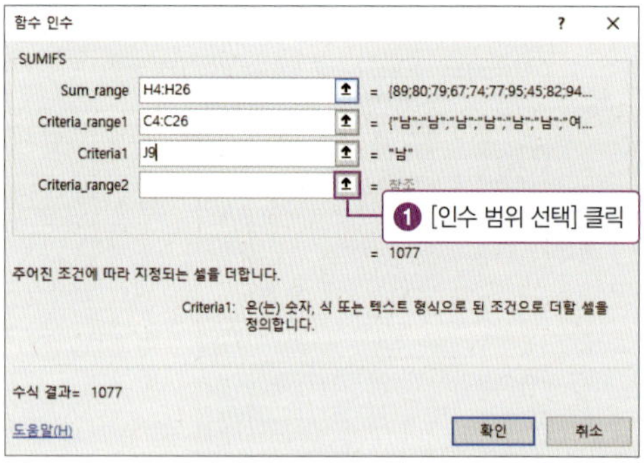

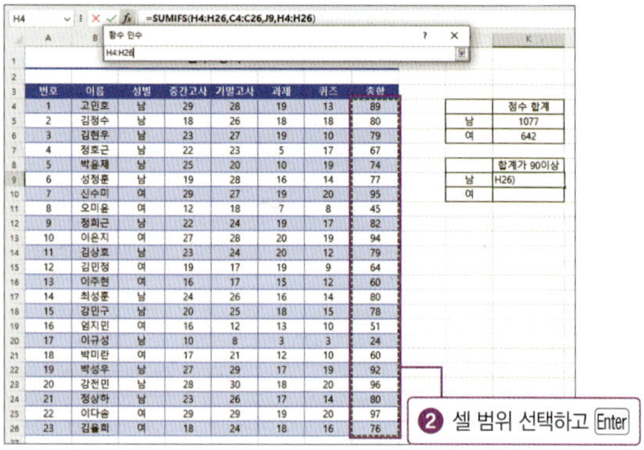

❽ Criteria2(다섯 번째 인수)에 '>=90'을 입력한 다음 〈확인〉 버튼을 클릭한다.

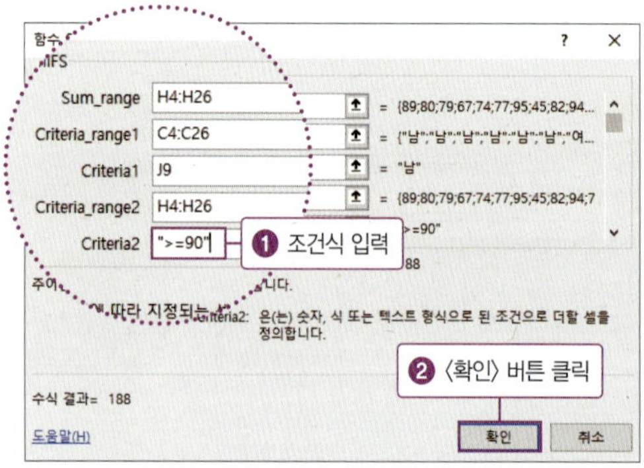

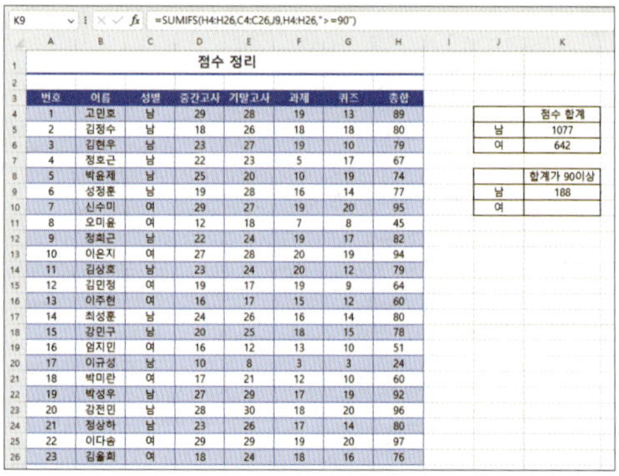

❾ [K9] 셀을 선택하고 채우기 핸들을 더블 클릭한다.

❿ [K10] 셀을 선택한 다음 수식 입력 창의 수식을 '=SUMIFS(H4:H26,C4:C26,J10,H4:H26, ">=90")'로 수정한다.

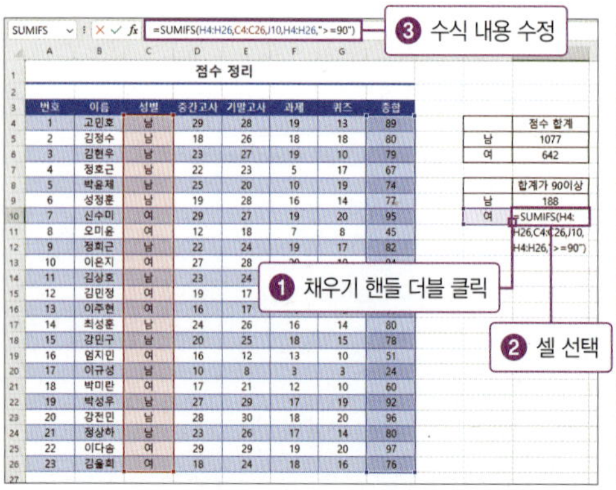

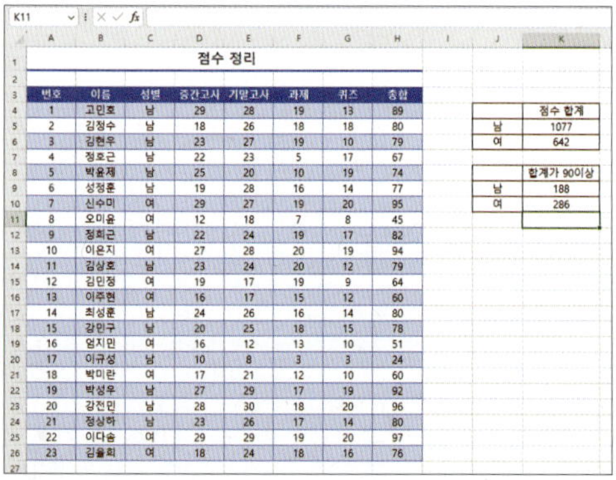

최종 확인

알아두세요 **합 구하기**

합을 구할 셀을 선택하고 〔홈〕 탭을 선택한 다음 편집 그룹에서 [자동 합계]를 클릭하면 함수를 입력하지 않아도 합을 구할 수 있다.

작은 연습 3

인사 고과[7]의 총점을 구한다.

7 근무 배치, 연봉 협상 등을 위해 직원의 능력, 태도, 성적 등을 종합적으로 평가하는 일이다.

6.4

EXCEL

Average 관련 함수 다루기

합과 함께 자주 사용되는 연산 중 하나는 평균을 구하는 연산이다. 평균을 구하는 함수들은 다양하며, 간단한 평균을 구하는 것뿐만 아니라 조건에 맞는 값들의 평균을 구하는 경우도 있다. 이번에는 Average와 관련된 함수들의 사용법에 대해 배운다.

평균 구하기 – Average

중간고사, 기말고사, 과제, 퀴즈, 총합에 대한 평균을 구하려 한다.

❶ [Average] 워크시트 탭을 선택한다.

❷ [D27] 셀을 선택한 다음 [함수 마법사]를 클릭한다.

❸ [함수 마법사] 대화상자에서 함수 검색에 'average'를 입력한 후 〈검색〉 버튼을 클릭한다. [AVERAGE]를 선택하고 〈확인〉 버튼을 클릭한다.

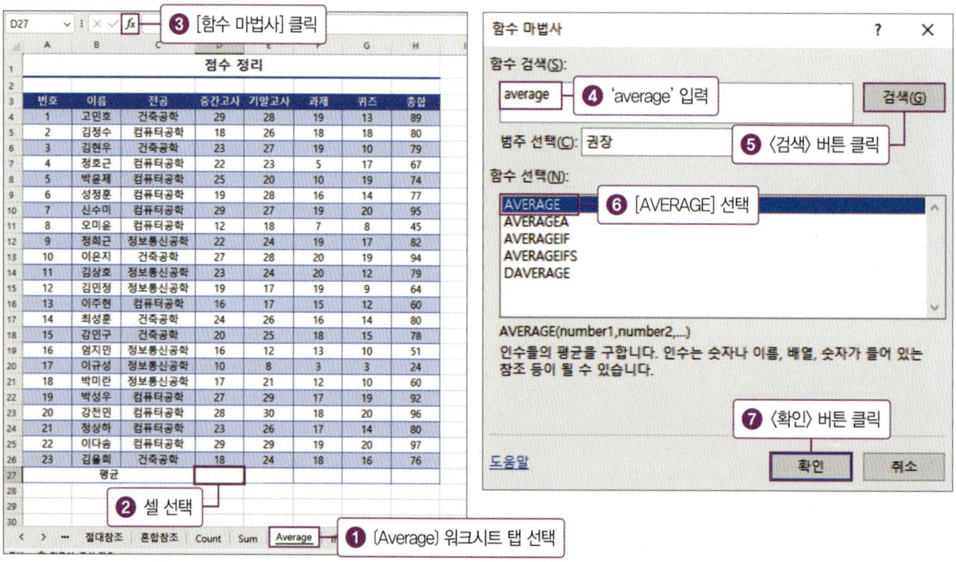

❹ [함수 인수] 대화상자에서 Number1(첫 번째 인수)의 [인수 범위 선택]을 클릭한다. [D4:D26] 셀 범위를 선택한 다음 Enter를 누른다.

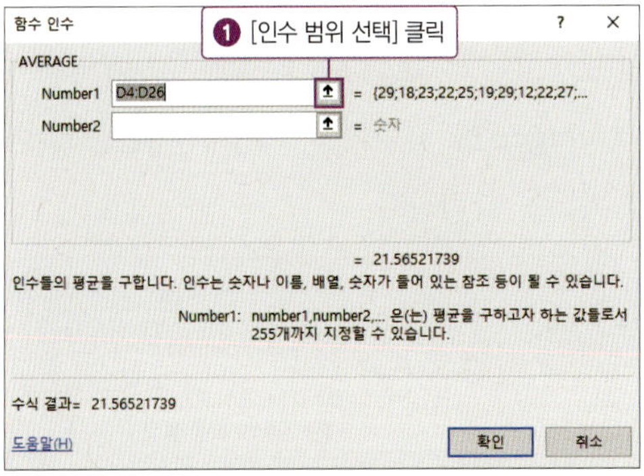

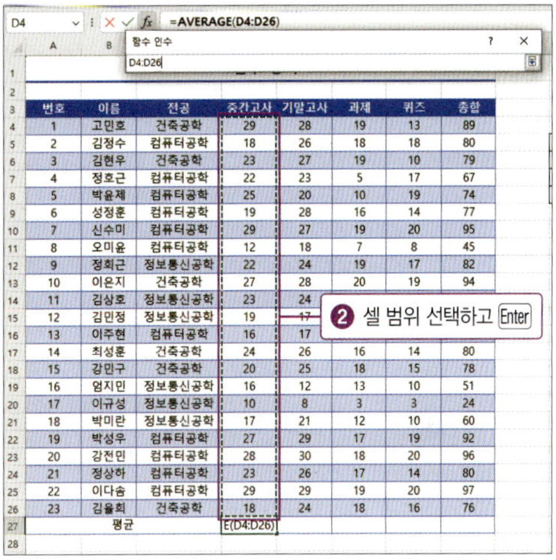

❺ 인수 확인 후 〈확인〉 버튼을 클릭한다. [D27] 셀을 선택한 다음 채우기 핸들을 [H27] 셀까지 드래그하고 결과를 확인한다.

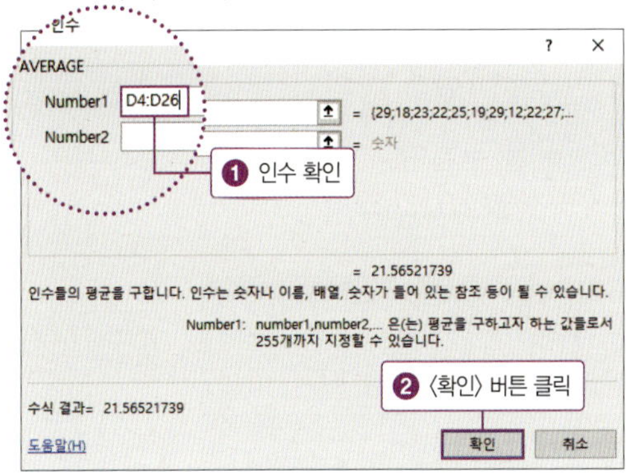

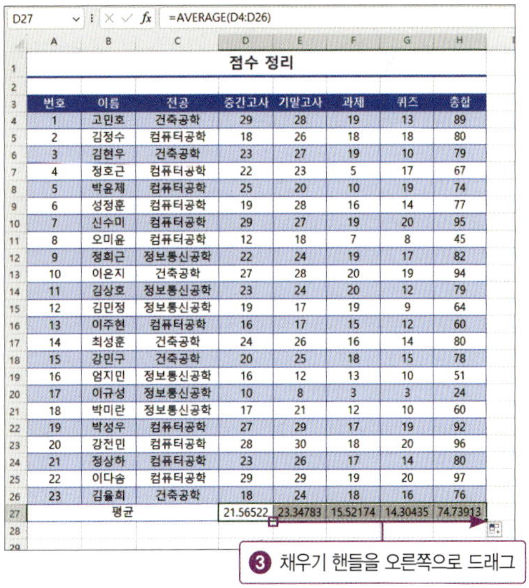

알아두세요 **인수 범위 선택**

인수 입력상자에 커서를 놓은 상태에서 [인수 범위 선택]을 클릭하지 않고 셀 범위를 선택해도 된다.

조건에 맞는 셀들의 평균 구하기 – Averageif

학과별 평균을 구하려 한다.

❶ [K6] 셀을 선택하고 [함수 마법사]를 클릭한다.

❷ [함수 마법사] 대화상자에서 함수 검색에 'averageif'를 입력하고 〈검색〉 버튼을 클릭한다. [AVERAGEIF]를 선택한 다음 〈확인〉 버튼을 클릭한다.

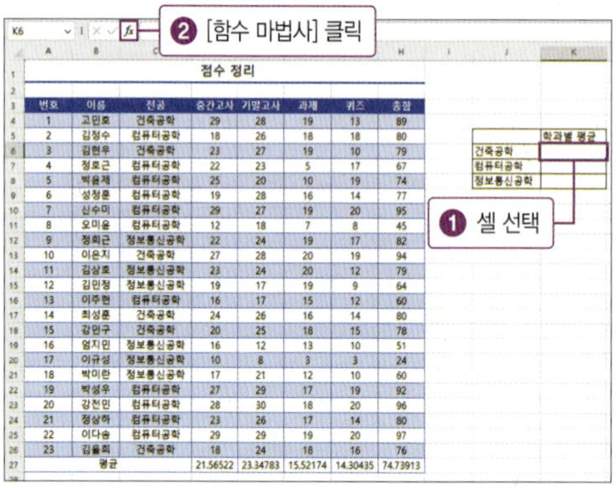

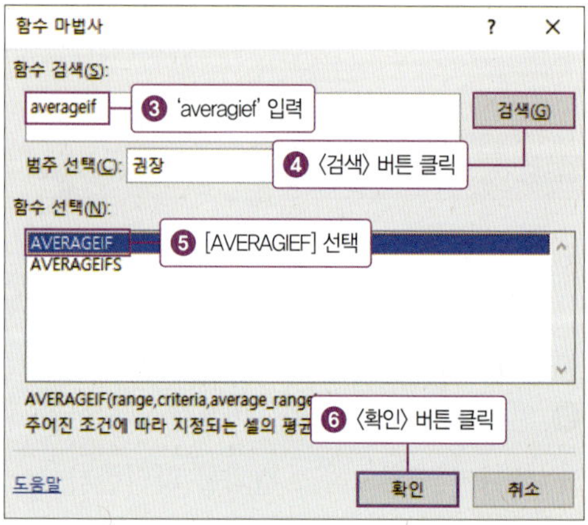

❸ [함수 인수] 대화상자에서 Range(첫 번째 인수)의 [인수 범위 선택]을 클릭한 다음 [C4:C26] 셀 범위를 선택한다. F4를 누르고 Enter를 누른다.

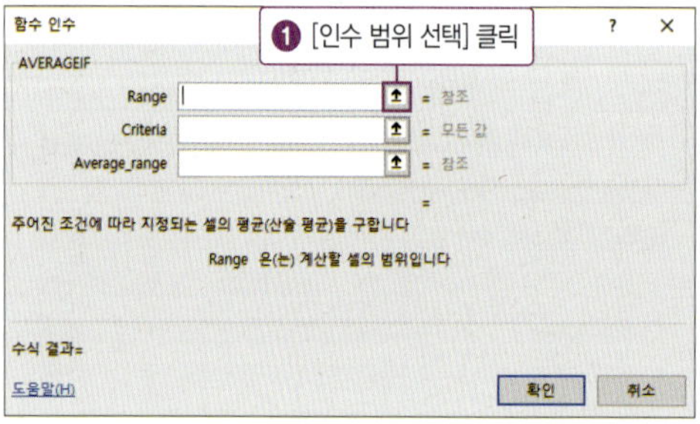

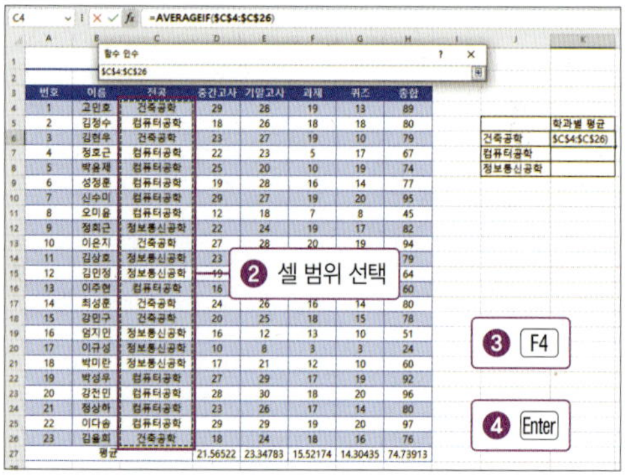

❹ Criteria(두 번째 인수)의 [인수 범위 선택]을 클릭하고 [J6] 셀을 선택한다.

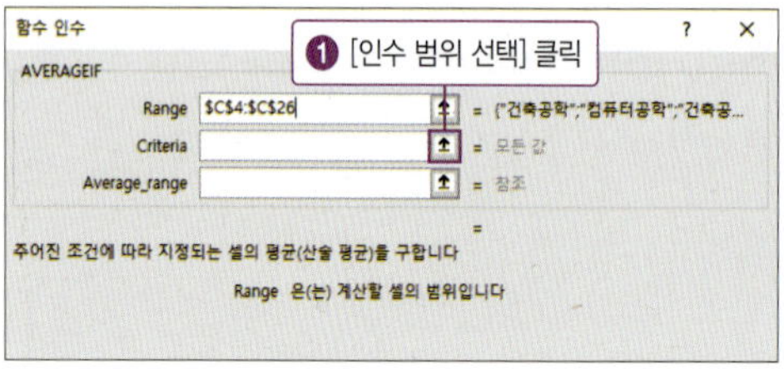

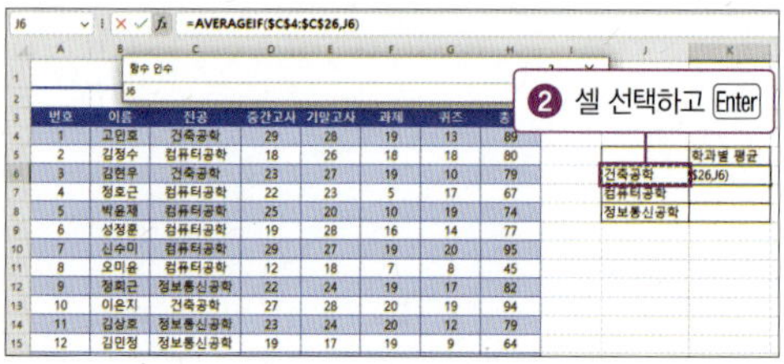

❺ Average_range(세 번째 인수)의 [인수 범위 선택]을 클릭한다. [H4:H26] 셀 범위를 선택하고 F4를 누른 다음 Enter를 누른다.

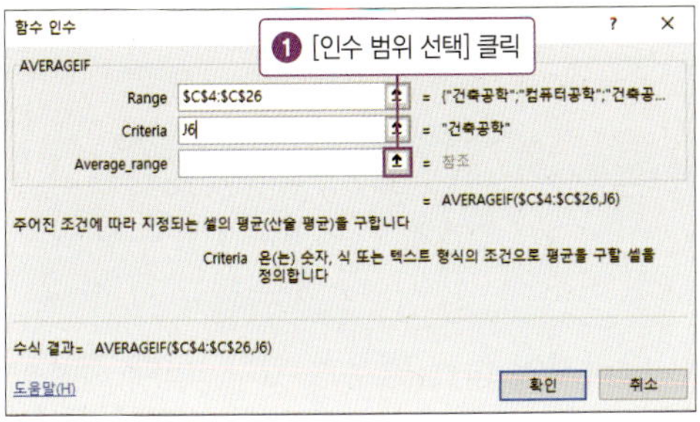

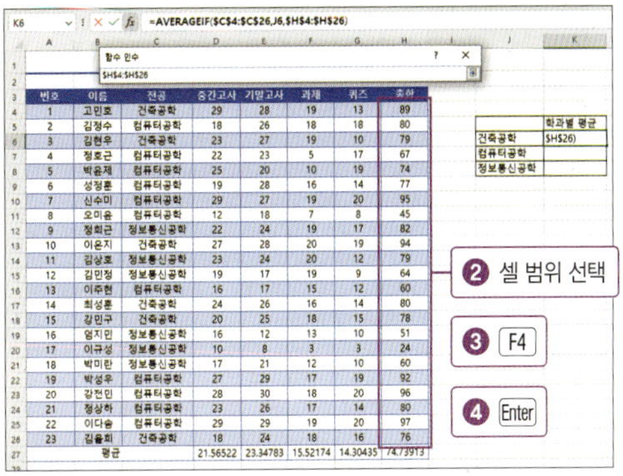

❻ 모든 인수를 확인하고 〈확인〉 버튼을 클릭한 다음 결과를 확인한다.

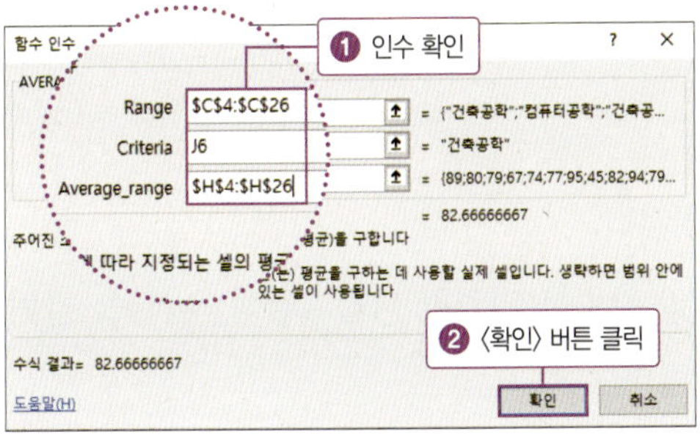

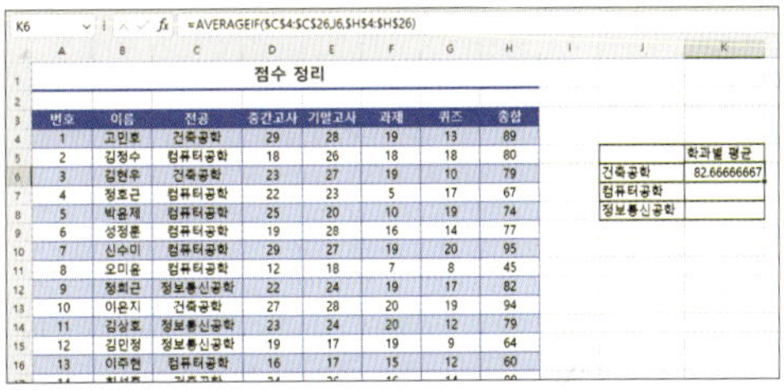

❼ [K6] 셀을 선택하고 채우기 핸들을 더블 클릭한 후 결과를 확인한다.

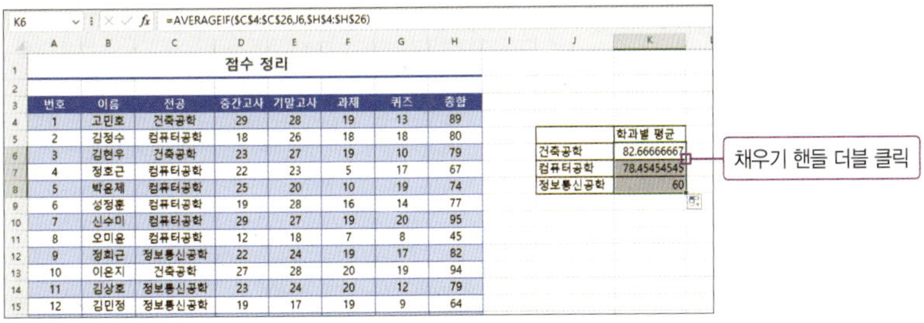

☑ 작은 연습 4

인사 고과 각 항목의 평균을 구한다.

6

함수와 데이터 다루기

6.5

EXCEL

If 함수 다루기

연산을 통해 값을 구할 때, 조건에 따라 결과가 달라져야 하는 경우가 있다. 이때 사용할 수 있는 함수가 If 함수이다. If 함수를 이용하면 주어진 조건이 참인지 거짓인지에 따라 값을 다르게 할 수 있다. 이번에는 If 함수의 사용법에 대해 배운다.

예제에서는 '총합' 값이 60점 미만인 경우 재수강 대상에 해당하기 때문에 'O'를 입력하고, 그렇지 않으면 'X'를 입력하려고 한다.

❶ [If] 워크시트 탭을 선택한다.

❷ [I4] 셀을 선택한 다음 [함수 마법사]를 클릭한다.

❸ [함수 마법사] 대화상자에서 함수 검색에 'if' 함수를 입력한 다음 〈검색〉 버튼을 클릭한다. [IF]를 선택하고 〈확인〉 버튼을 클릭한다.

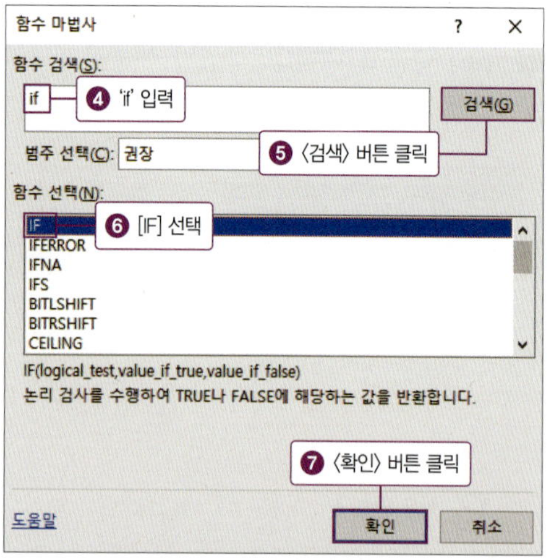

알아두세요 **If 함수 인수**

If(조건식, 참값, 거짓값) : 조건식이 참이면 참값, 거짓이면 거짓값을 반환한다. 조건식은 참 또는 거짓이 나오는 식으로 구성되어야 한다.

❹ [함수 인수] 대화상자에서 Logical_test(첫 번째 인수)의 [인수 범위 선택]을 클릭한다.

❺ [H4] 셀을 선택한 다음 [함수 인수] 창에 '<60'을 추가로 입력하고 Enter를 누른다.

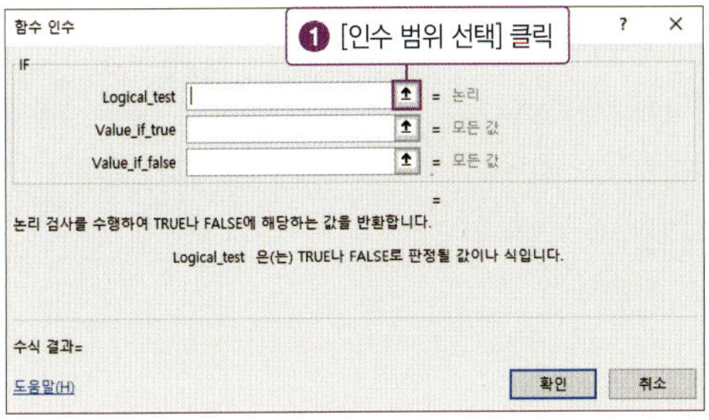

❻ [함수 인수] 대화상자에서 첫 번째 인수를 확인한다. Value_if_true(두 번째 인수)에 "'O'", Value_if_false(세 번째 인수)에 "'X'"를 입력한 다음 〈확인〉 버튼을 클릭한다.

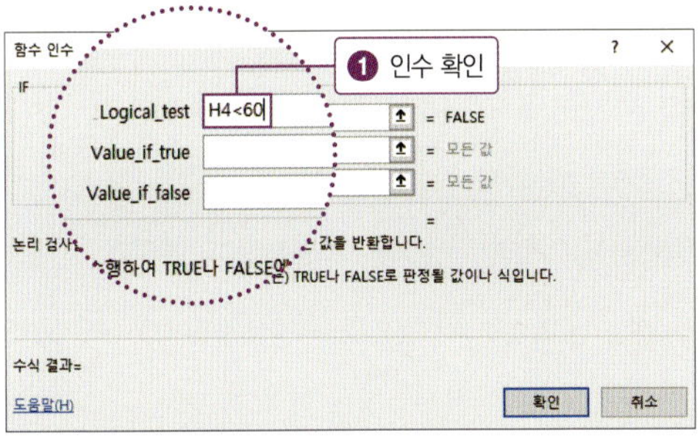

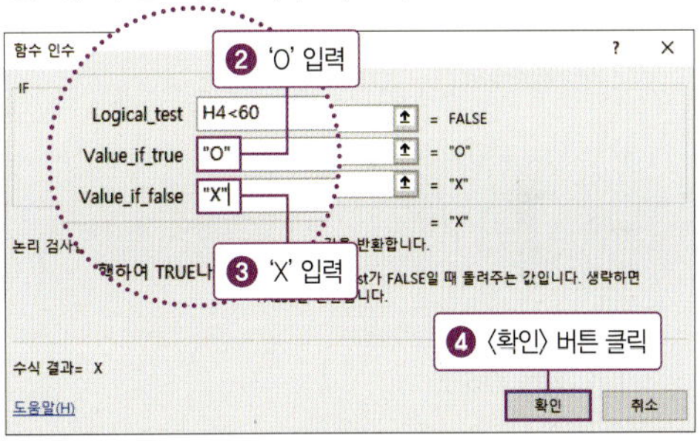

❼ 채우기 핸들을 드래그하거나 더블 클릭하고 [자동 채우기 옵션] → [서식 없이 채우기]를 클릭한다.

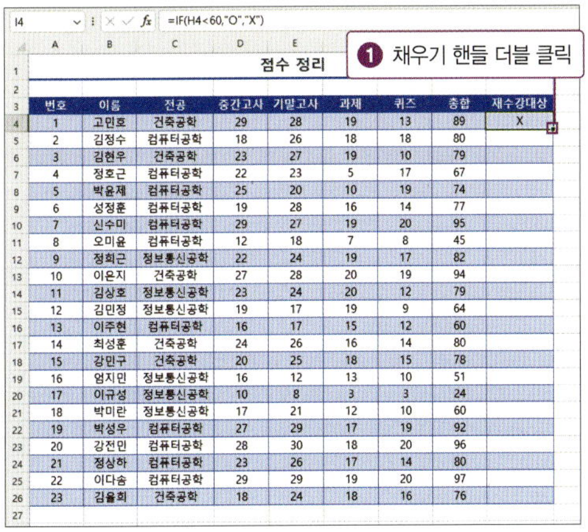

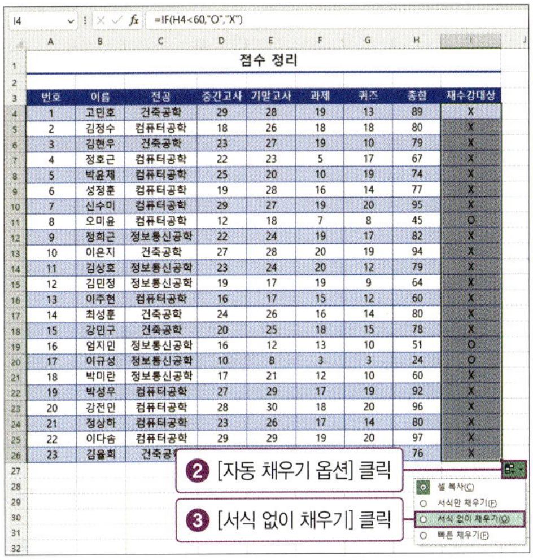

번호	이름	전공	중간고사	기말고사	과제	퀴즈	총합	재수강대상
1	고민호	건축공학	29	28	19	13	89	X
2	김정수	컴퓨터공학	18	26	18	18	80	X
3	김현우	건축공학	23	27	19	10	79	X
4	정호근	컴퓨터공학	22	23	5	17	67	X
5	박윤제	컴퓨터공학	25	20	10	19	74	X
6	성정훈	컴퓨터공학	19	28	16	14	77	X
7	신수미	컴퓨터공학	29	27	19	20	95	X
8	오미윤	컴퓨터공학	12	18	7	8	45	O
9	정희근	정보통신공학	22	24	19	17	82	X
10	이은지	건축공학	27	28	20	19	94	X
11	김상호	정보통신공학	23	24	20	12	79	X
12	김민정	정보통신공학	19	17	19	9	64	X
13	이주현	컴퓨터공학	16	17	15	12	60	X
14	최성훈	건축공학	24	26	16	14	80	X
15	강민구	건축공학	20	25	18	15	78	X
16	엄지민	정보통신공학	16	12	13	10	51	O
17	이규성	정보통신공학	10	8	3	3	24	O
18	박미란	정보통신공학	17	21	12	10	60	X
19	박성우	컴퓨터공학	27	29	17	19	92	X
20	강전민	컴퓨터공학	28	30	18	20	96	X
21	정상하	컴퓨터공학	23	26	17	14	80	X
22	이다솜	컴퓨터공학	29	29	19	20	97	X
23	김율희	건축공학	18	24	18	16	76	X

알아두세요 **비교 연산**

>(크다, 초과), <(작다, 미만), >=(크거나 같다, 이상), <=(작거나 같다, 이하), =(같다), <>(같지 않다)

작은 연습 5

'총합' 값이 80점 미만인 경우 면담 대상이 된다.
이때, 면담[8] 대상은 'o'를 입력하고, 그렇지 않으면 'x'를 입력한다.

8 서로 만나서 이야기 한다.

6.6 VHLookup 함수 다루기

Vlookup 함수와 Hlookup 함수는 데이터를 입력할 때 다른 테이블에 있는 값을 검색하여 연관된 데이터를 추출하는 데에 필요한 함수이다. 이 두 함수를 잘 활용한다면 매우 유용하다. 이번에는 Vlookup 함수와 Hlookup 함수의 사용법에 대하여 배운다.

같은 열에 있는 데이터 돌려주기 – Vlookup

❶ 〔VHLookup〕 워크시트 탭을 선택한다.

❷ [D4] 셀을 선택하고, [함수 마법사]를 클릭한다.

❸ [함수 마법사] 대화상자에서 함수 검색에 'vlookup'를 입력한 후 〈검색〉 버튼을 클릭한다. [VLOOKUP] 함수를 선택하고 〈확인〉 버튼을 클릭한다.

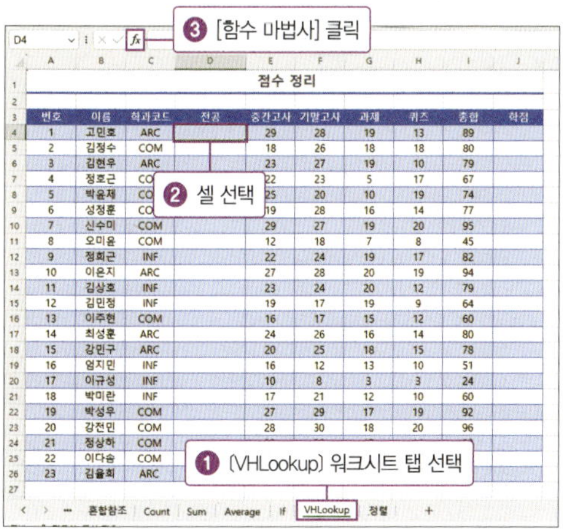

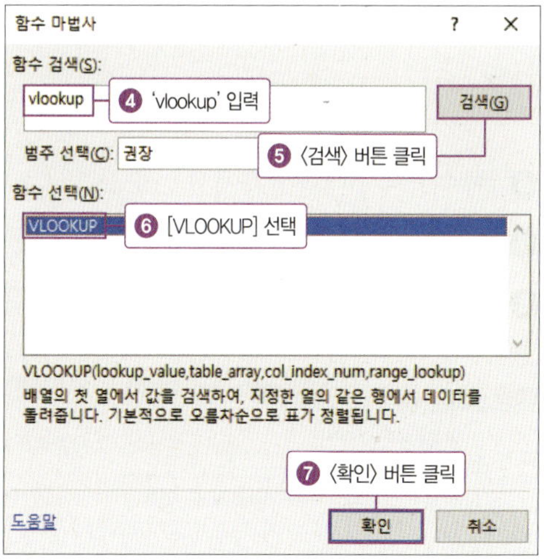

❹ [함수 인수] 대화상자에서 첫 번째 인수(Lookup_value)의 [인수 범위 선택]을 클릭한다. [C4] 셀을 선택하고 Enter를 누른다.

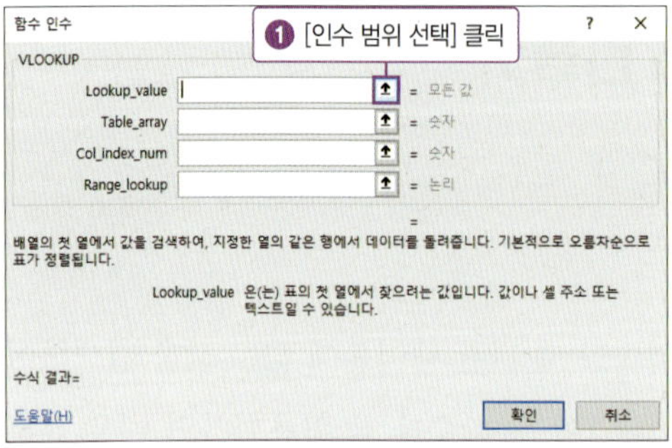

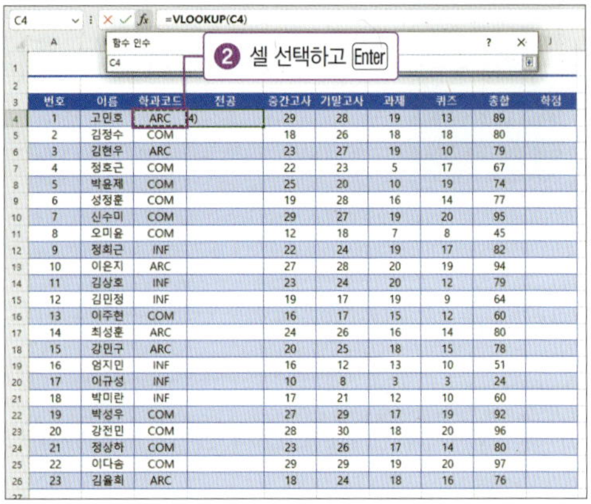

❺ Table_array(두 번째 인수)의 [인수 범위 선택]을 클릭한다. [L4:M7] 셀 범위를 선택하고 F4를 누른 후 Enter를 누른다.

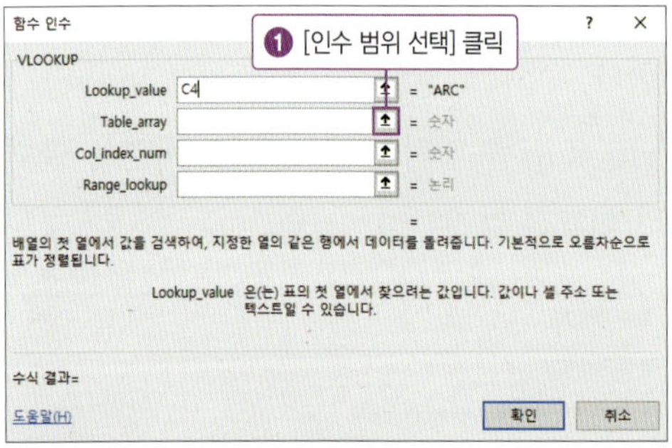

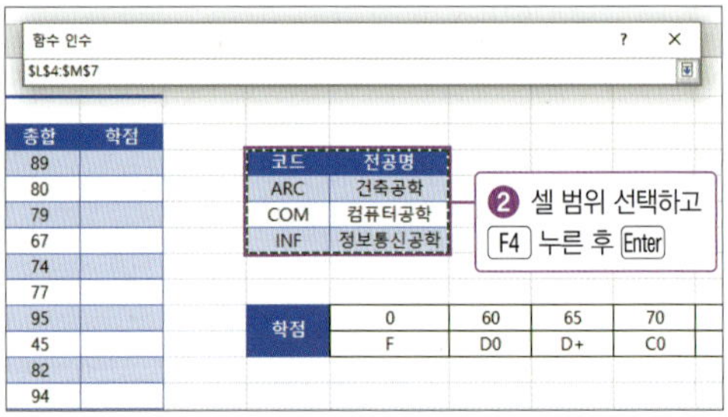

❻ [함수 인수] 대화상자에서 Col_index_num(세 번째 인수)에 '2'를 입력한다.

❼ Range_lookup(네 번째 인수)에 'FALSE'를 입력한다. (소문자도 가능)

❽ 〈확인〉 버튼을 클릭한 다음 [D4] 셀 내용이 올바른지 확인한다.

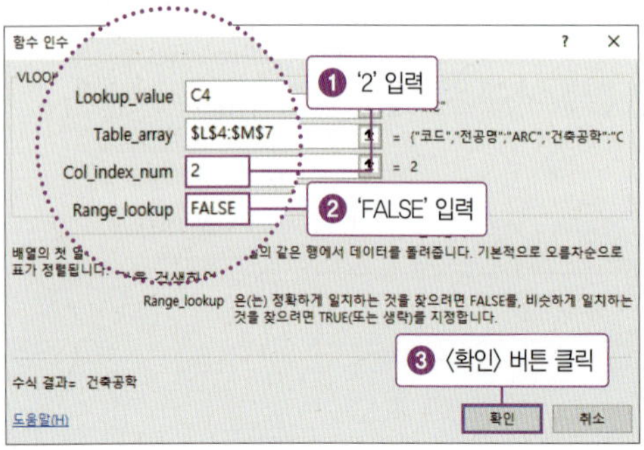

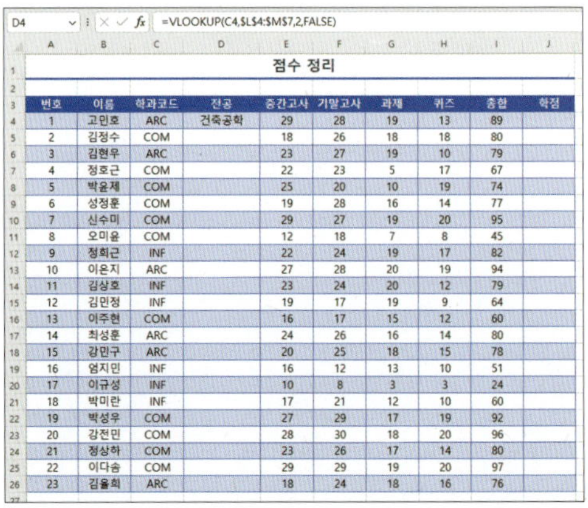

❾ [D4] 셀을 선택하고 채우기 핸들을 드래그하거나 더블 클릭한다.

❿ [자동 채우기 옵션] → [서식 없이 채우기]를 클릭한 다음 최종 모습을 확인한다.

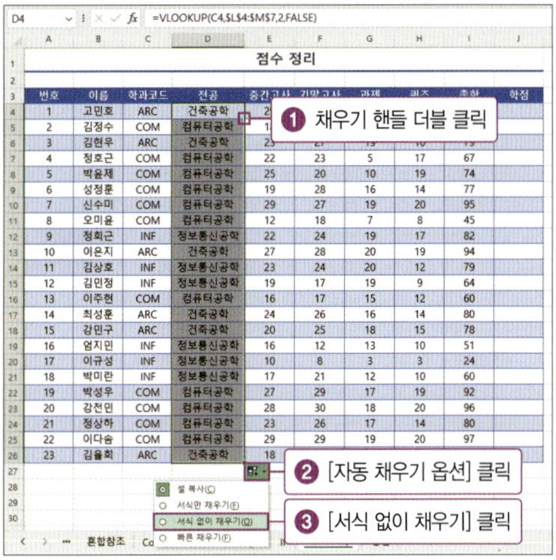

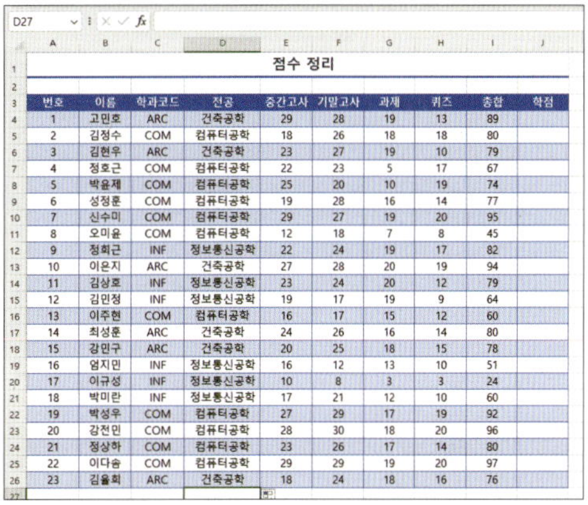

같은 행에 있는 데이터 돌려주기 – Hlookup

❶ [J4] 셀을 선택하고, [함수 마법사]를 클릭한다.

❷ [함수 마법사] 대화상자에서 함수 검색에 'hlookup'를 입력한 후 〈검색〉 버튼을 클릭한다. [HLOOKUP] 함수를 선택하고 〈확인〉 버튼을 클릭한다.

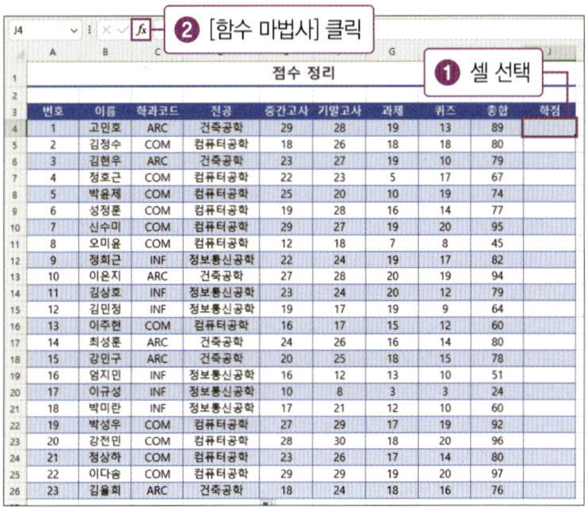

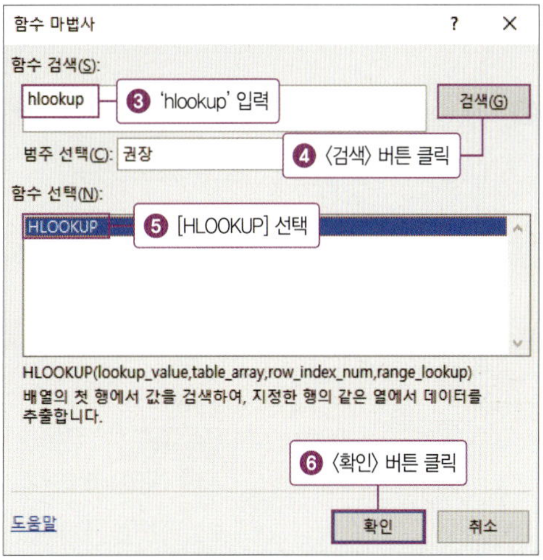

❸ [함수 인수] 대화상자에서 Lookup_value(첫 번째 인수)의 [인수 범위 선택]을 클릭한다. [I4] 셀을 선택하고 Enter를 누른다.

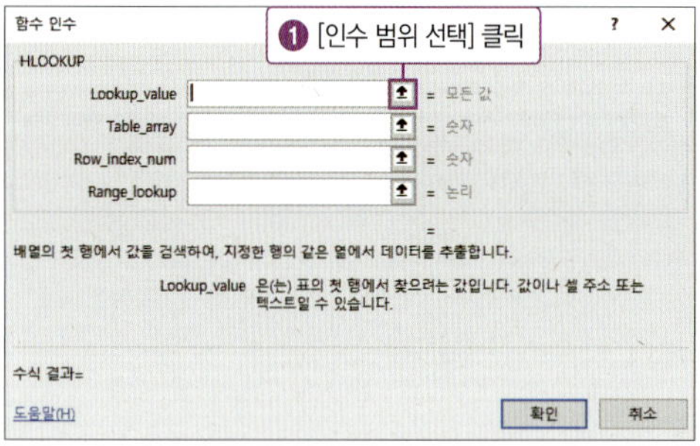

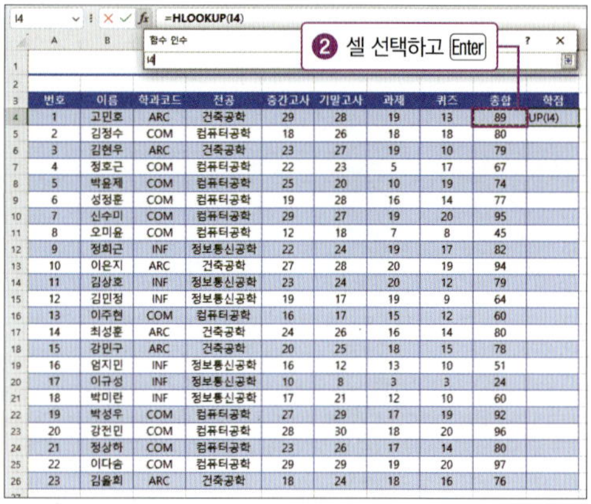

❹ Table_array(두 번째 인수)에서 [인수 범위 선택]을 클릭한다. [M10:U11] 셀 범위를 선택한 다음 F4를 누르고 Enter를 누른다.

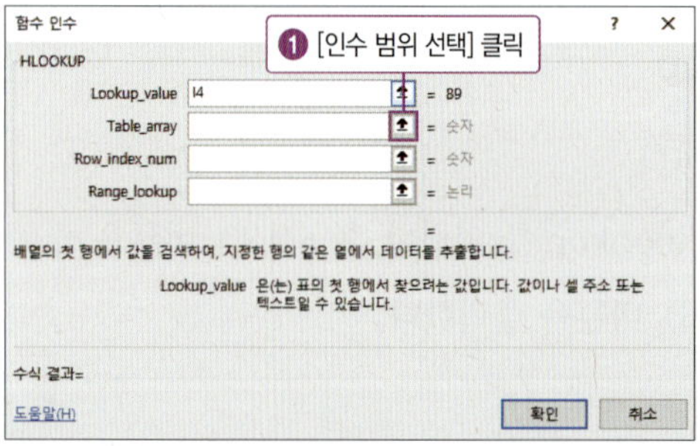

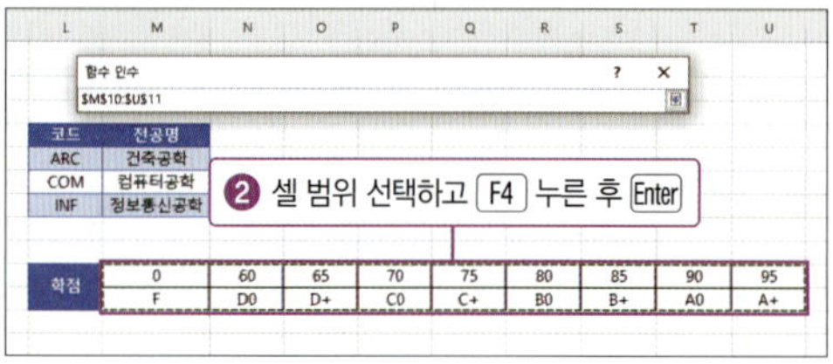

❺ Row_index_num(세 번째 인수)에 '2'를 입력한 다음 Range_lookup(네 번째 인수)에 'TRUE'를 입력한다. (소문자도 가능)

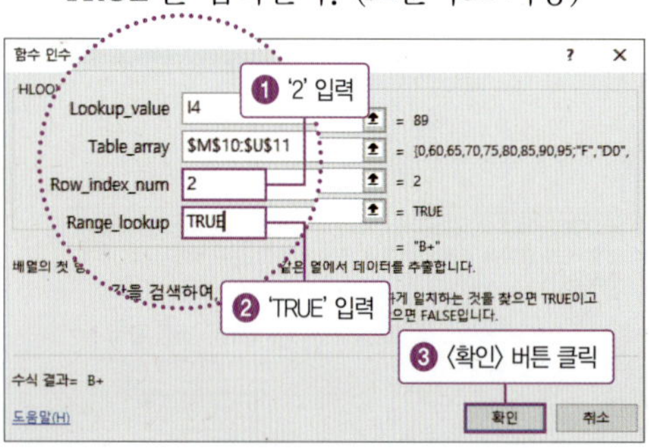

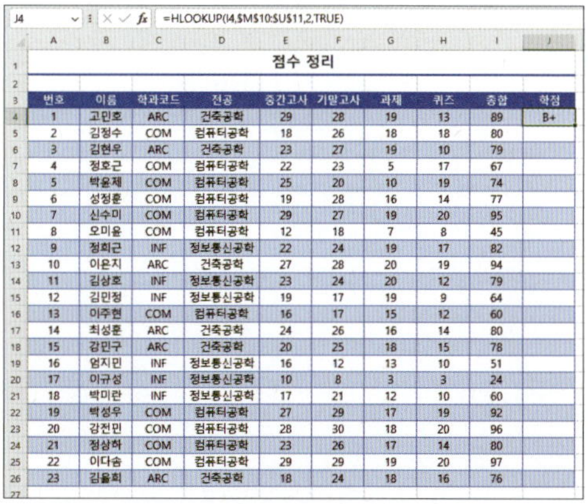

[J4] 셀 내용 확인

❻ [J4] 셀을 선택하고 채우기 핸들을 드래그하거나 더블 클릭한다.

❼ [자동 채우기 옵션] → [서식 없이 채우기]를 클릭하여 채우기를 완성한다.

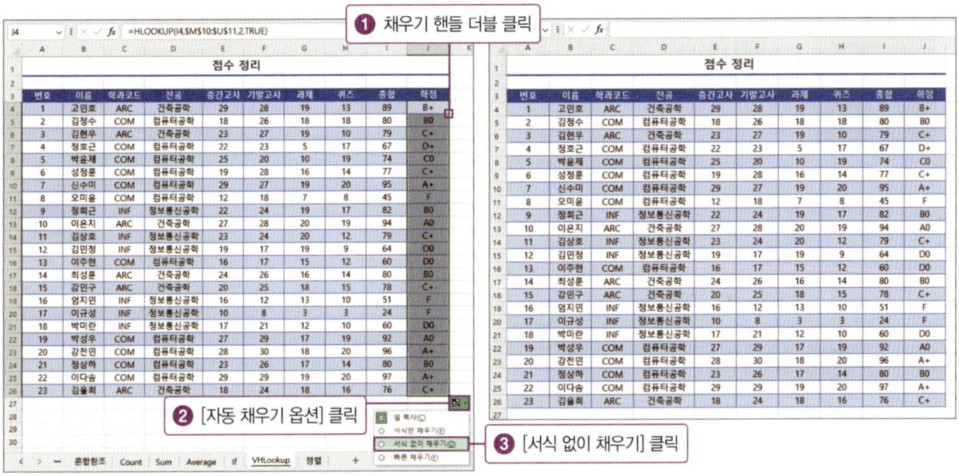

알아두세요 **Hlookup 함수에서 Range_lookup**

- False인 경우 정확한 값을 찾지만 True인 경우 유사한 값, 근삿값을 찾게 된다. Table_Array 값이 오름차순으로 정렬되어 있어야 한다.
- 0: 0~59 사이 'F', 60: 60~64 사이 'D0', 65: 65~69 사이 'D+', 70: 70~74 사이 'C0', 75: 75~79 사이 'C+', 80: 80~84 사이 'B0', 85: 85~89 사이 'B+', 90: 90~94 사이 'A0', 95: 95이상 'A+'

☑ 작은 연습 6

부서[9]명에 들어갈 내용을 아래 부서 번호와 부서명이 있는 표를 이용하여 구한다.

9 기관이나 회사에서 일하는 분야에 따라 나뉜 부문을 말한다.

테이블 정렬하기

엑셀에서 테이블을 만들어 사용할 때, 종종 정렬이 필요하다. 특히 테이블의 열이 많은 경우에는 각 열에 따라 기준을 두고 정렬하는 경우가 있다. 이번에는 테이블을 어떻게 정렬하는지에 대하여 배운다.

❶ [정렬] 워크시트 탭을 선택한다.

❷ 테이블에서 셀을 선택한 다음 메뉴에서 [데이터] 탭을 선택하고 [정렬]을 클릭한다.

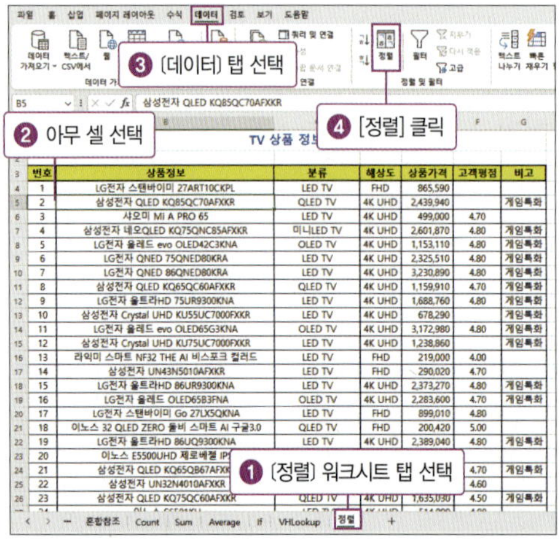

❸ [정렬] 대화상자에서 정렬 기준을 [분류], 정렬을 [내림차순]으로 바꾼다.

❹ 〈기준 추가〉 버튼을 클릭하고 정렬 기준을 [상품가격], 정렬을 [오름차순]으로 지정한 후 〈확인〉 버튼을 클릭한다.

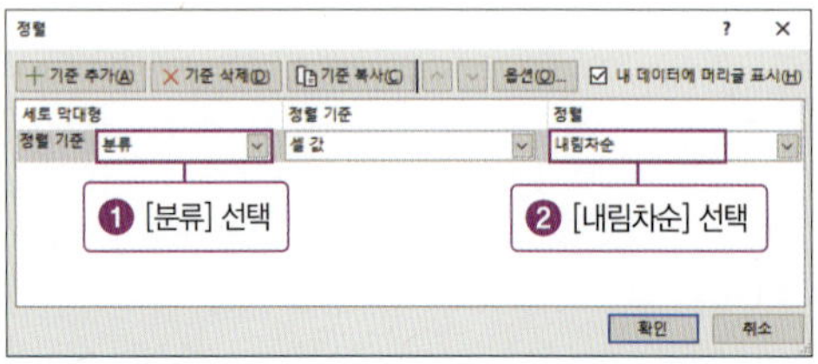

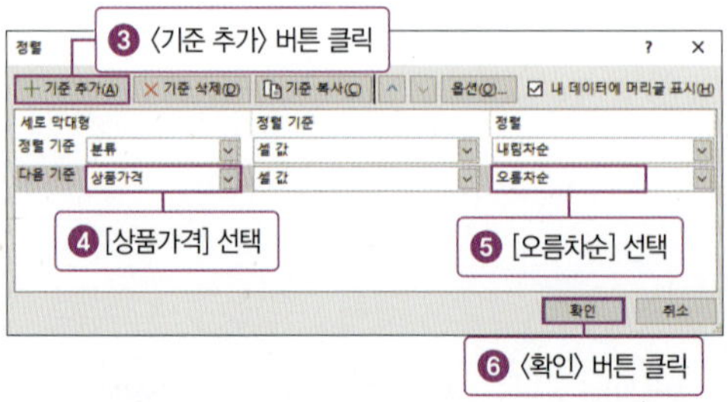

❺ 정렬 결과를 확인한다.

TV 상품 정보

번호	상품정보	분류	해상도	상품가격	고객평점	비고
25	삼성전자 LH43BECHLGFXKR	상업용디스플레이	실내용	407,540	4.80	
55	삼성전자 LH50BECHLGFXKR	상업용디스플레이	실내용	476,090	4.80	
88	삼성전자 LH65BECHLGFXKR	상업용디스플레이	실내용	794,760	4.90	
85	이스트라 쿠카 UC652MLED SMART THE MAXIMUM	미니LED TV	4K UHD	1,168,460	5.00	게임특화
81	이스트라 쿠카 UC752MLED SMART THE MAXIMUM	미니LED TV	4K UHD	1,717,960	5.00	게임특화
41	삼성전자 네오QLED KQ65QNC85AFXKR	미니LED TV	4K UHD	2,045,440	4.70	게임특화
4	삼성전자 네오QLED KQ75QNC85AFXKR	미니LED TV	4K UHD	2,601,870	4.80	게임특화
69	LG전자 QNED evo 75QNED85KRA	미니LED TV	4K UHD	3,267,830	4.80	게임특화
67	LG전자 QNED 86QNED85UQA 해외구매	미니LED TV	4K UHD	3,682,040	4.20	게임특화
54	삼성전자 네오QLED QN85QN90C 해외구매	미니LED TV	4K UHD	3,859,980	4.80	게임특화
82	LG전자 QNED evo 86QNED85KRA	미니LED TV	4K UHD	4,739,280	5.00	게임특화
18	이노스 32 QLED ZERO 돌비 스마트 AI 구글3.0	QLED TV	FHD	200,420	5.00	
30	이노스 G32F QLED ZERO EDITION	QLED TV	FHD	207,740	4.40	
58	이스트라 AU433QLED SMART THE PRIME	QLED TV	4K UHD	319,130	4.90	게임특화
59	이노스 43 QLED ZERO 돌비 스마트 AI 구글3.0	QLED TV	4K UHD	322,080	5.00	게임특화
36	이스트라 UC432QLED SMART THE MAXIMUM	QLED TV	4K UHD	389,000		게임특화
71	이노스 G50QLED ZERO EDITION	QLED TV	4K UHD	426,000	4.70	게임특화
61	이스트라 UC552QLED SMART THE MAXIMUM	QLED TV	4K UHD	559,000		게임특화
29	이스트라 UC652QLED SMART THE MAXIMUM	QLED TV	4K UHD	759,000		게임특화
51	삼성전자 QLED KQ55QC60AFXKR	QLED TV	4K UHD	871,050	4.50	게임특화
32	이노스 G75QLED ZERO EDITION	QLED TV	4K UHD	1,028,720	4.70	게임특화

혼합참조 | Count | Sum | Average | If | VHLookup | 정렬

알아두세요 **데이터 정렬 순서**

- 숫자: 가장 작은 음수에서 가장 큰 양수로 정렬한다.
- 날짜: 가장 이전 날짜에서 가장 최근 날짜로 정렬한다.
- 문자: 0~9 공백 특수문자 알파벳 순서로 정렬한다.
- 논리: FALSE, TRUE 순서로 정렬한다.

작은 연습 7

부서 번호를 기준으로 오름차순으로 정렬한다.

6.8 활용하기 1

다음 조건에 맞게 엑셀 파일을 수정하세요.

- F열의 총점 구하기
- G열의 평균 구하기
- 성명[10]을 오름차순으로 정렬하기
- 읽기, 쓰기, 듣기, 말하기의 각각 평균[11] 구하기 [B20], [C20], [D20], [E20]
- H열에 평균 점수가 85 이상이면 '우수'를 출력하기(if 함수 사용)
- [K5] 셀에 우수 학생 수 구하기(countif 함수 사용)

6.9 활용하기 2

다음 조건에 맞게 엑셀 파일을 수정하세요.

- [D12:D14] 셀에 들어갈 품명[12]을 오른쪽 표에서 구하기(vlookup 함수 이용)
- [G12:G14] 셀에 들어갈 단가[13]를 오른쪽 표에서 구하기(vlookup 함수 이용)

---

10 이름과 같은 말이다.
11 여러 수나 같은 종류의 상품의 중간값을 갖는 가격이다.
12 물건의 이름을 말한다.
13 물건 한 단위 가격을 말한다.

6.10 도움주기

설문조사 결과 작성 표현

그래프에서 자주 사용하는 표현	• 증가하다, 급증하다, 급격히 증가하다 등 • 감소하다, 급감하다, 급격히 감소하다 등

표에서 자주 사용하는 표현	• 첫째, 둘째, 셋째…… • 먼저, 다음으로, 마지막으로

<table>
<tr><td rowspan="3">자주 사용하는 표현</td><td>처음</td><td>• ~을/를 대상으로 ~에 대해 설문조사를 실시하였다.</td></tr>
<tr><td>중간</td><td>• N에 따르면, N에 의하면
• 응답자의 ~은/는 ~다/라고 응답했다.
• ~이/가 ~을/를 차지했다.
• ~이/가 ~(으)로 나타났다.
• ~이/가 ~순으로 나타났다.
• ~이/가 그 뒤를 이었다.
• 반면 ~은 ~에 불과하였다.
• ~으로 나타났다, ~으로 조사되었다.</td></tr>
<tr><td>끝</td><td>• 설문조사 결과를 통해서 ~라는/다는 것을 알 수 있다.</td></tr>
</table>

연습문제 **다음을 보고 설문조사 결과를 작성해 봅시다.**

질문) 한국어 수업을 일주일에 몇 번 하고 싶습니까?

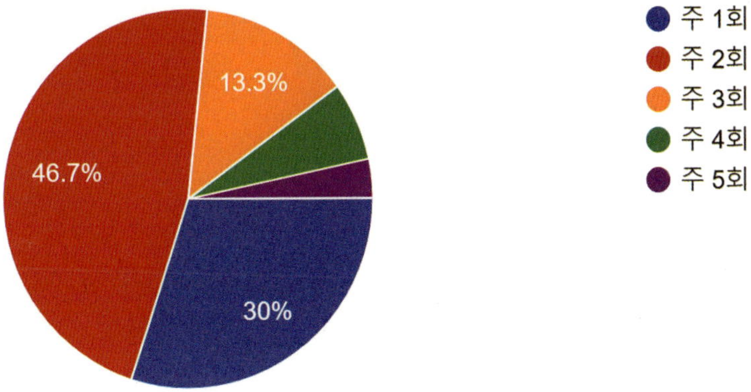

워드는 마이크로소프트에서 개발한 문서 작성 및 편집 소프트웨어다. 많은 사람이 워드를 사용하여 문서를 편리하게 작성하고 서식을 정리할 수 있다. 또한 공유 및 협업 기능을 활용하여 작업을 효율적으로 진행할 수 있다. 워드는 다양한 템플릿과 기능을 제공하여 사용자들의 다양한 작업 요구를 충족한다.

Part 3

문서 편집을 위한 워드

7장

글자 다루기

학 습 목 표

- 워드에서 문서 작성 방법을 배운다.
- 글과 관련된 기능의 사용 방법을 익힌다.

7.0 알아두기

MS 워드는 마이크로소프트에서 개발한 프로그램이다. 텍스트 편집, 문서 작성, 서식 지정, 그래픽, 문서 인용, 자료 삽입, 문서 오류 수정 등 다양한 기능을 제공한다. 주로 문서 작업에 사용되며, 다양한 서식과 스타일을 적용해 효율적으로 문서를 작성할 수 있다.

워드 프로그램 화면 구성

워드에서 문서를 작업하기 위해 워드 프로그램의 화면 구성을 살펴본다.

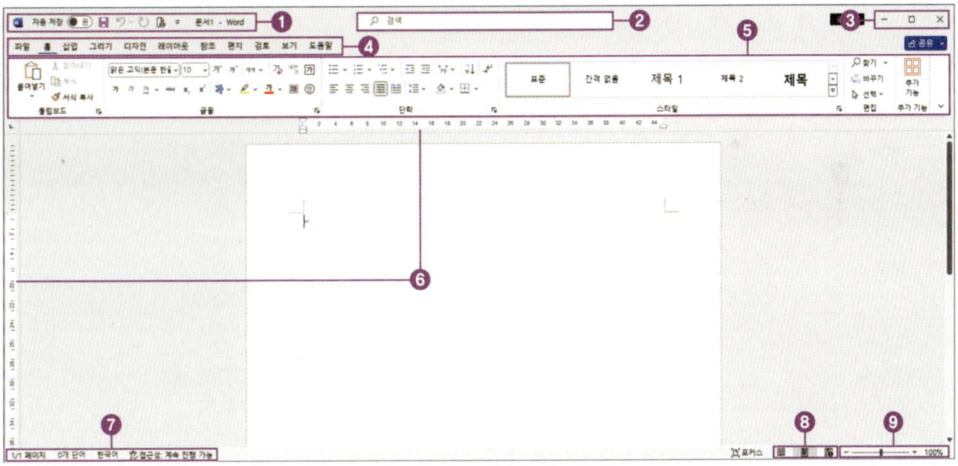

❶ **빠른 실행 도구모음과 제목 표시줄**: 자주 사용하는 명령을 빠르게 실행하게 모아놓은 도구가 아이콘으로 되어 있으며 옆에는 현재 작성 중인 파일 이름이 표시된다.

❷ **검색**: 작업에 필요한 키워드나 설명을 입력하면 관련 기능이나 도움말이 나온다.

❸ **창 조절 버튼**: 작업 중인 창의 크기를 변경하거나 창을 닫을 때 사용한다.

❹ **메뉴 탭**: 메뉴가 탭 방식으로 되어 있어서 메뉴 이름을 클릭하면 된다.

❺ **리본 메뉴**: 메뉴 탭과 연결되어 있다. 특정 메뉴 탭을 선택하면 관련된 기능들이 아이콘으로 표현되며 아이콘들은 그룹별로 묶여있다. 리본 메뉴 끝에는 리본 메뉴를 축소할 수 있는 아이콘이 있다.

❻ **가로/세로 눈금자**: 문서의 상하/좌우 여백이나 도형, 표의 위치와 크기 등을 확인하는 데 사용할 수 있다.

❼ **상태 표시줄**: 현재 페이지를 확인할 수 있다.

❽ **화면 보기 아이콘**: 읽기 모드, 인쇄 모양, 웹 모양의 화면 보기 방식으로 되어 있다.

❾ **화면 확대/축소 도구**: 슬라이더를 이용하거나 확대/축소를 이용해 화면을 확대 또는 축소할 수 있다.

용어의 이해

워드에서는 한자를 사용해 글자를 다룰 수 있으며, 특수 기호와 수식을 삽입할 수 있다. 또한 찾기와 바꾸기, 글자 서식 조정, 문자 간격과 장평 조정, 첨자와 윗주, 원 문자, 강조점 등을 사용할 수 있다. 텍스트 효과와 타이포그래피, 그림자, 글머리 기호와 번호 매기기 등을 익히기 전에 살펴보아야 할 용어들을 알아보자.

용어	예시	설명
첨자	2^2	**첨자를 넣다, 첨자를 적용하다.** 의미: 글자 위나 아래에 작게 덧붙인 글자 예 문서를 작성하다 보면 첨자를 적용해야 할 때가 있습니다.
분수	$\frac{1}{2}$	**분수** 의미: 전체의 일부를 나타낸 것 예 나눗셈과 분수를 계산할 수 있습니다.
기울임꼴	*기울임꼴*	**기울임꼴을 적용하다.** 의미: 글자를 오른쪽으로 약간 기울인 모양 예 제목에 기울임꼴을 적용해 주세요.
텍스트	수학은 인류의 역사와 더불어 시작되었다고 할 만큼 오래된 분야입니다. 수학(數學)은 교역, 분배, 과세 등 인류의 사회생활에 필요한 모든 계산을 담당해 왔습니다.	**텍스트를 복사하다/작성하다/삭제하다/수정하다.** 의미: 문자나 숫자 등으로 전달하는 정보 예 텍스트를 수정한 후 복사하세요.
윗주	Pythagoras **컴퓨터 활용**	**윗주를 달다/입력하다.** 의미: 주석이 본문의 위쪽에 붙어 있는 것 예 용어에 설명이 필요할 때 윗주를 달면 됩니다.
강조점	**먼 옛날**	**강조점(을) 표시하다.** 의미: 글자의 위쪽 가운데 또는 글자 주변에 점을 찍어 강조하는 것 예 글 위에 강조점을 표시해 주세요.
타이포그래피	**컴퓨터 활용**	**타이포그래피** 의미: 글자를 이용한 디자인 예 타이포그래피를 선택한 후 글자 디자인을 선택합니다.

7.1 한자 사용하기

WORD

문서를 작성할 때 한자를 사용해야 할 경우가 있다. 한글 프로그램에서 한글을 한자로 바꾸는 방법처럼, 이번에는 워드에서 한자를 어떻게 사용하는지에 대하여 배운다.

실습 파일: 07\ch7_1.docx

한자로 바꾸기

07 폴더의 'ch7_1.docx' 파일을 더블 클릭하여 실행한다.

❶ 첫 번째 단락의 '수학' 글자를 드래그하여 선택한다.

❷ 키보드에서 [한자]를 누르거나 단축 키 [Ctrl]+[Alt]+[F7]을 누른다.

❸ [한글/한자 변환] 대화상자에서 '數學'을 선택하고 〈변환〉 버튼을 클릭한 다음 한자로 바뀐 모습을 확인한다.

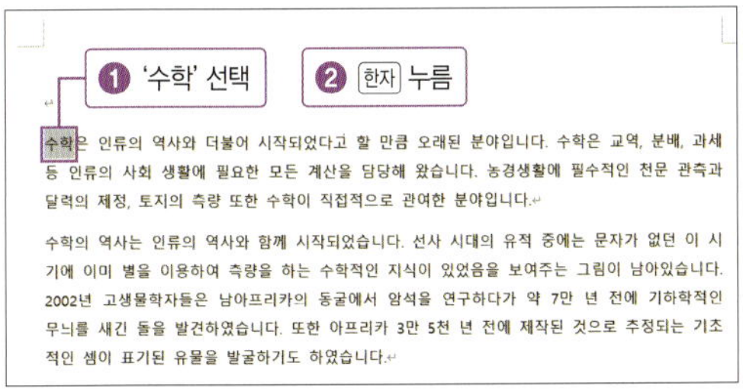

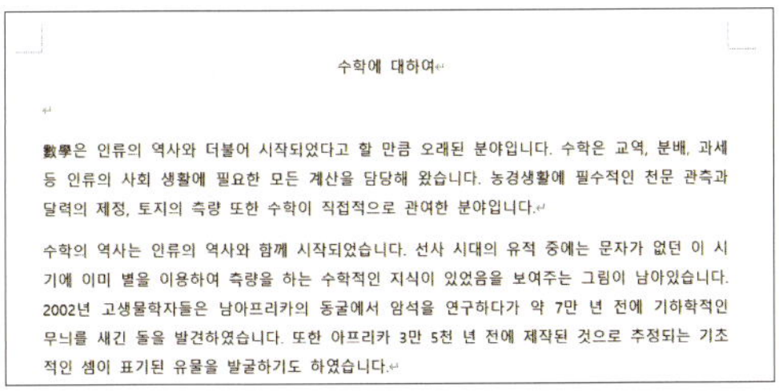

한자로 변환된 모습 확인

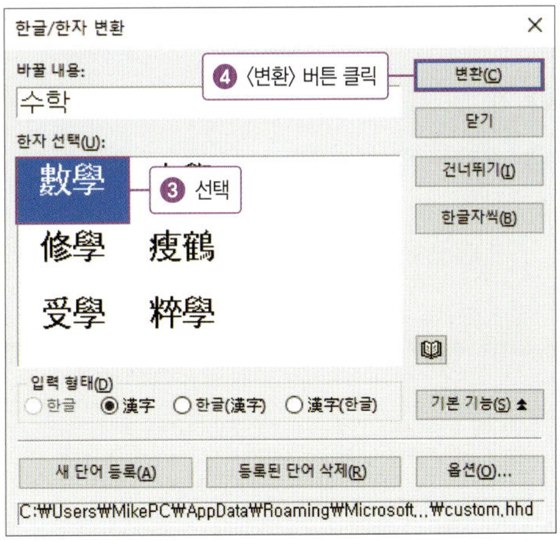

❹ 첫 번째 단락의 두 번째 문장에 있는 '수학' 글자를 드래그하여 선택한다.

❺ 키보드에서 [한자]를 누른다.

❻ [한글/한자 변환] 대화상자에서 '數學'을 선택한 다음 입력 형태를 [한글(漢字)]로 선택한다. 〈변환〉 버튼을 클릭하고 한자로 바뀐 모습을 확인한다.

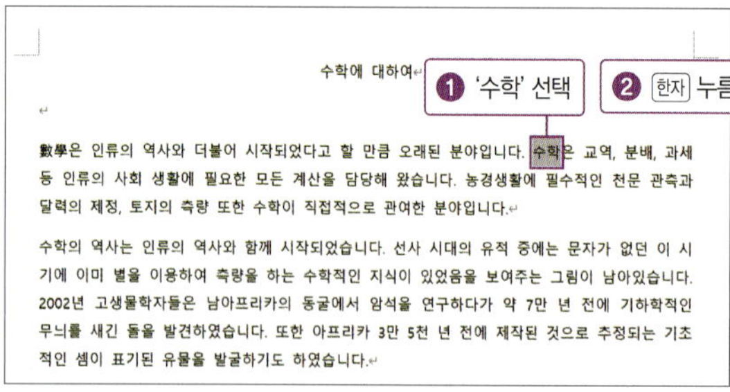

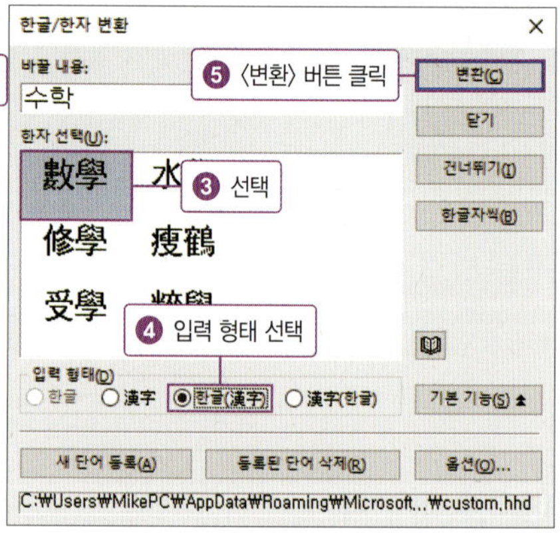

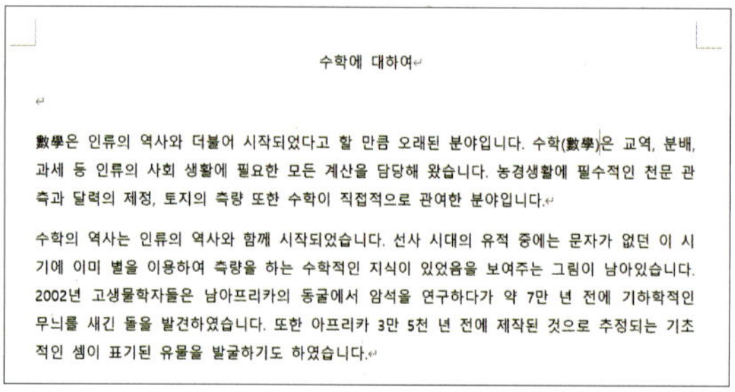

'수학(數學)'으로 바뀐 모습 확인

한자를 한글로 바꾸기

❶ 첫 번째 단락의 '數學' 글자를 드래그하여 선택한다.

❷ 키보드에서 [한자]를 누른다.

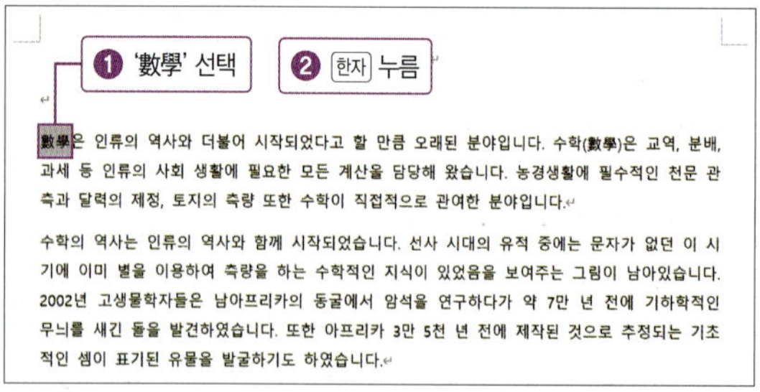

❸ [한글/한자 변환] 대화상자에서 '수학' 글자를 선택한 다음 입력 형태를 [한글]로 바꾼다. 〈변환〉 버튼을 클릭하고 한글로 바뀐 모습을 확인한다.

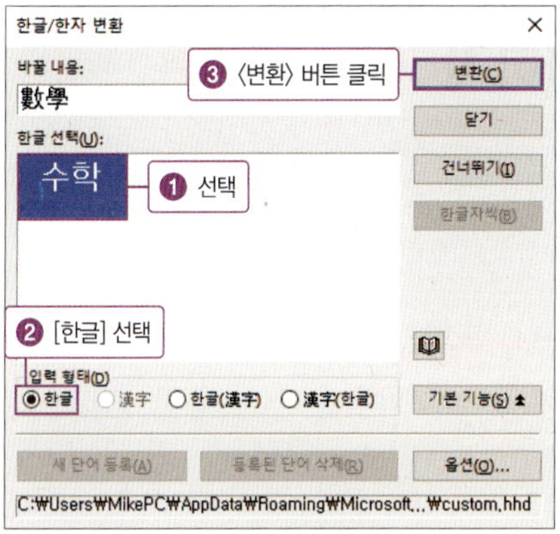

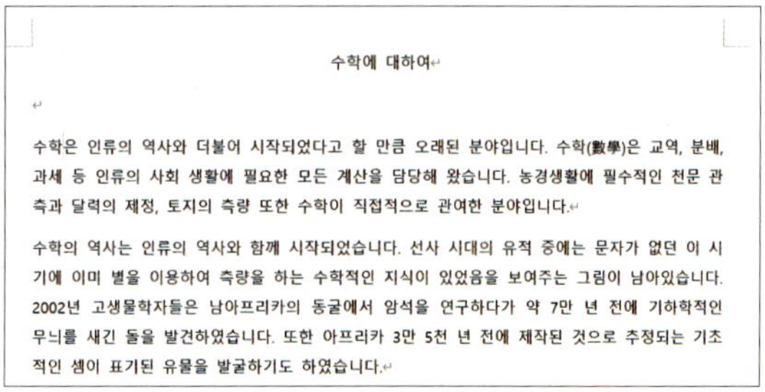
수학에 대하여

수학은 인류의 역사와 더불어 시작되었다고 할 만큼 오래된 분야입니다. 수학(數學)은 교역, 분배, 과세 등 인류의 사회 생활에 필요한 모든 계산을 담당해 왔습니다. 농경생활에 필수적인 천문 관측과 달력의 제정, 토지의 측량 또한 수학이 직접적으로 관여한 분야입니다.

수학의 역사는 인류의 역사와 함께 시작되었습니다. 선사 시대의 유적 중에는 문자가 없던 이 시기에 이미 별을 이용하여 측량을 하는 수학적인 지식이 있었음을 보여주는 그림이 남아있습니다. 2002년 고생물학자들은 남아프리카의 동굴에서 암석을 연구하다가 약 7만 년 전에 기하학적인 무늬를 새긴 돌을 발견하였습니다. 또한 아프리카 3만 5천 년 전에 제작된 것으로 추정되는 기초적인 셈이 표기된 유물을 발굴하기도 하였습니다.

한글로 변환된 모습 확인

알아두세요 **한자/한글 바꾸기**

[검토] 탭을 선택하고 언어 그룹에서 [한글/한자 변환]를 클릭하여 한자 또는 한글로 바꿀 수 있다.

작은 연습 1 07\작은 연습_이력서.docx

의 한자를 한글로 변환한다.

7.2 특수 기호와 수식 사용하기

W O R D

특수 기호는 문서 작성 시 자주 사용되는 문자들이다. 또한, 수식이 들어간 문서를 작성할 때 수식을 표현하는 방법을 알아야 한다. 이번에는 특수 기호와 수식 사용 방법에 대해 배운다.

특수 기호 입력하기 1

❶ '수학에 대하여' 앞에 커서를 놓는다.

❷ [삽입] 탭의 기호 그룹에서 [기호] → [다른 기호]를 클릭한다.

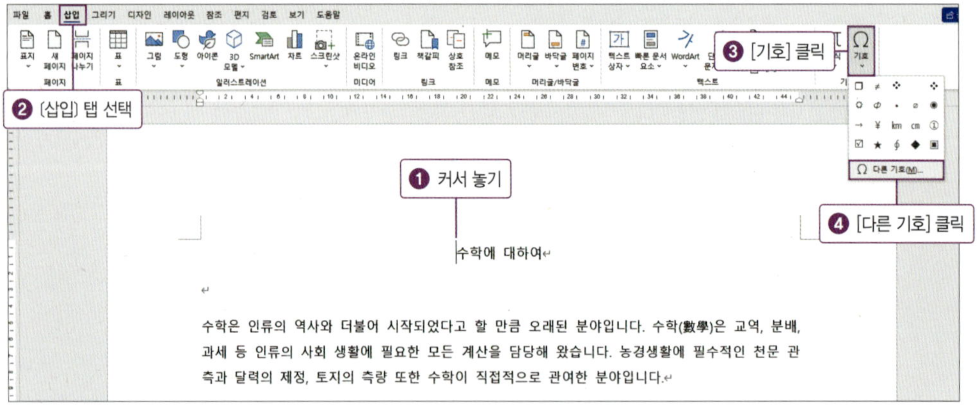

알아두세요

기호 사용

자음을 입력하고 마우스 오른쪽 버튼을 클릭하면 [기호]가 나타난다. [자세히]를 클릭하면 더 많은 기호를 볼 수 있다.

❸ [기호] 대화상자의 글꼴에서 'Wingdings'를 찾거나 직접 입력해 검색한 다음 선택한다. (키보드로 입력하는 경우 'Wingdings'를 입력하고 Tab)

❹ 스크롤바[1]를 아래쪽으로 조금 내려 '❖' 기호를 찾아 선택한 후 〈삽입〉 버튼을 클릭한다.

❺ '수학에 대하여' 앞에 커서를 놓고 Spacebar를 한 번 누른다.

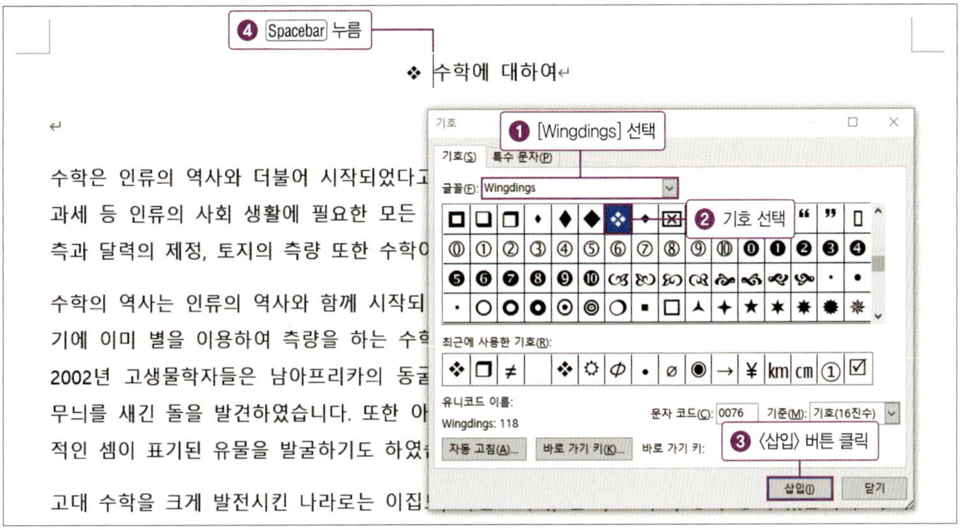

❻ '수학에 대하여' 끝에 커서를 놓고 Spacebar 한 번 누른 다음 〈삽입〉 버튼을 클릭한다.

❼ [기호] 대화상자의 〈닫기〉 버튼을 클릭한다.

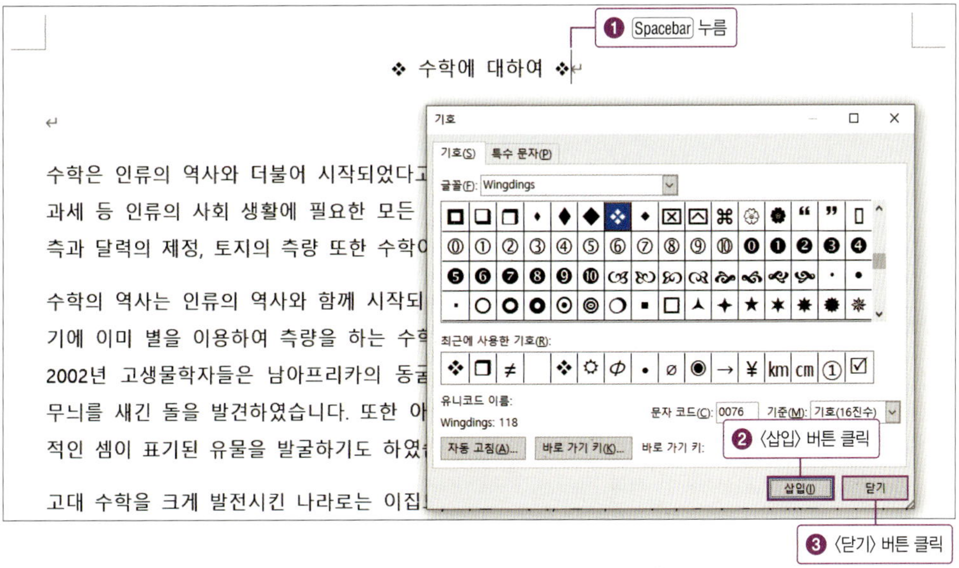

1 컴퓨터 모니터 화면의 내용이 양쪽 또는 위아래로 움직이는 것이다.

특수 기호 입력하기 2

❶ 두 번째 페이지 아래쪽에 있는 문장 중 'a, b, c는 상수이고 a0입니다.' 문장을 찾고, 여기서 'a0' 글자 사이에 커서를 놓는다.

❷ [삽입] 탭의 기호 그룹에서 [기호] → [다른 기호]를 클릭한다.

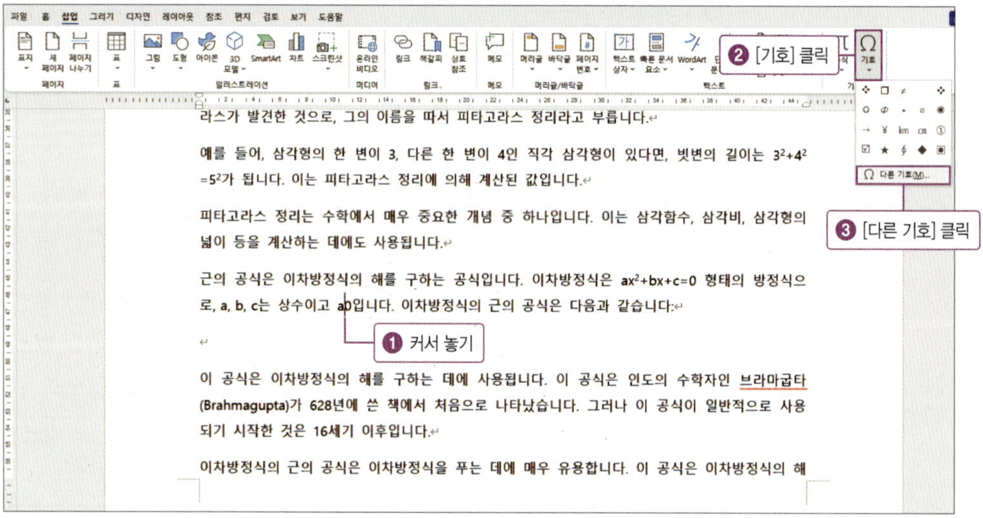

❸ [기호] 대화상자에서 글꼴을 [(현재 글꼴)]로 선택한다.

❹ 하위 집합을 [수학 연산자]로 선택한다.

❺ '≠' 기호를 선택하고 〈삽입〉 버튼을 클릭한다.

❻ 〈닫기〉 버튼을 클릭한 다음 '≠' 문자가 입력된 모습을 확인한다.

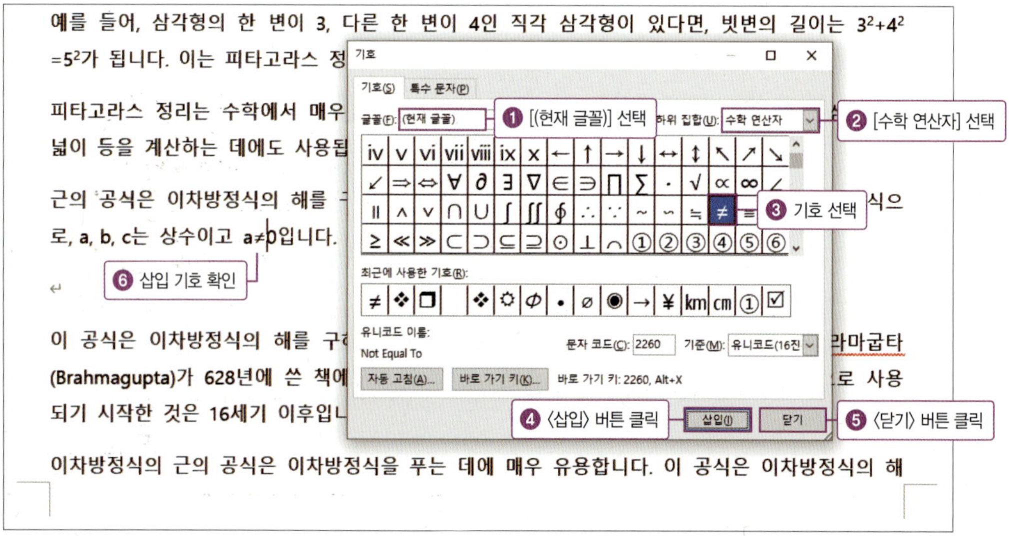

수식 만들기 1

❶ 두 번째 페이지 중간에 있는 '피타고라스 정리[2]의 공식은 다음과 같습니다:' 문장 아래에 커서를 놓는다.

❷ [삽입] 탭의 기호 그룹에서 [수식]을 클릭한다.

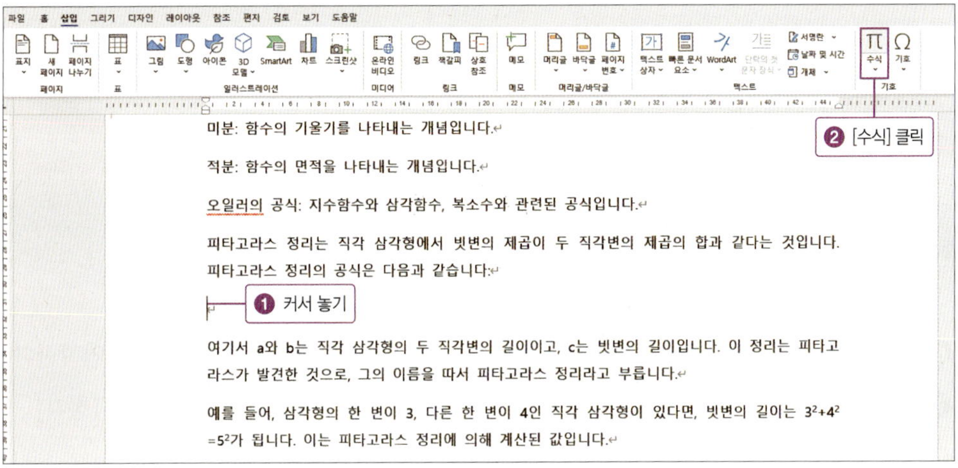

❸ [수식] 탭의 구조 그룹에서 [첨자] → [위 첨자]를 클릭한다.

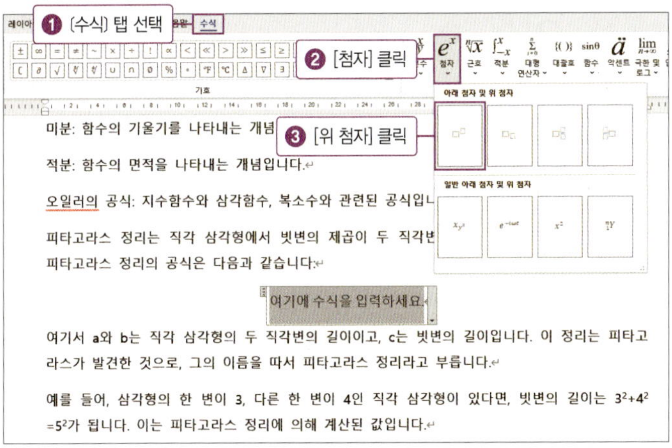

2 Pythagorean Therem. 직각 삼각형의 빗변을 한 변으로 하는 정사각형의 면적은, 다른 두 변을 각각 한 변으로 하는 두 개의 정사각형 면적의 합과 같다.

❹ 큰 점선 사각형을 선택하고 'a'를 입력한다. 작은 사각형을 선택한 다음 '2'를 입력한다.

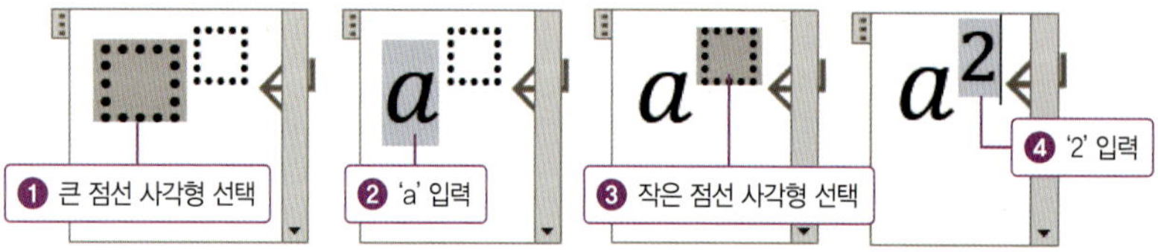

❺ 커서를 맨 뒤에 놓고 '+'를 입력한다. 다시 [수식] 탭의 구조 그룹에서 [첨자] → [위 첨자]를 클릭하여 위 첨자를 추가한다.

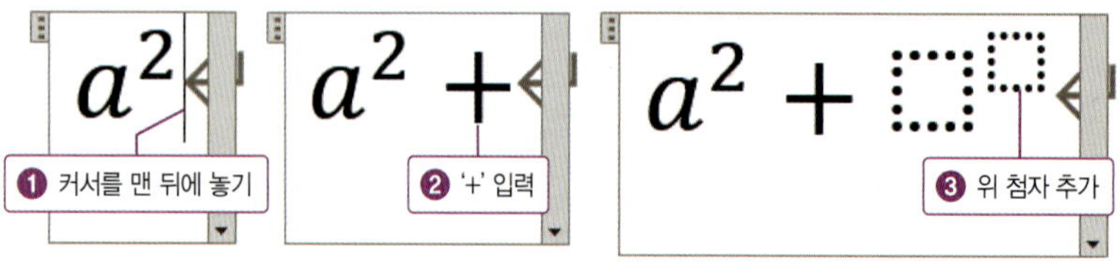

❻ 큰 점선 사각형을 선택하고 'b'를 입력한다. 작은 사각형을 선택한 다음 '2'를 입력한다.

❼ 커서를 맨 뒤에 놓는다. '='를 입력한 다음 다시 [수식] 탭의 구조 그룹에서 [첨자] → [위 첨자]를 클릭한다.

❽ 큰 점선 사각형을 선택하고 'c'를 입력한다. 작은 사각형을 선택한 다음 '2'를 입력한다.

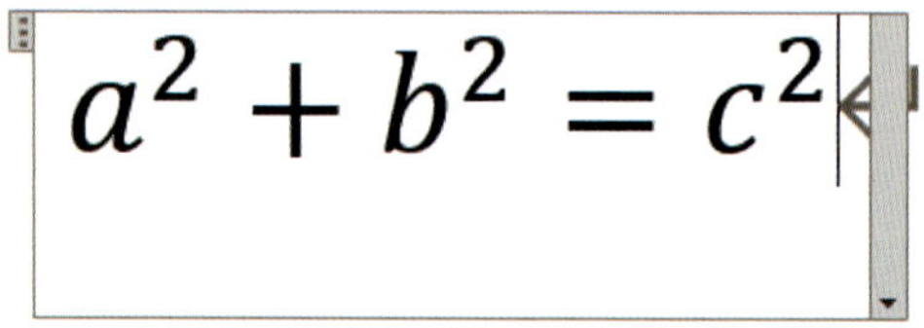

❾ 수식 전체를 드래그하여 선택한다. [홈] 탭의 글꼴 그룹에서 글꼴 크기를 '14'로 바꾼다.

❿ 수식이 완성된 모습을 확인한다.

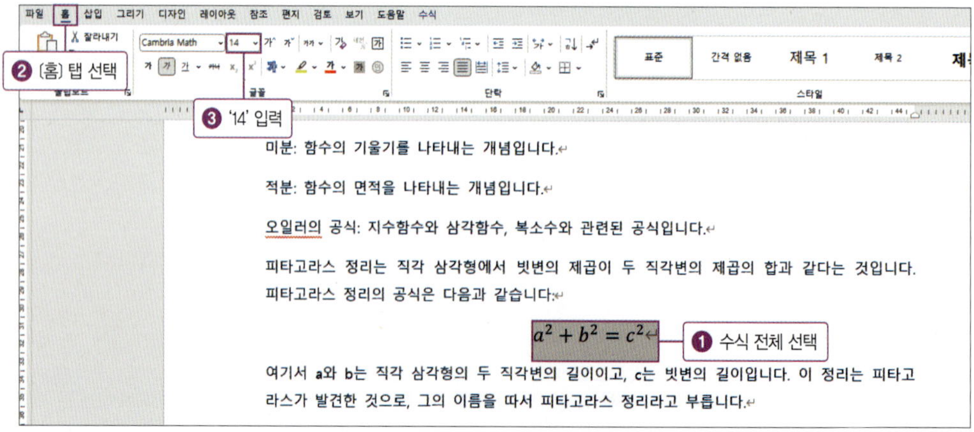

수식 만들기 2

❶ 두 번째 페이지 아래쪽에 있는 '이차방정식[3]의 근의 공식[4]은 다음과 같습니다:' 문장 아래에 커서를 놓는다.

❷ [삽입] 탭의 기호 그룹에서 [수식]을 클릭한다.

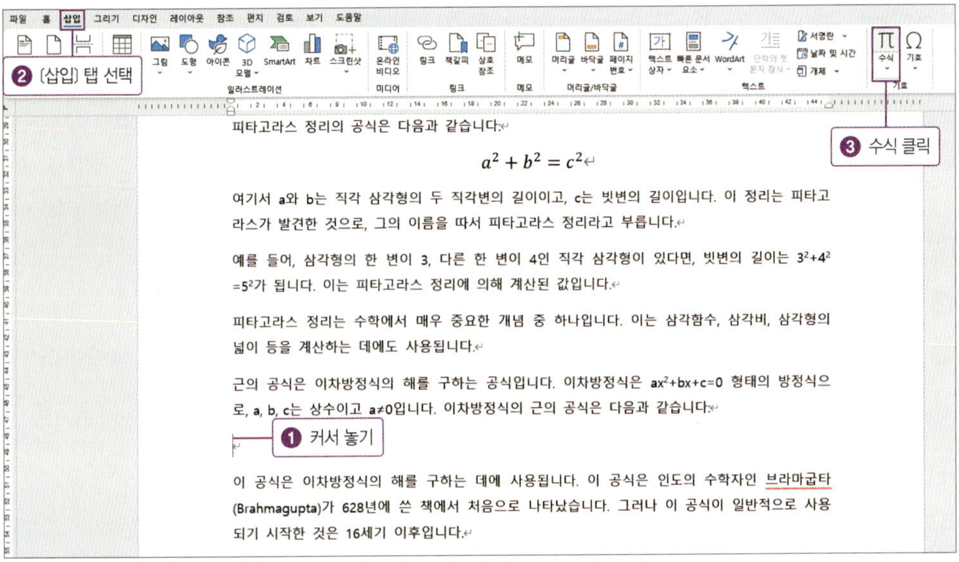

❸ 수식 입력 창에 먼저 'x='를 입력한다.

❹ [수식] 탭의 구조 그룹에서 [분수] → 분수 항목의 [상하형 분수]를 클릭한다.

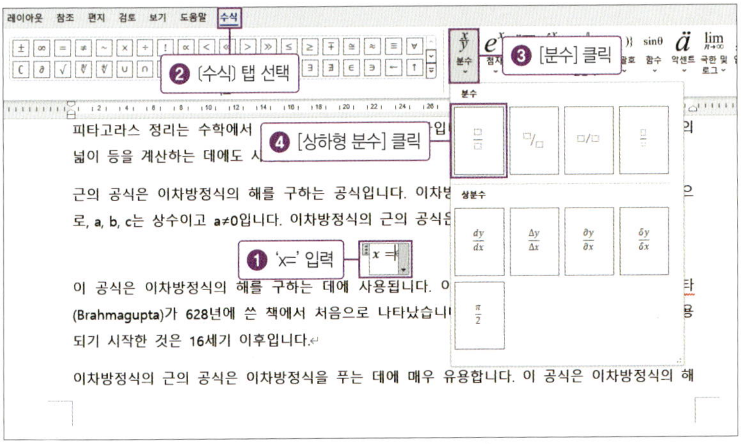

3 가장 높은 차수가 이차인 방정식을 말한다.

4 방정식의 계수를 사용하여 그 근을 계산하기 위한 공식이다.

❺ 위쪽 점선 사각형을 클릭하고 '−b'를 입력한다. 〔수식〕 탭의 기호 그룹에서 '±' 아이콘을 클릭한다.

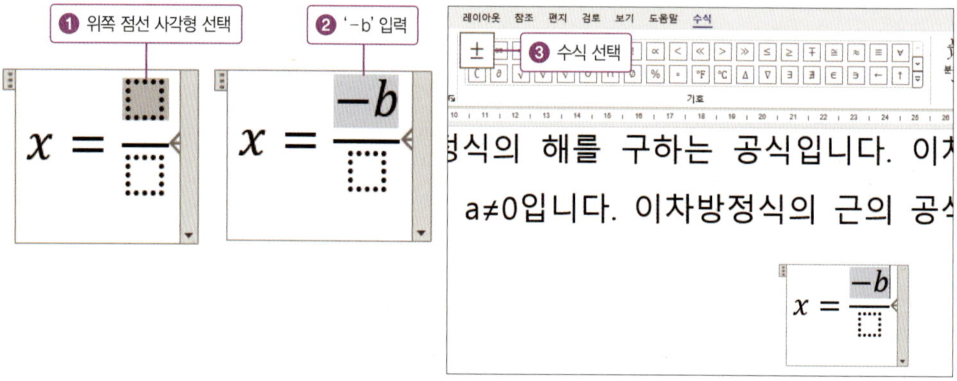

❻ 〔수식〕 탭의 구조 그룹에서 [근호[5]] → [제곱근[6]]을 클릭한다.

❼ 점선 사각형을 선택하고 〔수식〕 탭의 구조 그룹에서 [첨자] → [위 첨자]를 클릭한다.

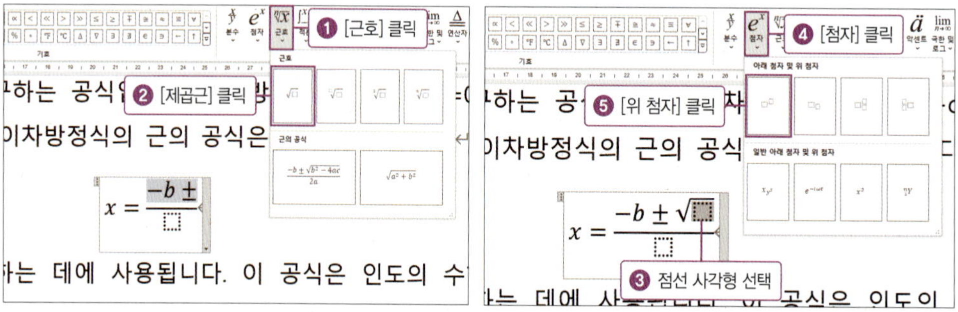

❽ 루트 안의 큰 점선 사각형을 선택하고 'b'를 입력한다. 작은 점선 사각형을 선택한 후 '2'를 입력한다.

❾ 커서의 위치를 루트 안쪽 끝에다 놓고 '−4ac'를 입력한다.

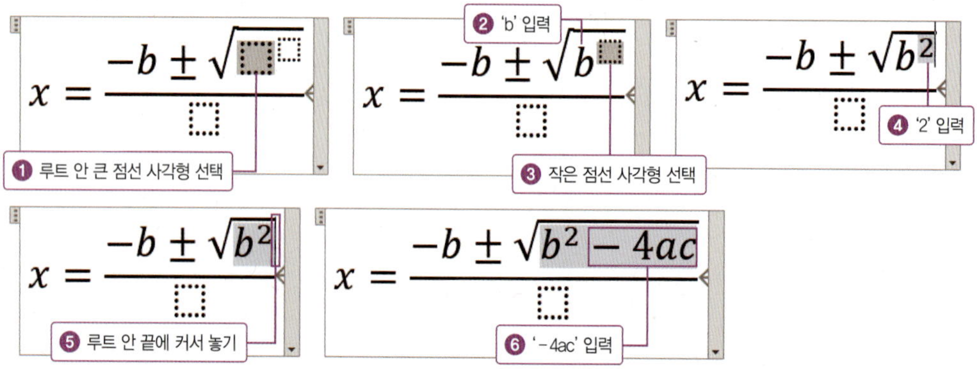

5 수학에서 사용하는 기호로 제곱근 등을 나타낼 때 사용한다.

6 수학에서 사용하는 용어이다. 어떤 수를 두 번 곱했을 때의 수를 말한다.

⑩ 아래쪽 점선 사각형을 선택한 다음 '2a'를 입력한다.

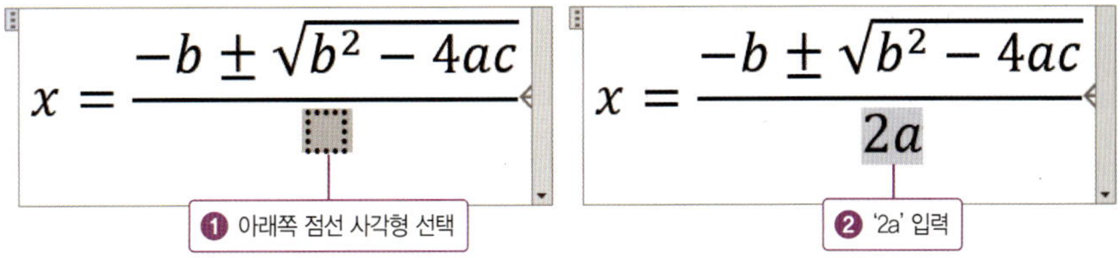

⑪ 수식 전체를 드래그하여 선택한 후 [홈] 탭의 글꼴 그룹에서 글꼴 크기를 '14'로 설정한다.

⑫ 수식이 완성된 모습을 확인한다.

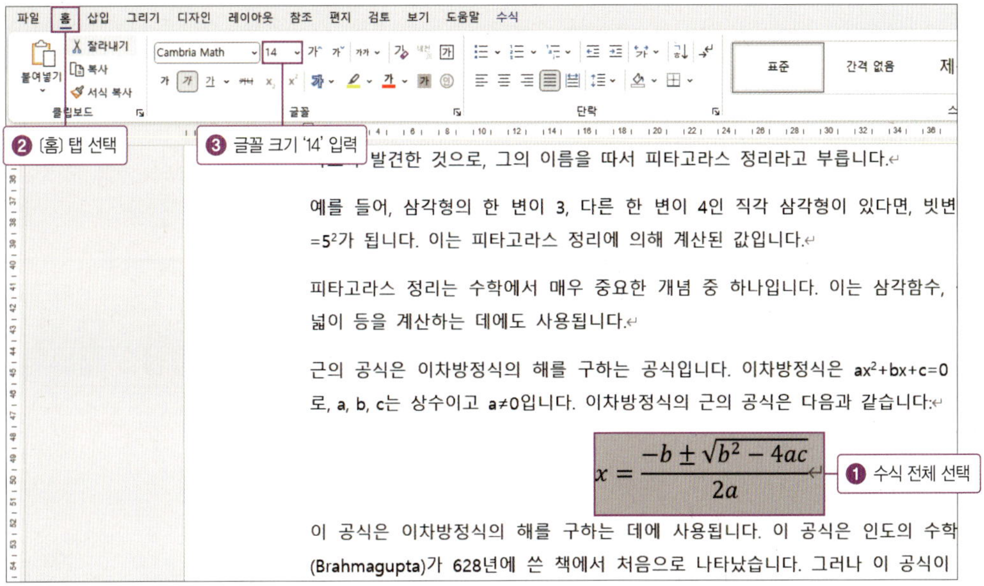

알아두세요 **그리면서 수식 만들기**

[삽입] 탭을 선택하고 기호 그룹에서 [수식] → [잉크 수식]을 클릭하면 직접 수식을 그리면서 수식을 만들 수 있다.

☑ 작은 연습 2

앞에 특수 기호 '■'를 넣는다.

7.3

WORD

찾기와 바꾸기

문서를 작성하거나 검토할 때 특정한 단어나 문장을 찾거나 바꾸어야 하는 경우가 많다. 워드에서는 이를 어떻게 할 수 있는지에 대해 배운다.

찾기

❶ **찾기 방법** 1: [홈] 탭의 편집 그룹에서 [찾기]를 클릭한다.

❷ **찾기 방법** 2: 단축 키 Ctrl+F를 누른다.

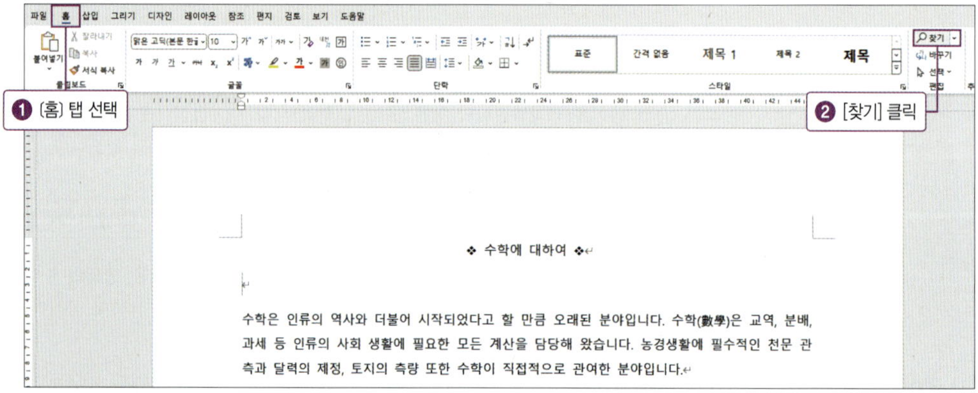

알아두세요 **찾기**

바꾸기 단축 키인 Ctrl+H를 누르고 [찾기] 탭을 선택해도 된다.

❸ [탐색] 대화상자에서 '이차방정식'을 입력한다. 아래 결과에 검색된 모습을 확인한다. 오른쪽 본문에는 노란색 음영으로 표시된다.

❹ 검색이 끝났으면 탐색 창을 닫는다.

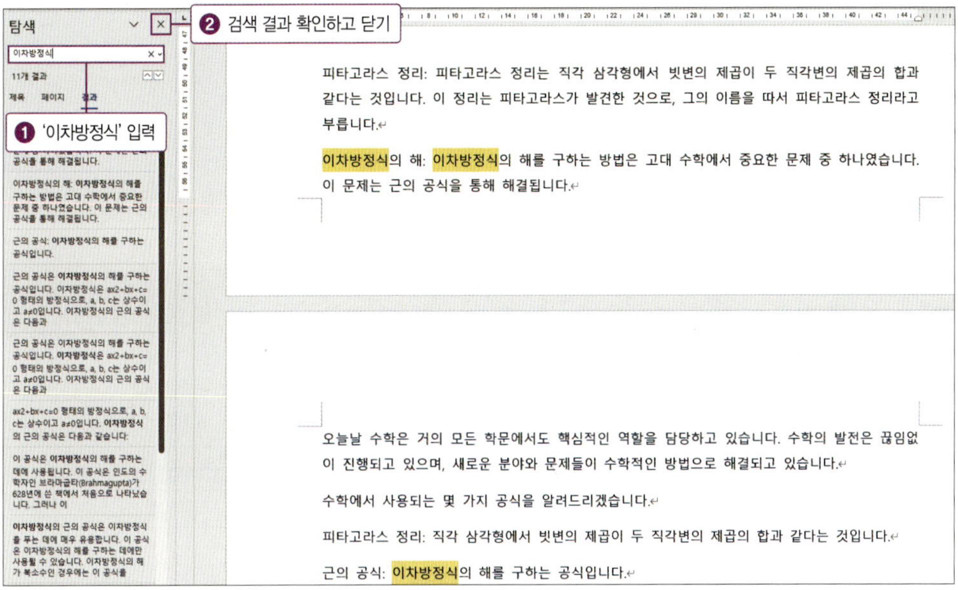

바꾸기

❶ **바꾸기 방법 1:** 〔홈〕 탭의 편집 그룹에서 [바꾸기]를 클릭한다.

❷ **바꾸기 방법 2:** 단축 키 Ctrl + H를 누른다.

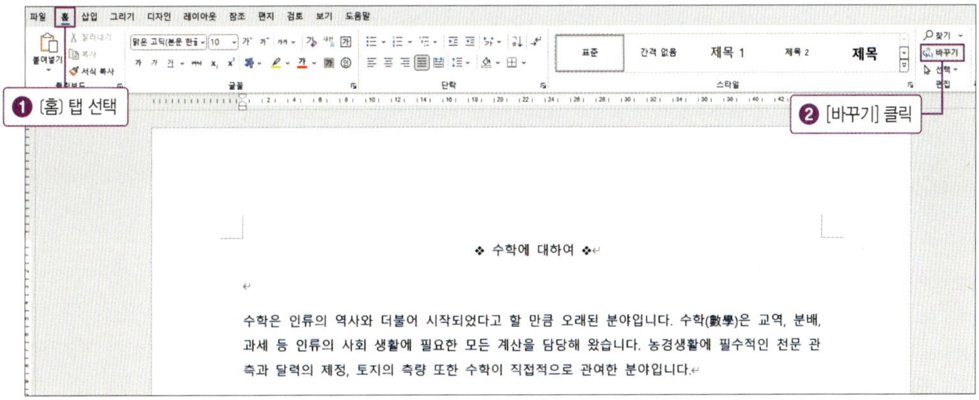

❸ [찾기 및 바꾸기] 대화상자의 〔바꾸기〕 탭에서 찾을 내용에 '공식[7]'을 입력한다.

❹ 바꿀 내용에 '공식(공식)'을 입력한 다음 괄호 안의 '공식'은 한자를 눌러 한자로 바꿔 '공식(公式)'을 입력한다.

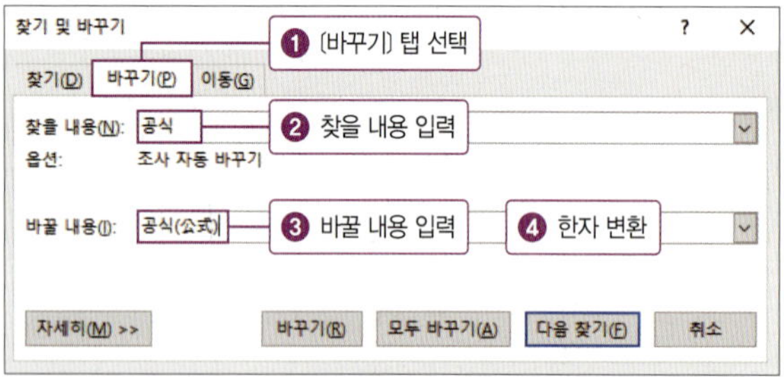

❺ 〈모두 바꾸기〉 버튼을 클릭한 후 〈확인〉 버튼을 클릭하고 〈닫기〉 버튼을 클릭한다.

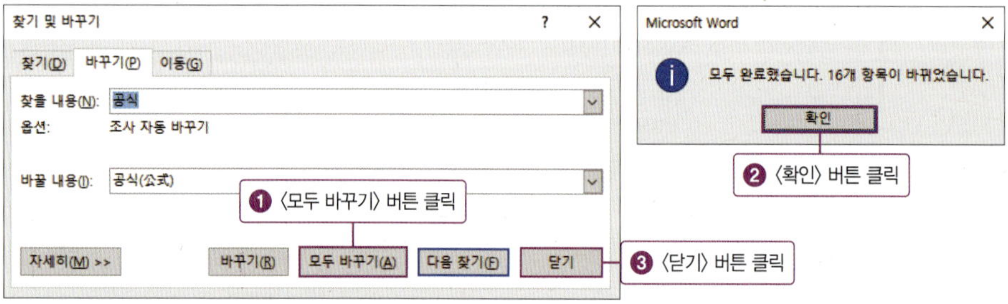

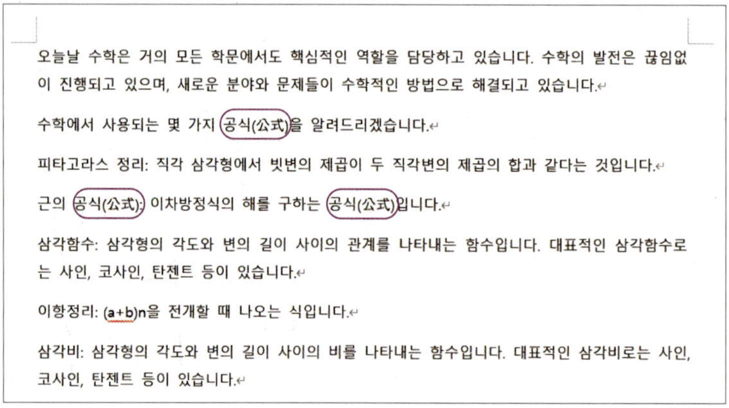

'공식(公式)'으로 바뀐 모습 확인

☑ 작은 연습 3

'연령'을 찾아 '나이'로 바꾼다.

---

7 계산 방법을 문자와 기호로 나타낸 식이다.

7.4

WORD

글자 서식 다루기

글자 서식은 글꼴, 크기, 색상, 밑줄, 굵게 등을 변경하여 원하는 형태로 표현할 수 있다. 또한, 서식을 지정한 후에는 해당 서식을 복사하여 다른 글자에 적용할 수도 있다. 이번에는 워드에서 글자 서식을 설정하고, 서식을 복사하여 다른 글자에 적용해 본다.

글꼴, 크기, 속성, 색상 바꾸기 1

❶ '❖ 수학에 대하여 ❖' 제목을 드래그하여 선택한다.

❷ **글꼴 바꾸기**: 〔홈〕 탭의 글꼴 그룹에서 [글꼴]의 드롭다운 버튼을 클릭하고 [굴림체]를 클릭한다.

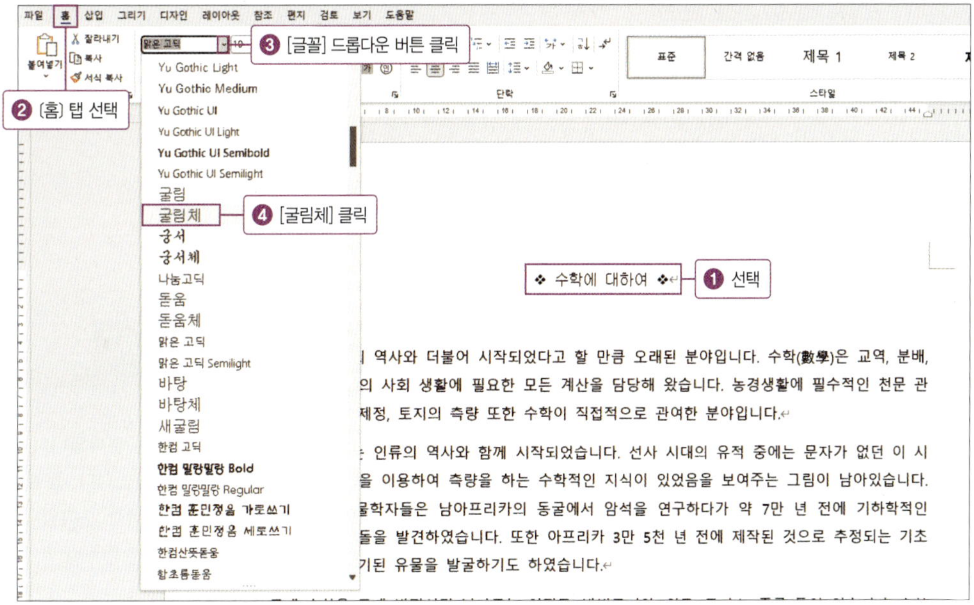

❸ **글꼴 크기 바꾸기:** [홈] 탭의 글꼴 그룹에서 [글꼴 크기]의 드롭다운 버튼을 클릭하고 [16]을 클릭하거나 직접 입력한다.

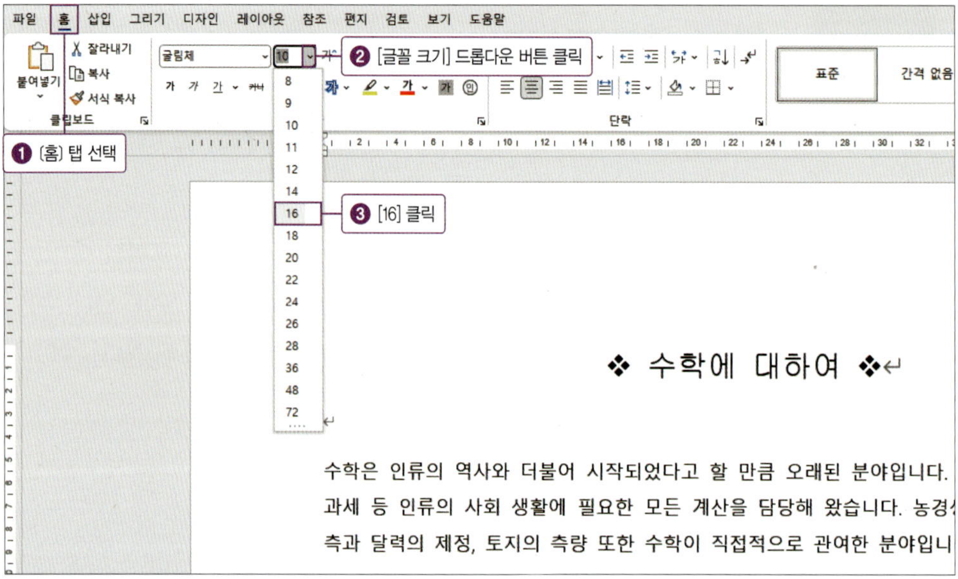

❹ **속성 바꾸기:** [홈] 탭의 글꼴 그룹에서 [굵게], [기울임꼴]을 클릭한다.

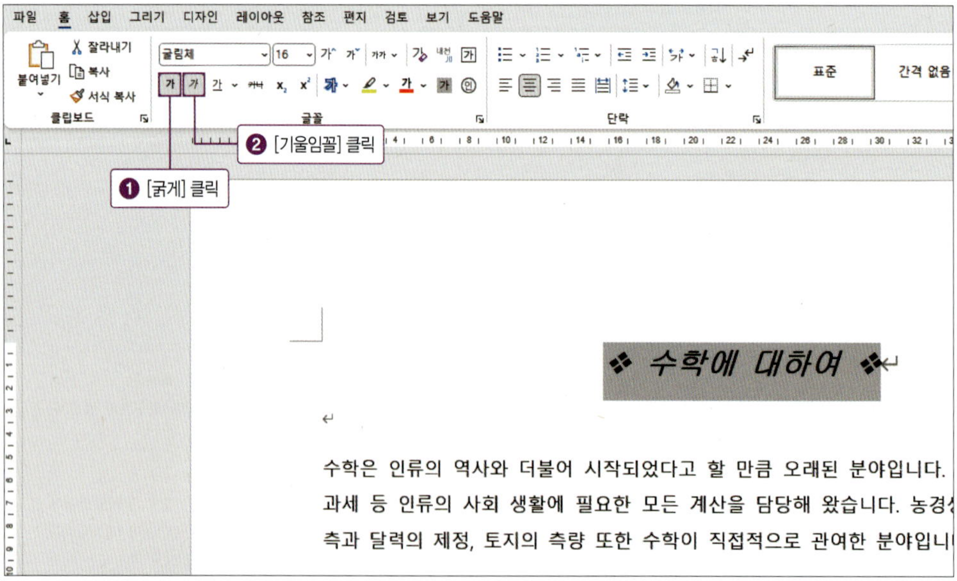

❺ **글꼴 색 바꾸기:** 〔홈〕 탭의 글꼴 그룹에서 [글꼴 색] → [녹색]을 클릭한다.

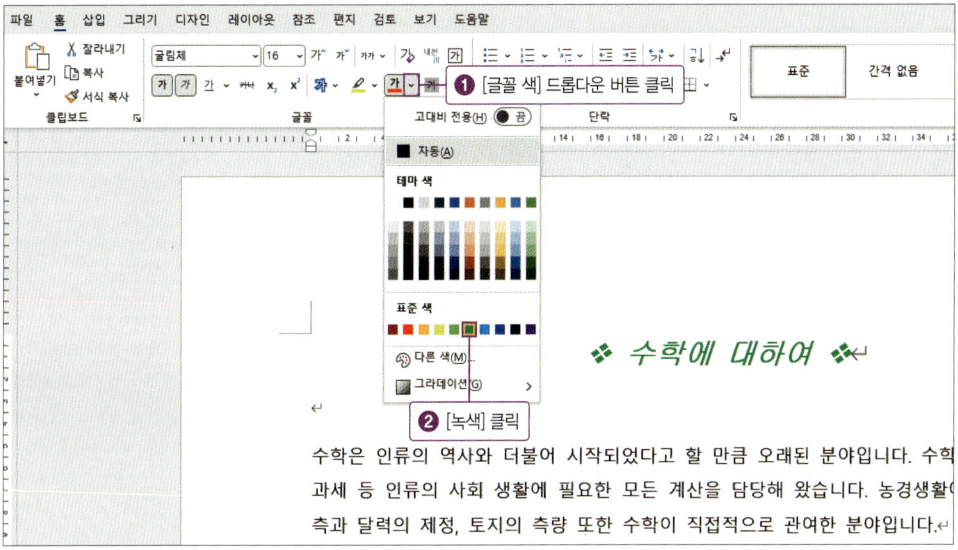

글꼴, 크기, 속성, 색상 바꾸기 2

❶ 〔홈〕 탭의 글꼴 그룹에서 [글꼴]을 클릭한다.

❷ [글꼴] 대화상자에서 〔글꼴〕 탭을 선택한다. 한글 글꼴을 [굴림체]로 선택한다. 글꼴 스타일은 [굵게 기울임꼴], 크기는 [16], 글꼴 색은 [녹색]을 선택하고 〈확인〉 버튼을 클릭한다.

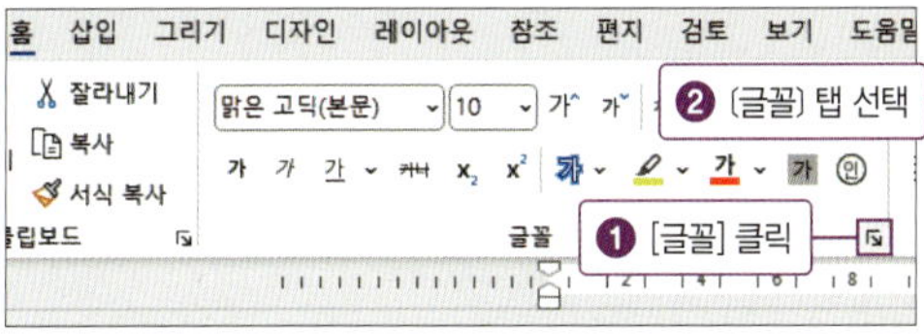

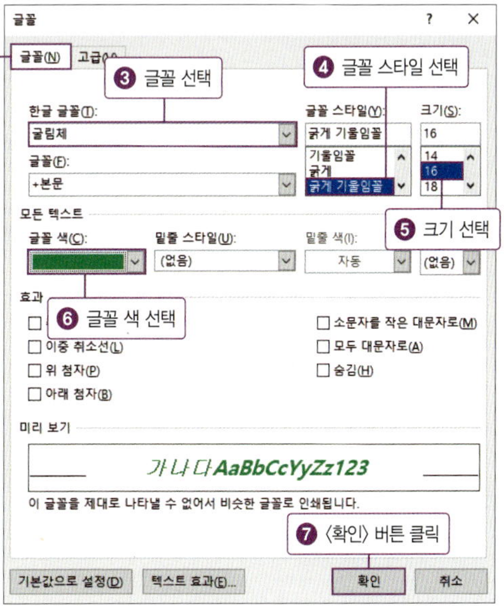

알아두세요 [글꼴] 대화상자의 한글 글꼴에 직접 '굴림체'를 입력해도 된다.

밑줄과 텍스트 강조 색 사용하기

❶ 첫 번째 페이지 중간에 있는 '삼각형의 넓이' 글자를 드래그하여 선택한다.

❷ 〔홈〕 탭의 글꼴 그룹에서 [밑줄] → [굵은 밑줄]을 클릭한다.

❸ [밑줄] → [밑줄 색] → [빨강]을 클릭한다.

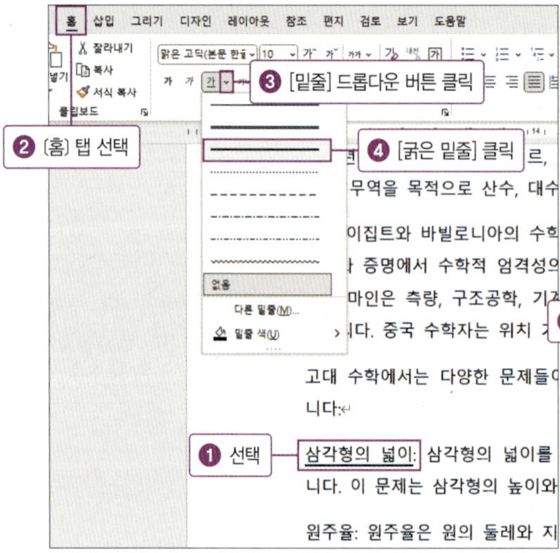

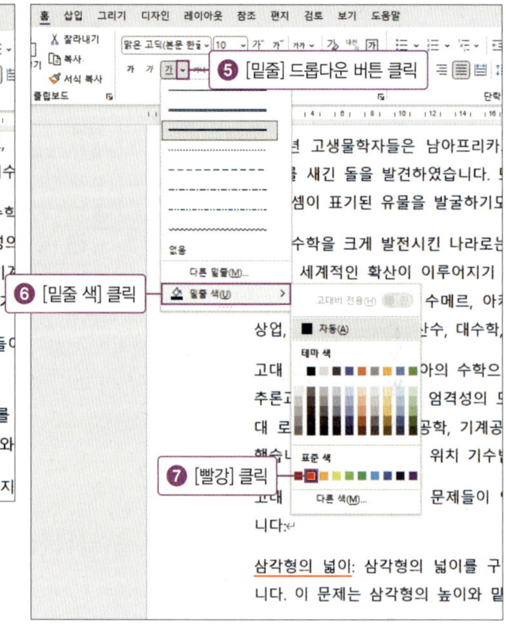

❹ 〔홈〕 탭의 글꼴 그룹에서 [텍스트 강조 색] → [노랑]을 클릭한다.

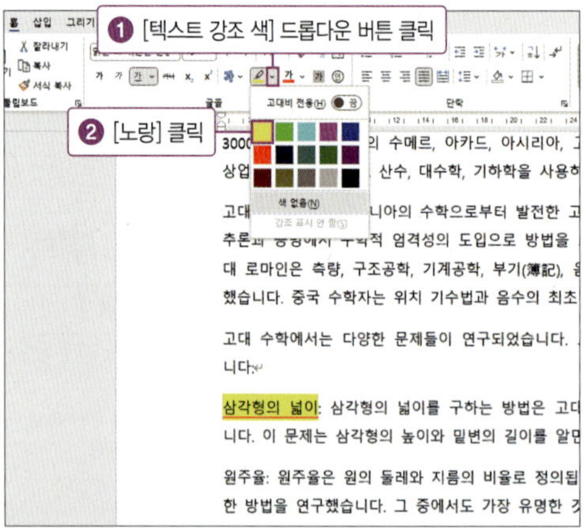

서식 복사하기

❶ '삼각형의 넓이' 글자 앞에 커서를 놓는다.

❷ [홈] 탭의 클립보드 그룹에서 [서식 복사]를 클릭한다.

❸ '원주율[8]' 글자를 드래그해서 서식을 복사한다.

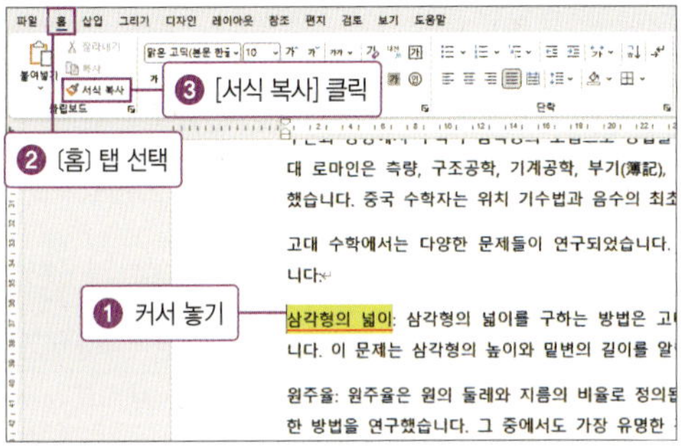

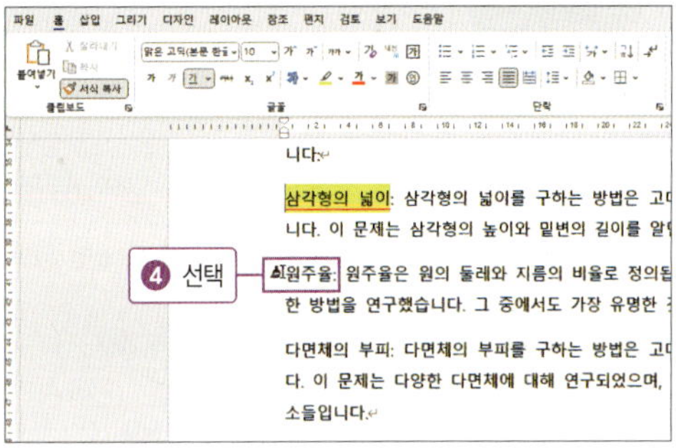

❹ [홈] 탭의 클립보드 그룹에서 [서식 복사]를 더블 클릭한다.

❺ '다면체의 부피[9]', '피타고라스 정리', '이차방정식의 해[10]'를 각각 드래그하여 서식을 복사한다.

❻ 키보드에서 Esc를 누르거나 [홈] 탭의 클립보드 그룹에서 [서식 복사]를 다시 클릭하면 서식 복사가 해제된다.

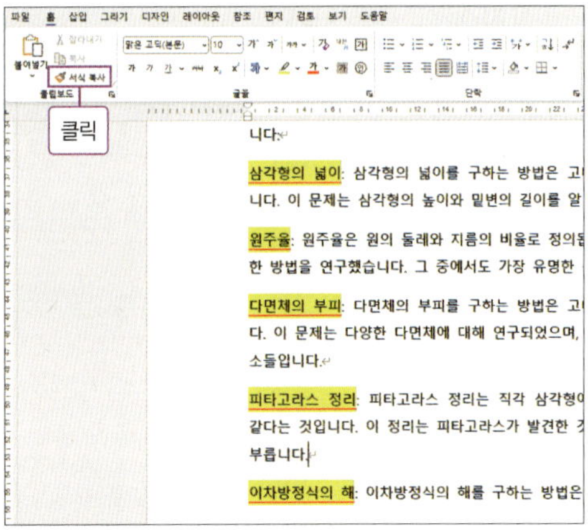

알아두세요 [서식 복사]를 더블 클릭하면 서식을 여러 번 복사할 수 있다.

☑ 작은 연습 4

1. ▇▇▇의 글꼴을 '굴림'으로 바꾼다.
2. 글꼴 크기를 '10pt'로 바꾼다.

---

8 원둘레와 지름의 비로 약 3.14:1이며 기호는 π이다.

9 평면 다각형으로 둘러싸인 입체 도형으로, 평면의 수효에 따라 사면체, 오면체 등이 있다.

10 방정식이나 부등식을 만드는 미지수의 값을 말한다.

7.5

문자 간격과 장평 조정하기

문자 간의 간격이나 장평은 주로 제목 등에서 사용한다. 이번에는 워드에서 문자 간격과 장평을 어떻게 설정하는지에 대하여 배운다.

❶ '❖ 수학에 대하여 ❖' 제목을 드래그한다.

❷ [홈] 탭의 글꼴 그룹에서 [글꼴]을 클릭한다. [글꼴] 대화상자에서 [고급] 탭을 선택한 후 장평을 '150%', 간격을 [좁게], 값을 '1.5pt'로 설정한 다음 〈확인〉 버튼을 클릭한다.

❸ 문자 간격이 좁아지고, 글자가 넓어진 모습을 확인한다.

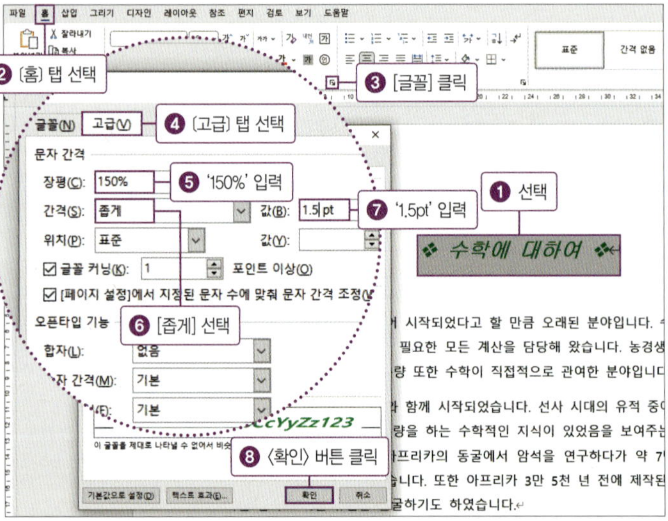

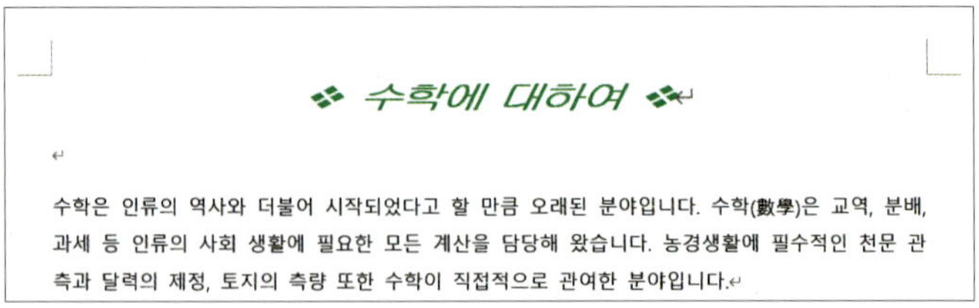

☑ 작은 연습 5

1. ▭의 장평을 '120%'로 조정한다.
2. ▭의 간격을 '넓게', '1.5pt'로 조정한다.

WORD

7.6 첨자, 텍스트 효과와 타이포그래피, 그림자, 윗주, 원 문자, 강조점 사용하기

워드에는 한글 프로그램과는 다르게 텍스트 효과, 타이포그래피, 윗주 등의 표현 방법이 있다. 이외에도 글자에 다양한 효과를 줄 수 있는 방법들이 있다. 이번에는 다양한 효과를 줄 수 있는 글자 편집 방법을 배운다.

첨자 사용하기

❶ 두 번째 페이지 중간에 '(a+b)n' 글자를 찾아 'n'만 드래그하여 선택한다.

❷ **첨자 사용 방법** 1: 〔홈〕 탭의 글꼴 그룹에서 [위 첨자]를 클릭한다.

❸ **첨자 사용 방법** 2: 〔홈〕 탭의 글꼴 그룹에서 [글꼴]을 클릭한다. [글꼴] 대화상자에서 〔글꼴〕 탭의 '위 첨자'를 체크 표시한 다음 〈확인〉 버튼을 클릭한다.

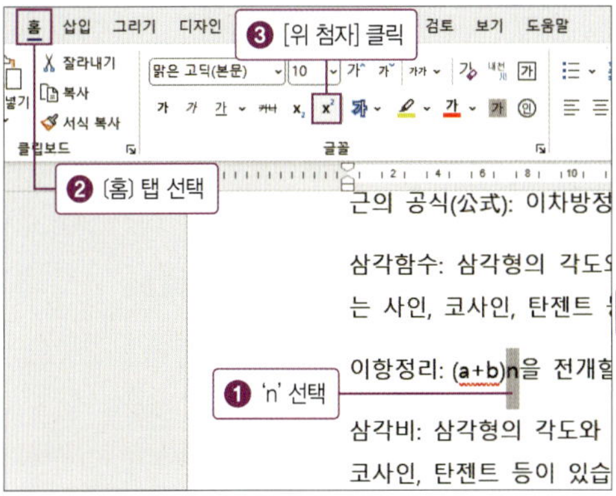

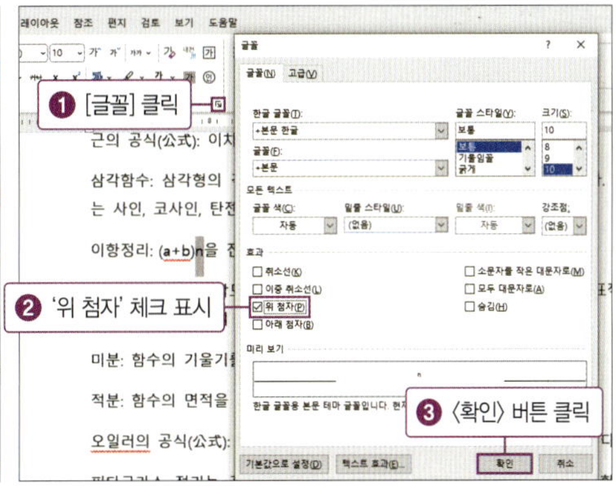

알아두세요 **위첨자 단축 키**

Ctrl+Shift++를 누르면 위첨자가 된다. (단, 숫자패드에 있는 +는 안된다.)

텍스트 효과와 타이포그래피 사용하기

❶ 두 번째 페이지의 '수학에서 사용되는 몇 가지 공식(公式)을 알려드리겠습니다.' 문장을 드래그하여 선택한다.

❷ [홈] 탭의 글꼴 그룹에서 [텍스트 효과와 타이포그래피] → [세 번째 효과]를 클릭한다.

❸ 효과가 사용된 모습을 확인한다.

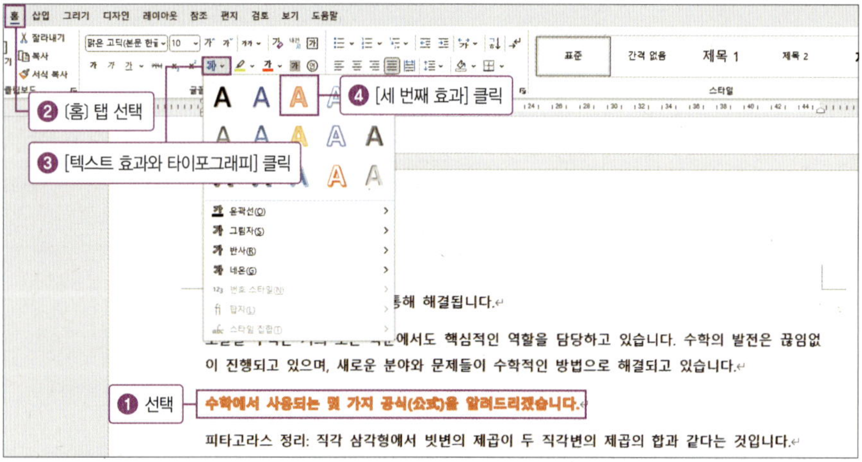

그림자 사용하기

❶ 두 번째 페이지에서 '피타고라스 정리'를 드래그하여 선택한다.

❷ [홈] 탭의 글꼴 그룹에서 [텍스트 효과와 타이포그래피] → [그림자] → 바깥쪽 항목의 [오프셋: 오른쪽 아래]를 클릭한다.

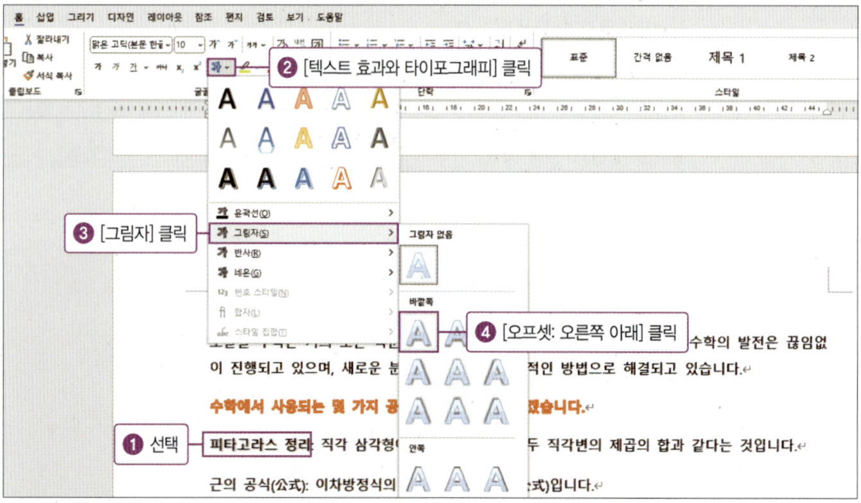

윗주 사용하기

❶ 두 번째 페이지에서 '피타고라스'를 드래그하여 선택한다.

❷ [홈] 탭의 글꼴 그룹에서 [윗주 달기]를 클릭한다.

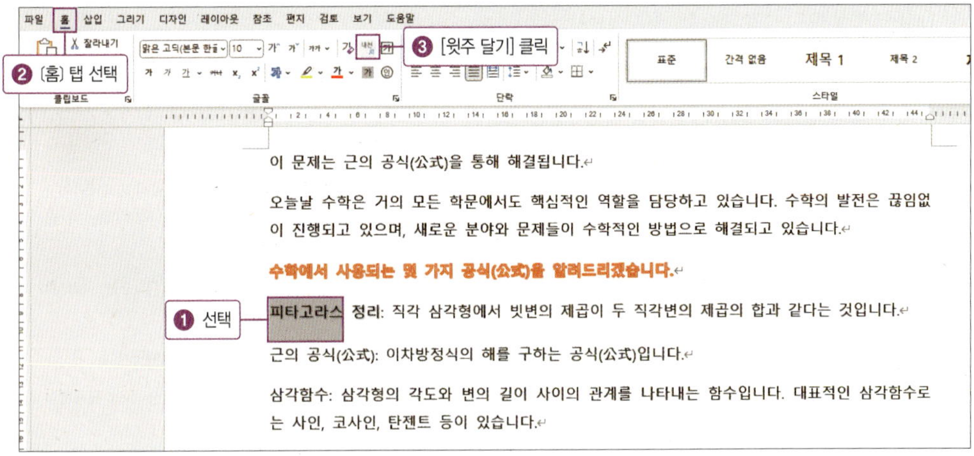

❸ '피' 윗주는 'Py', '타' 윗주는 'tha', '고' 윗주는 'go', '라' 윗주는 'ra', '스' 윗주는 's'를 입력한 다음 〈확인〉 버튼을 클릭한다.

❹ 윗주가 사용된 모습을 확인한다.

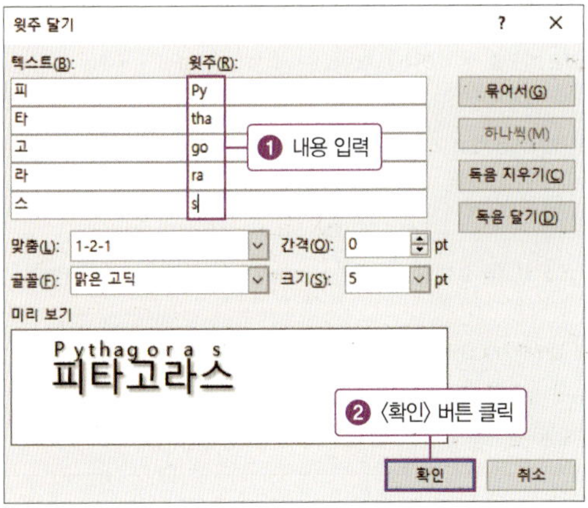

알아두세요 **윗주 달기**

[윗주 달기] 대화상자에서 [묶어서]를 선택하면 단어를 하나의 단위로 인식하여 윗주를 달 수 있고, [하나씩]을 선택하면 선택 범위의 음절마다 윗주를 달 수 있다.

원 문자 사용하기

❶ 세 번째 페이지에서 '수'를 드래그하여 선택한다.

❷ [홈] 탭의 글꼴 그룹에서 [원 문자]를 클릭한다.

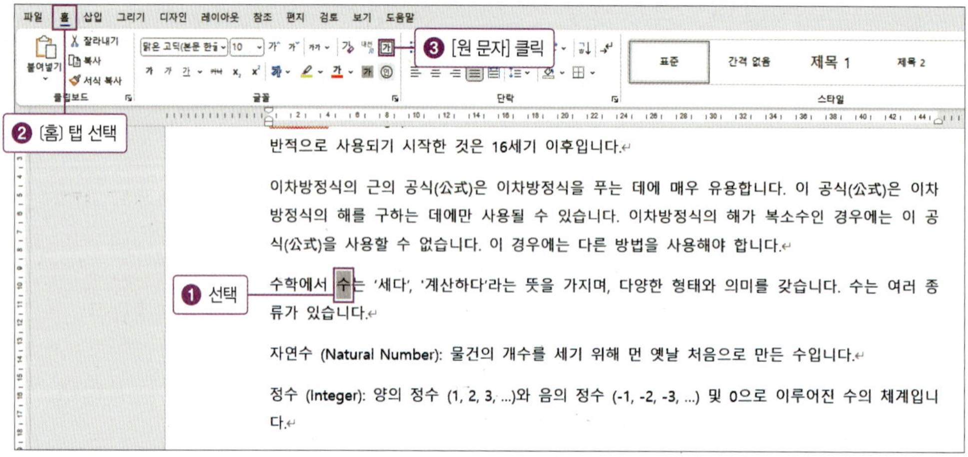

❸ [원 문자] 대화상자에서 스타일은 [기호를 크게], 모양은 [사각형]을 클릭하고 〈확인〉 버튼을 클릭한다.

❹ 글자에 사각형이 사용된 모습을 확인한다.

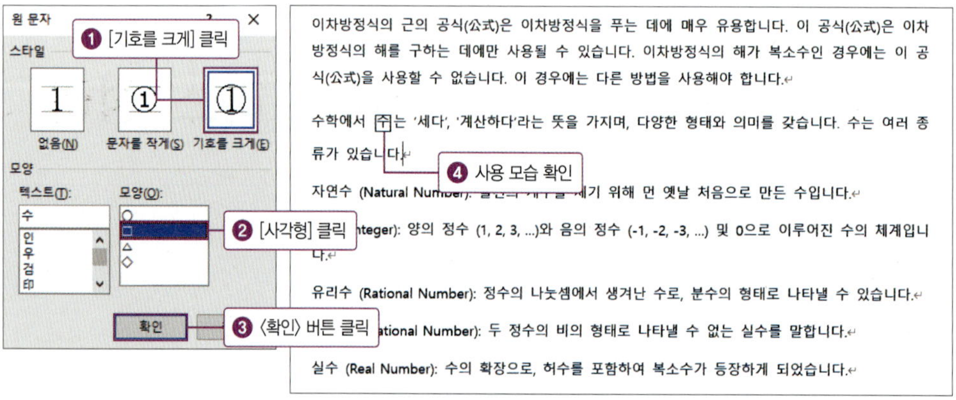

알아두세요 **원 문자**

[원 문자] 대화상자에서 [없음]을 선택하면 원 문자가 해제되어 일반 문자로 바뀐다. [문자를 작게]를 선택하면 원 크기가 현재 글꼴 크기에 맞게 생성되고, [기호를 크게]를 선택하면 원 안의 글자가 현재 글꼴 크기에 맞게 생성된다.

강조점 사용하기

❶ 세 번째 페이지에서 '먼 옛날 처음으로 만든 수'를 드래그하여 선택한다.

❷ 〔홈〕 탭의 글꼴 그룹에서 [글꼴]을 클릭한다.

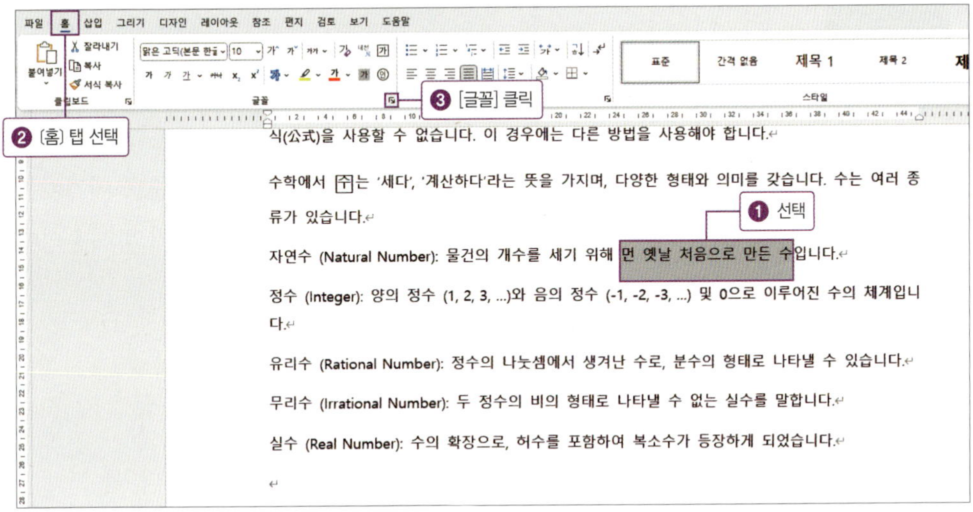

❸ [글꼴] 대화상자의 〔글꼴〕 탭에서 강조점의 [동그라미(두 번째)]를 선택하고 〈확인〉 버튼을 클릭한다.

❹ 글자에 강조점이 사용된 모습을 확인한다.

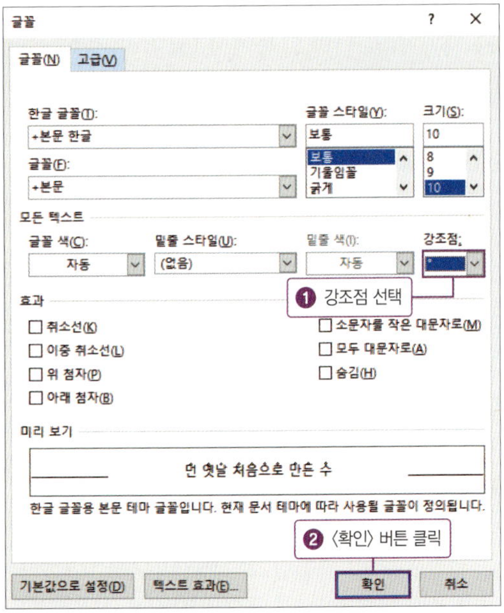

☑ 작은 연습 6

에 '오른쪽 아래 그림자'를 적용한다.

7.7 WORD

글머리 기호와 번호 매기기

글머리 기호는 내용을 간략하게 요약하거나 항목을 나열할 때 사용하며, 번호 매기기는 항목을 순서대로 나열할 때 사용한다. 이번에는 글머리 기호와 번호 매기기의 사용법에 대해 배운다.

글머리 기호 사용하기

❶ 두 번째 페이지의 '피타고라스 정리: ~복소수와 관련된 공식(公式)입니다.'를 드래그하여 선택한다.

❷ 〔홈〕 탭의 단락 그룹에서 [글머리 기호] → [새 글머리 기호 정의]를 클릭한다.

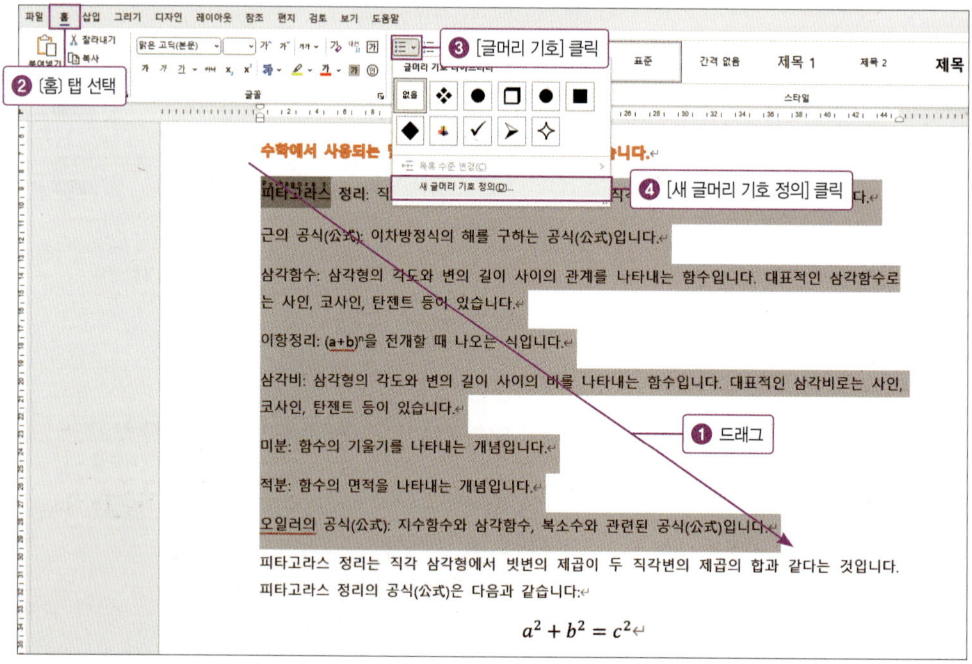

❸ [새 글머리 기호 정의] 대화상자에서 〈기호〉 버튼을 클릭한다.

❹ 글꼴에서 'Wingdings'를 찾아 선택하거나 직접 입력한다.

❺ '□' 기호를 선택하고 〈확인〉 버튼을 클릭한다.

❻ [새 글머리 기호 정의] 대화상자에서 〈확인〉 버튼을 클릭한다.

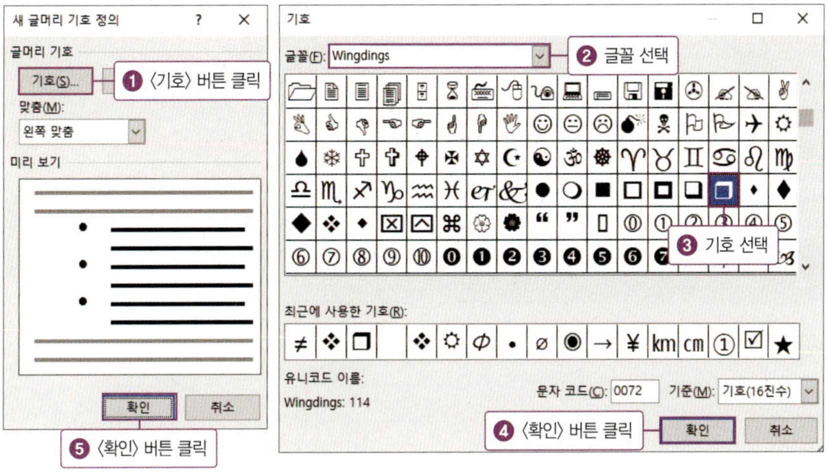

❼ 글머리 기호가 사용된 모습을 확인한다.

수학에서 사용되는 몇 가지 공식(公式)을 알려드리겠습니다.

□ 피타고라스(Pythagoras) **정리**: 직각 삼각형에서 빗변의 제곱이 두 직각변의 제곱의 합과 같다는 것입니다.

□ 근의 공식(公式): 이차방정식의 해를 구하는 공식(公式)입니다.

□ 삼각함수: 삼각형의 각도와 변의 길이 사이의 관계를 나타내는 함수입니다. 대표적인 삼각함수로는 사인, 코사인, 탄젠트 등이 있습니다.

□ 이항정리: $(a+b)^n$을 전개할 때 나오는 식입니다.

□ 삼각비: 삼각형의 각도와 변의 길이 사이의 비를 나타내는 함수입니다. 대표적인 삼각비로는 사인, 코사인, 탄젠트 등이 있습니다.

□ 미분: 함수의 기울기를 나타내는 개념입니다.

□ 적분: 함수의 면적을 나타내는 개념입니다.

□ 오일러의 공식(公式): 지수함수와 삼각함수, 복소수와 관련된 공식(公式)입니다.

피타고라스 정리는 직각 삼각형에서 빗변의 제곱이 두 직각변의 제곱의 합과 같다는 것입니다. 피타고라스 정리의 공식(公式)은 다음과 같습니다:

번호 매기기 1

❶ 첫 번째 페이지에서 '삼각형의 넓이~중요한 문제 중 하나였습니다.'를 드래그해 선택한다.

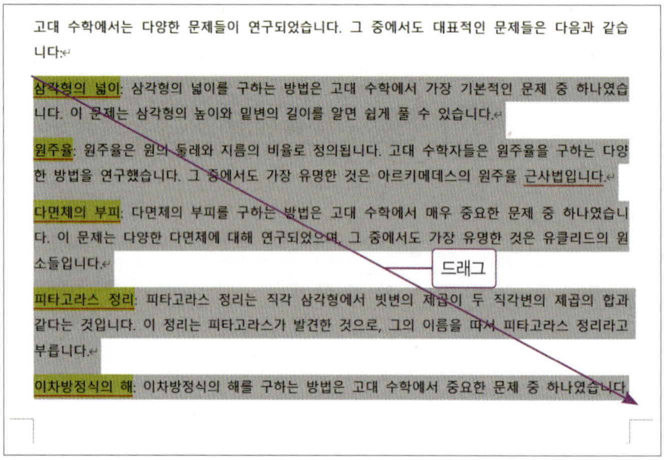

❷ 〔홈〕 탭의 단락 그룹에서 [번호 매기기[11]] → [원 문자 번호]를 클릭한다.

❸ 원 문자 번호 매기기가 사용된 모습을 확인한다.

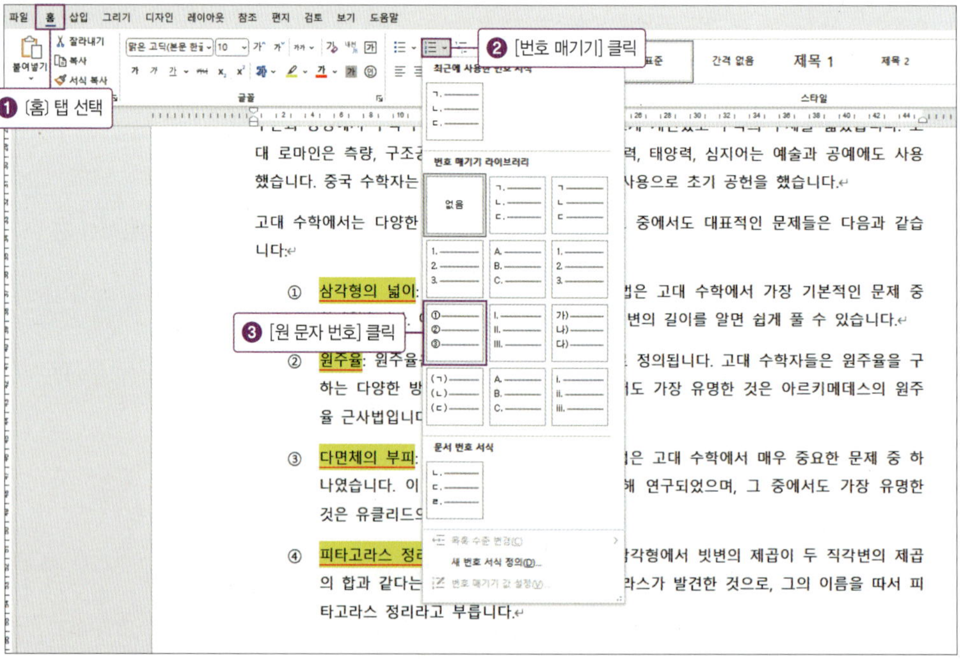

---

11 숫자나 표지를 적어서 넣는다.

번호 매기기 2

❶ 세 번째(마지막) 페이지의 '자연수[12] (Nature Number)~등장하게 되었습니다.'를 드래그하여 선택한다.

❷ [홈] 탭의 단락 그룹에서 [번호 매기기] → [새 번호 서식 정의]를 클릭한다.

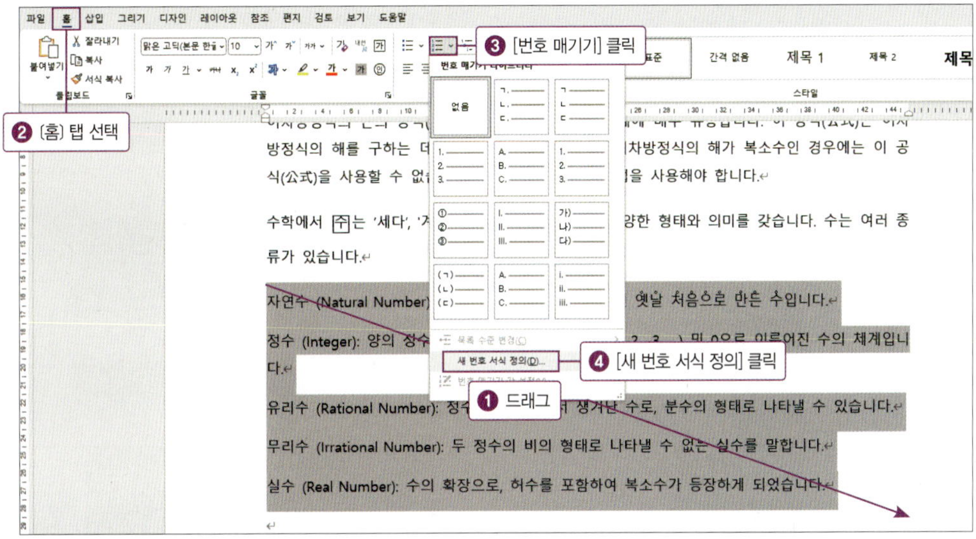

❸ [새 번호 서식 정의] 대화상자에서 번호 스타일을 [ㄱ, ㄴ, ㄷ ...]으로 선택한다.

❹ 번호 서식에서 'ㄱ' 다음에 '.'을 입력한 다음 〈확인〉 버튼을 클릭한다.

❺ 'ㄱ, ㄴ, ㄷ' 스타일의 번호 매기기가 사용된 모습을 확인한다.

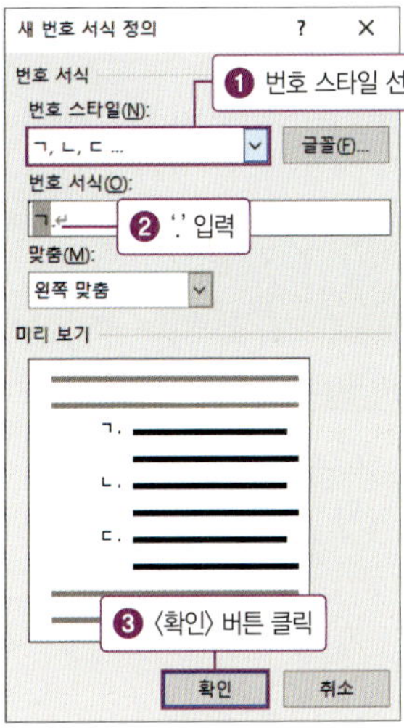

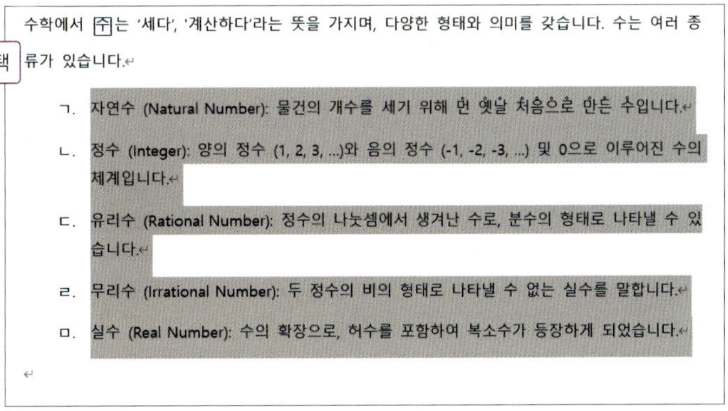

12 계속해서 이어지는 자연수의 열로, 1, 2, 3, 4, 5…이다.

새 번호로 시작하기

❶ [홈] 탭의 단락 그룹에서 [번호 매기기] → [번호 매기기 값 설정]을 클릭한다.

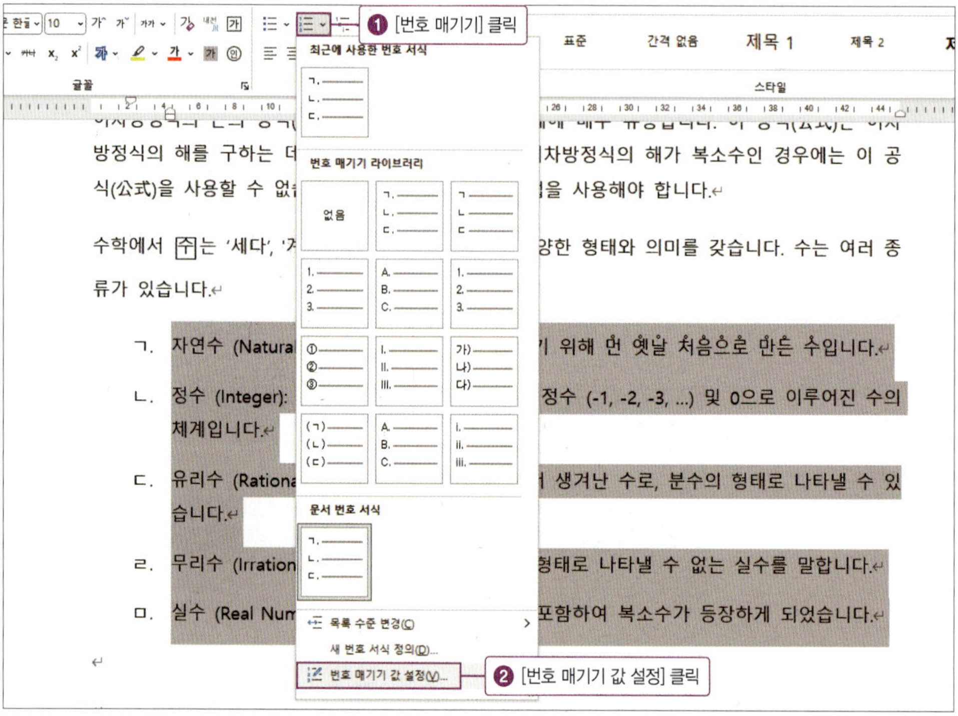

❷ [번호 매기기 값 설정] 대화상자에서 시작 번호를 'ㄴ'으로 바꾸고 〈확인〉 버튼을 클릭한다.

❸ 번호 매기기가 'ㄴ'부터 시작하는 것을 확인한다.

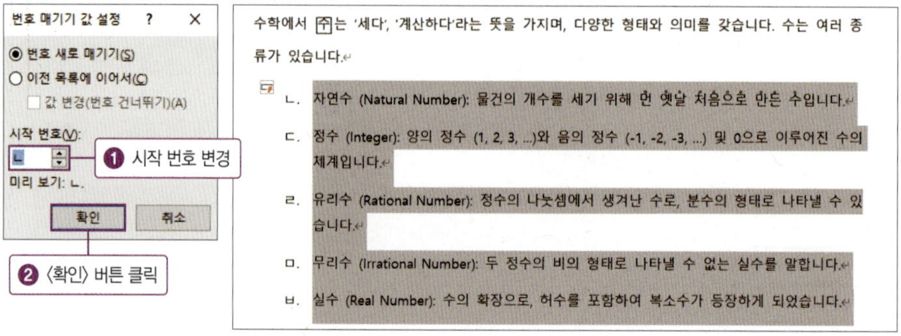

작은 연습 7

에 ①로 시작하는 번호 매기기

7.8 활용하기 1

다음 조건에 맞게 문서를 수정하세요.

- ▭의 글꼴 크기를 '25pt'로 수정하기
- ▭의 '논쟁[13]'을 한자로 변환하기
- ▭의 장평을 '150%', 간격을 '넓게', 값을 '1.5pt'로 수정하기
- '고래[14] 포경'에 윗주로 'whale whaling' 추가하기
- ▭의 글꼴 크기를 '13pt'로 수정하기
- '찬성과 반대 의견'을 찾아 '찬반 의견에 대하여'로 변경하기

7.9 활용하기 2

다음 조건에 맞게 문서를 수정하세요.

- ▭의 장평을 '150%'로 수정하기
- ▭의 '계약서'를 한자로 변환하기
- 문서의 '실제 거주'를 찾아서 '실거주[15]'로 변경하기
- ▭에 ①로 시작하는 번호 매기기
- 전체 글꼴을 '바탕체'로 변경하기

---

13 다른 의견을 가진 사람들이 자기주장을 말이나 글로 다투다.
14 고래를 잡는 일을 말한다.
15 실제로 살고 있다.

7.10 도움주기

자기소개서[16] 작성 방법

- 목적을 정확하게 알고 작성한다.
- 일화[17]를 중심으로 작성한다.
- 간결 · 명료[18]하게 작성한다.
- 정확한 사실만을 적는다.
- '제', '습니다'를 사용한다.

연습문제 다음의 자기소개서를 수정하세요.

내 성격의 장점은 첫째, 책임감이다. 나는 집안의 장녀라서 동생들에게 모범이 되어야 한다는 생각을 가지고 살았다. 또한 어떤 일을 하더라도 책임을 다해야 한다는 것을 배웠다. 그래서 성인이 된 후 내 인생은 내가 책임을 져야 한다는 생각에 미래를 위해 인턴십, 공모전 등에 참여하여 수상하였다. 둘째는 리더십이다. 학창 시절 반장을 도맡아 했고 대학 시절에는 단과대 학생회장을 했다. 나는 리더십을 나타내는 것은 결단력이라고 생각한다. 내가 어떤 결정을 내려야 할 때는 주변 의견에 귀를 기울이되 결정할 때는 주저함 없이 일을 진행했다. 다만 내 성격이 매우 급한데 일을 할 때 이런 성격이 나오기도 한다. 급한 성격을 고치기는 어렵기 때문에 어떤 일을 할 때 빨리하더라도 완벽하게 하기 위해서 두 번, 세 번 확인하는 습관을 기르고 있다.

↓

16 자기의 이름, 경력, 품성, 계획이나 희망 따위를 적어서 제출하는 글을 말한다.
17 이야기를 말한다.
18 뚜렷하고 분명하다.

8장

단락과 개체 다루기

학 습 목 표

- 단락 수정 방법을 안다.
- 그림을 삽입하는 방법을 이해한다.
- 워드아트(WordArt)를 다루는 법을 배운다.
- 차트를 만들고 수정하는 것을 익힌다.

8.0 알아두기

WORD

워드에서 단락과 개체를 다루기 전에 들여쓰기와 내어쓰기, 단락의 줄 간격 조정, 단락에 음영 색과 테두리를 다루는 방법, 다단 사용법, 그림 삽입과 배치, 워드아트(WordArt)의 다루는 방법, 그리고 차트를 다루는 방법 등에 대한 용어들을 먼저 살펴보자.

용어	그림	설명
글머리 기호	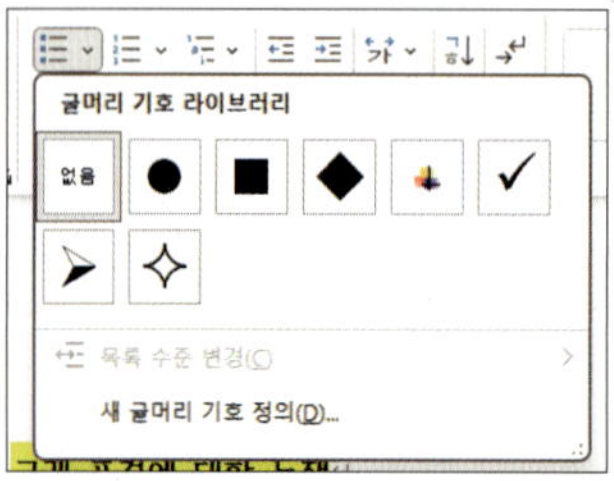	**글머리 기호를 넣다/삭제하다.** 의미: 글 앞에 넣는 기호 예 문단 앞에 있는 글머리 기호를 삭제하세요.
점선	-------------------	**점선을 선택하다, 점선으로 바꾸다.** 의미: 점 또는 짧은 선으로 이루어진 선 예 표 테두리를 점선으로 바꾸세요.
정사각형	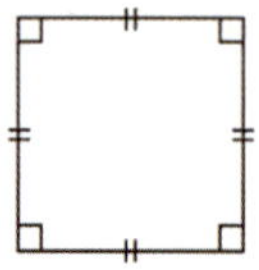	**정사각형을 그리다/넣다/선택하다.** 의미: 길이와 각의 크기가 모두 같은 사각형 예 정사각형을 선택해서 넣으세요.
그라데이션		**그라데이션을 넣다/선택하다, 그라데이션 채우기** 의미: 단계적으로 차이가 있는 것 예 색을 넣을 때 그라데이션 채우기를 선택하세요.
배치	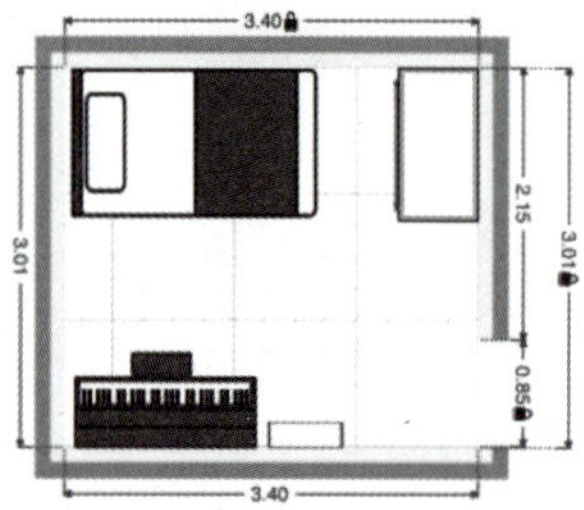	**○○○에 △△△을/를 배치하다.** 의미: 사람이나 물건 등을 일정한 자리에 둠 예 문서에 그림을 배치하세요. 오늘 방에 가구를 배치해야 합니다.
차트	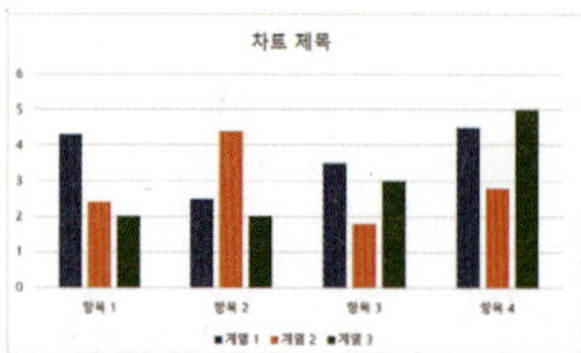	**□□□에 차트를 넣다/빼다.** 의미: 각종 자료를 알기 쉽게 정리한 그래프 예 문서에 차트를 넣고 설명을 추가하세요.

8.1 들여쓰기와 내어쓰기

WORD

들여쓰기와 내어쓰기는 문서 작성에서 중요한 기능이다. 들여쓰기는 주로 문장이 시작할 때 사용되며, 내어쓰기는 제목 아래에 설명이나 본문 등을 작성할 때 유용하다. 이번에는 들여쓰기와 내어쓰기를 사용하는 방법에 대해 배운다.

실습 파일: 08\ch8_1.docx

들여쓰기

08 폴더의 'ch8_1.docx' 파일을 더블 클릭하여 실행한다.

❶ 첫 번째 페이지 아래쪽에서 글머리 기호가 사용된 '가족 구조 변화~문제입니다.'를 드래그하여 선택한다.

❷ **들여쓰기 방법** 1: [홈] 탭의 단락 그룹에서 [들여쓰기]를 클릭한다.

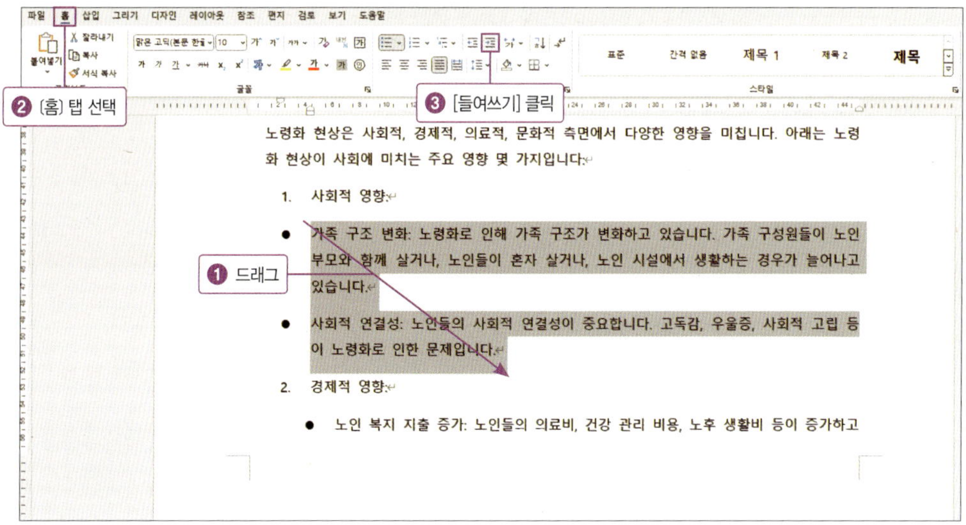

❸ 들여쓰기 방법 2: 〔홈〕 탭의 단락 그룹에서 [단락 설정]을 클릭한다.

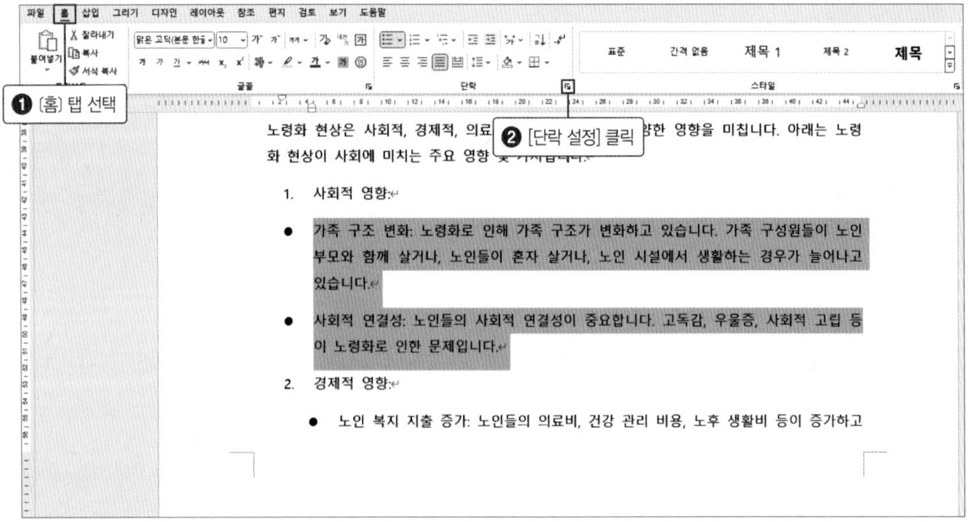

❹ [단락] 대화상자의 〔들여쓰기 및 간격〕 탭에서 들여쓰기 항목의 왼쪽을 '1.41cm'로 설정한 다음 〈확인〉 버튼을 클릭한다.

❺ 들여쓰기한 모습을 확인한다.

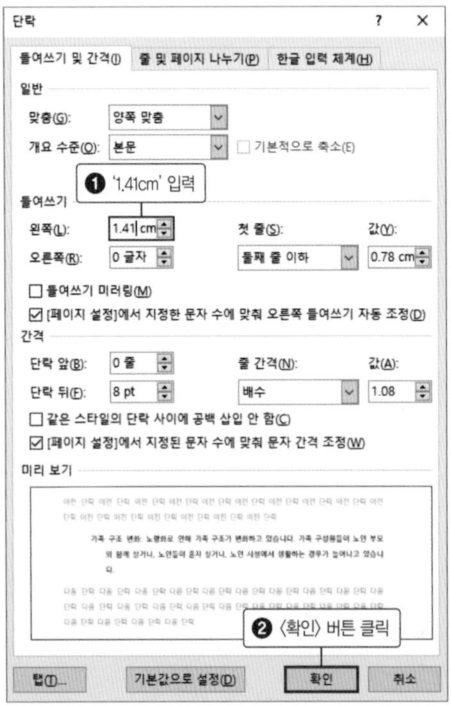

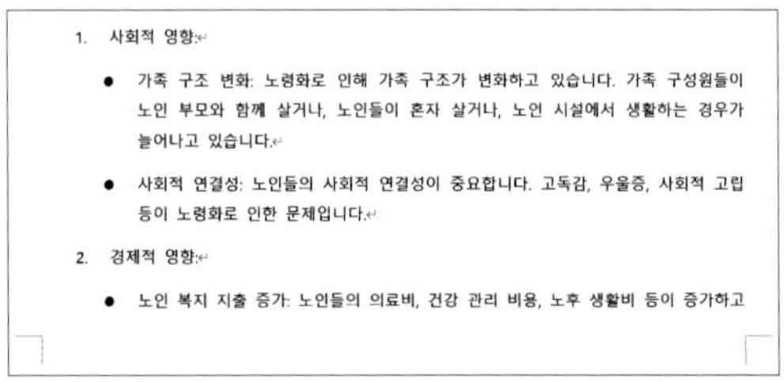

내어쓰기

❶ 첫 번째 페이지 중간에 '노령화[1] 현상은~몇 가지입니다:' 문장을 드래그해 선택한다.

❷ **내어쓰기 방법** 1: 〔홈〕 탭의 단락 그룹에서 [내어쓰기]를 클릭한다.

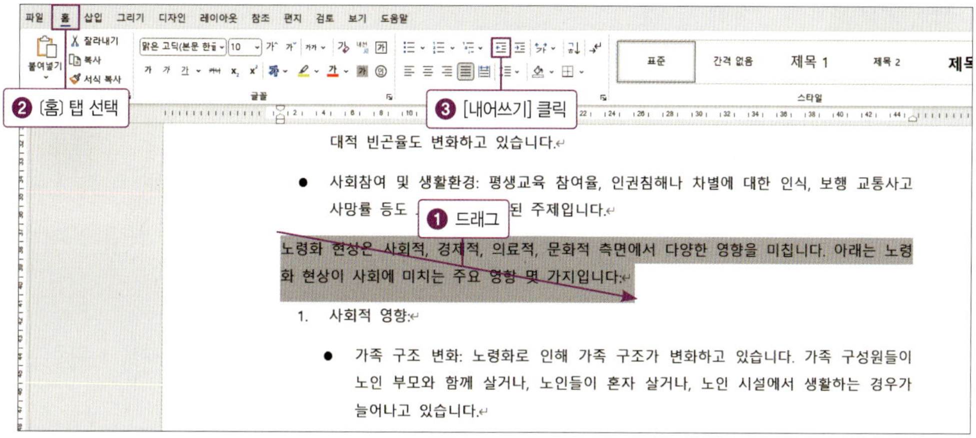

❸ **내어쓰기 방법** 2: 〔홈〕 탭의 단락 그룹에서 [단락 설정]을 클릭한다. [단락] 대화 상자의 〔들여쓰기 및 간격〕 탭에서 들여쓰기 항목의 왼쪽에 '0 글자'를 입력하고 〈확인〉 버튼을 클릭한다.

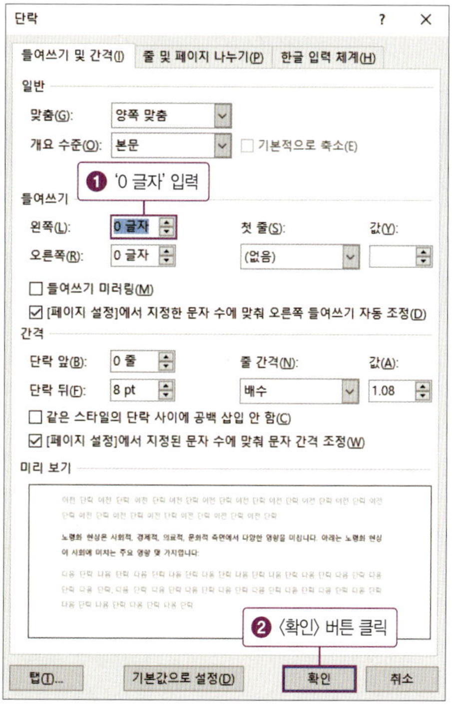

1 어떤 사회의 평균 나이가 많아지는 일을 말한다.

> **작은 연습 1**
>
> 08\작은 연습_어업량.docx
>
> ▬ 부분을 들여쓰기 한다. (들여쓰기: 첫 줄, 값: 2글자)

8.2

WORD

단락 줄 간격 조정하기

단락의 줄 간격 조정은 문서 내 단락과 단락 사이의 간격을 조절하는 것이다. 이를 통해 문서를 더 깔끔하게 정리할 수 있다. 이번에는 단락의 줄 간격을 조절하는 방법에 대해 배운다.

❶ 첫 번째 페이지의 글머리 기호를 사용한 문단을 모두(고령인구 비중 증가: ~관련된 주제입니다.) 드래그한다.

❷ **단락 줄 간격 조정 방법** 1: [홈] 탭의 단락 그룹에서 [선 및 단락 간격] → [1.0]을 클릭한다.

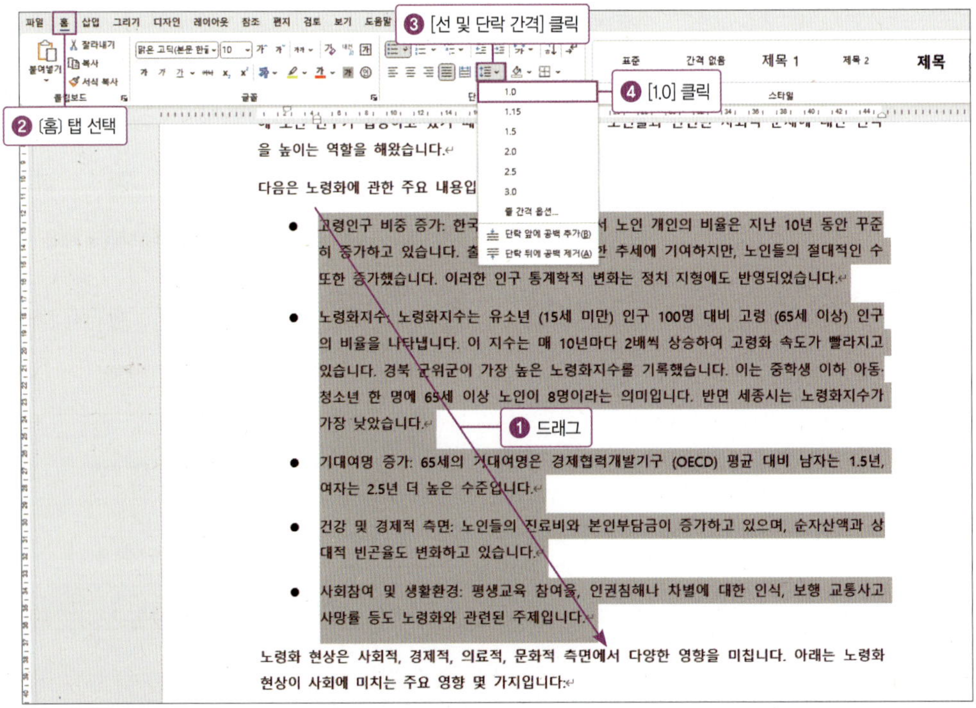

❸ **단락 줄 간격 조정 방법** 2: 〔홈〕 탭의 단락 그룹에서 [단락 설정]을 클릭한다. [단락] 대화상자에서 〔들여쓰기 및 간격〕 탭의 간격 항목에서 줄 간격을 [1줄]로 선택한 후 〈확인〉 버튼을 클릭한다.

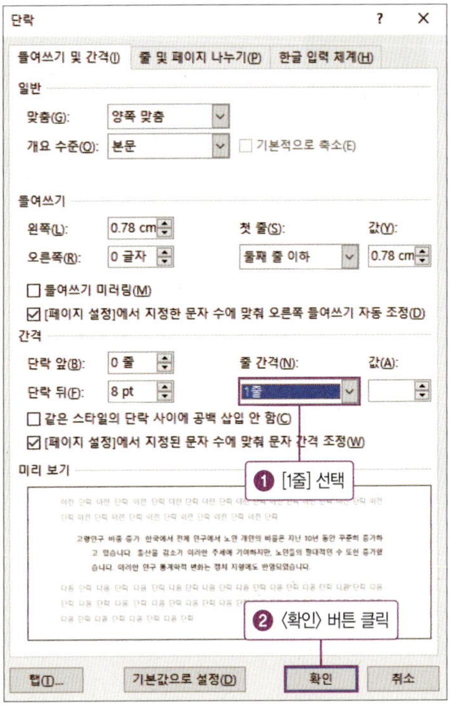

❹ 줄 간격이 달라진 문단을 확인한다.

다음은 노령화에 관한 주요 내용입니다:

- 고령인구 비중 증가: 한국에서 전체 인구에서 노인 개인의 비율은 지난 10년 동안 꾸준히 증가하고 있습니다. 출산율 감소가 이러한 추세에 기여하지만, 노인들의 절대적인 수 또한 증가했습니다. 이러한 인구 통계학적 변화는 정치 지형에도 반영되었습니다.
- 노령화지수: 노령화지수는 유소년 (15세 미만) 인구 100명 대비 고령 (65세 이상) 인구의 비율을 나타냅니다. 이 지수는 매 10년마다 2배씩 상승하여 고령화 속도가 빨라지고 있습니다. 경북 군위군이 가장 높은 노령화지수를 기록했습니다. 이는 중학생 이하 아동·청소년 한 명에 65세 이상 노인이 8명이라는 의미입니다. 반면 세종시는 노령화지수가 가장 낮았습니다.
- 기대여명 증가: 65세의 기대여명은 경제협력개발기구 (OECD) 평균 대비 남자는 1.5년, 여자는 2.5년 더 높은 수준입니다.
- 건강 및 경제적 측면: 노인들의 진료비와 본인부담금이 증가하고 있으며, 순자산액과 상대적 빈곤율도 변화하고 있습니다.
- 사회참여 및 생활환경: 평생교육 참여율, 인권침해나 차별에 대한 인식, 보행 교통사고 사망률 등도 노령화와 관련된 주제입니다.

☑ 작은 연습 2

줄 간격을 [1줄]로 바꾼다.

8.3

WORD

단락 음영 색과 테두리 다루기

단락을 강조하는 방법은 여러 가지가 있다. 그 중에는 단락에 음영 색을 입히거나 테두리를 만들어서 표현하는 것도 있다. 이번에는 단락에 음영 색을 주거나 테두리를 만드는 방법에 대해 배운다.

단락 음영 색 적용하기

❶ 첫 번째 페이지에서 '노령화는 현재 ~ 역할을 해왔습니다.' 문장을 드래그해 선택한다.

❷ 〔디자인〕 탭의 페이지 배경 그룹에서 [페이지 테두리]를 클릭한다.

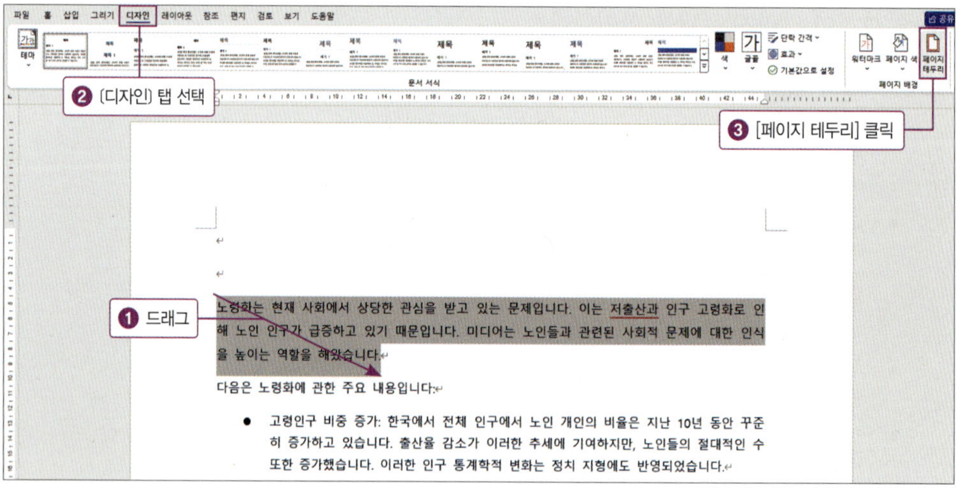

❸ [테두리 및 음영] 대화상자에서 〔음영〕 탭을 선택한다.

❹ 채우기 색으로 [노랑]을 선택한다.

❺ 미리 보기 항목에서 적용 대상으로 [단락]을 선택하고 〈확인〉 버튼을 클릭한다.

❻ 단락에 음영이 적용된 것을 확인한다.

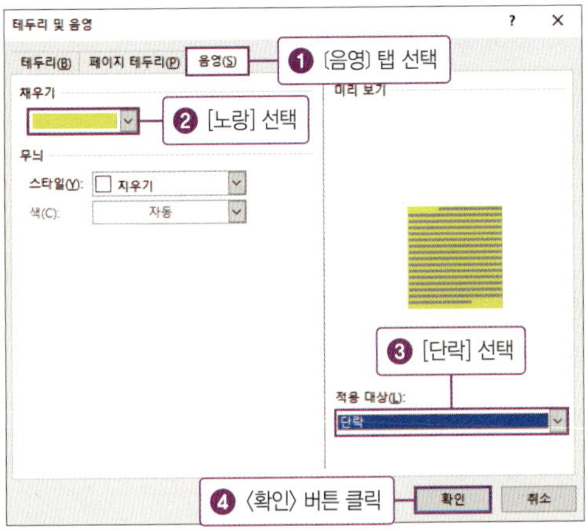

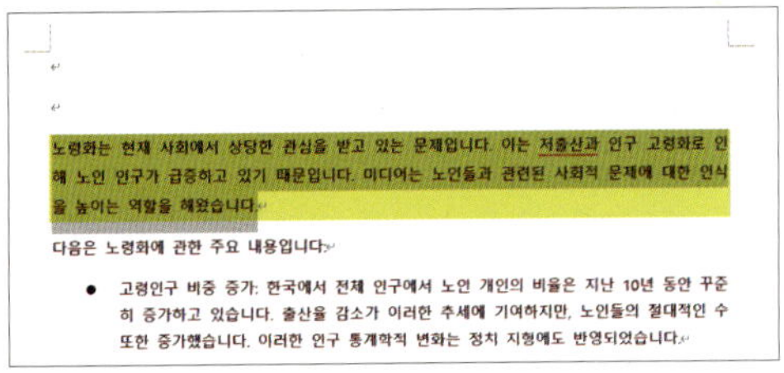

단락 테두리 적용하기

❶ 첫 번째 페이지의 '노령화는 현재 ~ 역할을 해왔습니다.' 문장을 다시 드래그한다.

❷ 〔디자인〕 탭의 페이지 배경 그룹에서 [페이지 테두리]를 클릭한다.

❸ [테두리 및 음영] 대화상자에서 〔테두리〕 탭을 선택한다.

❹ 설정을 [상자], 스타일을 [점선(두 번째 선)], 색을 [진한 파랑], 두께를 '1½pt'로 선택한다.

❺ 미리 보기 항목에서 적용 대상으로 [단락]을 선택하고 〈확인〉 버튼을 클릭한다.

❻ 단락에 테두리가 적용된 것을 확인한다.

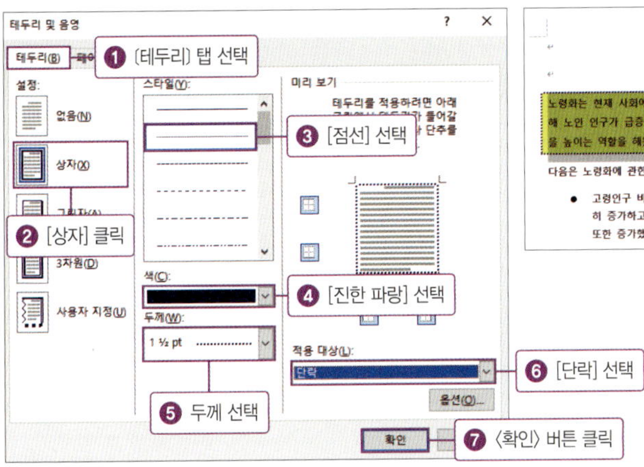

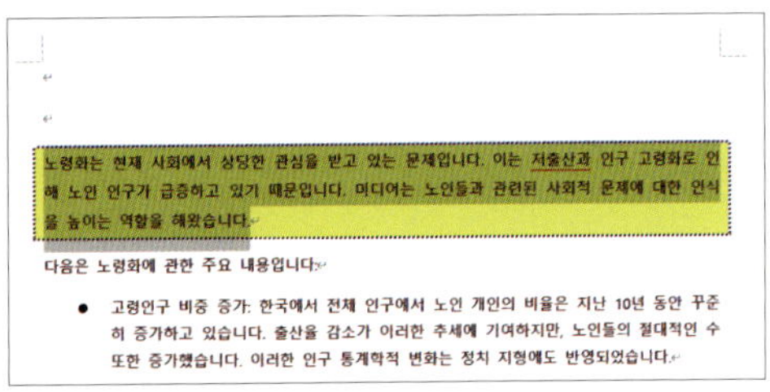

알아두세요

적용 대상 선택

[테두리 및 음영] 대화상자의 적용 대상에서 [텍스트]를 선택하면 텍스트 단위로 적용되고, [단락]을 선택하면 단락 단위로 적용된다. 미리 보기를 확인하고 선택하도록 한다.

작은 연습 3

1. '2023년 어업생산량[2]은~6천 톤(-12.1%) 감소한 것으로 나타났다.'를 드래그한다.
2. '색 채우기'를 없앤다.
3. 테두리를 적용한다. (종류: 실선, 두께: $1\frac{1}{2}$ pt)

2 물고기, 조개, 김, 미역 등을 생산한 양을 말한다.

8.4

WORD

다단 사용하기

다단은 문서를 여러 개의 섹션으로 나누는 기능으로, 긴 문서를 더 구조적으로 정리할 수 있게 한다. 이번에는 워드에서 다단을 어떻게 사용하는지에 대해 배운다.

❶ 첫 번째 페이지에서 아무 곳에 커서를 놓는다.

❷ [레이아웃] 탭을 선택하고 페이지 설정 그룹에서 [단] → [둘]을 클릭한다.

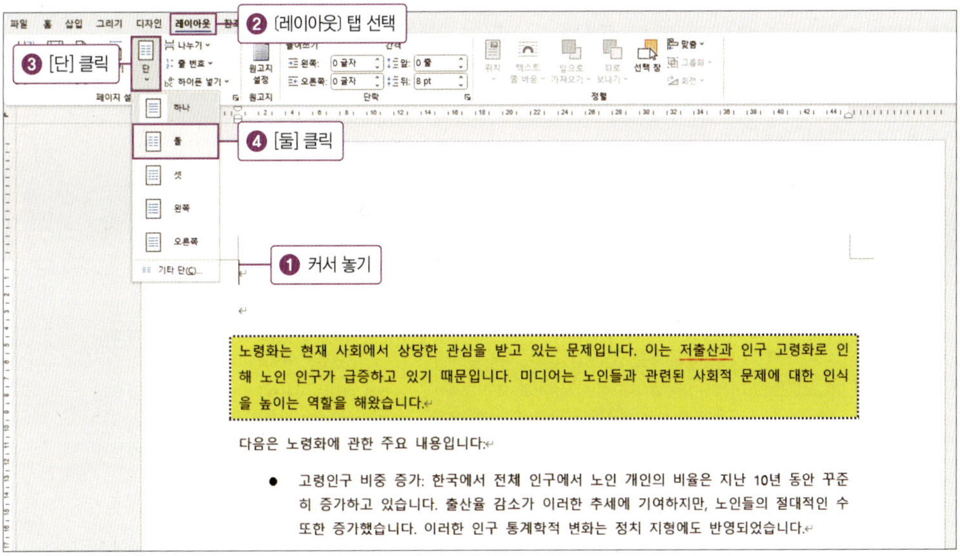

알아두세요 **단 나누기**

문서 전체에 단 나누기를 적용할 때 커서의 위치는 아무 곳이나 상관없지만 구역이 나누어진 문서인 경우 단 나누기를 적용할 구역에 커서를 놓아야 한다.

❸ 단이 두 개로 나누어진 모습을 확인한다.

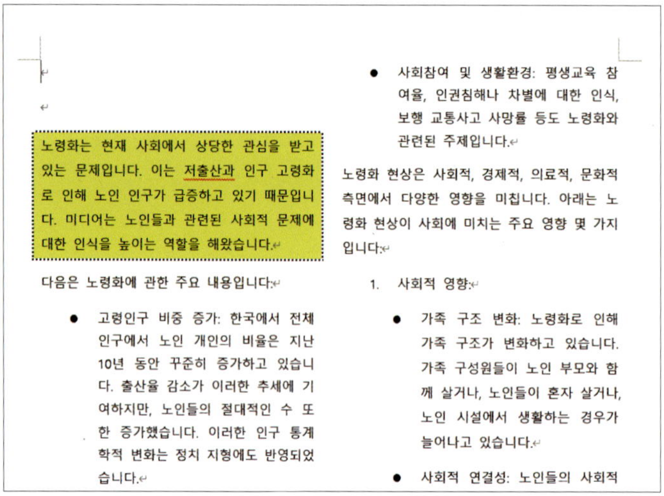

❹ 첫 번째 페이지에서 '노령화 현상은~' 문장 앞에 커서를 놓는다.

❺ [레이아웃] 탭의 페이지 설정 그룹에서 [단] → [기타 단]을 클릭한다.

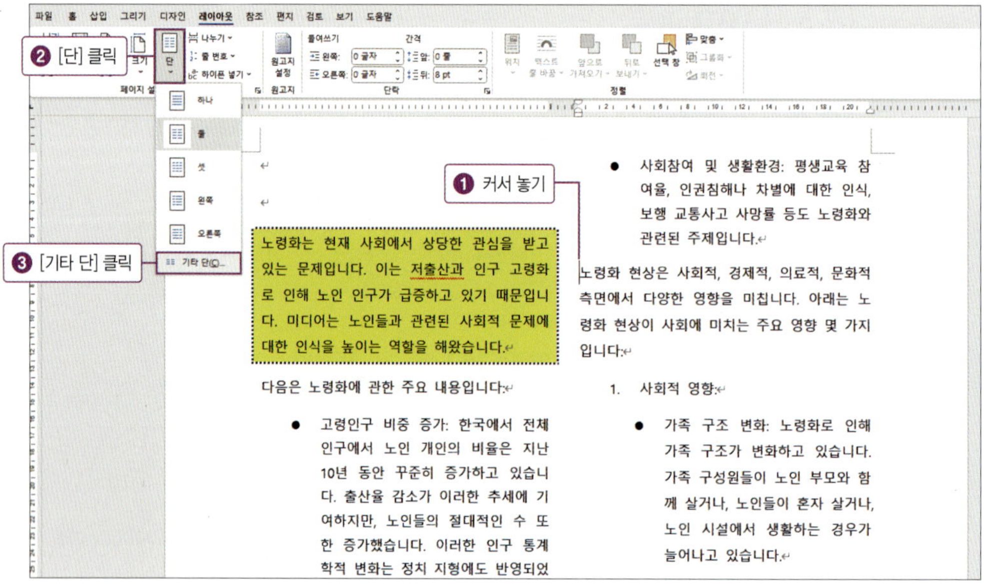

❻ [단] 대화상자에서 '경계선[3] 삽입'을 체크 표시한 다음 적용 대상으로 [현재 위치 다음부터]를 선택하고 〈확인〉 버튼을 클릭한다.

❼ 위와 아래의 두 부분으로 나누어진 것을 확인한다.

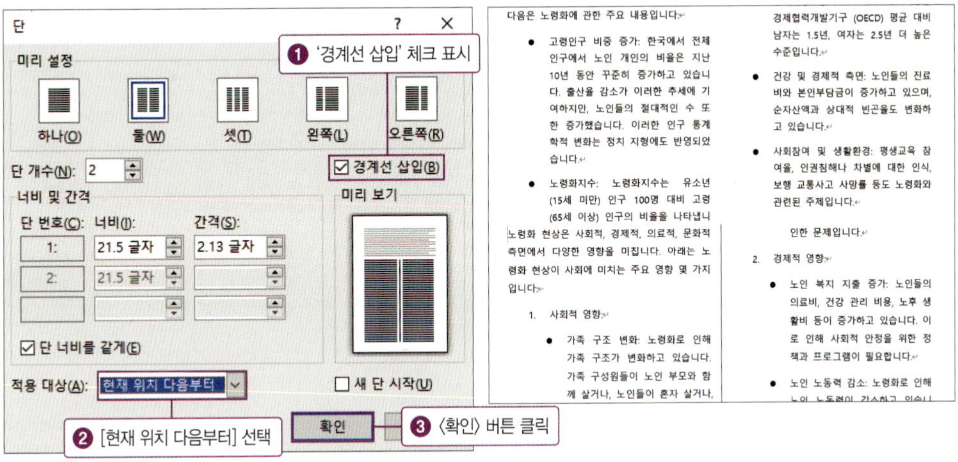

❽ 문서에서 가장 위쪽에 커서를 놓는다.

❾ [레이아웃] 탭의 페이지 설정 그룹에서 [단] → [하나]를 클릭한다.

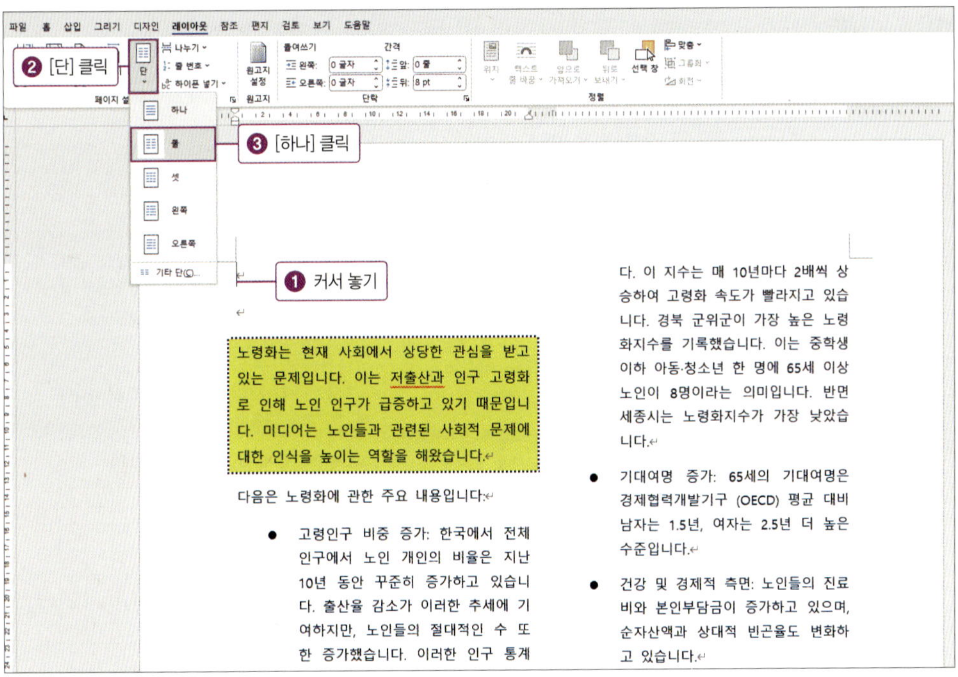

---

3 어떤 부분을 나눌 때 나뉘는 부분을 구분하기 위해 사용되는 선을 말한다.

❿ 단이 하나가 된 것을 확인한다.

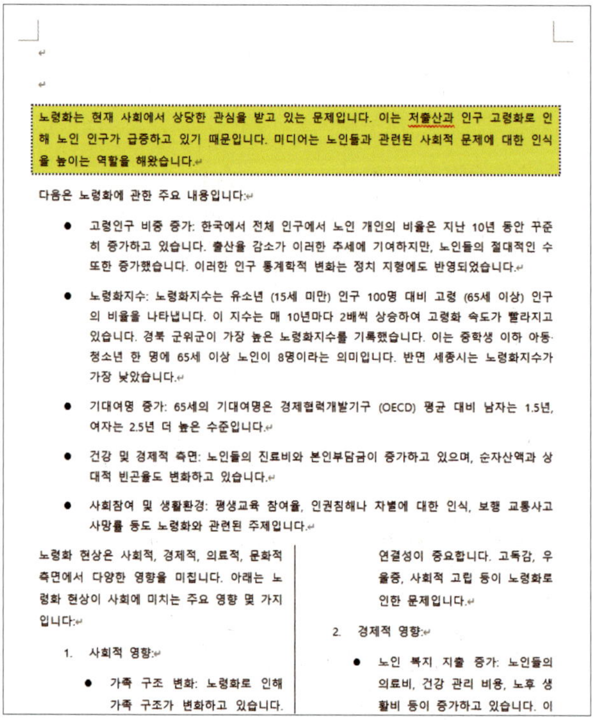

⓫ 두 번째 페이지의 '노령화는 우리 사회의~' 문장 위에 커서를 놓는다.

⓬ [레이아웃] 탭의 페이지 설정 그룹에서 [단] → [기타 단]을 클릭한다.

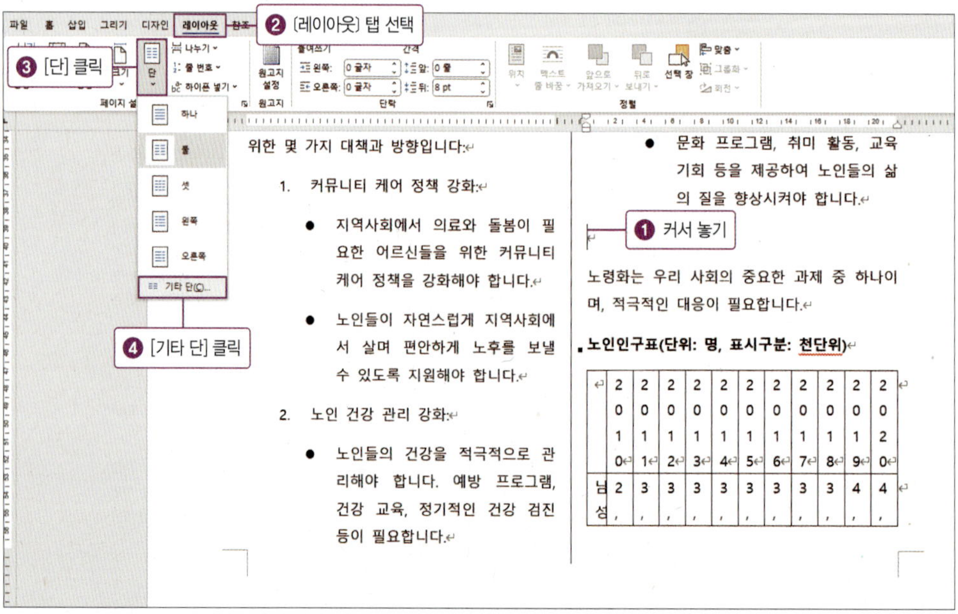

⓭ [단] 대화상자에서 미리 설정 항목의 [하나], 적용 대상의 [현재 위치 다음부터]를 선택한 다음 〈확인〉 버튼을 클릭한다.

⓮ 다른 구역으로 단이 하나가 된 것을 확인한다.

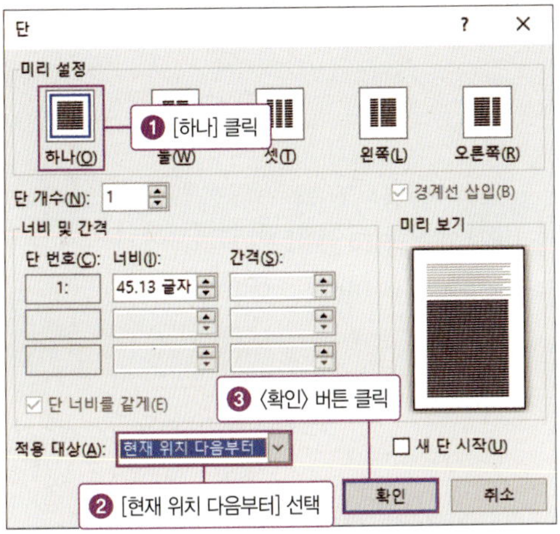

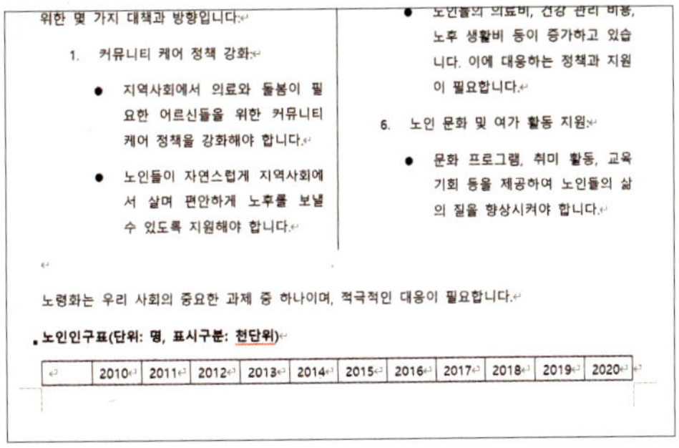

알아두세요 **[단] 대화상자**

적용 대상은 다단을 적용할 위치를 설정하는 것으로 [현재 위치 다음부터]를 선택하면 구역을 나누어 다단을 적용할 수 있고, [문서 전체]를 선택하면 구역에 상관없이 문서 전체에 다단을 적용할 수 있다.

작은 연습 4

두 개의 단을 하나로 바꾼다.

8.5

WORD

그림 삽입과 배치하기

문서에 그림을 삽입하는 것은 한글 프로그램과 마찬가지로 중요한 작업 중 하나이다. 그림을 삽입한 다음 원하는 위치에 배치할 수 있어야 한다. 이번에는 그림을 삽입하고 배치하는 방법에 대해 배운다.

실습 파일: 08\old_persons.jpg

❶ 첫 번째 페이지에서 '다음은 노령화에 관한~' 문장 앞에 커서를 놓는다.

❷ [삽입] 탭의 일러스트레이션 그룹에서 [그림] → [이 디바이스]를 클릭한다.

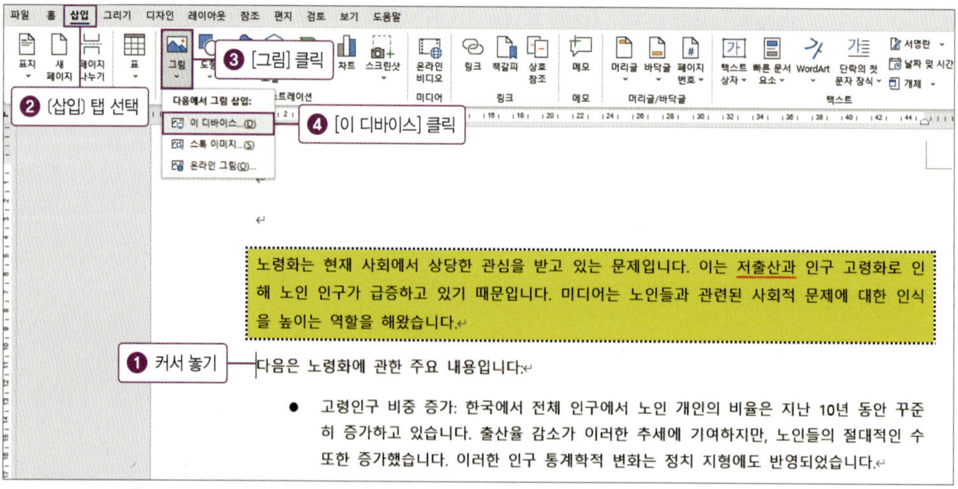

알아두세요 **그림 삽입**

그림을 삽입할 때 커서의 위치에 삽입되고 '텍스트 줄 안'으로 배치된다.

❸ [그림 삽입] 대화상자에서 08 폴더의 'old_persons.jpg' 파일을 선택하고 〈삽입〉 버튼을 클릭한다.

알아두세요 워드(Word) 버전에 따라 [이 디바이스] 선택 없이 [그림 삽입] 대화상자가 열릴 수 있다.

❹ 삽입된 그림을 선택한다.

❺ [그림 서식] 탭을 선택하고 크기 그룹에서 높이를 '3.8cm', 너비를 '5.07cm'로 설정한다.

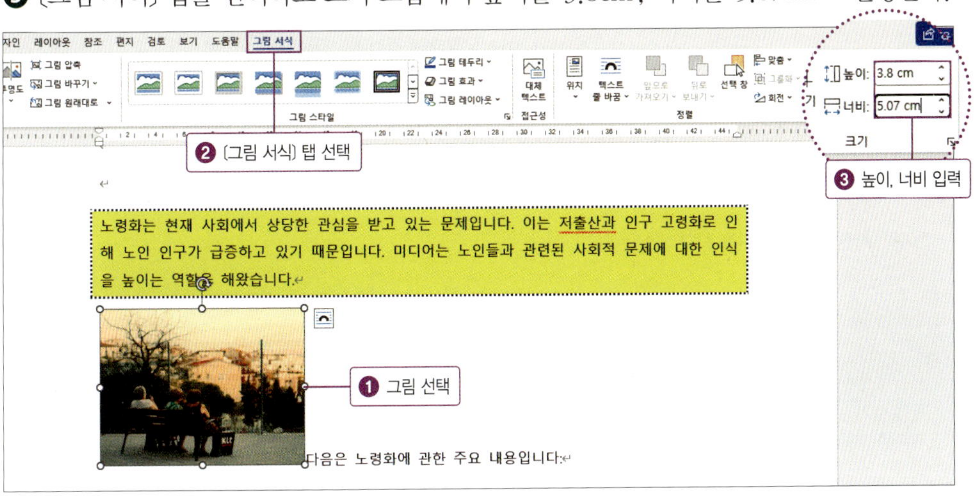

❻ **그림 레이아웃 설정 방법** 1: 〔그림 서식〕 탭의 [정렬] 그룹에서 [텍스트 줄 바꿈] → [정사각형]을 클릭한다.

❼ **그림 레이아웃 설정 방법** 2: 그림 오른쪽 위에 [레이아웃 옵션]을 클릭하고 [정사각형]을 클릭한다.

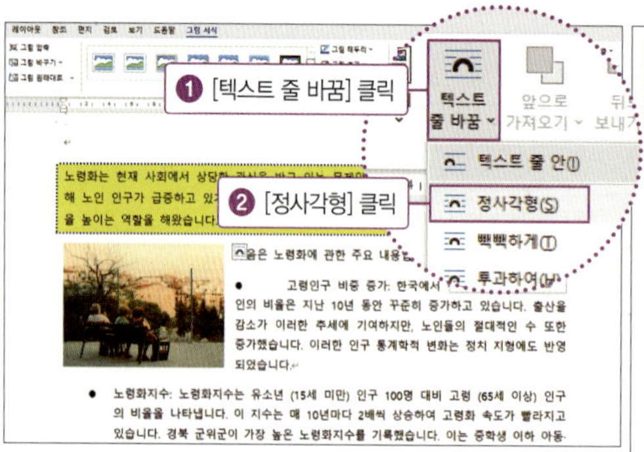

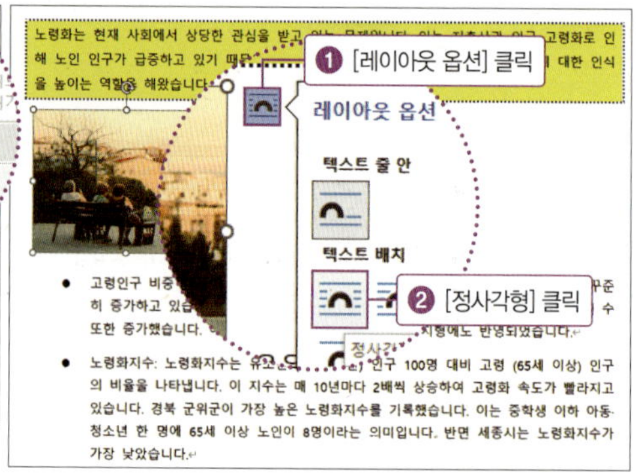

❽ 그림을 오른쪽에 드래그하여 배치한다.

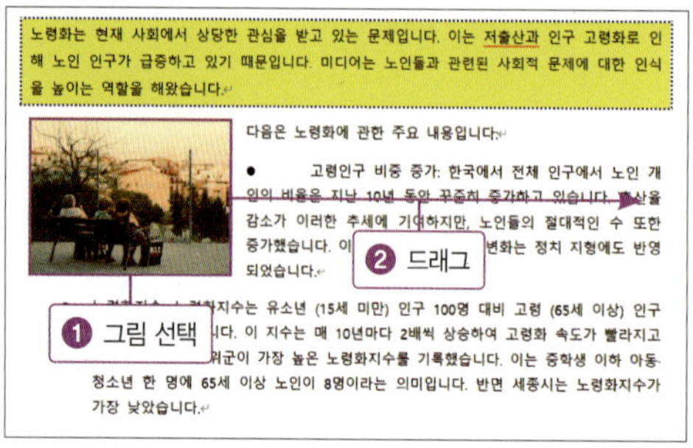

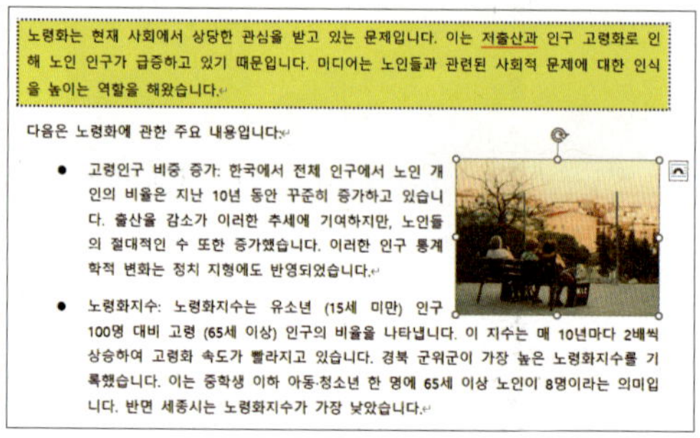

알아두세요 **그림 배치**

글과 그림을 함께 배치할 때는 그림과 글이 너무 가깝게 위치하지 않도록 주의해야 한다. 그림 주변에 약간의 간격을 두고 글을 작성하는 것이 보기에 좋다.

☑ 작은 연습 5

08\작은 연습_어업사진.jpg

어업[4] 사진을 텍스트 왼쪽 상단[5]에 넣는다.

---

4 돈을 벌기 위해 물고기를 잡거나 김, 미역 등을 채취하는 것을 말한다.
5 위쪽을 말한다.

8.6 워드아트(WordArt) 다루기

워드아트는 텍스트를 효과적으로 꾸며주는 기능으로, 특수 효과를 적용하여 그래픽적인 디자인을 추가할 수 있다. 워드아트를 이용하면 다양한 서식을 적용할 수 있고, 간단하게 텍스트를 디자인할 수도 있다. 이번에는 워드아트를 사용하는 방법에 대하여 배운다.

❶ 첫 번째 페이지 상단에 커서를 놓는다.

❷ [삽입] 탭의 텍스트 그룹에서 [WordArt] → [그라데이션 채우기, 황금색]을 클릭한다.

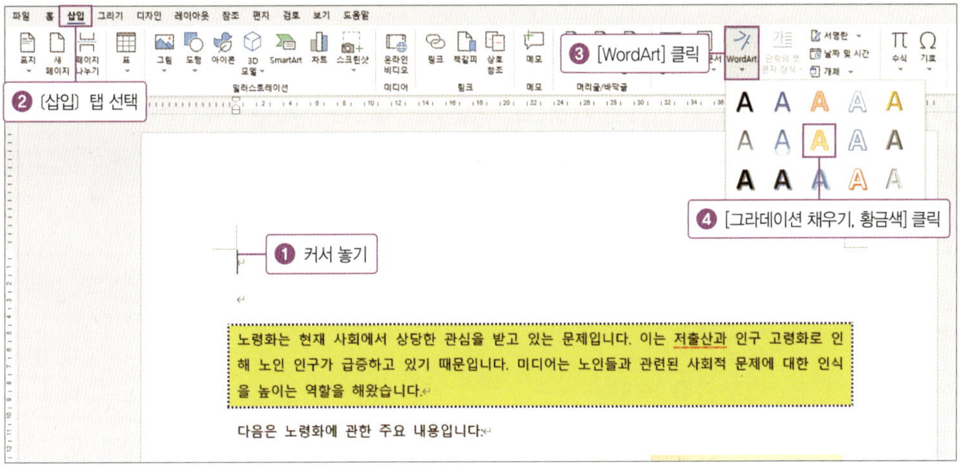

❸ '노령화 문제'를 입력한다.

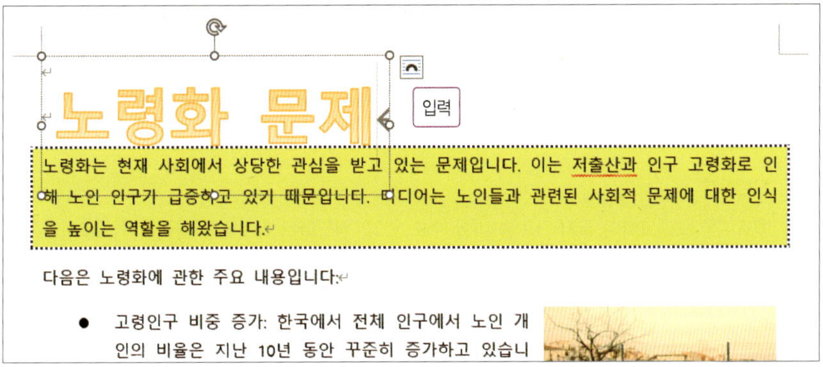

❹ '노령화 문제' 워드아트를 클릭한다.

❺ [도형 서식] 탭의 정렬 그룹에서 [텍스트 줄 바꿈] → [텍스트 줄 안]을 클릭한다.

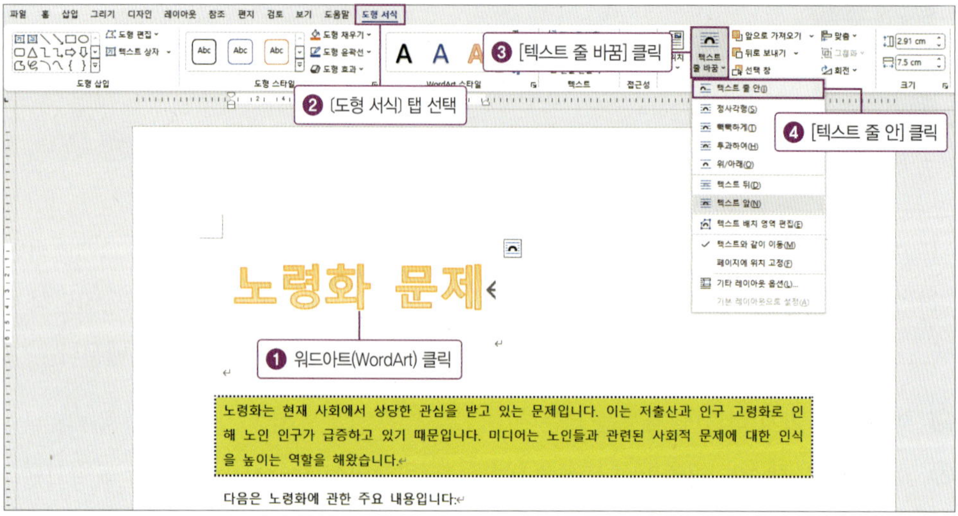

❻ '노령화 문제'를 드래그하여 선택한다.

❼ [홈] 탭의 글꼴 그룹에서 [글꼴 크기]의 드롭다운 버튼을 클릭한 다음 [26]을 클릭한다.

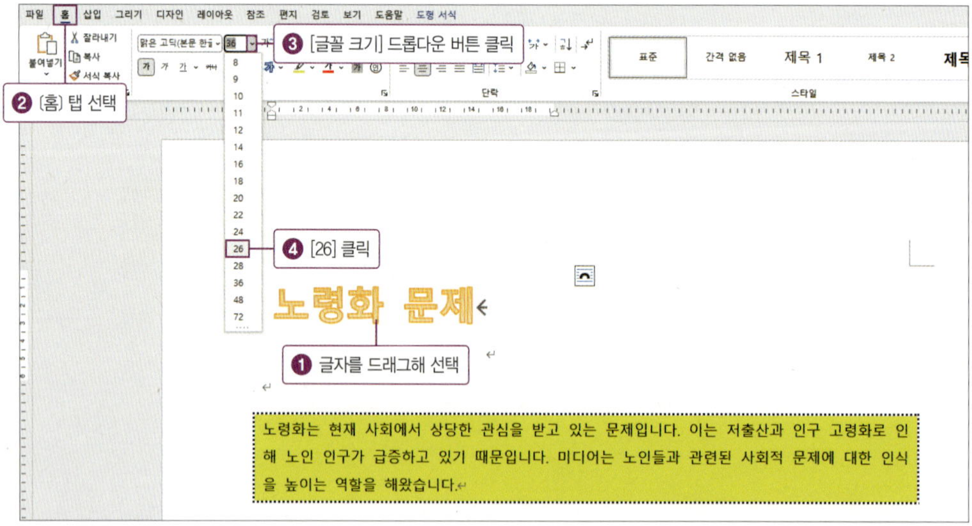

알아두세요 **워드아트**

텍스트를 드래그하여 글자 크기를 바꿀 수도 있고, 워드아트 테두리를 클릭하여 워드아트를 선택한 다음 글자 크기를 바꿀 수도 있다.

❽ '노령화 문제' 워드아트 끝에 커서를 놓는다.

❾ [홈] 탭의 단락 그룹에서 [가운데 맞춤]을 클릭한다.

❿ 완성된 모습을 확인한다.

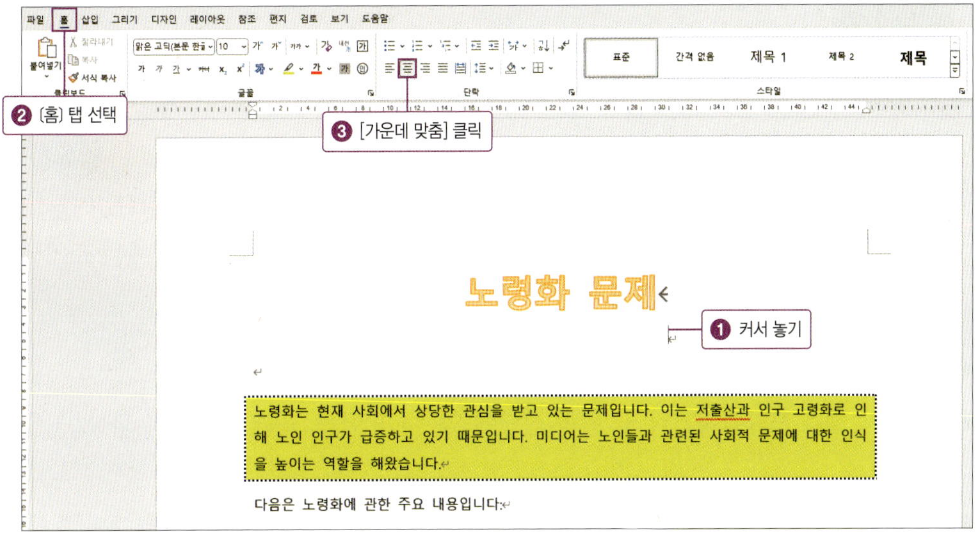

알아두세요 **워드아트 도형 서식**

워드아트 테두리를 클릭하면 [도형 서식] 탭이 나타난다. [도형 서식] 탭을 선택하고 스타일이나 크기 등을 바꿀 수 있다.

작은 연습 6

'2023년 어업생산량 증가' 제목을 워드아트(WordArt)로 바꾼다.
(그라데이션 채우기, 진한 보라)

8 단락과 개체 다루기

WORD

8.7 차트 다루기

워드와 엑셀은 같은 마이크로소프트 제품이므로 차트를 다루는 것이 편리하다. 차트를 만들 때는 엑셀 대화상자를 사용해 표에서 손쉽게 차트를 만들 수 있다. 이번에는 표에서 차트를 만드는 방법에 대해 배운다.

❶ 세 번째 페이지의 표 안에 커서를 놓는다.

❷ 표 전체 셀을 드래그하거나 표 왼쪽 상단에 있는 [표 이동 도구(십자 모양 화살표)]를 클릭한다.

❸ 표 전체 셀이 선택된 것을 확인한다. 단축 키 Ctrl+C를 눌러 복사한다.

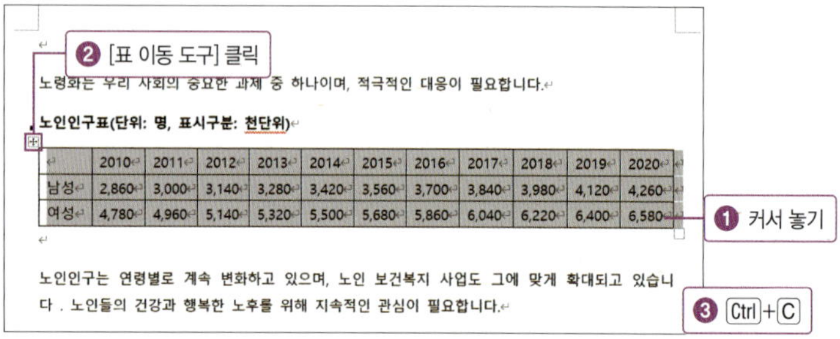

❹ 커서를 페이지 마지막 위치에 놓는다.

❺ [삽입] 탭의 일러스트레이션 그룹에서 [차트]를 클릭한다.

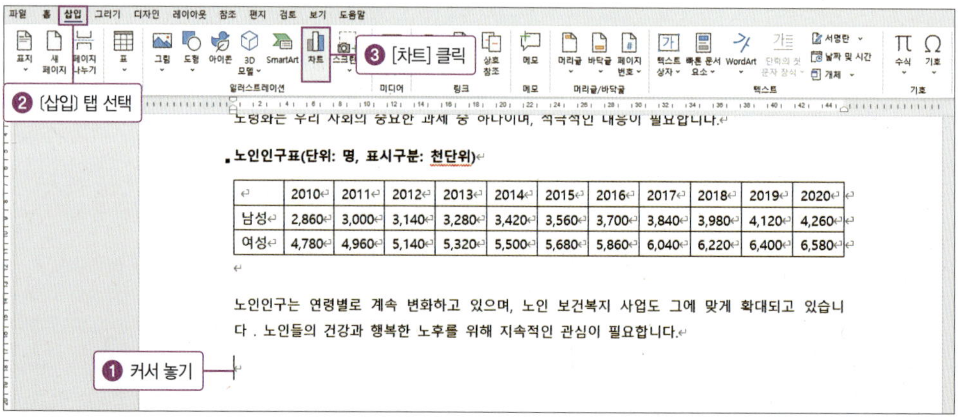

❻ [차트 삽입] 대화상자에서 [세로 막대형]을 클릭한 후 오른쪽에서 [묶은 세로 막대형]을 클릭하고 〈확인〉 버튼을 클릭한다.

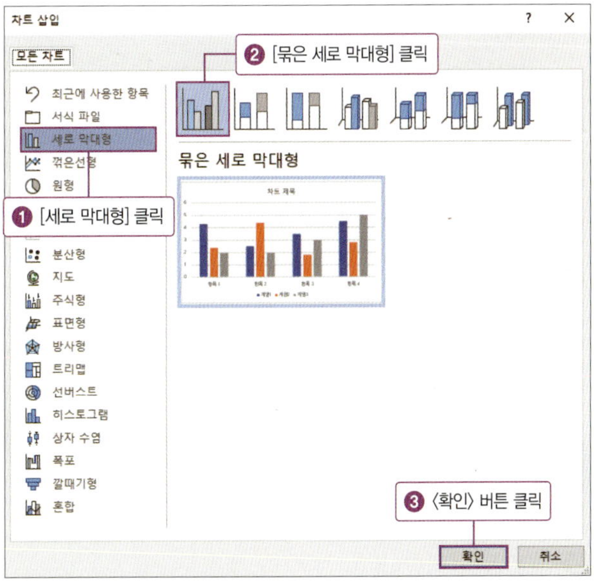

❼ [Microsoft Word의 차트] 엑셀 대화상자에서 4~5행을 선택하고 마우스 오른쪽 버튼을 클릭한 다음 [삭제]를 클릭하여 삭제한다.

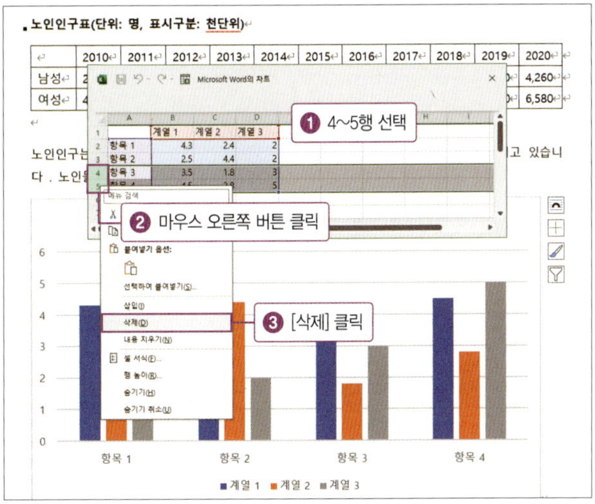

알아두세요 **[Microsoft Word의 차트] 엑셀 대화상자**

[Microsoft Word의 차트] 엑셀 대화상자를 실수로 닫았을 경우 [차트 디자인] 탭을 선택하고 데이터 그룹에서 [데이터 편집] → [데이터 편집]을 클릭하면 다시 [Microsoft Word의 차트] 엑셀 대화상자를 열 수 있다.

❽ [A1] 셀을 선택한 다음 Ctrl +V를 눌러 붙여넣기 한다.

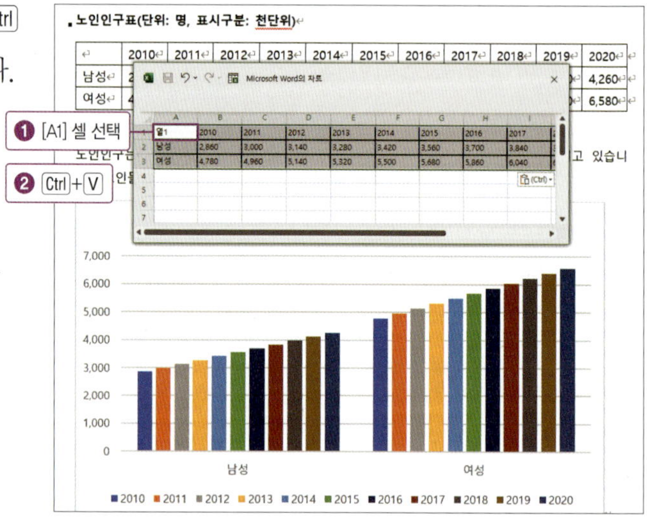

❾ 차트를 선택한다.

❿ [차트 디자인] 탭의 데이터 그룹에서 [행/열 전환]을 클릭한다.

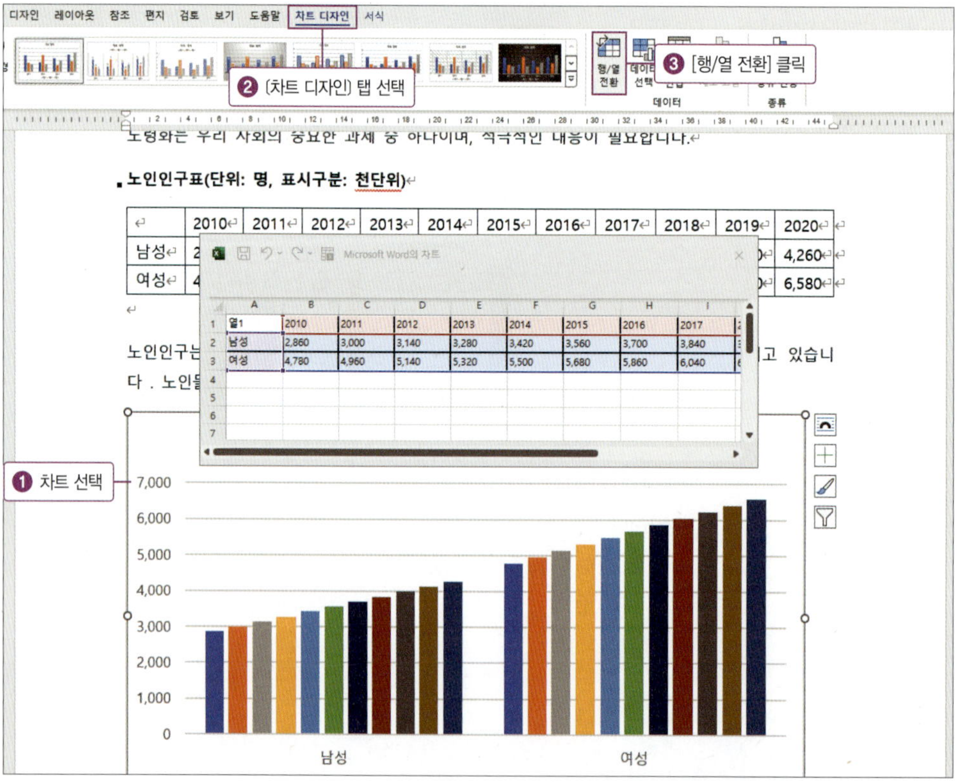

⓫ [Microsoft Word의 차트] 엑셀 대화상자를 닫는다.

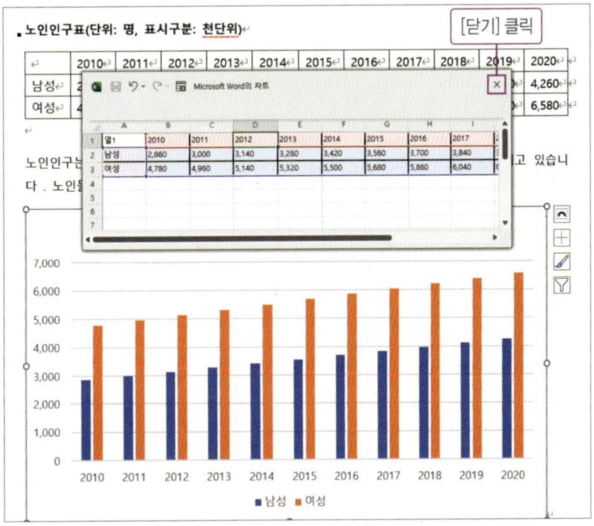

⓬ 차트를 선택하고 '차트 제목'을 클릭한다. '차트 제목'을 '노인인구표'로 바꾼다.

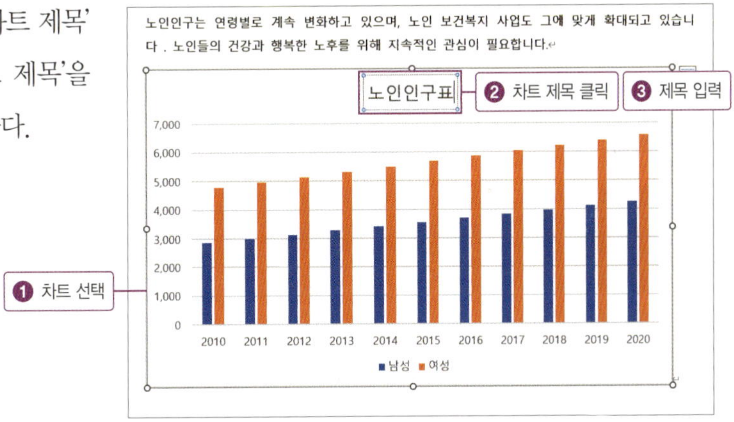

작은 연습 7

문서의 표를 차트(막대그래프)로 바꾼다.

8.8 활용하기 1

다음 조건에 맞게 문서를 수정하세요.

- 첫 줄 두 글자 들여쓰기 설정하기
- 서론의 단을 하나로 수정하기
- 고래 사진을 서론 부분의 오른쪽 상단에 배치하기
- ▇▇▇ 부분의 내용을 원형 그래프로 추가하기

8.9 활용하기 2

다음 조건에 맞게 문서를 수정하세요.

- ▇▇▇부분을 워드아트(WordArt)로 수정하기(그라데이션 채우기, 주황, 글꼴 크기: 34pt)
- ▇▇▇부분 가운데 정렬하기
- ▇▇▇부분 7.34cm 들여쓰기
- ▇▇▇부분 줄 간격 1.5pt로 수정하기
- 헬스장 사진을 오른쪽 하단에 배치하기

8.10 도움주기

한글 프로그램, 워드에 그림이나 사진 넣기

- 그림과 사진은 모두 제목에 '그림'으로 적는다.
- 그림과 사진의 제목은 그림 하단에 적는다.
- 그림의 제목은 명사형으로 끝난다

  예 〈그림1. 한국의 가을〉　〈그림2. 한국대학교 전경〉
- 그림과 사진은 〈그림1. 제목〉, 〈그림2. 제목〉처럼 순서대로 번호를 적는다.

연습문제 **다음 그림의 제목을 만들어 봅시다.**

1. 〈　　　　〉

〈　　　　〉

2. 〈　　　　〉

〈　　　　〉

3. 〈　　　　〉

〈　　　　〉

4. 〈　　　　〉

〈　　　　〉

알아두세요 **한글 프로그램, 워드 자료 추가**

- 표의 제목은 표 상단에 적는다.
- 그림의 제목은 그림 하단에 적는다.
- 표는 표대로, 그림은 그림대로 번호를 적는다.
- 표와 그림의 제목은 명사형[6]으로 끝난다.

  예) 〈표1. 2023년 어업생산량 변화〉　〈그림1. 한국대학교 전경〉

6 동사와 형용사에 '–(으)ㅁ', '–기'가 붙어서 명사처럼 사용하는 것이다. '올림, 먹음, 읽기' 등이 예이다.

9장

표와 페이지 다루기

학 습 목 표

- 표를 만들고 수정하는 방법을 안다.
- 페이지 관련 기능의 사용 방법을 익힌다.

9.0 알아두기

워드에서 표와 페이지를 다루기 위해 표 작성과 수정, 표 다루기, 페이지 다루기, 페이지 구역 사용, 각주와 미주 사용, 머리글과 바닥글 사용, 페이지 번호를 삽입하는 방법 등을 알아보기 전에 먼저 용어들을 살펴보자.

임의	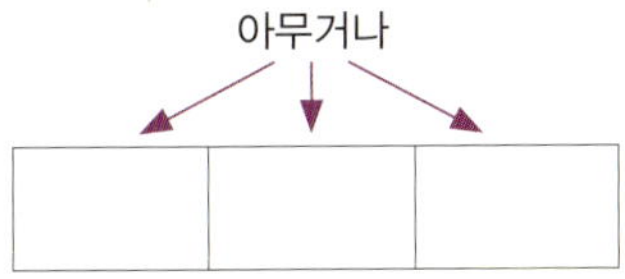	**○○○을/를 임의로 ◇◇◇하다.** 의미: 대상이나 장소를 정하지 않음 예 임의의 셀을 선택해 주세요.
분할	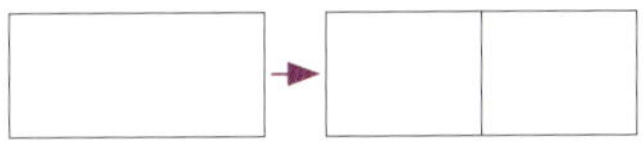	**△△△을/를 분할하다.** 의미: 나누어서 쪼갬 예 표를 분할해서 두 개로 나누세요.
구역	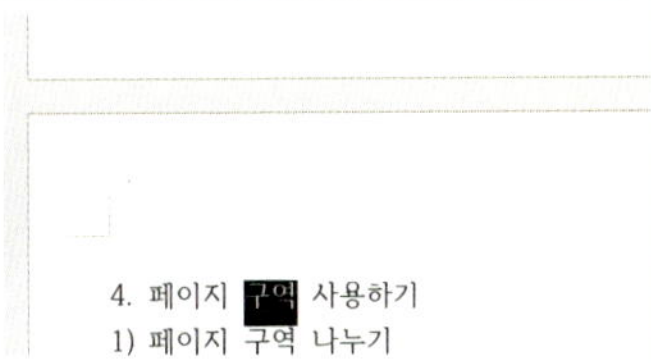	**구역을 나누다/지정하다.** 의미: 어떤 부분 또는 지역을 나눈 부분 예 구역을 나누어서 글꼴 크기를 다르게 하세요.
머리글	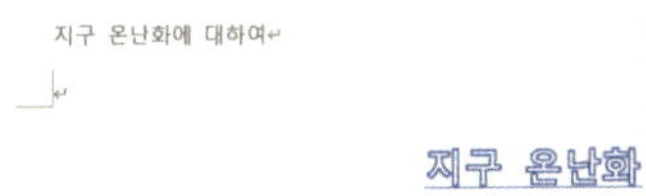	**머리글에 □□□을/를 작성하다,** **머리글을 설정하다/사용하다.** 의미: 작성 용지에서 본문을 작성하는 곳보다 더 위쪽에 위치한 부분. 보통 날짜가 파일명 등을 작성 예 머리글에 보고서 제목을 작성해 주세요.
바닥글	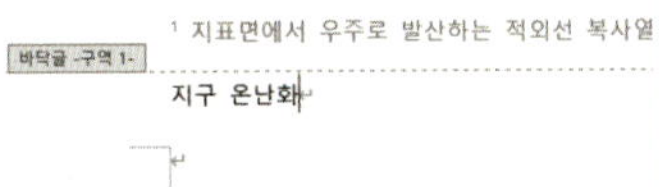	**바닥글에 ○○○을/를 작성하다,** **바닥글을 설정하다/사용하다.** 의미: 작성 용지에서 본문을 작성하는 곳보다 더 아래쪽에 위치한 부분. 각주 등을 작성 예 바닥글에 '지구 온난화[1]'의 의미에 대해 쓰세요.

1 지구의 기온이 높아지는 현상을 말한다.

9.1

WORD

표 만들고 수정하기

표는 문서 작성에서 많이 활용하는 요소이므로 워드에서도 만들고 수정하는 방법을 알아 두는 것이 중요하다. 표를 만들고 수정하는 방법은 다양하므로 이번에는 워드에서 표를 만들고 수정하는 방법에 대해 배운다.

표 만들기

❶ **표 작성 방법** 1: 새 문서를 만든 후 〔삽입〕 탭의 표 그룹에서 [표]를 클릭하고 마우스를 움직여 5×4 표 모양을 만든 다음 클릭한다.

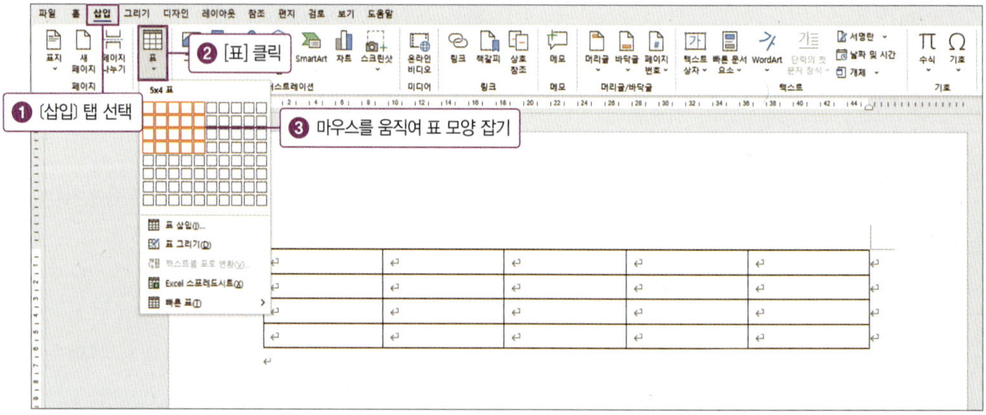

알아두세요

표 만들기

각 셀에 들어갈 텍스트가 있는 경우 텍스트를 드래그하여 선택한 후 〔삽입〕 탭을 선택한 다음 표 그룹에서 [표] → [텍스트를 표로 변환]을 클릭하면 텍스트가 각 셀에 들어간 표를 만들 수 있다.

❷ 표 안의 셀을 모두 선택한 다음 [레이아웃] 탭의 셀 크기 그룹에서 높이를 '1cm'로 바꾼다.

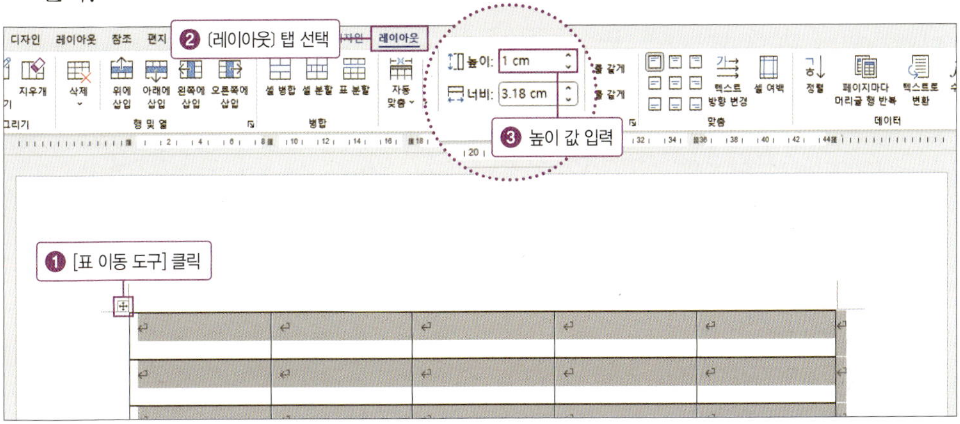

❸ **표 작성 방법** 2: [삽입] 탭의 표 그룹에서 [표] → [표 삽입]을 클릭한다. [표 삽입] 대화상자에서 열 개수에 '5', 행 개수에 '4'를 입력한 다음 〈확인〉 버튼을 클릭한다. 표 안의 셀을 모두 선택한 후 [레이아웃] 탭의 셀 크기 그룹에서 높이를 '1cm'로 바꾼다.

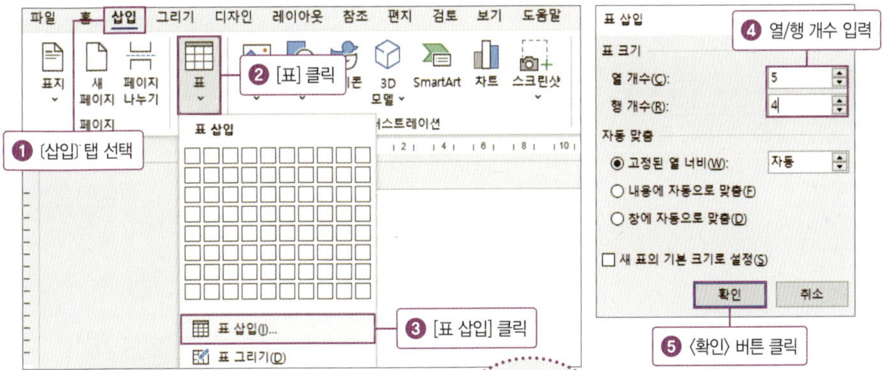

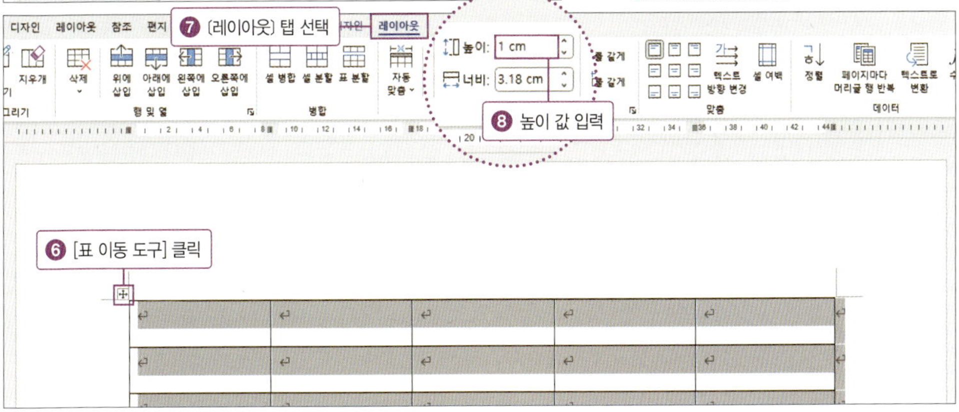

❹ **표 작성 방법** 3: [삽입] 탭의 표 그룹에서 [표] → [표 그리기]를 클릭한 다음 마우스를 드래그하여 5×4 표를 그린다. 그리기를 해제하기 위해 Esc를 누른다.

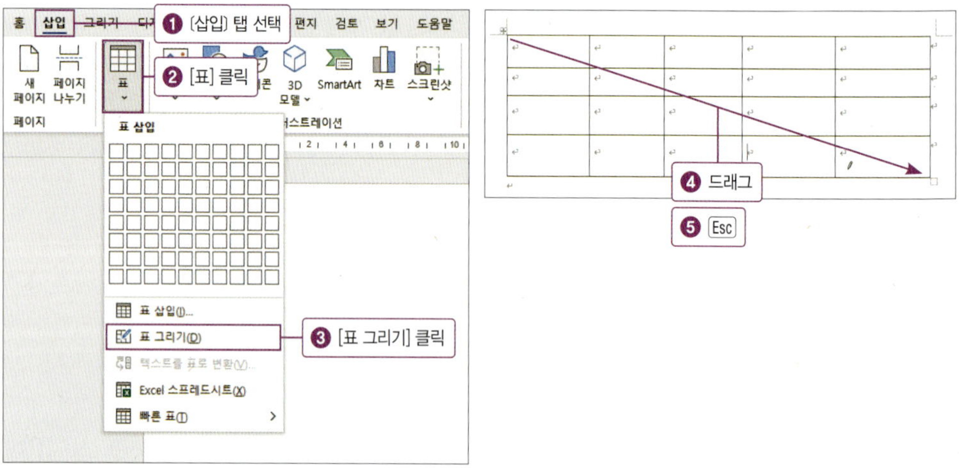

❺ 표 안의 셀을 모두 선택한 다음 [레이아웃] 탭의 셀 크기 그룹에서 높이를 '1cm', 너비를 '3.18cm'로 바꾼다. [행 높이를 같게]와 [열 너비를 같게]를 클릭한다.

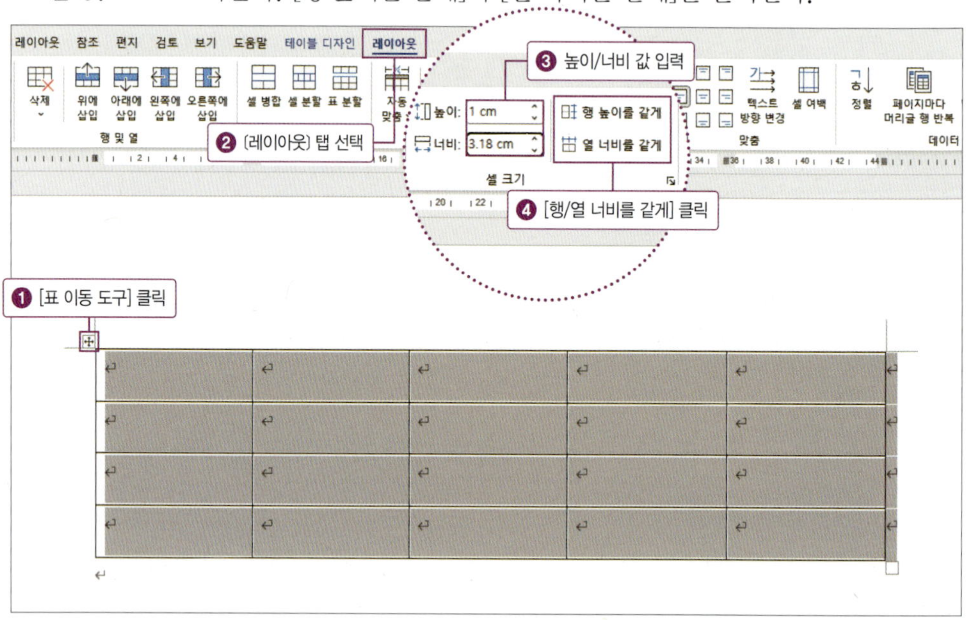

표에 문자 입력하기

셀에 '1행 2열: 여름, 1행 4열: 겨울, 2행 2열: 7월, 2행 3열: 8월, 2행 4열: 12월, 2행 5열: 1월, 3행 1열: 산, 3행 2열: 바다' 문자를 그림과 같이 입력한다.

표 크기 바꾸고 이동하기

❶ 표에서 아무 셀을 선택한다.

❷ 표 오른쪽 하단의 크기 조절점을 드래그하여 크기를 바꾼다.

❸ [표 이동 도구]를 드래그하여 오른쪽으로 이동한다.

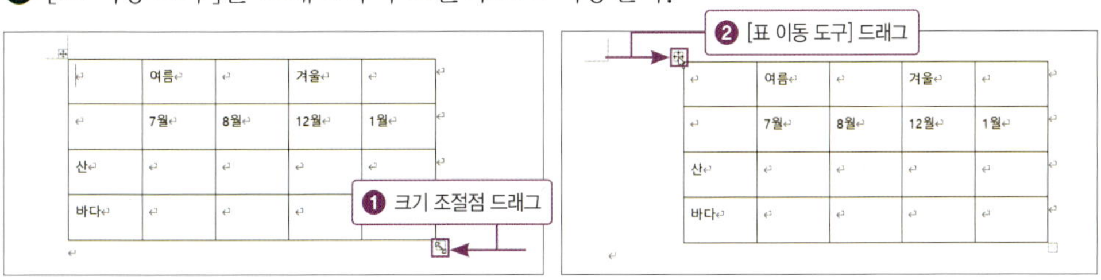

셀 병합하기

셀 안에 내용이 없으면 다음과 같은 방법으로 병합한다.

❶ **셀 병합 방법** 1: 1행 1열과 2행 1열 셀을 선택한다. [레이아웃] 탭의 병합 그룹에서 [셀 병합]을 클릭한다.

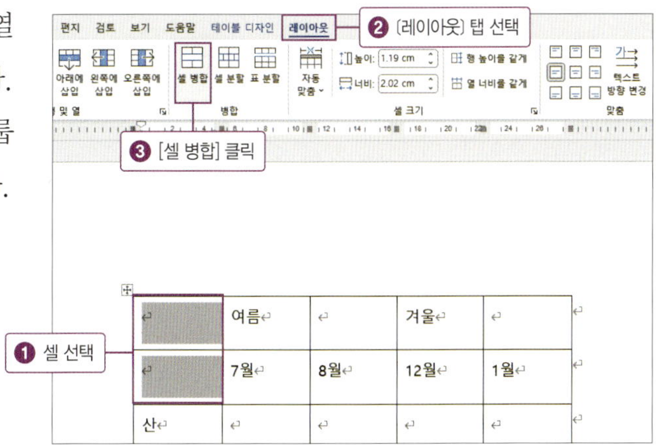

❷ **셀 병합 방법** 2: 1행 1열과 2행 1열 셀을 선택한 다음 마우스 오른쪽 버튼을 클릭하고 [셀 병합]을 클릭한다.

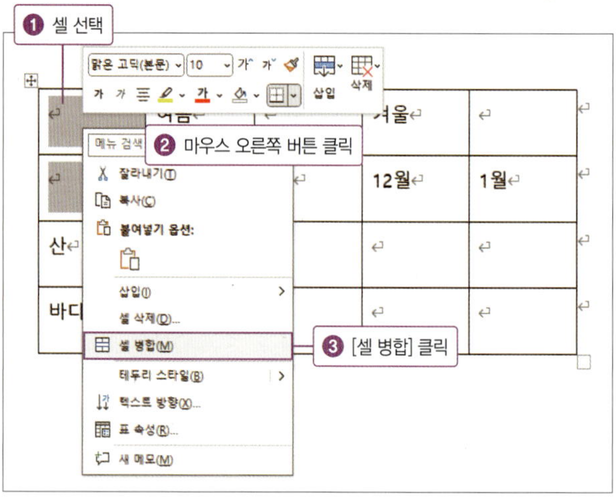

❸ **셀 병합 방법** 3: 〔레이아웃〕 탭의 그리기 그룹에서 [지우개]를 클릭하고 1행 1열, 2행 1열 사이 선을 드래그하여 지운다.

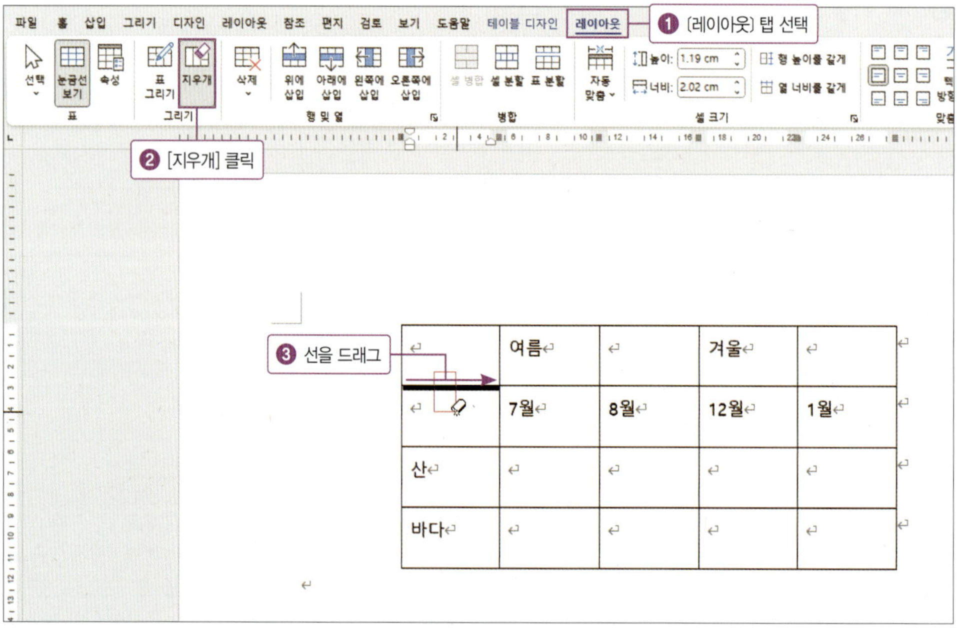

↵	여름↵	↵	겨울↵	↵
	7월↵	8월↵	12월↵	1월↵
산↵	↵	↵	↵	↵
바다↵	↵	↵	↵	↵

셀 병합 모습

알아두세요 셀 안에 내용이 있는 경우 [지우개]를 이용하면 셀 안의 내용도 지워지기 때문에 〈셀 병합 방법 1〉 또는 〈셀 병합 방법 2〉 중에 사용한다.

❹ 1행 2열과 1행 3열, 1행 4열과 1행 5열을 병합한다.

	여름		겨울	
	7월	8월	12월	1월
산				
바다				

셀 분할하기

1행 1열을 두 개의 행으로 분할한다.

❶ **셀 분할 방법** 1: 1행 1열 셀 안에 커서를 놓는다. [레이아웃] 탭의 병합 그룹에서 [셀 분할]을 클릭한다. [셀 분할] 대화상자에서 열 개수는 '1', 행 개수는 '2'로 바꾼 다음 〈확인〉 버튼을 클릭한다.

❷ **셀 분할 방법** 2: 1행 1열 셀 안에 커서를 놓고 마우스 오른쪽 버튼을 클릭한 다음 [셀 분할]을 클릭한다. [셀 분할] 대화상자에서 열 개수는 '1', 행 개수는 '2'로 바꾼 후 〈확인〉 버튼을 클릭한다.

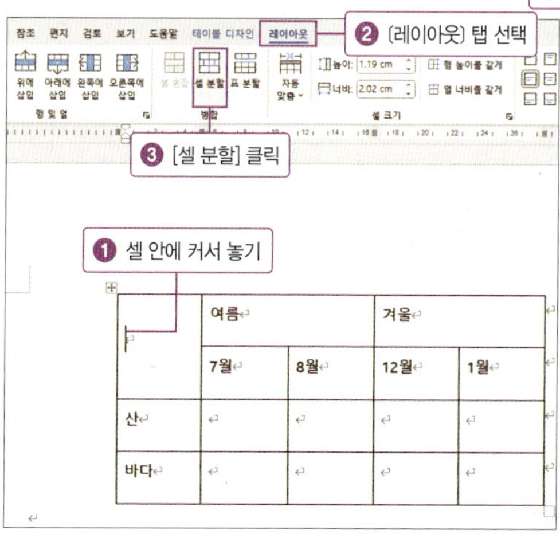

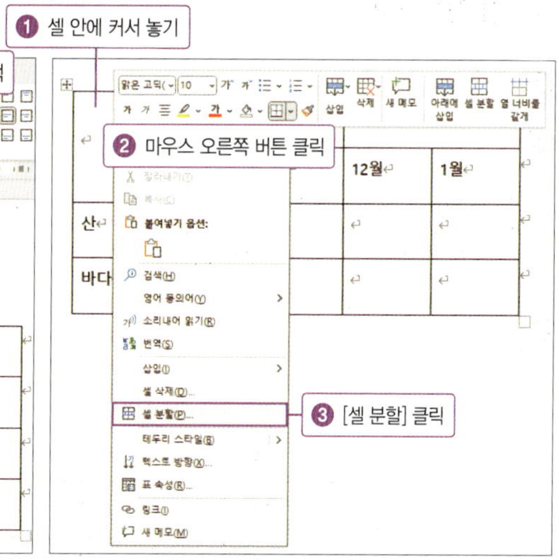

❸ **셀 분할 방법** 3: 〔레이아웃〕 탭의 그리기 그룹에서 [표 그리기]를 클릭하고, 1행 1열과 2행 1열 사이에 드래그하여 선을 그린다.

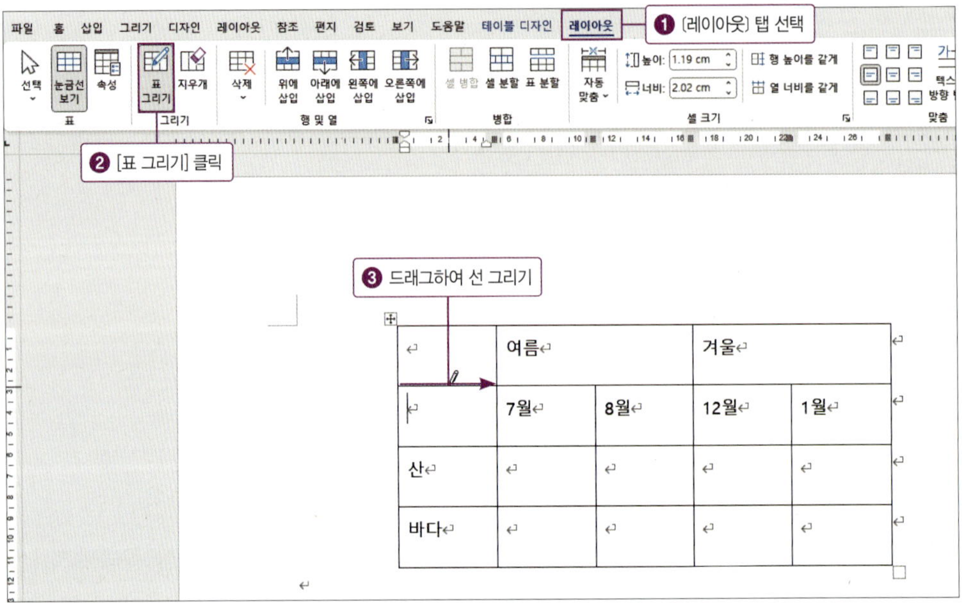

알아두세요 셀 안에 내용이 있는 경우에는 내용 일부를 이동해야 할 수 있다.

행, 열 삽입하기

❶ 2행 2열 셀에 커서를 놓는다.

❷ **행 삽입 방법** 1: 〔레이아웃〕 탭의 행 및 열 그룹에서 [위에 삽입]을 클릭한다.

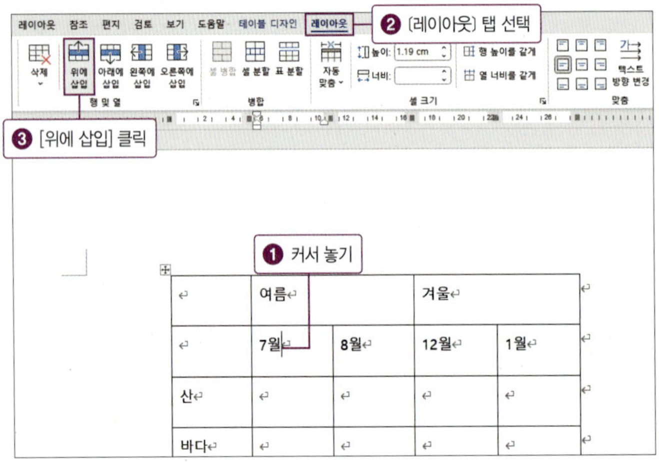

❸ **행 삽입 방법** 2: 셀에 커서를 놓은 후 마우스 오른쪽 버튼을 클릭하고 [삽입] → [위에 행 삽입]을 클릭한다.

❹ 커서가 있는 셀 위에 행이 삽입된 모습을 확인한다.

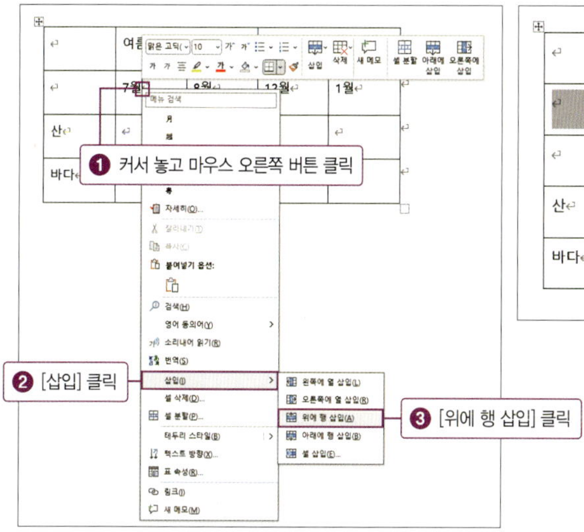

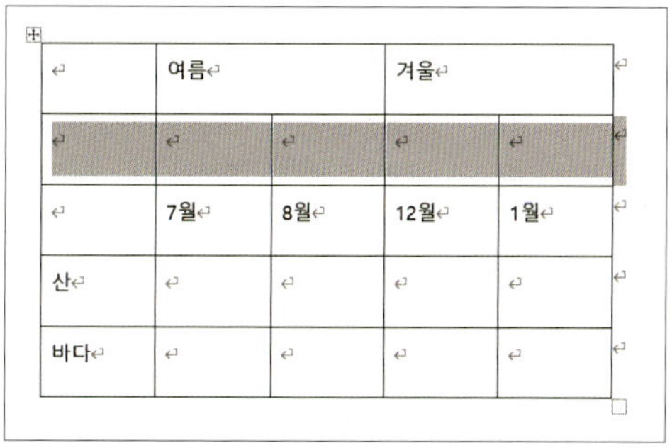

❺ 2행 4열 셀에 커서를 놓는다.

❻ **열 삽입 방법** 1: [레이아웃] 탭의 행 및 열 그룹에서 [왼쪽에 삽입]을 클릭한다.

❼ **열 삽입 방법** 2: 셀에 커서를 놓은 후 마우스 오른쪽 버튼을 클릭하고 [삽입] → [왼쪽에 열 삽입]을 클릭한다.

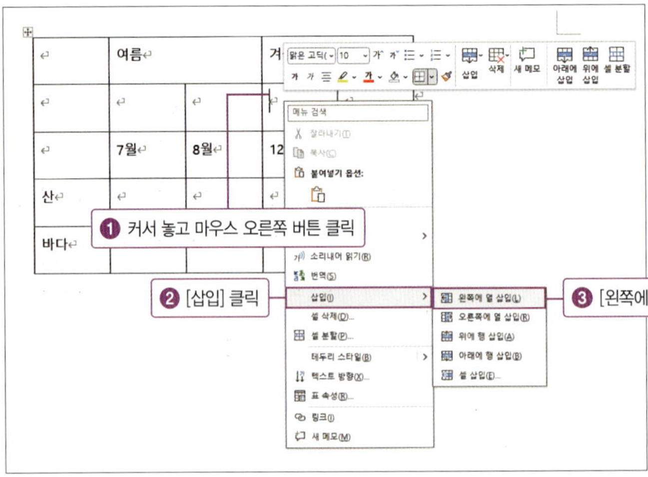

❽ 커서가 있는 셀 왼쪽에 열이 삽입된 모습을 확인한다.

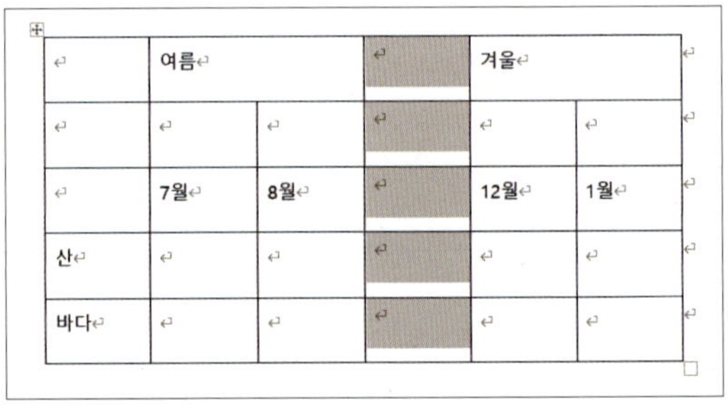

❾ 마지막 셀에 커서를 놓는다.

❿ Tab을 눌러 행이 아래에 삽입된 것을 확인한다.

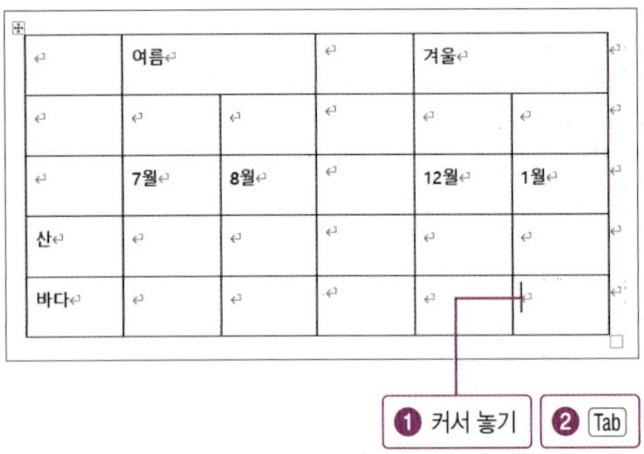

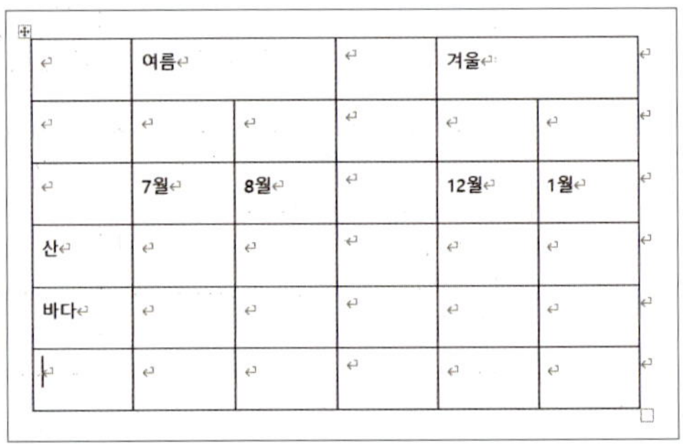

행, 열 삭제하기

❶ 2행 2열 셀에 커서를 놓는다.

❷ **행 삭제 방법 1**: [레이아웃] 탭의 행 및 열 그룹에서 [삭제] → [행 삭제]를 클릭한다.

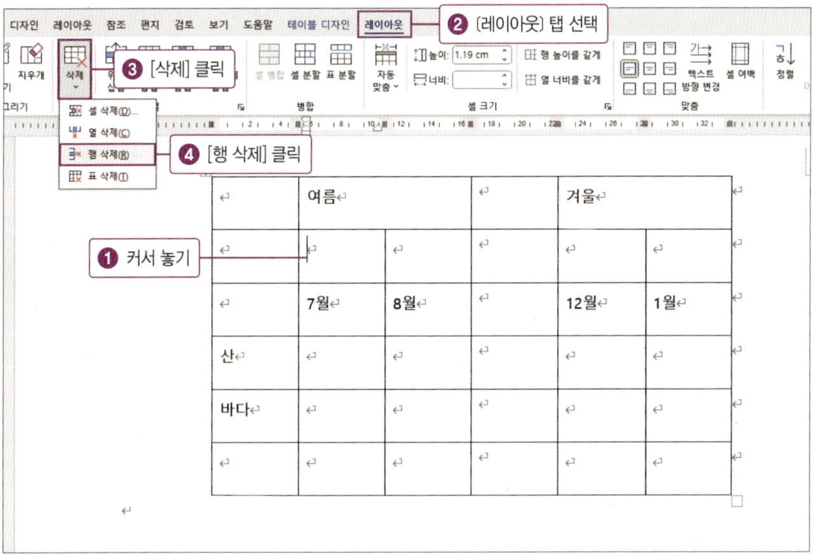

❸ **행 삭제 방법 2**: 셀에 커서를 놓은 다음 마우스 오른쪽 버튼을 클릭하고 [셀 삭제]를 클릭한다. [셀 삭제] 대화상자에서 [행 전체 삭제]를 선택한 후 〈확인〉 버튼을 클릭한다.

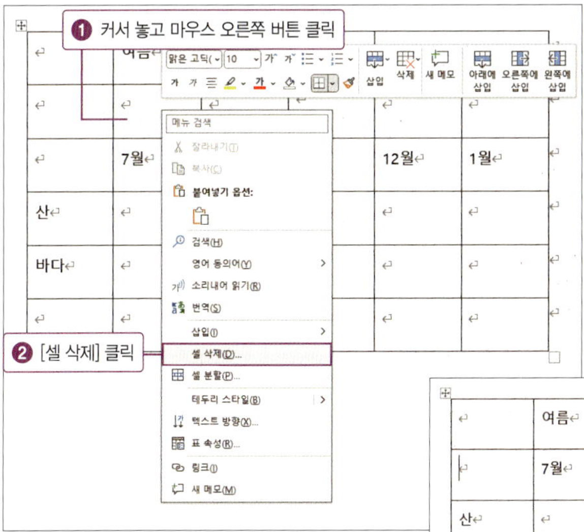

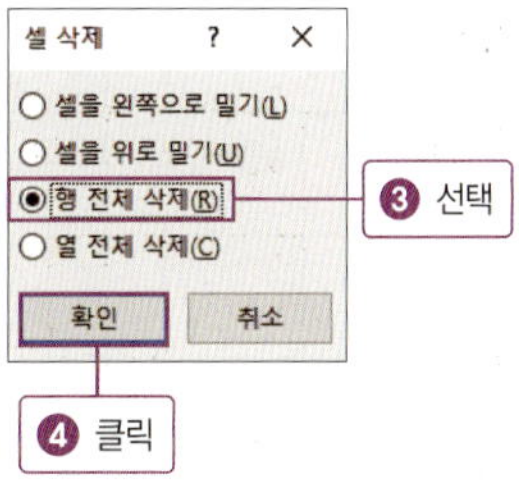

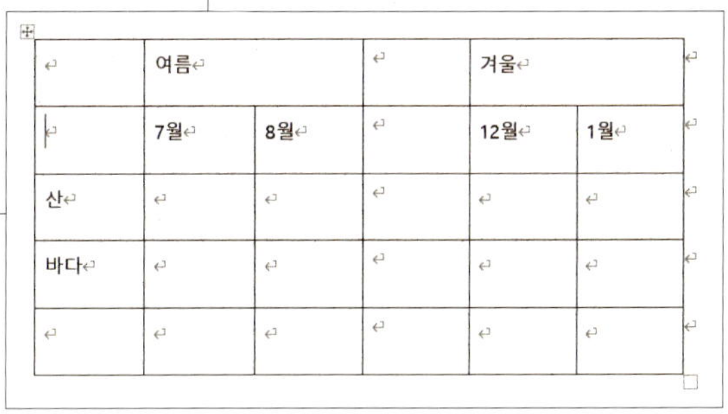

행을 삭제한 모습

❹ 2행 4열 셀에 커서를 놓는다.

❺ **열 삭제 방법** 1: 〔레이아웃〕 탭의 행 및 열 그룹에서 [삭제] → [열 삭제]를 클릭한다.

❻ **열 삭제 방법** 2: 셀에 커서를 놓은 다음 마우스 오른쪽 버튼을 클릭하고 [셀 삭제]를 클릭한다. [셀 삭제] 대화상자에서 [열 전체 삭제]를 선택한 후 〈확인〉 버튼을 클릭한다.

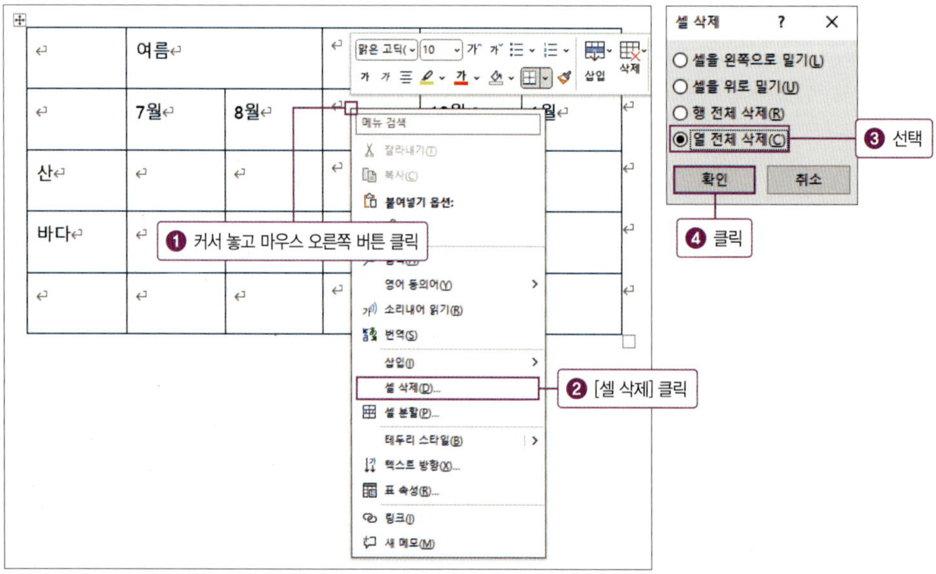

❼ 커서가 있던 셀 왼쪽의 열이 삭제된 모습을 확인한다.

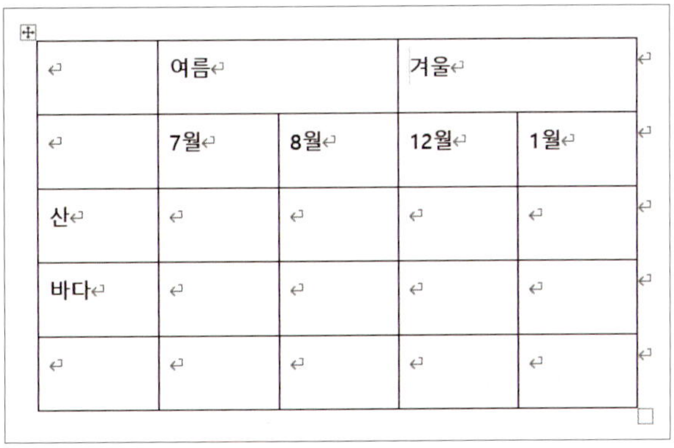

행 높이, 열 너비 바꾸기

❶ 선을 드래그해 너비를 줄이거나 늘린다.

❷ 선을 드래그해 높이를 줄이거나 늘린다.

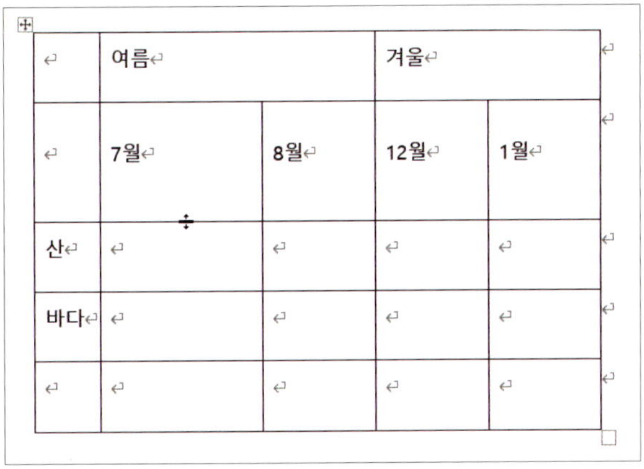

❸ 셀 전체를 선택한 다음 [레이아웃] 탭의 셀 크기 그룹에서 [행 높이를 같게]를 클릭한다.

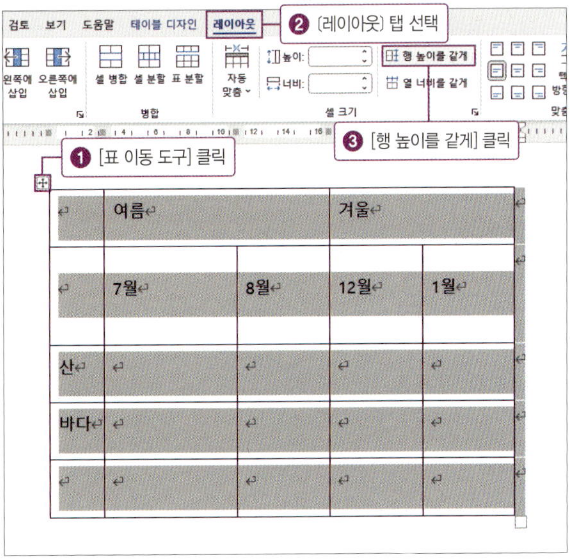

❹ 1행 2열부터 마지막 셀까지 선택한다. 〔레이아웃〕 탭의 셀 크기 그룹에서 [열 너비를 같게]를 클릭한다.

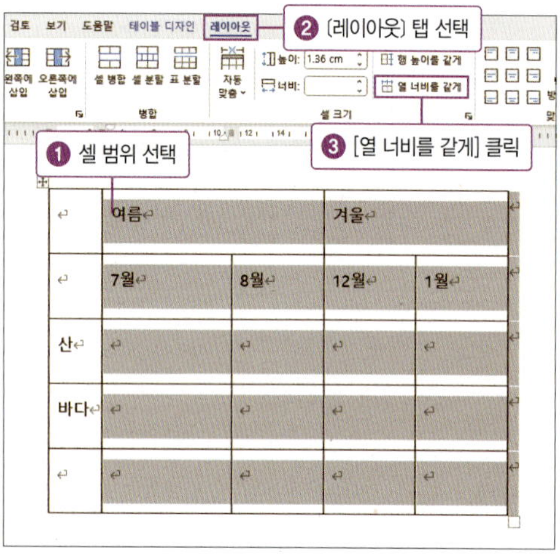

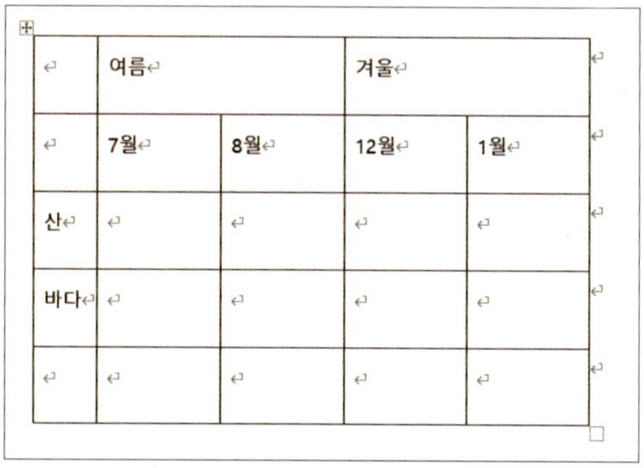

높이, 너비를 조절한 모습

알아두세요 **마우스 이용 표 그리기 또는 지우개**

표 안에 커서가 있으면 〔레이아웃〕 탭이 나타난다. 〔레이아웃〕 탭을 선택하고 그리기 그룹에서 [표 그리기] 또는 [지우개]를 클릭하면 마우스를 이용하여 셀 병합이나 셀 분할, 또는 행/열을 삽입하거나 삭제할 수 있다.

작은 연습 1

1. 새 문서에 행 7×열 6의 표 두 개를 세로로 나란히 그린다. (위 아래로 그림)
2. 각 표의 첫 줄을 병합한다.
3. 각 표의 첫 줄에 각각 '3월', '4월'을 입력하고 가운데 정렬한다.
4. 올해 3월과 4월 달력을 만든다.

9.2 표 다루기

표 안의 내용을 가운데 정렬이나 오른쪽 정렬로 표현하는 경우가 있다. 또한, 표의 테두리나 셀 내부에 음영을 추가하여 표를 더욱 꾸밀 수도 있다. 이번에는 정렬 방법과 표의 테두리 및 음영을 적용하는 방법에 대해 배운다.

셀 안의 내용 정렬하기

❶ [표 이동 도구]를 클릭하여 표 전체 셀을 선택한다.

❷ (레이아웃) 탭의 맞춤 그룹에서 [가운데 맞춤]을 클릭한다.

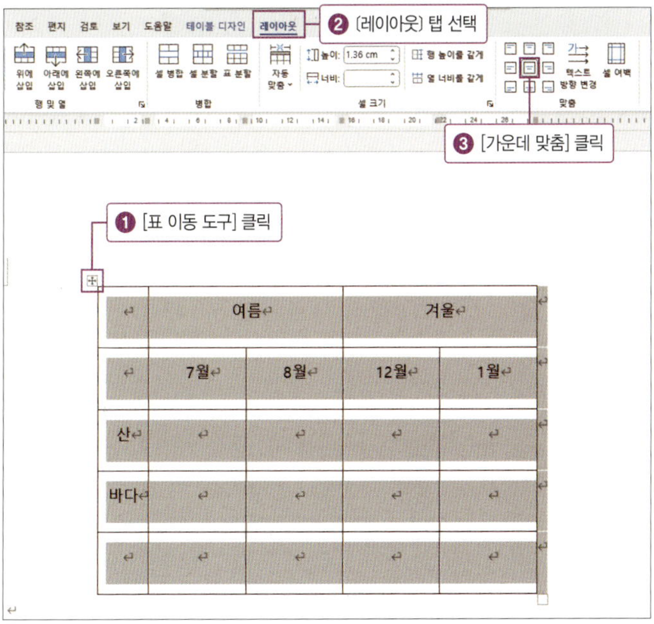

테두리 다루기

❶ [표 이동 도구]를 클릭하여 표 전체 셀을 선택한다.

❷ **테두리 설정 방법** 1: 〔레이아웃〕 탭의 표 그룹에서 [속성]을 클릭한다.

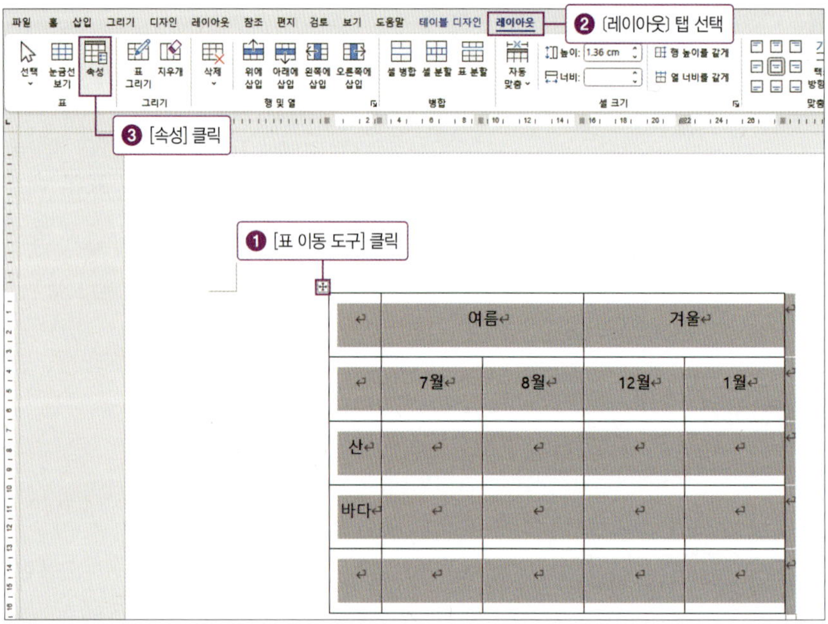

❸ **테두리 설정 방법** 2: 표에서 전체 셀을 선택한 다음 마우스 오른쪽 버튼을 클릭하고 [표 속성]을 클릭한다.

❹ [표 속성] 대화상자에서 〈테두리 및 음영〉 버튼을 클릭한다.

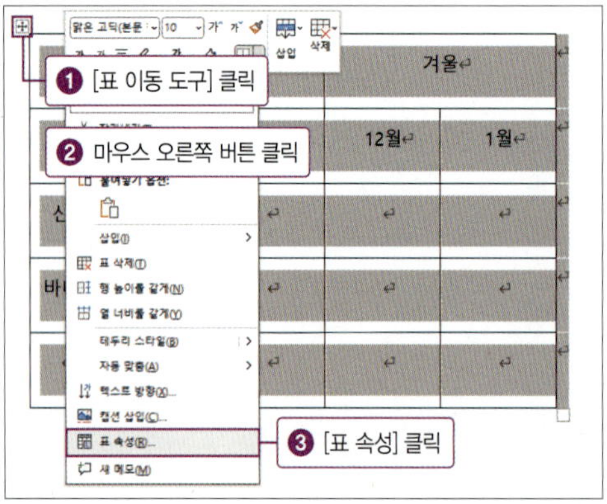

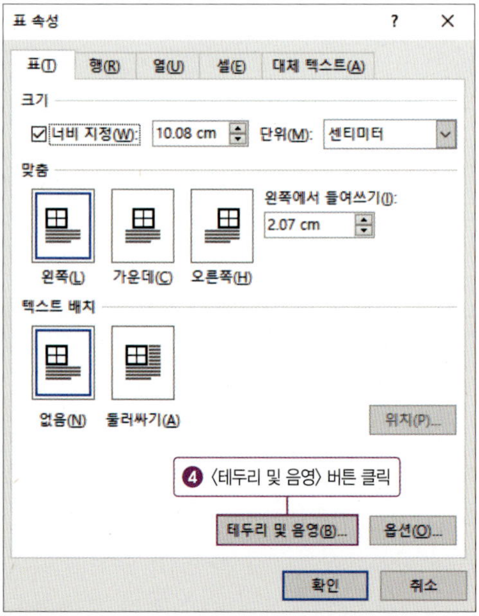

❺ 먼저 바깥쪽 테두리를 설정하기 위해 [테두리 및 음영] 대화상자의 〔테두리〕 탭에서 설정은 [상자], 스타일은 [실선], 색은 [연한 파랑], 두께는 [3pt]를 선택한다.

❻ 미리 보기 항목에서 안쪽에 있는 가로선과 세로선이 안 보이는지 확인한 다음 보이면 클릭하여 선을 안 보이게 한다.

❼ 이어서 안쪽 테두리를 설정하기 위해 설정은 [사용자 지정], 스타일은 [점선], 색은 [주황], 두께는 [1 ½ pt]를 선택한다.

❽ 미리 보기 항목에서 안쪽에 있는 가로선과 세로선을 클릭하여 선이 보이게 한다.

❾ 〈확인〉 버튼을 클릭하고, [표 속성] 대화상자에서도 〈확인〉 버튼을 클릭한다.

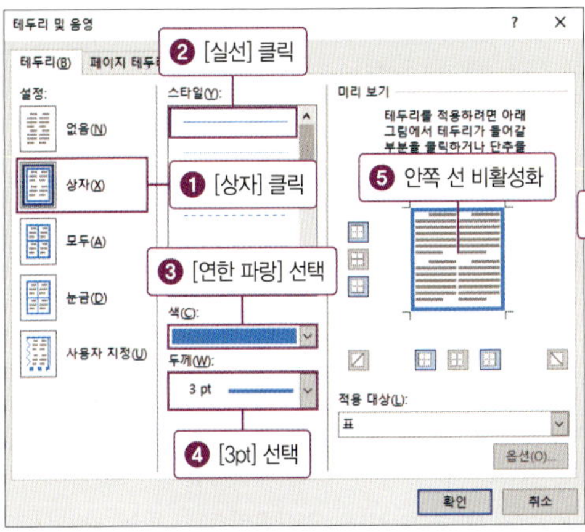

바깥쪽 테두리 설정

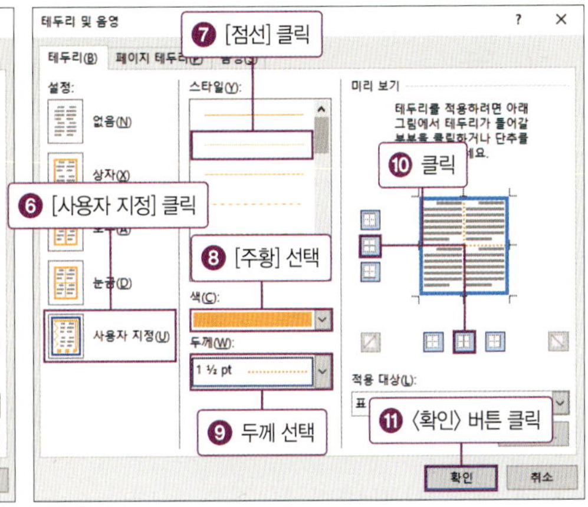

안쪽 테두리 설정

❿ 테두리가 바뀐 모습을 확인한다.

	여름		겨울	
	7월	8월	12월	1월
산				
바다				

알아두세요 **[테두리 및 음영] 대화상자를 여는 방법**

❶ 〔디자인〕 탭을 선택하고 페이지 배경 그룹에서 [페이지 테두리]를 클릭한다.
(대화상자에서 〔테두리〕 탭 선택)

❷ 〔테이블 디자인〕 탭을 선택하고 테두리 그룹에서 [테두리] → [테두리 및 음영]을 클릭한다.

셀 음영 다루기

❶ 1행을 모두 선택한다.

❷ **셀 음영 적용 방법** 1: [레이아웃] 탭의 표 그룹에서 [속성]을 클릭한다.

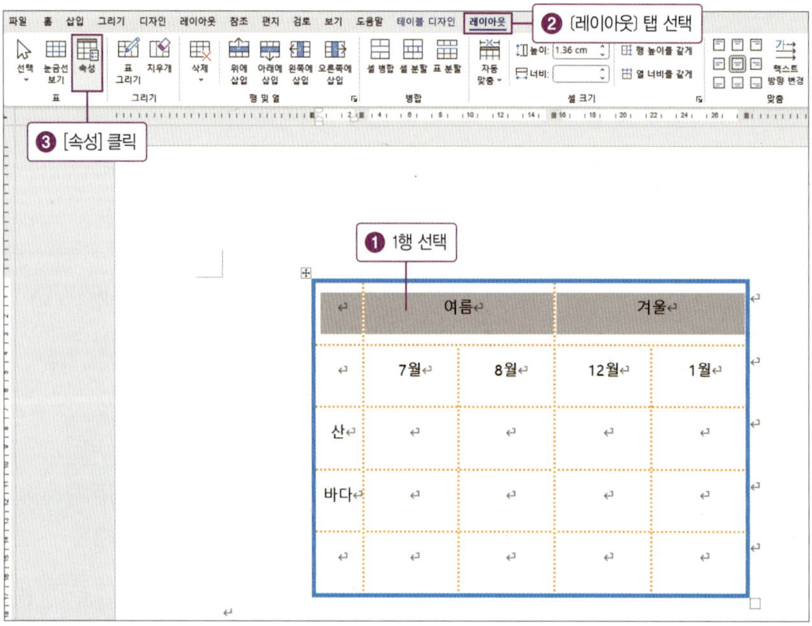

❸ **셀 음영 적용 방법** 2: 행을 선택한 다음 마우스 오른쪽 버튼을 클릭하고 [표 속성]을 클릭한다.

❹ [표 속성] 대화상자에서 〈테두리 및 음영〉 버튼을 클릭한다.

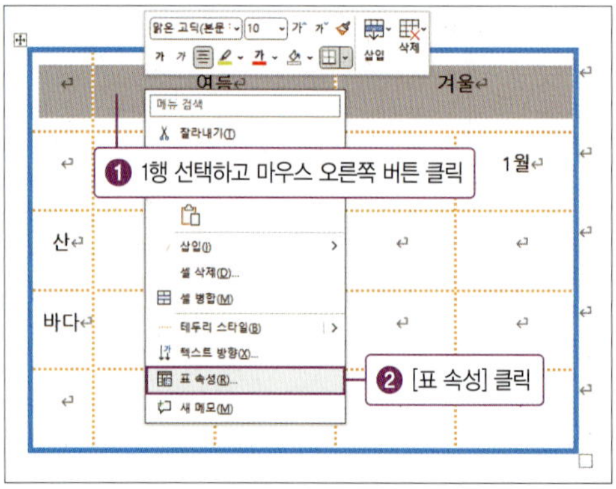

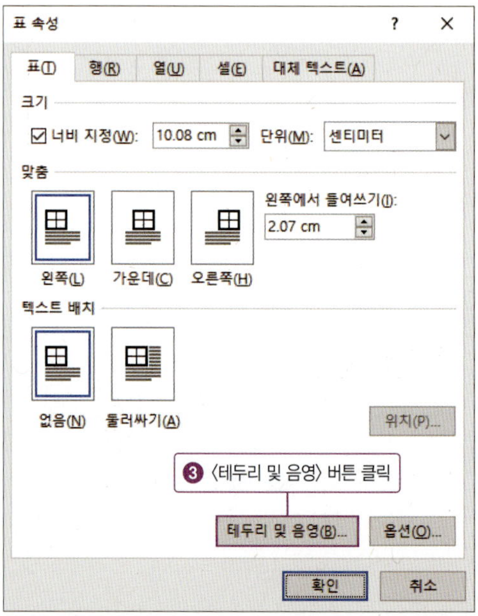

❺ [테두리 및 음영] 대화상자의 〔음영〕 탭에서 채우기 색을 [노랑]으로 바꾼다.

❻ 〈확인〉 버튼을 클릭하고, [표 속성] 대화상자에서도 〈확인〉 버튼을 클릭한다.

❼ 셀 배경색이 바뀐 모습을 확인한다.

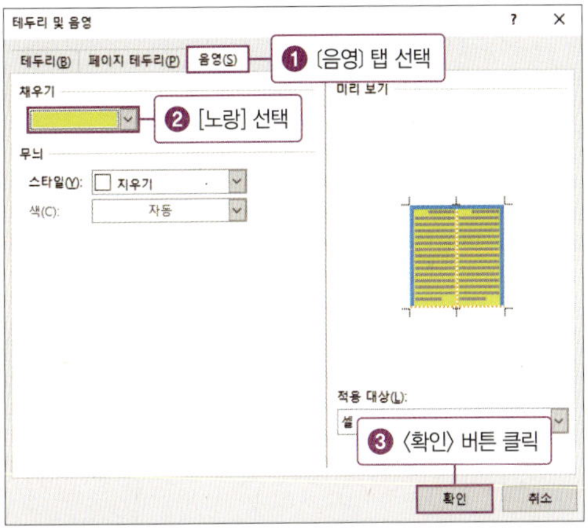

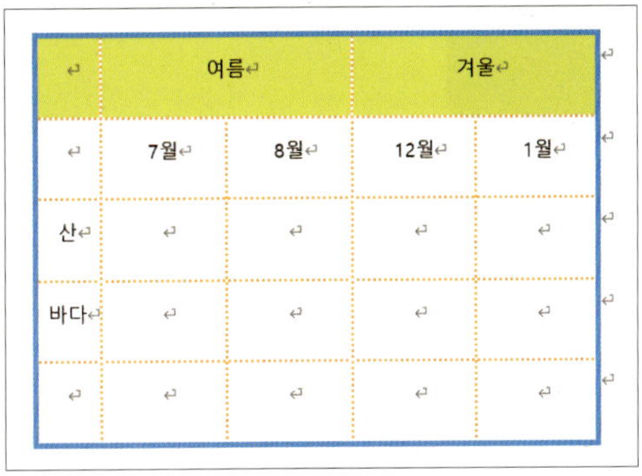

알아두세요

음영을 적용하는 다른 방법

음영을 적용할 셀을 드래그한 다음 〔테이블 디자인〕 탭을 선택하고 표 스타일 그룹의 [음영] → [색]을 클릭한다.

작은 연습 2

1. 병합한 첫 번째 행을 연두색으로 채운다.
2. 표의 테두리를 만든다. (녹색 실선, 두께: 2 ¼ pt)

9

표와 페이지 다루기

9.3

W O R D

페이지 다루기

문서 작성 중에는 가끔 새로운 페이지를 삽입하거나 페이지를 나눠야 할 때가 있다. 이번에는 새 페이지를 삽입하는 방법과 페이지를 나누는 방법에 대해 배운다.

실습 파일: 09\ch9_2.docx

새 페이지 삽입하기

09 폴더의 'ch9_2.docx' 파일을 연다.

❶ 첫 번째 페이지에서 '지구온난화의 핵심 요인은~' 문장 앞에 커서를 놓는다.

❷ [삽입] 탭의 페이지 그룹에서 [새 페이지]를 클릭한다.

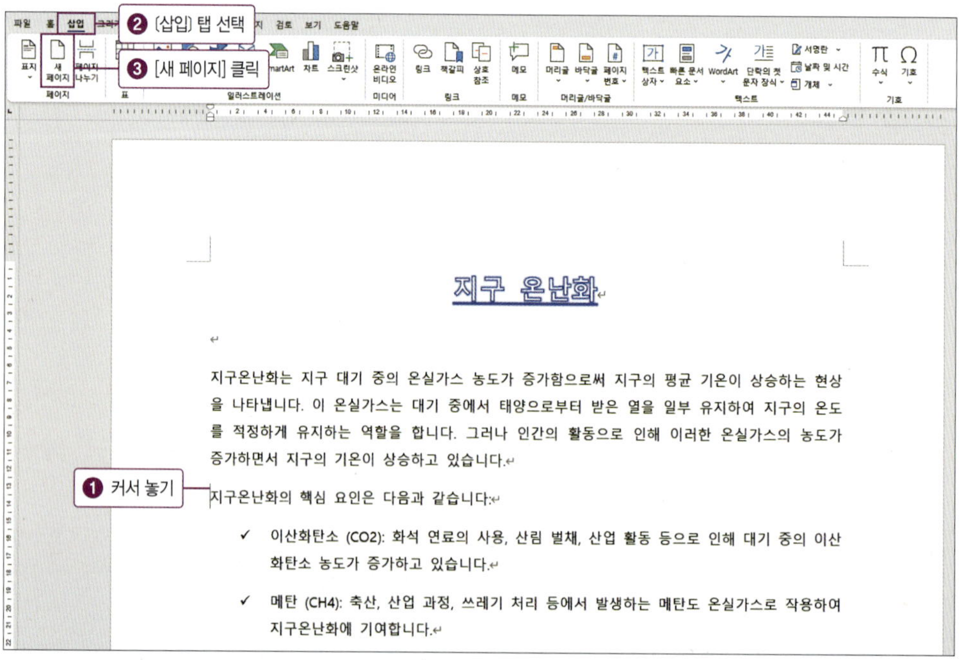

알아두세요 [보기] 탭의 확대/축소 그룹에서 [여러 페이지]를 클릭하여 확인할 수 있다.

❸ 새로운 빈 페이지가 삽입된 모습을 확인한다.

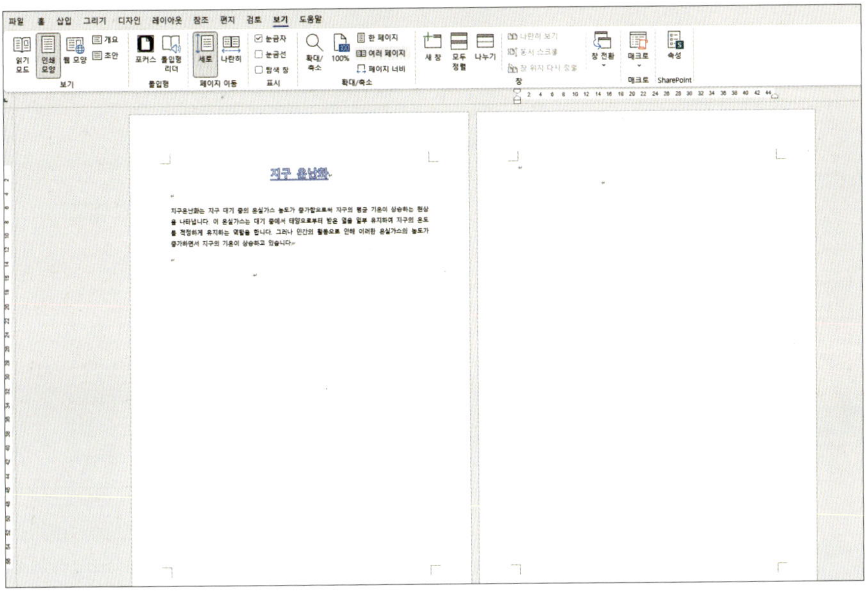

페이지 나누기

❶ Ctrl+Z를 눌러 이전 작업을 취소한다.

❷ 첫 번째 페이지에서 '지구온난화를 방지하려면~' 문장 앞에 커서를 놓는다.

❸ **페이지 나누기 방법** 1: 단축 키 Ctrl+Enter를 누른다.

❹ **페이지 나누기 방법** 2: 〔레이아웃〕 탭의 페이지 설정 그룹에서 [나누기] → [페이지]를 클릭한다.

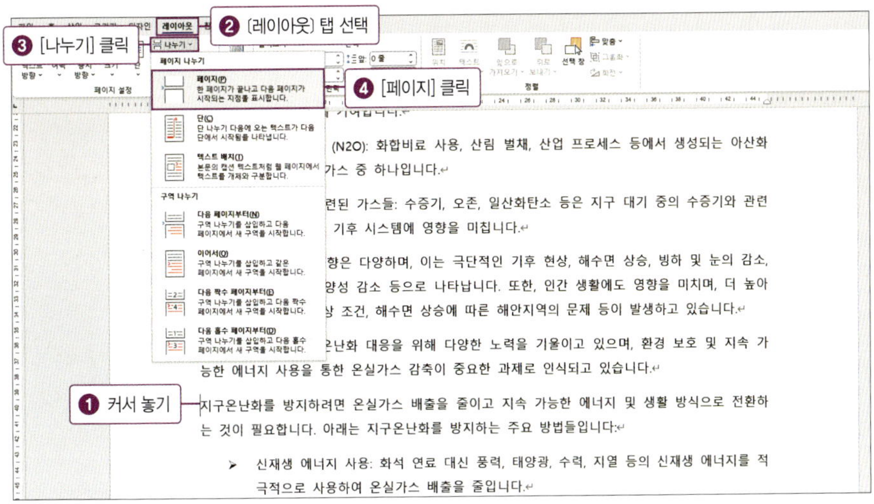

❺ '지구온난화를 방지하려면~' 이후 내용이 다음 페이지로 나누어진 모습을 확인한다.

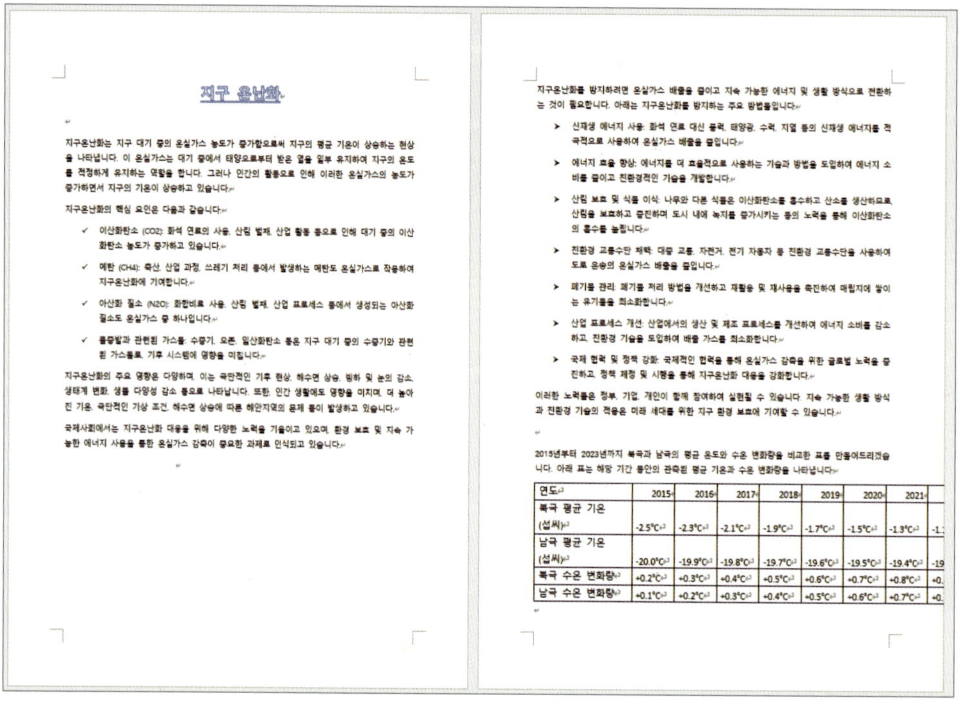

지구 온난화

지구온난화는 지구 대기 중의 온실가스 농도가 증가함으로써 지구의 평균 기온이 상승하는 현상을 나타냅니다. 이 온실가스는 대기 중에서 태양으로부터 받은 열을 일부 유지하여 지구의 온도를 적정하게 유지하는 역할을 합니다. 그러나 인간의 활동으로 인해 이러한 온실가스의 농도가 증가하면서 지구의 기온이 상승하고 있습니다.

지구온난화의 핵심 요인은 다음과 같습니다.

- ✓ 이산화탄소 (CO_2): 화석 연료의 사용, 산림 벌채, 산업 활동 등으로 인해 대기 중의 이산화탄소 농도가 증가하고 있습니다.
- ✓ 메탄 (CH_4): 축산, 산업 과정, 쓰레기 처리 등에서 발생하는 메탄도 온실가스로 작용하여 지구온난화에 기여합니다.
- ✓ 아산화 질소 (N_2O): 화학비료 사용, 산림 벌채, 산업 프로세스 등에서 생성되는 아산화 질소도 온실가스 중 하나입니다.
- ✓ 물증발과 관련된 가스들: 수증기, 오존, 일산화탄소 등은 지구 대기 중의 수증기와 관련된 가스들로, 기후 시스템에 영향을 미칩니다.

지구온난화의 주요 영향은 다양하며, 이는 극단적인 기후 현상, 해수면 상승, 빙하 및 눈의 감소, 생태계 변화, 생물 다양성 감소 등으로 나타납니다. 또한, 인간 생활에도 영향을 미치며, 더 높아진 기온, 극단적인 기상 조건, 해수면 상승에 따른 해안지역의 문제 등이 발생하고 있습니다.

국제사회에서는 지구온난화 대응을 위해 다양한 노력을 기울이고 있으며, 환경 보호 및 지속 가능한 에너지 사용을 통한 온실가스 감축이 중요한 과제로 인식되고 있습니다.

지구온난화를 방지하려면 온실가스 배출을 줄이고 지속 가능한 에너지 및 생활 방식으로 전환하는 것이 필요합니다. 아래는 지구온난화를 방지하는 주요 방법들입니다.

- ➤ 신재생 에너지 사용: 화석 연료 대신 풍력, 태양광, 수력, 지열 등의 신재생 에너지를 적극적으로 사용하여 온실가스 배출을 줄입니다.
- ➤ 에너지 효율 향상: 에너지를 더 효율적으로 사용하는 기술과 방법을 도입하여 에너지 소비를 줄이고 친환경적인 기술을 개발합니다.
- ➤ 산림 보호 및 식물 이식: 나무와 다른 식물은 이산화탄소를 흡수하고 산소를 생산하므로, 산림을 보호하고 증진하며 도시 내에 녹지를 증가시키는 등의 노력을 통해 이산화탄소의 흡수를 늘립니다.
- ➤ 친환경 교통수단 채택: 대중 교통, 자전거, 전기 자동차 등 친환경 교통수단을 사용하여 도로 운송의 온실가스 배출을 줄입니다.
- ➤ 폐기물 관리: 폐기물 처리 방법을 개선하고 재활용 및 재사용을 촉진하여 매립지에 쌓이는 유기물을 최소화합니다.
- ➤ 산업 프로세스 개선: 산업에서의 생산 및 제조 프로세스를 개선하여 에너지 소비를 감소하고, 친환경 기술을 도입하여 배출 가스를 최소화합니다.
- ➤ 국제 협력 및 정책 강화: 국제적인 협력을 통해 온실가스 감축을 위한 글로벌 노력을 증진하고, 정책 제정 및 시행을 통해 지구온난화 대응을 강화합니다.

이러한 노력들은 정부, 기업, 개인이 함께 참여하여 실현될 수 있습니다. 지속 가능한 생활 방식과 친환경 기술의 적용은 미래 세대를 위한 지구 환경 보호에 기여할 수 있습니다.

2015년부터 2023년까지 북극과 남극의 평균 온도와 수온 변화량을 비교한 표를 만들어드리겠습니다. 아래 표는 해당 기간 동안의 관측된 평균 기온과 수온 변화량을 나타냅니다.

연도	2015	2016	2017	2018	2019	2020	2021	
북극 평균 기온 (섭씨)	-2.5°C	-2.3°C	-2.1°C	-1.9°C	-1.7°C	-1.5°C	-1.3°C	-1.
남극 평균 기온 (섭씨)	-20.0°C	-19.9°C	-19.8°C	-19.7°C	-19.6°C	-19.5°C	-19.4°C	-19
북극 수온 변화량	+0.2°C	+0.3°C	+0.4°C	+0.5°C	+0.6°C	+0.7°C	+0.8°C	+0.
남극 수온 변화량	+0.1°C	+0.2°C	+0.3°C	+0.4°C	+0.5°C	+0.6°C	+0.7°C	+0.

알아두세요

페이지 나누기와 구역 나누기

페이지 나누기는 커서가 있는 위치부터 다음 페이지로 넘어가지만, 구역 나누기는 현재 페이지에서 구역이 두 개로 나누어질 수 있다.

☑ 작은 연습 3

표 앞에 커서를 둔 후 페이지 나누기를 한다.

WORD

9.4 페이지 구역 사용하기

문서에서 특정 페이지만 용지 방향을 바꾸거나 특정 페이지만 테두리를 추가해야 하는 경우가 있다. 이러한 경우에는 구역을 나누어 관리할 수 있다. 이번에는 구역을 나누는 방법에 대하여 배운다.

페이지 구역 나누기

❶ 두 번째 페이지에서 '2015년부터 ~' 문장 앞에 커서를 놓는다.

❷ [레이아웃] 탭의 페이지 설정 그룹에서 [나누기] → [다음 페이지부터]를 클릭한다.

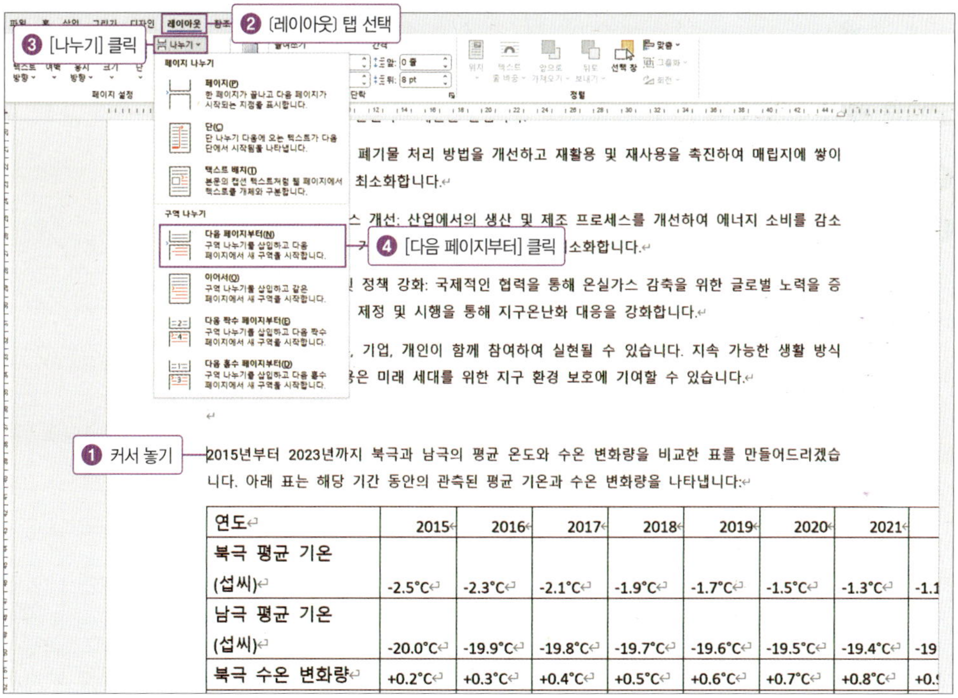

❸ 다음 페이지로 구역이 나누어진 모습을 확인한다.

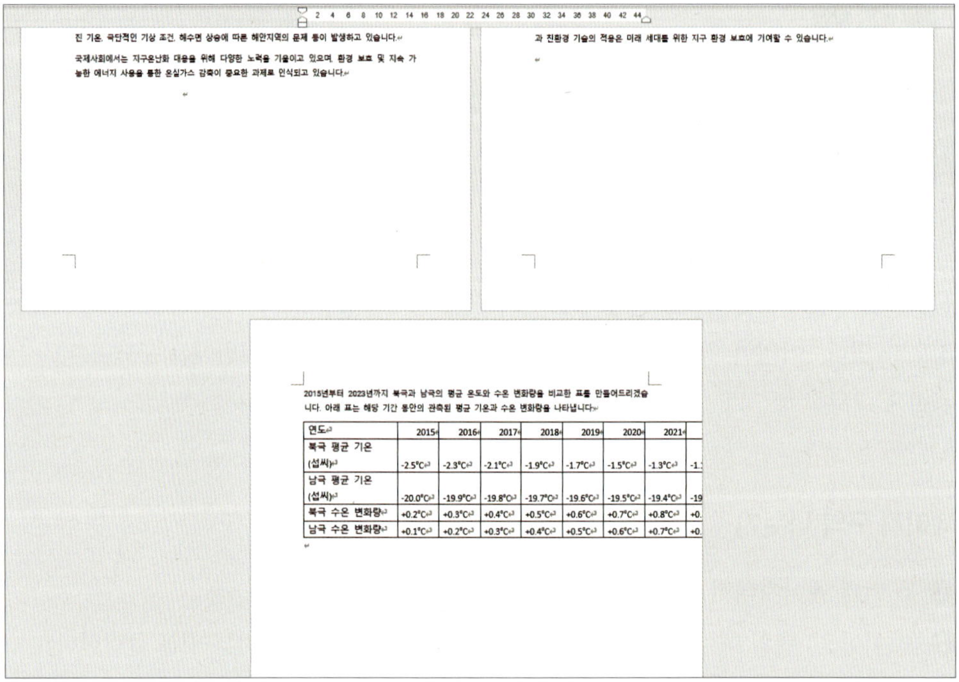

구역별 페이지 방향 바꾸기

❶ 세 번째 페이지의 첫 문장 앞에 커서를 놓는다.

❷ [레이아웃] 탭의 페이지 설정 그룹에서 [용지 방향] → [가로]를 클릭한다.

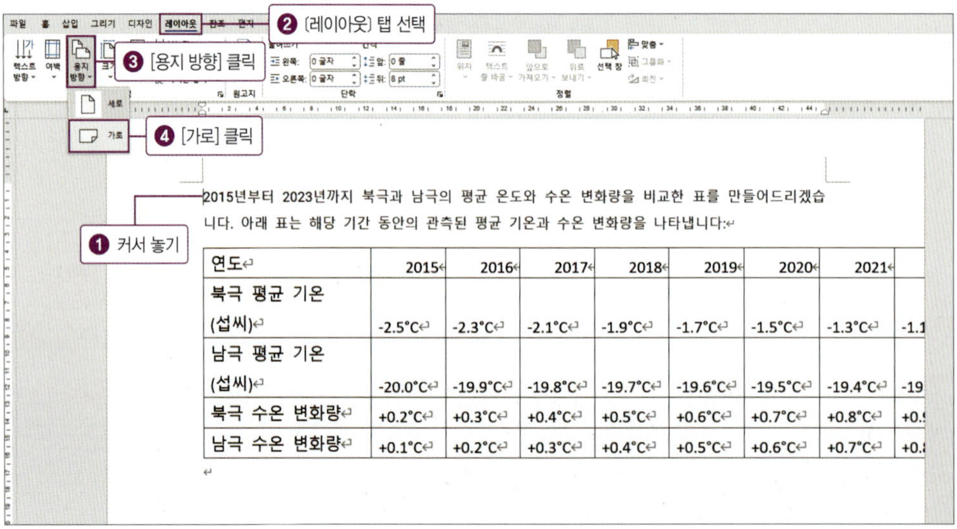

❸ 세 번째 페이지는 다른 구역이기 때문에 세 번째 페이지만 용지 방향이 가로로 바뀐 것을 확인한다.

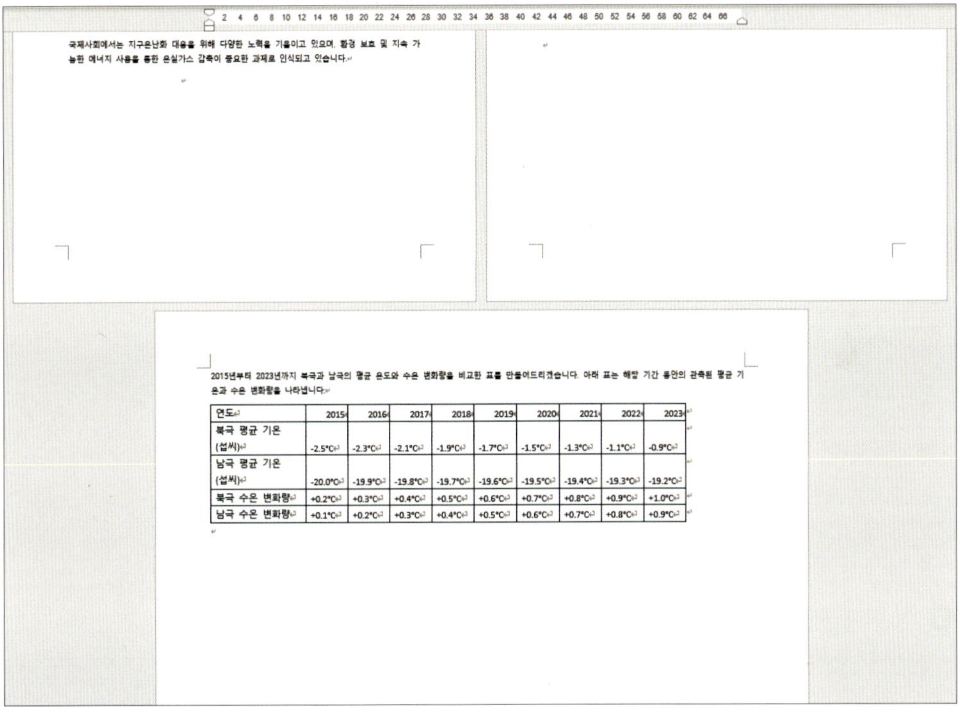

구역별 페이지 테두리 사용하기

❶ 세 번째 페이지의 첫 문장 앞에 커서를 놓는다.

❷ [디자인] 탭의 페이지 배경 그룹에서 [페이지 테두리]를 클릭한다.

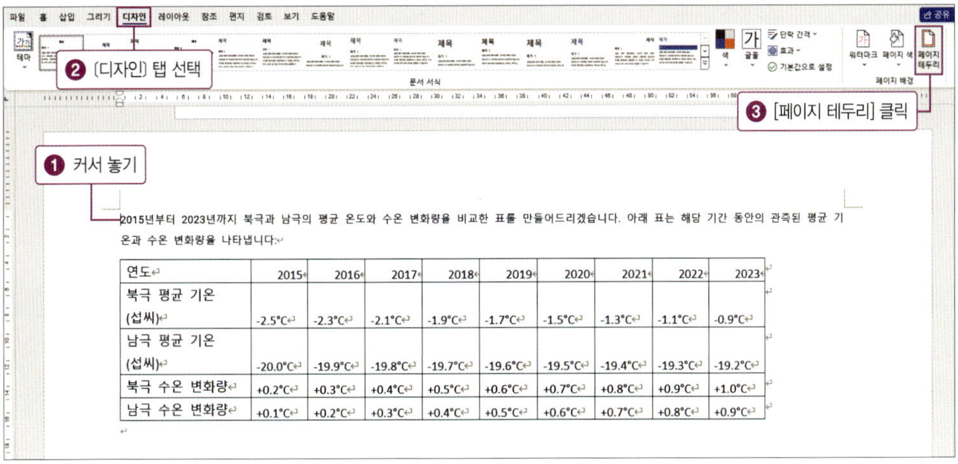

9
표와 페이지 다루기

❸ [테두리 및 음영] 대화상자에서 〔페이지 테두리〕 탭을 선택한다.

❹ 설정은 [그림자], 스타일은 [물결무늬 선], 색은 [빨강], 적용 대상은 [이 구역]을 선택한 다음 〈확인〉 버튼을 클릭한다.

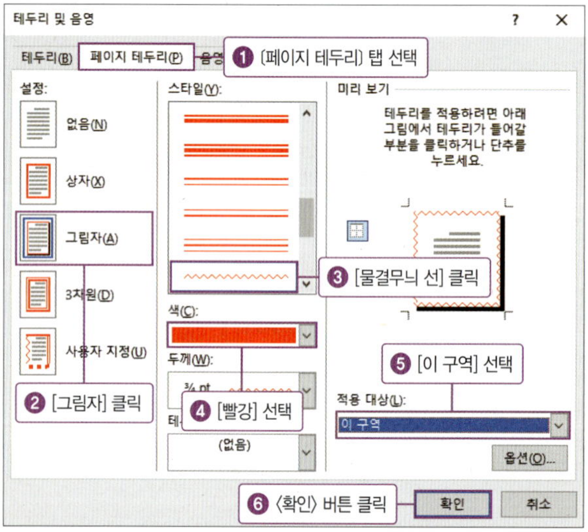

❺ 세 번째 페이지에만 페이지 테두리가 사용된 것을 확인한다.

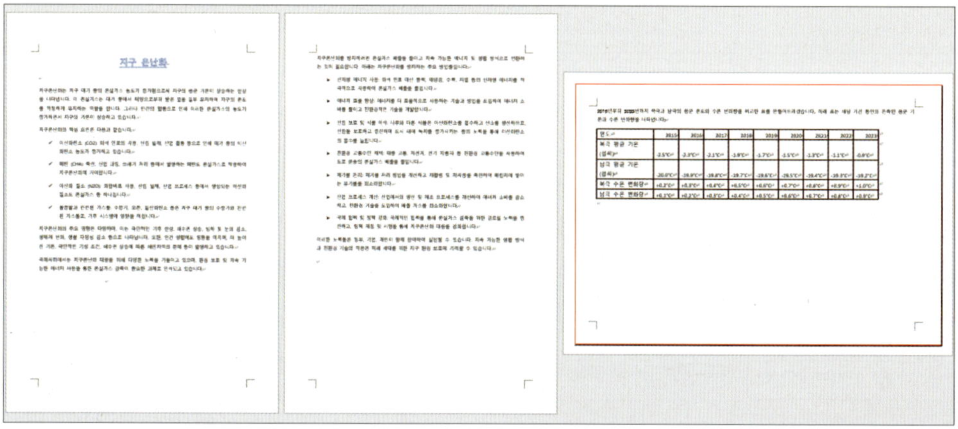

작은 연습 4

페이지 테두리를 적용한다. (색: 파랑, 두께: ¾ pt, 실선)

9.5 각주, 미주 사용하기

문서에서 단어나 문장의 의미 또는 보충 설명을 하기 위해 사용하는 각주와 미주가 있다. 각주는 현재 페이지에 설명을 넣는 반면, 미주는 마지막 페이지에 설명을 담는다. 이번에는 각주와 미주를 사용하는 방법에 대해 배운다.

각주 사용하기

❶ 첫 번째 페이지에서 첫 문장의 '온실가스' 글자 뒤에 커서를 놓는다.

❷ [참조] 탭의 각주 그룹에서 [각주 삽입]을 클릭한다.

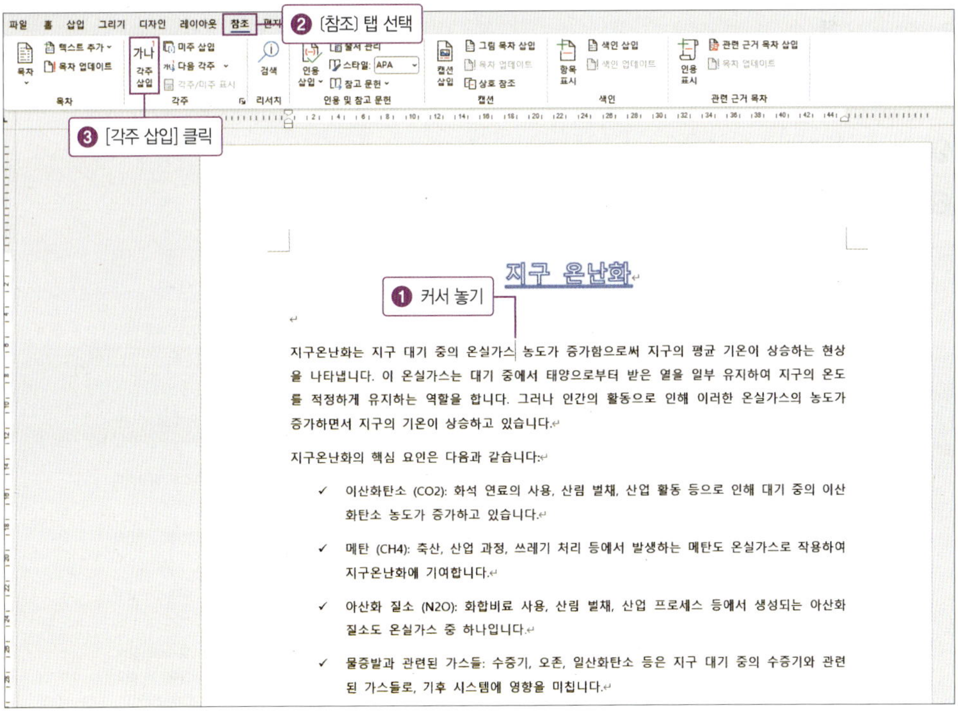

❸ 페이지 하단 각주 내용에 '지표면에서 우주로 발산하는 적외선 복사열을 흡수 또는 반사할 수 있는 기체를 말한다.'를 입력한다.

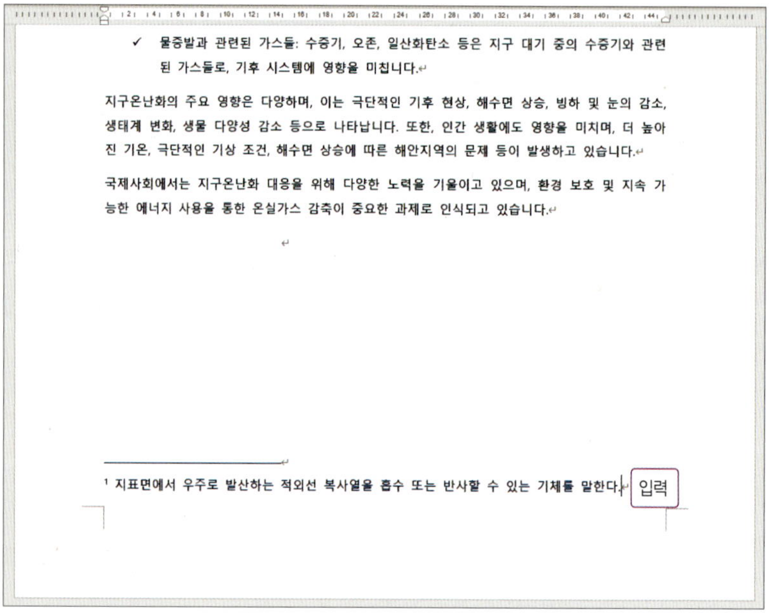

미주 사용하기

❶ 첫 번째 페이지의 중간 위치에서 '일산화탄소' 글자 뒤에 커서를 놓는다.

❷ [참조] 탭의 각주 그룹에서 [미주 삽입]을 클릭한다.

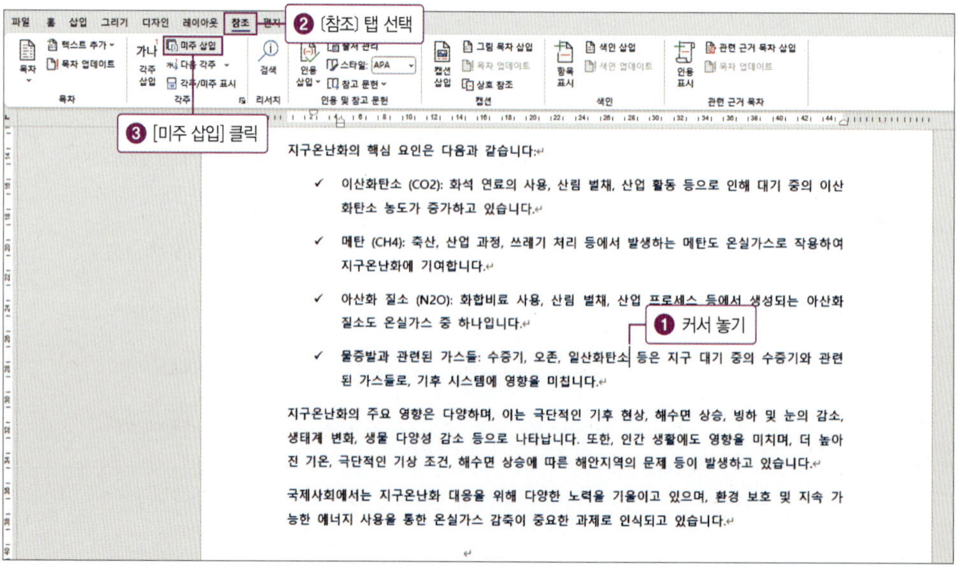

❸ 마지막 페이지 하단에 미주 내용으로 '무색[2], 무취[3]의 기체[4]로서 산소[5]가 부족한 상태에서 석탄이나 석유 등 연료가 탈 때 발생한다.'를 입력한다.

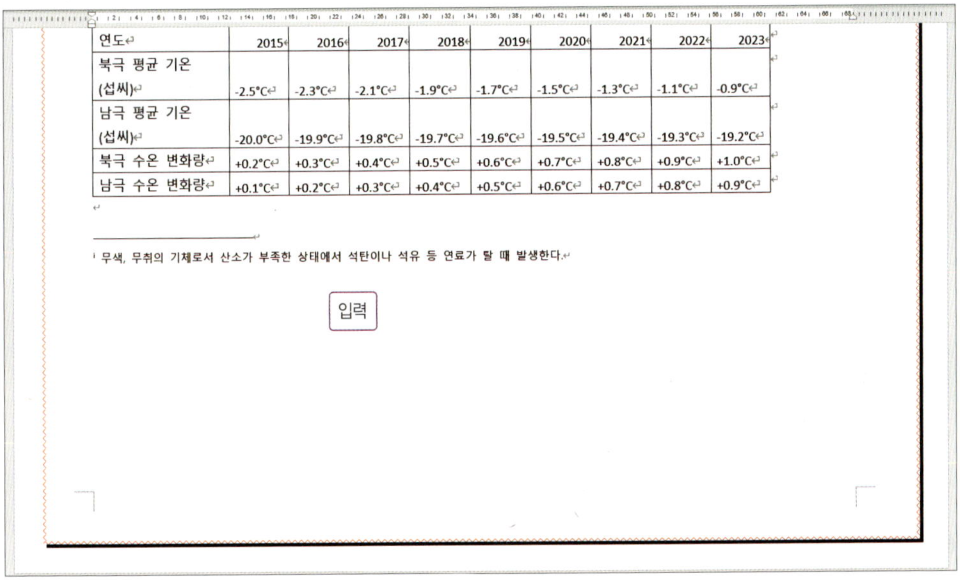

연도	2015	2016	2017	2018	2019	2020	2021	2022	2023
북극 평균 기온 (섭씨)	-2.5°C	-2.3°C	-2.1°C	-1.9°C	-1.7°C	-1.5°C	-1.3°C	-1.1°C	-0.9°C
남극 평균 기온 (섭씨)	-20.0°C	-19.9°C	-19.8°C	-19.7°C	-19.6°C	-19.5°C	-19.4°C	-19.3°C	-19.2°C
북극 수온 변화량	+0.2°C	+0.3°C	+0.4°C	+0.5°C	+0.6°C	+0.7°C	+0.8°C	+0.9°C	+1.0°C
남극 수온 변화량	+0.1°C	+0.2°C	+0.3°C	+0.4°C	+0.5°C	+0.6°C	+0.7°C	+0.8°C	+0.9°C

알아두세요 **각주/미주 내용 확인**

본문 단어의 각주/미주 번호에 마우스 포인터를 올려 놓으면 각주/미주 내용이 팝업 형태로 나타난다.

작은 연습 5

'3월'에 각주를 단다.

- 내용: 2024년 3월 달력이다.

---

2 색이 없다.

3 냄새가 없다.

4 눈에 보이지 않는 물질로 모양과 부피를 갖지 않는다.

5 사람의 호흡과 동식물의 생활에 없어서는 안 되는 기체 CO2이다.

머리글, 바닥글 사용하기

머리글과 바닥글은 페이지 상단과 하단에 텍스트를 추가하는 기능으로, 책의 제목이나 절의 제목, 페이지 번호 등을 넣는 데 사용한다. 이번에는 머리글과 바닥글을 사용하는 방법에 대하여 배운다.

머리글 사용하기

❶ 첫 번째 페이지에서 아무 곳에 커서를 놓는다.

❷ [삽입] 탭의 머리글/바닥글 그룹에서 [머리글] → [비어 있음]을 클릭한다.

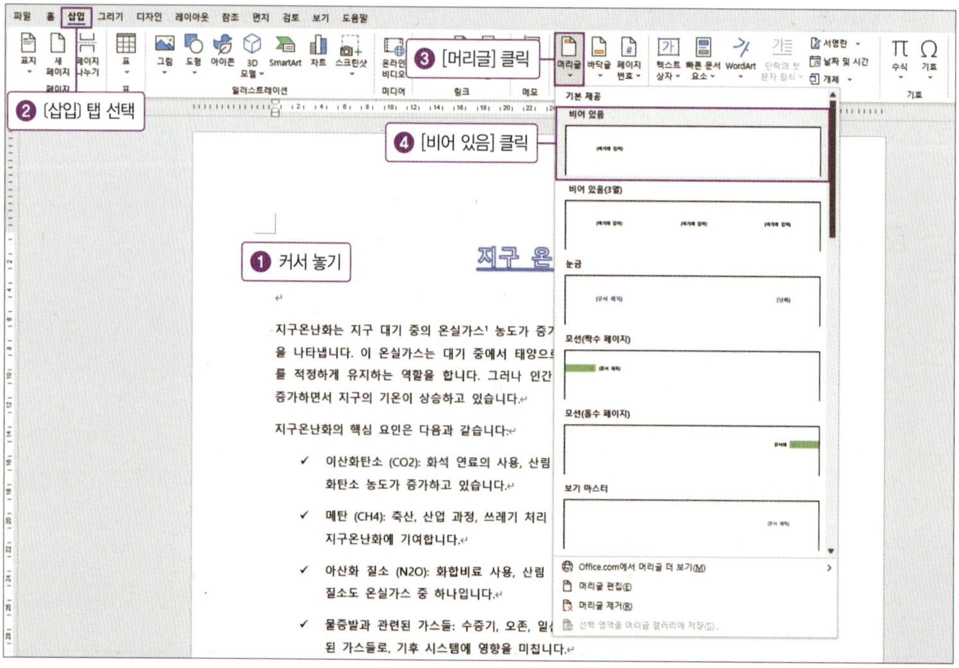

❸ 머리글에 [여기에 입력]이 나타나면 '지구 온난화에 대하여'를 입력한다.

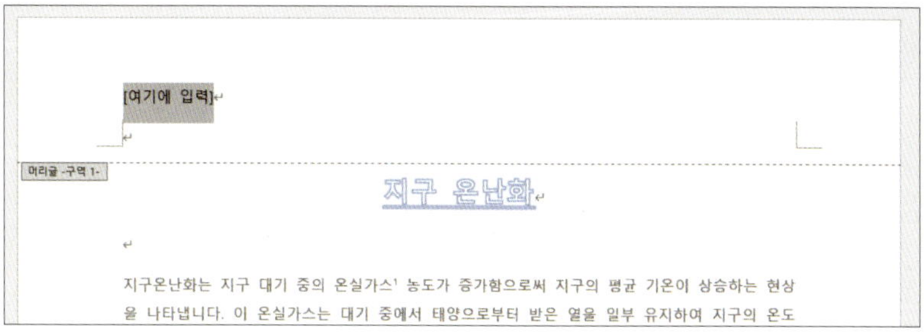

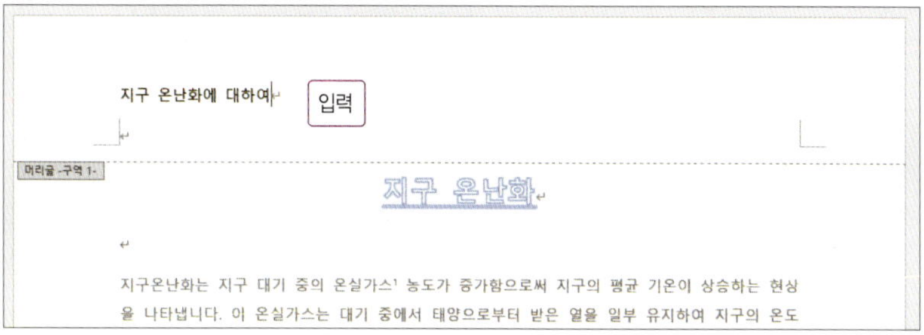

알아두세요 편집할 때는 머리글 부분을 더블 클릭한다.

❹ [머리글/바닥글] 탭의 닫기 그룹에서 [머리글/바닥글 닫기]를 클릭한다.

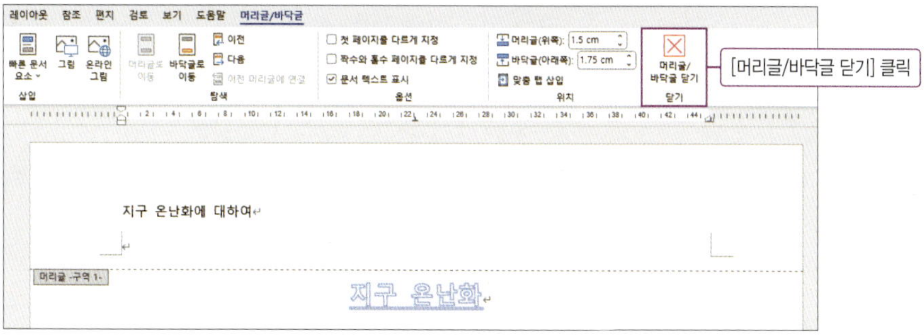

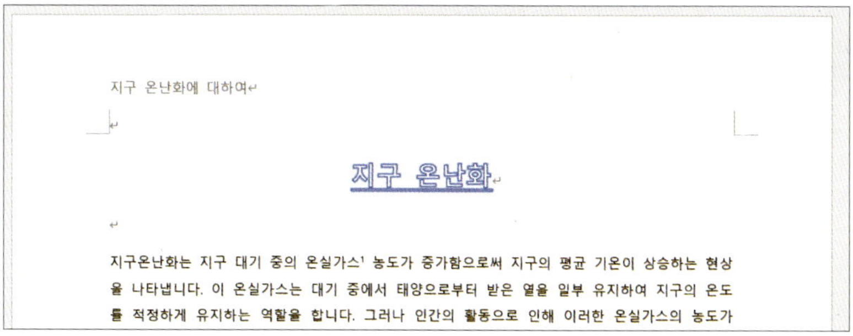

머리글 확인

9 표와 페이지 다루기

바닥글 사용하기

❶ 첫 번째 페이지에서 아무 곳에 커서를 놓는다.

❷ [삽입] 탭의 [머리글/바닥글] 그룹에서 [바닥글] → [비어 있음]을 클릭한다.

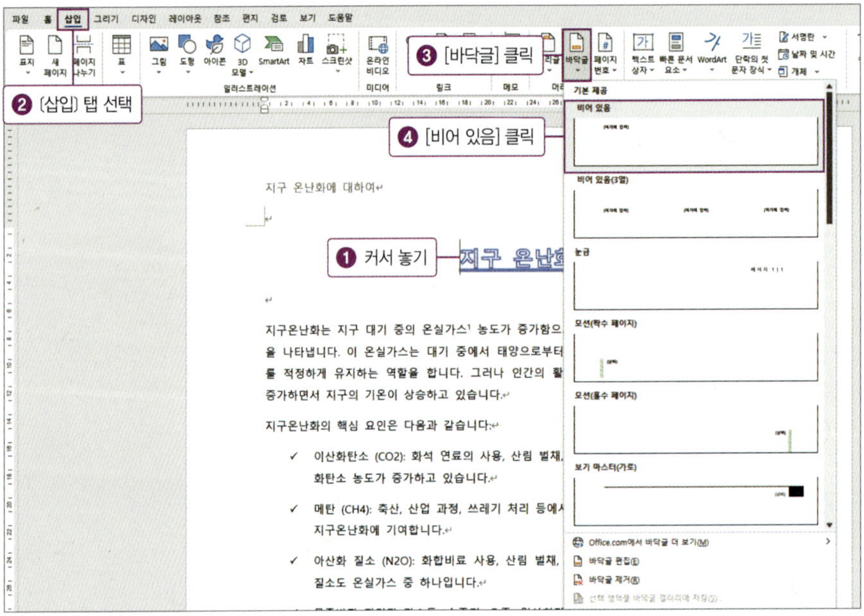

❸ 바닥글에 [여기에 입력]이 나타나면 '지구 온난화'를 입력한다.

❹ [머리글/바닥글] 탭의 닫기 그룹에서 [머리글/바닥글 닫기]를 클릭한다.

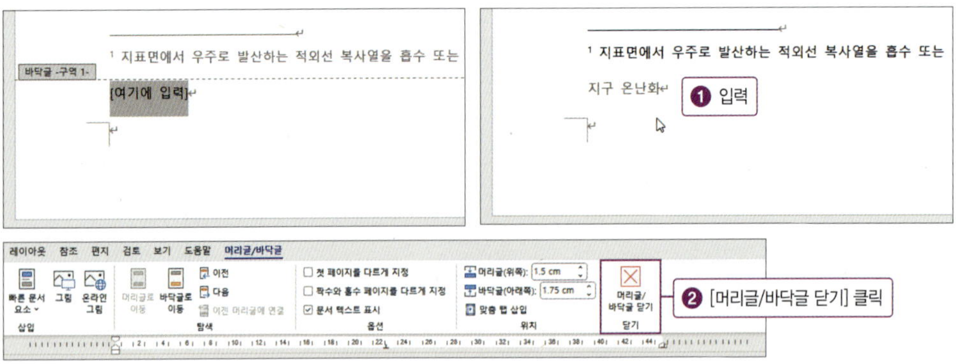

☑ 작은 연습 6

머리글을 작성한다.

- 내용: 2024년 달력
- 위치: 왼쪽 상단

9.7 페이지 번호 삽입하기

문서에 페이지 번호를 추가하면 목차를 작성하거나 원하는 내용을 쉽게 찾을 수 있다. 이번에는 페이지 번호를 삽입하는 방법에 대해 배운다.

❶ 바닥글을 더블 클릭한다.

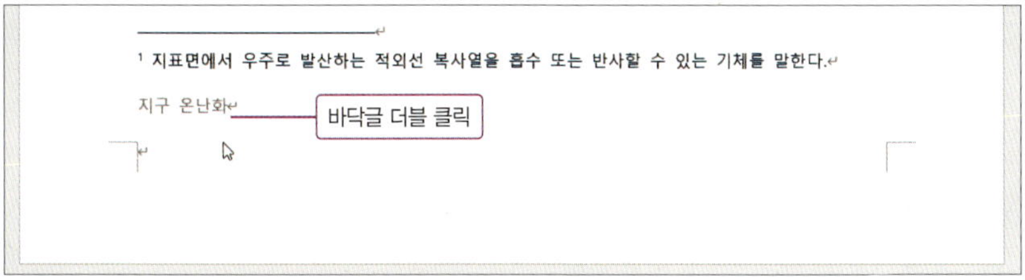

❷ '지구 온난화' 바닥글 아래에 커서를 놓는다.

❸ [머리글/바닥글] 탭의 위치 그룹에서 [맞춤 탭 삽입]을 클릭한다.

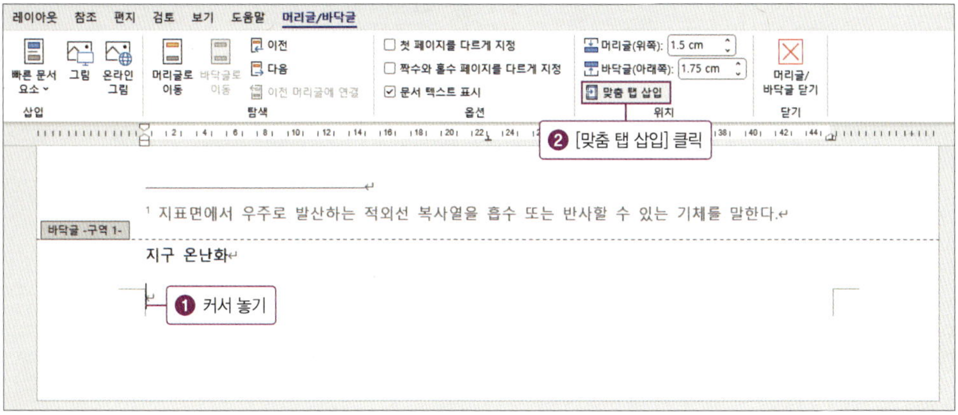

❹ [맞춤 탭] 대화상자에서 맞춤을 [가운데]로 클릭하고 〈확인〉 버튼을 클릭한다.

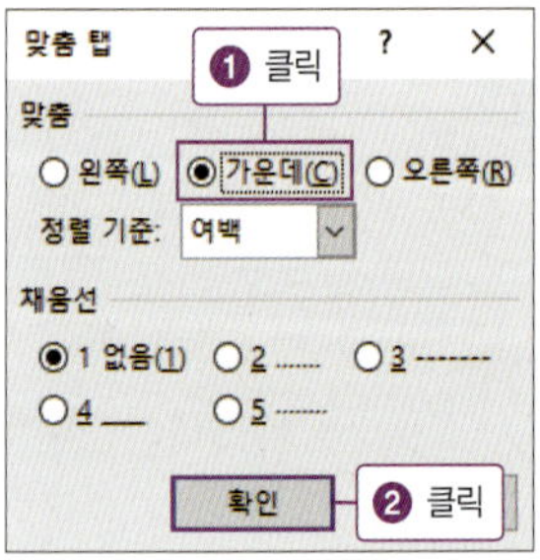

❺ 〔머리글/바닥글〕 탭의 머리글/바닥글 그룹에서 [페이지 번호] → [현재 위치] → [굵게 표시된 번호]를 클릭한다.

❻ 〔머리글/바닥글〕 탭의 닫기 그룹에서 [머리글/바닥글 닫기]를 클릭한다.

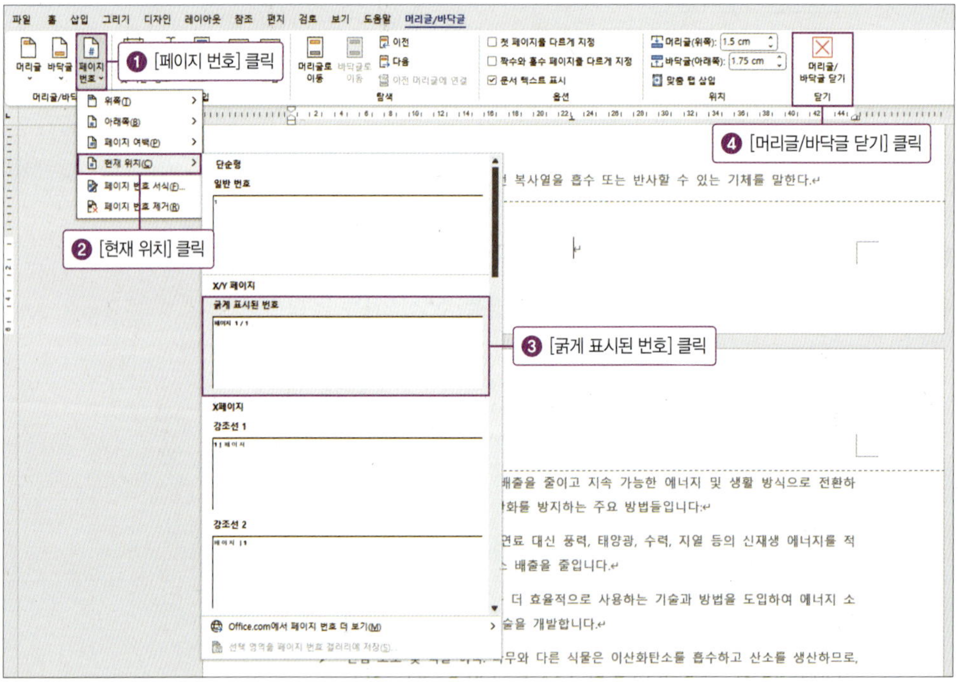

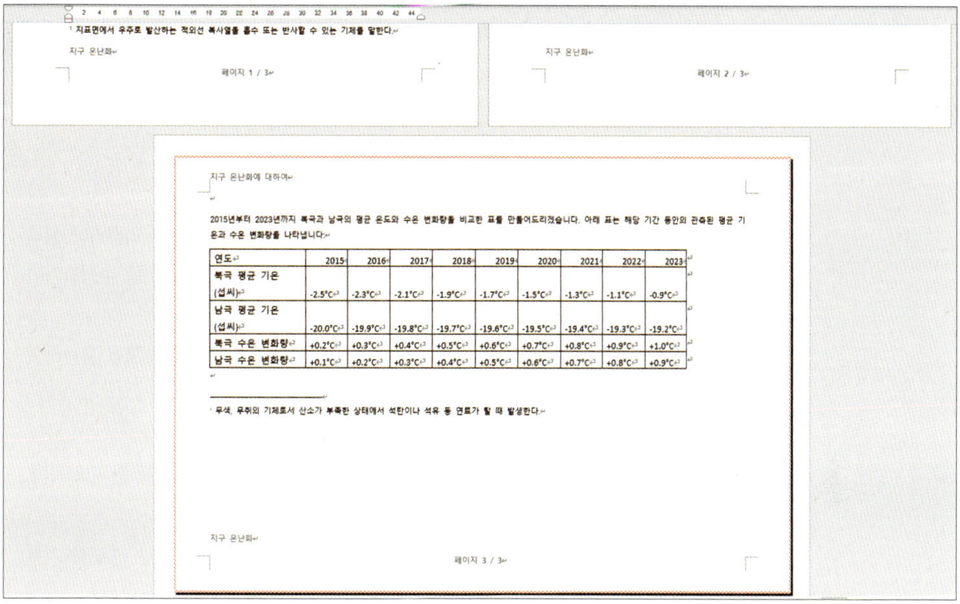

¹ 지표면에서 우주로 발산하는 적외선 복사열을 흡수 또는 반사할 수 있는 기체를 말한다.

지구 온난화

페이지 1 / 3

지구 온난화

페이지 2 / 3

지구 온난화에 대하여

2015년부터 2023년까지 북극과 남극의 평균 온도와 수온 변화량을 비교한 표를 만들어드리겠습니다. 아래 표는 해당 기간 동안의 관측된 평균 기온과 수온 변화량을 나타냅니다.

연도	2015	2016	2017	2018	2019	2020	2021	2022	2023
북극 평균 기온 (섭씨)	-2.5°C	-2.3°C	-2.1°C	-1.9°C	-1.7°C	-1.5°C	-1.3°C	-1.1°C	-0.9°C
남극 평균 기온 (섭씨)	-20.0°C	-19.9°C	-19.8°C	-19.7°C	-19.6°C	-19.5°C	-19.4°C	-19.3°C	-19.2°C
북극 수온 변화량	+0.2°C	+0.3°C	+0.4°C	+0.5°C	+0.6°C	+0.7°C	+0.8°C	+0.9°C	+1.0°C
남극 수온 변화량	+0.1°C	+0.2°C	+0.3°C	+0.4°C	+0.5°C	+0.6°C	+0.7°C	+0.8°C	+0.9°C

¹ 무색, 무취의 기체로서 산소가 부족한 상태에서 석탄이나 석유 등 연료가 탈 때 발생한다.

지구 온난화

페이지 3 / 3

각 페이지의 페이지 번호 확인

알아두세요 **페이지 번호 삽입**

[삽입] 탭을 선택하고 머리글/바닥글 그룹에서 [페이지 번호] → [현재 위치]를 클릭해 페이지 번호를 삽입할 수 있다.

작은 연습 7

페이지 번호를 삽입한다.

알아두세요 **메모 기능**

메모 기능은 워드 문서 작성과 협업에서 매우 유용하며, 문서의 효율성을 높이는 데 도움이 된다.

❶ 소통과 협업

- 문서 열람자와 작성자 간 소통: 메모를 통해 문서 열람자가 작성자에게 의견이나 생각을 전달할 수 있다. 이를 통해 작성자는 열람자의 의견을 참고하여 문서를 수정하거나 보완할 수 있다.
- 여러 사람이 문서를 검토할 때: 여러 사람이 동시에 문서를 검토할 때 메모를 활용하여 의견을 공유하고 수정할 수 있다.

❷ 중요 내용 기록

- 참고 사항: 문서 작성 중에 중요한 내용이나 유의 사항을 메모로 기록해두면 편리하다. 이를 통해 문서 작업을 더 효율적으로 수행할 수 있다.
- 편집 제한이 있는 문서: 편집 제한이 있는 문서에서도 메모를 활용해 추가 정보를 기록할 수 있다.

❸ 문서 관리 및 추적

- 메모를 남긴 사람 표시: 메모를 남긴 사람이 표시되어 문서를 검토하는 데 도움이 된다.
- 메모의 해결 상태 표시: 메모를 해결하거나 비활성화하여 문서 관리를 더 효율적으로 할 수 있다.

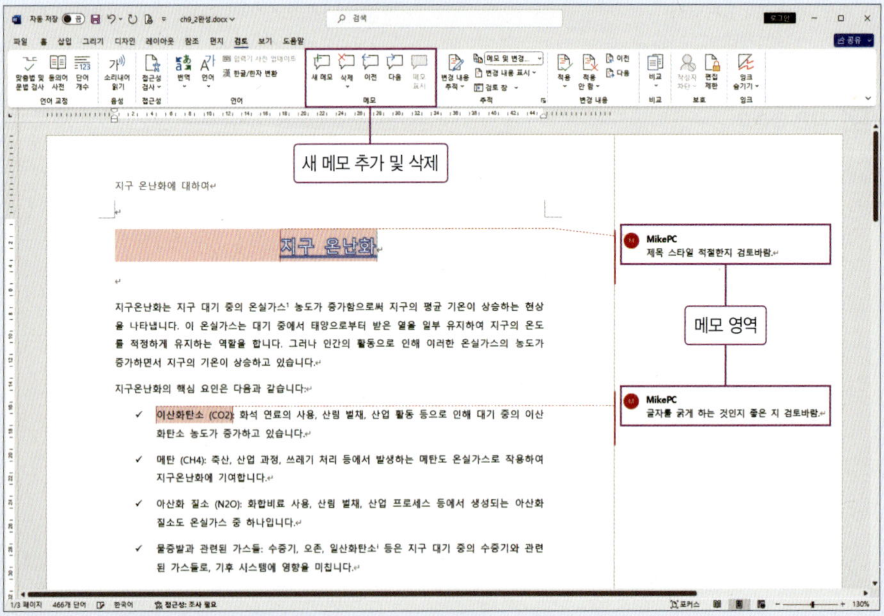

9.8 활용하기 1

다음 조건에 맞게 문서를 수정하세요.

- 페이지 번호 삽입하기
- '4. 결론' 부분부터 쪽 나누기
- 첫 단락에서 '포경' 단어의 의미인 아래 내용을 각주로 달기
  · '대형 고래를 잡는 작업'
- 페이지 테두리를 적용하기(실선, 색상: 녹색, 두께: 3cm)

9.9 활용하기 2

다음 조건에 맞게 문서를 수정하세요.

- 인적사항[6] 표의 행 높이를 동일하게 만들기
- 의 셀 병합하기
- 머리글 넣기
  · 위치: 왼쪽 상단 내용: 제 24012345 호
  · 위치: 오른쪽 상단 내용: 2쪽에 있는 담당자, 확인자 표
- 바닥글 넣기
  · 위치: 왼쪽 하단 내용: 2쪽에 있는 '한국전자'
- 페이지 번호 넣기

6 한 사람의 이름, 주소, 생년월일 등을 말한다.

9.10 도움주기

참고문헌 작성 방법

- 참고문헌은 보고서나 논문을 작성할 때 참고한 자료이다.
- 참고문헌은 보고서나 논문의 마지막 장에 넣는다.
- 참고문헌은 이름 순서대로 적는다.
  한글 이름의 경우 가나다순으로 적고 영문 이름이면 ABC순으로 적는다.
- 영어로 된 서적의 경우 책 이름을 이탤릭체로 바꾼다.
- 같은 저자라면 연도 순서대로 적는다.
- 같은 저자의 책이나 논문이 여러 개일 경우 두 번째부터는 저자 이름 대신 밑줄(__)로 표기한다.
- 참고문헌은 각주와 동일하게 작성하고 인용 쪽은 삭제한다.
- 작성 방법은 MLA 방식이나 APA 방식을 따른다.

알아두세요 「 」는 ' '로 바꿔서 사용할 수 있다.
『 』는 " "로 바꿔서 사용할 수 있다.

연습문제 다음 참고문헌에서 잘못된 점을 찾아 고쳐 봅시다.

❶ 돈의 심리학, 모건 하우절, 2023, 인플루엔셜.
➡ ______________________________

❷ 강준만, 인물과사상사, 2024, 인문학과 손잡은 영어 공부1.
➡ ______________________________

❸ 문헌 음운학을 위한 제언, 겨레어문학 13, 이근영, 겨레어문학회, 23-25쪽.
➡ ______________________________

❹ 1990, 건국대학교 대학원 박사학위 논문, 현대 국어의 이유 구문에 관한 연구, 조오현.
➡ ______________________________

❺ 한국문화사, 김한식, 2024, 한일 통역과 번역, 51쪽.
➡ ______________________________

❻ 연합뉴스, 2024년 5월 8일, 오존 짙어지는 여름...대기오염물질 배출사업장 집중점검.
➡ ______________________________

연습문제 다음 잘못된 참고문헌을 수정하고 순서에 맞게 고쳐 봅시다.

강남순, 『용서에 대하여』, 동녘, 2017.

이재림, "30년 전 걸프전때 유출 원유 분석…독성물질 발생 확인", 연합뉴스, 2019.04.09

차수정, "패션이 환경오염에 미치는 영향에 관한 인식유형", 국립목포대학교, 2022, 1쪽

박현정, 남미우, "기업의 지속가능 경영활동에 대한 소비자 인식과 친환경 화장품 소비행동".서경대학교, 2019, 13쪽

박주현, "지속가능한 친환경을 위한 온라인 신선식품 배송 서비스 콘셉트 제안", 이화여자대학교, 2021, 6쪽-14쪽

정회성. (2008). 환경변화와 인류문명 그리고 지속가능발전. 환경논총, 47, 3-23.

박성우, 전의찬. (2022). 풍력발전사업의 주요 장애요인 분석과 시사점- 풍력발전 사업주체의 관점에서-. 한국기후 변화학회지, 13(1), 11-21.

김동현, "태양광 · 풍력에 여의도168배 땅 필요…부지는 충분한가", 연합뉴스, 2017.12.20.

최권진 외 3명, 유학생을 위한 한국문화입문, 2023. 박이정.

⬇

알아두세요 참고한 자료의 출처[7]를 밝히지 않으면 표절이 된다.
표절[8]할 경우 매우 심각한 문제가 되므로 반드시 출처를 밝혀야 한다.

---

7 책이나 논문이 처음 실린 곳으로 말이나 문서 등의 근거를 말한다.

8 다른 사람이 만든 것을 몰래 가져다가 쓰는 것을 말한다.

파워포인트는 마이크로소프트에서 만든 프레젠테이션 소프트웨어로, 전문적인 슬라이드 쇼나 프레젠테이션을 만드는 데 사용된다. 사용자들은 파워포인트를 이용해 텍스트, 이미지, 도표, 비디오 등 다양한 내용물을 담은 동적인 프레젠테이션을 만들 수 있다. 또한 다양한 디자인 템플릿과 효과를 활용하여 프레젠테이션을 더욱 효과적으로 구성할 수 있다.

프레젠테이션을 위한 파워포인트

10장

프레젠테이션과 텍스트 다루기

학 습 목 표

- 파워포인트를 사용하는 방법을 안다.
- 슬라이드에 텍스트 입력 방법을 이해한다.
- 슬라이드를 수정하는 방법을 익힌다.

10.0 알아두기

파워포인트는 마이크로소프트에서 개발한 프로그램으로, 발표용 프레젠테이션을 제작하고 편집하는 데 사용한다. 다양한 형태의 슬라이드를 제공하여 청중에게 효과적이고 설득력 있는 메시지를 전달할 수 있다. 슬라이드에는 텍스트, 이미지, 동영상, 소리, 도형 등 다양한 멀티미디어 자료를 포함할 수 있으며, 표나 차트와 같은 다른 문서에서 사용한 기능도 활용할 수 있다. 또한, 슬라이드 쇼를 진행할 때는 애니메이션과 전환 효과를 활용하여 쇼 화면을 동적으로 만들 수 있다.

파워포인트 프로그램 화면 구성

파워포인트에서 프레젠테이션을 작성하기 위하여 파워포인트 프로그램의 화면 구성을 알아본다.

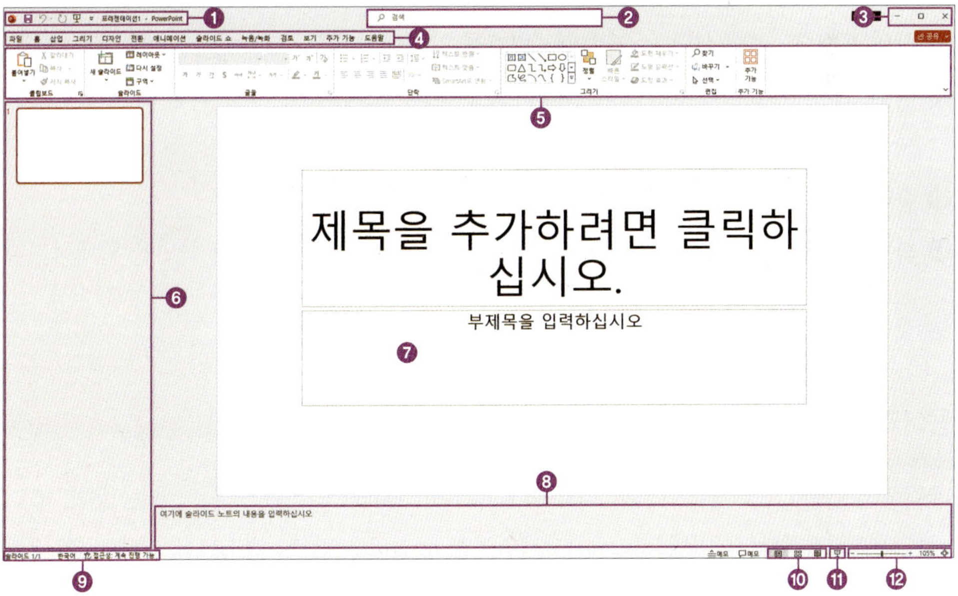

❶ **빠른 실행 도구모음과 제목 표시줄**: 사용자가 자주 사용하는 명령을 빠르게 실행하도록 모아놓은 도구가 아이콘으로 되어 있으며, 현재 작성 중인 파일 이름이 표시된다.

❷ **검색**: 작업에 필요한 키워드나 설명을 입력하면 관련 기능이 나오거나 도움말이 나온다.

❸ **창 조절 버튼**: 작업 중인 창의 크기를 변경하거나 창을 닫을 때 사용한다.

❹ **메뉴 탭**: 메뉴가 탭 방식으로 되어 있어서 메뉴 이름을 클릭하면 된다.

❺ **리본 메뉴**: 메뉴 탭과 연결되어 있고, 어떤 메뉴 탭을 선택하면 관련된 기능들이 아이콘으로 표현되어 있으며 그룹별로 묶여있다. 리본 메뉴 끝에는 리본 메뉴를 축소할 수 있는 아이콘이 있다.

❻ **슬라이드 미리 보기 창**: 슬라이드 내용을 미리 볼 수 있도록 축소판 형태로 보여지며, 슬라이드 추가, 삭제, 복제, 레이아웃, 배경 서식, 슬라이드 숨기기, 구역 나누기 등을 할 수 있다.

❼ **슬라이드 창**: 슬라이드 작업을 하는 곳으로 개체에 입력, 수정, 개체 추가, 도형 추가, 멀티미디어 추가 등 다양한 작업을 할 수 있다.

❽ **슬라이드 노트**: 슬라이드 아래쪽에 표시되고, 선택한 슬라이드에 대한 설명을 추가로 입력할 수 있다. 발표할 때 슬라이드 노트 내용을 보면서 발표할 수 있으며, 인쇄할 때도 슬라이드 노트를 같이 인쇄할 수 있다.

❾ **상태 표시줄**: 현재 선택한 슬라이드 번호를 알 수 있다.

❿ **화면 보기 아이콘**: 기본, 여러 슬라이드, 읽기용 보기의 세 가지 화면 보기 방식으로 되어 있다.

⓫ **슬라이드 쇼**: 슬라이드 쇼를 시작할 수 있다.

⓬ **화면 확대/축소 도구**: 슬라이더를 이용하거나 확대/축소를 이용해 화면을 확대하거나 축소할 수 있다.

용어의 이해

파워포인트에서 프레젠테이션과 텍스트를 다루기 위하여 슬라이드를 다루는 방법, 슬라이드 마스터를 다루는 방법, 슬라이드에 번호를 삽입하는 방법, 텍스트를 입력한 후 스타일을 적용하는 방법, 개체에 텍스트를 입력하는 방법, 글자 서식을 다루는 방법, 글머리 기호를 사용하는 방법, 번호를 매기는 방법 등을 익히기 전에 용어들을 먼저 살펴보자.

용어	그림	설명
슬라이드	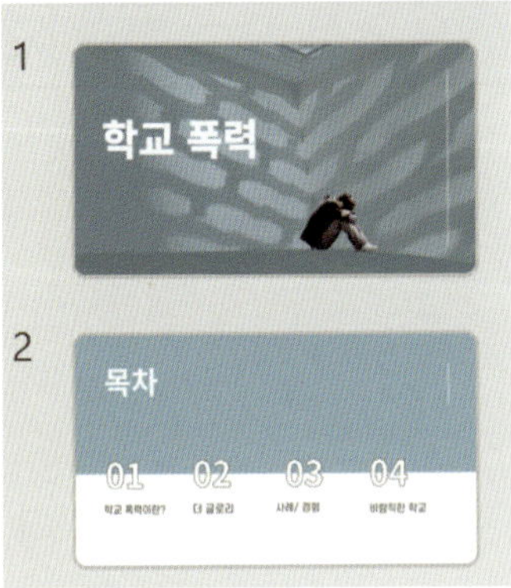	**슬라이드를 추가하다/삭제하다/복사하다/복제하다.** 의미: PPT에서 내용을 작성할 수 있는 부분 예 슬라이드를 추가한 후에 제목을 쓰세요.
최대화	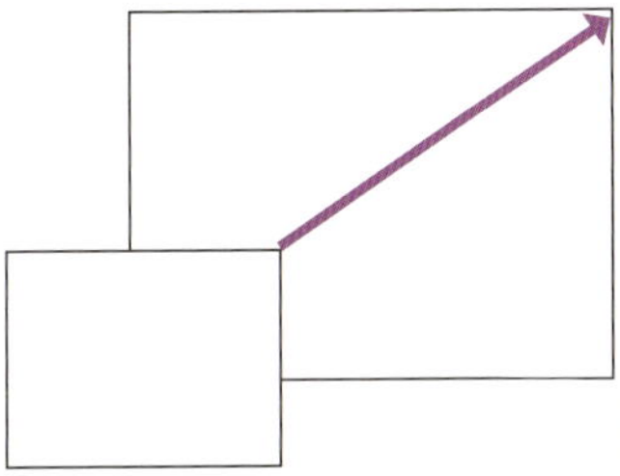	**○○○을/를 최대화로 만들다, 최대화하다.** 의미: 가장 크게 함 예 표 크기를 최대화하세요.
와이드스크린	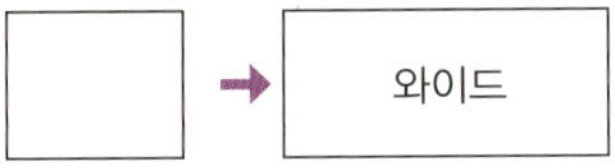	**와이드스크린을 선택하다, 와이드스크린으로 바꾸다.** 의미: 보통의 스크린보다 좌우를 더 넓힌 스크린 예 슬라이드 크기를 와이드스크린으로 바꿨어요.
직사각형		**직사각형을 그리다/만들다, 직사각형** 의미: 안쪽 각이 직각인 사각형. 보통 정사각형이 아닌 것을 말함 예 슬라이드에 직사각형을 그리세요.
윤곽선	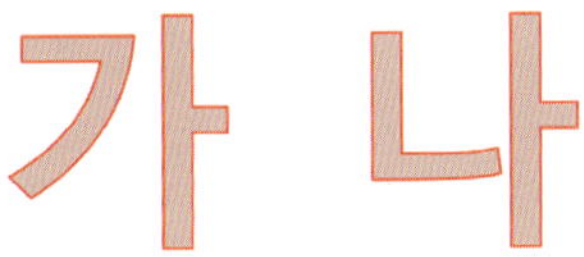	**윤곽선을 넣다/만들다.** 의미: 테두리에 있는 선 예 글자 색과 다른 색으로 윤곽선을 넣으세요.

10.1 POWERPOINT

슬라이드 다루기

파워포인트에서 문서는 슬라이드로 구성된다. 슬라이드를 추가, 이동, 복사, 삭제하는 방법은 파워포인트를 사용하는 데 기본적인 기능으로 알아두어야 한다. 이번에는 슬라이드를 다루는 방법에 대하여 배운다.

실습 파일: 10\ch10_1.pptx

슬라이드 크기 바꾸기

10 폴더의 'ch10_1.pptx' 파일을 더블 클릭하여 실행한다.

❶ 〔디자인〕 탭의 사용자 지정 그룹에서 [슬라이드 크기] → [표준(4:3)]을 클릭한다.

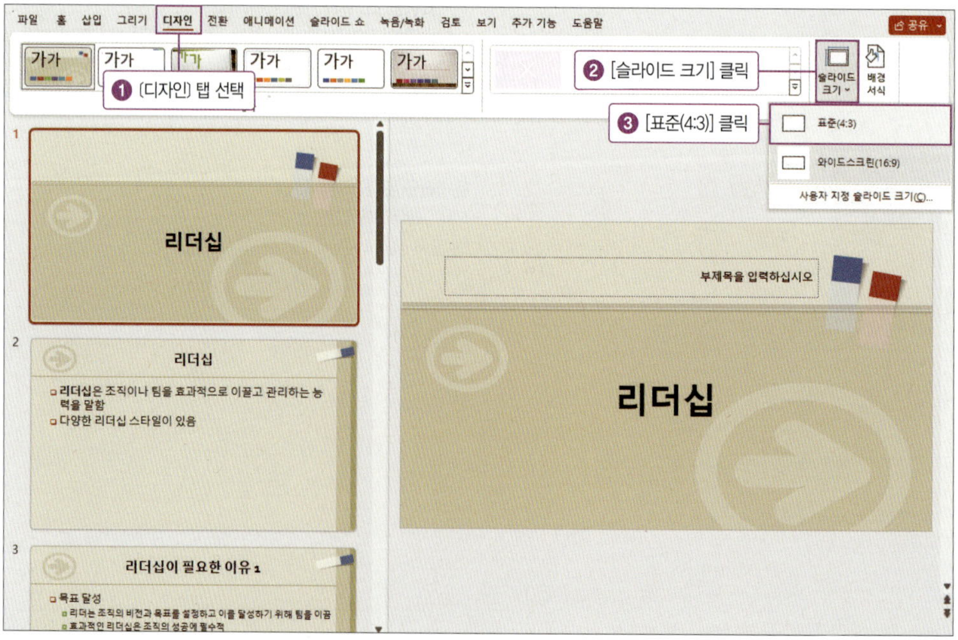

❷ [최대화]와 [맞춤 확인] 중 〈최대화〉 버튼을 클릭한다.

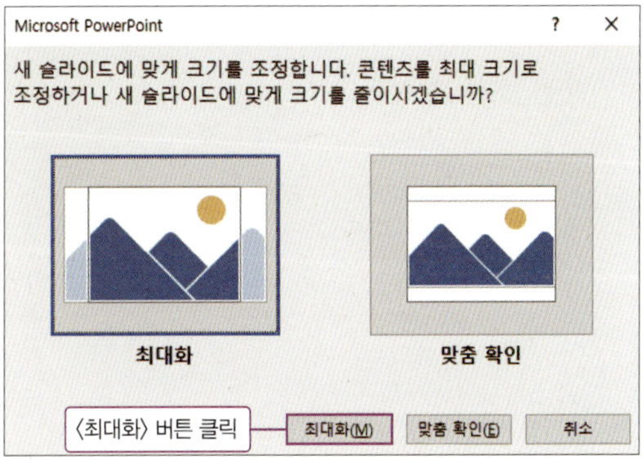

알아두세요 [최대화]는 글자 크기나 도형 크기가 유지되지만 [맞춤 확인]은 슬라이드 크기에 맞게 조정된다.

알아두세요 새 프레젠테이션으로 시작했을 때는 창이 열리지 않을 수 있다. 이때 [와이드스크린]을 클릭하고 다시 [표준(4:3)]을 클릭하면 창이 열린다.

❸ 슬라이드가 4:3 크기로 바뀐 것을 확인한다.

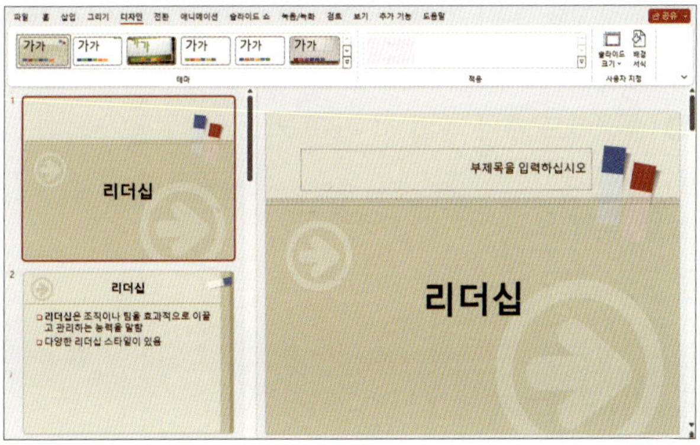

❹ 〔디자인〕 탭의 사용자 지정 그룹에서 [슬라이드 크기] → [와이드스크린(16:9)]를 클릭한다.

❺ 다시 와이드스크린 크기로 바뀐 것을 확인한다.

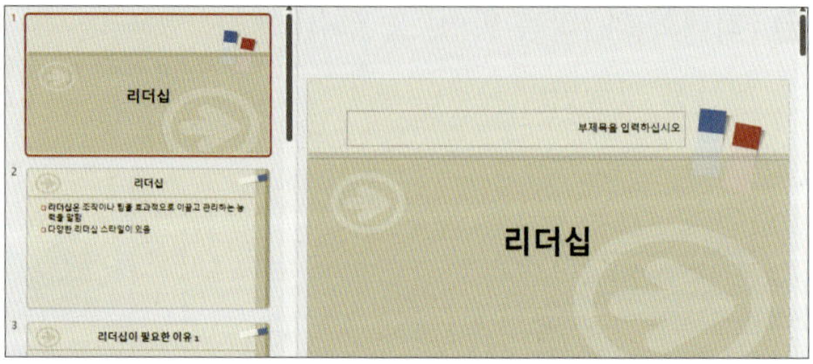

슬라이드 추가하기

❶ 슬라이드 화면 왼쪽 슬라이드 축소판에서 2번 슬라이드와 3번 슬라이드 사이에 커서를 놓는다.

❷ **슬라이드 추가 방법** 1: [홈] 탭의 슬라이드 그룹에서 [새 슬라이드]를 클릭한다.

❸ **슬라이드 추가 방법** 2: 마우스 오른쪽 버튼을 클릭하고 [새 슬라이드]를 클릭한다.

❹ **슬라이드 추가 방법** 3: 단축 키 Ctrl+M을 누른다.

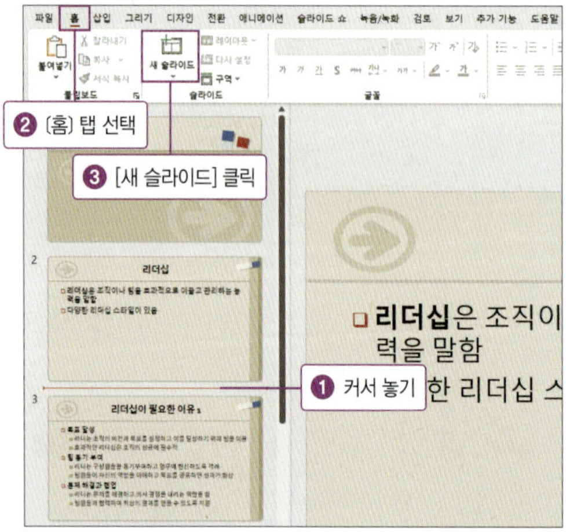

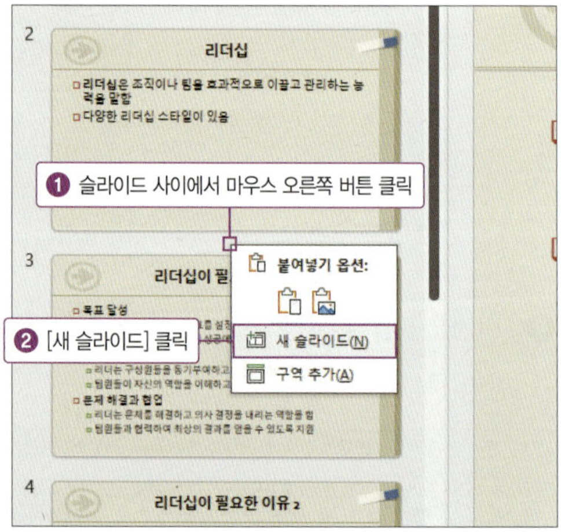

❺ 빈 슬라이드가 추가된 것을 확인한다.

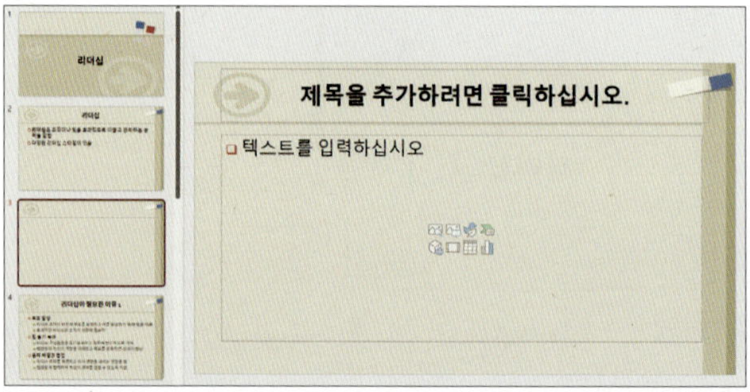

슬라이드 레이아웃 바꾸기

❶ 추가한 슬라이드를 선택한다.

❷ **슬라이드 레이아웃 변경 방법** 1: [홈] 탭의 슬라이드 그룹에서 [레이아웃] → [빈 화면]을 클릭한다.

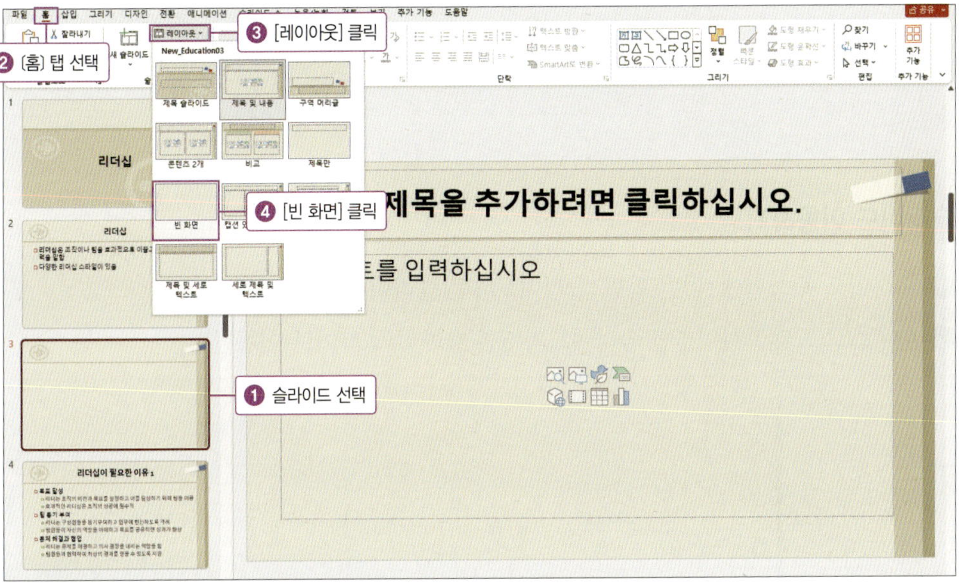

❸ **슬라이드 레이아웃 변경 방법** 2: 추가된 슬라이드에서 마우스 오른쪽 버튼을 클릭한 다음 [레이아웃] → [빈 화면]을 클릭한다.

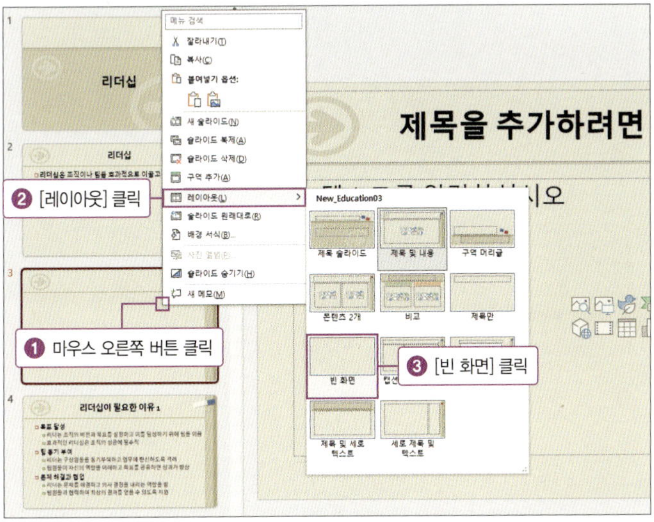

❹ 슬라이드 레이아웃이 바뀐 모습을 확인한다.

슬라이드 이동하기

❶ 슬라이드 축소판에서 '빈 화면' 슬라이드(3번 슬라이드)를 선택한다.

❷ 마우스로 드래그하여 5번 슬라이드와 6번 슬라이드 사이로 이동한다.

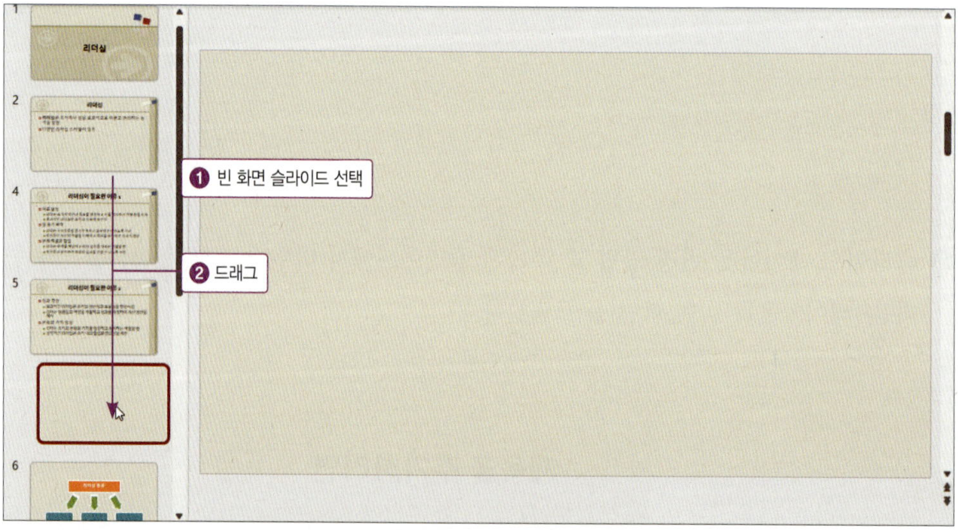

슬라이드 이동 모습

슬라이드 복사하고 붙여넣기

❶ 2번 슬라이드를 선택한다.

❷ **슬라이드 복사 방법** 1: 단축 키 Ctrl+C를 눌러 복사한 다음 5번 슬라이드와 6번 슬라이드 사이에 커서를 놓고 Ctrl+V를 눌러 붙여넣기 한다.

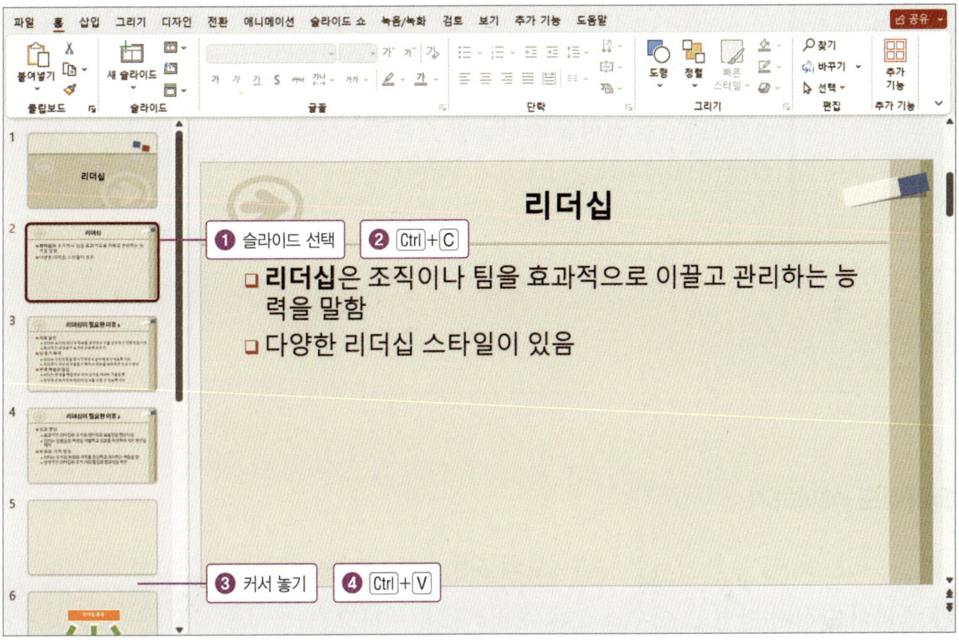

❸ **슬라이드 복사 방법** 2: [홈] 탭의 클립보드 그룹에서 [복사]를 클릭한다. 5번 슬라이드와 6번 슬라이드 사이에 커서를 놓고 [붙여넣기]를 클릭한다.

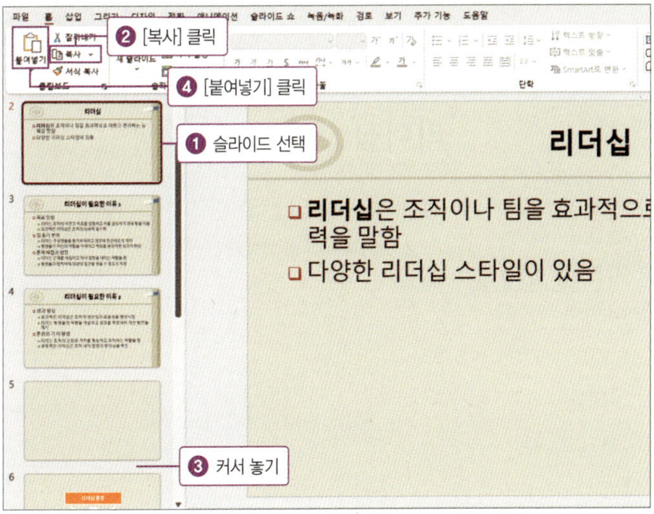

10

프레젠테이션과 텍스트 다루기

❹ **슬라이드 복사 방법** 3: Ctrl을 누른 채 복사할 슬라이드를 5번 슬라이드와 6번 슬라이드 사이로 드래그한다.

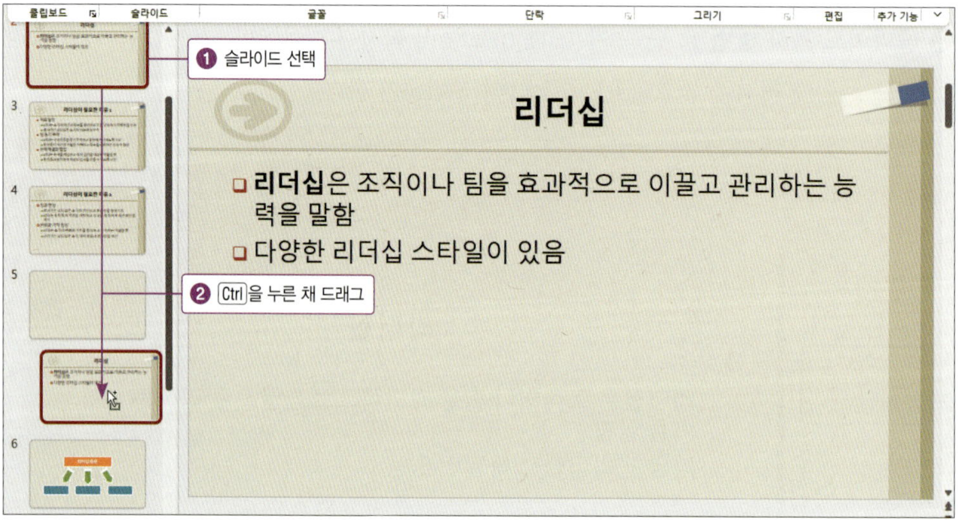

슬라이드 삭제하기

❶ Ctrl 또는 Shift를 누른 채 4번 슬라이드와 5번 슬라이드를 선택한다.

❷ **슬라이드 삭제 방법** 1: 마우스 오른쪽 버튼을 클릭하고 [슬라이드 삭제]를 클릭한다.

❸ **슬라이드 삭제 방법** 2: Del을 누른다.

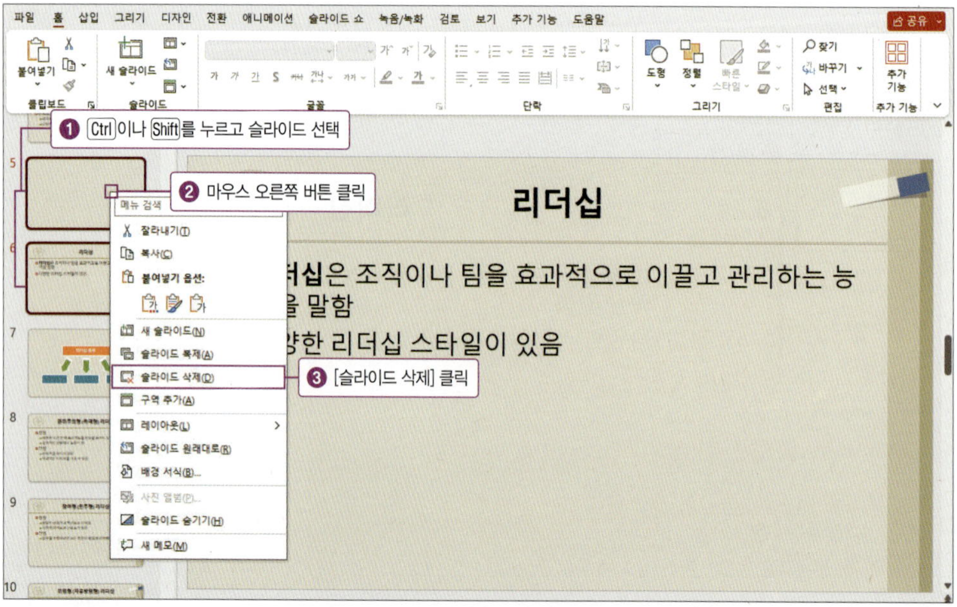

❹ 슬라이드가 삭제된 모습을 확인한다.

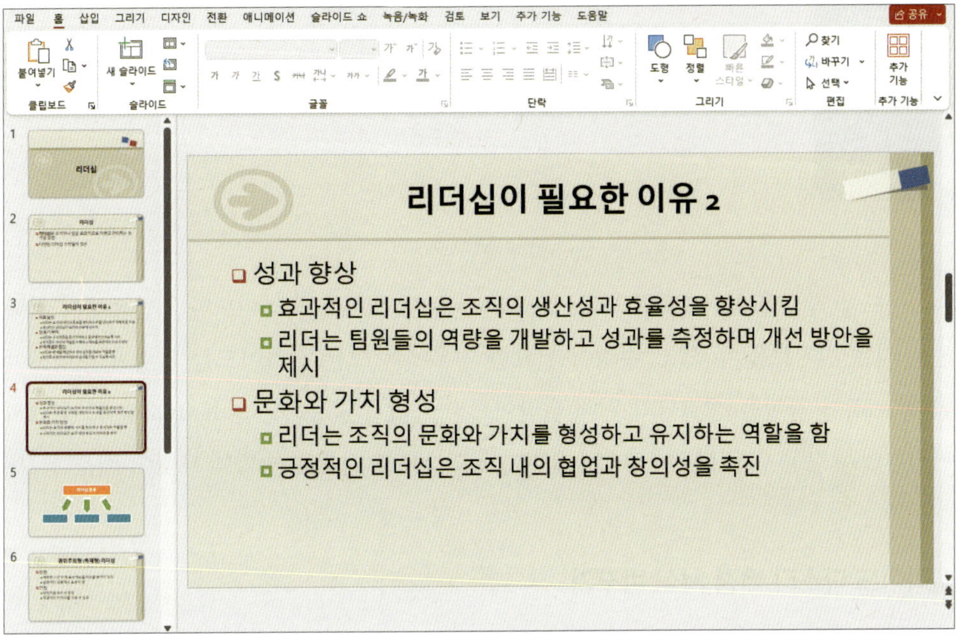

알아두세요 **붙여넣기 옵션**

❶ 대상 테마 사용: 붙여넣을 위치의 프레젠테이션 테마를 그대로 사용할 때 클릭한다.

❷ 원본 서식 유지: 복사하려는 프레젠테이션의 테마를 유지할 때 클릭한다.

❸ 그림: 복사하려는 프레젠테이션 슬라이드를 그림으로 붙여넣을 때 클릭한다.

☑ 작은 연습 1

10\작은연습_언어란.pptx, 작은 연습.hwpx

1. 새 슬라이드를 추가하여 3번 슬라이드로 만든다.
2. 슬라이드 크기를 '와이드스크린'으로 선택한다.
3. 작은 연습 한글 파일 내용을 색깔별로 각 슬라이드에 복사한다.
   - 1번 슬라이드 제목은 색을(언어의 특성) 쓴다.
   - 2번 슬라이드 제목은 색을(제목: '언어란', 내용: '언어는~방법을 제공') 쓴다.
   - 3번 슬라이드 제목은 색을(제목: '언어의 특성', 내용: '인간의~만들어냄') 쓴다.

10.2 슬라이드 마스터 다루기

슬라이드를 작성할 때, 반복적으로 사용되는 문구나 개체를 슬라이드마다 반복해서 입력하는 것은 번거로울 수 있고 수정이 필요한 경우에는 모든 슬라이드를 일일이 수정해야 한다. 이러한 불편을 해결하기 위해 슬라이드 마스터를 활용하면 공통 요소를 한 곳에서 편리하게 편집할 수 있다. 이번에는 슬라이드 마스터를 다루는 방법에 대하여 배운다.

슬라이드 마스터 배경 서식 바꾸기

❶ [보기] 탭의 마스터 보기 그룹에서 [슬라이드 마스터]를 클릭한다.

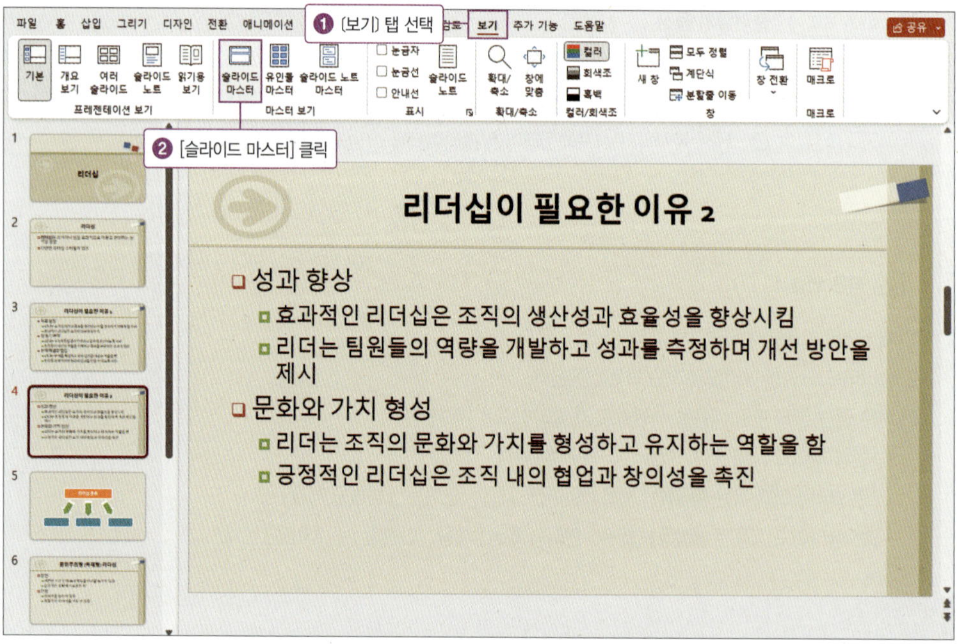

❷ 첫 번째 슬라이드(슬라이드 마스터)를 선택한다.

❸ '마스터 제목 슬라이드 편집' 글자를 드래그하여 선택한다.

❹ 〔홈〕 탭의 글꼴 그룹에서 글꼴 크기를 '36'으로 바꾼다.

❺ [텍스트 그림자]를 클릭한다.

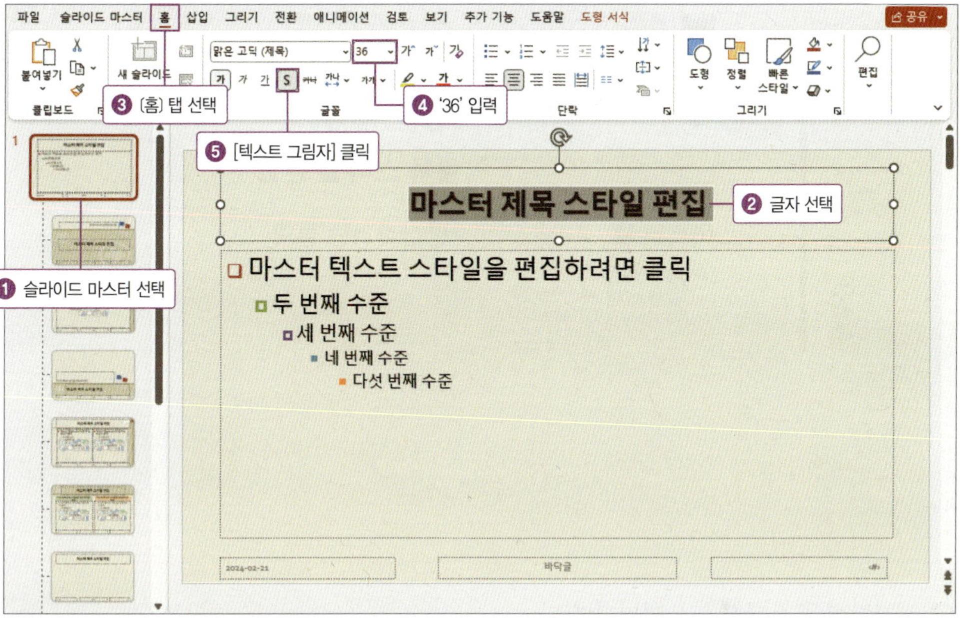

❻ 〔삽입〕 탭의 일러스트레이션 그룹에서 [도형] → 사각형 항목의 [직사각형]을 클릭한다.

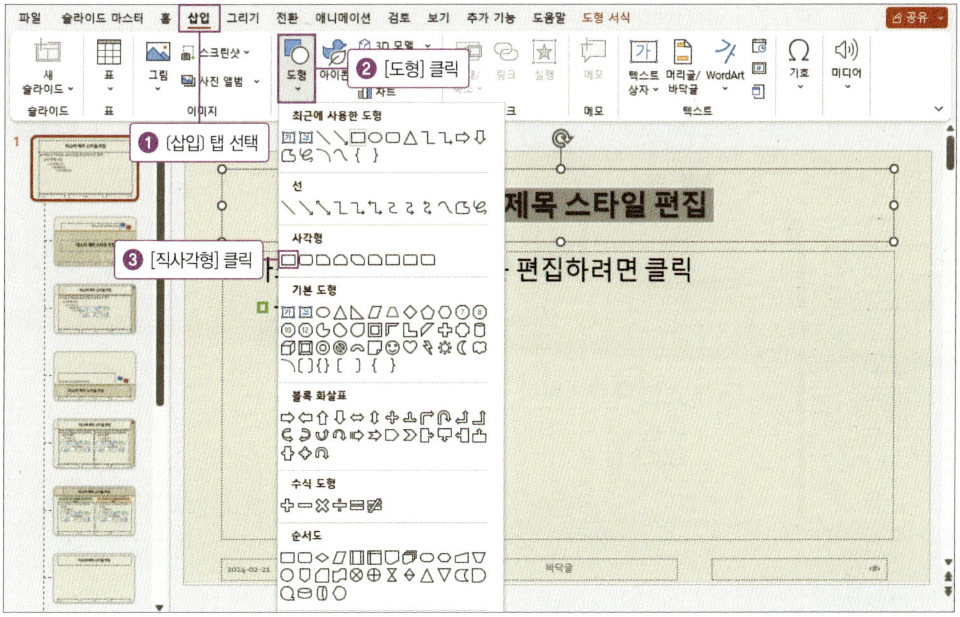

❼ '제목 텍스트 개체 틀' 왼쪽 상단에 드래그하여 사각형을 그린다.

❽ 직사각형을 선택하고 [도형 서식] 탭의 도형 스타일 그룹에서 [도형 채우기] → [연한 파랑]을 클릭한다.

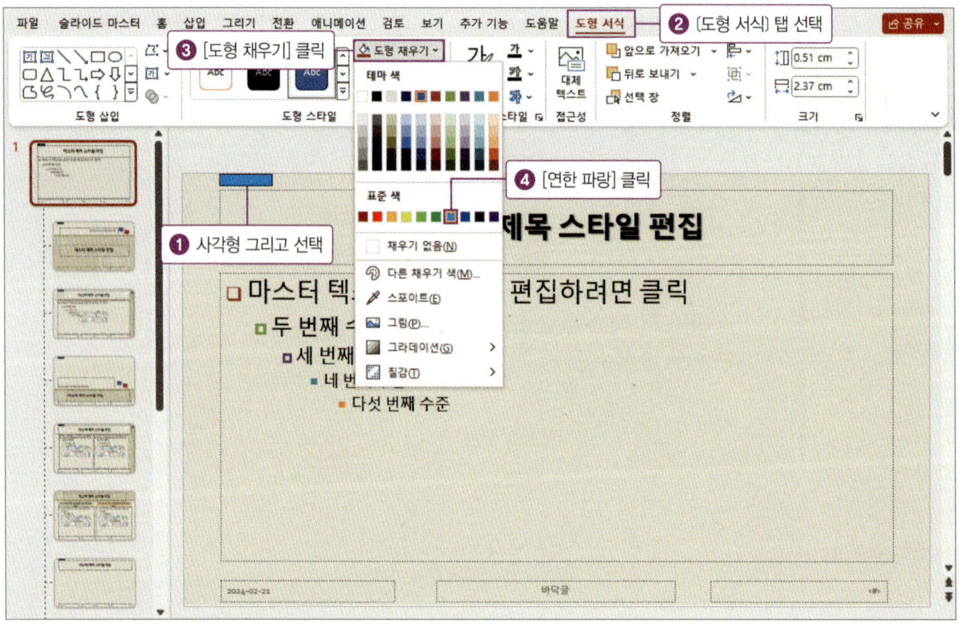

❾ 직사각형을 복사하고 붙여넣기 한다.

❿ '연한 파랑' 사각형 옆에 붙여넣는다.

⓫ 두 번째 직사각형을 선택하고 [도형 서식] 탭의 도형 스타일 그룹에서 [도형 채우기] → [빨강]을 클릭한다.

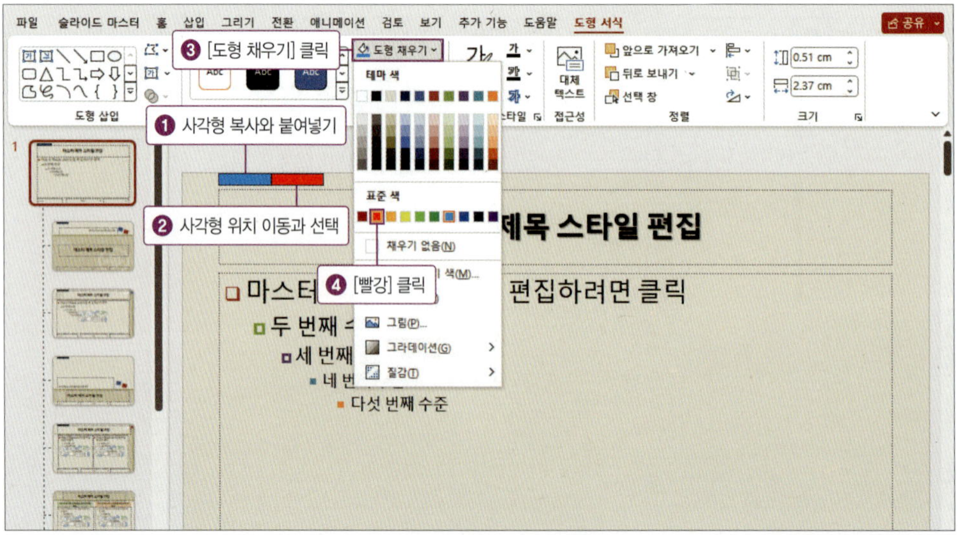

⓬ [슬라이드 마스터] 탭의 닫기 그룹에서 [마스터 보기 닫기]를 클릭한다.

⓭ 모든 슬라이드에 사각형이 있는 모습을 확인한다.

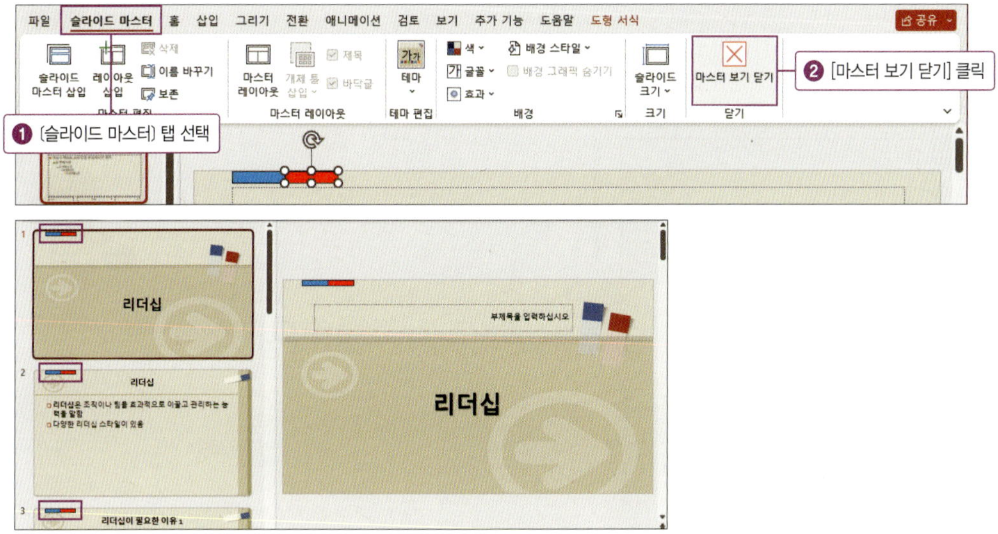

제목 슬라이드 서식만 바꾸기

❶ [보기] 탭의 마스터 보기 그룹에서 [슬라이드 마스터]를 클릭한다.

❷ '제목 슬라이드 레이아웃' 슬라이드를 선택한다.

❸ [슬라이드 마스터] 탭의 배경 그룹에서 '배경 그래픽 숨기기'에 체크 표시한다.

❹ '마스터 제목 스타일 편집' 개체 틀의 위치를 이동한다.

❺ '클릭하여 마스터 부제목 스타일 편집' 개체 틀의 위치를 이동한다.

❻ [슬라이드 마스터] 탭의 닫기 그룹에서 [마스터 보기 닫기]를 클릭한다.

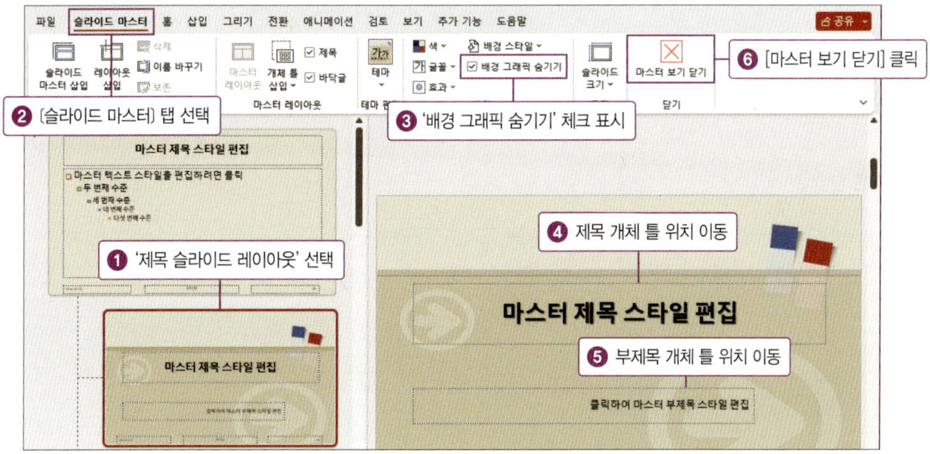

❼ 제목 슬라이드의 개체 틀 위치가 변경되었다. '배경 그래픽 숨기기'를 체크 표시해 1번 슬라이드 왼쪽 상단에 직사각형이 사라진 모습을 확인한다.

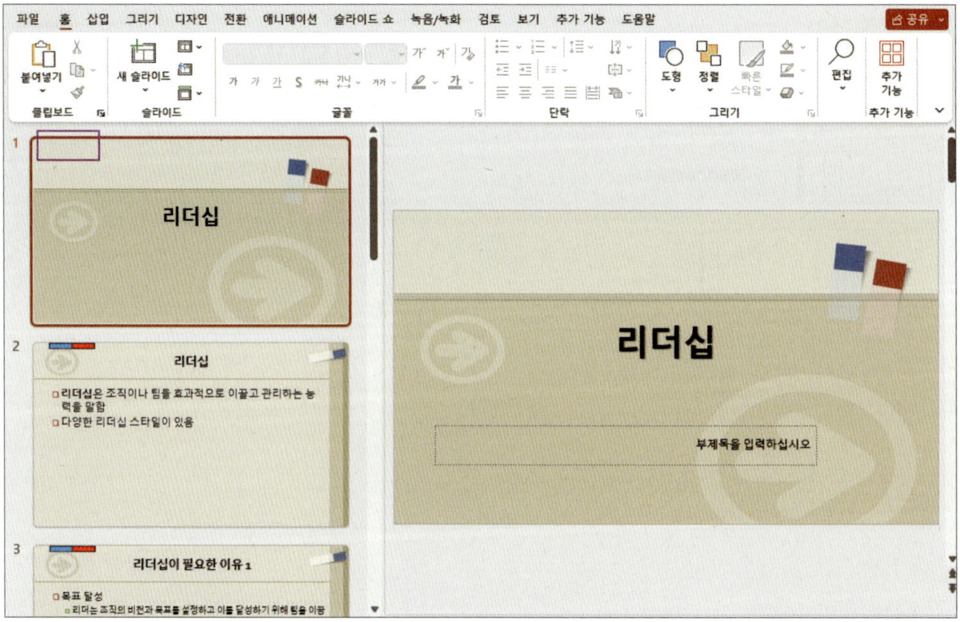

알아두세요 **템플릿**

파워포인트에서 핵심은 내용(텍스트)이다. 템플릿은 이 내용을 잘 나타내는 데 도움을 주는 역할을 한다. 따라서 너무 화려하거나 디자인에 일관성이 없는 템플릿을 사용하면 내용에 집중하기 어려워질 수 있으므로 간단하고 색감이 과하지 않은 템플릿을 선택하는 것이 좋다.

알아두세요 **슬라이드 마스터**

슬라이드 마스터 아래는 레이아웃 마스터로, 형태가 다른 11개의 레이아웃이 기본으로 제공된다. 목적에 맞게 추가하거나 삭제할 수 있으며 레이아웃 마스터별로 슬라이드 마스터의 적용 내용을 숨기거나 원하는 디자인을 적용할 수 있다.

☑ 작은 연습 2

1. 제목 슬라이드 마스터를 이용하여 첫 번째 장의 제목 크기를 '72'로 바꾼다.
2. 슬라이드 마스터를 이용하여 슬라이드 제목 크기를 '40'으로 바꾸고 텍스트 그림자를 넣는다.

POWERPOINT

10.3 슬라이드 번호 삽입하기

슬라이드는 기본적으로 페이지 번호가 없지만, 문서를 만들 때 페이지 번호를 추가하면 문서 확인이나 발표할 때 도움이 될 수 있다. 이번에는 슬라이드에 번호를 삽입하는 방법에 대해 배운다.

슬라이드 번호 삽입하기

❶ [삽입] 탭의 텍스트 그룹에서 [슬라이드 번호]를 클릭한다.

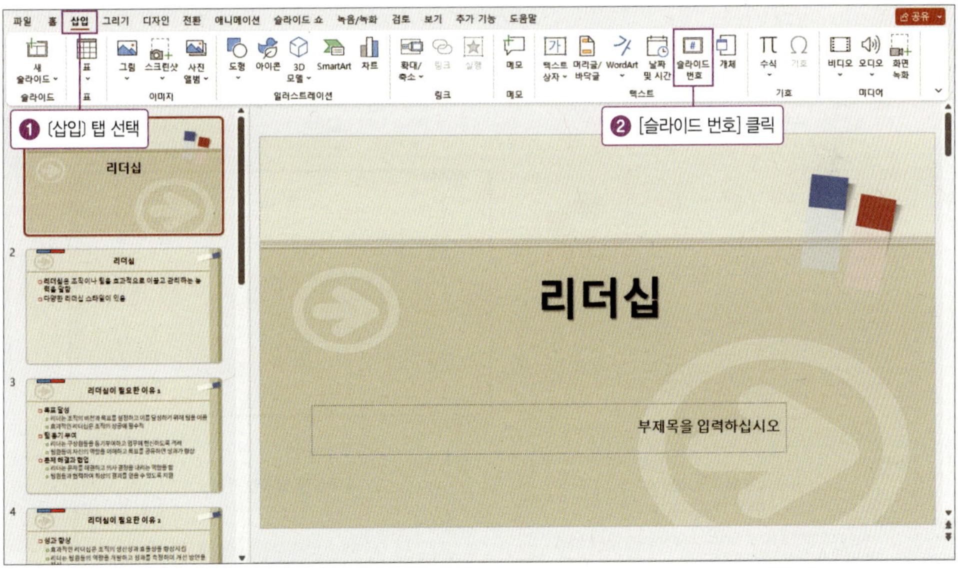

알아두세요 **슬라이드 번호**

슬라이드 마스터에서 ⟨#⟩으로 되어 있는 개체 틀이 슬라이드 번호가 나오는 곳이다.

❷ [머리글/바닥글] 대화상자의 '슬라이드 번호', '제목 슬라이드에는 표시 안 함'을 체크 표시한다.

❸ 〈모두 적용〉 버튼을 클릭한다.

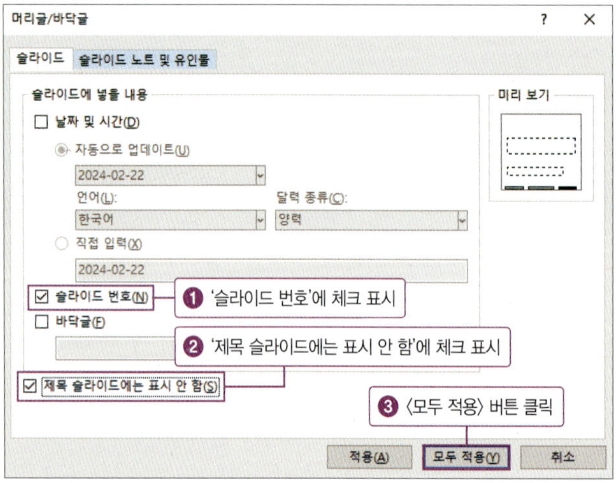

❹ 제목 슬라이드에는 번호가 안 나오고 다음 슬라이드부터 번호가 나오는 것을 확인한다.

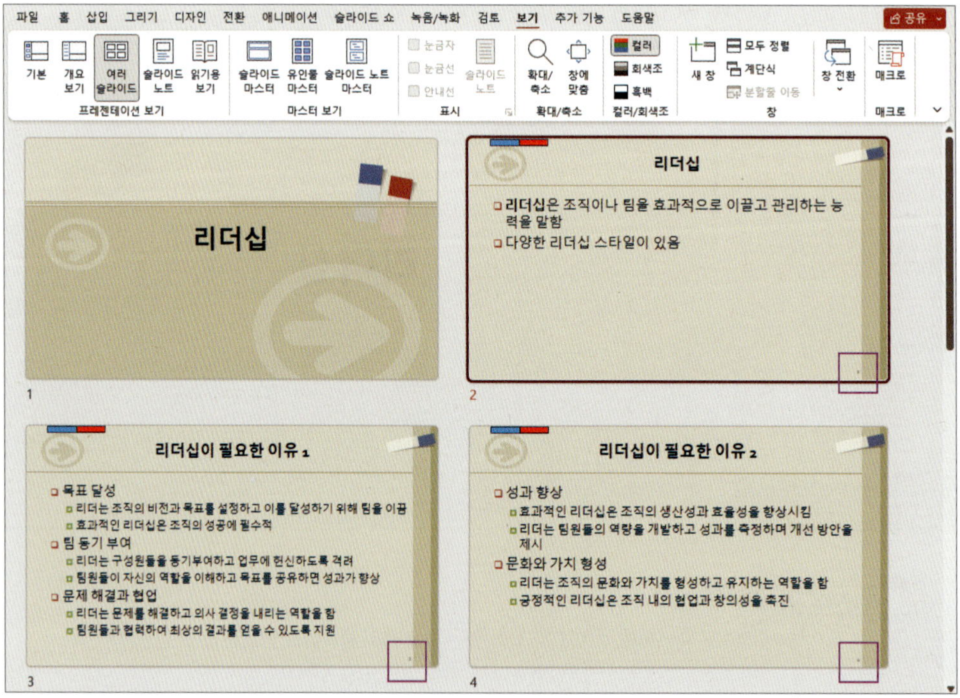

슬라이드 시작 번호 바꾸기

❶ 2번 슬라이드를 선택한다.

❷ [디자인] 탭의 사용자 지정 그룹에서 [슬라이드 크기] → [사용자 지정 슬라이드 크기]를 클릭한다.

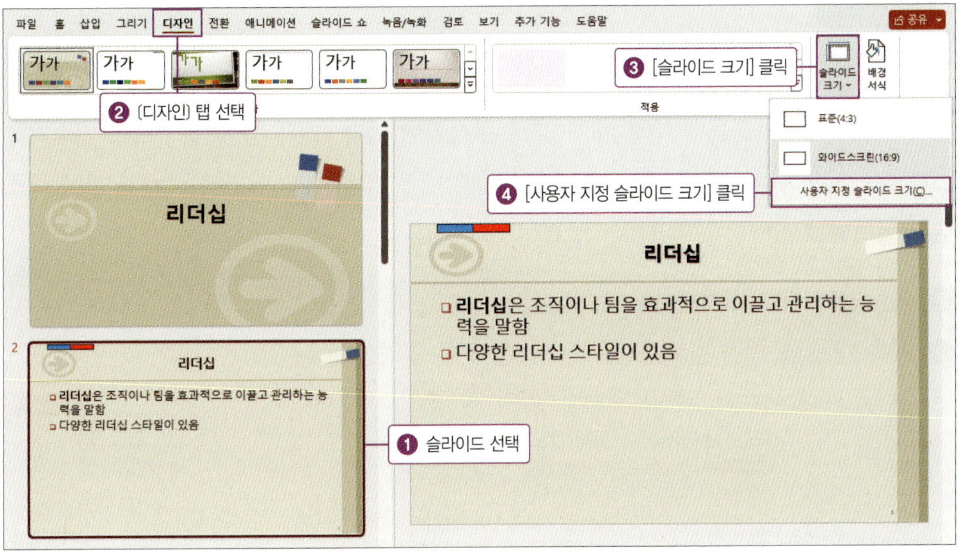

❸ [슬라이드 크기] 대화상자에서 슬라이드 시작 번호를 '0'으로 변경하고 〈확인〉 버튼을 클릭한다.

❹ 두 번째 슬라이드 번호가 1로 바뀐 것을 확인한다.

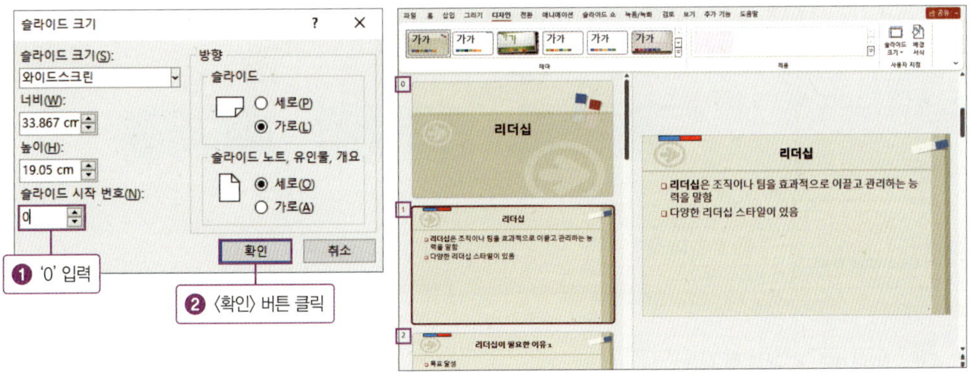

☑ 작은 연습 3

제목 슬라이드를 제외한 슬라이드 아래에 번호를 넣는다.

10.4 텍스트 입력 후 스타일 적용하기

POWERPOINT

슬라이드의 레이아웃들은 주로 개체 틀로 구성되어 있다. 개체 틀에 텍스트를 입력하고 스타일을 적용하는 것은 슬라이드를 작성할 때 매우 유용하다. 이번에는 개체 틀에 텍스트를 입력하고 스타일을 적용하는 방법에 대해 배운다.

❶ 4번 슬라이드를 선택한다.

❷ '제목 개체 틀' 안을 클릭하고, '리더십 종류'를 입력한다.

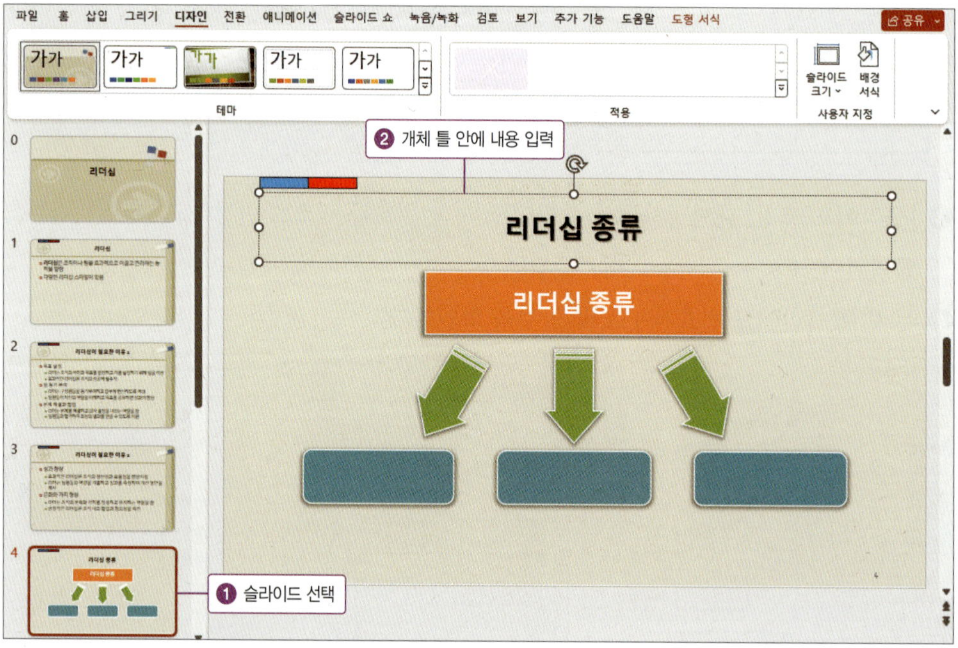

알아두세요 **개체 틀 이동**

개체 틀에서 텍스트를 편집할 때 다음 개체 틀로 이동하는 경우 Ctrl+Enter를 눌러 다음 개체 틀로 이동할 수 있다.

❸ 개체 틀의 테두리를 선택하여 '제목 개체 틀'을 선택한다.

❹ [도형 서식] 탭의 WordArt 스타일 그룹에서 [빠른 스타일]을 클릭한다.

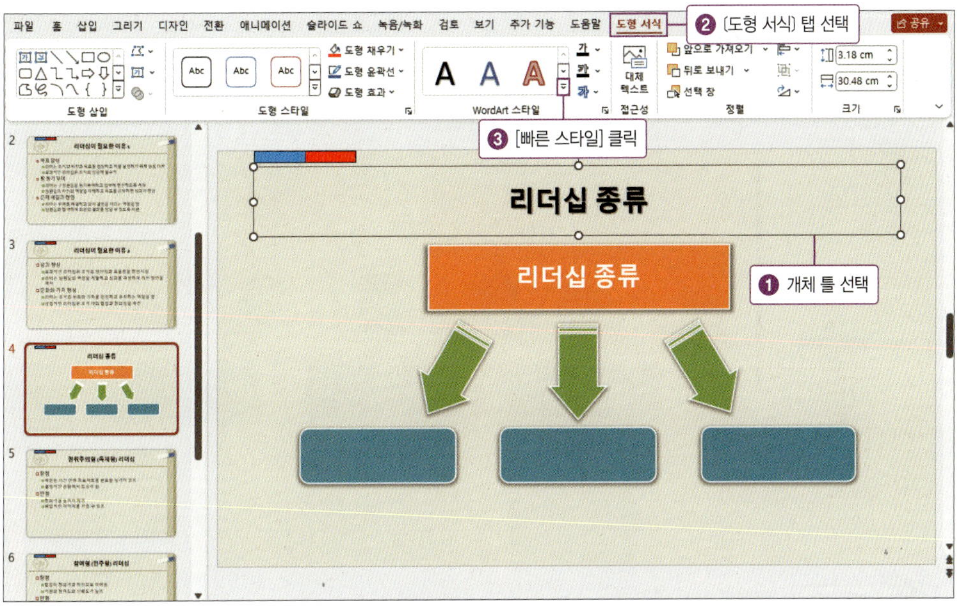

❺ [채우기: 흰색, 윤곽선: 빨강...]을 클릭한다.

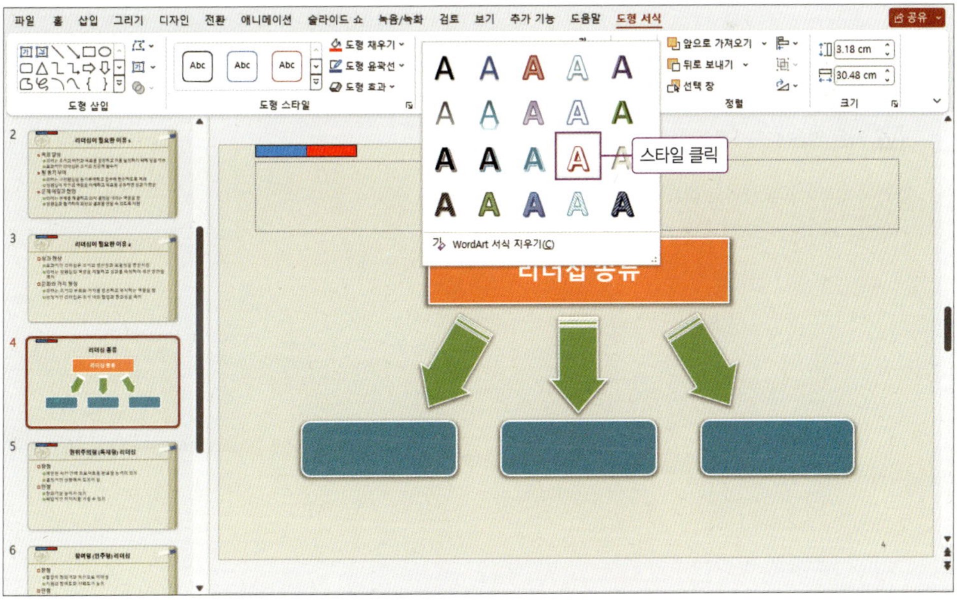

10 프레젠테이션과 텍스트 다루기

❻ 스타일이 적용된 모습을 확인한다.

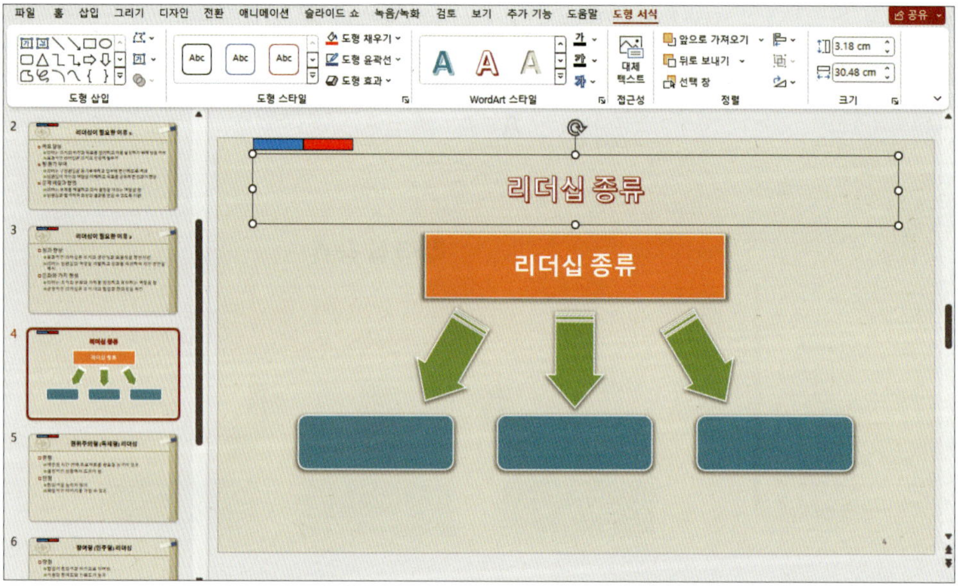

알아두세요

텍스트 서식 바꾸기

텍스트의 서식을 바꿀 때 [도형 서식] 탭의 WordArt 스타일 대신 [홈] 탭의 글꼴 그룹에 있는 서식을 이용해도 된다.

작은 연습 4

첫 번째 슬라이드의 제목을 다음과 같이 바꾼다.

- 텍스트 채우기: 노란색, 텍스트 윤곽선: 녹색

10.5 개체에 텍스트 입력하기

도형에 텍스트를 입력하는 방법은 매우 간단하다. 이번에는 도형 개체에 텍스트를 입력하는 방법에 대해 배운다.

❶ 4번 슬라이드를 선택한다.

❷ 가장 왼쪽에 있는 모서리가 둥근 사각형을 선택한다.

❸ '권위주의형[1]'을 입력한다.

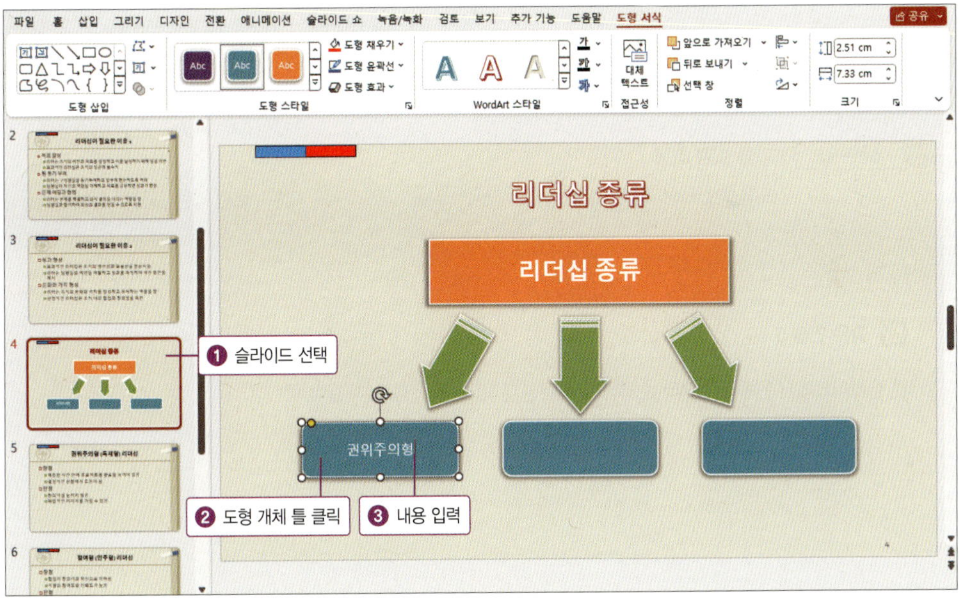

1 자신이 가진 권위를 내세워 자신이 통솔하는 사람들에게 순종을 강요하는 유형을 말한다.

❹ 가운데 모서리가 둥근 사각형을 선택하고 '참여형[2]'을 입력한다.

❺ 오른쪽 모서리가 둥근 사각형을 선택하고 '위임형[3]'을 입력한다.

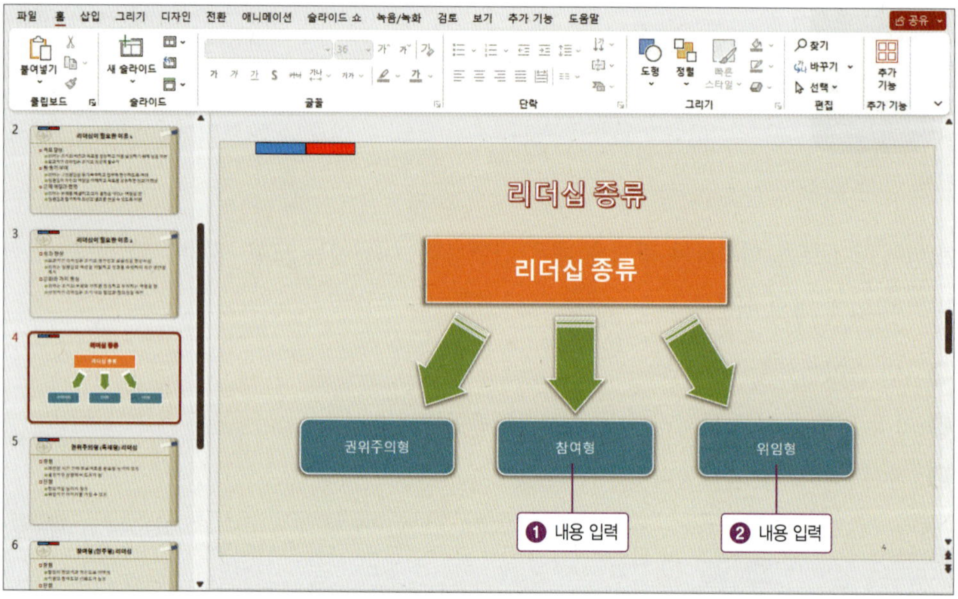

알아두세요

다음 도형 선택

도형을 선택하고 텍스트를 입력한 다음 [Esc]를 누르고 [Tab] 키를 누르면 다음 도형이 선택된다.

작은 연습 5

4번 슬라이드에서 왼쪽 타원부터 순서대로 '자의성[4]', '이원성[5]', '창조성[6]'을 입력한다.

2 어떤 일에 끼어들어 관계할 수 있는 유형을 말한다.
3 다른 사람에게 권한이나 책임을 맡기는 유형을 말한다.
4 언어에서 소리와 의미의 관계가 필연적이지 않은 특성이다.
5 두 가지 요소를 가진 성질이다.
6 어떤 것을 새로 만드는 특성이다.

10.6 글자 서식 다루기

문서를 작성할 때 글자 서식을 다루는 것은 매우 중요하다. 글꼴 속성, 색상 등 다양한 서식을 적용할 수 있어야 한다. 또한, 서식을 복사해서 다른 텍스트에 적용하는 것도 가능하다. 이번에는 글자 서식을 다루는 다양한 방법들을 배운다.

글자 서식 다루기

❶ 2번 슬라이드를 선택한다.

❷ '목표 달성[7]'을 드래그하여 선택한다.

❸ [홈] 탭의 글꼴 그룹에서 글꼴을 [바탕체], 글꼴 크기를 '32'로 바꾼다. [굵게]를 클릭한 다음 [글꼴 색] → [파랑]을 클릭한다.

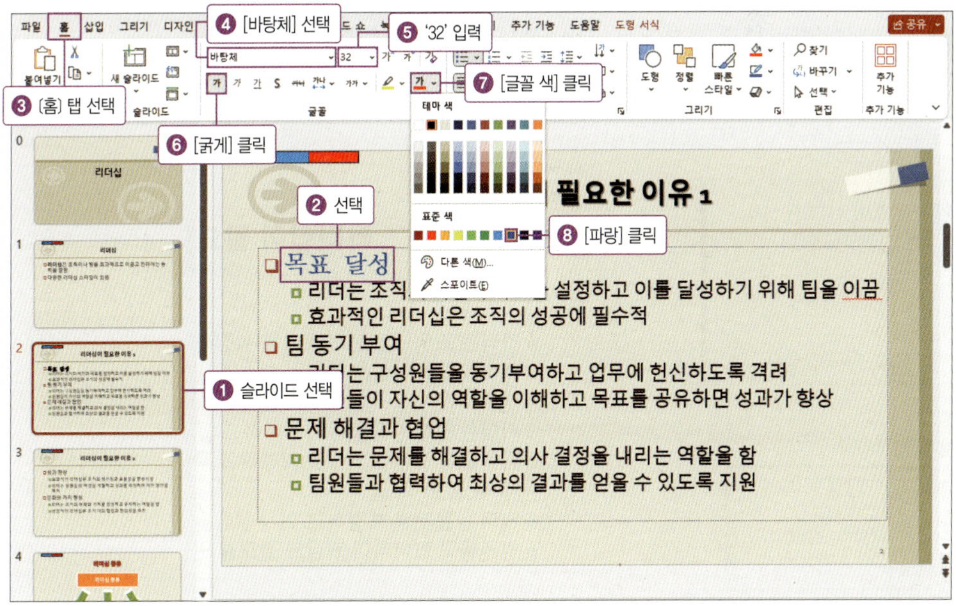

7 어떤 목적을 이루려고 지향하는 실제적 대상에 도달한다.

❹ 서식이 적용된 모습을 확인한다.

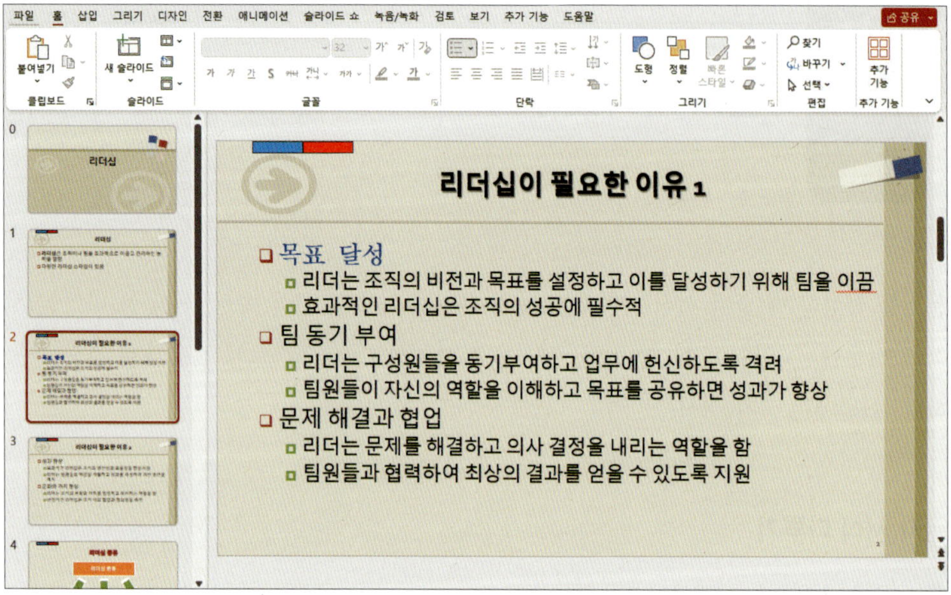

서식 복사하기

❶ 2번 슬라이드에서 '목표 달성' 글자 앞에 커서를 놓는다.

❷ [홈] 탭의 클립보드 그룹에서 [서식 복사]를 더블 클릭한다.

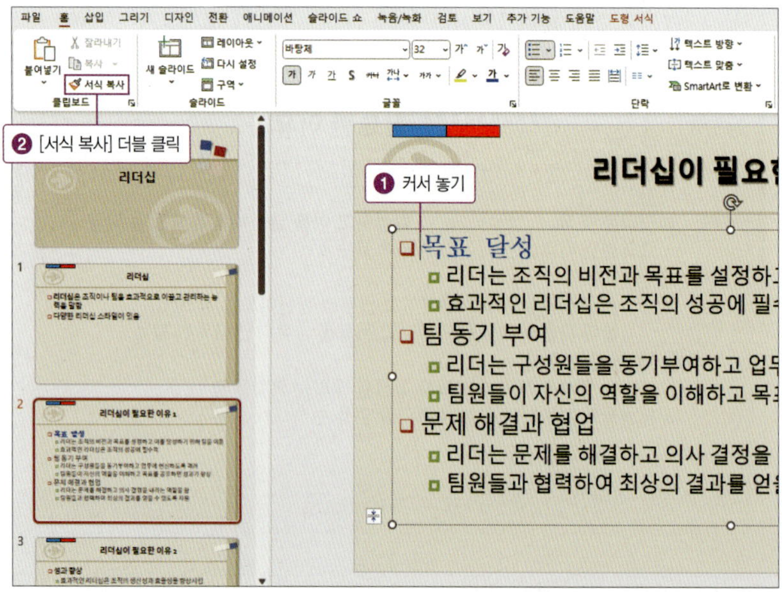

❸ '팀 동기 부여'를 드래그하여 선택하고, '문제 해결과 협업'을 드래그해 선택한다.

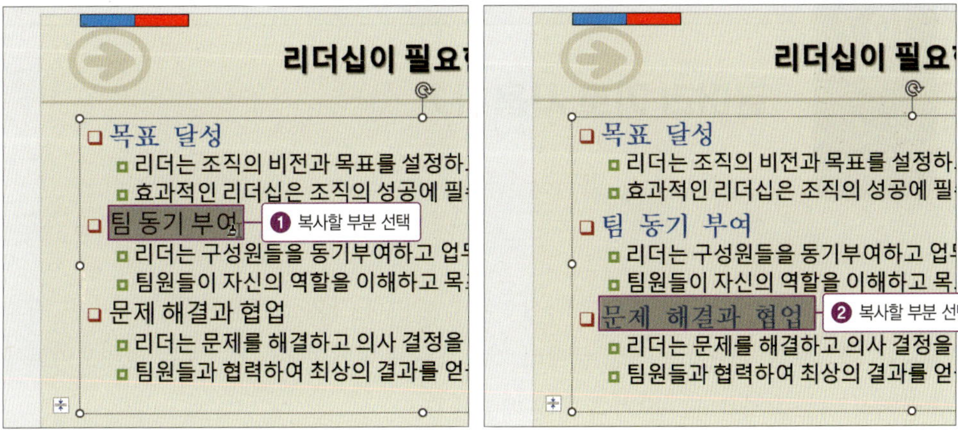

❹ 3번 슬라이드를 선택한다.

❺ '성과 향상'을 드래그해 선택한 다음 '문화와 가치 형성'을 드래그하여 선택한다.

❻ [홈] 탭의 클립보드 그룹에서 [서식 복사]를 클릭하거나 Esc를 누른다.

❼ 동일한 서식이 적용된 모습을 확인한다.

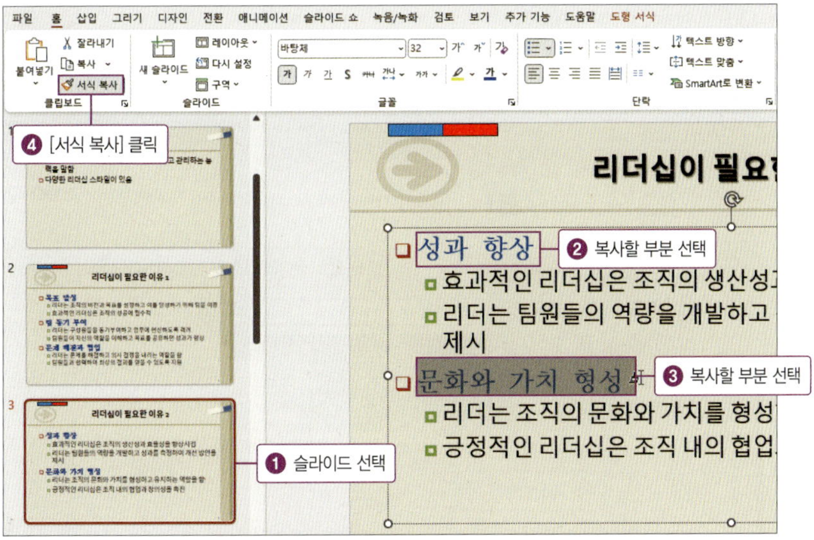

☑ 작은 연습 6

1. 2번, 3번 슬라이드의 본문 글꼴과 크기를 바꾼다.
   - 크기: 32, 글꼴: 맑은 고딕
2. 3번 슬라이드의 '자의성, 이원성, 창조성'의 색상은 [파랑]으로 바꾼다.

10.7 글머리 기호 사용하기

파워포인트에서는 대부분의 텍스트에 자동으로 글머리 기호가 적용되지만, 글머리 기호가 없는 텍스트의 경우에는 직접 글머리 기호를 사용해야 한다. 이번에는 파워포인트에서 글머리 기호를 사용하는 방법에 대해 배운다.

❶ 8번 슬라이드를 선택한다.

❷ 모든 텍스트를 드래그하여 선택한다.

❸ [홈] 탭의 단락 그룹에서 [글머리 기호]의 드롭다운 버튼을 클릭하고 [글머리 기호 및 번호 매기기]를 클릭한다.

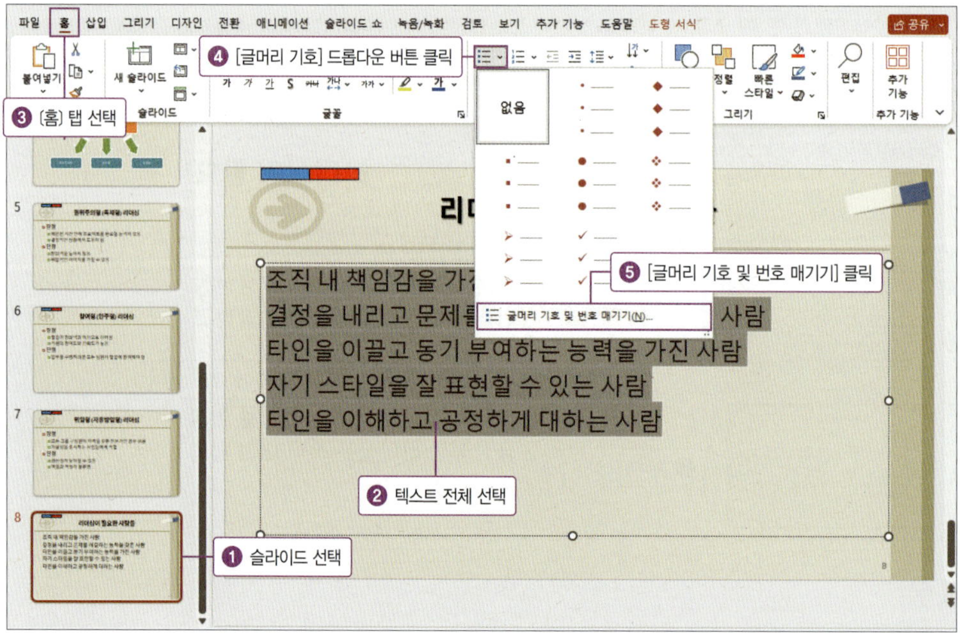

❹ [글머리 기호 및 번호 매기기] 대화상자에서 〈사용자 지정〉 버튼을 클릭한다.

❺ [기호] 대화상자에서 글꼴에 'Wingdings 2'를 입력하고 Tab을 누른다.

❻ ☑ 기호를 선택한 다음 〈확인〉 버튼을 클릭한다.

❼ [글머리 기호 및 번호 매기기] 대화상자에서도 〈확인〉 버튼을 클릭한다.

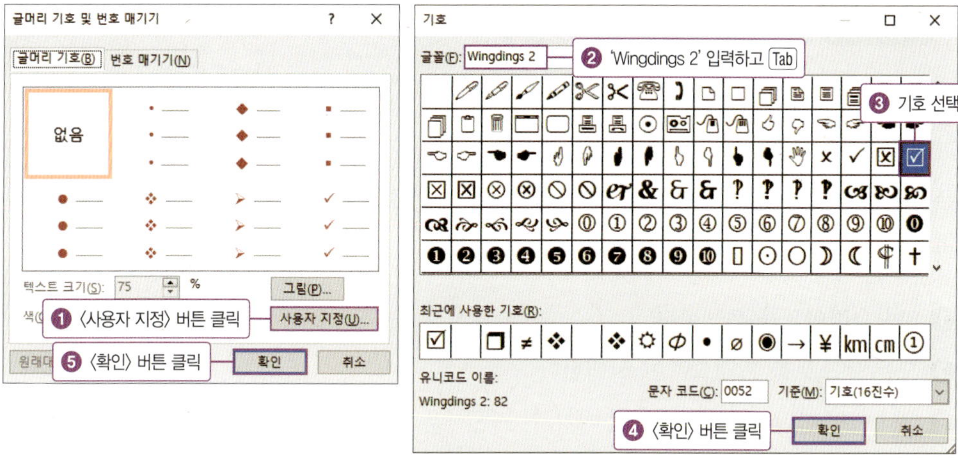

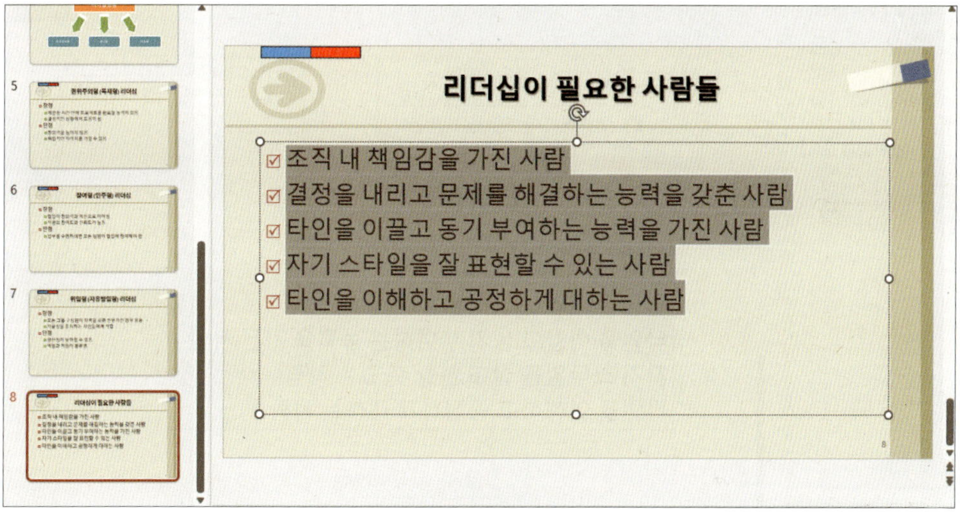

글머리 기호가 적용된 모습 확인

☑ 작은 연습 7

3번 슬라이드에서 '자의성, 이원성, 창조성' 글머리 기호를 화살표 글머리 기호로 바꾼다.

10.8 번호 매기기

파워포인트 문서에서는 대개 글머리 기호를 사용하지만, 특정 경우에는 각 단락에 번호를 매길 필요가 있다. 순서를 나타내기 위해서는 번호를 매기는 것이 필수이다. 이번에는 파워포인트에서 번호 매기기를 배운다.

❶ 8번 슬라이드를 선택한다.

❷ 모든 텍스트를 드래그하여 선택한다.

❸ [홈] 탭의 단락 그룹에서 [번호 매기기] 드롭다운 버튼을 클릭하고 [원 숫자]를 클릭한다.

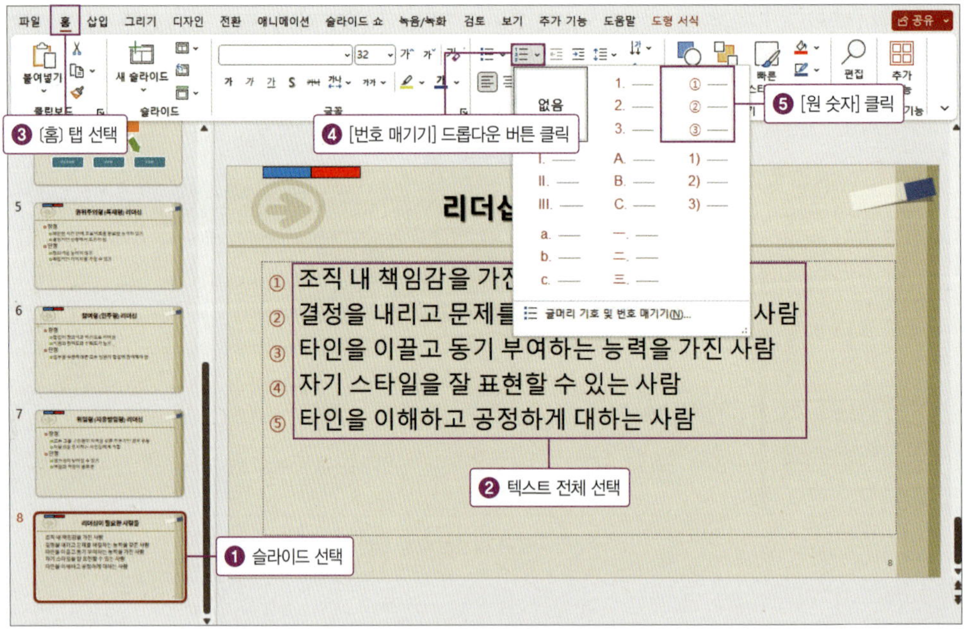

❹ 번호 매기기가 사용된 모습을 확인한다.

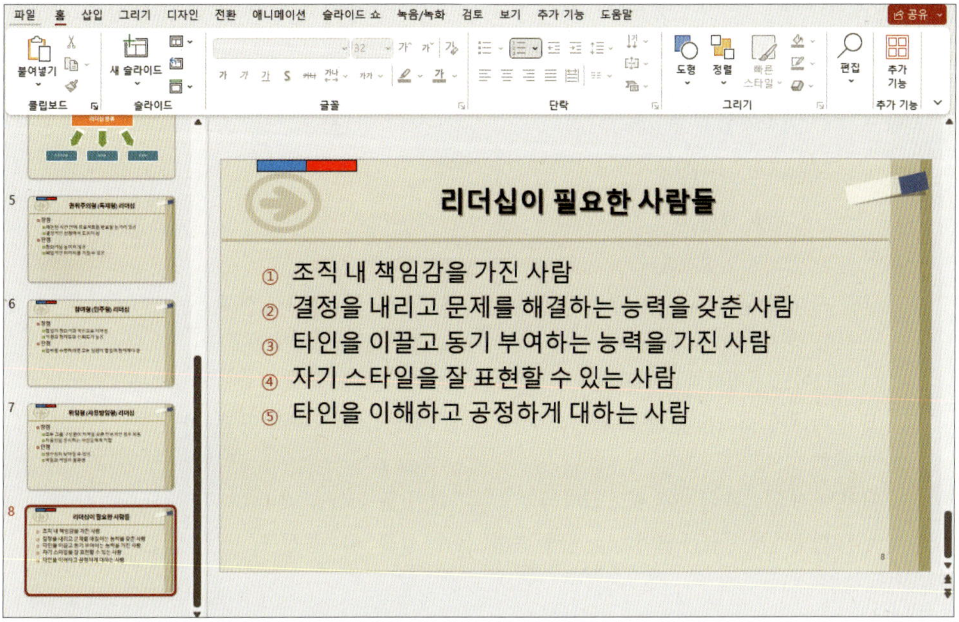

알아두세요 [홈] 탭의 단락 그룹에서 [번호 매기기] 드롭다운 버튼을 클릭한 다음 [글머리 기호 및 번호 매기기]를 클릭하면 [글머리 기호 및 번호 매기기] 대화상자에서 시작 번호를 바꿀 수 있다.

☑ 작은 연습 8

3번 슬라이드의 화살표 글머리 기호를 원 숫자 번호 매기기로 바꾼다.

10.9 활용하기 1

다음 조건에 맞게 PPT를 수정하세요.

- 1번 빈 슬라이드 삭제하기
- 슬라이드에 번호 매기기(첫 장부터)
- 1번 슬라이드 서식 변경하기
  - · 글꼴 크기: 96, 글꼴 속성: 굵게, 글꼴: 휴먼둥근헤드라인, 글꼴 색: 흰색, 윤곽선: 회색(두께 3pt)
- 2번 슬라이드 변경하기
  - · 목차 아래에 '여기에 입력'을 지운 후 '한국 교육 시스템, 한국 교육 장점, 한국 교육 단점'을 각 줄에 입력하기
  - · 목차 아래 입력한 글자에 ♣로 글머리 기호 적용하기(문자코드: 2663)
  - · 서식 변경하기 – 글꼴 크기: 54, 글꼴 속성: 굵게, 글꼴: 함초롬돋움, 글꼴 색: 흰색

10.10 활용하기 2

다음 조건에 맞게 PPT를 수정하세요.

- '라디오' 아래 '음성방송' 입력하기
  - · 글꼴 크기: 45, 글꼴: 맑은 고딕, 글꼴 색: 검정
- '공통점[8]' 글자 서식 변경하기
  - · 글꼴 크기: 54, 글꼴: 한컴 고딕, 글꼴 색: 빨강, 윤곽선: 검은색(두께 3pt)

8 둘 이상의 것 중 같은 부분을 말한다.

10.11 도움주기

PPT 텍스트 작성 방법

- 명사 또는 명사형으로 끝난다.
- '은/는', '이/가', '을/를'과 같은 조사가 생략되는 경우가 많다.
- 불필요한 수식어[9]를 사용하지 않는다.
- 개조식[10]으로 작성한다.

예

원문		PPT 텍스트
장미꽃말의 의미는 색에 따라 다르다. 빨간색 장미는 열렬한 사랑을 의미하고 흰색 장미는 순결함과 청순함을 의미한다. 노란색 장미는 우정과 영원한 사랑을 의미한다.	➡	장미꽃말의 의미 • 빨간색: 열렬한 사랑 • 흰색: 순결함, 청순함 • 노란색: 우정, 영원한 사랑

연습문제 다음 문장을 PPT 텍스트로 수정해 보세요.

문장		PPT 텍스트
독일 철학자 칸트는 "나는 해야 한다. 그러므로 나는 할 수 있다."고 말하였다.		
PC 주의란 어떤 누구에게도 편견[11]을 갖거나 편견이 들어있는 표현을 사용하지 말자는 것이다. 다시 말해 인종, 성, 장애, 종교, 직업 등에 차별하지 말자는 것으로 사회가 당연히 지켜야 하는 태도를 말한다.		
축구의 프리킥은 두 종류가 있다. 바로 직접 프리킥과 간접 프리킥이다. 두 가지 모두 킥이 이루어질 때까지 볼이 멈춰있어야 하고 키커는 다른 선수가 볼을 터치할 때까지 볼을 재차 터치하지 못한다. 직접 프리킥은 킥한 볼이 상대의 골에 직접 들어갈 경우 득점으로 인정된다. 또한 킥한 볼이 자기 팀의 골에 직접 들어가면 상대팀에게 코너킥을 부여한다. 간접 프리킥은 킥한 볼이 다른 선수가 터치하거나 아웃 오브 플레이될 때까지 팔을 들고 있어야 한다. 볼이 골에 들어가기 전에 다른 경기자에 터치된 경우 득점으로 인정된다.	➡	

9 뒤에 있는 단어를 꾸며주거나 의미를 제한하는 말이다.
10 글을 쓸 때 번호 등을 사용하여 내용을 나누거나 간단하게 단어 중심으로 작성하는 방법이다.
11 공정하지 못하고 한쪽으로 치우친 생각을 말한다.

11장

프레젠테이션 단락 및 개체 다루기

학 습 목 표

- 단락을 수정하는 방법을 안다.
- 도형을 만들고 수정하는 방법을 배운다.

11.0 POWERPOINT

알아두기

파워포인트에서 프레젠테이션 단락 및 개체를 다루기 위해 줄 및 단락 간격 조정, 목록 수준 조정, 도형 그리고 서식 지정, 도형 크기 바꾸기와 도형 병합, 도형 복사하고 이동, 색상 추출하여 도형에 적용, 그룹화하고 도형 정렬, 도형 서식 동일하게 적용하기에 관해 익히기 전 알아두어야 할 용어에 대해 살펴보자.

용어	예시	설명
단락	한국의 계절은 사계절이다. 봄, 여름, 가을, 겨울로 나뉘는데 각 계절마다 특징이 뚜렷하다. 봄은 날씨가 따뜻하고 예쁜 꽃이 많이 핀다.	**단락을 나누다/조정하다, 단락=문단** 동의어: 문단 의미: 하나의 중심 생각과 여러 뒷받침 문장으로 이루어진 것 예 단락 간격을 더 넓게 조정하세요.
일러스트레이션	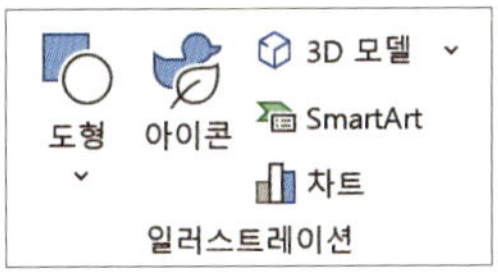	**일러스트레이션을 삽입하다, 일러스트레이션** 의미: 다른 사람에게 의미를 전달하기 위해 그린 그림 예 슬라이드에 일러스트레이션을 삽입해 주세요.
타원	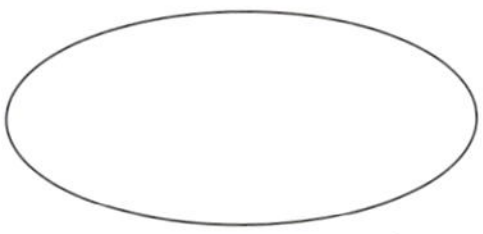	**타원을 그리다/선택하다/만들다/지우다.** 의미: 동그라미보다 넓찍하게 생긴 도형 예 슬라이드에 타원을 그리고 그 안에 텍스트를 쓰세요.
회전		**회전을 하다/시키다, 회전 방향** 의미: 방향을 바꾸어 움직임 예 도형을 시계 반대 방향으로 회전시키면 됩니다.
스포이트	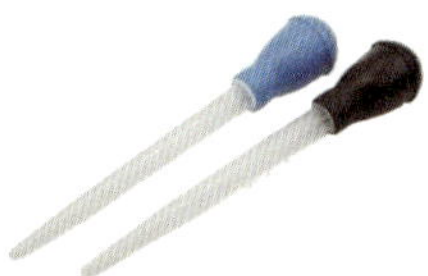	**스포이트 기능, 스포이트를 사용하다.** 의미: PPT에서 색을 뽑아냄 예 마음에 드는 색을 스포이트로 뽑아서 가져오세요.
그룹화		**그룹화를 시키다/해제하다/만들다.** 의미: 여러 개체를 함께 이동하는 것 예 사진과 텍스트를 그룹화시키세요.

11.1

POWERPOINT

줄 및 단락 간격 조정하기

슬라이드 문서에서 텍스트를 사용할 때, 줄 간격을 조정해 단락을 구분하거나 단락 간격을 조정하여 단락을 구분할 수 있다. 이번에는 줄 간격 및 단락 간격을 조정하는 방법에 대해 배운다.

실습 파일: 11\ch11_1.pptx

줄 간격 조정하기

11 폴더의 'ch11_1.pptx' 파일을 더블 클릭하여 실행한다.

❶ 2번 슬라이드를 선택한다.

❷ 본문 텍스트 개체 틀을 클릭한다.

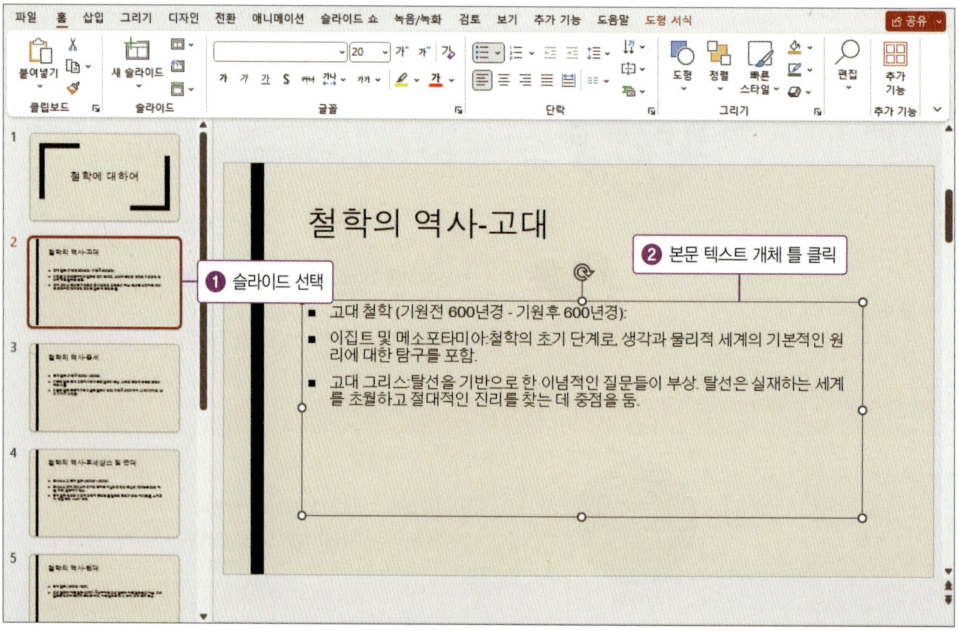

❸ **줄 간격 조정 방법** 1: 〔홈〕 탭의 단락 그룹에서 [줄 간격] → [1.5]를 클릭한다.

❹ **줄 간격 조정 방법** 2: 〔홈〕 탭의 단락 그룹에서 [줄 간격] → [줄 간격 옵션]을 클릭한다.

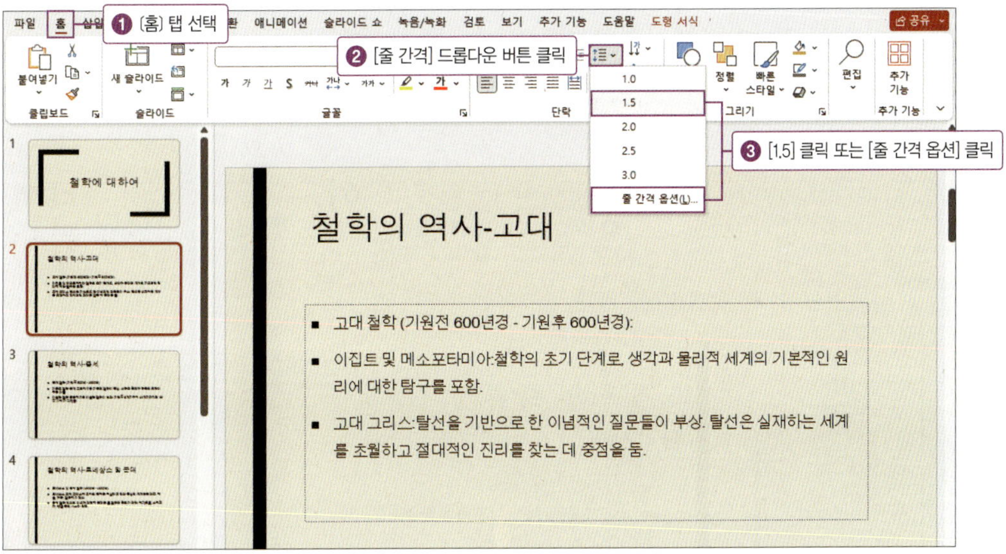

❺ [단락] 대화상자의 줄 간격을 '1.5줄'로 바꾸고 〈확인〉 버튼을 클릭한다.

❻ 줄 간격이 넓어진 것을 확인한다.

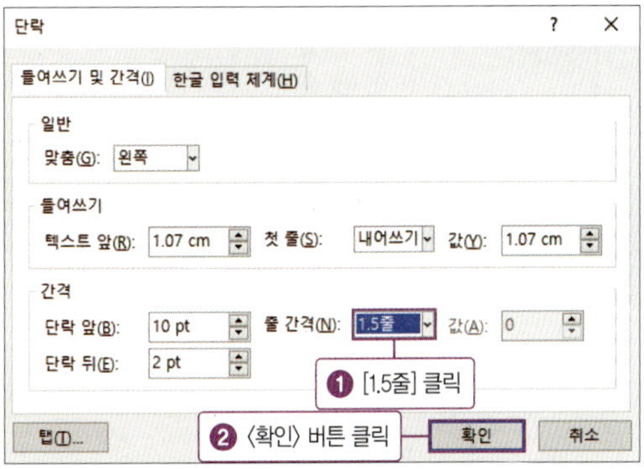

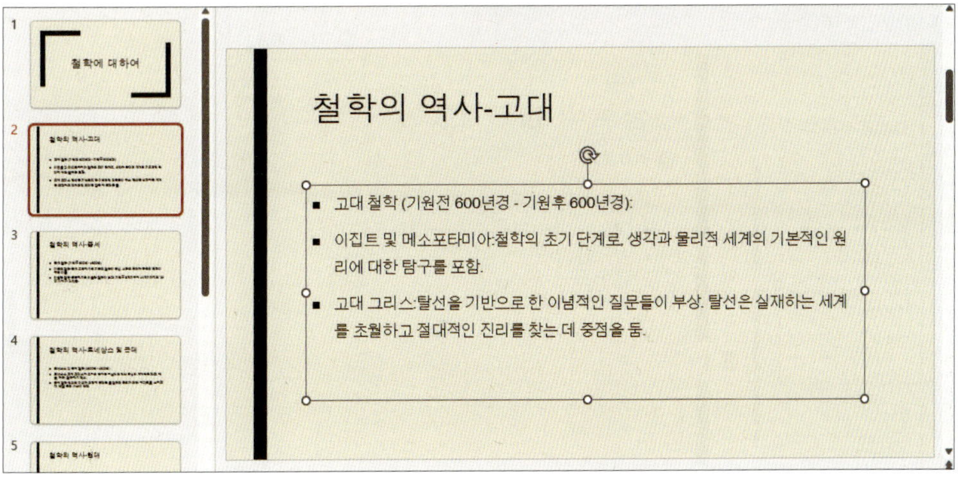

단락 간격 조정하기

❶ 6번 슬라이드를 선택한다.

❷ '심리학파' 글자 앞에 커서를 놓는다.

❸ **단락 간격 조정 방법** 1: 〔홈〕 탭의 단락 그룹에서 [줄 간격] → [줄 간격 옵션]을 클릭한다.

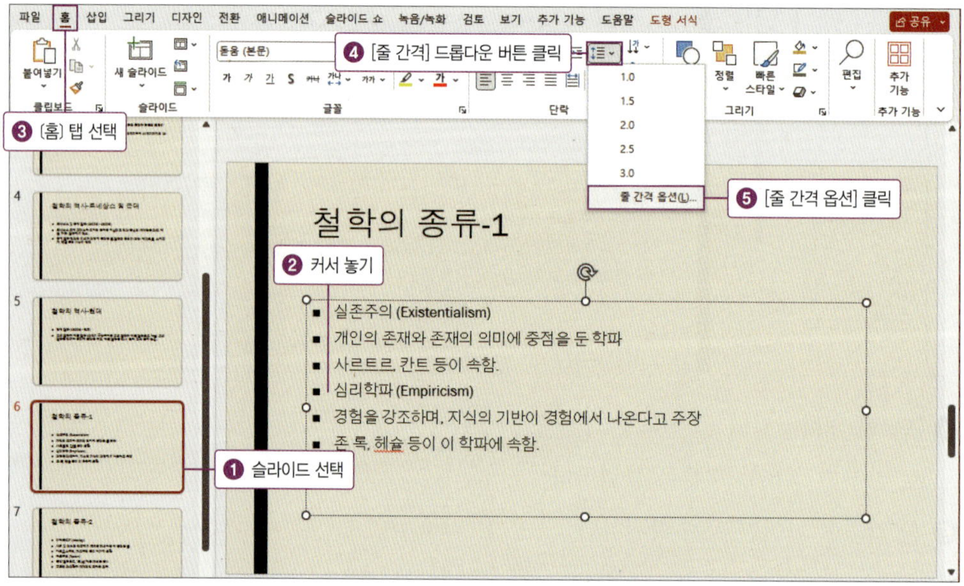

❹ **단락 간격 조정 방법** 2: 〔홈〕 탭의 단락 그룹에서 [단락]을 클릭한다.

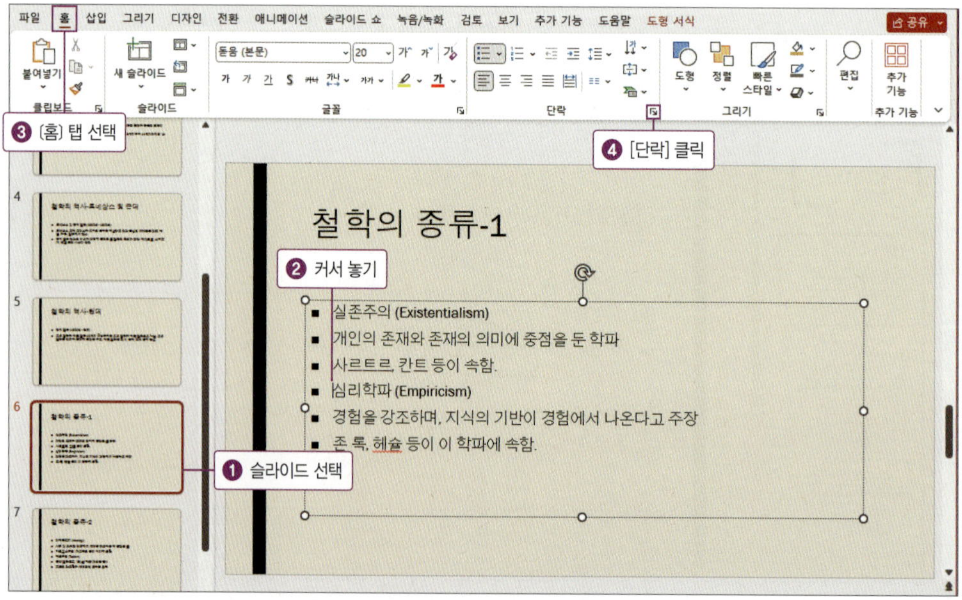

❺ [단락] 대화상자에서 간격 항목의 '단락 앞'을 '30pt'로 바꾼 다음 〈확인〉 버튼을 클릭한다.

❻ 단락 간격이 넓어진 것을 확인한다.

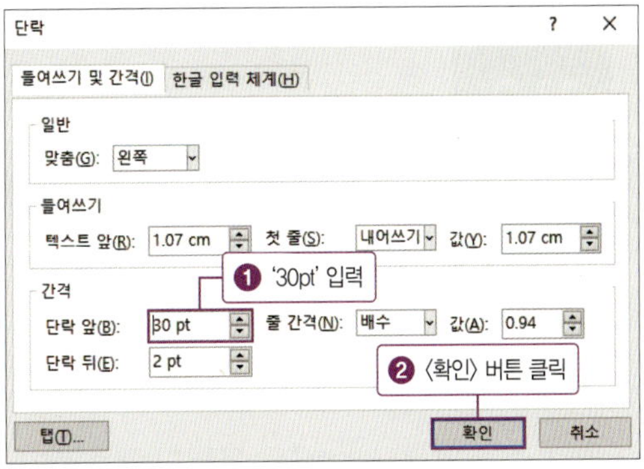

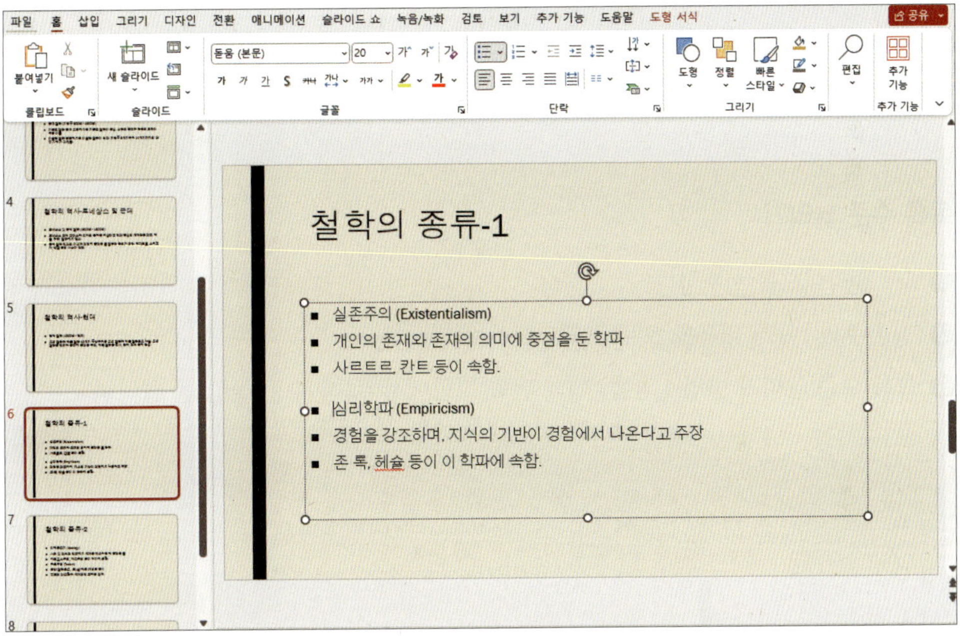

☑ 작은 연습 1

11\작은연습.pptx

1. '화면이 있다～조작 단계가 적다' 텍스트의 줄 간격을 '1.5'로 수정한다.
2. '화면이 있다～조작 단계가 적다' 글꼴 크기를 '32'로 수정한다.

POWERPOINT

11.2 목록 수준 조정하기

목록 수준을 조정하는 것은 목록의 들여쓰기를 늘리거나 줄이는 것과 같다. 목록 수준을 늘리면 들여쓰기가 증가하고, 목록 수준을 줄이면 들여쓰기가 감소한다. 이번에는 목록 수준을 조정하는 방법에 대해 배운다.

목록 수준 늘리기

❶ 6번 슬라이드를 선택한다.

❷ '실존주의[1]' 아래 내용을 모두 드래그하여 선택한다.

❸ **목록 수준 늘리기 방법** 1: [홈] 탭의 단락 그룹에서 [목록 수준 늘림]을 클릭한다.

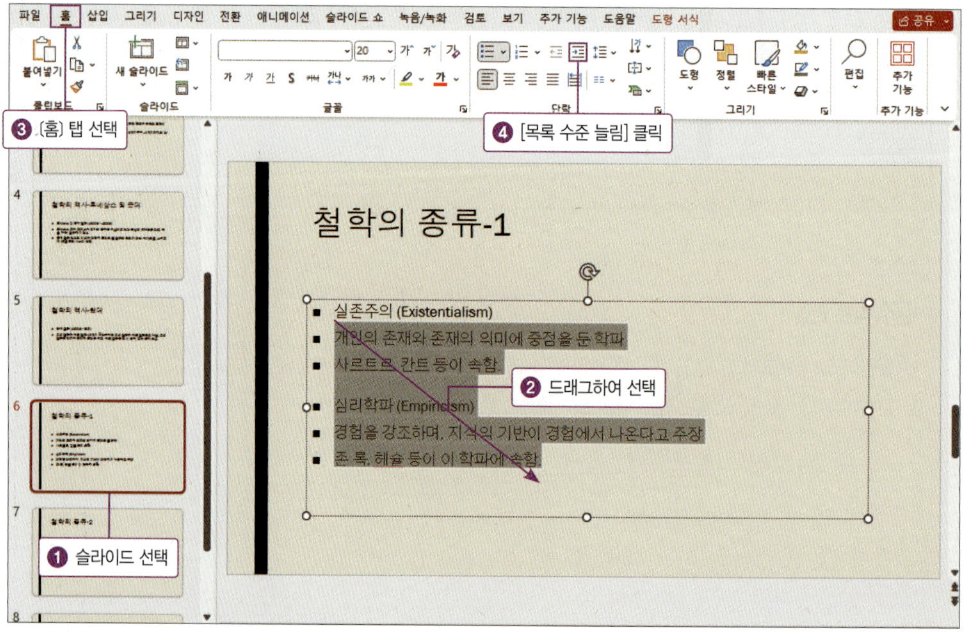

1 실존 철학의 사조나 경향을 말한다.

❹ **목록 수준 늘리기 방법** 2: 키보드에서 Tab을 누른다.

❺ 들여쓰기 된 것을 확인한다.

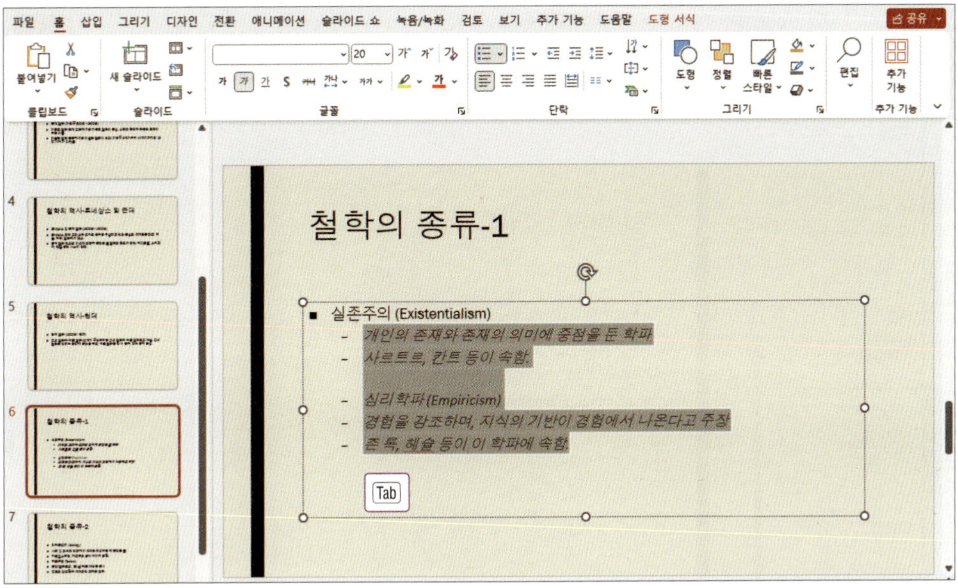

목록 수준 줄이기

❶ 6번 슬라이드에서 '심리학파' 글자 앞에 커서를 놓는다.

❷ **목록 수준 줄이기 방법** 1: [홈] 탭의 단락 그룹에서 [목록 수준 줄임]을 클릭한다.

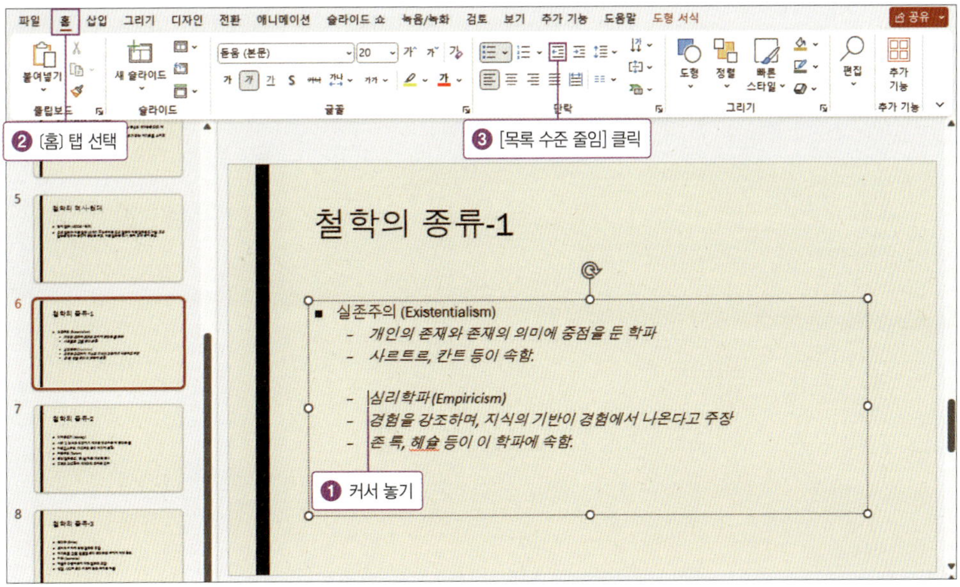

❸ **목록 수준 줄이기 방법** 2: 키보드에서 Shift + Tab을 누른다.

❹ 내어쓰기 된 것을 확인한다.

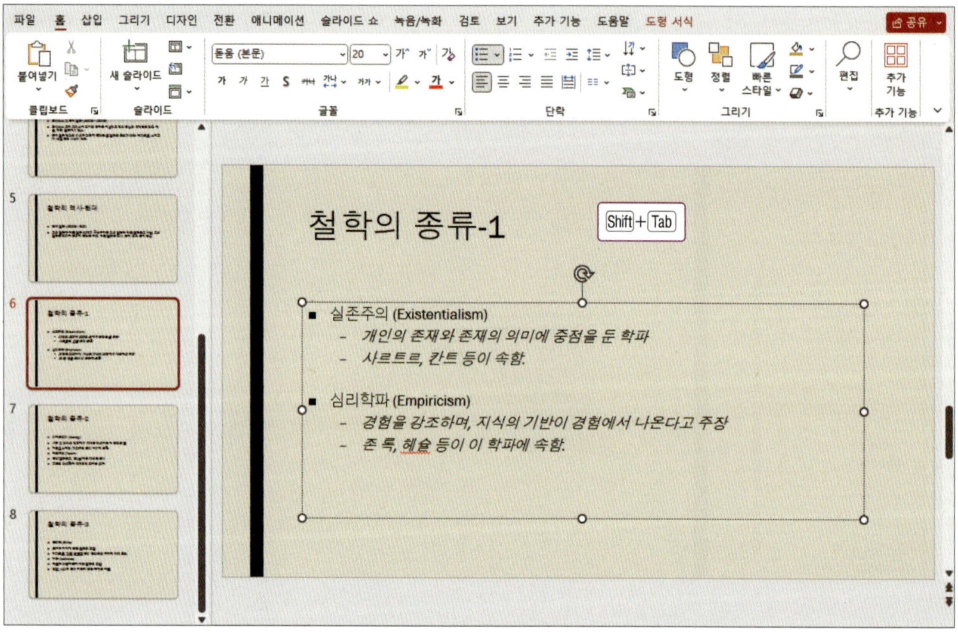

알아두세요 **목록 수준 변경**

목록 수준을 늘리거나 줄이는 방법은 번호 매기기도 동일하게 적용된다.

☑ 작은 연습 2

'화면이 있다~조작 단계가 적다' 텍스트에 [목록 수준 줄임]을 한다.

11.3 POWERPOINT

도형 그리고 서식 지정하기

파워포인트에서는 도형을 그리고 사용하는 경우가 많아 해당 방법을 알고 있어야 한다. 또한, 도형을 그린 후에는 도형 서식을 지정해 원하는 스타일을 적용할 수 있어야 한다. 이번에는 도형을 그리고 도형 서식을 지정하는 방법에 대하여 배운다.

실습 파일: 11\ch11_2.pptx

도형 그리기

11 폴더의 'ch11_2.pptx' 파일을 더블 클릭하여 실행한다.

❶ 3번 슬라이드를 선택한다.

❷ [삽입] 탭의 일러스트레이션 그룹에서 [도형] → 기본 도형 항목의 [타원]을 클릭한다.

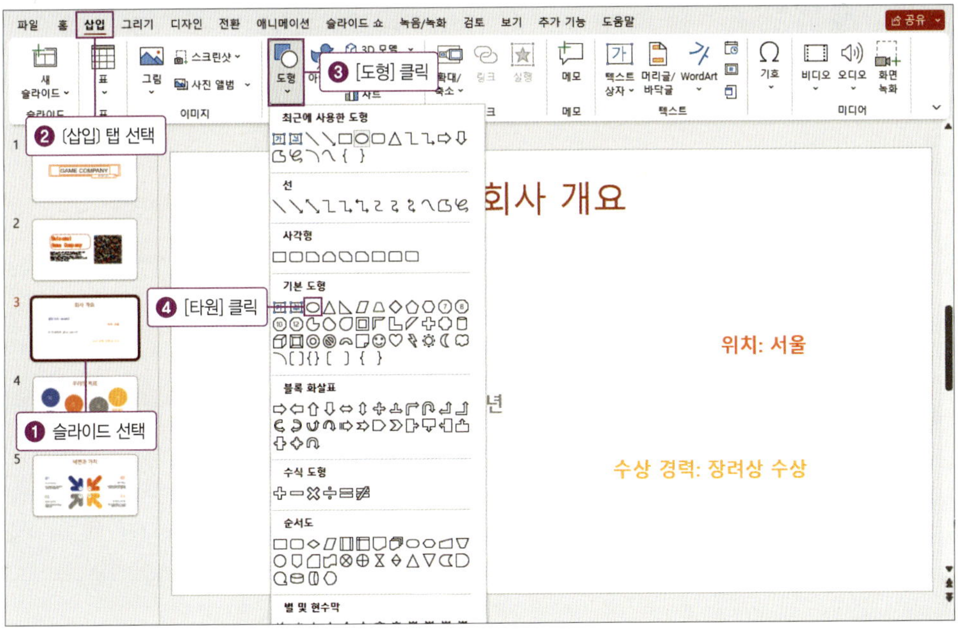

❸ Ctrl + Shift를 누르고 드래그하여 정원을 그린다.

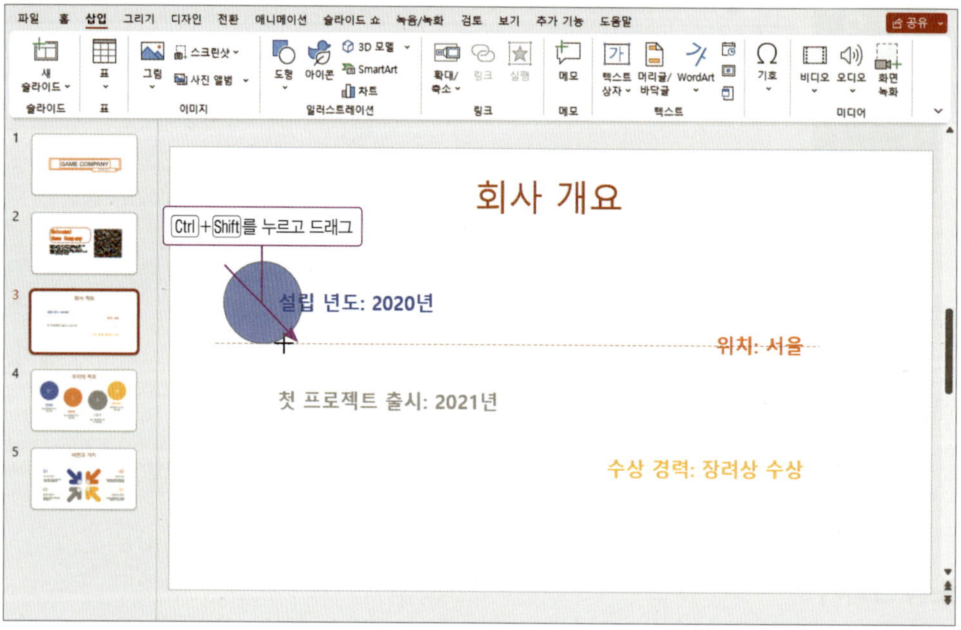

❹ [삽입] 탭의 일러스트레이션 그룹에서 [도형] → 기본 도형 항목의 [타원]을 클릭한다.

❺ Ctrl + Shift를 누르고 드래그하여 첫 번째 원보다 작게 정원을 그린다.

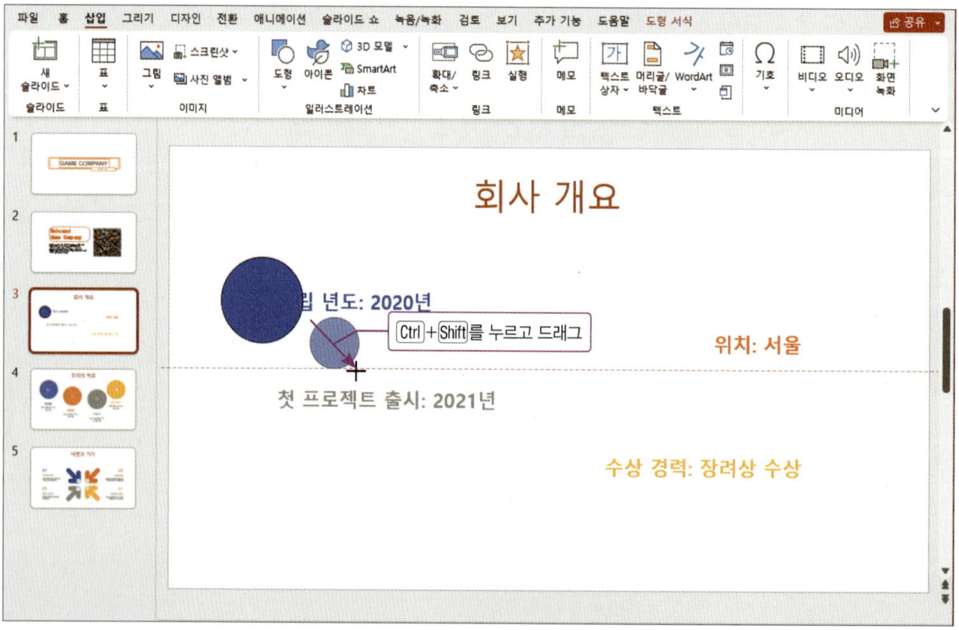

❻ 두 번째 원을 첫 번째 원 위로 이동하고 스마트 가이드 표시를 사용해 큰 원 가운데에 위치한다.

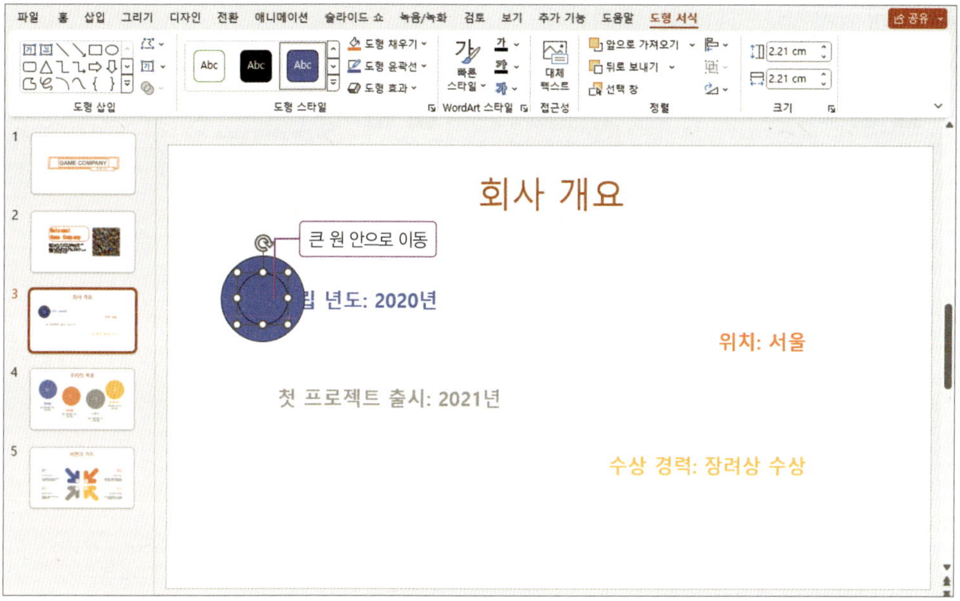

서식 지정하기

❶ 큰 원을 선택한다.

❷ [도형 서식] 탭의 도형 스타일 그룹에서 [도형 윤곽선] → [윤곽선 없음]을 클릭한다.

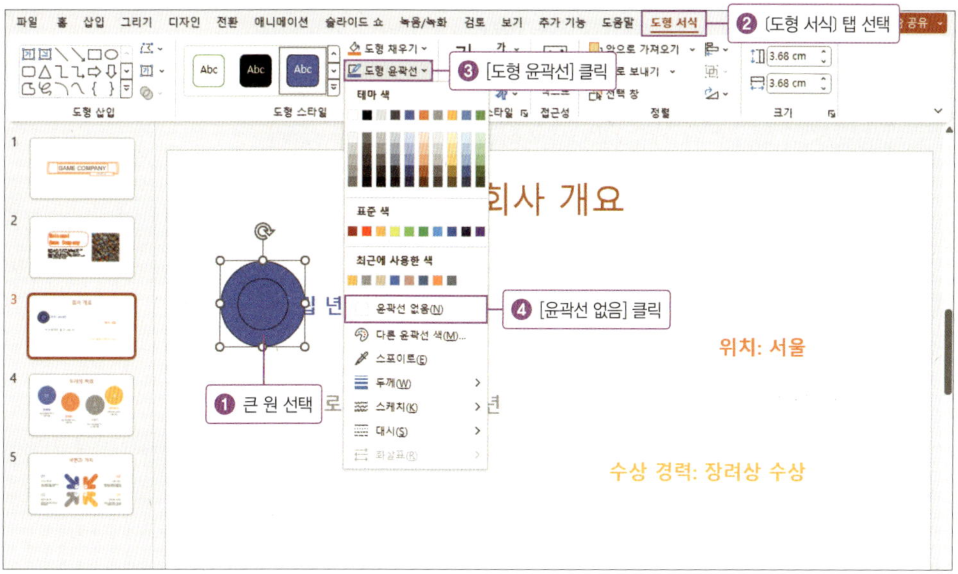

❸ 작은 원을 선택한다.

❹ [도형 서식] 탭의 도형 스타일 그룹에서 [도형 윤곽선] → [흰색]을 클릭한다.

❺ [도형 채우기] → [흰색]을 클릭한다.

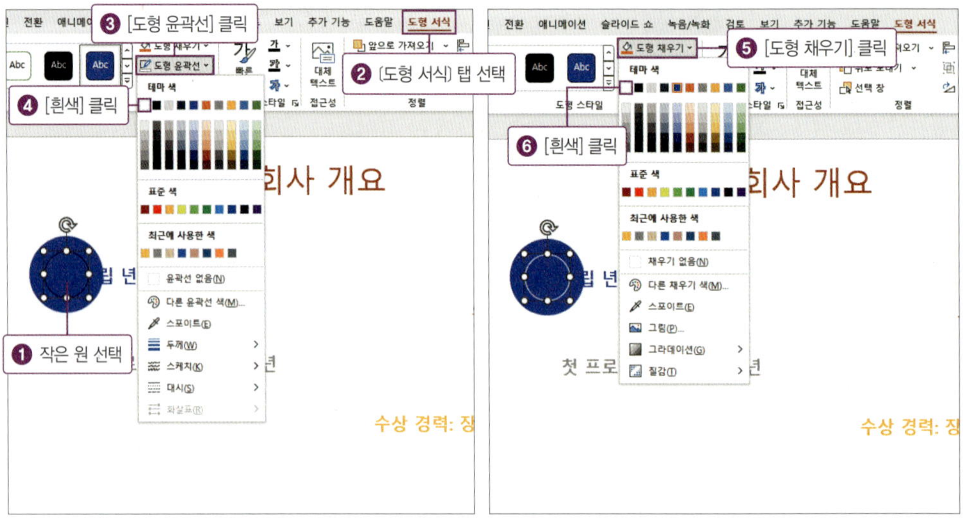

원 서식 확인

☑ 작은 연습 3

1. 왼쪽 텍스트('화면이 있다～조작 단계가 적다')와 '전달정보' 글자가 타원 안에 들어가도록 타원을 그린다.
2. 타원의 도형 윤곽선은 [윤곽선 없음]으로 하고, 도형 채우기는 [회색]으로 바꾼다.
3. 타원을 [맨 뒤로 보내기] 하고 [앞으로 가져오기]를 두 번 한다.

11.4 POWERPOINT

도형 크기 바꾸기와 도형 병합하기

파워포인트에는 다양한 도형들이 준비되어 있지만, 파워포인트에 없는 도형을 그리고자 할 때는 도형 병합 기능을 사용하여 원하는 도형을 만들 수 있다. 이번에는 도형 크기를 조절하는 방법과 도형 병합 기능을 사용하여 새로운 도형을 만드는 방법에 대해 배운다.

도형 크기 바꾸기

❶ 큰 원을 선택한다.

❷ [도형 서식] 탭의 크기 그룹에서 높이와 너비를 모두 '3cm'로 바꾼다.

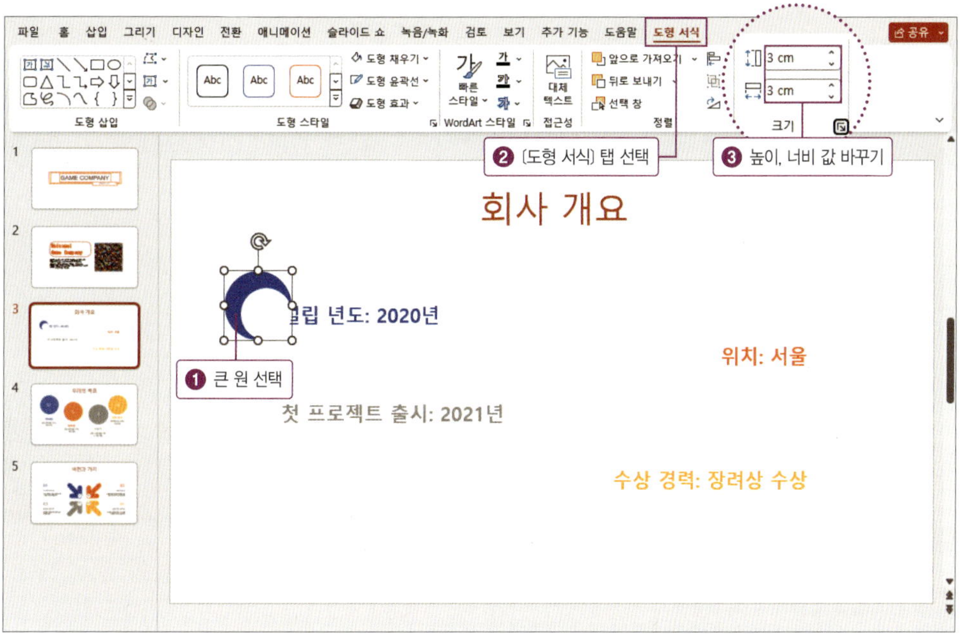

❸ 작은 원을 선택한다.

❹ [도형 서식] 탭의 크기 그룹에서 높이와 너비를 모두 '1.7cm'로 바꾼다.

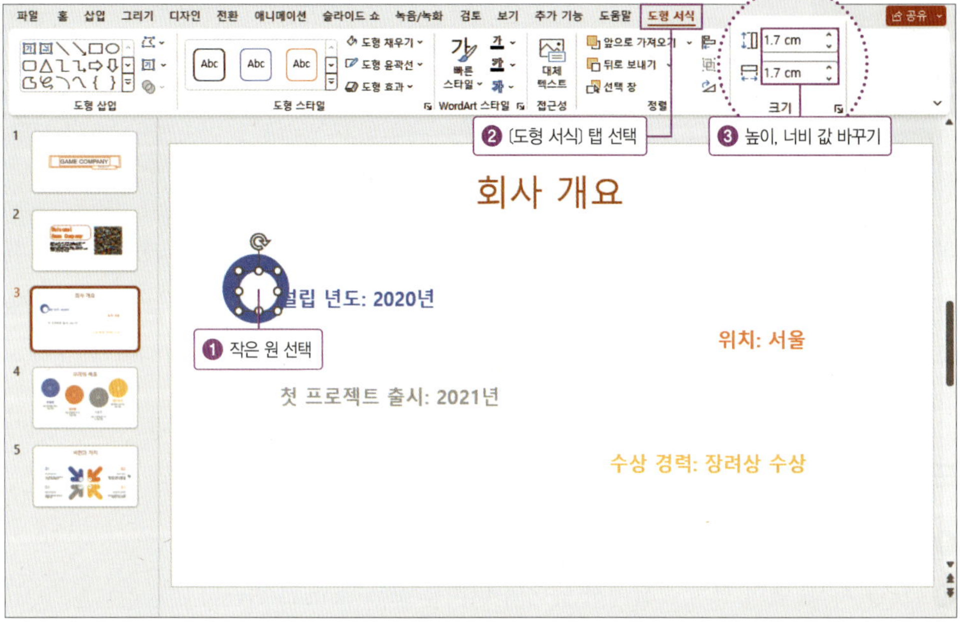

❺ 작은 원의 위치가 큰 원의 가운데가 아니라면 큰 원 가운데로 이동한다.

도형 병합하기

❶ 큰 원을 선택한다.

❷ Shift를 누르고 작은 원을 선택한다.

❸ [도형 서식] 탭의 도형 삽입 그룹에서 [도형 병합] → [결합]을 클릭한다.

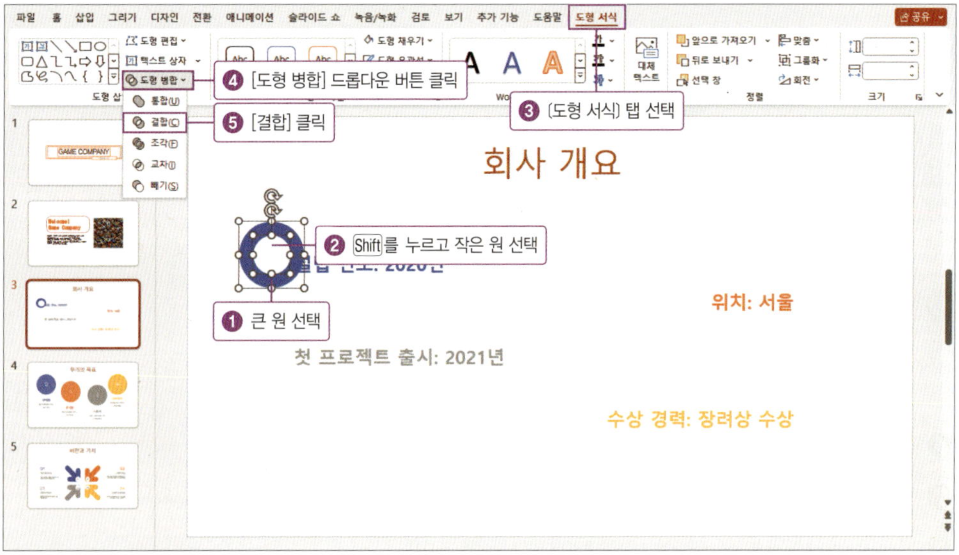

❹ [삽입] 탭의 일러스트레이션 그룹에서 [도형] → 사각형 항목의 [직사각형]을 클릭한다.

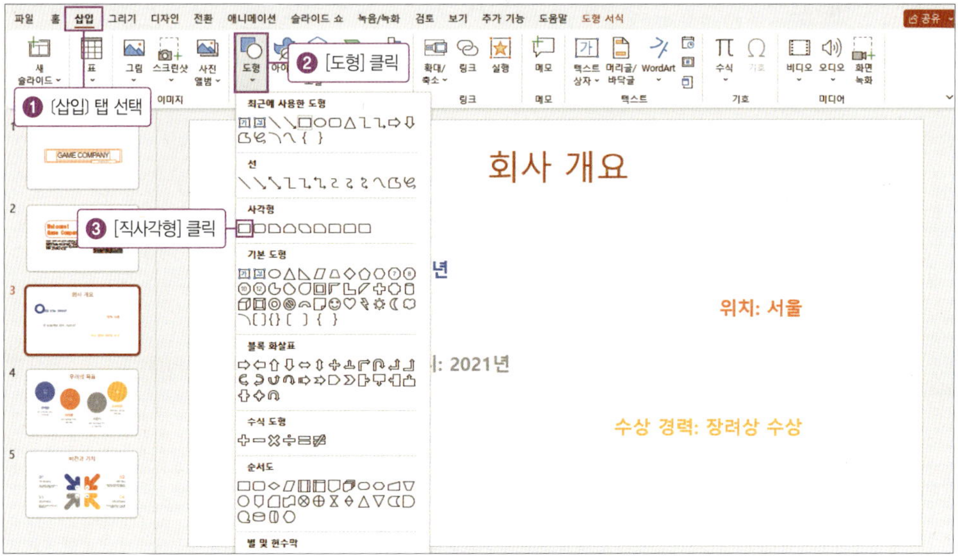

❺ 원의 오른쪽 상단이 가려지도록 드래그하여 직사각형을 그린다.

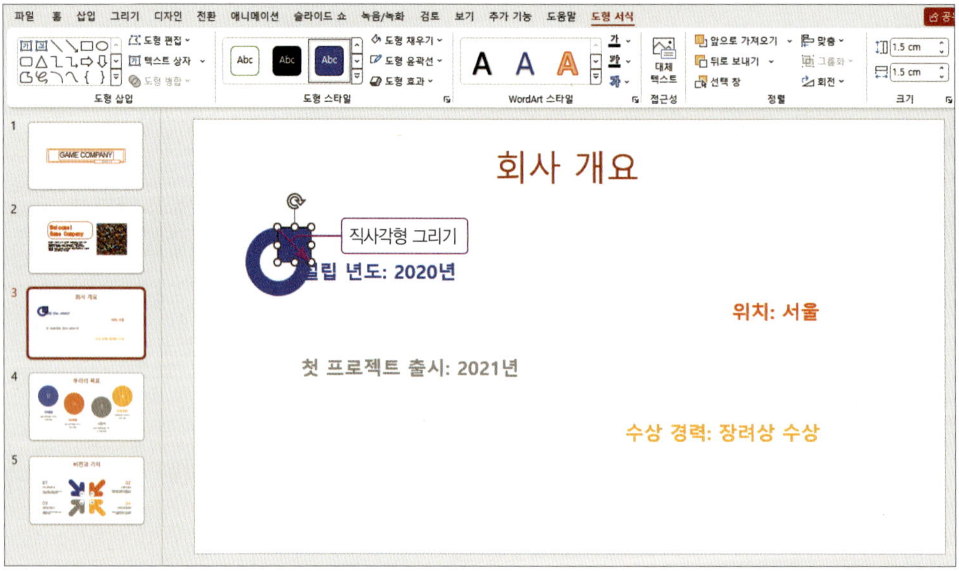

❻ 큰 원을 선택한다.

❼ Shift를 누르고 직사각형을 선택한다.

❽ [도형 서식] 탭의 도형 삽입 그룹에서 [도형 병합] → [빼기]를 클릭한다.

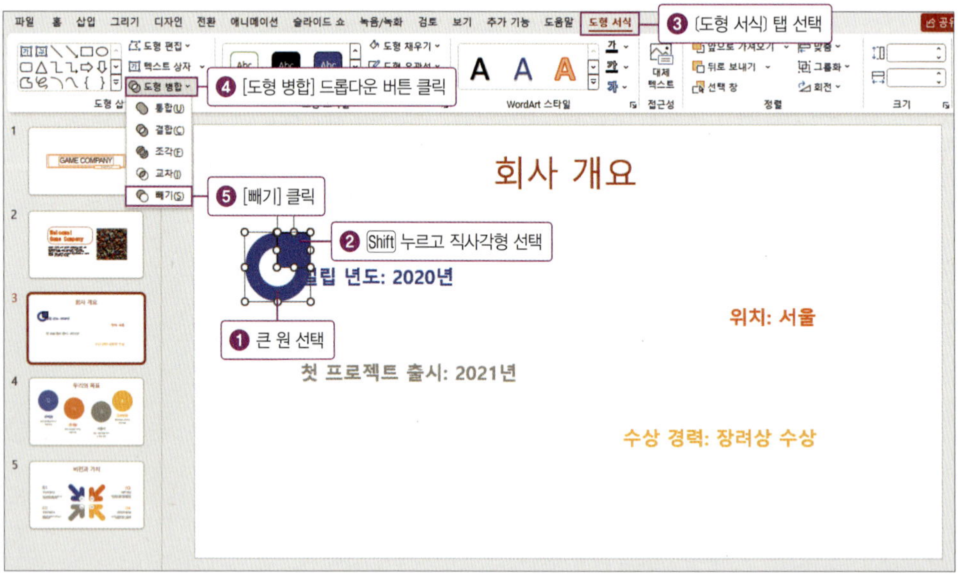

❾ 병합한 도형을 글자와 가까이 위치하도록 한다.

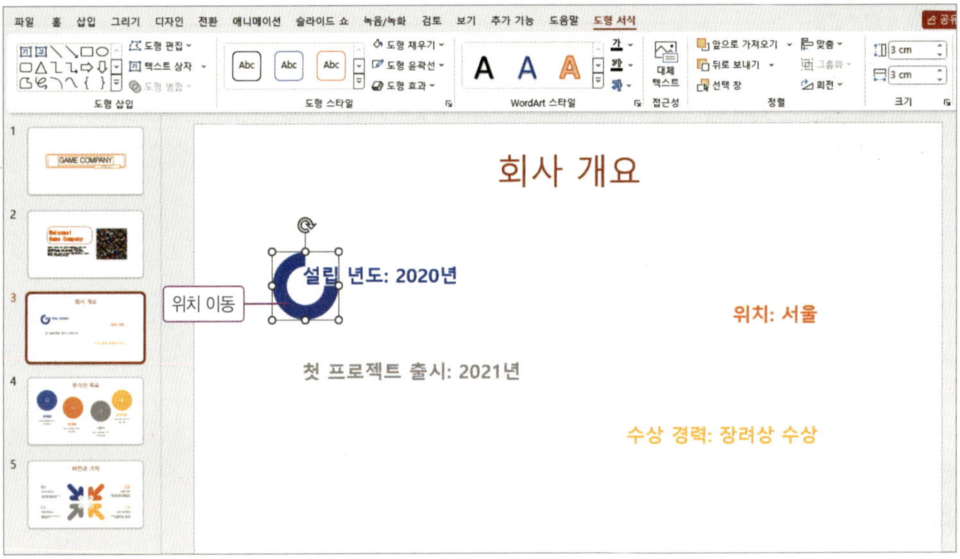

알아두세요

도형 병합

도형 병합 작업에서는 가장 먼저 선택한 도형의 서식을 따른다. 작은 원을 먼저 선택한 다음 큰 원을 선택하면 병합 결과가 달라질 수 있다.

☑ 작은 연습 4

타원의 크기는 높이 13cm, 너비 16cm로 바꾼다.

POWERPOINT

11.5

도형 복사하고 이동하기

도형을 이용할 때 같은 도형을 반복해서 사용하는 경우가 많다. 이러한 경우 도형 서식을 적용한 도형을 복사하여 원하는 위치로 이동시키고 사용한다. 이번에는 도형을 복사하고 이동하는 방법에 대해 배운다.

❶ 병합한 도형을 선택한다.

❷ 단축 키 Ctrl+C와 Ctrl+V를 눌러서 도형을 복사하여 붙여넣는다. 또는 Ctrl을 누른 상태에서 도형을 드래그한다.

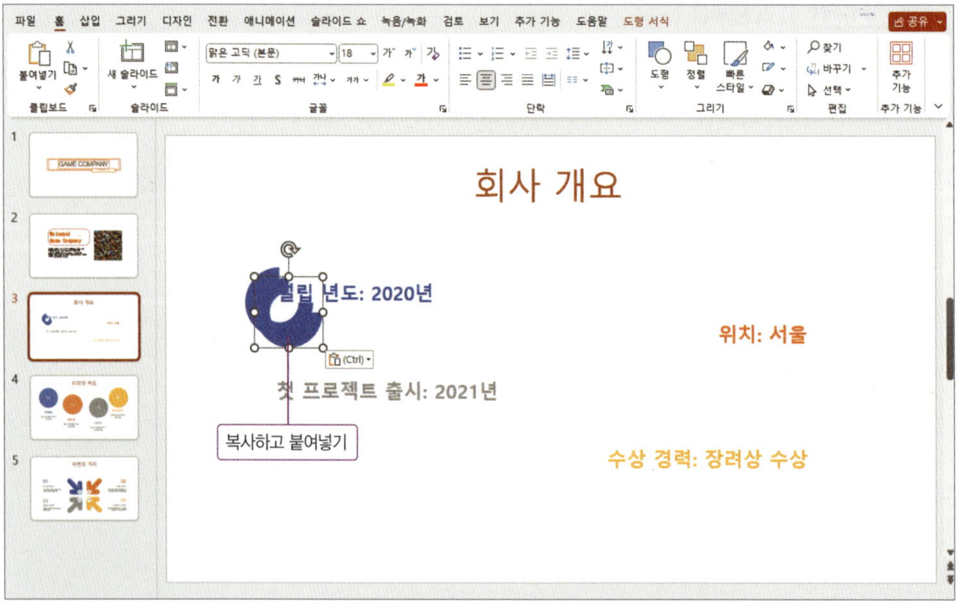

알아두세요

복제

도형을 선택하고 [홈] 탭을 선택한 후 클립보드 그룹에서 [복사] → [복제]를 클릭하면 도형이 바로 복제된다.

❸ 복사한 도형을 '첫 프로젝트' 글자 앞으로 이동한다.

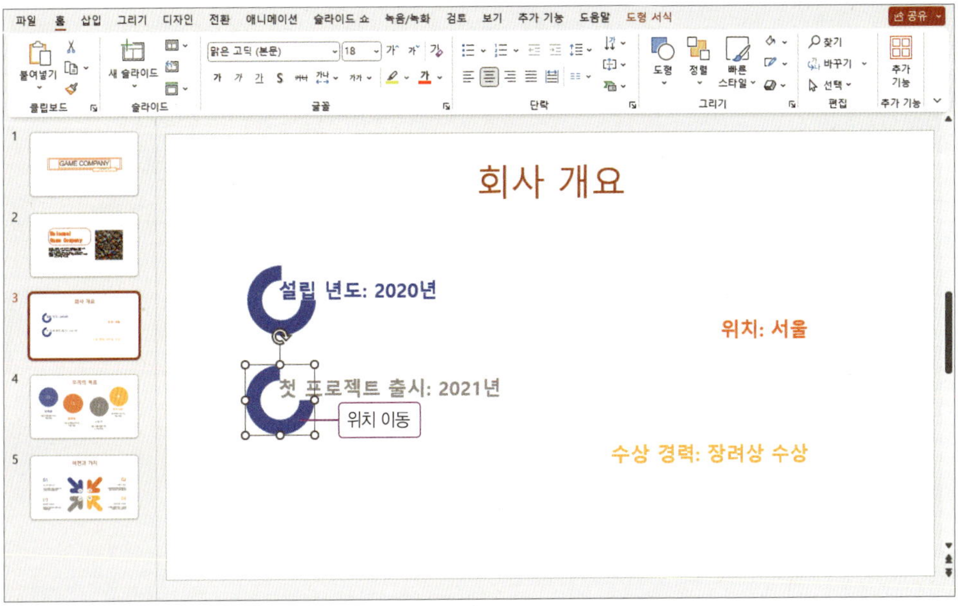

❹ Ctrl+V를 눌러 붙여넣고 '위치: 서울' 글자 앞으로 이동한다.

❺ '위치: 서울' 글자 앞에 있는 도형을 선택한다.

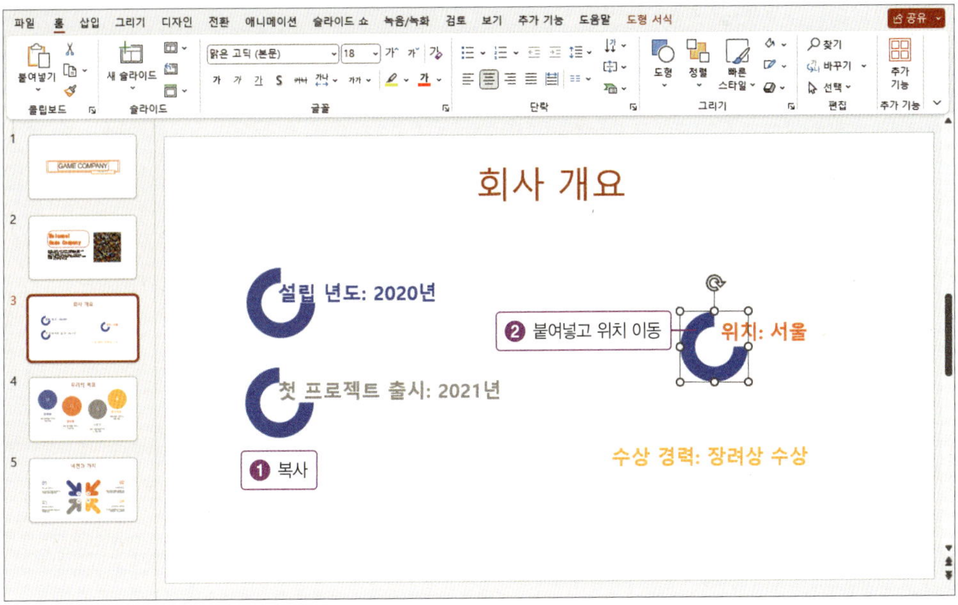

❻ [도형 서식] 탭의 정렬 그룹에서 [회전] → [오른쪽으로 90도 회전]을 클릭한다.

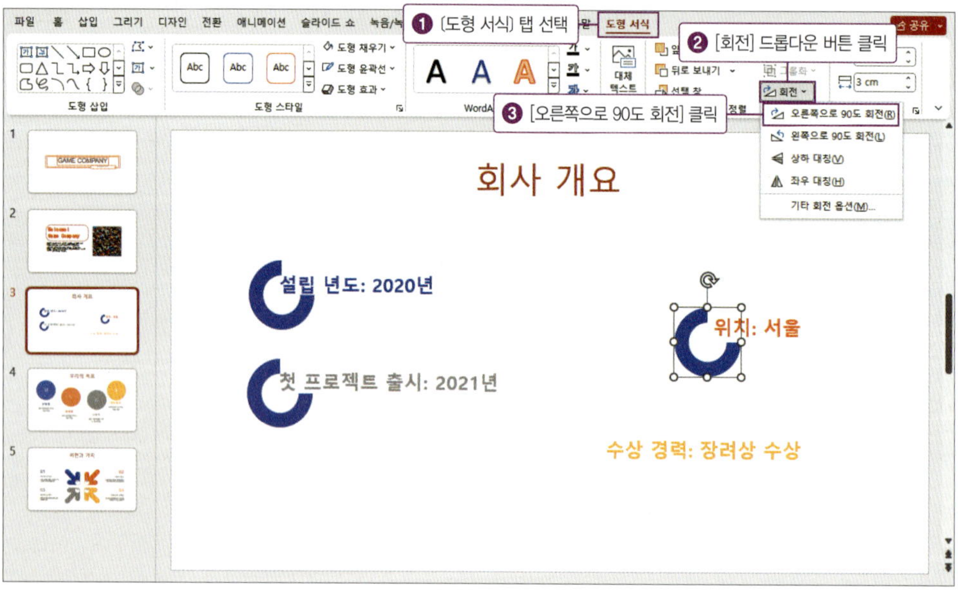

❼ '위치: 서울' 글자 가까이 드래그한다.

❽ '위치: 서울' 글자 앞에 있는 도형을 선택한다.

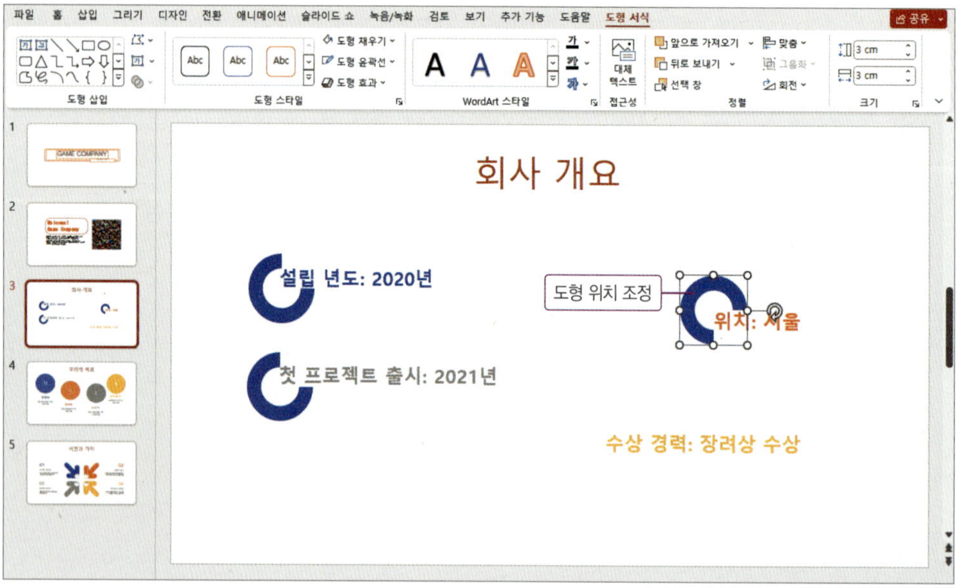

❾ 단축 키 Ctrl+C와 Ctrl+V를 눌러 복사해서 붙여넣는다.

❿ 복사한 도형을 '수상[2] 경력' 글자 앞으로 이동한다.

⓫ 배치한 모습을 확인한다.

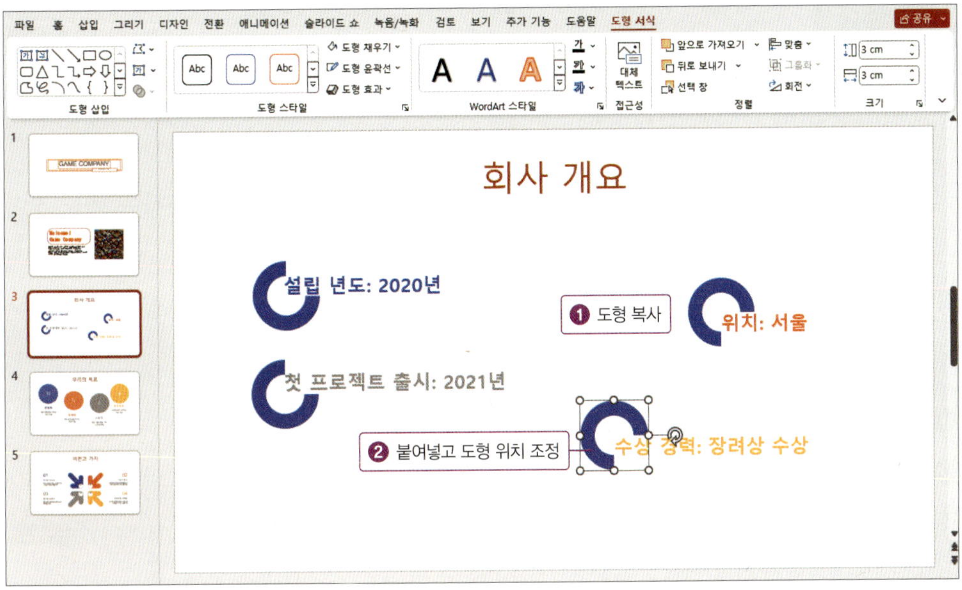

알아두세요 **스마트 가이드**

도형을 마우스로 드래그해 움직일 때 스마트 가이드가 표시되는데, 이 스마트 가이드를 참고하여 도형 위치를 조정할 수 있다. 스마트 가이드가 보이지 않는 경우 [보기] 탭을 선택하고 표시 그룹에서 '눈금 설정' 아이콘을 클릭한다. [눈금 및 안내선] 대화상자에서 '도형 맞춤 시 스마트 가이드 표시'에 체크 표시되어 있는지 확인한다.

☑ 작은 연습 5

1. 타원을 복사한다.
2. 타원 두 개를 약간 겹치게 한다. (위치 조정)
3. 텍스트를 원 위로 나오게 한다. (복사한 타원을 [뒤로 보내기]를 다섯 번 클릭한다.)

---

2 상을 받다.

색상 추출하여 도형에 적용하기

색상을 지정하는 방법은 색상표에서 선택하거나 사용자 정의 색상에서 원하는 색을 찾아 선택하는 것 외에도, 좀 더 편리한 방법으로 스포이트를 이용할 수 있다. 스포이트를 사용하면 이미지 등에 있는 색을 추출하여 원하는 색을 선택해서 적용할 수 있다. 이번에는 색상을 추출하여 도형에 적용하는 방법에 대해 배운다.

❶ '설립 연도' 글자 앞의 도형을 선택한다.

❷ 〔도형 서식〕 탭의 도형 스타일 그룹에서 [도형 채우기] → [스포이트]를 클릭한다.

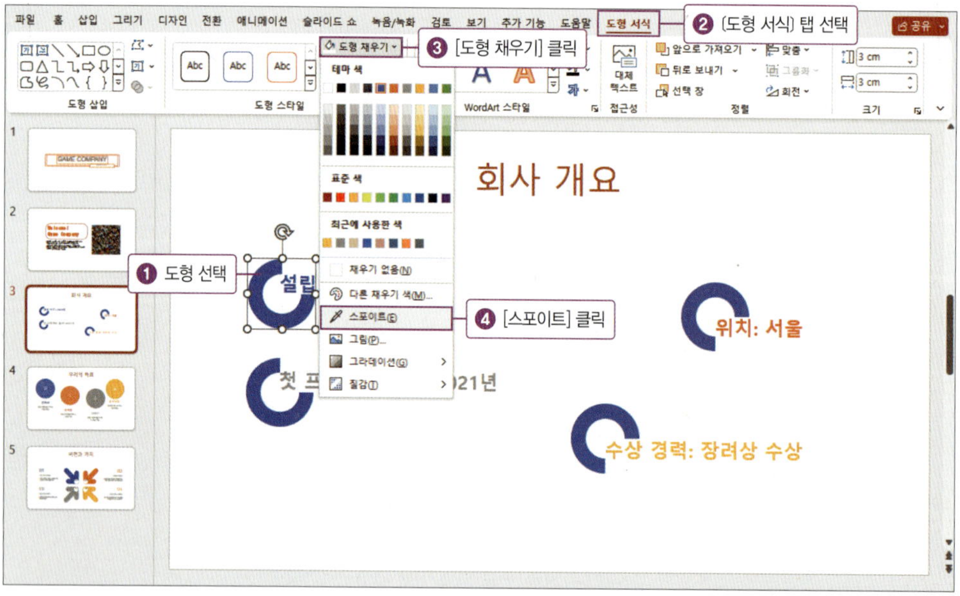

알아두세요 **스포이트 이용**

스포이트를 클릭하고 색 위에 마우스 포인터를 올리면 RGB 값과 색상 이름이 나타나 확인할 수 있다.

❸ '설립 연도' 글자를 클릭하여 도형에 색을 적용한다.

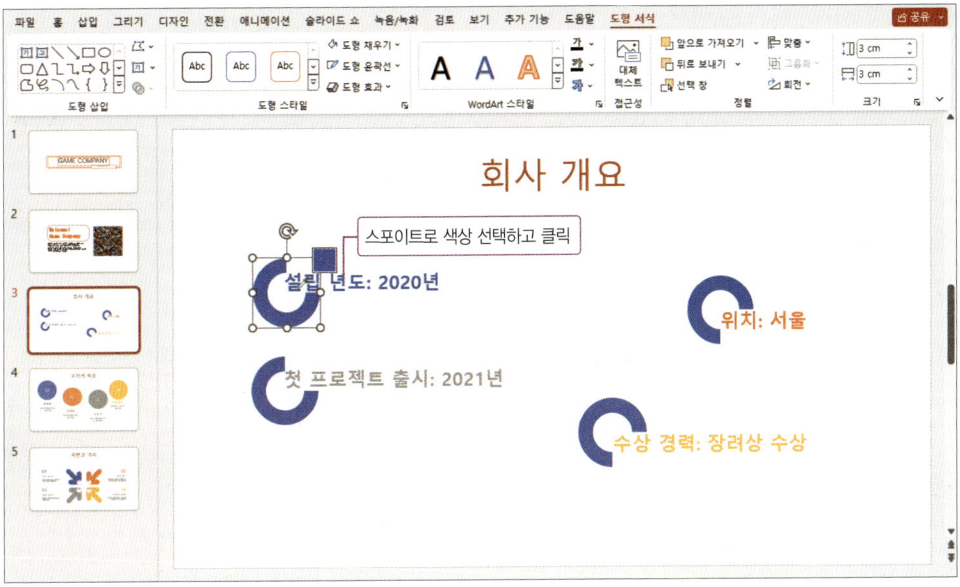

❹ '첫 프로젝트' 글자 앞의 도형을 선택한다.

❺ [도형 서식] 탭의 도형 스타일 그룹에서 [도형 채우기] → [스포이트]를 클릭한다.

❻ '첫 프로젝트' 글자를 클릭하여 도형에 색을 적용한다.

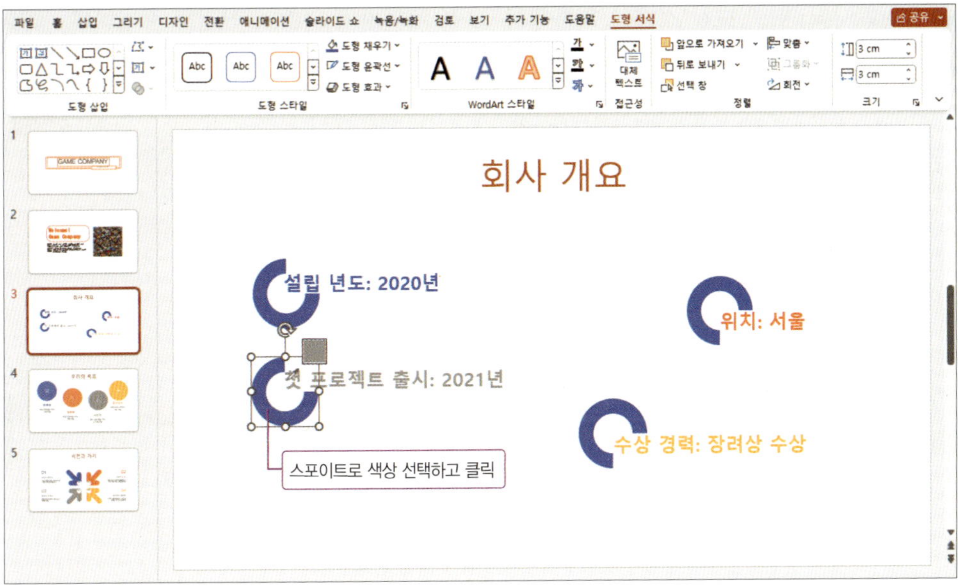

❼ '위치: 서울' 글자 앞의 도형을 선택한다.

❽ [도형 서식] 탭의 도형 스타일 그룹에서 [도형 채우기] → [스포이트]를 클릭한다.

❾ '위치: 서울' 글자를 클릭하여 도형에 색을 적용한다.

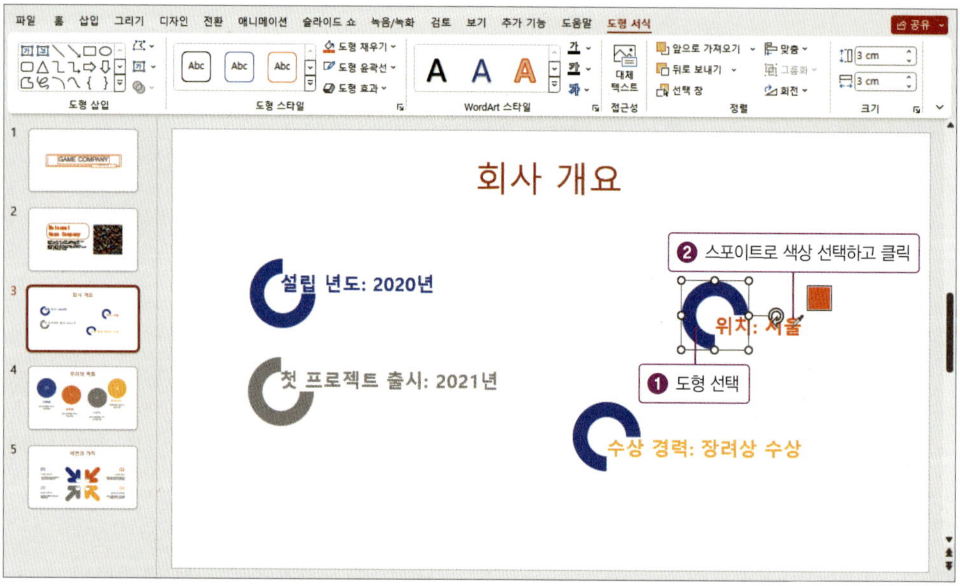

❿ '수상 경력' 글자 앞의 도형을 선택한다.

⓫ [도형 서식] 탭의 도형 스타일 그룹에서 [도형 채우기] → [스포이트]를 클릭한다.

⓬ '수상 경력' 글자를 클릭하여 도형에 색을 적용한다.

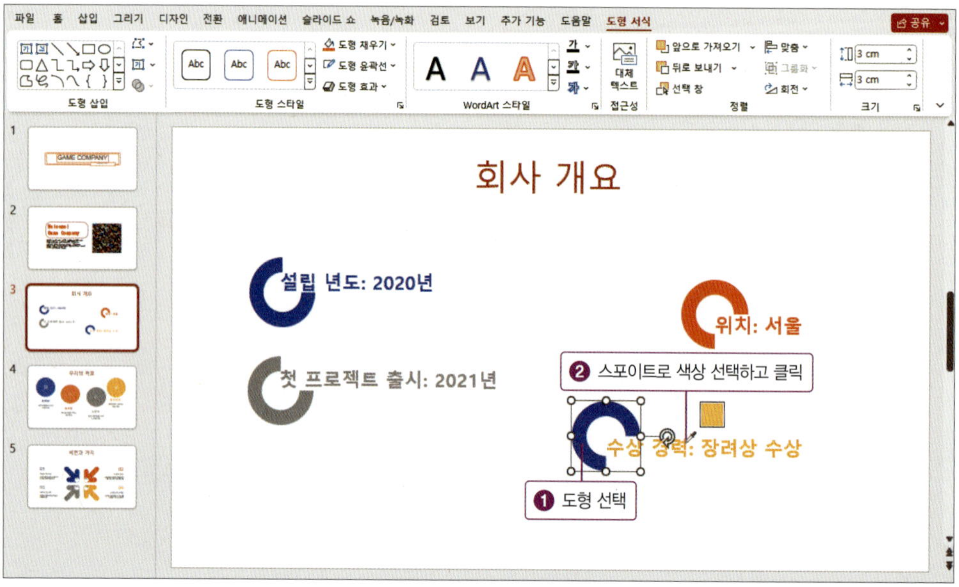

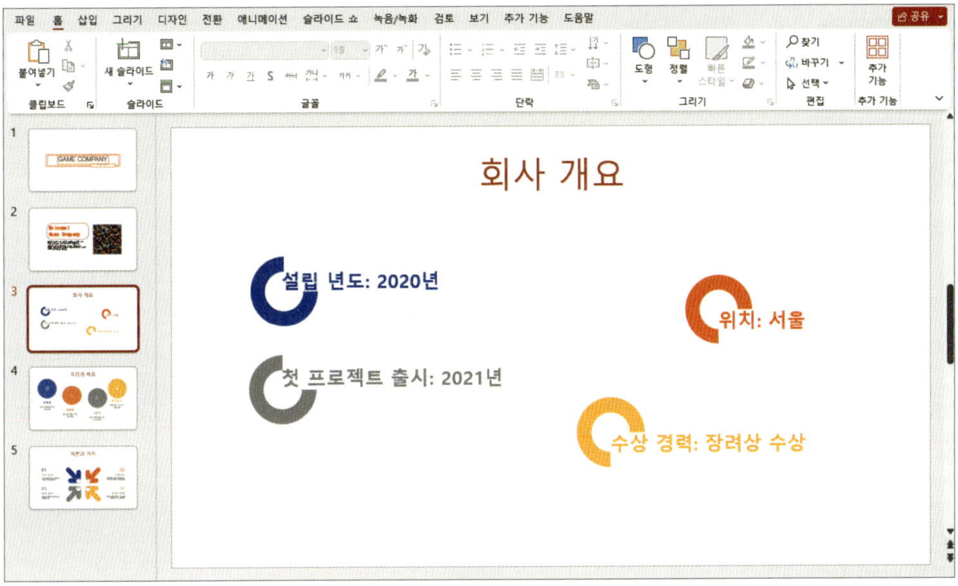

완성된 모습

알아두세요

스포이트를 이용한 색상 추출

슬라이드 화면 밖에 있는 색을 추출하려면 마우스를 클릭한 상태에서 추출하고자 하는 색이 있는 곳으로 스포이트를 드래그한 후 마우스 버튼에서 손을 뗀다.

☑ 작은 연습 6

1. 왼쪽 타원의 도형 채우기 색을 '텔레비전 & 라디오' 텍스트와 같은 색으로 채운다. (스포이트 사용)
2. 왼쪽 타원을 선택하고 오른쪽 타원을 선택한 다음 도형을 결합한다.

11.7

그룹화하고 도형 정렬하기

도형들은 개별적으로 사용할 수 있지만, 때로는 여러 도형을 하나로 묶어서 사용해야 할 때가 있다. 도형을 그룹화하면 관련된 도형들을 쉽게 관리하고 정렬할 수 있다. 이번에는 도형들을 그룹화하고 정렬하는 방법에 대해 배운다.

그룹화하기

❶ 4번 슬라이드를 선택한다.

❷ '판매량' 글자가 있는 도형을 선택하고 파란색 원 아래로 드래그해 이동한다. 글자를 원 가운데에 맞추도록 이동한다.

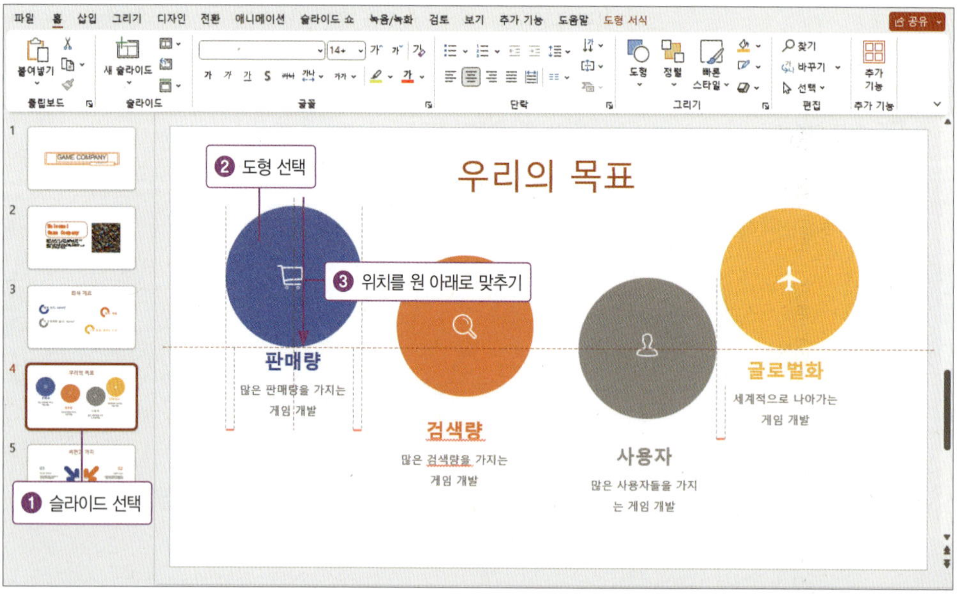

❸ 파란색 원을 선택하고 Shift를 누른 다음 '판매량' 글자가 있는 도형을 선택한다.

❹ **그룹화 방법** 1: [도형 서식] 탭의 정렬 그룹에서 [그룹화] → [그룹]을 클릭한다.

❺ **그룹화 방법** 2: 단축 키 Ctrl+G를 누른다.

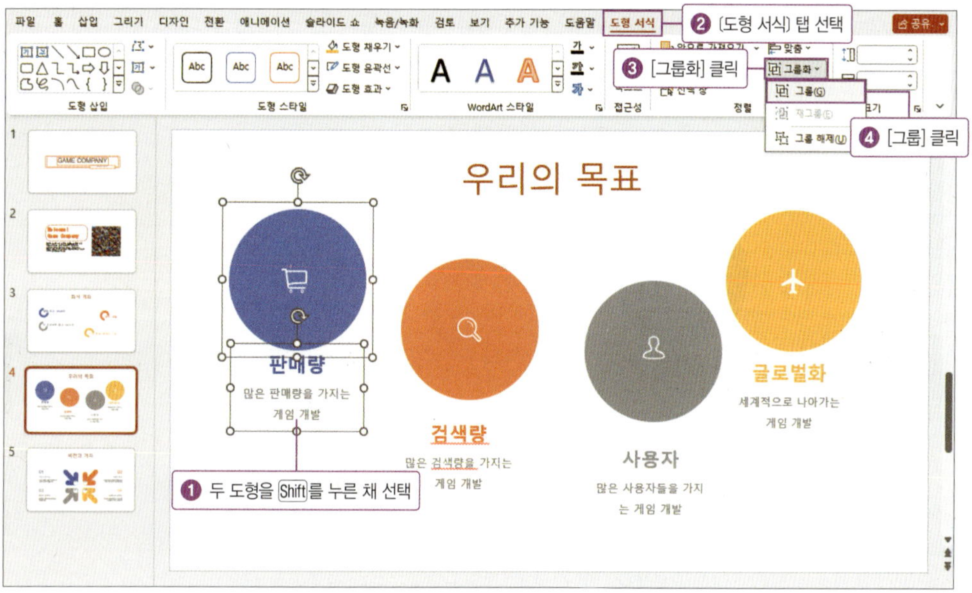

❻ 다른 도형들도 동일한 방법으로 도형을 이동하고 그룹화한다.

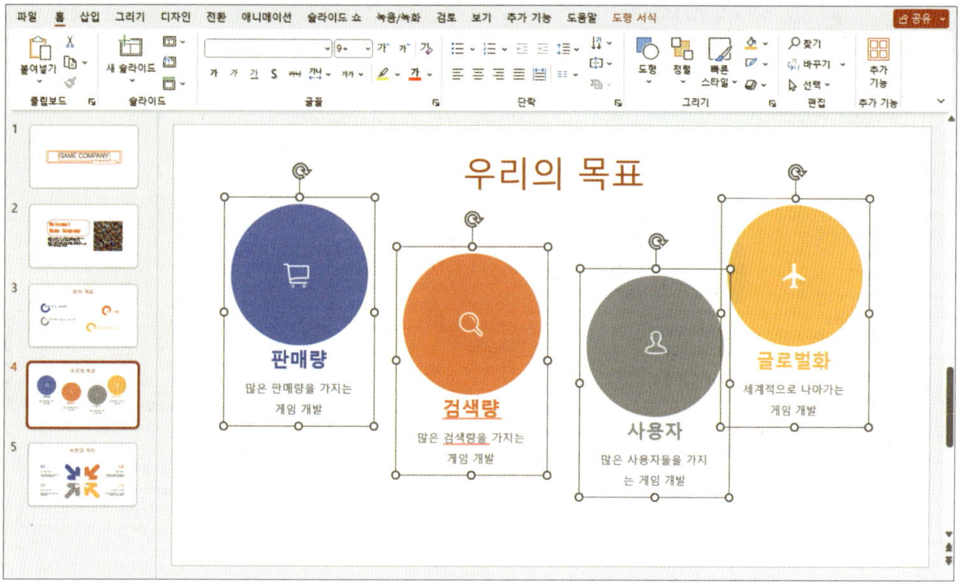

도형 정렬하기

❶ 파란색 도형을 선택하고 적당한 위치로 이동한다.

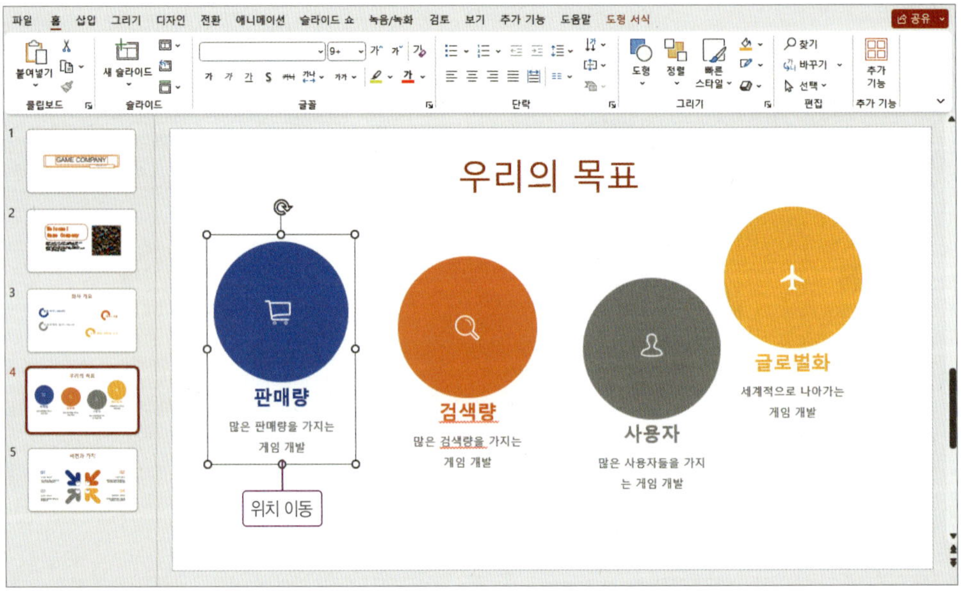

❷ 노란색 도형을 선택하고 적당한 위치로 이동한다.

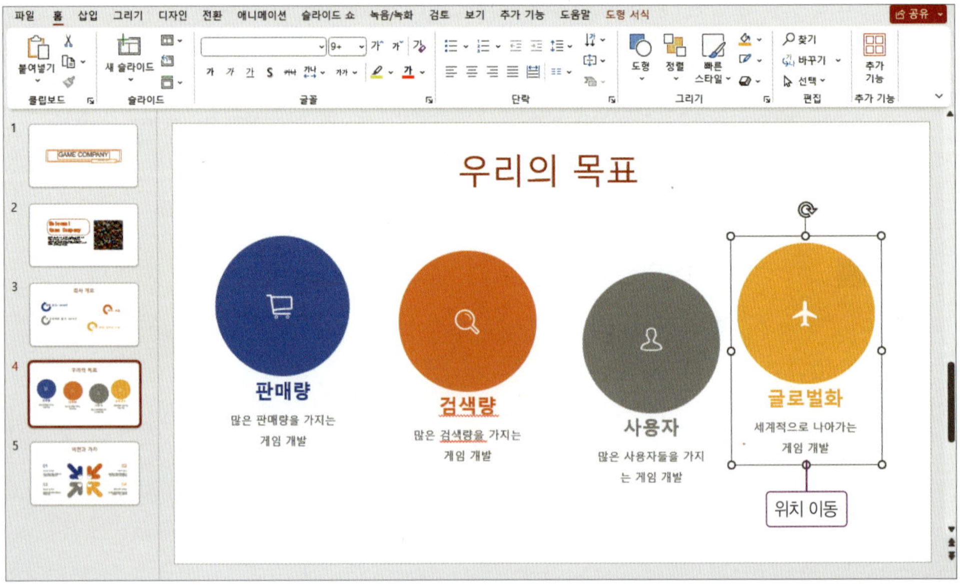

❸ 마우스로 드래그해 도형을 모두 선택한다. 이때 선택하려는 도형이 모두 드래그 안에 포함되어야 한다.

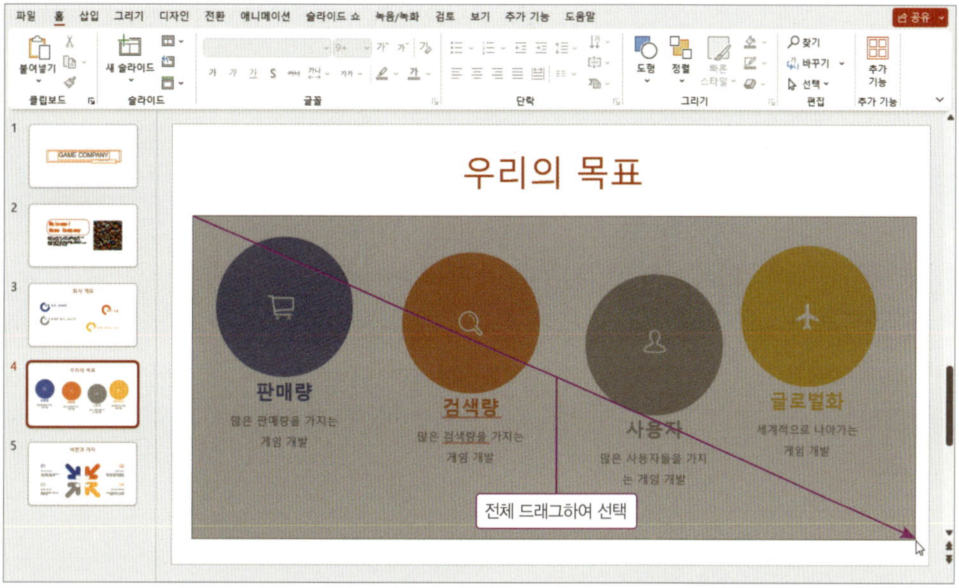

❹ [도형 서식] 탭의 정렬 그룹에서 [맞춤] → [위쪽 맞춤]을 클릭한다.

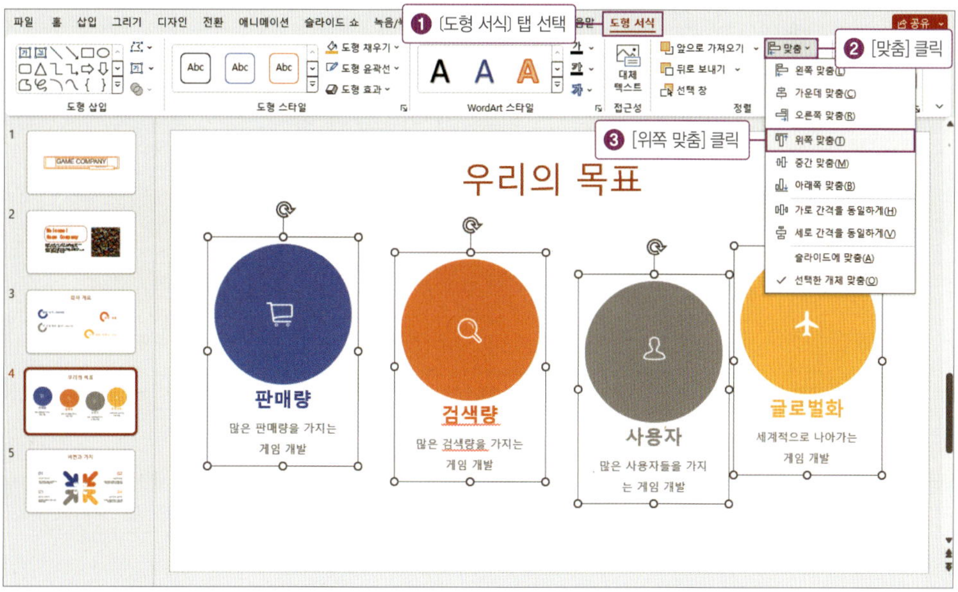

❺ [도형 서식] 탭의 정렬 그룹에서 [맞춤] → [가로 간격을 동일하게]를 클릭한다.

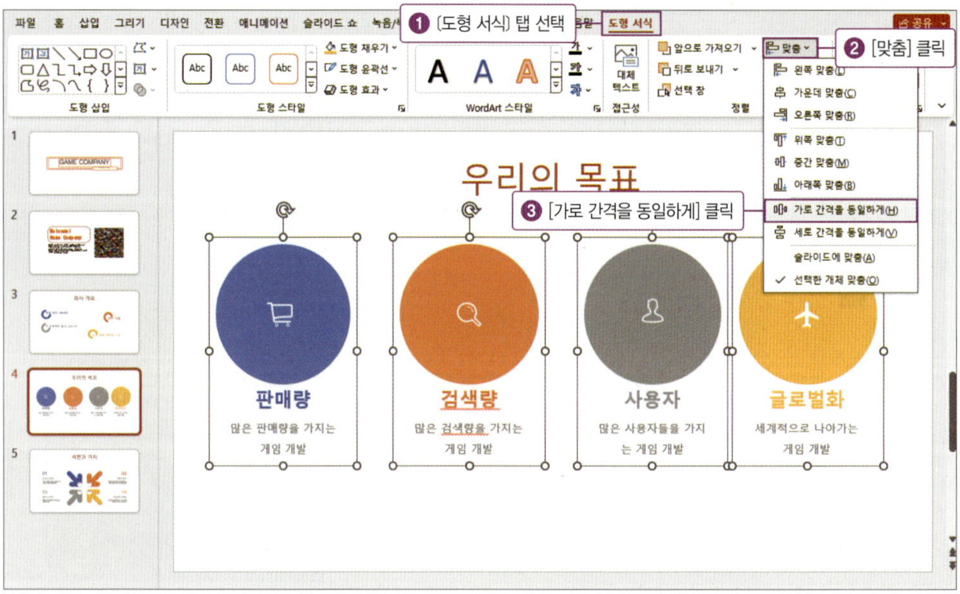

❻ 도형이 정렬된 모습을 확인한다.

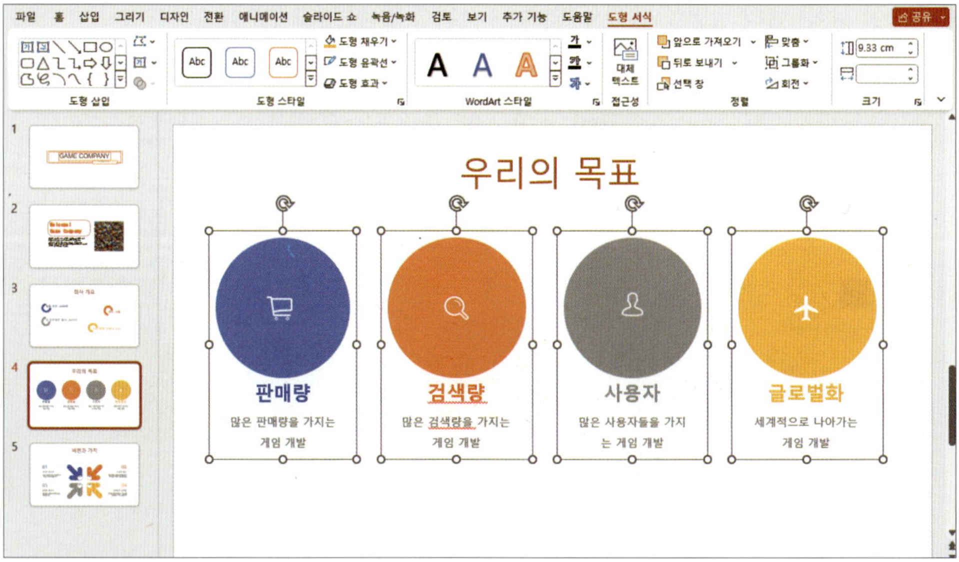

작은 연습 7

1. 제목을 제외한 도형과 텍스트를 그룹화한다.
2. [뒤로 보내기]를 두 번 클릭한다.

11.8 POWERPOINT

도형 서식 동일하게 적용하기

같은 도형이 여러 개 있을 때, 하나의 도형에 특정 도형 서식을 적용하면 다른 도형들에도 같은 서식을 적용해야 한다. 이때 도형 서식을 복사하여 적용할 수 있다. 이번에는 도형에 서식을 적용하고 서식을 복사하는 방법에 대해 배운다.

도형 서식 적용하기

❶ 5번 슬라이드를 선택한다.

❷ 파란색 화살표 도형 안에 있는 원(01)을 선택한다.

❸ [홈] 탭의 글꼴 그룹에서 글꼴 크기를 '20'으로 입력하고 [굵게], [텍스트 그림자]를 클릭한다.

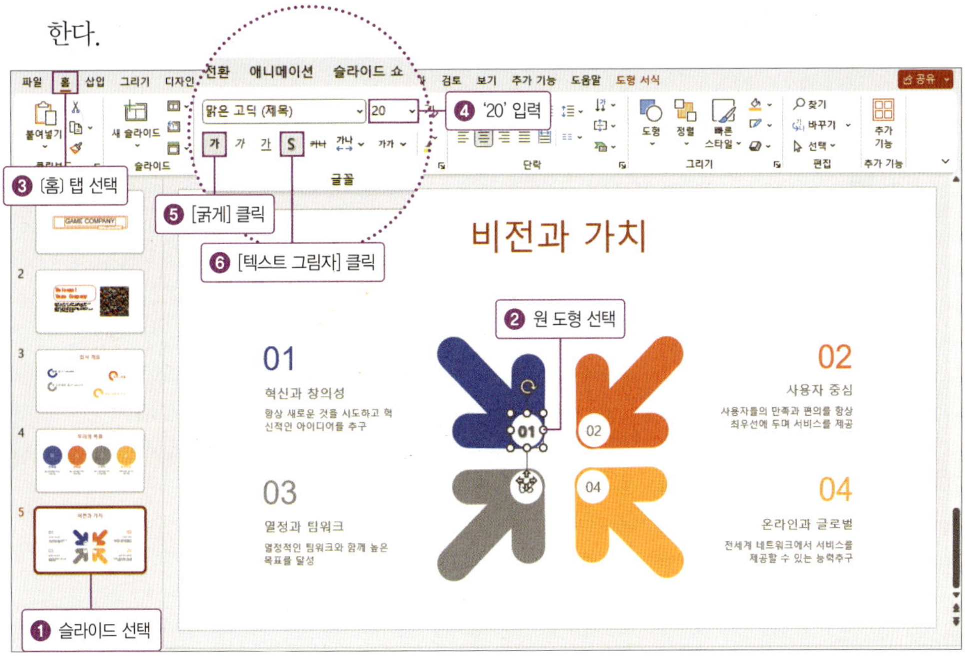

❹ [도형 서식] 탭의 도형 스타일 그룹에서 [도형 윤곽선] → [흰색]을 클릭한다.

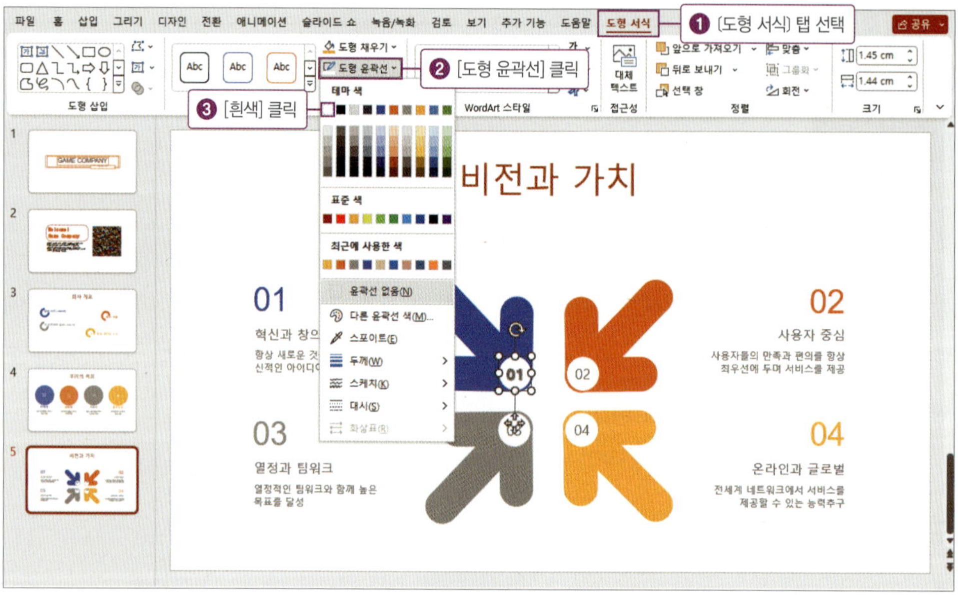

❺ [도형 서식] 탭의 도형 스타일 그룹에서 [도형 윤곽선] → [두께] → [3pt]를 클릭한다.

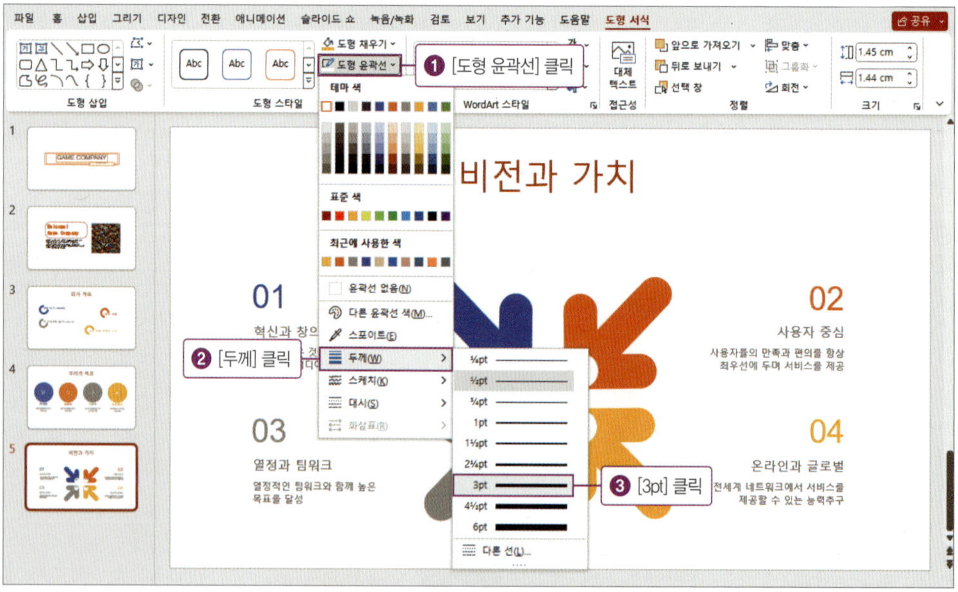

도형 서식 복사하기

❶ '01'이 있는 원 도형을 선택한다.

❷ [홈] 탭의 클립보드 그룹에서 [서식 복사]를 더블 클릭한다.

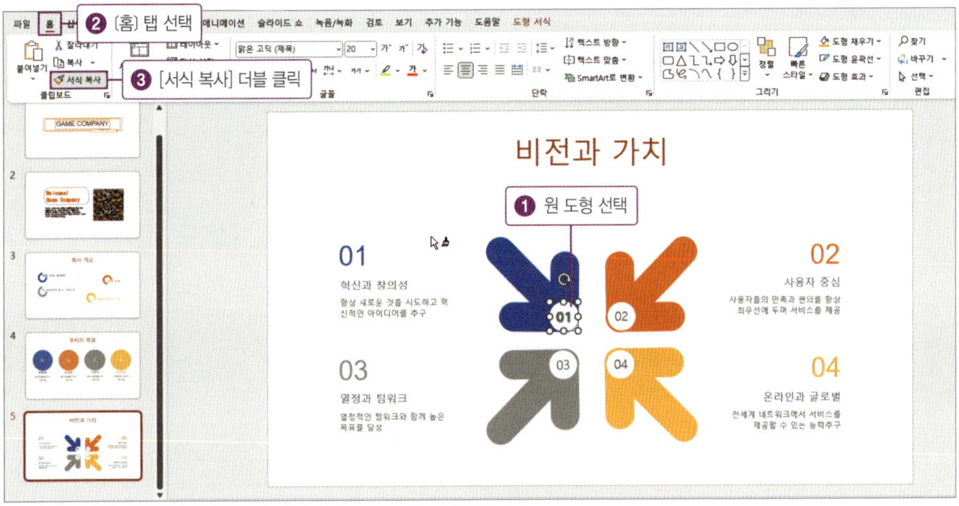

❸ '02', '03', '04' 원을 클릭하여 서식을 복사한다.

❹ [홈] 탭의 클립보드 그룹에서 [서식 복사]를 클릭하여 해제하거나 Esc를 누른다.

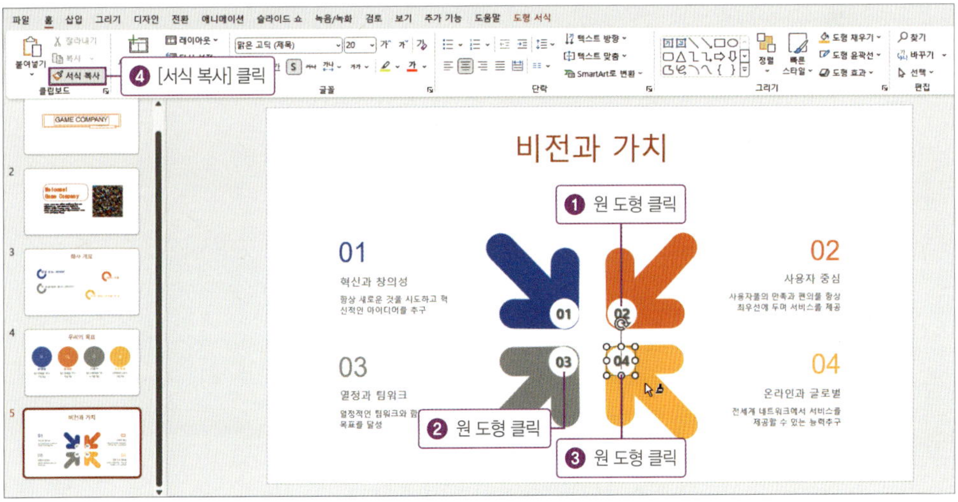

❺ 완성된 모습을 확인한다.

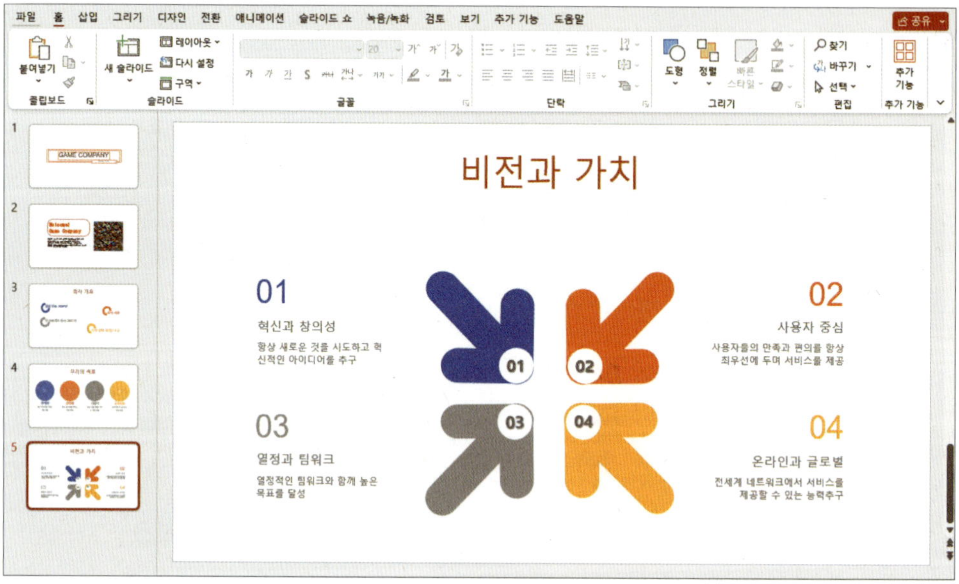

알아두세요 **도형 서식 반복 실행**

도형 서식을 여러 개체에 반복 실행하려면 [서식 복사]를 더블 클릭한다. 서식 복사를 중지할 때는 [서식 복사]를 다시 클릭하거나 Esc를 누른다.

작은 연습 8

1. 그룹화한 도형 중 결합한 타원 도형만 선택한다.
2. 타원 도형의 윤곽선 색을 '흰색'으로 하고 두께는 '3pt'로 한다.

11.9 활용하기 1

다음 조건에 맞게 PPT를 수정하세요.

- 2번 슬라이드 서식 수정하기
  - · 연필 그림 180° 회전하기
  - · 왼쪽 도형 두 개, 오른쪽 도형 두 개를 각각 그룹화하기
  - · 텍스트가 있는 도형의 윤곽선 없애기
- 3번 슬라이드 수정하기
  - · 모서리가 둥근 사각형 안의 텍스트 줄 간격을 '1.0'으로 바꾸기
  - · 모서리가 둥근 사각형들의 가로 간격 동일하게 하기

11.10 활용하기 2

다음 조건에 맞게 PPT를 수정하세요.

- 2번 슬라이드 서식 수정하기
  - · 텍스트 목록 수준 늘리기
  - · 줄 간격: 2.0, 글꼴 크기: 30
- 4번 슬라이드 수정하기
  - · '본문 6'과 같은 도형을 만들어 '비혼주의[3]의 원인' 왼쪽 위에 위치하기
  - · 도형의 색 오른쪽 사진의 옷 색으로 바꾸기(스포이트 사용)

---

3 결혼을 하지 않겠다는 의지를 갖는 것을 말한다.

11.11 도움주기

PPT를 사용한 발표 시 유의사항

- 목차를 제시하여 청중에게 발표 순서를 알려 준다.
- 발표의 도입부와 종결부를 확실하게 한다.
- 템플릿은 간단한 것을 사용한다.
- 슬라이드에는 중요한 내용만 넣는다.
  발표할 내용을 모두 슬라이드에 넣어 발표할 때 읽지 않는다.
- 다양한 자료(그림, 사진, 동영상, 음악 등)를 활용한다.
  단, 자료가 너무 많으면 안 된다.
- 슬라이드가 의미하는 것을 한눈에 알 수 있도록 한다.

연습문제 발표할 때 사용할 PPT로 알맞지 <u>않은</u> 것을 고르고 그 이유에 대해서 이야기해 보세요.

❶ 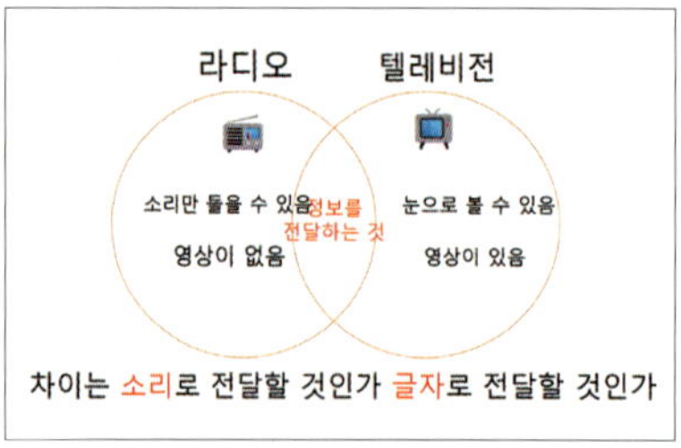

❷ 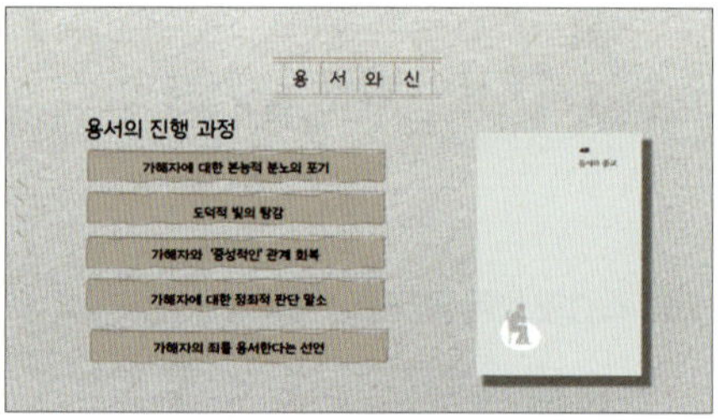

❸ 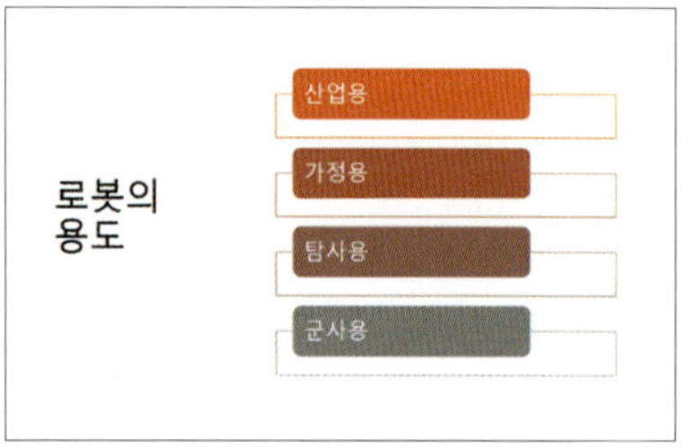

❹ 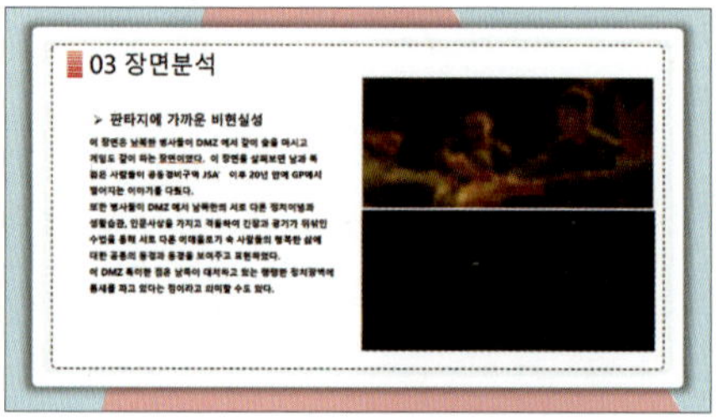

12장

프레젠테이션 시각화하기

학 습 목 표

- 스마트아트(SmartArt) 그래픽을 다루는 방법을 안다.
- 표와 차트를 다루는 방법을 배운다.

12.0 알아두기

POWERPOINT

파워포인트에서 프레젠테이션을 시각화하기 위해 스마트아트(SmartArt) 그래픽, 표, 차트, 사진 앨범 등을 다루기 전에 알아두어야 할 용어에 대해 살펴보자.

SmartArt 그래픽	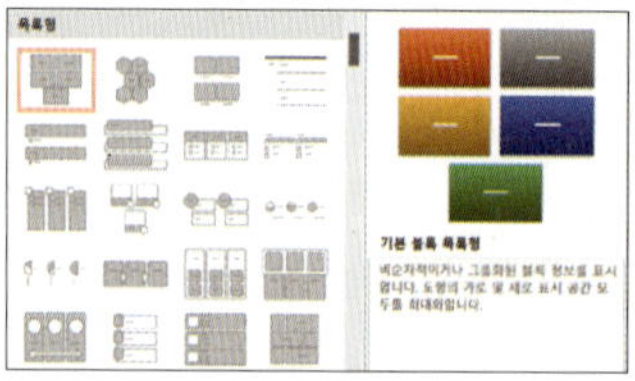	**SmartArt 그래픽을 사용하다/다루다, 그래픽** 의미: 텍스트, 이미지, 도형 등을 조합해 다양한 디자인을 만드는 것 예 SmartArt 그래픽을 사용해서 도표를 완성합니다.
지정		**OOO을/를 지정하다, 지정하다=정하다** 의미: 확실하게 정함 예 셀 여백을 지정하세요.
세로		**세로, 세로↔가로** 의미: 상하의 방향 예 셀 정렬은 '세로 가운데 맞춤'으로 지정하세요.
하향	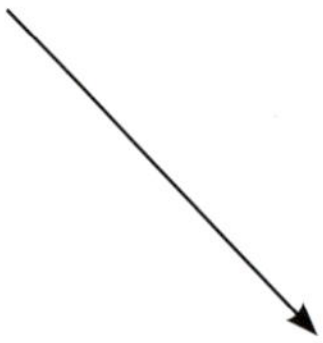	**하향, 하향↔상향** 의미: 아래로 향함 예 오른쪽으로 하향하는 선을 그리세요.
상향		**상향, 상향↔하향** 의미: 위로 향함 예 오른쪽으로 상향하는 대각선을 그리세요.

12.1

POWERPOINT

스마트아트(SmartArt) 그래픽 다루기

스마트아트(SmartArt) 그래픽은 도형을 그리고 서식을 따로 지정할 필요 없이, 원하는 형태를 선택하면 된다. 스마트아트 그래픽을 사용하면 도형에 텍스트를 입력하거나 새로운 도형을 추가하는 것도 간편하다. 이번에는 스마트아트 그래픽을 사용하는 방법에 대해 배운다.

실습 파일: 12\ch12_1.pptx

텍스트를 스마트아트(SmartArt) 그래픽으로 변환하기

12 폴더의 'ch12_1.pptx' 파일을 더블 클릭하여 실행한다.

❶ 3번 슬라이드를 선택한다.

❷ 본문 텍스트 개체 틀을 선택한다.

❸ [홈] 탭의 단락 그룹에서 [SmartArt로 변환] → [기타 SmartArt 그래픽]을 클릭한다.

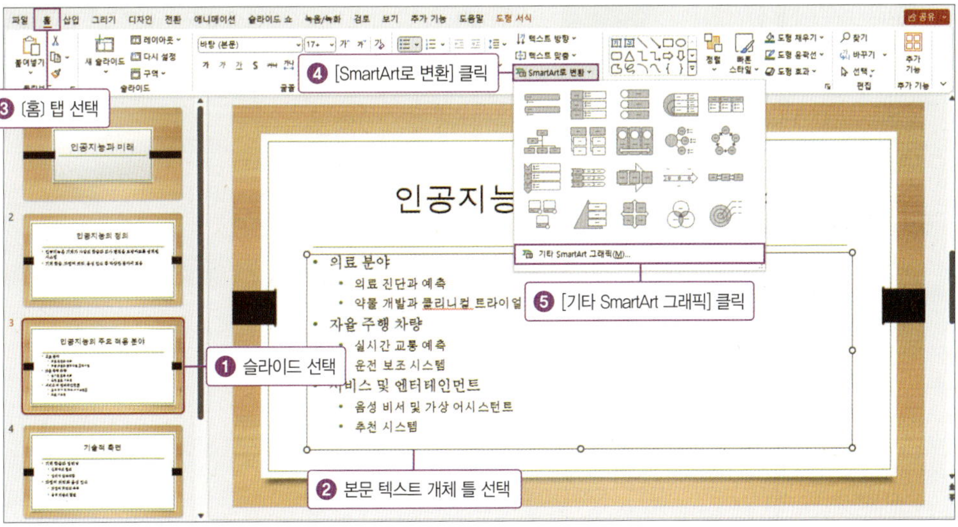

❹ [SmartArt 그래픽 선택] 대화상자에서 [목록형]을 클릭하고 오른쪽에서 [과녁 목록형]을 클릭한 다음 〈확인〉 버튼을 클릭한다.

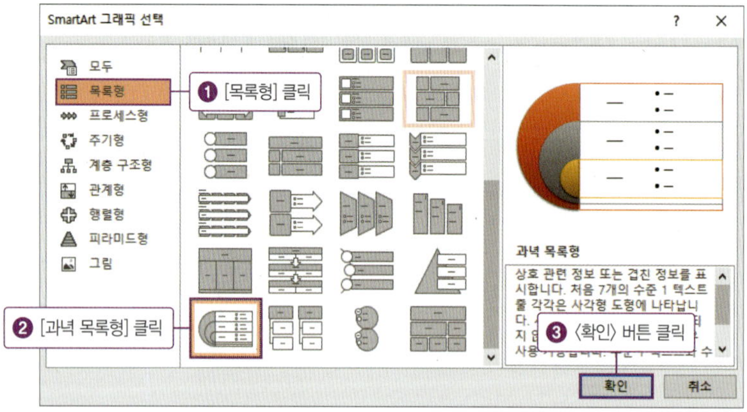

❺ SmartArt 그래픽이 사용된 모습을 확인한다.

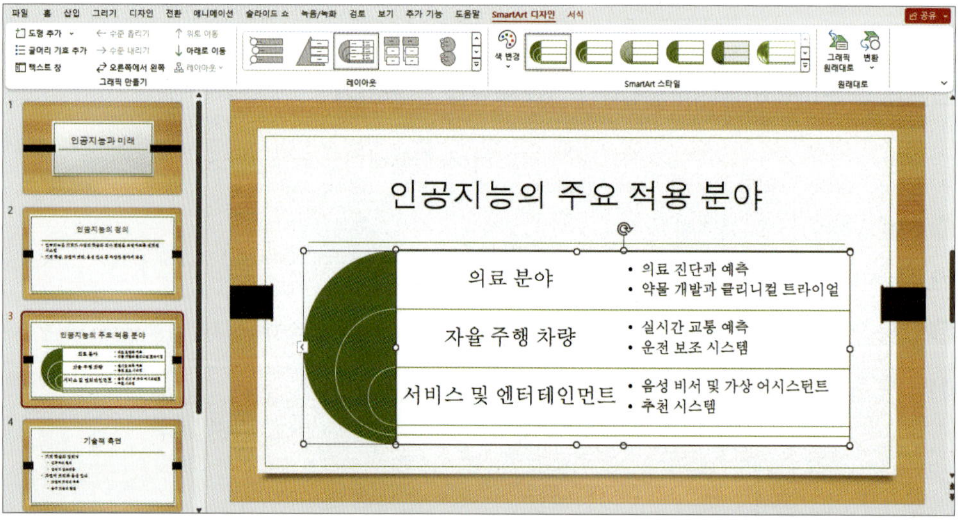

알아두세요 **스마트아트(SmartArt) 그래픽 선택**

스마트아트(SmartArt) 그래픽을 잘못 선택했을 때는 [SmartArt 디자인] 탭의 레이아웃 그룹에서 다시 선택한다.

스마트아트 그래픽 서식 변경하기

❶ 3번 슬라이드의 스마트아트(SmartArt) 그래픽을 선택한다.

❷ [SmartArt 디자인] 탭의 SmartArt 스타일 그룹에서 [색 변경] → 색상형 항목의 [색상형 범위-강조색 5 또는 6]을 클릭한다.

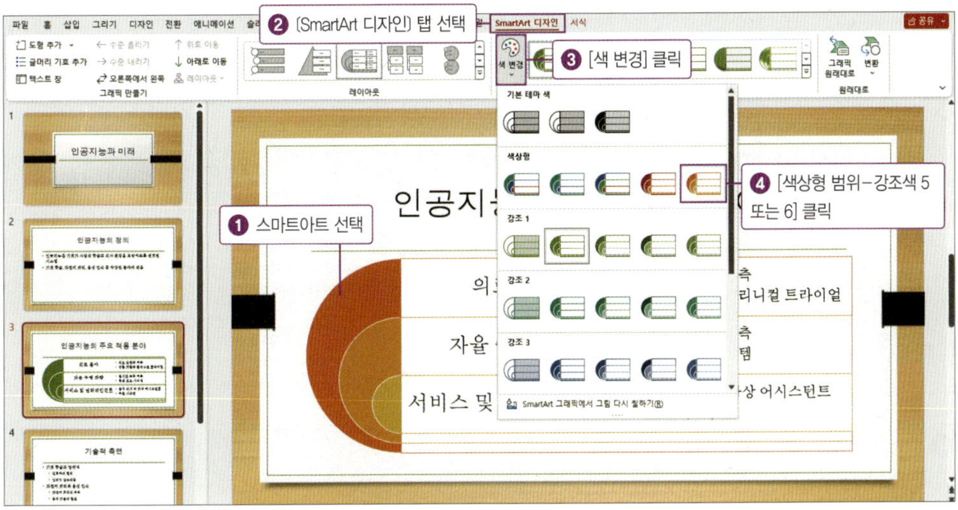

스마트아트 그래픽에 도형 추가하기

❶ 3번 슬라이드의 스마트아트(SmartArt) 그래픽을 선택한다.

❷ '자율 주행 차량[1]' 글자가 있는 사각형을 클릭한다.

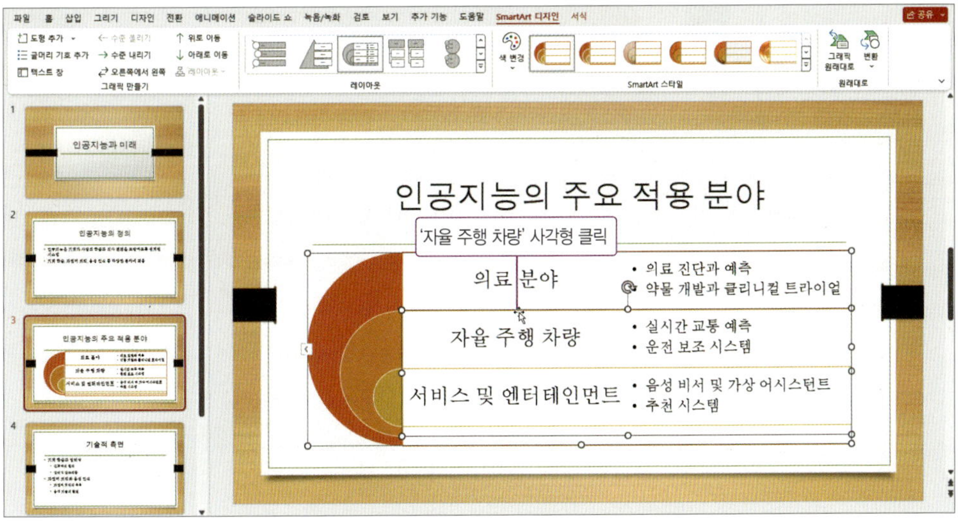

1 운전자 없이 자동차 스스로 운행할 수 있는 자동차다.

❸ **SmartArt 그래픽에 도형 추가 방법 1**: [SmartArt 디자인] 탭의 그래픽 만들기 그룹에서 [도형 추가] → [앞에 도형 추가]를 클릭한다.

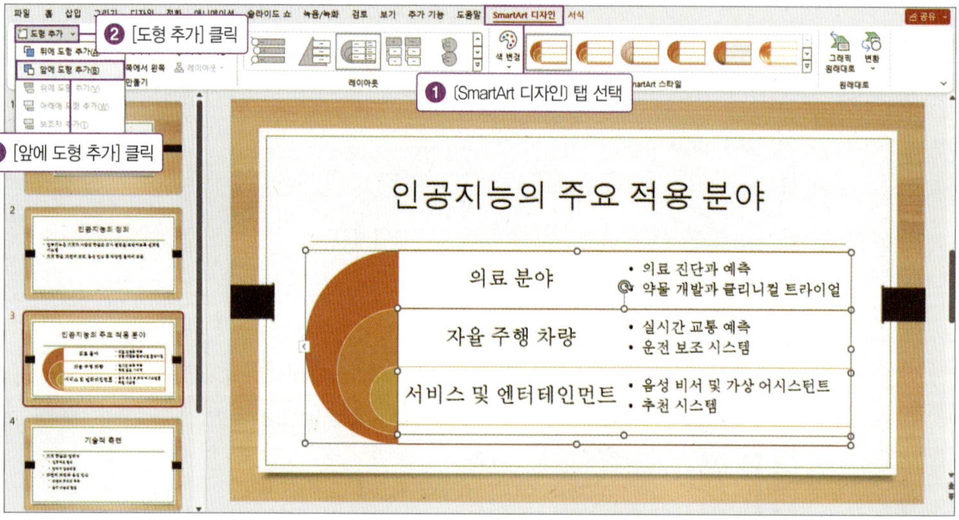

❹ [SmartArt 디자인] 탭의 그래픽 만들기 그룹에서 [텍스트 창]을 클릭한다.

❺ **SmartArt 그래픽에 도형 추가 방법** 2: SmartArt 그래픽 테두리 왼쪽에 화살표를 클릭하여 텍스트 창을 연다.

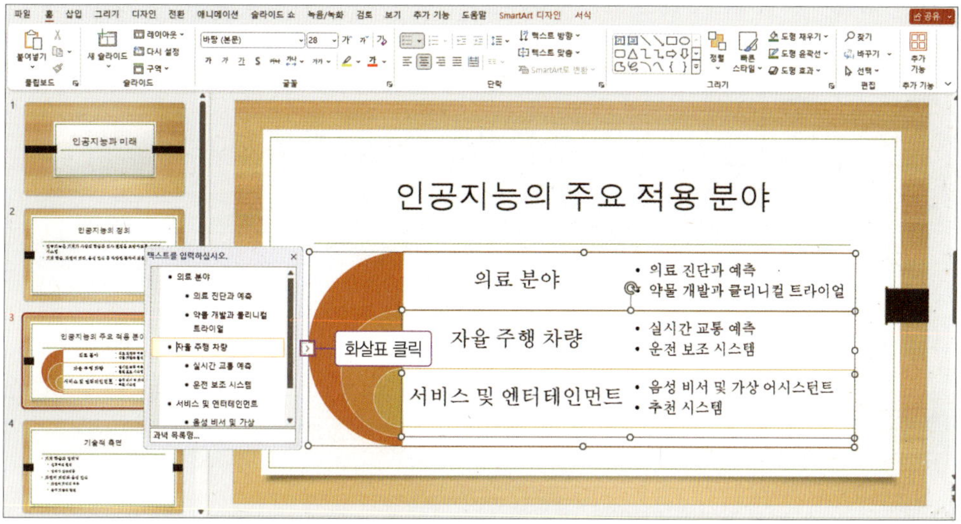

❻ '자율 주행 차량' 글자 앞에 커서를 놓고 Enter를 누른다.

❼ 빈칸에 '금융분야[2]'를 입력하고 Enter를 누른다.

❽ Tab을 누르고 '부정거래 탐지'를 입력한 다음 Enter를 누른다.

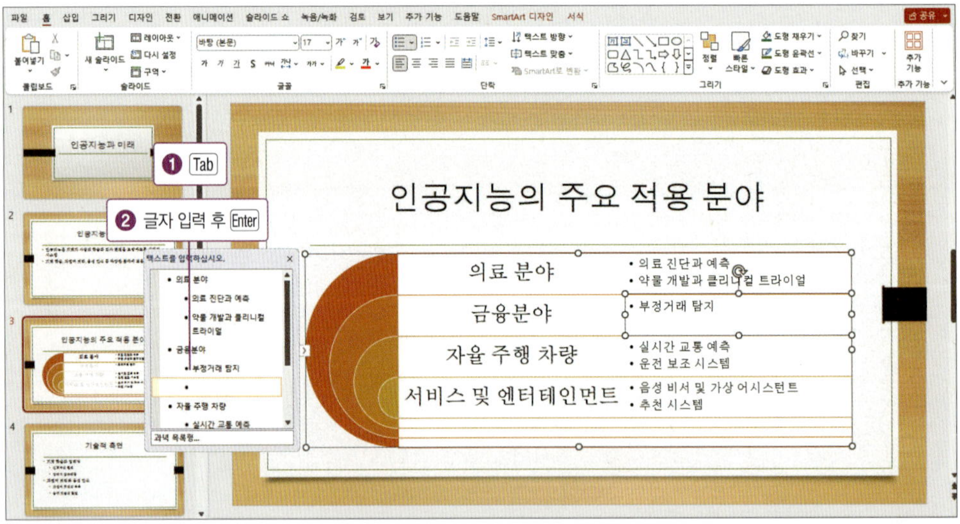

알아두세요

스마트아트(SmartArt) 그래픽 도형 추가/삭제

텍스트 창에서 Enter를 누르면 텍스트 입력란과 함께 도형이 추가된다. 도형이 필요없다면 Delete를 눌러 텍스트 입력란을 없앤다.

2 돈을 유통하는 분야다.

❾ '투자[3] 전략 및 예측'을 입력한다.

❿ 텍스트 창 오른쪽에 있는 화살표를 클릭하여 닫는다.

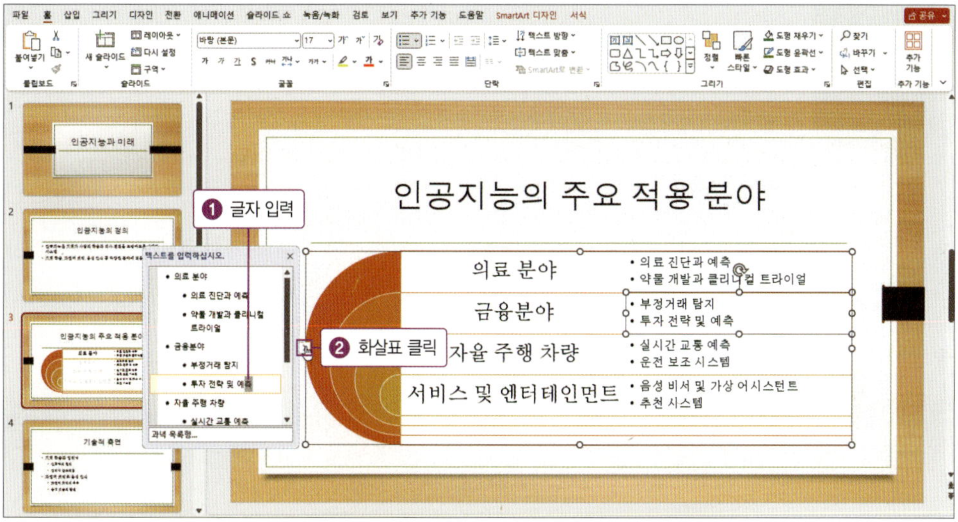

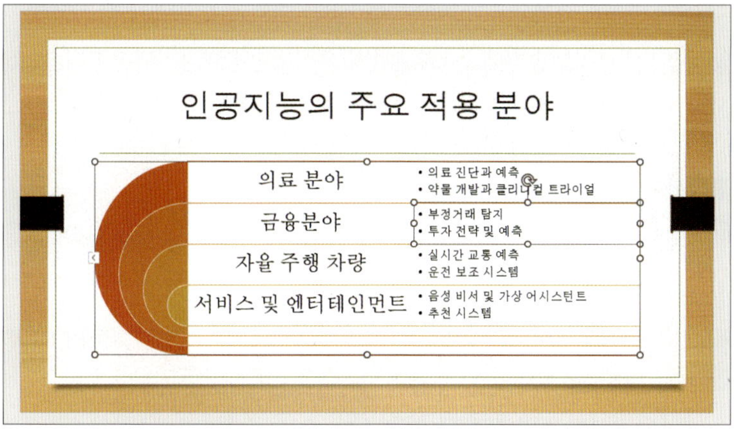

완성된 모습

☑ 작은 연습 1

12\작은 연습.pptx

1. 작은 연습 PPT를 열어 1번 슬라이드를 선택한다.
2. 1번 슬라이드에 SmartArt 그래픽을 만든다. ([SmartArt 디자인] 탭 → 주기형 그룹 → [세그먼트 주기형] 클릭)
3. 오른쪽부터 시계방향으로 '유통[4] 및 소비[5], 재활용[6], 재제조[7]'를 입력한다.

---

3 이익을 얻기 위해 어떤 일에 돈을 주거나 정성을 들인다.
4 상품이 만든 사람에게서 소비자에게 도착할 때까지의 단계이다.
5 돈이나 물건, 시간, 노력 등을 써서 없앤다.
6 쓰레기를 다시 사용한다.
7 사용이 끝난 제품이나 부품을 신제품과 비슷하게 다시 만드는 일을 말한다.

12.2 표 다루기

POWERPOINT

표는 모든 문서 작성 프로그램에서 필수적인 기능이며, 프레젠테이션을 만들 때도 슬라이드에 표를 자주 사용한다. 따라서 파워포인트에서 표를 다루는 방법을 알아두는 것이 중요하므로 이번에는 파워포인트에서 표를 다루는 방법에 대하여 배운다.

실습 파일: 12\ch12_2.pptx

테두리 색 바꾸기

12 폴더의 'ch12_2.pptx' 파일을 더블 클릭하여 실행한다.

❶ 3번 슬라이드를 선택한다.

❷ 테이블 전체를 드래그하여 선택한다.

❸ 〔테이블 디자인〕 탭의 테두리 그리기 그룹에서 [펜 색] → [진한 파랑]을 클릭한다.

❹ [펜 두께] → [1pt]를 클릭한다.

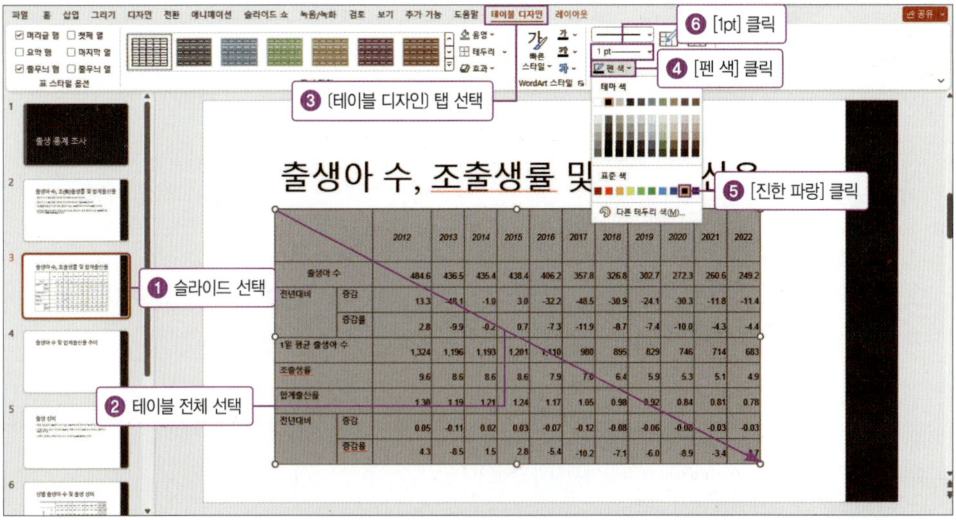

❺ [테이블 디자인] 탭의 표 스타일 그룹에서 [테두리] → [모든 테두리]를 클릭한다.

❻ 테이블 테두리 전체에 색이 바뀐 것을 확인한다.

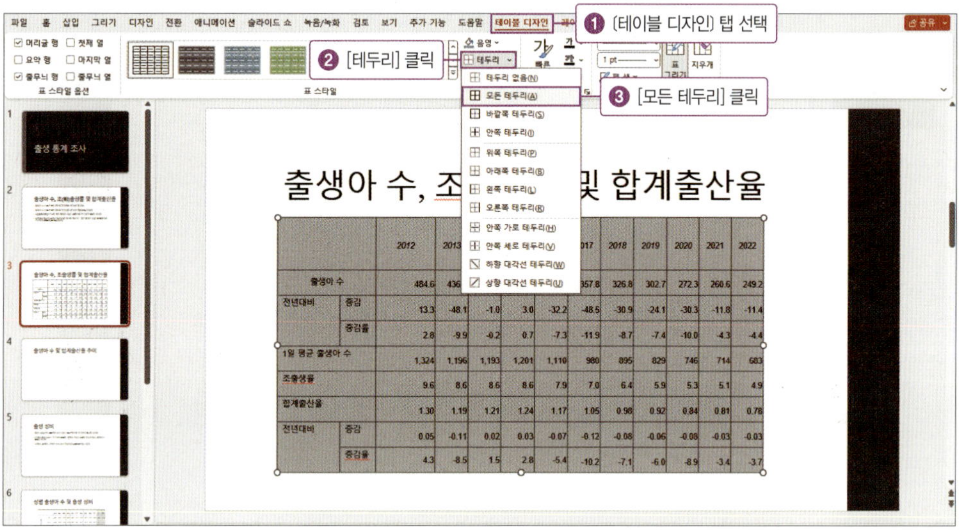

테두리 스타일 바꾸기

❶ 테이블 전체를 드래그하여 선택한다.

❷ [테이블 디자인] 탭의 테두리 그리기 그룹에서 [펜 스타일] → [테두리 없음]을 클릭한다.

❸ 표 스타일 그룹에서 [테두리] → [왼쪽 테두리]를 클릭한다.

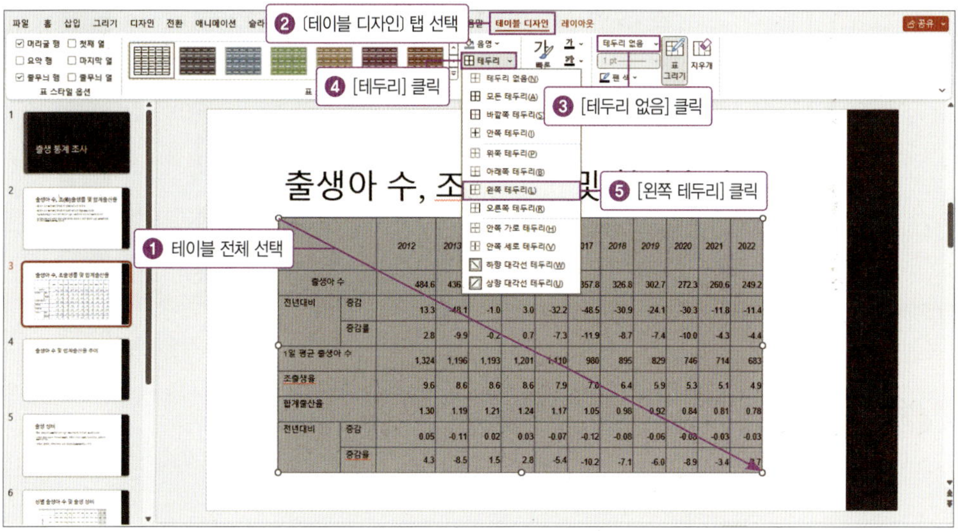

❹ [테이블 디자인] 탭의 표 스타일 그룹에서 [테두리] → [오른쪽 테두리]를 클릭한다.

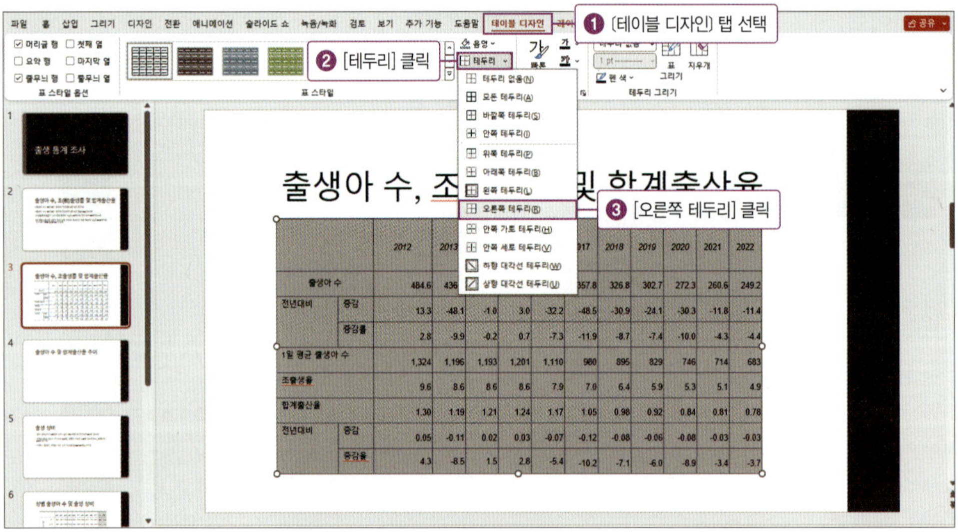

❺ [테이블 디자인] 탭의 테두리 그리기 그룹에서 [펜 스타일] → [실선]을 클릭한다.

❻ 테두리 그리기 그룹에서 [펜 두께] → [3pt]를 클릭한다.

❼ 표 스타일 그룹에서 [테두리] → [위쪽 테두리]를 클릭한다.

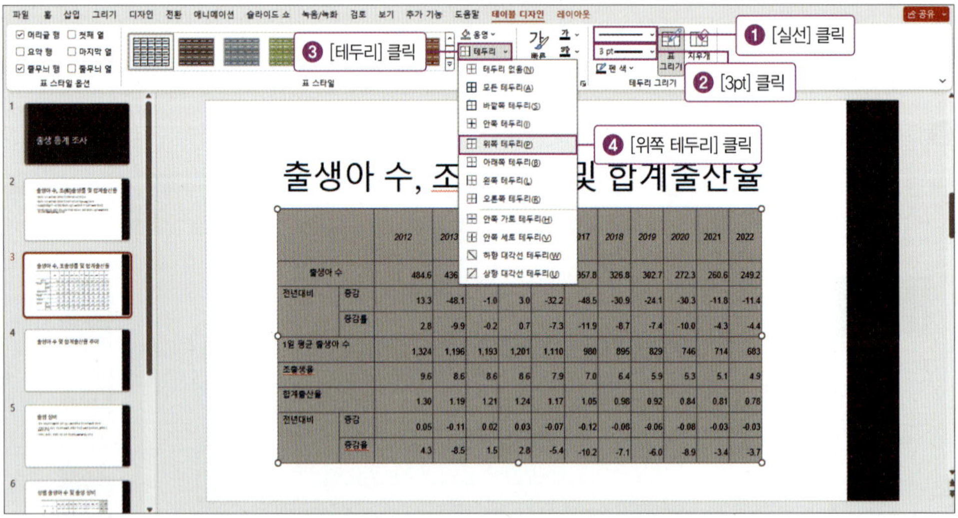

알아두세요

테두리 스타일 바꾸기

테두리 스타일을 바꾸려면 테두리 스타일 서식(펜 스타일, 펜 두께, 펜 색)을 먼저 설정한 후 표 스타일 그룹의 [테두리]를 클릭해야 한다.

❽ [테이블 디자인] 탭의 표 스타일 그룹에서 [테두리] → [아래쪽 테두리]를 클릭한다.

❾ 테이블 왼쪽과 오른쪽 테두리가 없어진 것과 위, 아래 테두리가 굵어진 것을 확인한다.

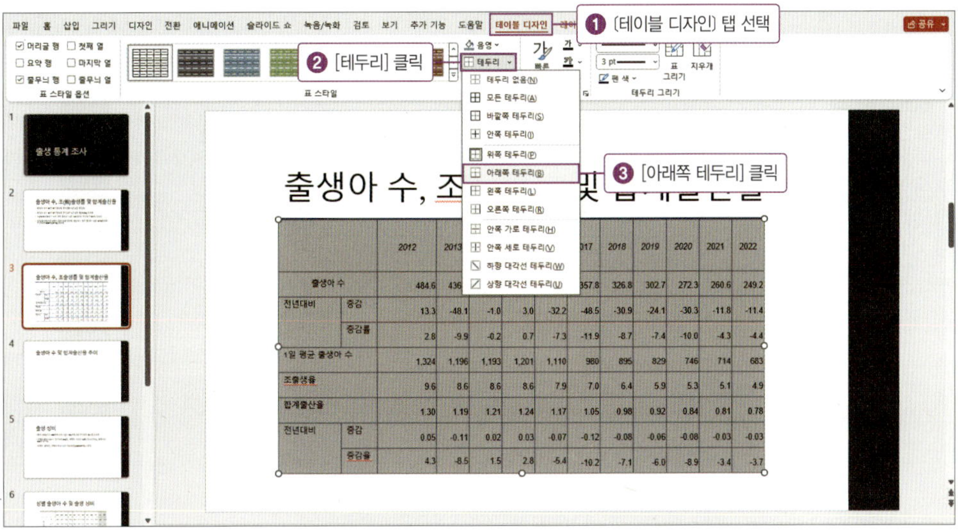

❿ 첫 번째 행을 드래그하여 선택한다.

⓫ [테이블 디자인] 탭의 표 스타일 그룹에서 [테두리] → [아래쪽 테두리]를 클릭한다.

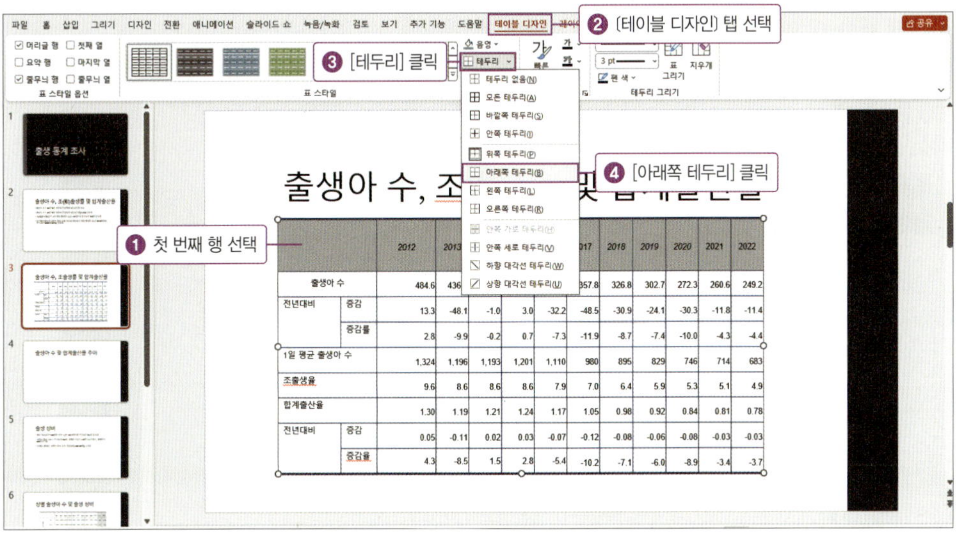

⓬ 첫 번째 행과 두 번째 행 사이 테두리가 굵어진 것을 확인한다.

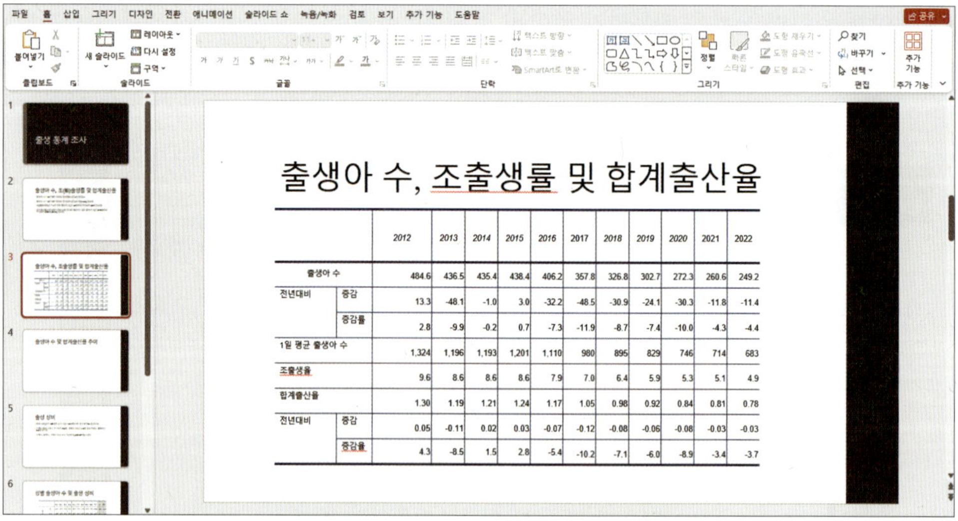

셀에 배경색 채우기

❶ 첫 번째 행을 드래그하여 선택한다.

❷ [테이블 디자인] 탭의 표 스타일 그룹에서 [음영] → [주황]을 클릭한다.

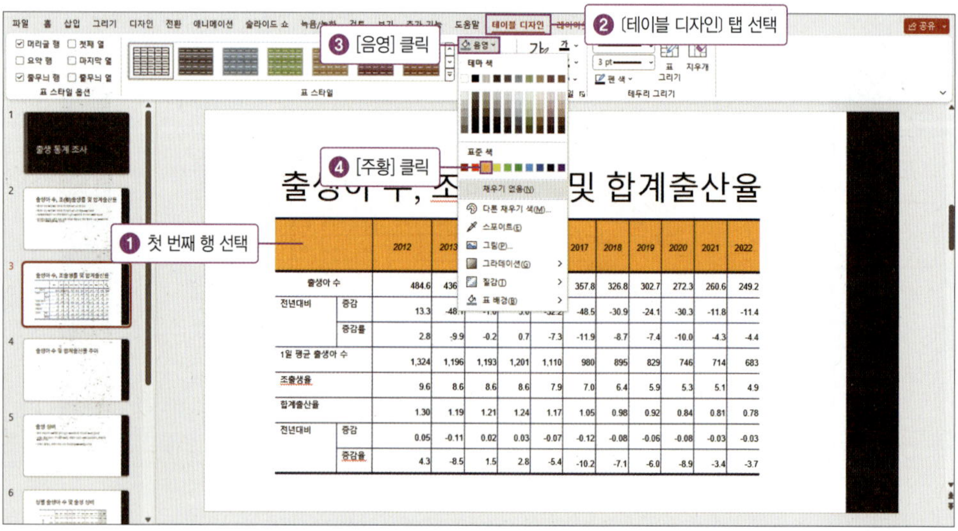

❸ 두 번째 행의 첫 번째 열부터 아래까지 드래그한다.

❹ 〔테이블 디자인〕 탭의 표 스타일 그룹에서 [음영] → [황갈색, 강조 4]를 클릭한다.

❺ 셀에 배경색을 채운 모습을 확인한다.

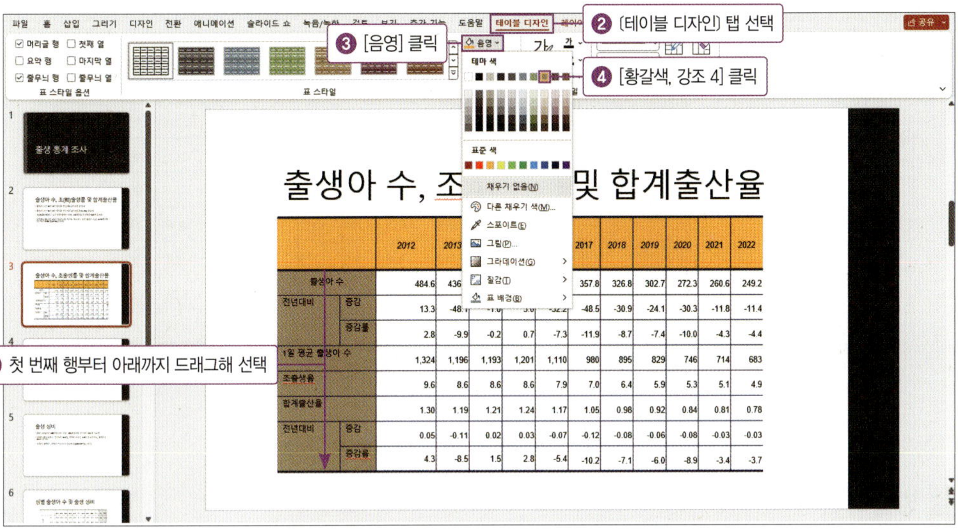

셀 분할하기

❶ 3행의 '전년대비' 글자가 있는 셀을 드래그하여 선택한다.

❷ 〔레이아웃〕 탭의 병합 그룹에서 [셀 분할[8]]을 클릭한다.

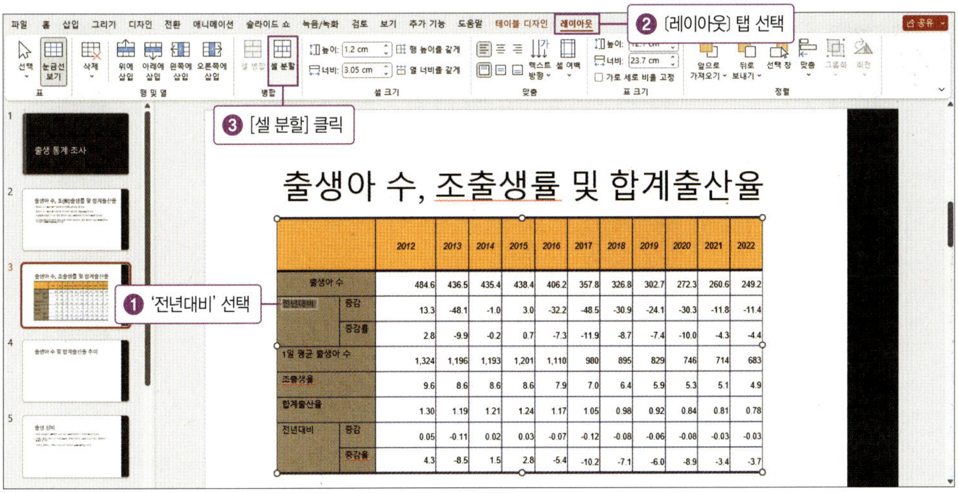

8 어떤 부분을 나누다.

❸ [셀 분할] 대화상자에서 열 개수를 '1', 행 개수를 '2'로 바꾸고 〈확인〉 버튼을 클릭한다.

❹ 셀이 분할된 것을 확인한다.

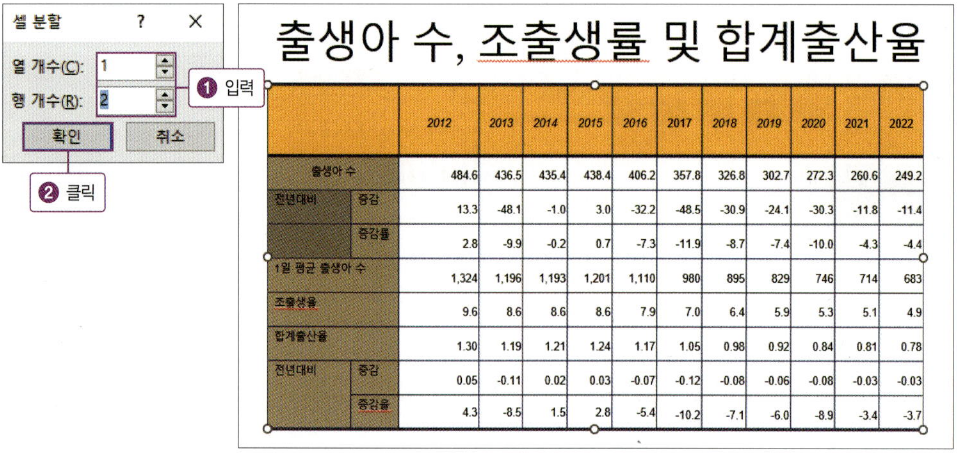

셀 병합하기

❶ 3행의 '전년대비' 글자가 있는 셀과 그 아래 셀을 드래그하여 선택한다.

❷ **셀 병합 방법** 1: 〔레이아웃〕 탭의 병합 그룹에서 [셀 병합]을 클릭한다.

❸ **셀 병합 방법** 2: 마우스 오른쪽 버튼을 클릭하고 [셀 병합]을 클릭한다.

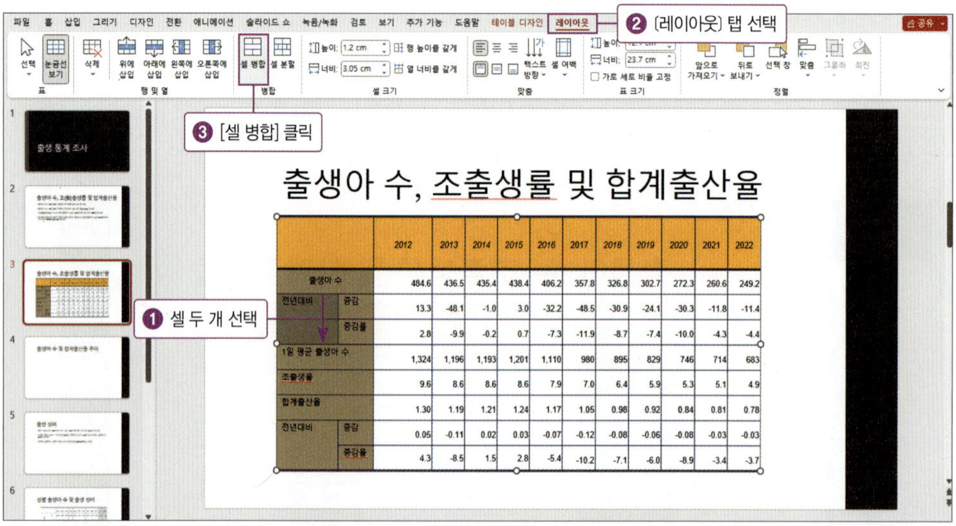

❹ 셀이 병합된 것을 확인한다.

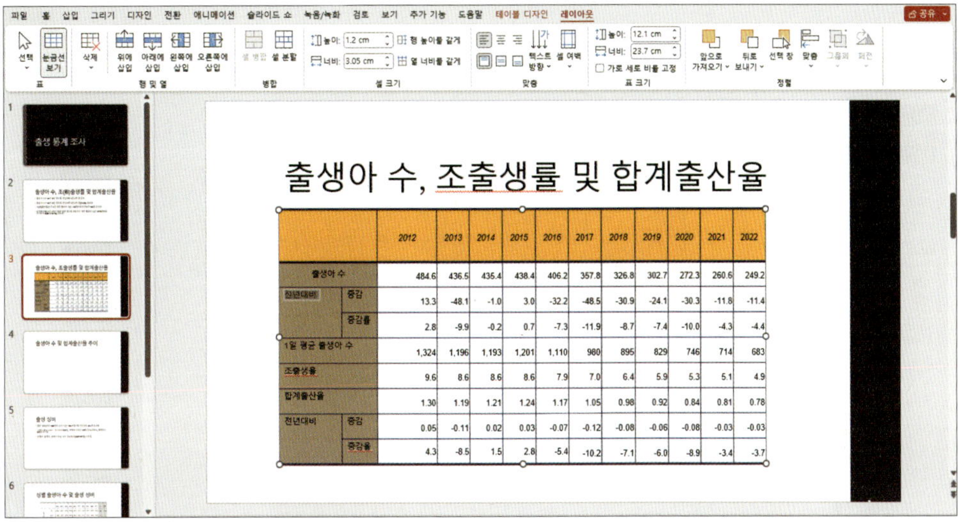

셀 안에 텍스트 위치 맞추기

❶ 2행 1열 셀부터 아래에 있는 셀들을 드래그하여 선택한다.

❷ [레이아웃] 탭의 맞춤 그룹에서 [가운데 맞춤], [세로 가운데 맞춤]을 각각 클릭한다.

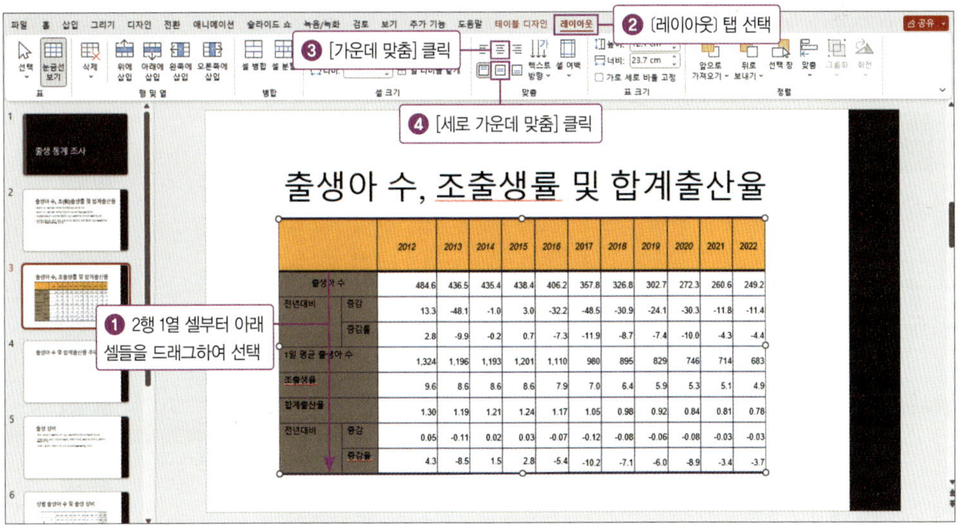

❸ 셀 내용이 가운데 정렬된 것을 확인한다.

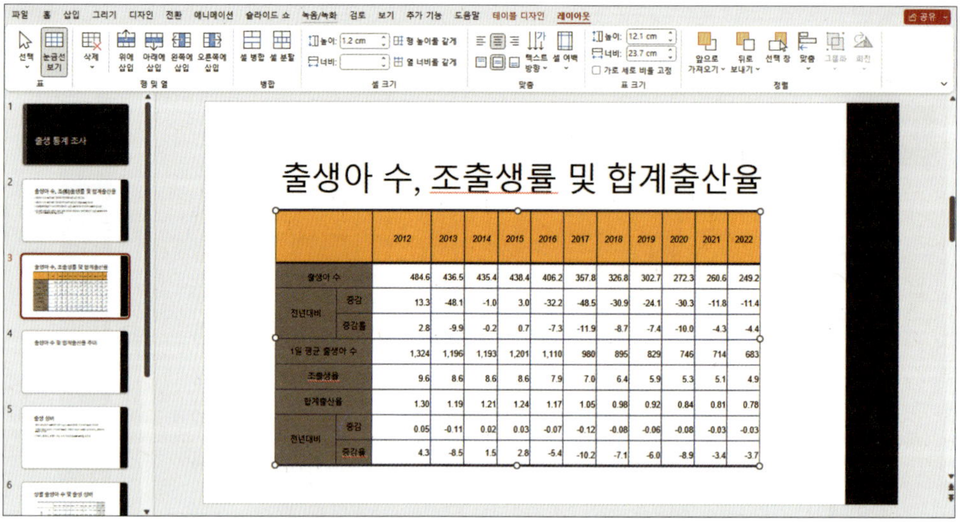

셀 여백 지정하기

❶ 2행 2열 셀부터 마지막 셀까지 드래그하여 선택한다.

❷ [레이아웃] 탭의 맞춤 그룹에서 [셀 여백] → [사용자 지정 여백]을 클릭한다.

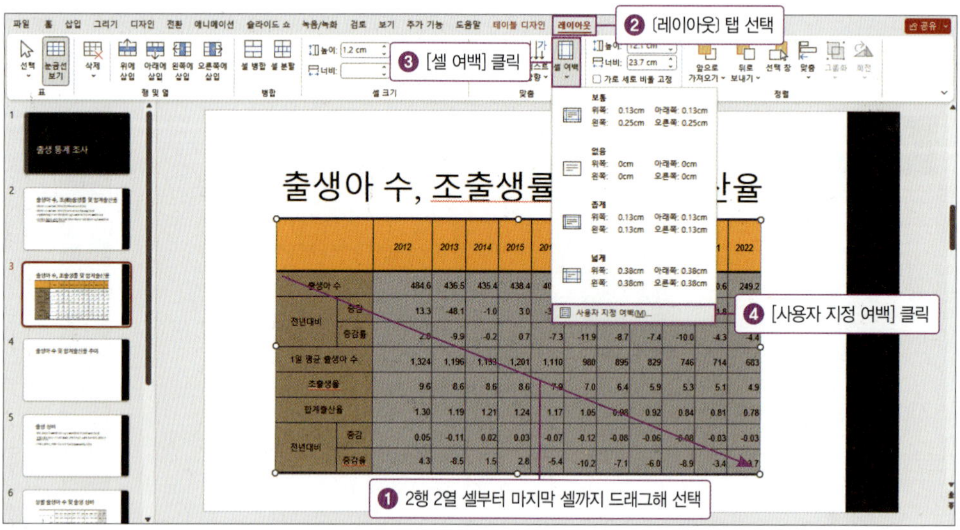

❸ [셀 텍스트 레이아웃] 대화상자의 왼쪽 여백 항목에서 '오른쪽으로'를 '0.2cm'로 바꾼 다음 〈확인〉 버튼을 클릭한다.

❹ 셀 오른쪽에 여백이 생긴 것을 확인한다.

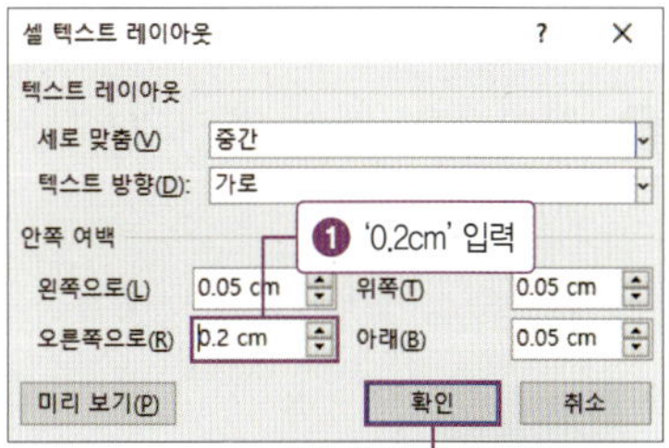

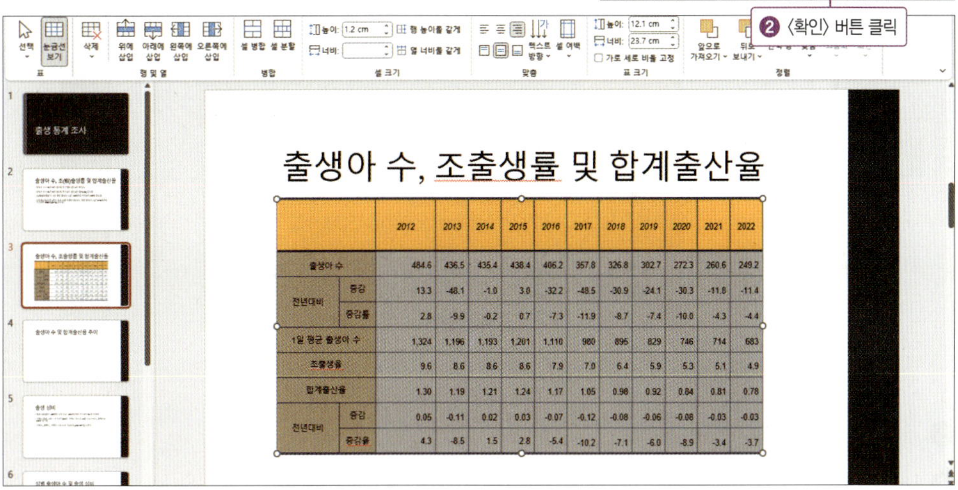

행 높이, 열 너비 같게 하기

❶ 첫 번째 열을 드래그하여 선택한다.

❷ [레이아웃] 탭의 셀 크기 그룹에서 [열 너비를 같게]를 클릭한다.

❸ 두 번째 열부터 마지막 열까지 드래그하여 선택한다.

❹ 〔레이아웃〕 탭의 셀 크기 그룹에서 [열 너비를 같게]를 클릭한다.

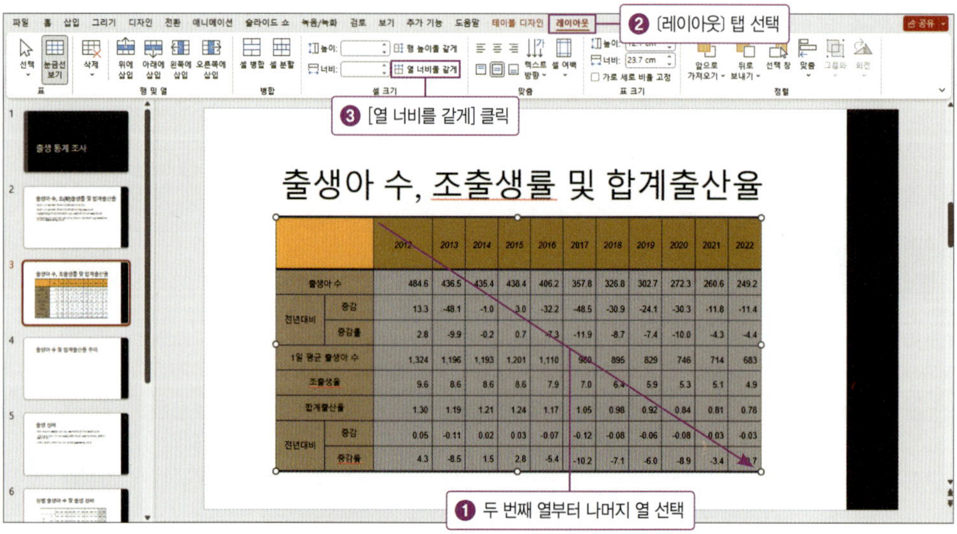

❺ 전체 셀을 드래그하여 선택한다.

❻ 〔레이아웃〕 탭의 셀 크기 그룹에서 [행 높이를 같게]를 클릭한다.

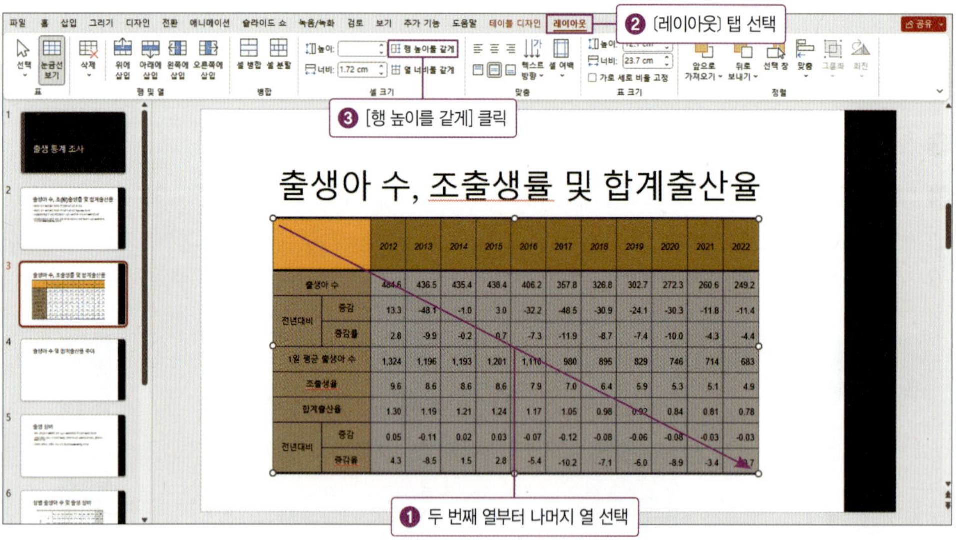

❼ 열과 행 크기가 일정해진 것을 확인한다.

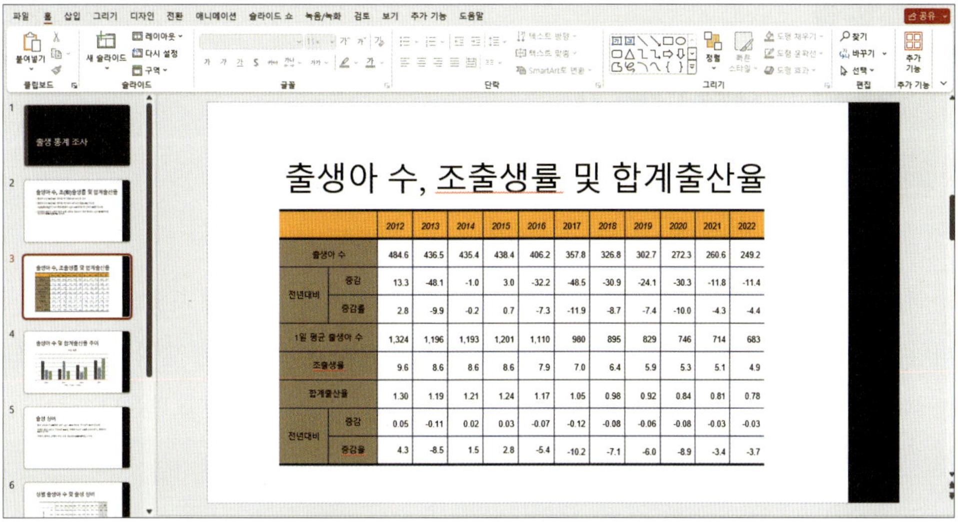

알아두세요 **셀을 병합하는 또 다른 방법**

테이블을 선택하고 〔테이블 디자인〕 탭을 선택한 다음 테두리 그리기 그룹에서 [지우개]를 클릭한 후 병합할 셀 사이의 테두리를 클릭하면 셀이 병합된다.

작은 연습 2

1. 2번 슬라이드를 선택하고, 표의 행 높이, 열 너비를 같게 한다.
2. 셀 안의 텍스트를 가운데 맞춤, 세로 가운데 맞춤으로 한다.
3. 모든 표 테두리를 [진한 파랑], 두께를 '1.5pt'로 바꾼다.

12.3 차트 다루기

파워포인트에서 프레젠테이션을 만들 때 표뿐만 아니라 차트도 많이 사용한다. 차트는 다양한 그래프 형태로 데이터를 시각적으로 표현할 수 있어, 매력적인 슬라이드를 만드는 데 도움이 된다. 이번에는 파워포인트에서 차트를 다루는 방법에 대해 배운다.

차트 삽입하기

❶ 4번 슬라이드를 선택한다.

❷ **차트 삽입 방법** 1: [삽입] 탭의 일러스트레이션 그룹에서 [차트]를 클릭한다.

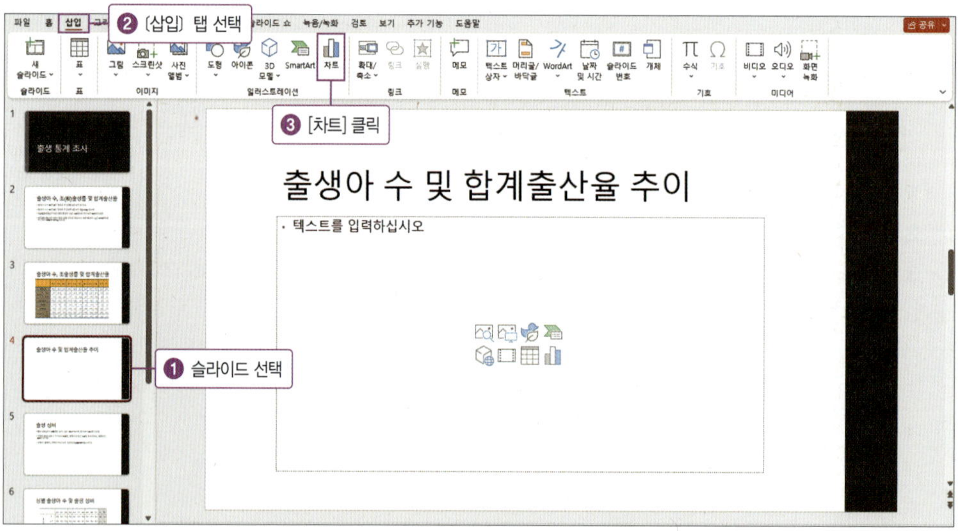

❸ **차트 삽입 방법** 2: 본문 텍스트 개체 틀 안의 [차트 삽입]을 클릭한다.

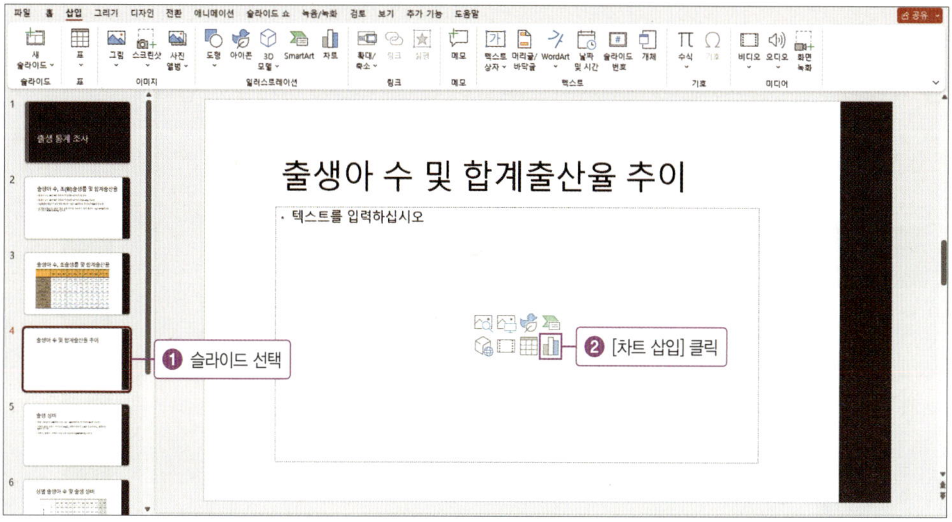

❹ [차트 삽입] 대화상자에서 [세로 막대형]을 클릭하고 오른쪽의 [묶은 세로 막대형]을 클릭한 다음 〈확인〉 버튼을 클릭한다.

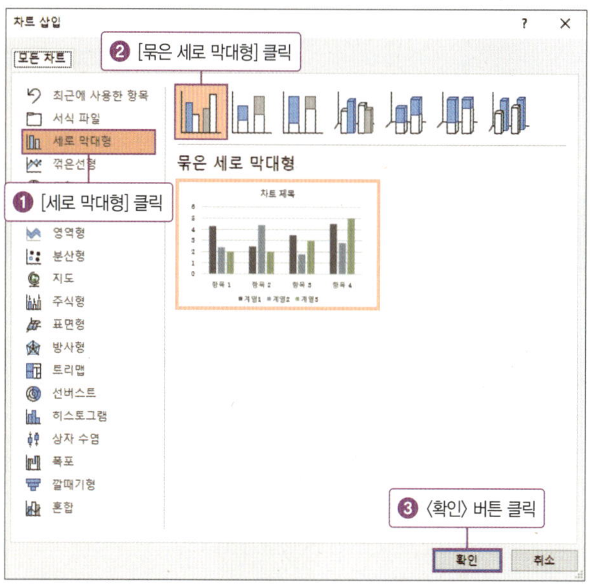

데이터 편집하기

❶ 3번 슬라이드를 선택한다.

❷ 표에서 1행 2열부터 2행 12열까지 드래그하고 Ctrl+C를 눌러 복사한다.

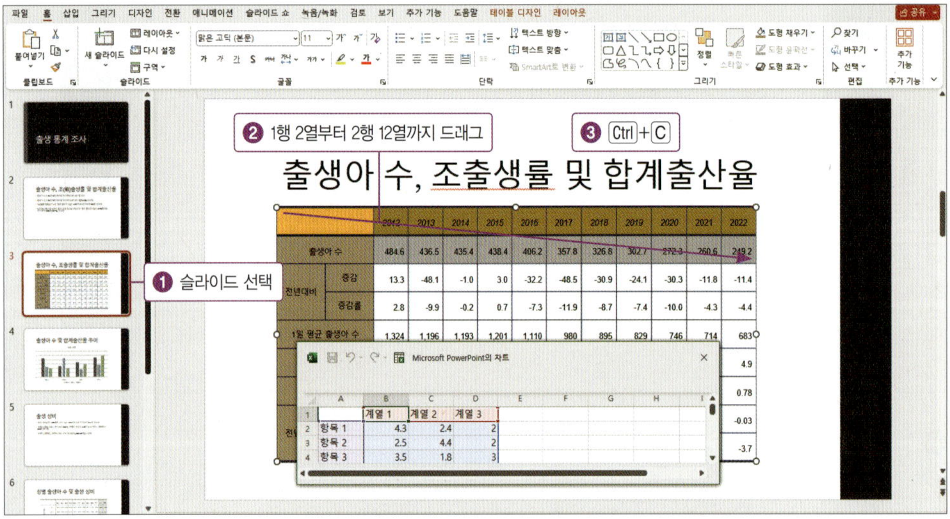

❸ [Microsoft PowerPoint의 차트] 대화상자에서 [B1] 셀을 선택한 다음 Ctrl+V를 눌러 붙여넣기 한다.

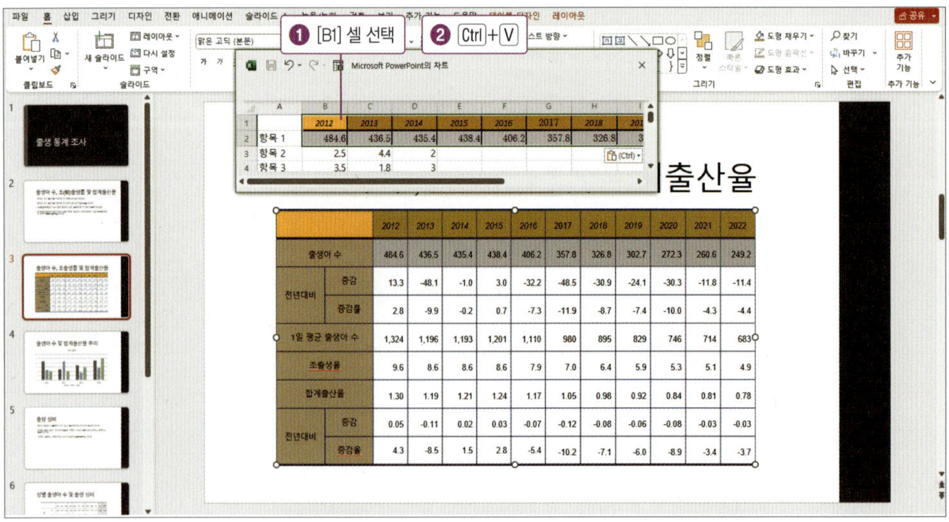

❹ 3번 슬라이드 표의 7행 2열부터 7행 12열까지 드래그하고 Ctrl+C를 눌러 복사한다.

❺ [Microsoft PowerPoint의 차트] 대화상자에서 [B3] 셀을 선택하고 Ctrl+V를 눌러 붙여넣는다.

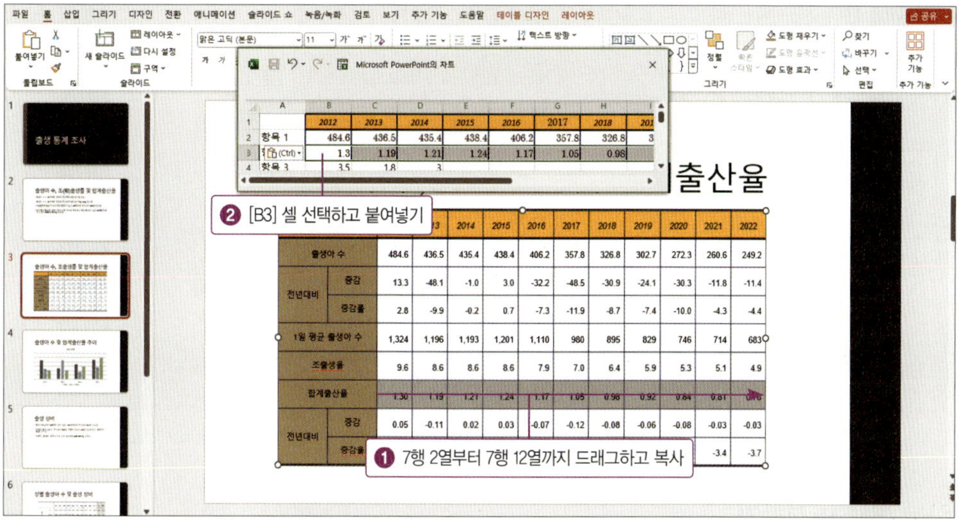

❻ [A2] 셀을 선택하고 '출생아 수'를 입력한다.

❼ [A3] 셀을 선택하고 '합계출산율'을 입력한다.

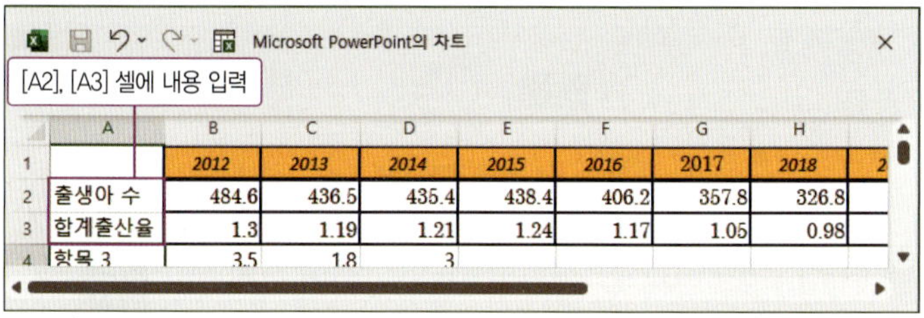

❽ [Microsoft PowerPoint의 차트] 대화상자에서 4~5행 행 머리글을 선택하고 삭제한다.

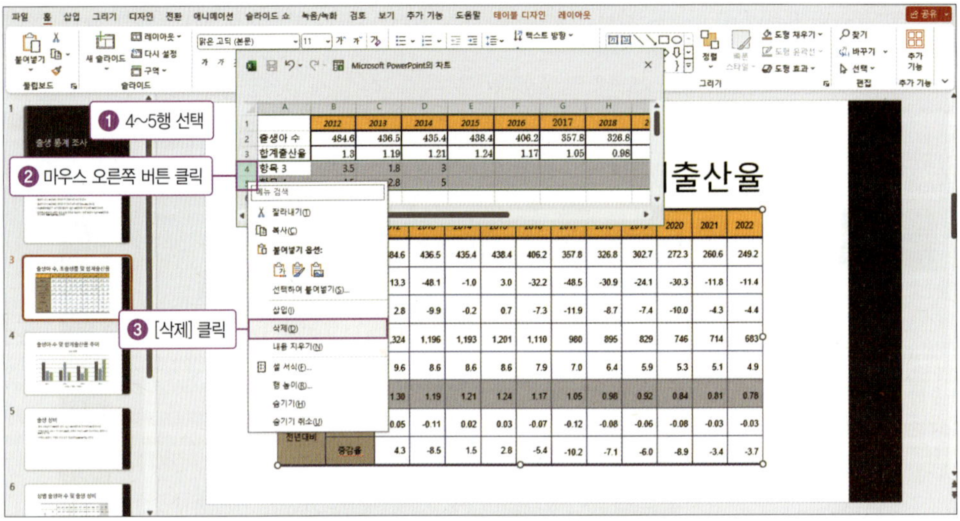

차트 종류 변경하기

❶ 4번 슬라이드를 선택하고 차트를 클릭한다.

❷ [차트 디자인] 탭의 데이터 그룹에서 [행/열 전환]을 클릭한다.

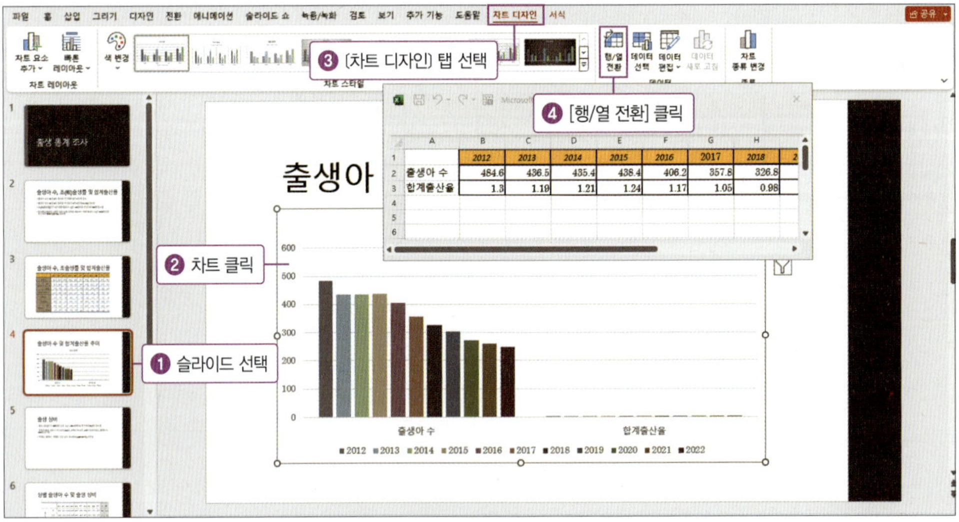

❸ [Microsoft PowerPoint의 차트] 대화상자에서 [닫기(×)]를 클릭하여 닫는다.

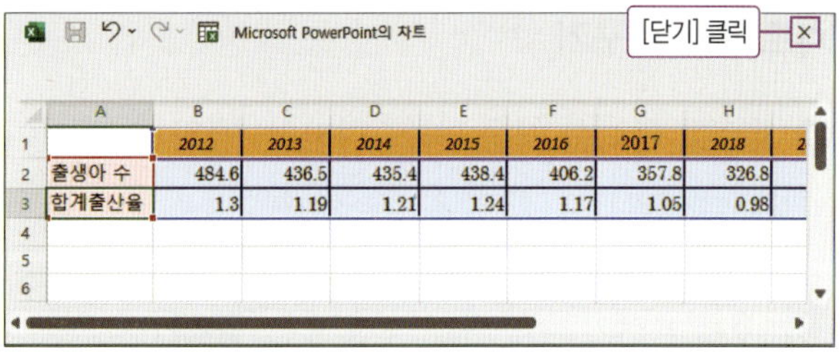

❹ [차트 디자인] 탭의 종류 그룹에서 [차트 종류 변경]을 클릭한다.

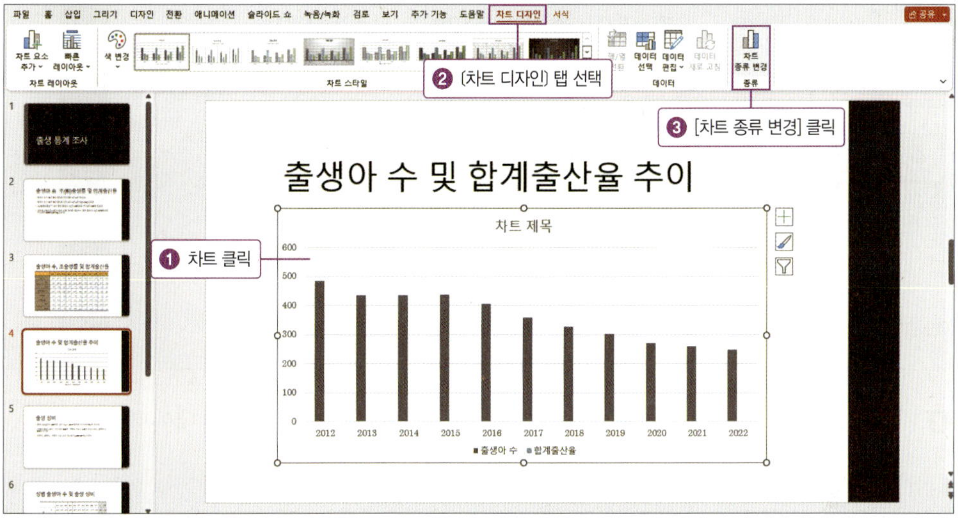

❺ [차트 종류 변경] 대화상자에서 [혼합]을 클릭하고 오른쪽에서 [묶은 세로 막대형-꺾은선형, 보조 축]을 클릭한 후 〈확인〉 버튼을 클릭한다.

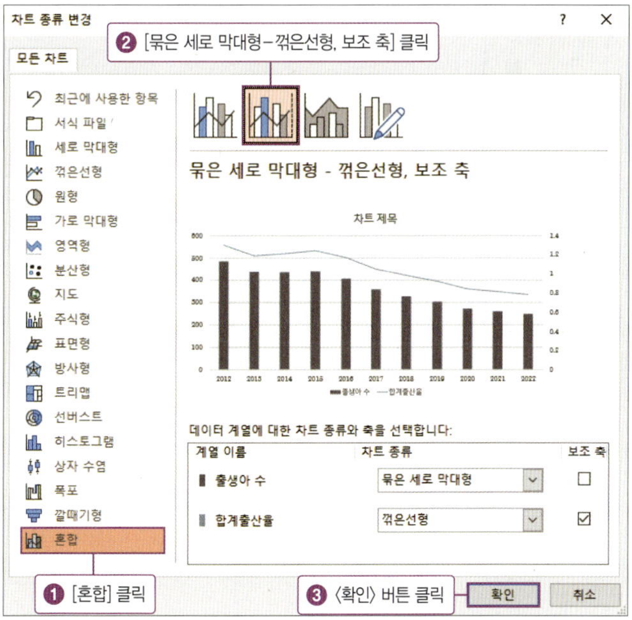

차트 요소 바꾸기

❶ 차트를 클릭한 다음 [차트 디자인] 탭의 차트 레이아웃 그룹에서 [차트 요소 추가] → [차트 제목] → [없음]을 클릭한다.

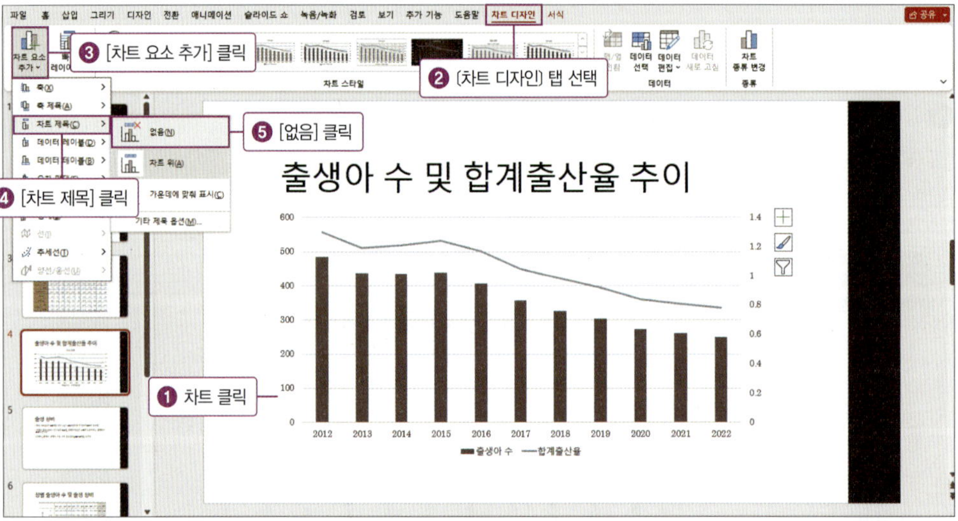

❷ [차트 디자인] 탭의 차트 레이아웃 그룹에서 [차트 요소 추가] → [데이터 레이블] → [바깥쪽 끝에]를 클릭한다.

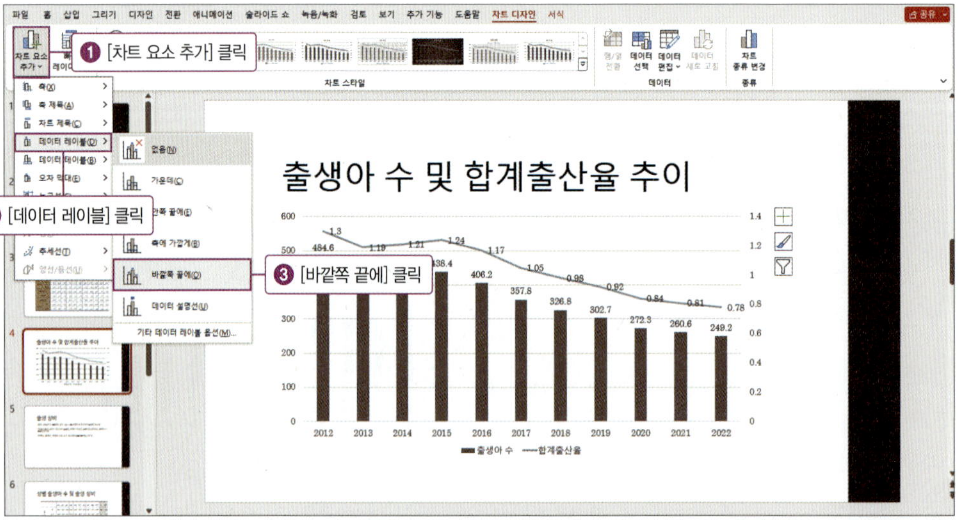

❸ [차트 디자인] 탭의 차트 레이아웃 그룹에서 [차트 요소 추가] → [데이터 테이블] → [범례 표지 없음]을 클릭한다.

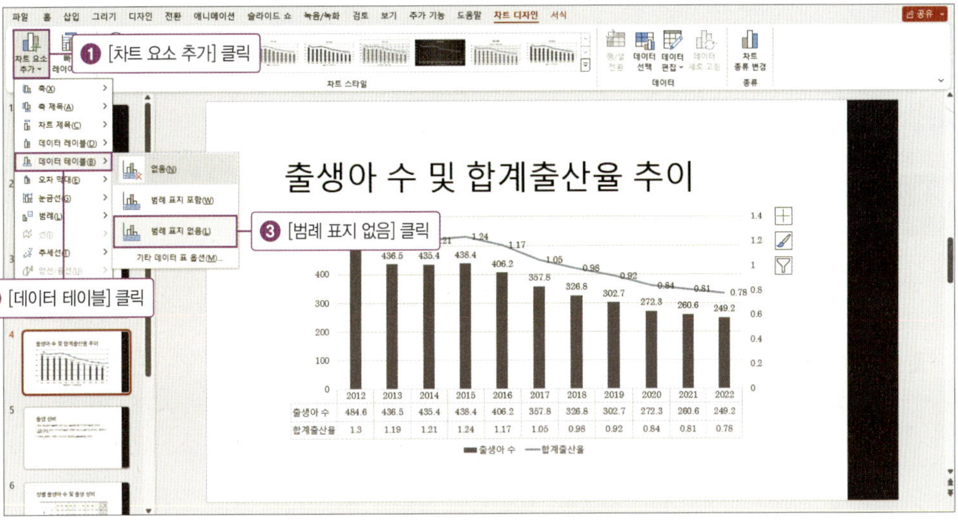

❹ [차트 디자인] 탭의 차트 레이아웃 그룹에서 [차트 요소 추가] → [범례] → [위쪽]을 클릭한다.

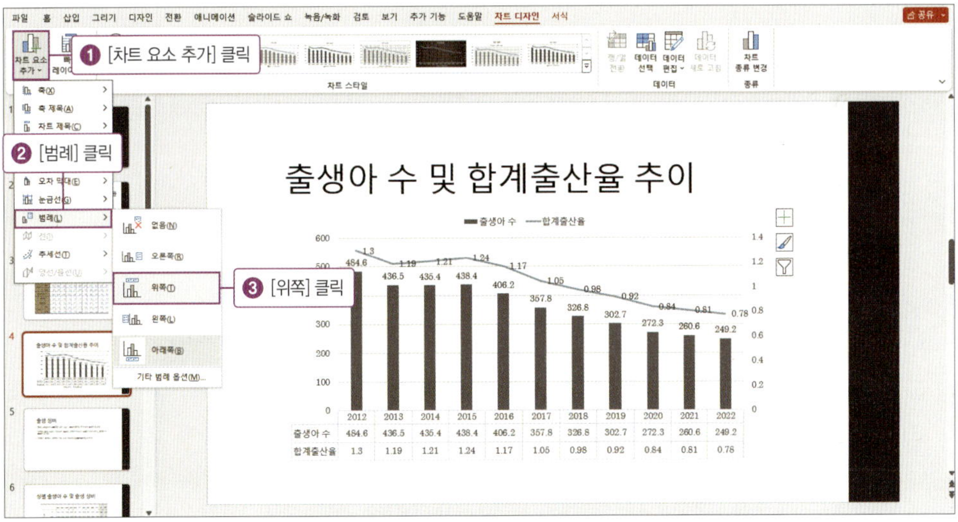

차트 스타일 바꾸기

❶ 차트를 선택한 채 [차트 디자인] 탭의 차트 스타일 그룹에서 [색 변경] → 색상형 항목의 [다양한 색상표 3]을 클릭한다.

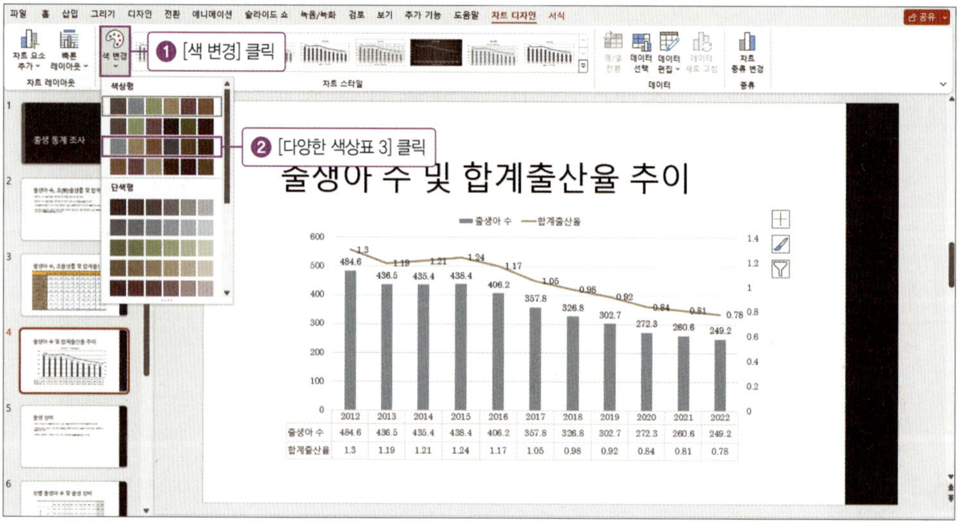

❷ 흑백에서 색상이 적용된 막대그래프를 확인한다.

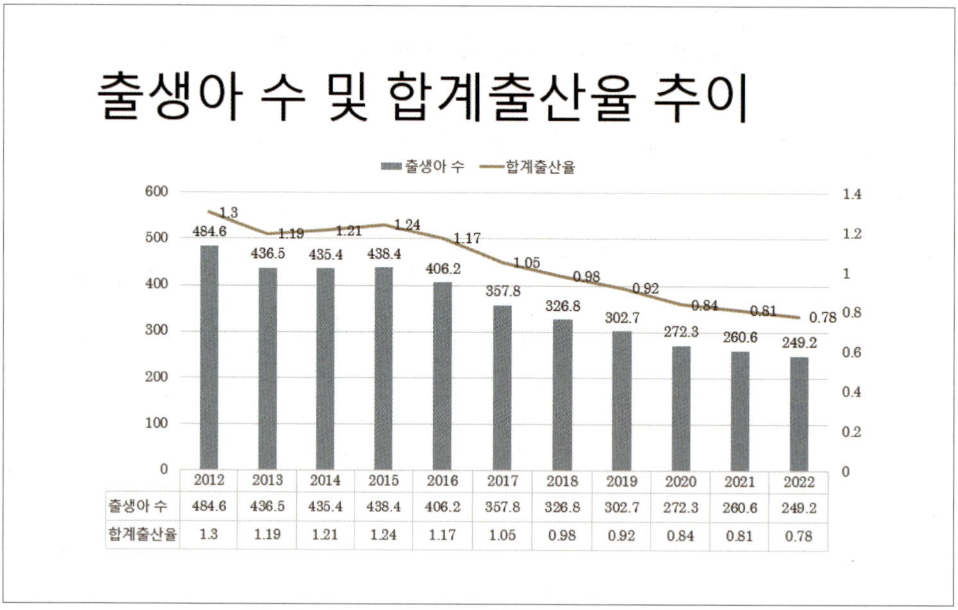

차트 서식과 필터 다루기

❶ 7번 슬라이드를 선택하고 차트를 선택한다.

❷ 차트 오른쪽 '차트 요소' 아이콘을 클릭한 다음 '차트 제목'의 체크 표시를 해제한다.

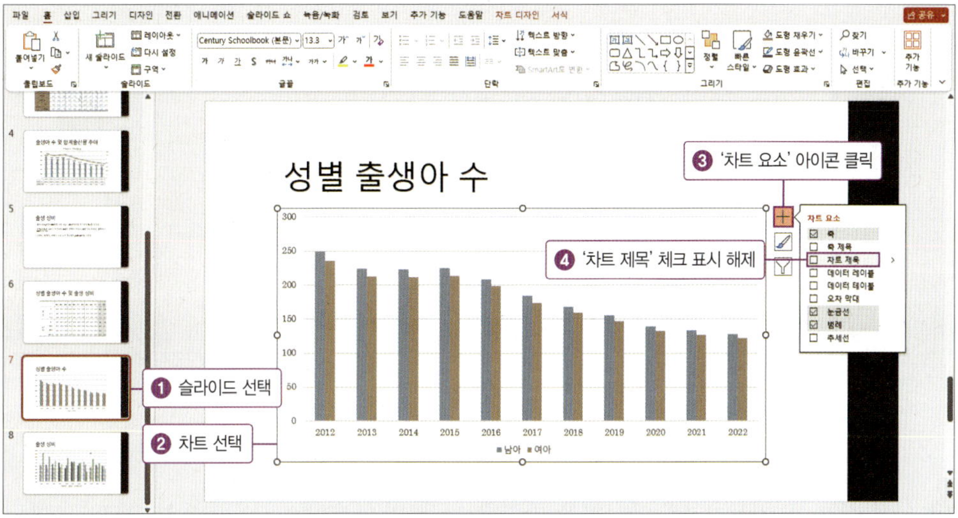

❸ 차트 오른쪽의 '차트 요소' 아이콘을 클릭한 다음 '데이터 레이블' 옆 화살표를 클릭한 후 [바깥쪽 끝에]를 클릭한다.

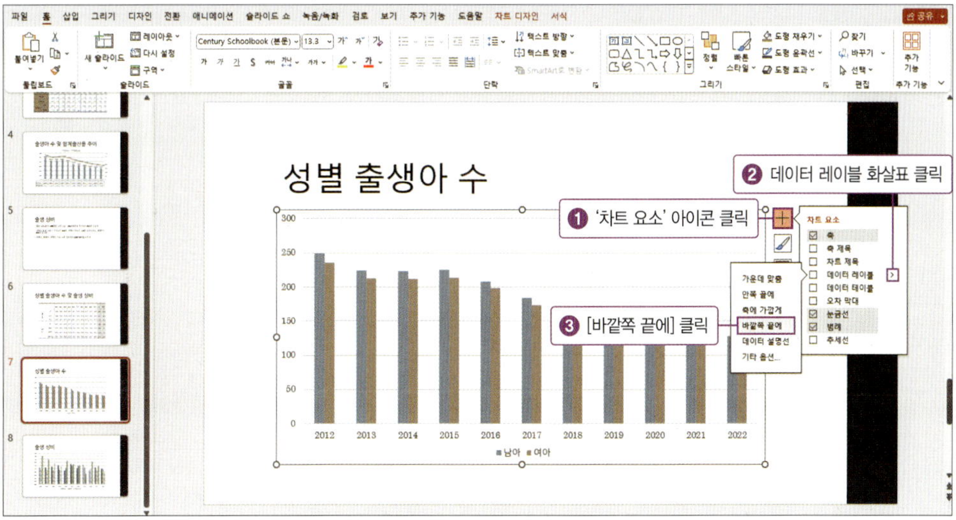

❹ 차트 오른쪽 '차트 필터' 아이콘을 클릭한다.

❺ 범주 항목에서 '(모두 선택)'의 체크 표시를 해제하여 전체 체크 표시를 해제한다.

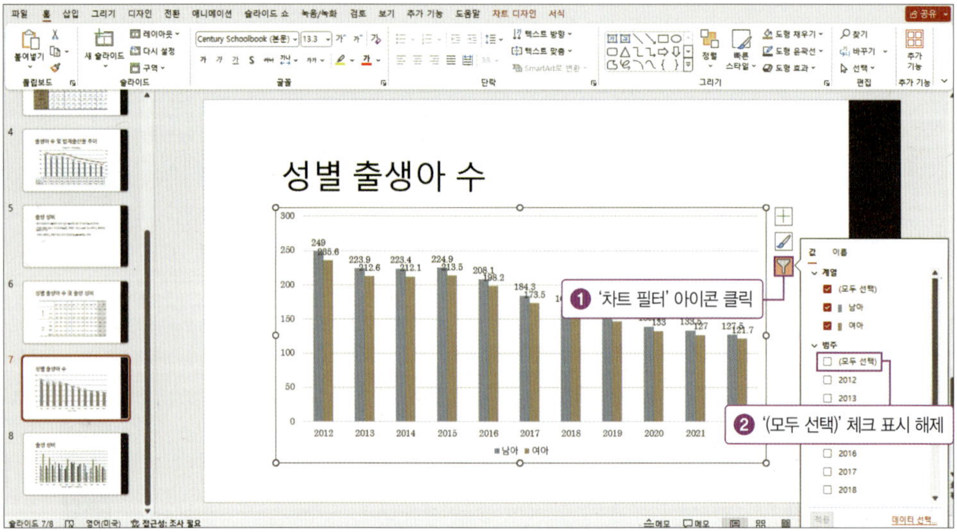

❻ 차트 오른쪽 '차트 필터' 아이콘을 클릭한 다음 범주 항목에서 '2012'와 '2022'만 체크 표시하고 〈적용〉 버튼을 클릭한다.

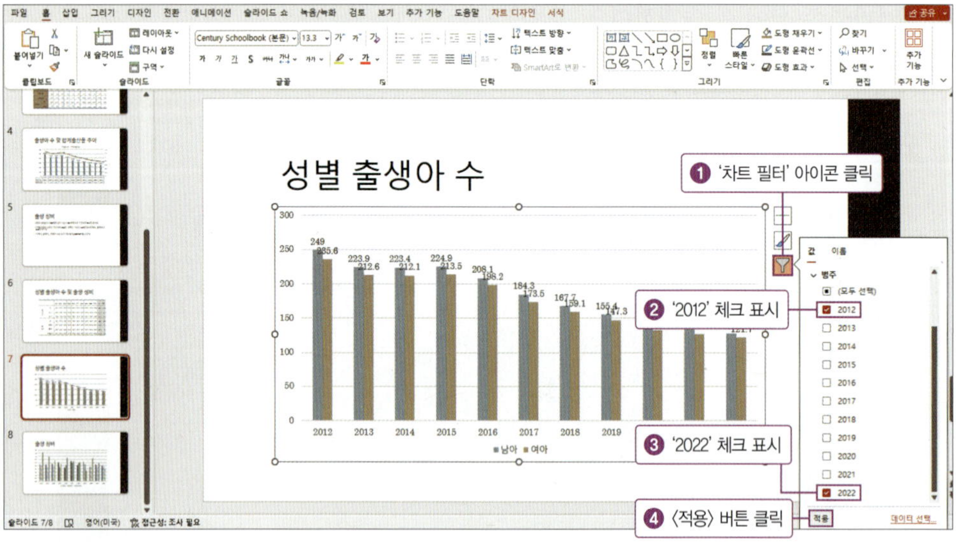

❼ 차트에서 '2022년 남아' 막대 차트를 클릭한 후 한 번 더 클릭한다. '2022년 남아' 막대 차트만 선택된 것을 확인한다.

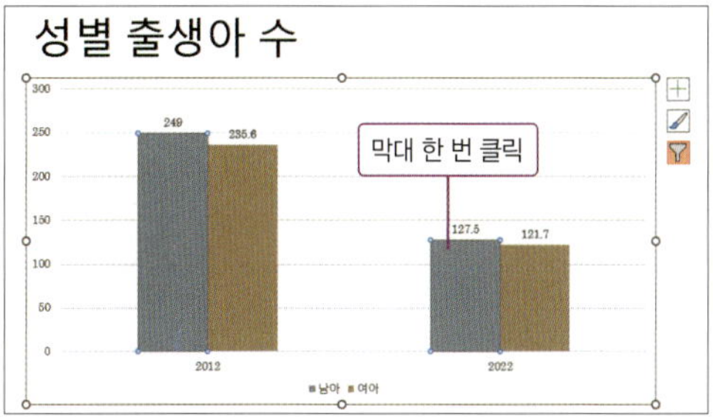

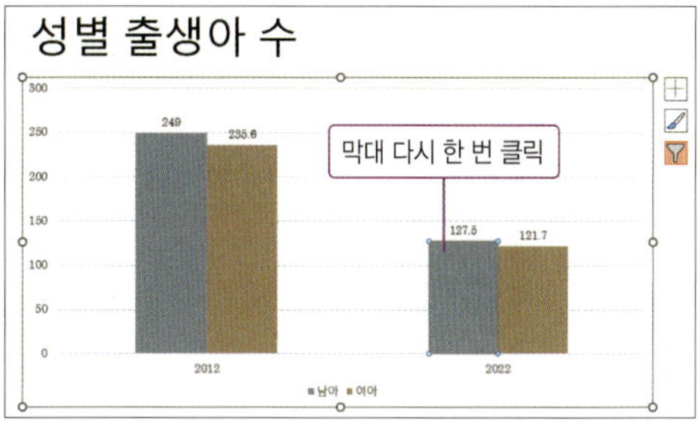

알아두세요 막대 차트를 두 번 클릭할 때 더블 클릭하면 안 된다.

❽ [서식] 탭의 도형 스타일 그룹에서 [도형 윤곽선] → [빨강]을 클릭한다.

❾ [도형 윤곽선] → [두께] → [3pt]를 클릭한다.

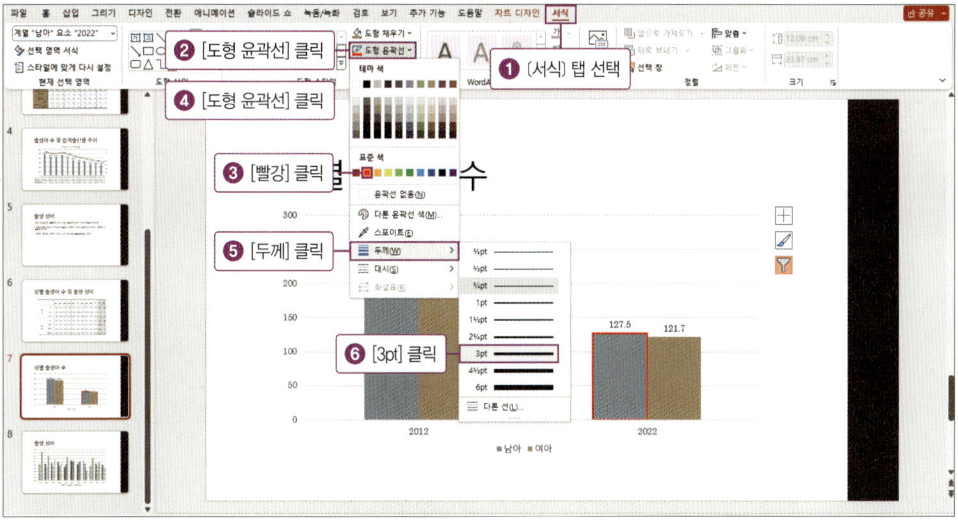

알아두세요 **차트**

차트 오른쪽의 '차트 요소', '차트 스타일', '차트 필터' 아이콘은 파워포인트 2013 버전부터 제공된다. '차트 요소' 아이콘은 차트 요소들을 표시하거나 숨길 수 있고, '차트 스타일' 아이콘은 차트 스타일을 선택할 수 있으며, '차트 필터' 아이콘은 차트에 있는 데이터 중 특정 데이터를 표시하거나 숨길 수 있다.

⑩ '2022년 남아' 막대 차트 위의 데이터 레이블을 클릭한 다음 한 번 더 클릭한다.

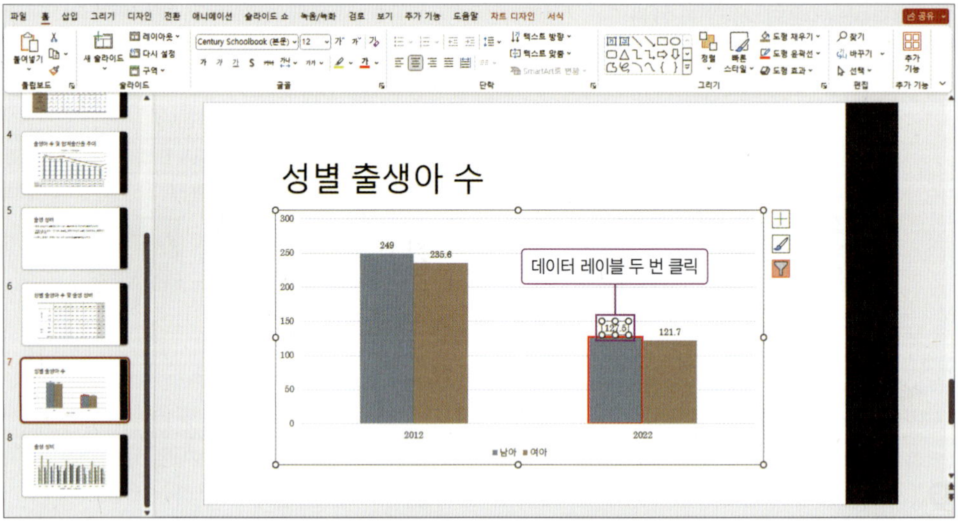

⑪ (홈) 탭의 [굵게]를 클릭하고, 글꼴 크기는 [20]으로 바꾼다.

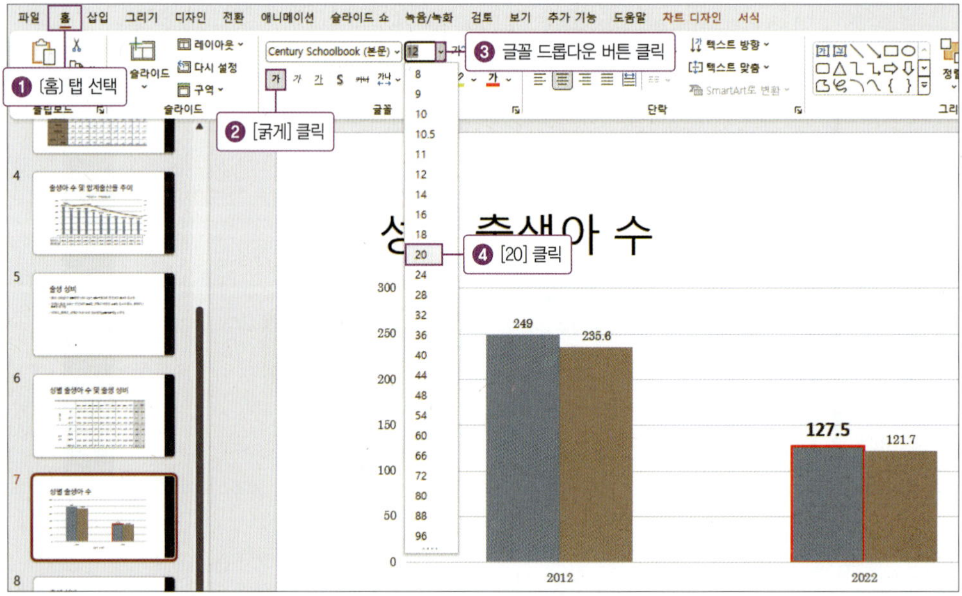

⓬ 변경된 막대그래프를 확인한다.

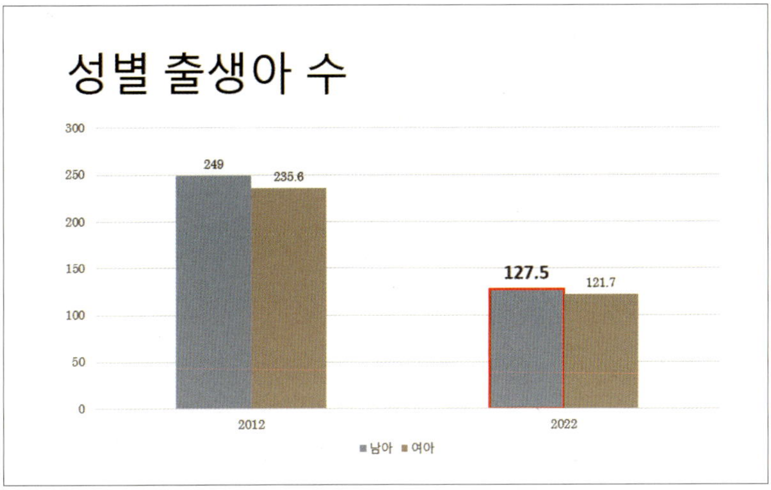

작은 연습 3

1. 3번 슬라이드를 선택한다.
2. 2번 슬라이드 표에서 종량제봉투 배출 폐기물, 음식물류 폐기물, 그 밖에 생활폐기물의 데이터를 넣어 막대 차트를 만든다. (묶은 세로 막대형)
3. 차트를 혼합 차트로 변경한다. (가동업체수(개)는 보조축이 있는 꺾은선형, 재활용제품 판매량(톤/년)은 묶은 세로 막대형)
4. 차트 제목은 '재활용 현황'을 입력한다.

POWERPOINT

12.4 사진 앨범 다루기

프레젠테이션을 만들 때 여러 이미지를 사용하려면 슬라이드마다 이미지를 추가할 수 있지만, 사진 앨범 기능을 사용하면 이미지를 더 빠르게 포함한 슬라이드를 만들 수 있다. 이번에는 파워포인트에서 사진 앨범을 사용하는 방법에 대하여 배운다.

실습 파일: 12\food\food1.jpg~food8.jpg

❶ 새 프레젠테이션 파일을 연다.

❷ 〔삽입〕 탭의 이미지 그룹에서 [사진 앨범] → [새 사진 앨범]을 클릭한다.

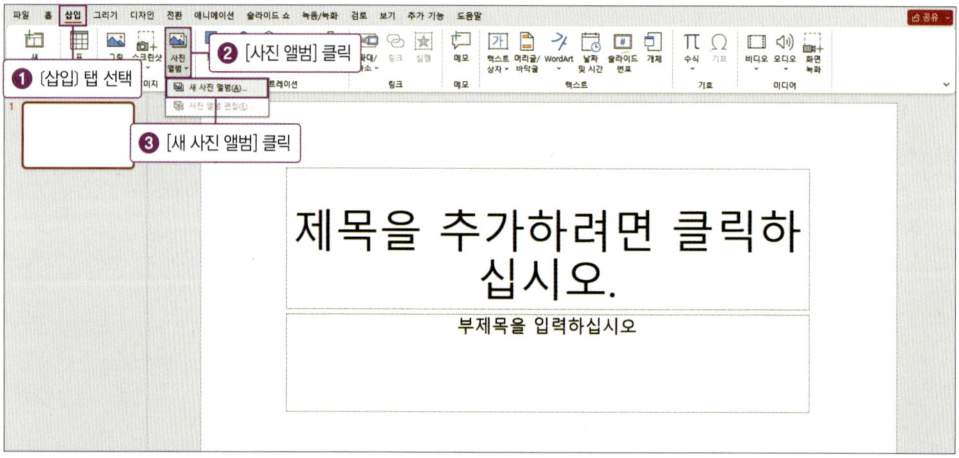

❸ [사진 앨범] 대화상자의 〈파일/디스크〉 버튼을 클릭한다.

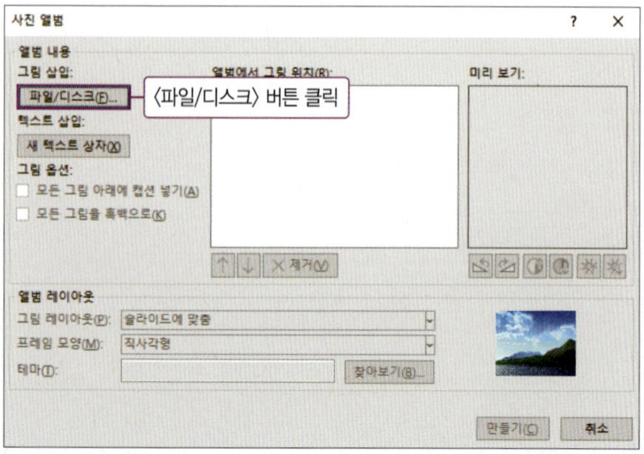

❹ 12 → food 폴더에 있는 사진을 모두 선택하고 〈삽입〉 버튼을 클릭한다.

❺ [사진 앨범] 대화상자의 앨범 레이아웃 항목에서 그림 레이아웃은 [그림 2개]를 클릭한다.

❻ 프레임 모양의 [모서리가 둥근 직사각형]을 클릭한다.

❼ 〈만들기〉 버튼을 클릭한다.

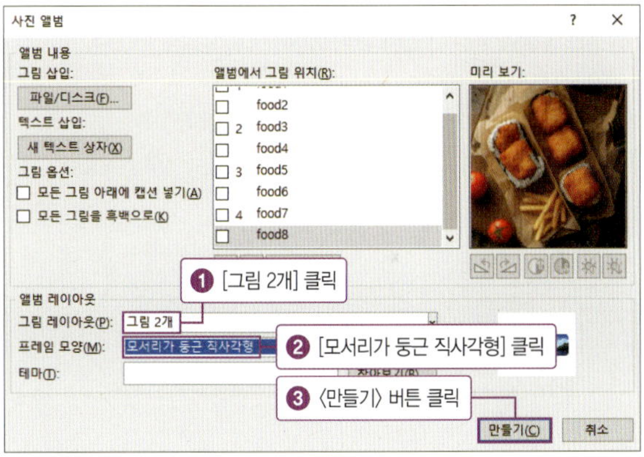

❽ 사진 앨범으로 프레젠테이션이 완성된 모습을 확인한다.

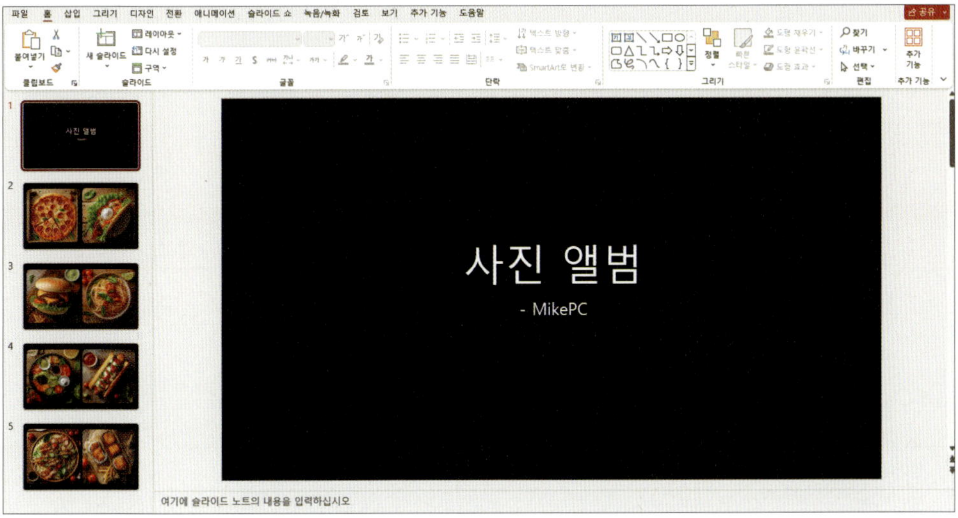

알아두세요 **사진 앨범의 배경색**

사진 앨범의 배경색을 바꾸기 위해서 〔삽입〕 탭을 선택하고 이미지 그룹에서 [사진 앨범] → [사진 앨범 편집]을 클릭한다. [사진 앨범 편집] 대화상자에서 테마 항목의 〈찾아보기〉 버튼을 클릭한다. 원하는 테마를 선택하고 〈선택〉 버튼을 클릭한 다음 〈업데이트〉 버튼을 클릭한다.

알아두세요 **미리캔버스와 캔바**

파워포인트(PPT) 대신에 미리캔버스와 캔바를 많이 사용한다. 사용 방법은 파워포인트와 유사하거나 좀 더 간단하다. 손쉽게 템플릿을 적용하거나 편집할 수 있어서 많은 사람이 이를 선호한다.

☑ 작은 연습 4

12\풍경이미지\landscape1.jpg~landscape10.jpg

12 → 풍경[9] 이미지 폴더 안의 이미지들로 앨범을 만든다.

9 산이나 강, 바다 등 자연이나 지역 모습이다.

12.5 활용하기 1

다음 조건에 맞게 PPT를 수정하세요.

- 2번 슬라이드의 표 수정하기
  - · 표 전체: 가운데 맞춤, 세로 가운데 맞춤
  - · 첫 번째 행 음영: 연한 파랑
  - · 두 번째 행 첫 번째 열(2행 1열) 셀 음영: 주황
  - · 셀 테두리: 왼쪽, 오른쪽 테두리 없음
- 3번 슬라이드의 차트 수정하기
  - · 차트를 원형 차트로 변경하기
  - · 데이터 레이블은 '바깥쪽 끝에'로 하기
  - · '성적, 진학[10] 문제' 데이터 레이블을 선택해 글꼴 크기는 '28', '굵게', 글꼴 색은 '빨강'으로 선택하기
  - · 차트 제목는 '없음'으로 하기
  - · 범례는 '위쪽'으로 하기

12.7 활용하기 2

PPT를 이용하여 앨범을 만들어 보세요.

휴대폰에 있는 자신의 사진들을 다운로드하여 앨범 만들기

10 상급 학교에 가는 것이다.

12.7 도움주기

PPT 구성하기

- 그래프나 표, 그림, 사진 등을 PPT에 넣어 참고자료로 활용할 수 있다.
- 참고자료를 넣었을 때 글자는 최소한으로 한다.
- 참고자료를 지나치게 크게 만들지 않는다.
- 그래프나 표는 결과를 한눈에 알아볼 수 있도록 간단하게 만든다.
- 참고자료의 위 또는 아래에 제목을 작성한다.
- 참고자료는 반드시 출처를 밝힌다.

알아두세요 참고자료는 직관적이어야 한다.
따라서 원하는 이미지를 찾을 수 없을 때 직접 편집해서 자료를 만드는 것이 좋다.

연습문제 다음 PPT의 구성을 어떻게 수정하면 좋을지 이야기해 봅시다.

❶
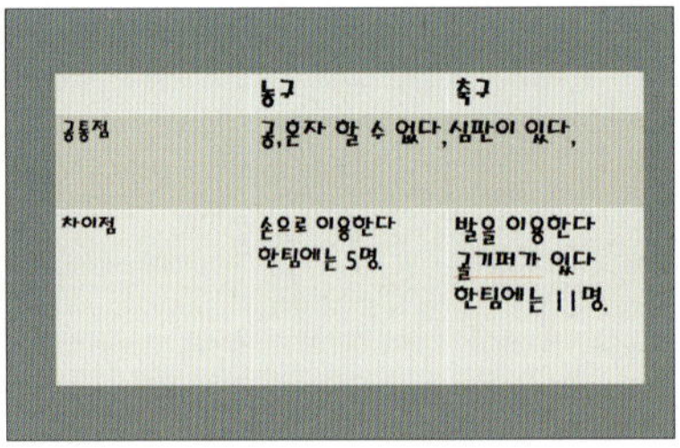

❷
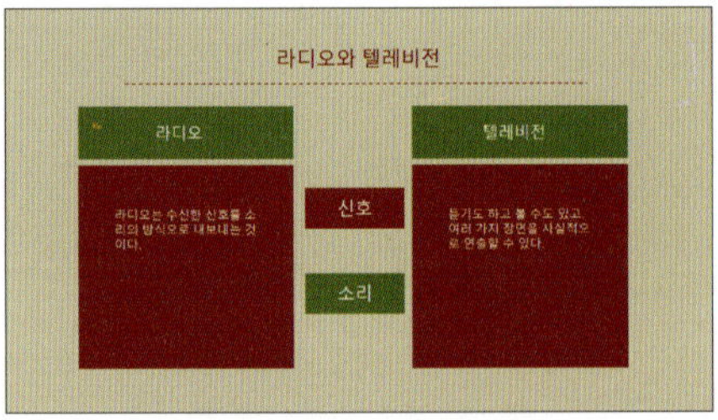

❸

❹
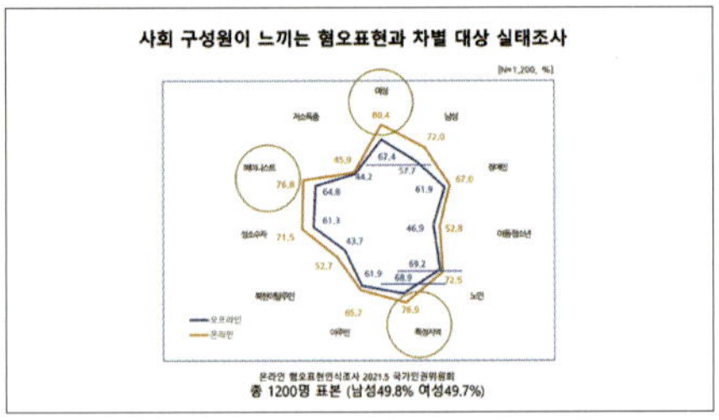

13장

멀티미디어 삽입하고 발표 준비하기

학 습 목 표

- 비디오를 삽입하고 다루는 방법을 안다.
- 오디오를 삽입하고 다루는 방법을 안다.
- 애니메이션을 사용하는 방법을 배운다.
- 슬라이드 쇼 구성 방법을 익힌다.

POWERPOINT

13.0 알아두기

파워포인트에서 멀티미디어를 삽입하고 발표를 준비하기 위해 비디오 삽입, 오디오 삽입, 슬라이드 구역 분리, 애니메이션 사용, 화면 전환 효과 사용, 슬라이드 쇼 재구성, 슬라이드 쇼 시작하기를 익히기 전에 알아두어야 할 용어들에 대해 살펴보자.

용어	그림	설명
재생		**○○○을/를 재생하다/재생시키다.** 의미: 녹음이나 녹화한 것을 틀어 본래 소리를 들려주거나 보여줌 예 비디오를 재생합니다.
실행		**□□□을/를 실행하다/실행시키다.** 의미: 컴퓨터를 명령어에 따라 작동함 예 애니메이션을 실행시켜 보세요.
페이드 인	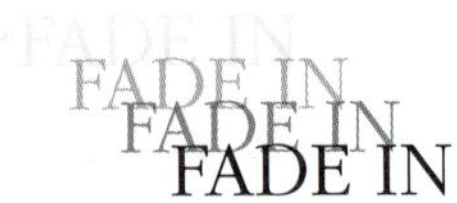	**페이드 인** 의미: 없던 화면 또는 장면이 점점 나타나는 것 예 이 장면을 페이드 인하세요.
확장	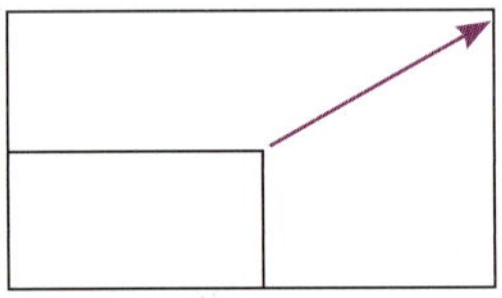	**△△△을/를 확장하다/확장시키다.** 의미: 범위, 규모, 세력 등을 늘리거나 넓힘 예 구역을 확장시키세요.
축소	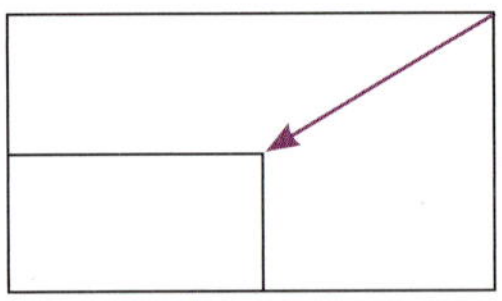	**◇◇◇을/를 축소하다/축소시키다.** 의미: 모양이나 규모 등을 줄여서 작게 함 예 구역을 축소시켰습니다.
인쇄		**○○○을/를 인쇄하다, 인쇄=프린트** 의미: 잉크를 이용하여 그림이나 그림 등을 종이나 천에 똑같이 복사함 예 지금 만든 파일을 인쇄하세요.

13.1

POWERPOINT

비디오 삽입하고 다루기

프레젠테이션 문서에 비디오를 추가하고 설정하면 발표할 때 슬라이드를 통하여 영상을 시청할 수 있다. 이번에는 파워포인트에서 비디오를 삽입하고 다루는 방법에 대해 배운다.

실습 파일: 13\ch13_1.pptx, ScratchSample.mp4

비디오 삽입하기

13 폴더의 'ch13_1.pptx' 파일을 더블 클릭하여 실행한다.

❶ 2번 슬라이드를 선택한다.

❷ **비디오 삽입 방법** 1: 〔삽입〕 탭의 미디어 그룹에서 [비디오] → [이 디바이스]를 클릭한다.

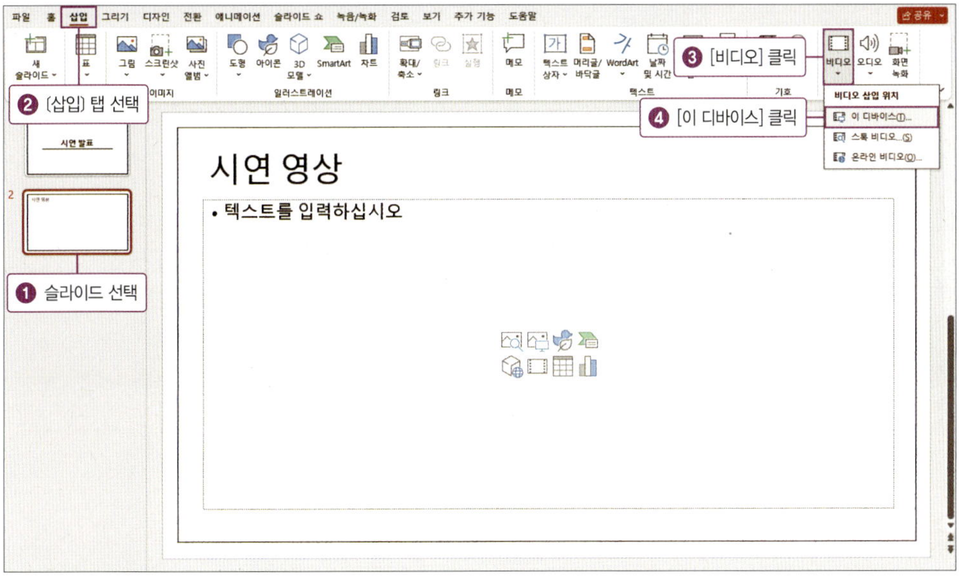

❸ **비디오 삽입 방법 2:** 본문 텍스트 개체 틀 안의 [비디오 삽입]을 클릭한다.

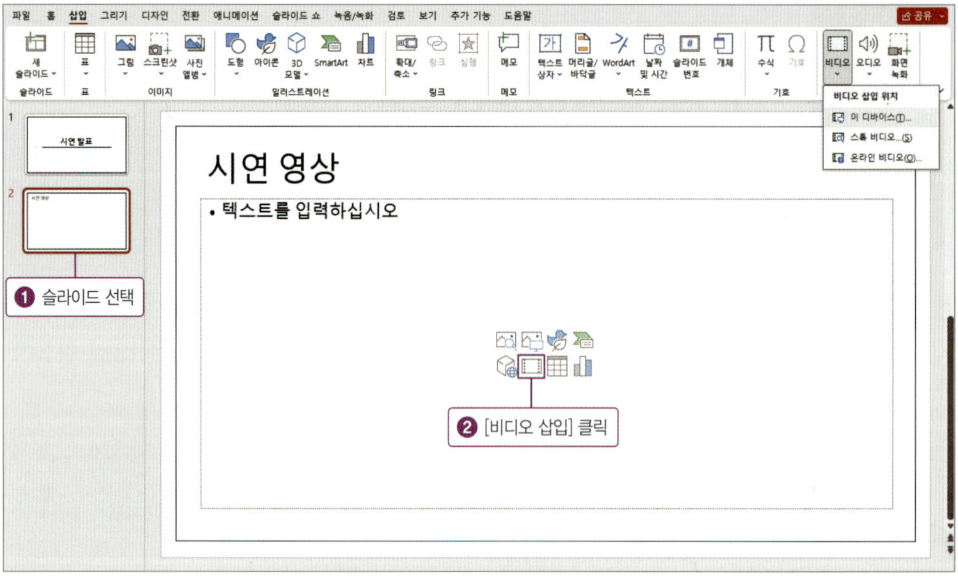

❹ [비디오 삽입] 대화상자에서 13 폴더의 'ScratchSample.mp4' 파일을 선택하고 〈삽입〉 버튼을 클릭한다.

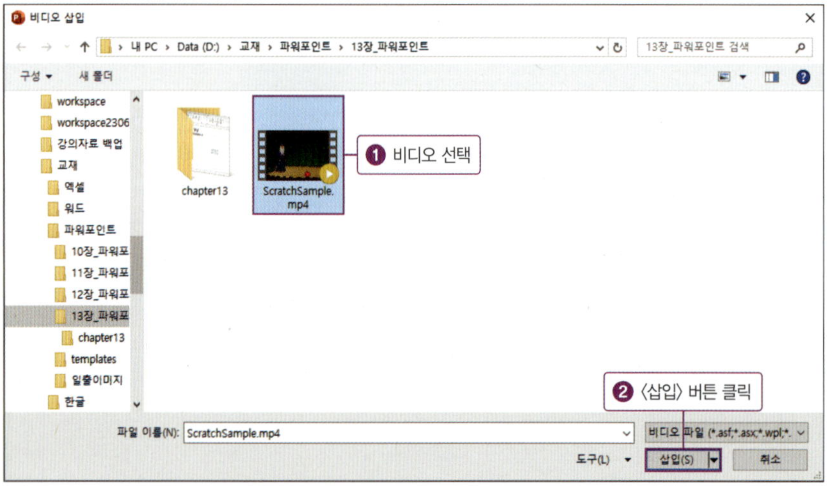

❺ 비디오가 삽입된 모습을 확인한다.

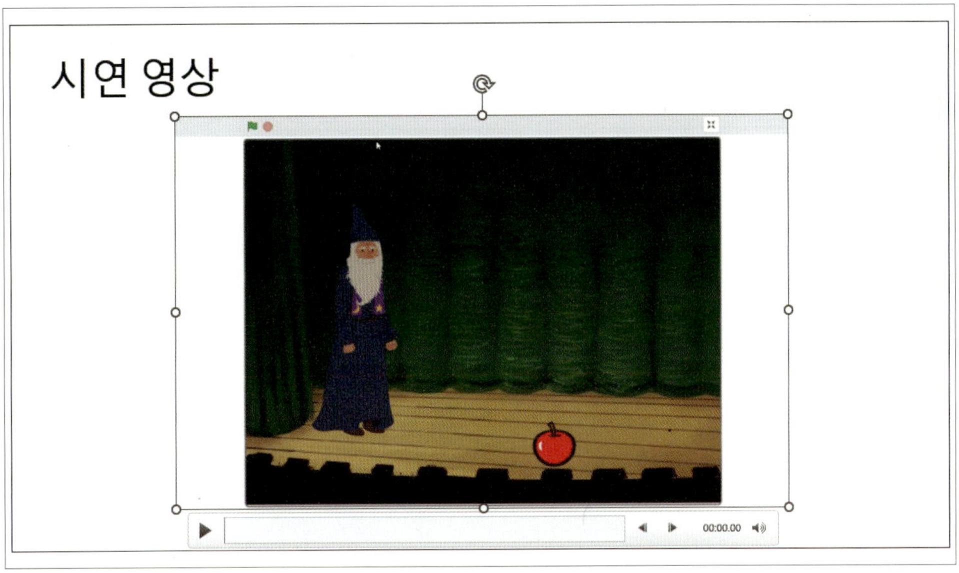

비디오 다루기

❶ 비디오를 선택한다.

❷ 〔비디오 형식〕 탭의 크기 그룹에서 [자르기]를 클릭한다.

❸ 자르기 핸들을 드래그하여 화면 테두리를 맞춰 자른다.

❹ [비디오 형식] 탭의 비디오 스타일 그룹에서 [비디오 스타일]을 클릭한다.

❺ 은은한 효과 항목의 [입체 프레임, 그라데이션]을 클릭한다.

❻ 〔재생〕 탭의 비디오 옵션 그룹에서 '시작'을 클릭하고 [자동 실행]으로 바꾼다.

☑ 작은 연습 1

자신의 휴대폰에 가지고 있는 동영상 또는 인터넷에서 다운로드한 동영상을 PPT에 삽입한다.

13.2

POWERPOINT

오디오 삽입하고 다루기

프레젠테이션 파일을 만들고 발표할 때 오디오를 슬라이드에 삽입하면 음악이 슬라이드 재생 중에 나오도록 설정할 수 있다. 이렇게 오디오를 사용하면 발표하는 동안 배경 음악으로 활용할 수 있다. 이번에는 파워포인트에서 오디오를 삽입하고 다루는 방법에 대해 배운다.

실습 파일: 13\ch13_2.pptx, onceagain.mp3

오디오 삽입하기

13 폴더의 'ch13_2.pptx' 파일을 더블 클릭하여 실행한다.

❶ [삽입] 탭의 미디어 그룹에서 [오디오] → [내 PC의 오디오]를 클릭한다.

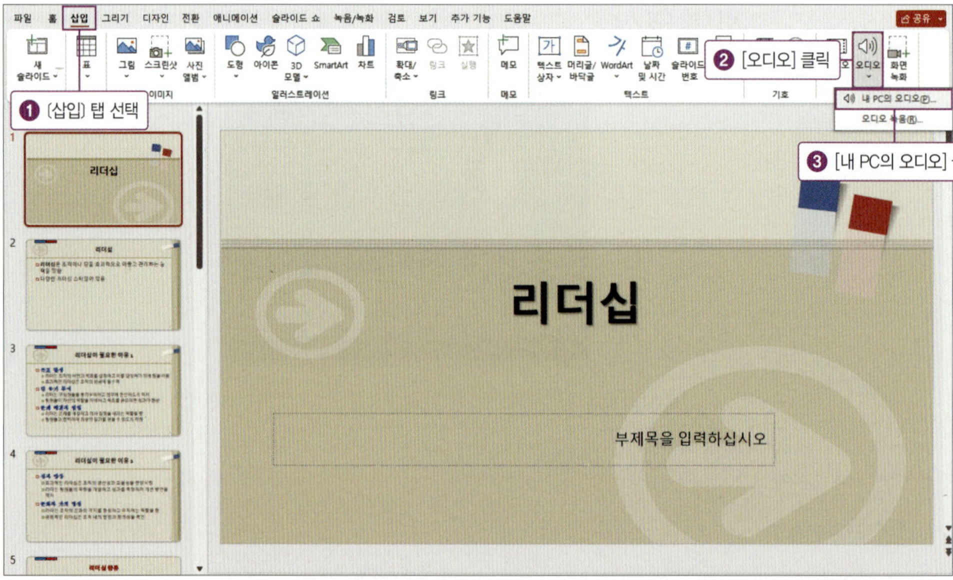

❷ 13 폴더에서 'onceagain.mp3' 파일을 선택하고 〈삽입〉 버튼을 클릭한다.

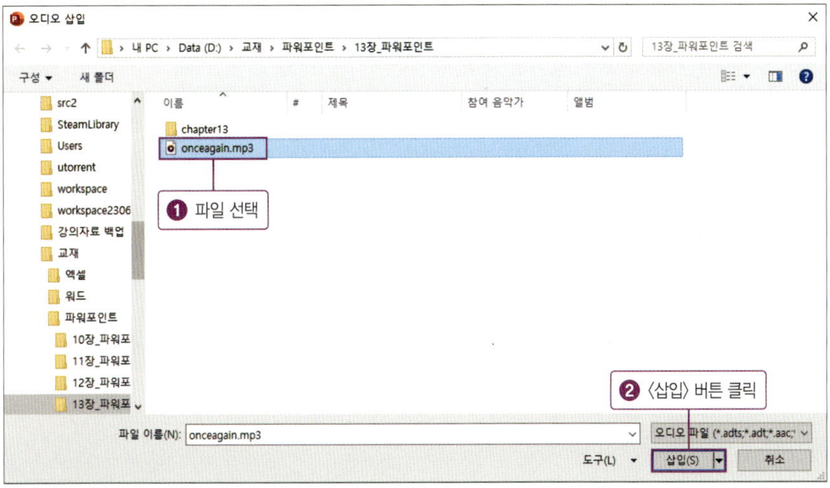

오디오 다루기

❶ 오디오 아이콘을 클릭한다.

❷ **오디오 삽입 방법** 1: [재생] 탭의 오디오 옵션 그룹에서 '시작'은 [자동 실행]을 선택한다. '쇼 동안 숨기기', '모든 슬라이드에서 재생', '반복 재생'에 체크 표시한다.

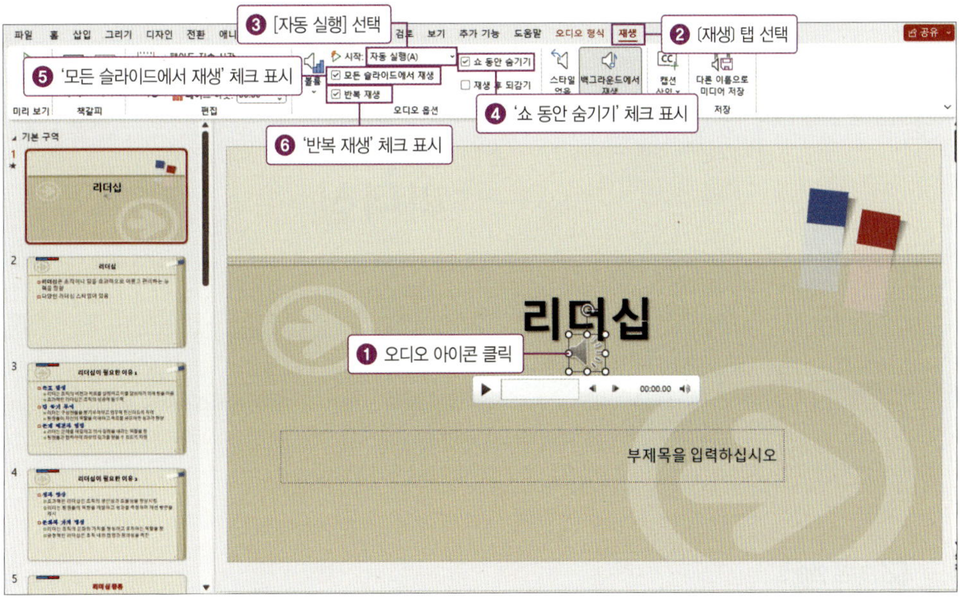

❸ **오디오 삽입 방법** 2: 〔재생〕 탭의 오디오 스타일 그룹에서 [백그라운드에서 재생]을 클릭한다.

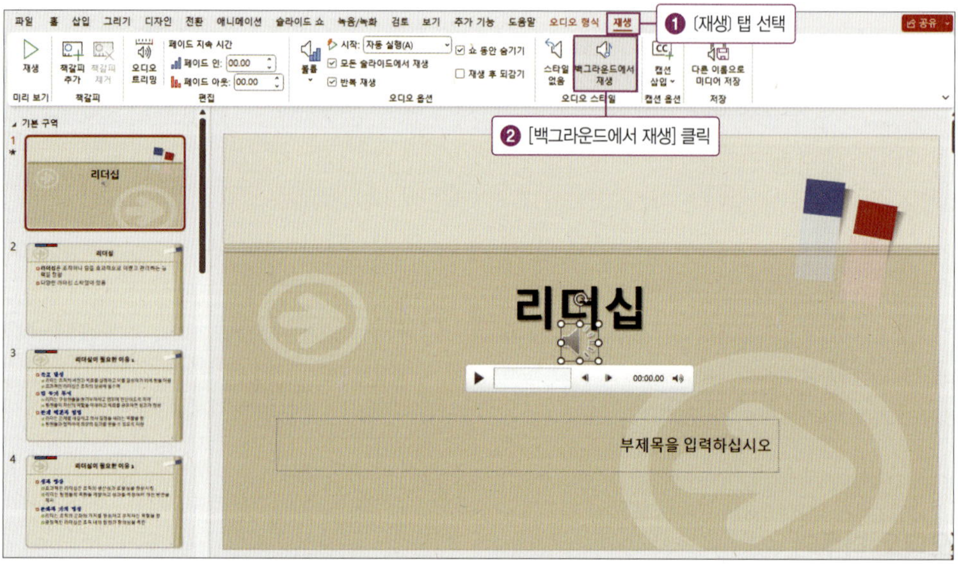

❹ 〔재생〕 탭의 편집 그룹에서 페이드 인을 '1.5초'로 바꾼다.

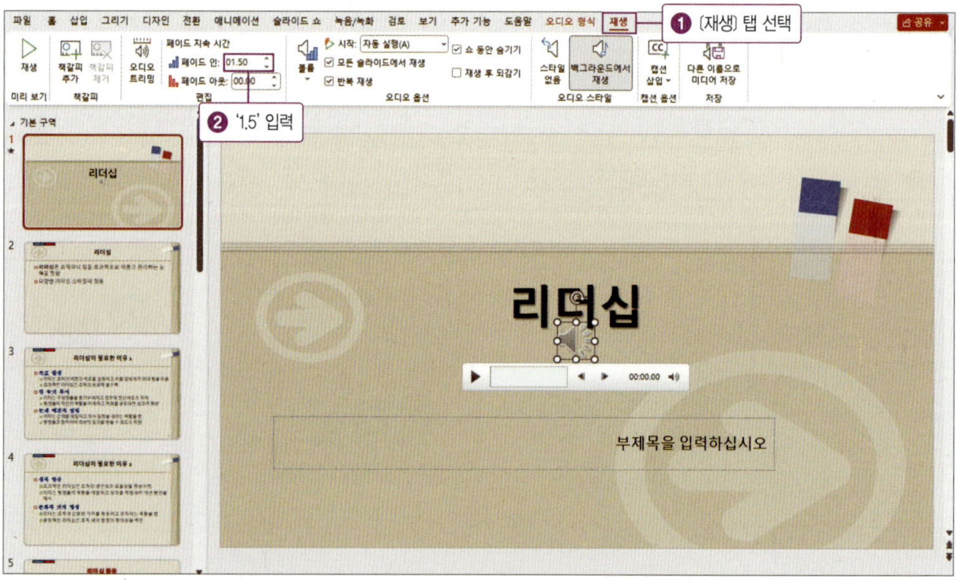

작은 연습 2

1. 풍경 사진을 PPT에 삽입한다.
2. 사진이 있는 슬라이드에 오디오를 삽입한다.

POWERPOINT

13.3 슬라이드 구역 나누고 사용하기

슬라이드가 많은 경우 내용에 따라 슬라이드를 구분하고 싶을 때는 구역 나누기 기능을 사용할 수 있다. 구역 나누기를 통하여 슬라이드를 구분하면 슬라이드를 관리하는 것이 훨씬 편리하다. 이번에는 파워포인트에서 슬라이드를 구역별로 나누고 사용하는 방법을 배운다.

슬라이드 구역 나누기

❶ [보기] 탭의 프레젠테이션 보기 그룹에서 [여러 슬라이드]를 클릭한다.

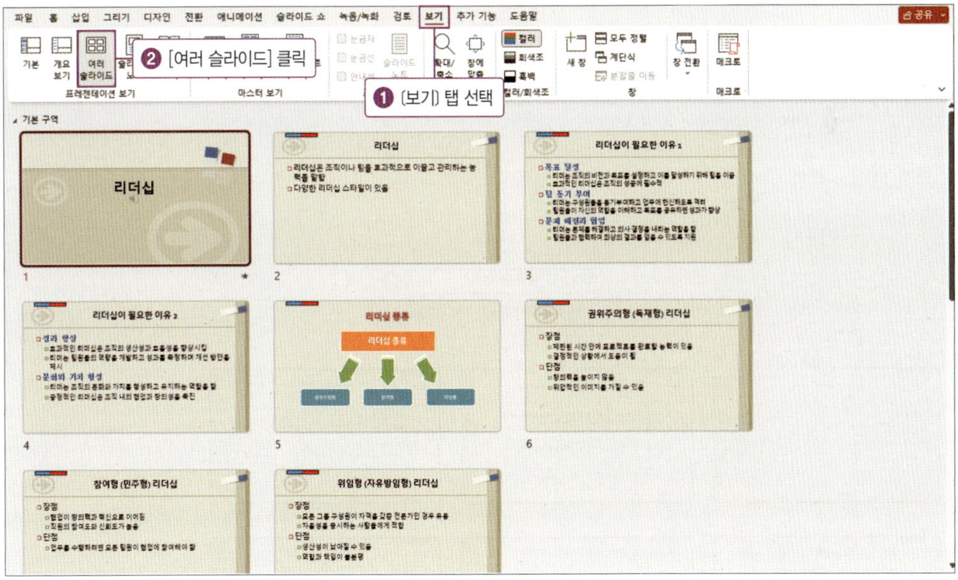

❷ 1번 슬라이드와 2번 슬라이드 사이를 클릭한다.

❸ [홈] 탭의 슬라이드 그룹에서 [구역] → [구역 추가]를 클릭한다.

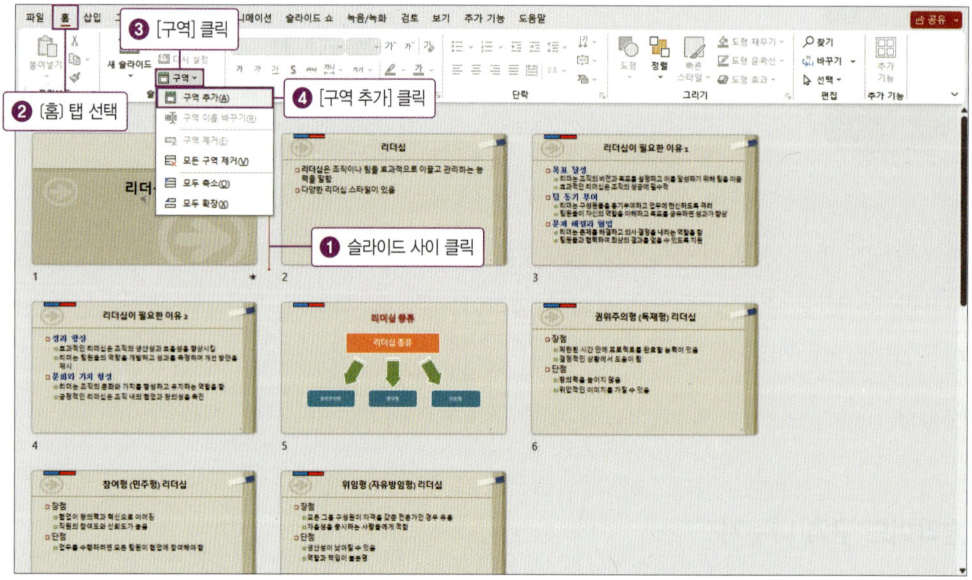

❹ [구역 이름 바꾸기] 대화상자에서 구역 이름에 '리더십[1]과 필요한 이유'를 입력한 다음 〈이름 바꾸기〉 버튼을 클릭한다. 바뀐 구역 이름을 확인한다.

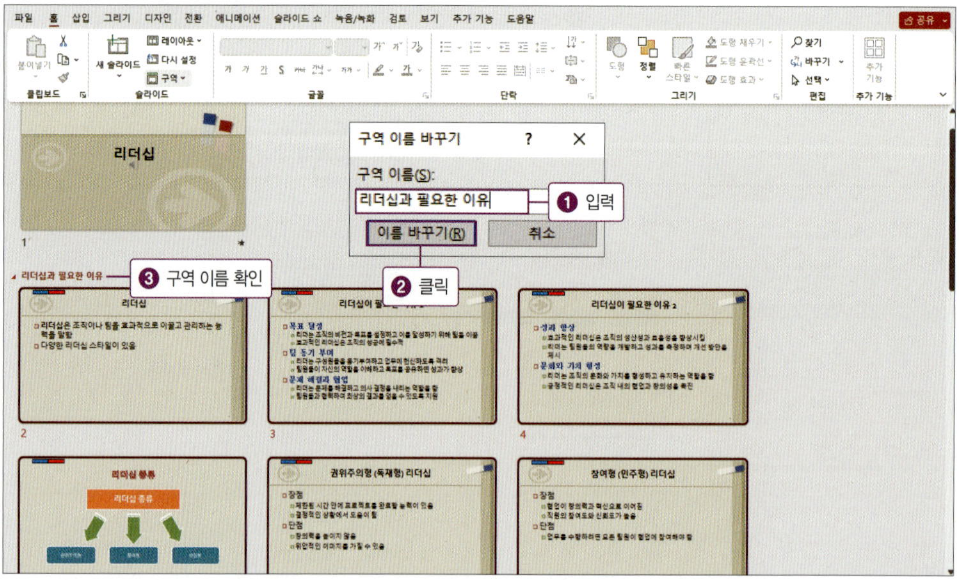

1 무리를 이끄는 지도자로서의 능력을 말한다.

❺ 4번 슬라이드와 5번 슬라이드 사이를 클릭한다.

❻ 마우스 오른쪽 버튼을 클릭하고 [구역 추가]를 클릭한다.

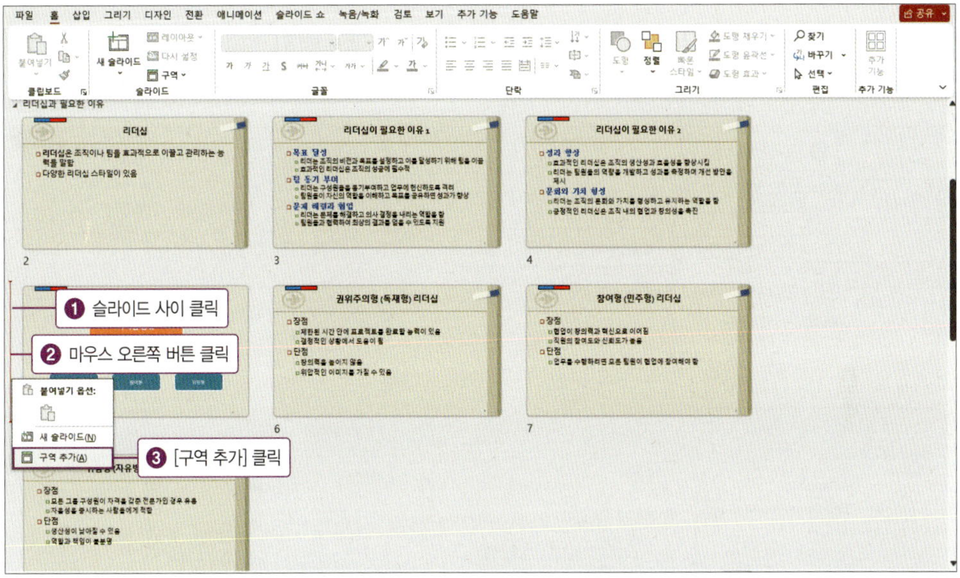

❼ [구역 이름 바꾸기] 대화상자에서 구역 이름에 '리더십 종류'를 입력하고 〈이름 바꾸기〉 버튼을 클릭한다. 바뀐 구역 이름을 확인한다.

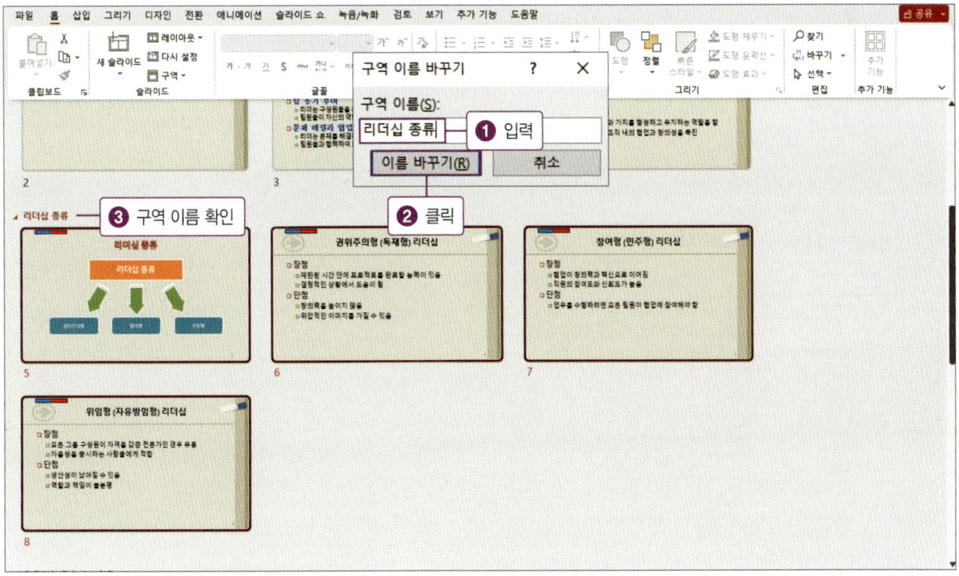

구역 이름 바꾸기

❶ '기본 구역' 이름을 클릭한다.

❷ **구역 이름 변경 방법** 1: 〔홈〕 탭의 슬라이드 그룹에서 [구역] → [구역 이름 바꾸기]를 클릭한다.

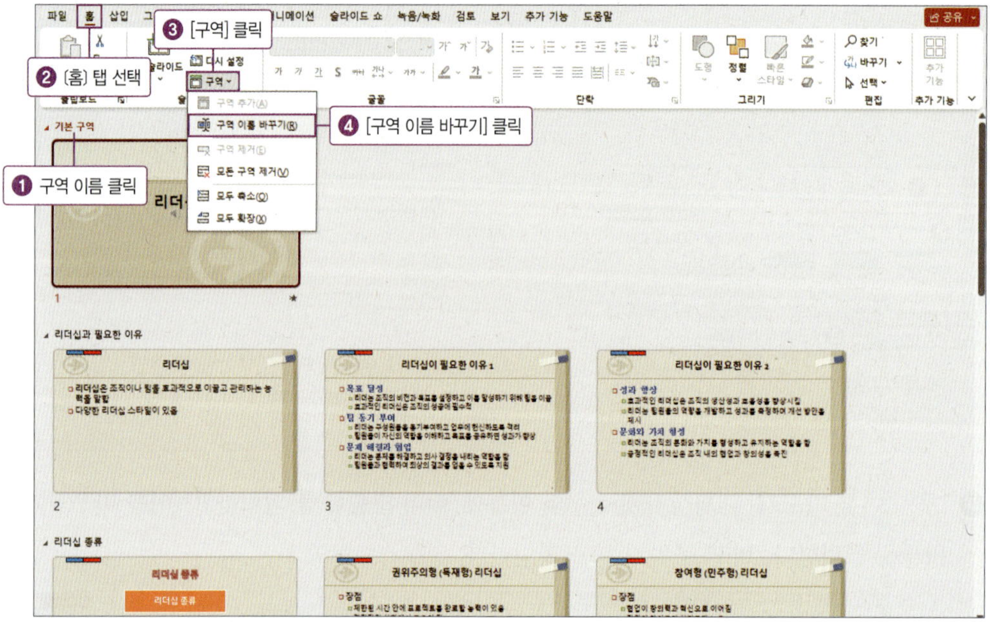

❸ **구역 이름 변경 방법** 2: 구역 이름에서 마우스 오른쪽 버튼 클릭하고 [구역 이름 바꾸기]를 클릭한다.

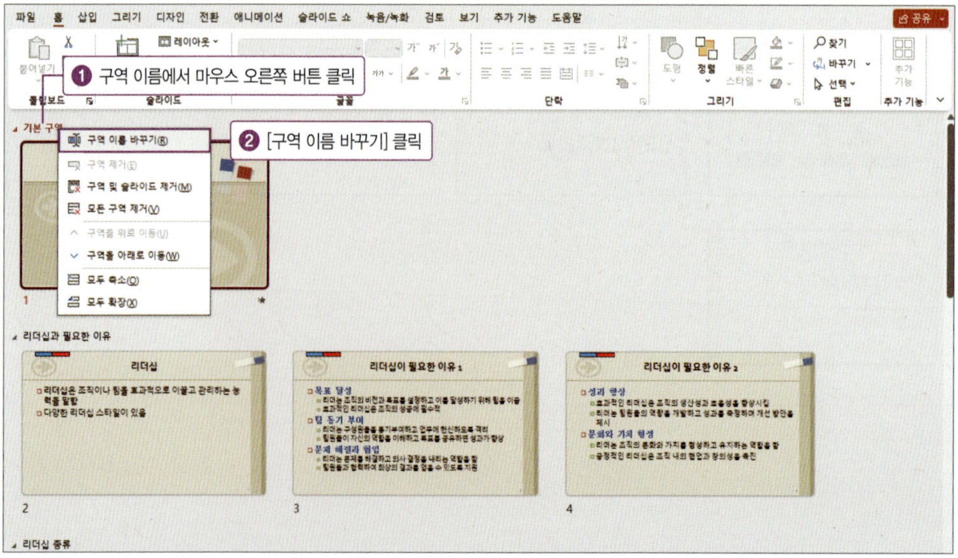

❹ [구역 이름 바꾸기] 대화상자에서 구역 이름에 '발표 시작'을 입력하고 〈이름 바꾸기〉 버튼을 클릭한다.

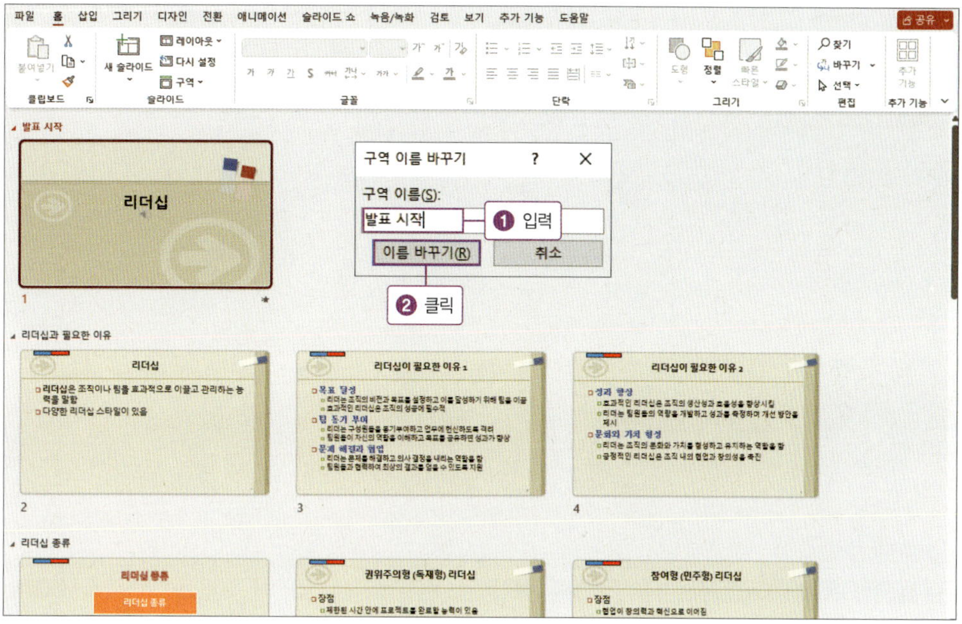

구역 이동하기

❶ 9번 슬라이드의 '리더십이 필요한 사람들' 구역 이름을 클릭한다.

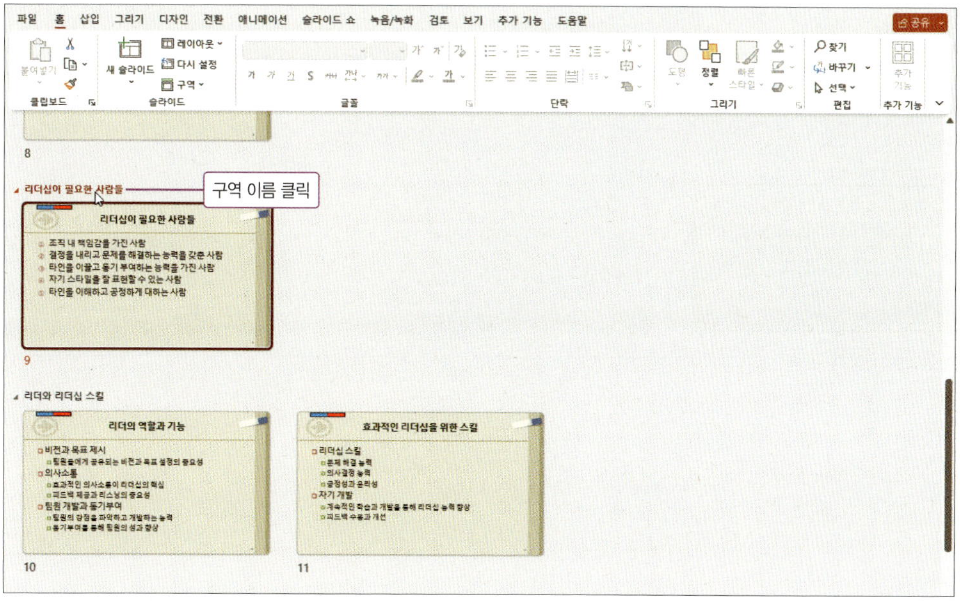

❷ 구역 이름을 마우스로 드래그하여 '리더십과 필요한 이유' 다음으로 이동한다.

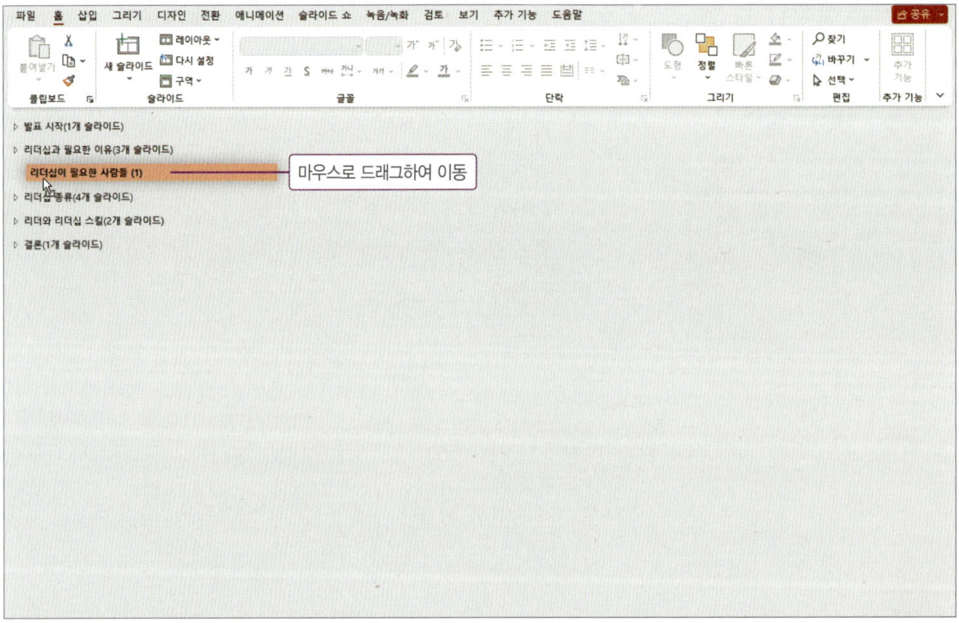

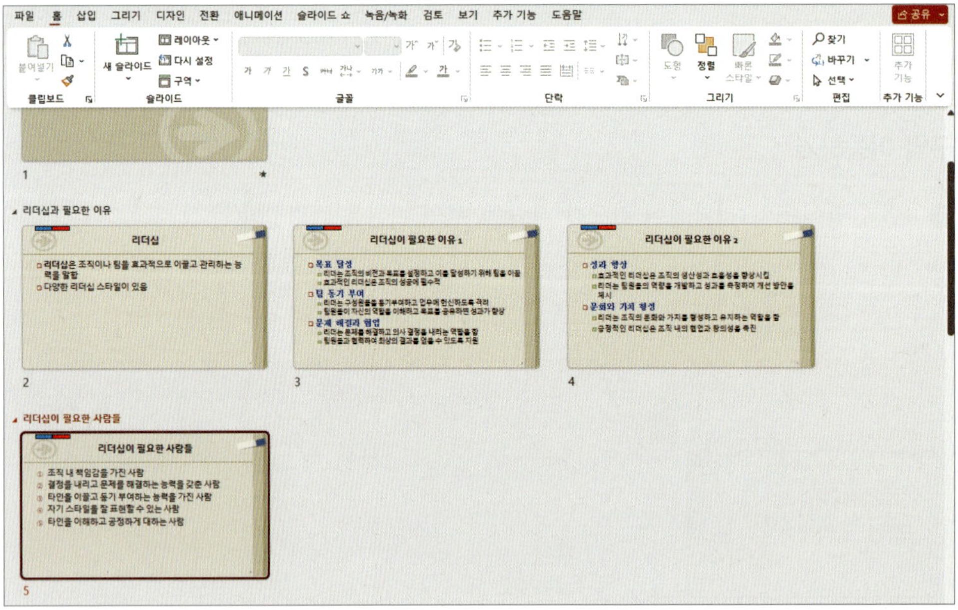

구역 제거하기

❶ '리더십이 필요한 사람들' 구역 이름을 클릭한다.

❷ **구역 제거 방법 1:** [홈] 탭의 슬라이드 그룹에서 [구역] → [구역 제거]를 클릭한다.

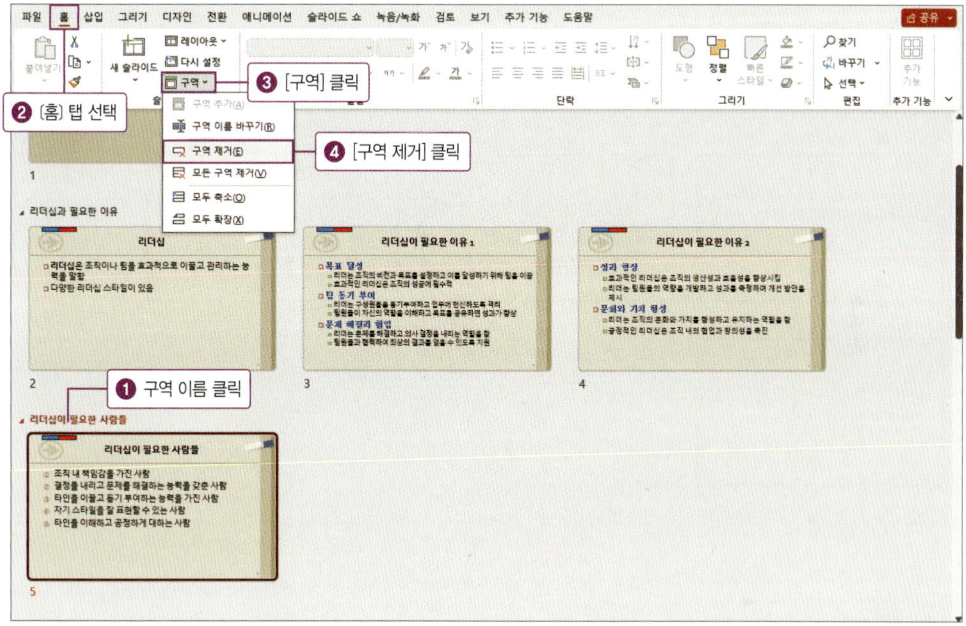

❸ **구역 제거 방법 2:** 구역 이름에서 마우스 오른쪽 버튼을 클릭하고 [구역 제거]를 클릭한다.

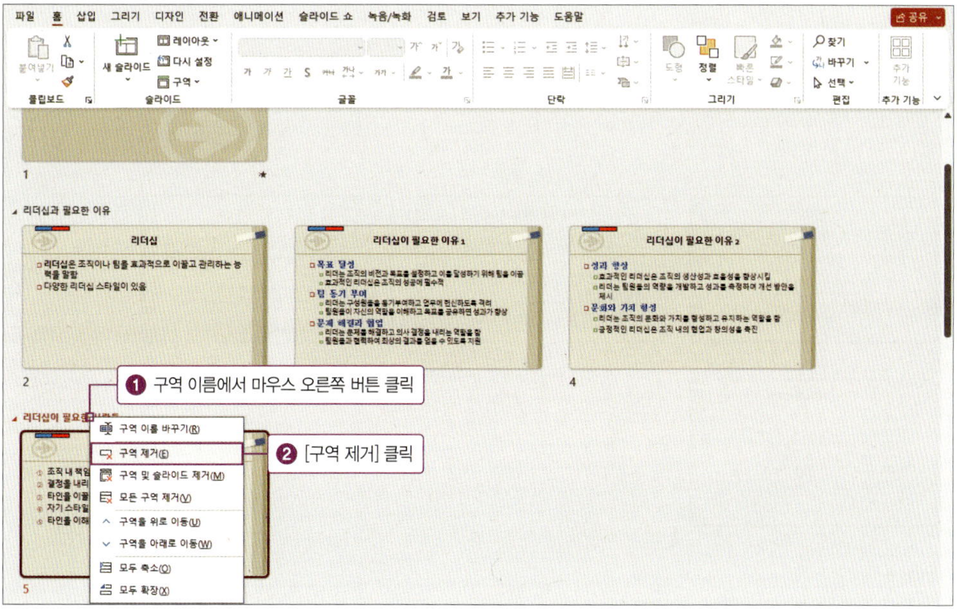

❹ '리더십이 필요한 사람들' 구역 이름이 제거되어 슬라이드가 '리더십과 필요한 이유'에 포함된 것을 확인한다.

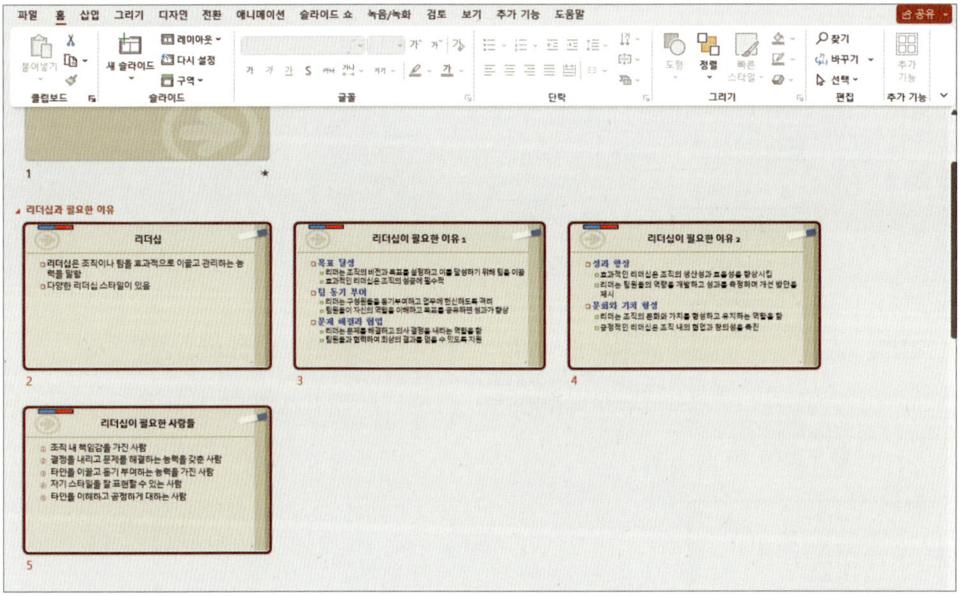

구역 축소하기

❶ '리더십이 필요한 이유' 구역 이름 앞의 삼각형을 클릭한다.

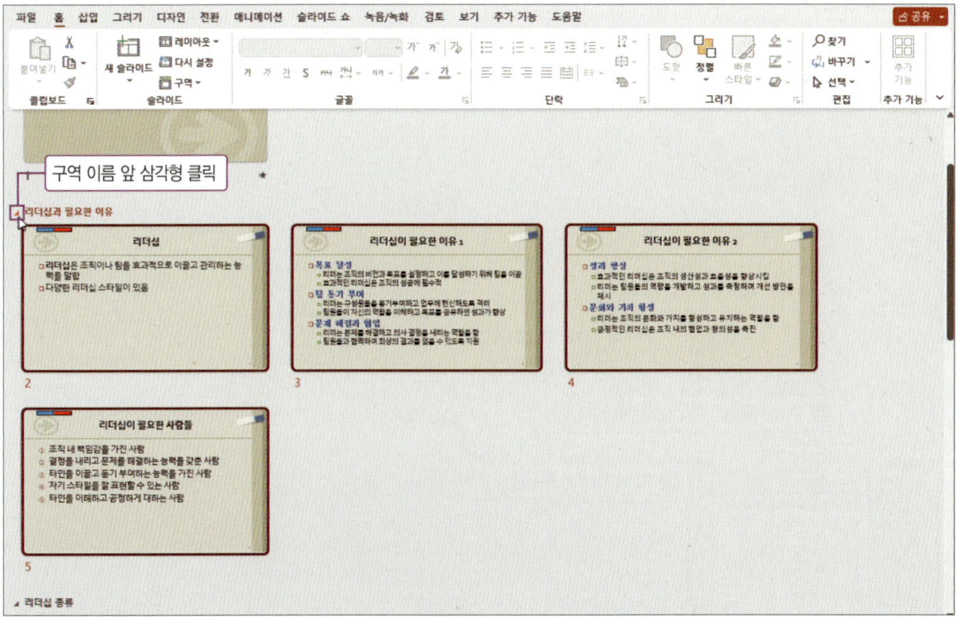

❷ 구역이 축소된 것을 확인한다.

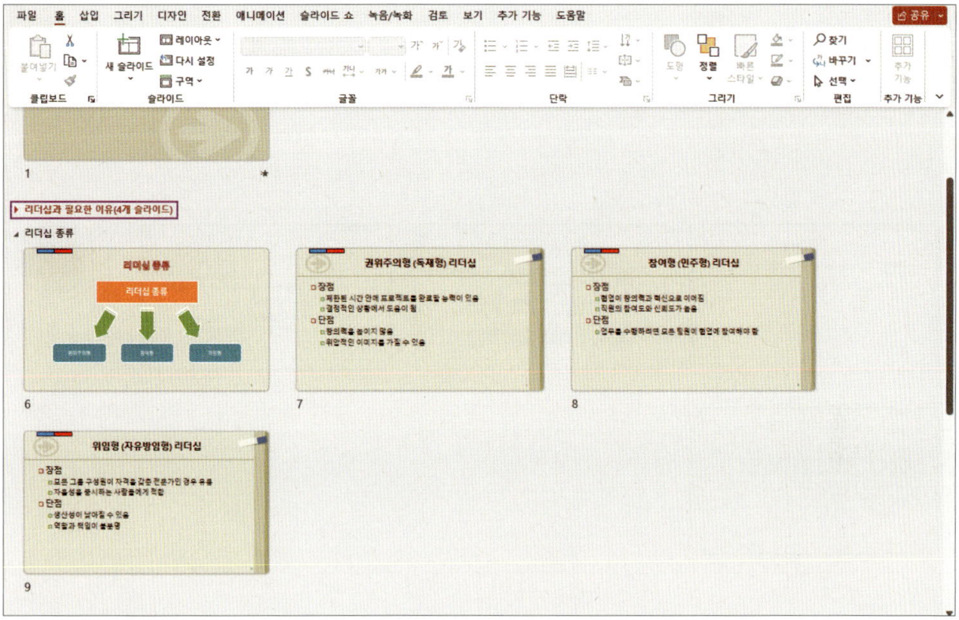

구역 확장하기

❶ 축소된 구역인 '리더십이 필요한 이유' 구역 이름을 더블 클릭하거나 삼각형을 누른다.

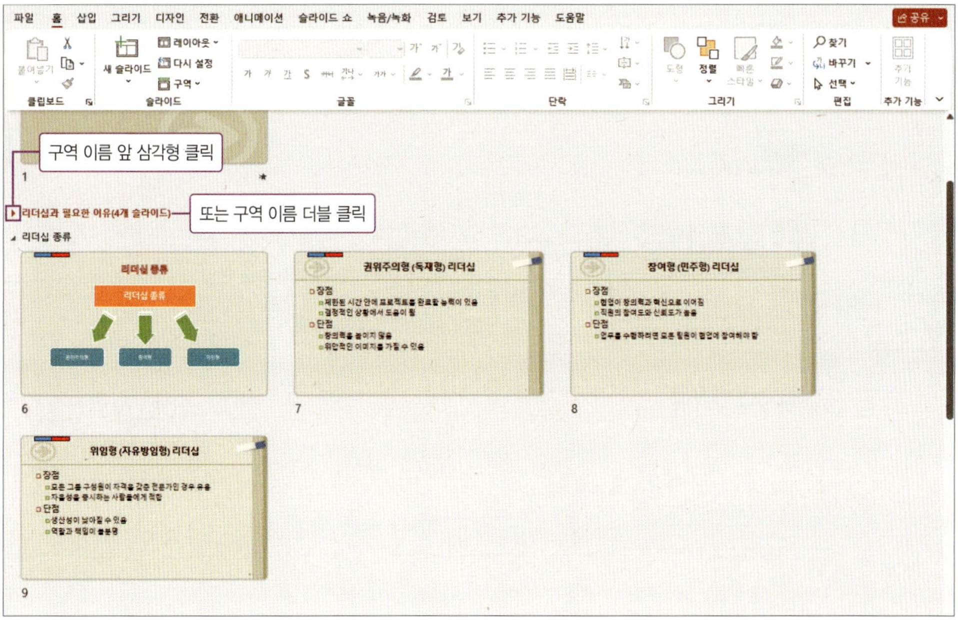

❷ 해당 구역이 확장된 것을 확인한다.

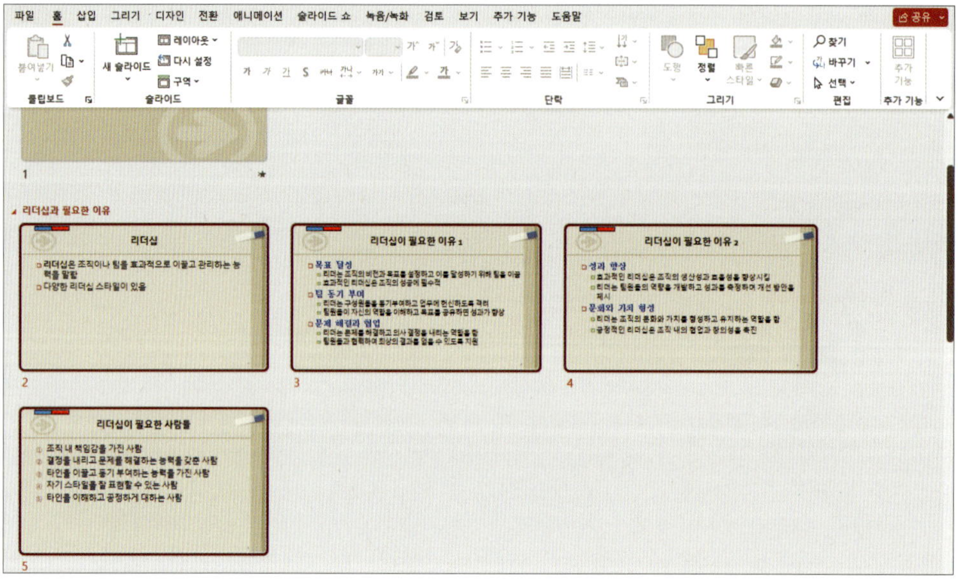

특정 구역만 인쇄하기

❶ 메뉴에서 [파일] → [인쇄]를 실행한다. 설정 항목의 [모든 슬라이드 인쇄]를 클릭하고 [리더십 종류]를 클릭한다.

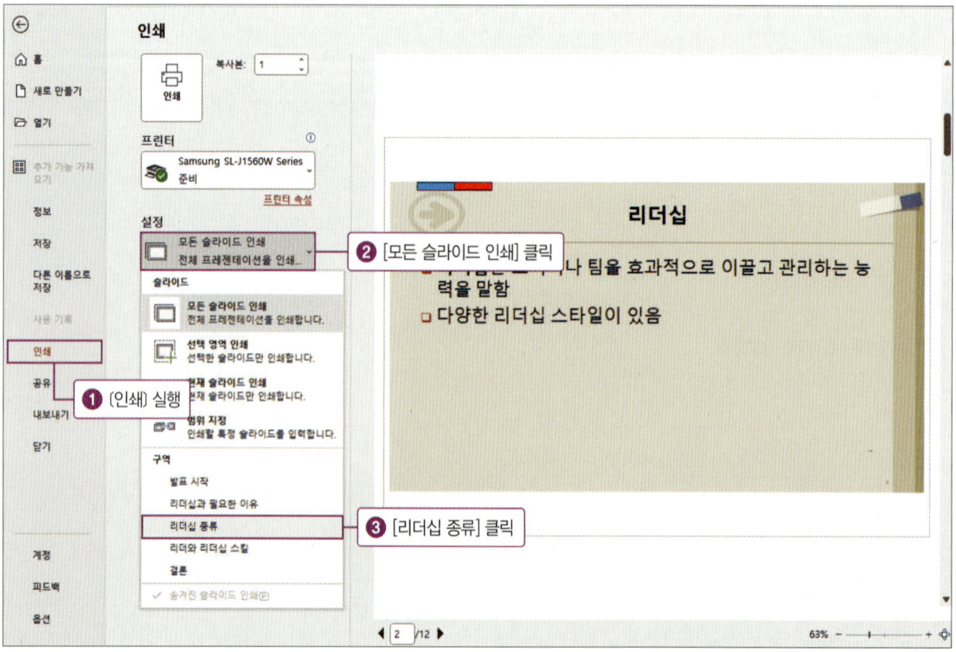

❷ 〈인쇄〉 버튼을 클릭하면 특정 구역만 인쇄할 수 있다.

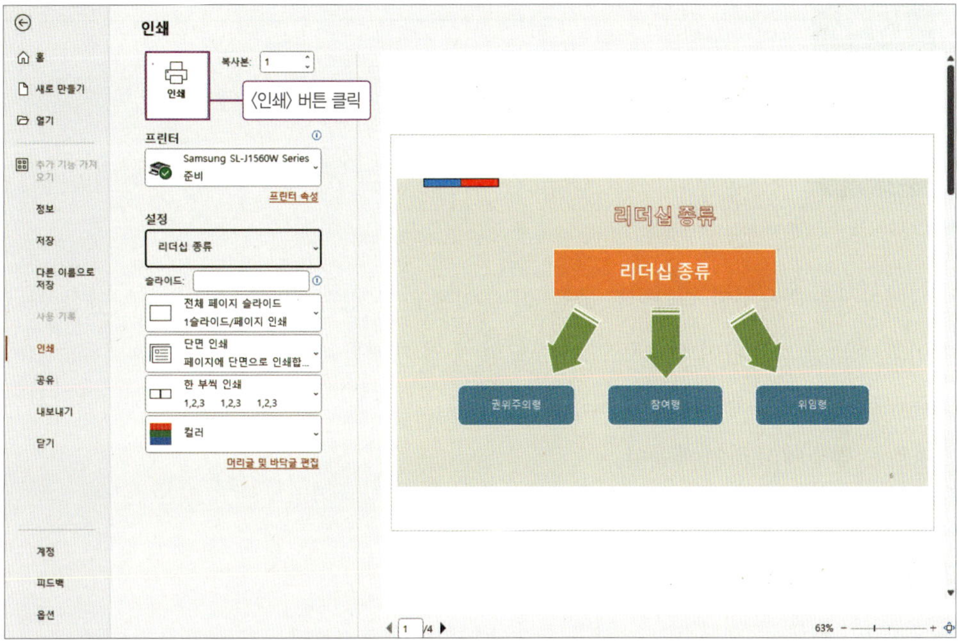

알아두세요 구역 모두 축소/확장

[홈] 탭을 선택한 다음 슬라이드 그룹에서 [구역] → [모두 축소] 또는 [모두 확장]을 클릭하면 구역 모두를 축소 또는 확장할 수 있다.

작은 연습 3 13\작은연습3, 4 PPT.pptx

2번 슬라이드와 3번 슬라이드 사이에 구역을 나눈 후 자신의 기준에 따라 구역 이름을 붙인다.

13.4

POWERPOINT

애니메이션 사용하기

애니메이션을 활용하면 슬라이드 쇼를 더 흥미롭고 동적으로 만들 수 있다. 다양한 애니메이션 효과를 사용하여 텍스트, 그림, 도형 등의 개체를 부각하거나 강조할 수 있으며, 프레젠테이션을 더 생동감 있게 표현할 수 있다. 이번에는 파워포인트에서 애니메이션을 사용하는 방법에 대하여 배운다.

개체에 애니메이션과 효과 옵션 사용하기 1

❶ [보기] 탭의 프레젠테이션 보기 그룹에서 [기본]을 클릭한다.

❷ 6번 슬라이드를 선택한다.

❸ '리더십 종류' 글자가 있는 도형을 선택한다.

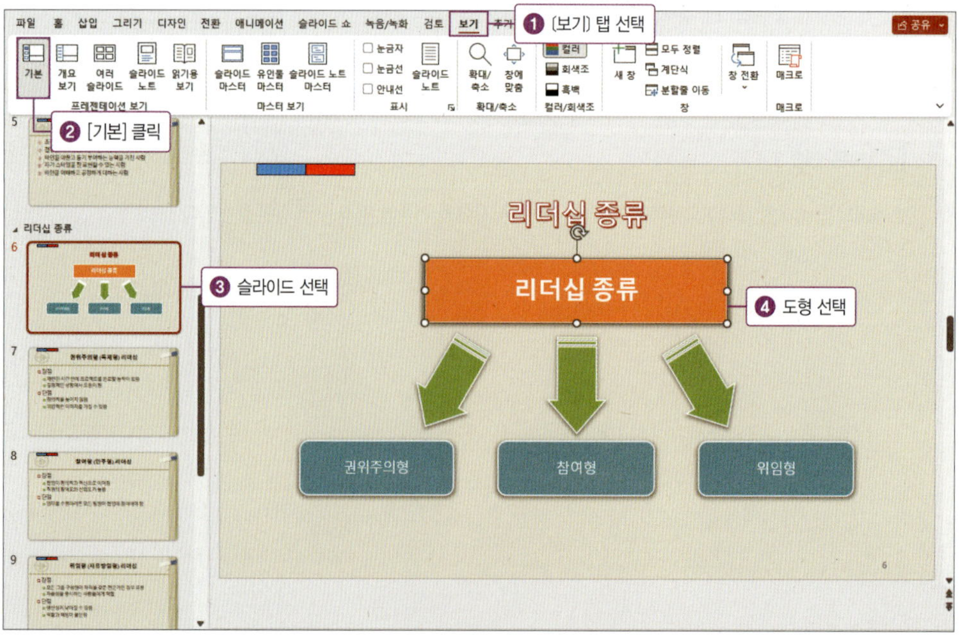

❹ [애니메이션] 탭의 애니메이션 그룹에서 [애니메이션 스타일]을 클릭한다.

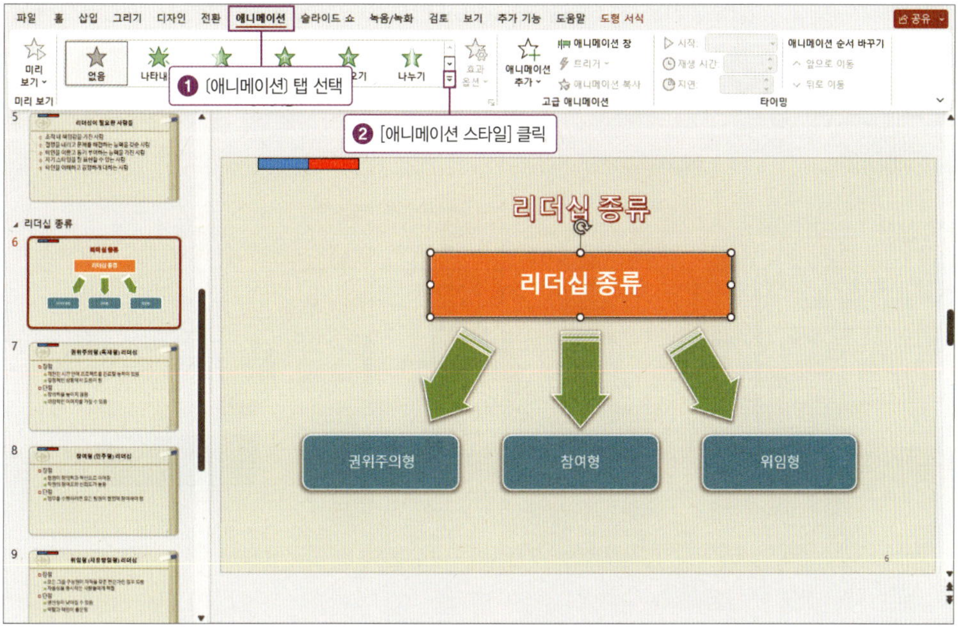

❺ 나타내기 항목의 [날아오기]를 클릭한다.

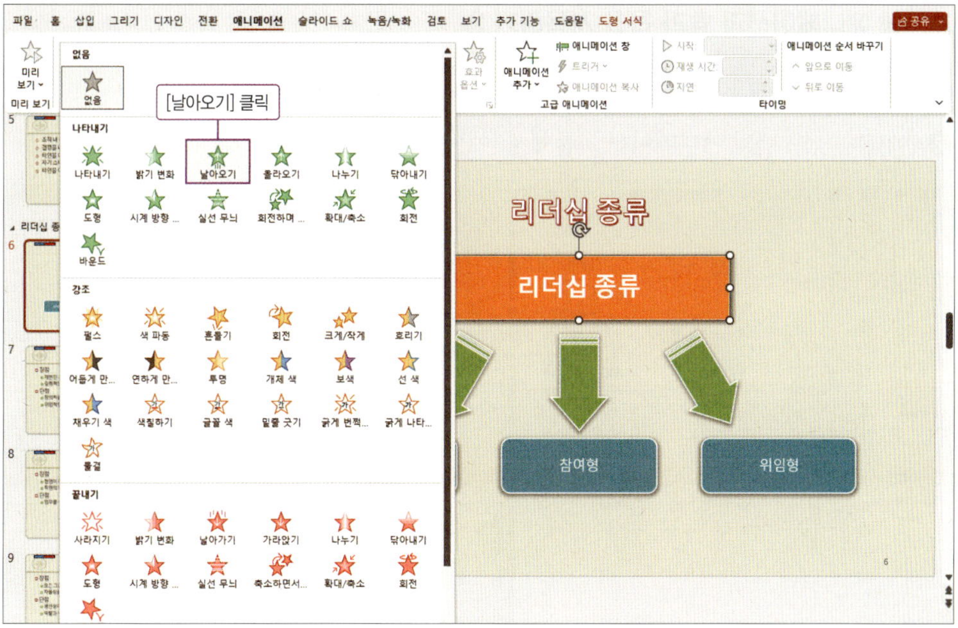

❻ [애니메이션] 탭의 애니메이션 그룹에서 [효과 옵션] → [위에서]를 클릭한다.

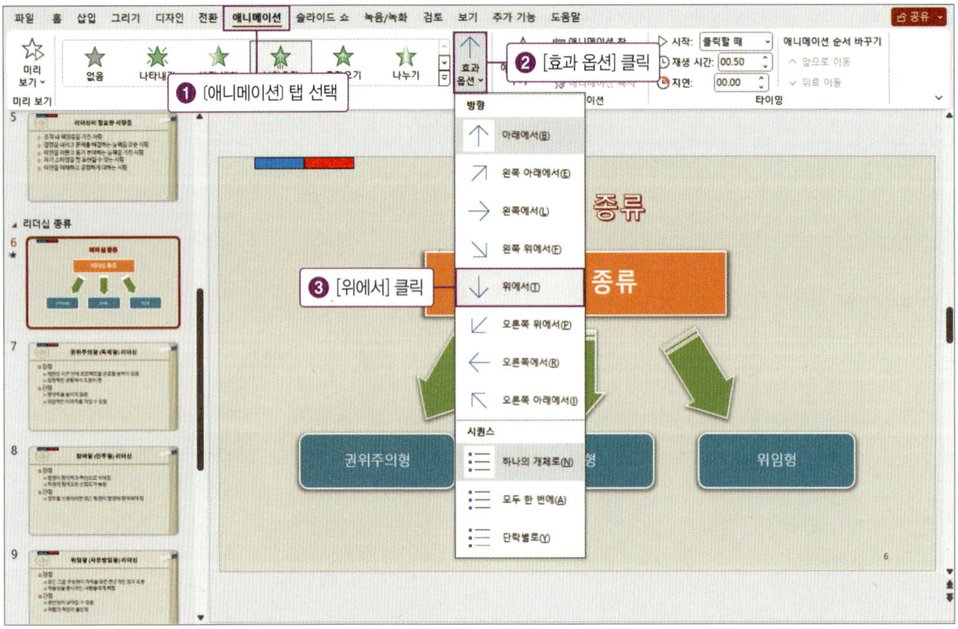

개체에 애니메이션과 효과 옵션 사용하기 2

❶ 화살표 3개를 모두 선택한다.

❷ [애니메이션] 탭의 애니메이션 그룹에서 [애니메이션 스타일] → [닦아내기]를 클릭한다.

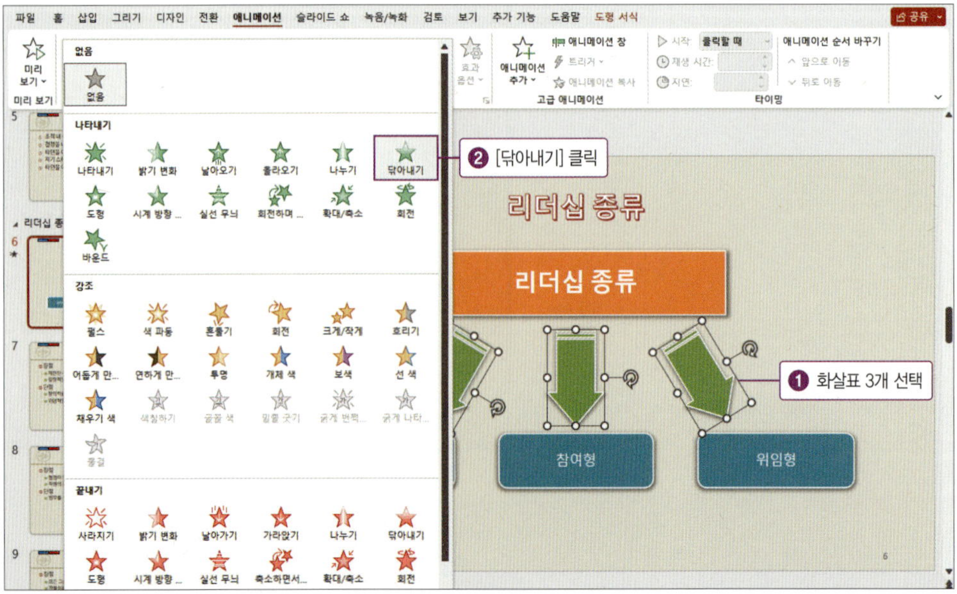

❸ [애니메이션] 탭의 애니메이션 그룹에서 [효과 옵션] → [위에서]를 클릭한다.

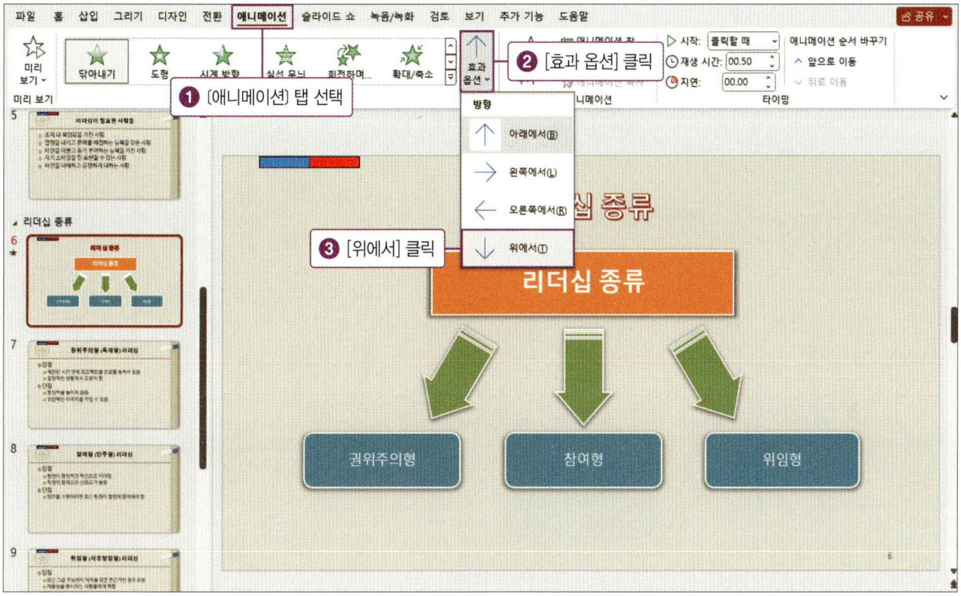

애니메이션 추가하기

❶ '권위주의형'의 둥근 사각형을 선택한다.

❷ [애니메이션] 탭의 애니메이션 그룹에서 [애니메이션 스타일] → [올라오기]를 클릭한다.

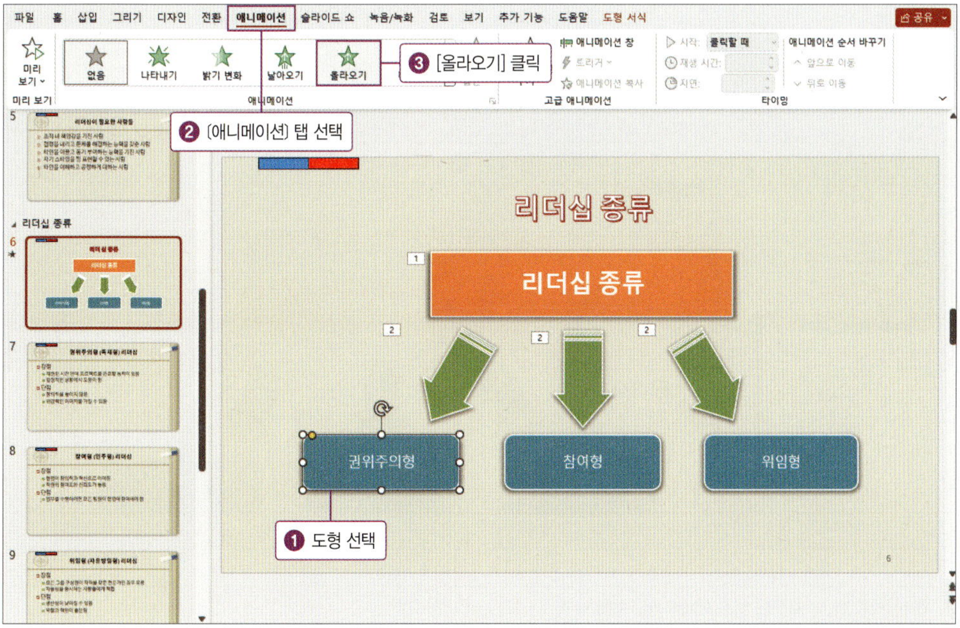

❸ [애니메이션] 탭의 고급 애니메이션 그룹에서 [애니메이션 추가] → 나타내기 항목의 [회전]을 클릭한다.

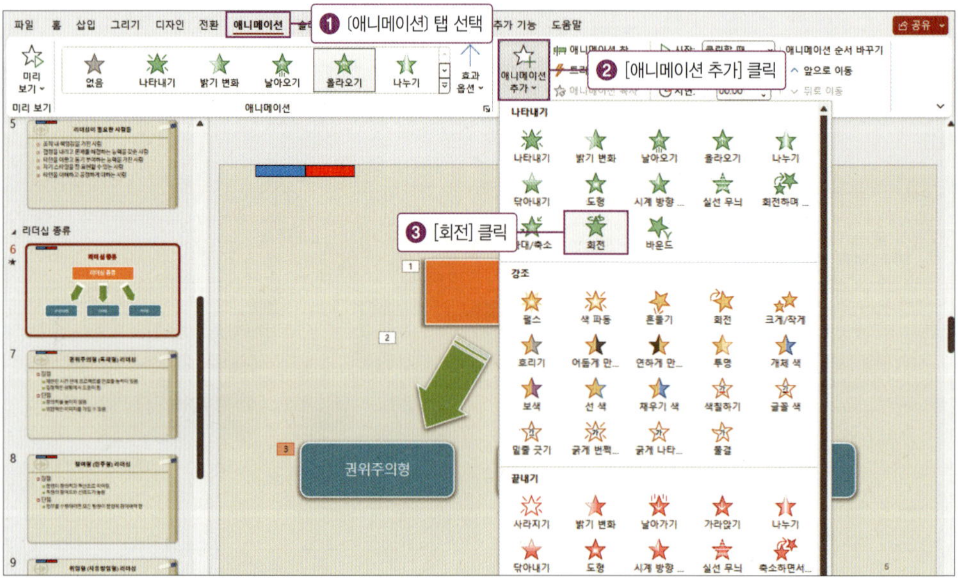

애니메이션 복사하기

❶ '권위주의형[2]'의 둥근 사각형을 선택한다.

❷ [애니메이션] 탭의 고급 애니메이션 그룹에서 [애니메이션 복사]를 더블 클릭한다.

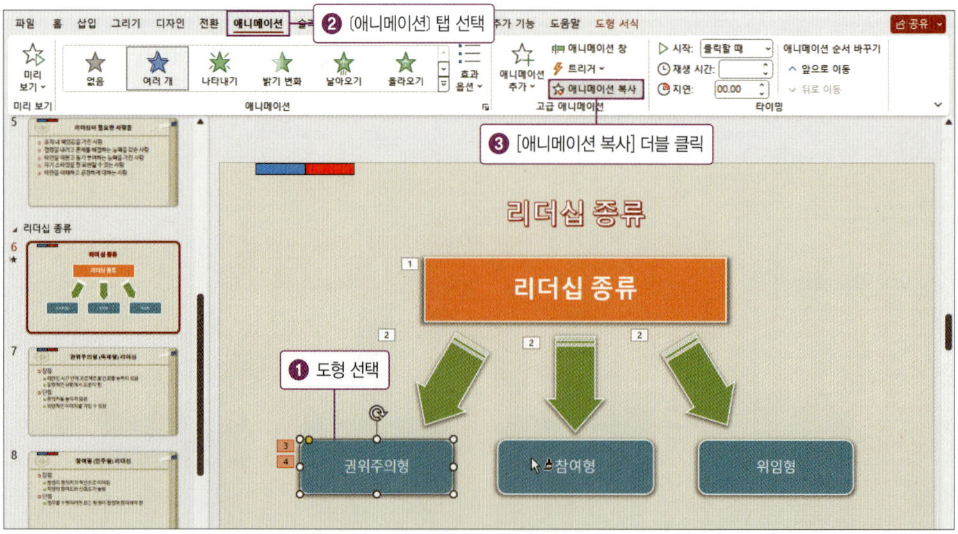

2 어떤 일을 할 때 자신의 힘을 내세우거나 힘에 순종하는 태도를 말한다.

❸ '참여형' 사각형과 '위임형'의 둥근 사각형을 순서대로 한 번씩 클릭한다.

❹ [애니메이션 복사]를 한 번 클릭하거나 Esc를 눌러 복사를 마친다.

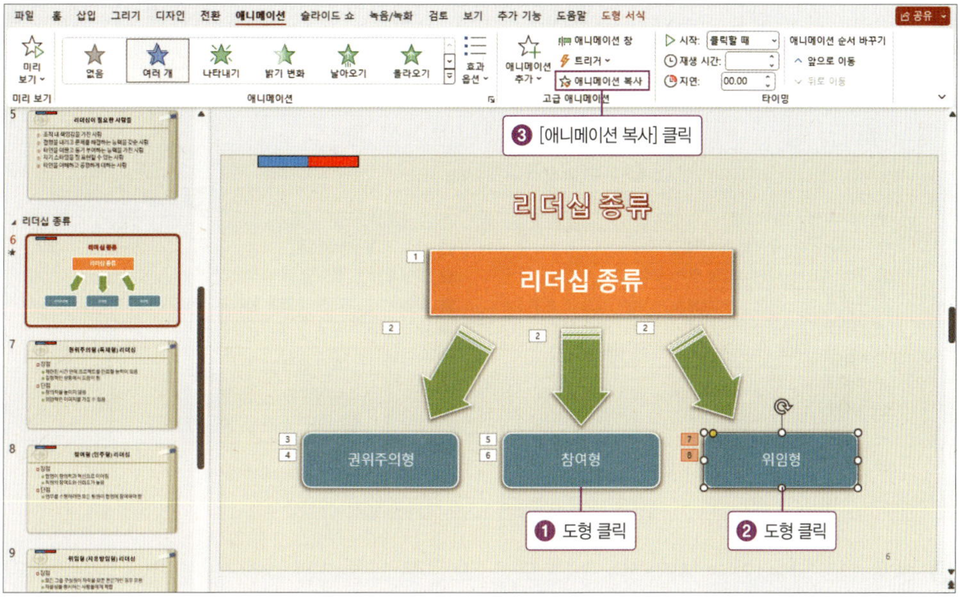

애니메이션 시작 방법 바꾸기

❶ [애니메이션] 탭의 고급 애니메이션 그룹에서 [애니메이션 창]을 클릭한다.

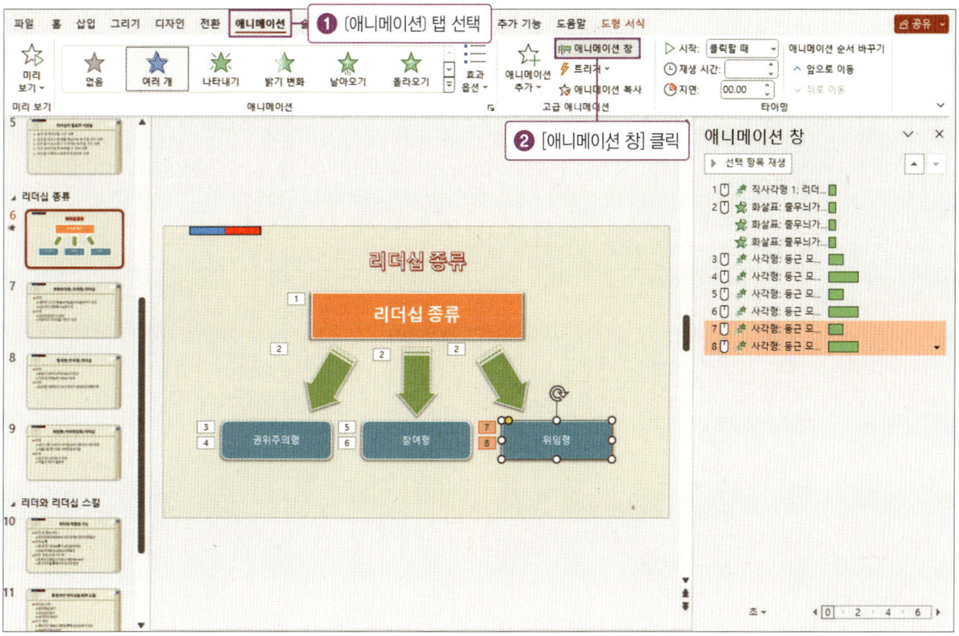

❷ [애니메이션 창]에서 '직사각형1: 리더...' 오른쪽 끝 드롭다운 버튼을 클릭하고 [이전 효과와 함께 시작]을 클릭한다.

❸ '화살표: 줄무늬가...' 오른쪽 드롭다운 버튼을 클릭하고 [이전 효과 다음에 시작]을 클릭한다.

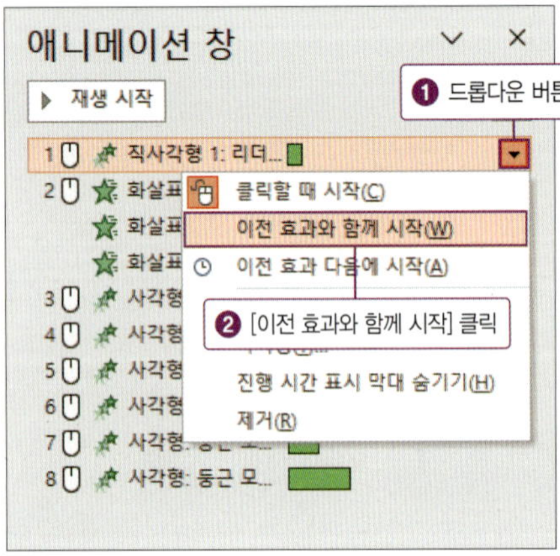

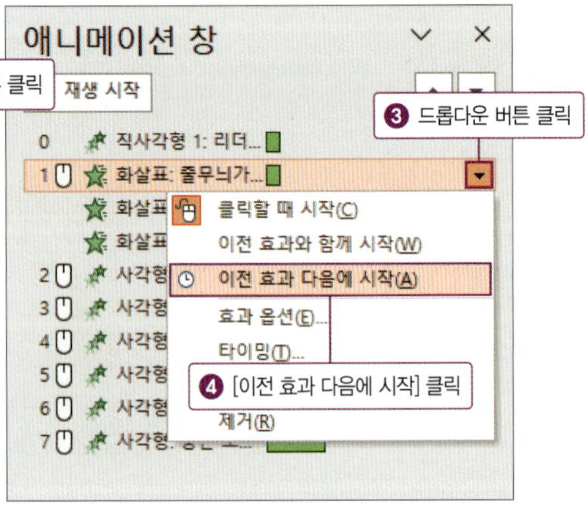

❹ 현재 1로 되어 있는 '사각형: 둥근 모...' 오른쪽 드롭다운 버튼을 클릭한 다음 [이전 효과 다음에 시작]을 클릭한다.

❺ 현재 1로 되어 있는 '사각형: 둥근 모...' 오른쪽 드롭다운 버튼을 클릭하고 [이전 효과와 함께 시작]을 클릭한다.

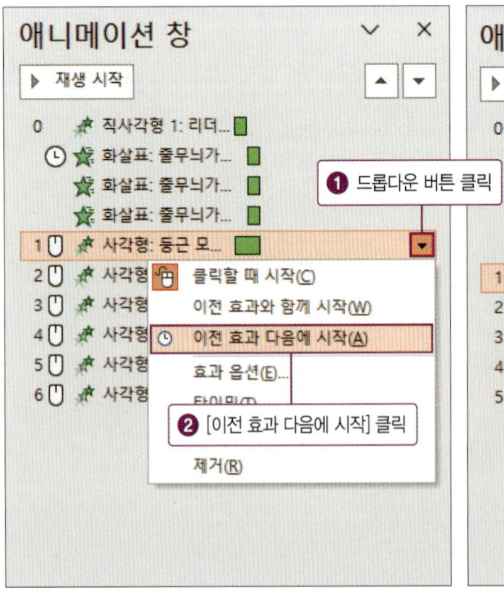

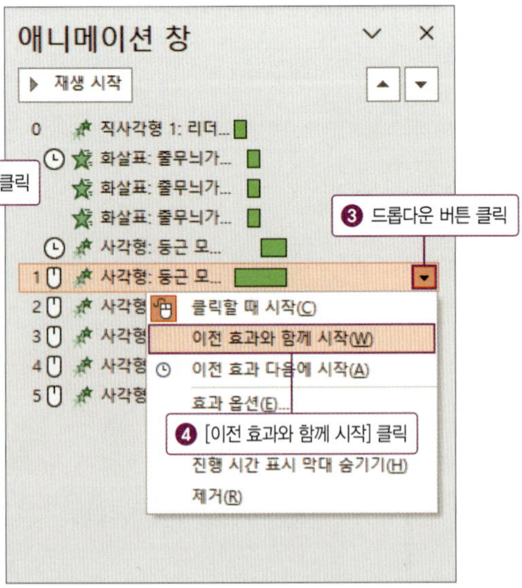

❻ [애니메이션 창]에서 현재 1로 되어 있는 '사각형: 둥근 모...' 오른쪽 드롭다운 버튼을 클릭한 다음 [이전 효과 다음에 시작]을 클릭한다.

❼ 현재 1로 되어 있는 '사각형: 둥근 모...' 오른쪽 드롭다운 버튼을 클릭하고 [이전 효과와 함께 시작]을 클릭한다.

❽ 현재 1로 되어 있는 '사각형: 둥근 모...' 오른쪽 드롭다운 버튼을 클릭한 다음 [이전 효과 다음에 시작]을 클릭한다.

❾ 현재 1로 되어 있는 '사각형: 둥근 모...' 오른쪽 드롭다운 버튼을 클릭하고 [이전 효과와 함께 시작]을 클릭한다.

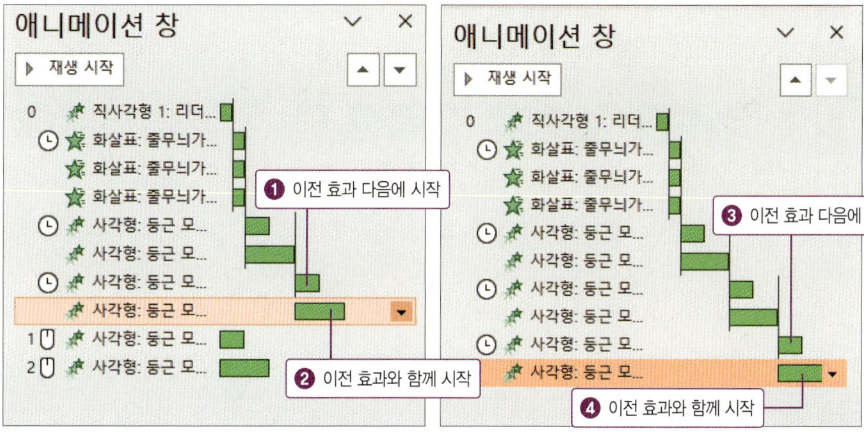

❿ '사각형: 둥근 모...' 첫 번째 긴 막대를 선택하고 〔애니메이션〕 탭의 타이밍 그룹에서 재생 시간을 '01.00'초로 바꾼다.

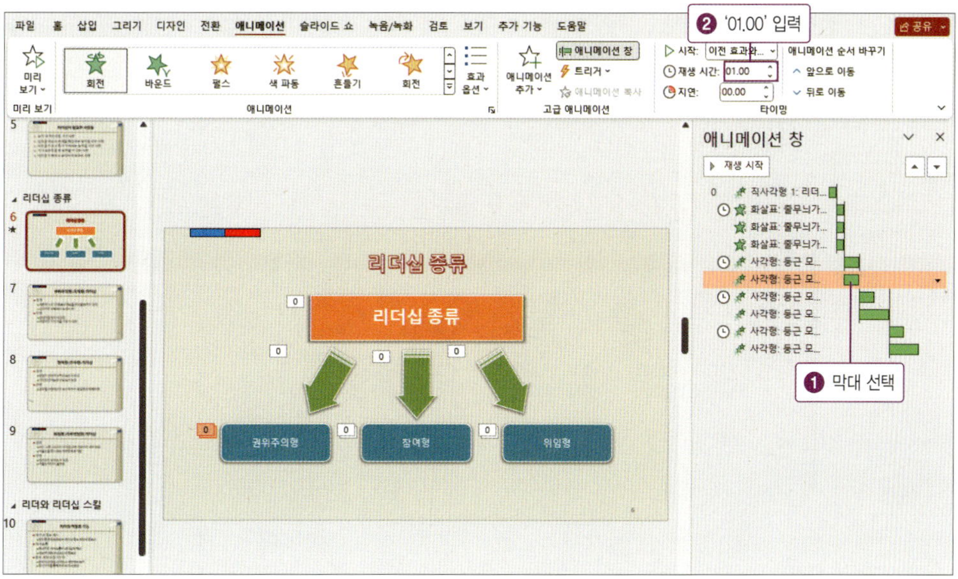

⑪ 다음 '사각형: 둥근 모...' 긴 막대를 선택한 다음 [애니메이션] 탭의 타이밍 그룹에서 재생 시간을 '01.00'초로 바꾼다.

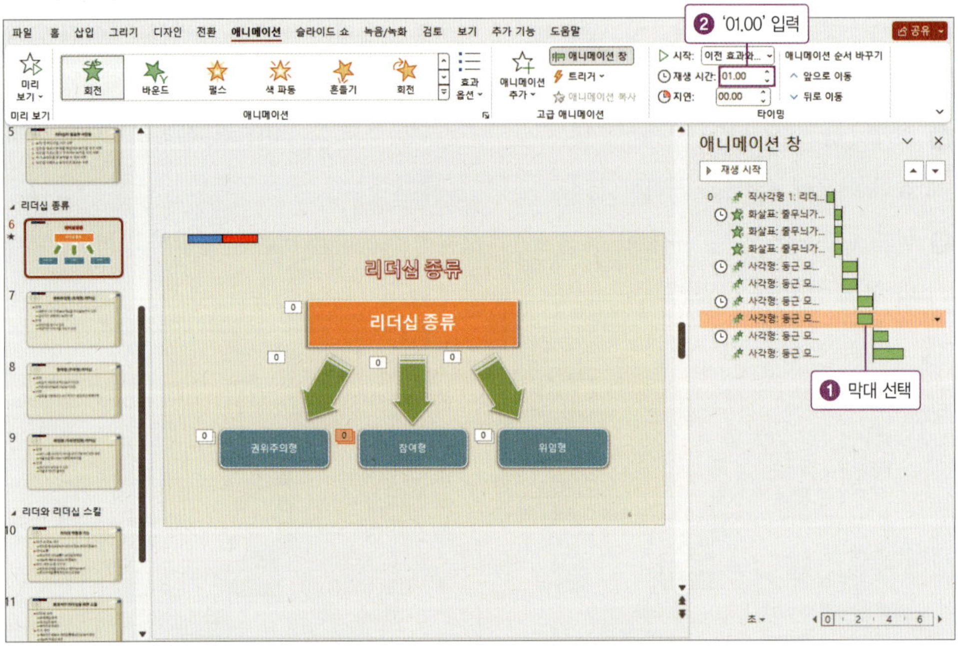

⑫ 다음 마지막 '사각형: 둥근 모...' 긴 막대를 선택하고 [애니메이션] 탭의 타이밍 그룹에서 재생 시간을 '01.00'초로 바꾼다.

⑬ [애니메이션 창]을 닫는다.

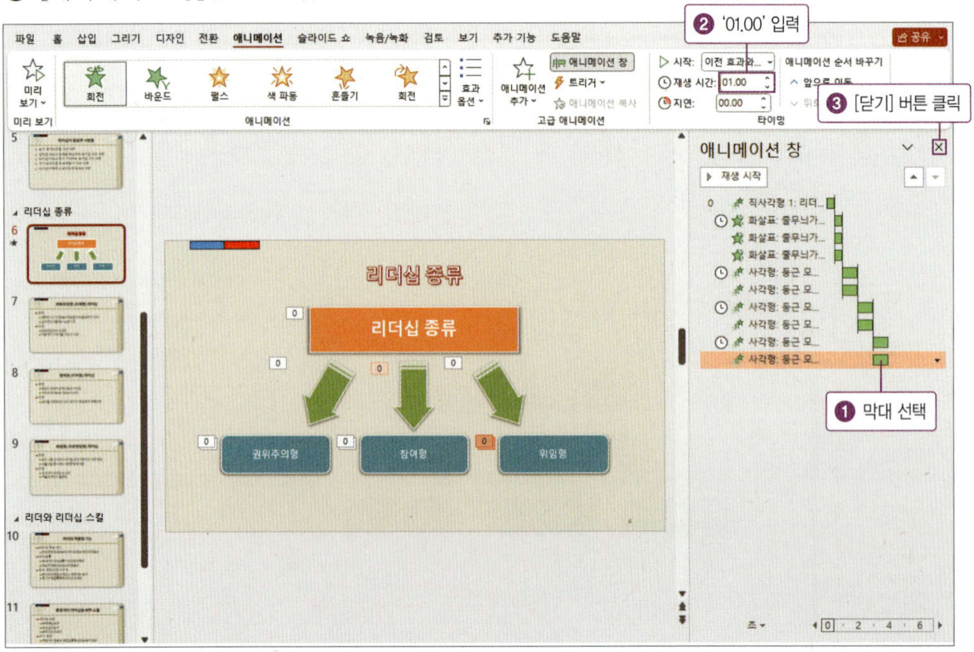

알아두세요 **애니메이션 시간**

- 클릭할 때 시작: 슬라이드 쇼에서 클릭할 때 애니메이션이 실행된다.
- 이전 효과와 함께: 이전 애니메이션과 함께 섞여서 동시에 나타난다.
- 이전 효과 다음에: 이전 애니메이션이 실행된 후에 이어서 실행된다.

작은 연습 4

5번 슬라이드를 선택하고 '인정', '대박', '어쩌라고'에 애니메이션 효과를 넣는다.

- '인정' 텍스트 – 효과: 날아오기(왼쪽에서), 재생 시간 1:00
- '대박' 텍스트 – 효과: 날아오기(아래에서), 재생 시간 1:00
- '어쩌라고' 텍스트 – 효과: 날아오기(오른쪽에서), 재생 시간 1:00
- 애니메이션 순서: 인정 → 대박 → 어쩌라고 순으로 날아온다.

13.5 화면 전환 효과 사용하기

화면 전환 효과는 슬라이드가 전환될 때 적용되는 효과를 말한다. 슬라이드 쇼를 진행할 때 슬라이드의 순서를 변경하거나 관심을 끌기 위해 사용되며, 프레젠테이션을 더 흥미롭게 만든다. 이번에는 파워포인트에서 화면 전환 효과를 사용하는 방법을 배운다.

화면 전환 효과 사용하기

❶ 1번 슬라이드를 선택한다.

❷ [전환] 탭의 슬라이드 화면 전환 그룹에서 [화면 전환 효과]를 클릭한다.

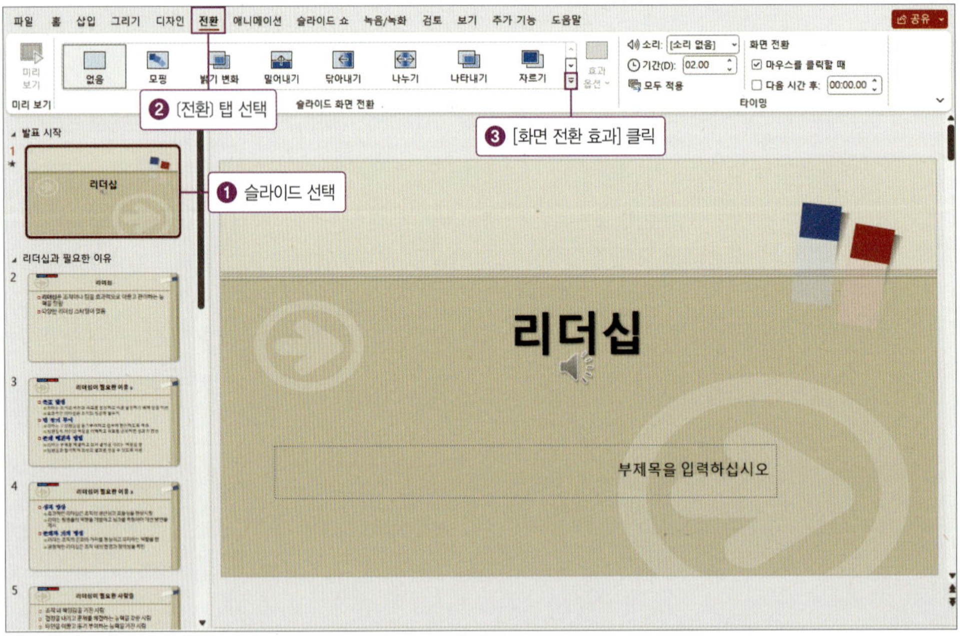

❸ 은은한 효과 항목의 [닦아내기]를 클릭한다.

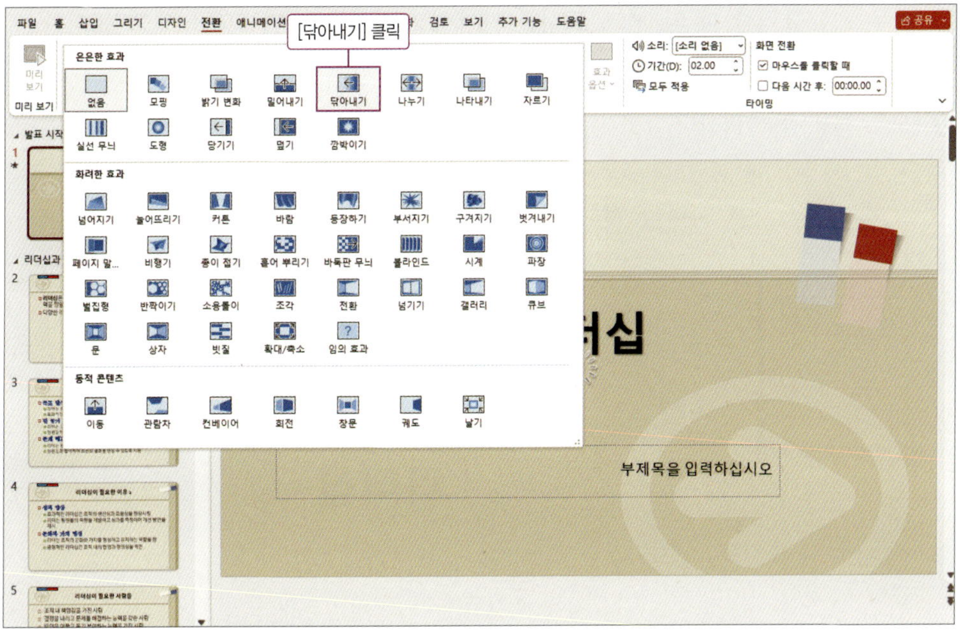

❹ [전환] 탭의 슬라이드 화면 전환 그룹에서 [효과 옵션] → [왼쪽에서]를 클릭한다.

❺ 〔전환〕 탭의 타이밍 그룹에서 기간을 '02.00'으로 바꾼다.

❻ '마우스를 클릭할 때'의 체크 표시를 해제하고, [다음 시간 후]를 체크 표시한 후 '00:03.00'으로 바꾼다.

❼ [모두 적용]을 클릭한다.

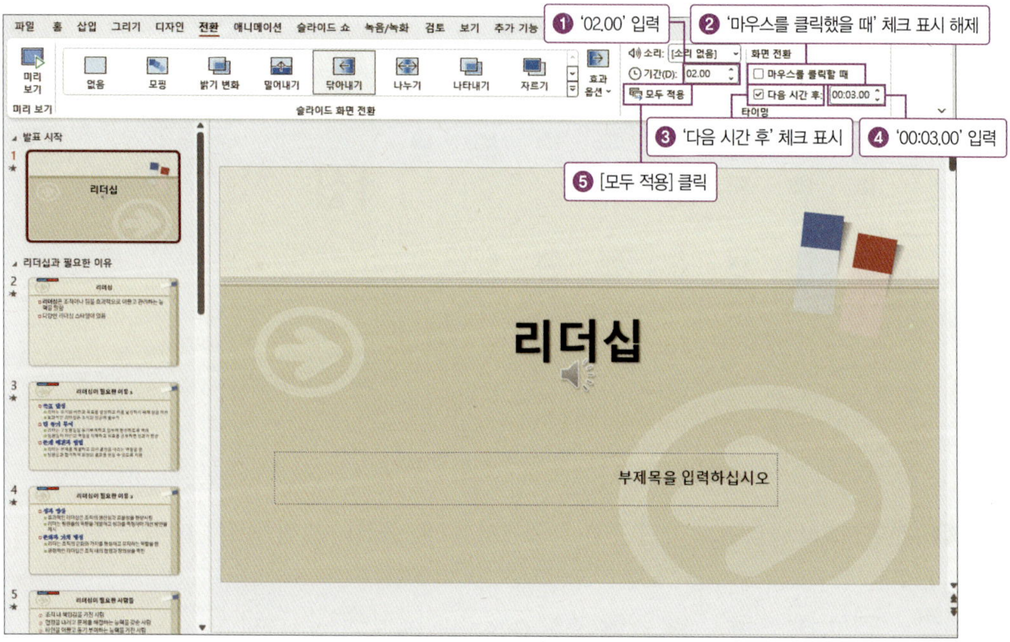

특정 구역에 화면 전환 효과 사용하기

❶ '리더십 종류' 구역 이름을 클릭한다.

❷ 〔전환〕 탭의 슬라이드 화면 전환 그룹에서 [화면 전환 효과] → [벗겨내기]를 클릭한다.

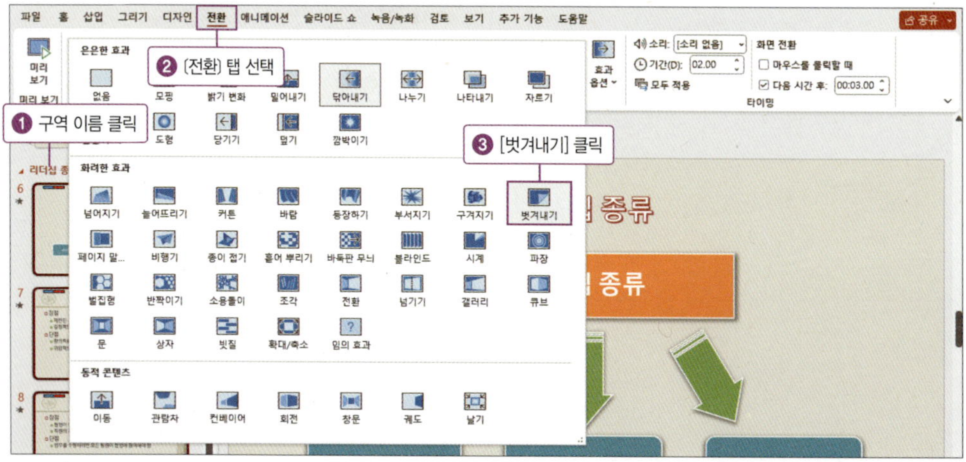

❸ 〔전환〕 탭의 슬라이드 화면 전환 그룹에서 [효과 옵션] → [오른쪽으로]를 클릭한다.

❹ 특정 구역만 적용된 '벗겨내기' 전환 효과를 확인한다.

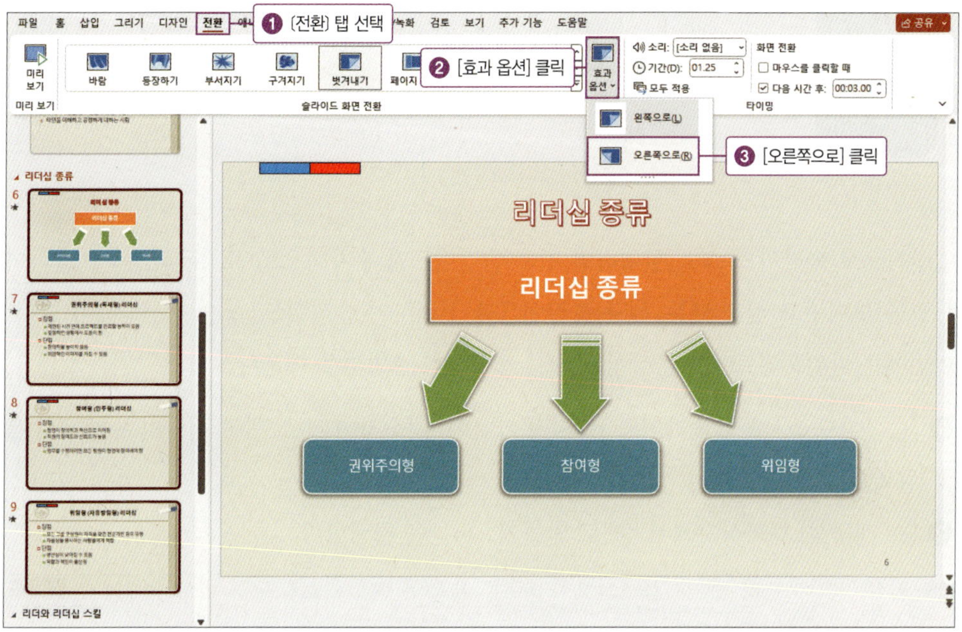

알아두세요 **화면 전환**

슬라이드를 선택하고 〔전환〕 탭의 타이밍 그룹에 있는 기간, 화면 전환 등의 값을 설정한 후 〈모두 적용〉 버튼을 클릭하지 않으면 선택한 슬라이드에만 적용되므로 〈모두 적용〉 버튼을 클릭해야 한다.

작은 연습 5

2번 슬라이드에 전환 효과를 사용한다.

- 슬라이드 화면 전환: 실선무늬, 기간: 02.00

13.6

POWERPOINT

슬라이드 쇼 재구성하기

일반적으로 슬라이드 쇼를 실행하면 전체 슬라이드가 순차적으로 표시된다. 특정 슬라이드만을 보여주고 싶을 때는 해당 슬라이드를 선택하여 슬라이드 쇼를 재구성해야 한다. 이번에는 파워포인트에서 슬라이드 쇼를 재구성하는 방법을 배운다.

❶ [슬라이드 쇼] 탭의 슬라이드 쇼 시작 그룹에서 [슬라이드 쇼 재구성] → [쇼 재구성]을 클릭한다.

❷ [쇼 재구성] 대화상자에서 〈새로 만들기〉 버튼을 클릭한다.

❸ [쇼 재구성 하기] 대화상자에서 슬라이드 쇼 이름에 '리더십에 대하여'를 입력한다.

❹ 1, 3, 4, 6, 7, 8, 9, 12번 슬라이드를 체크 표시하고 〈추가〉 버튼을 클릭한다.

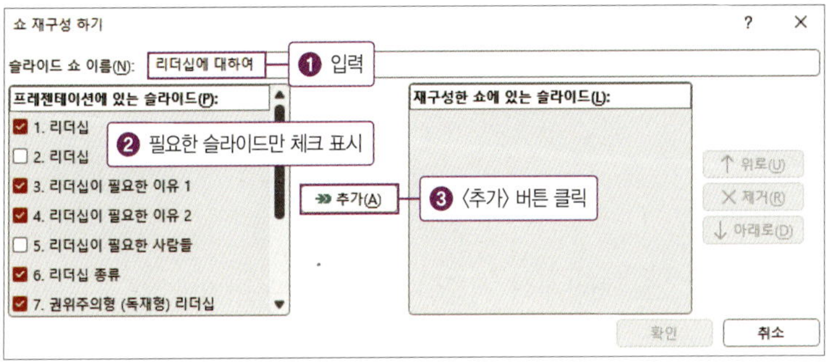

❺ [쇼 재구성 하기] 대화상자에서 〈확인〉 버튼을 클릭한다.

❻ [쇼 재구성] 대화상자에서 〈쇼 보기〉 버튼을 클릭하여 확인한다.

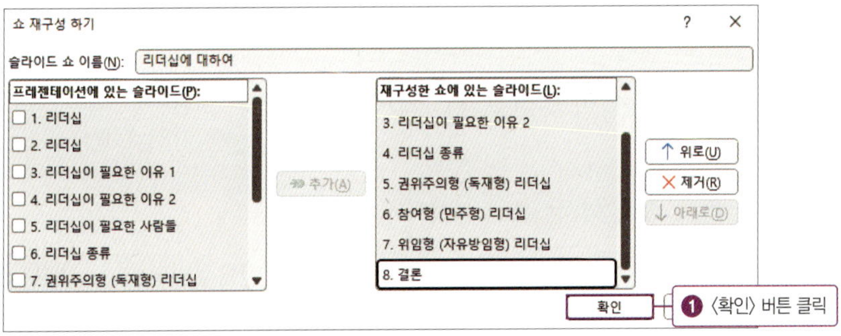

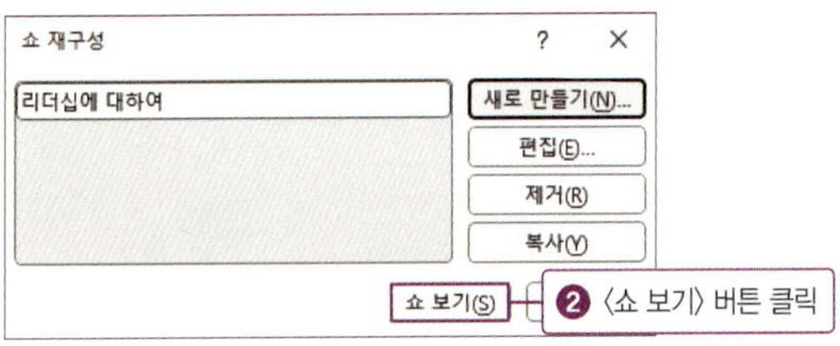

☑ 작은 연습 6

8번 슬라이드를 제외하고 슬라이드 쇼 재구성을 만든다.

13.7 슬라이드 쇼 시작하기

슬라이드 쇼를 진행할 때 일반적으로 처음부터 시작하는 것이 보통이지만, 현재 슬라이드 위치부터 슬라이드 쇼를 시작하는 방법도 있다. 이번에는 파워포인트에서 슬라이드 쇼를 진행하는 방법에 대해 배운다.

슬라이드 쇼 시작하기

❶ **슬라이드 쇼 시작 방법** 1: 〔슬라이드 쇼〕 탭의 슬라이드 쇼 시작 그룹에서 [처음부터]를 클릭한다.

❷ **슬라이드 쇼 시작 방법** 2: 단축 키 F5를 누른다.

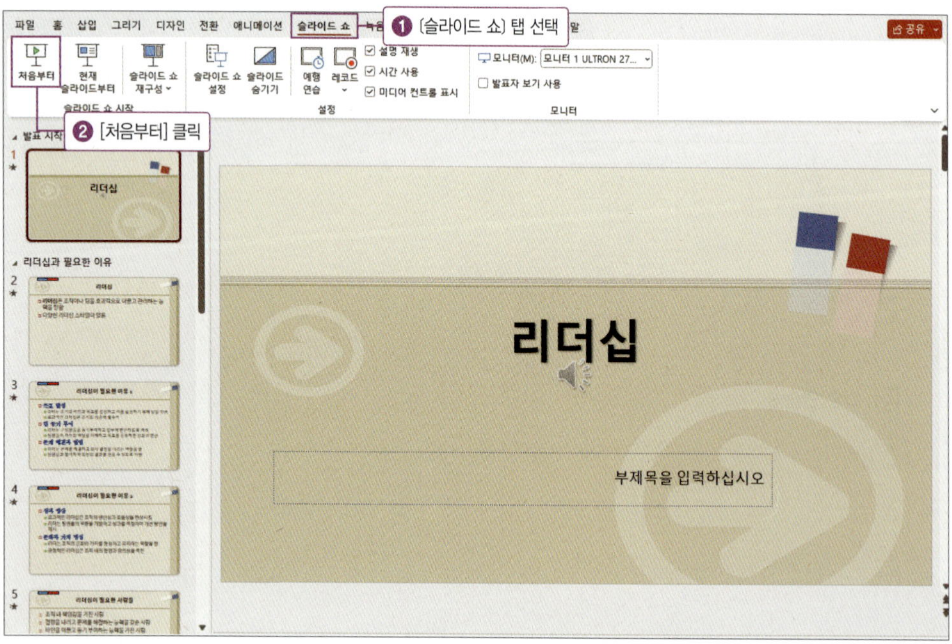

현재 슬라이드부터 슬라이드 쇼 시작하기

❶ 슬라이드 쇼 방법 1: [슬라이드 쇼] 탭의 슬라이드 쇼 시작 그룹에서 [현재 슬라이드부터]를 클릭한다.

❷ 슬라이드 쇼 방법 2: 단축 키 Shift + F5를 누른다.

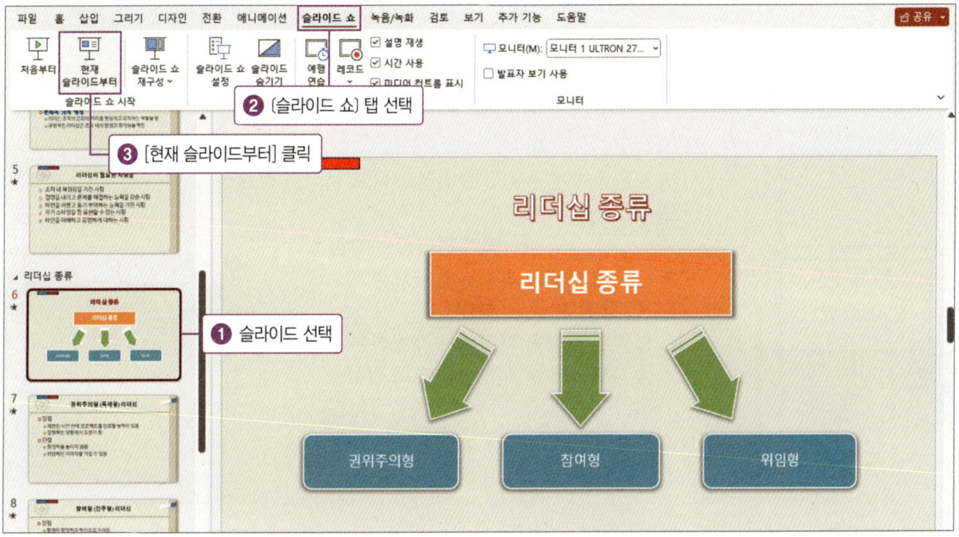

특정 구역 슬라이드를 숨기고 슬라이드 쇼하기

❶ '리더와 리더십 스킬' 구역 이름을 클릭한다.

❷ [슬라이드 쇼] 탭의 설정 그룹에서 [슬라이드 숨기기]를 클릭한다.

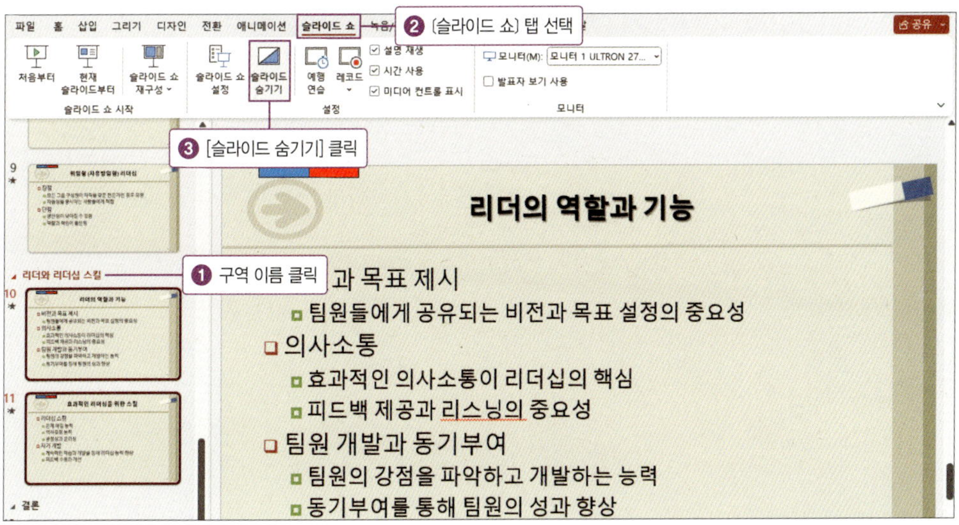

❸ 슬라이드 번호에 사선과 슬라이드가 흐려진 모습을 볼 수 있다.

❹ 9번 슬라이드에서 단축 키 Shift+F5를 눌러 슬라이드 쇼를 실행하고 확인한다.

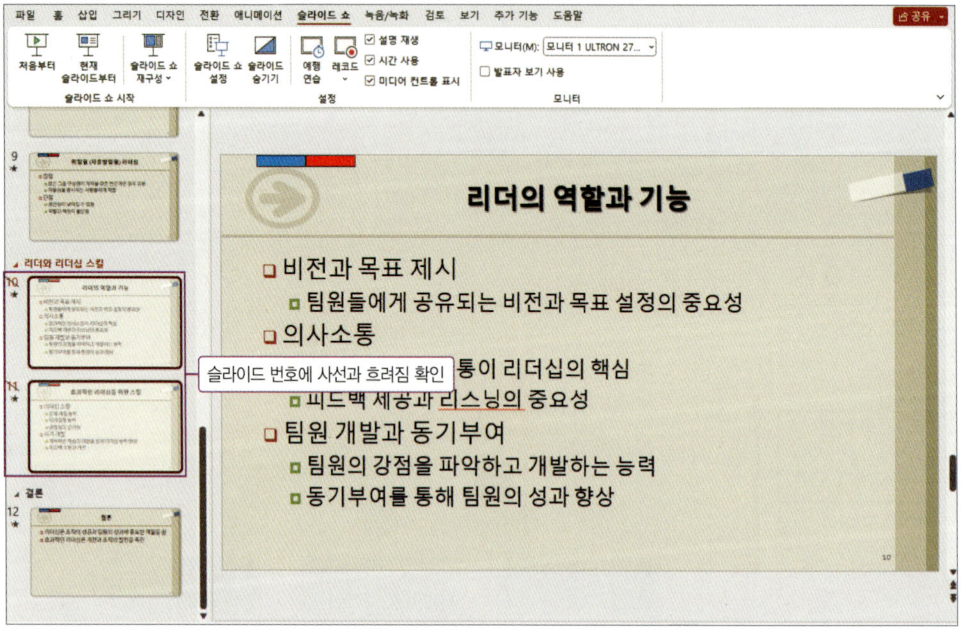

알아두세요

슬라이드 숨기기 취소

특정 슬라이드를 선택하고 [슬라이드 숨기기]를 클릭한 경우 다시 특정 슬라이드를 선택하고 [슬라이드 숨기기]를 클릭하면 슬라이드 숨기기가 취소된다.

☑ 작은 연습 7

7번 슬라이드를 숨기고 숨겨진 슬라이드를 제외한 나머지 슬라이드 쇼를 확인한다.

13.8 활용하기 1

다음 조건에 맞게 PPT를 수정하세요.

- 구역을 나눈 후 목차 이름에 맞게 구역 이름 지정하기
- 화면 전환 사용하기
  - · 대상 슬라이드: 2, 3, 6, 9, 15
  - · 슬라이드 화면 전환: 나누기, 기간: 01.50
- 애니메이션 효과 사용하기
  - · 대상 슬라이드: 7번 슬라이드와 8번 슬라이드의 텍스트가 있는 도형들
  - · 애니메이션 효과: 도형, 재생 시간: 02.00
- 슬라이드 쇼 확인하기

13.9 활용하기 2

다음 조건에 맞게 PPT를 만드세요.

- 자신이 좋아하는 가수의 사진을 다운로드한 후 PPT에 삽입하기
- 가수의 노래를 사진이 있는 슬라이드에 삽입하기

13.10 도움주기

프레젠테이션 방법

발표 시작하기		
발표 시작하기	자주 사용하는 표현	• 안녕하세요. • 저는 발표를 맡은 ○○학과 ○○학번 ○○○입니다. • 제 발표 주제는/저희 조가 맡은 발표 주제는 ○○○입니다.
	집중시키는 방법	• 청자에게 질문하기 • 간단한 동영상 보여주기 • 일화나 사건 이야기하기 • 유명한 사람의 말 인용하기

발표 마무리하기		
발표 마무리하기	자주 사용하는 표현	• 발표 내용을 정리하면 다음과 같습니다. • 질문 있으신 분은 질문해주시기 바랍니다. • 질문해주셔서 감사합니다. • 지금까지 제 발표를 잘 들어주셔서 감사합니다.
	집중시키는 방법	• (질문이 없을 경우) 청자에게 질문하기 • 청자에게 받은 질문을 요약해서 다시 확인하기

연습문제 다음 PPT를 보고 발표 시작할 때의 대본을 작성해 봅시다.

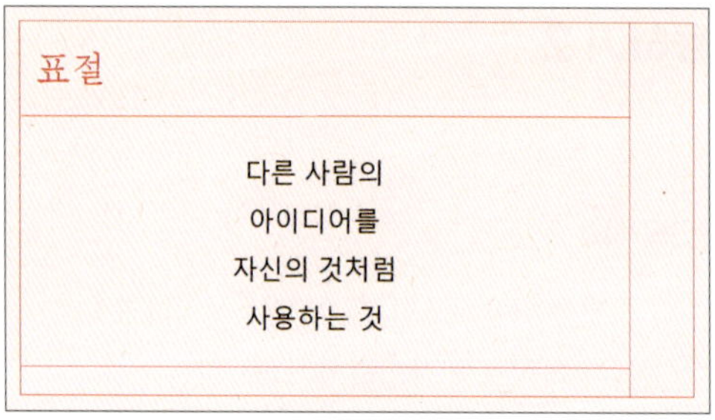